汉学研究大系
Series of Chinese Studies
阎纯德 总主编

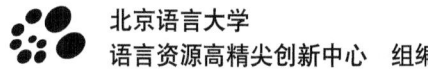
北京语言大学
语言资源高精尖创新中心 组编

列国汉学史丛书

法国作家与中国

16世纪至20世纪80年代

钱林森 著

学苑出版社

图书在版编目（CIP）数据

法国作家与中国：16世纪至20世纪80年代 / 北京语言大学语言资源高精尖创新中心组编；钱林森著. —— 北京：学苑出版社，2019.7

（汉学研究大系 / 阎纯德总主编）

ISBN 978-7-5077-5774-3

Ⅰ. ①法… Ⅱ. ①北… ②钱… Ⅲ. ①比较文学－文学研究－中国、法国 Ⅳ. ①I206②I565.06

中国版本图书馆CIP数据核字(2019)第159447号

责任编辑：杨 雷 张敏娜
出版发行：学苑出版社
社　　址：北京市丰台区南方庄2号院1号楼
邮政编码：100079
网　　址：www.book001.com
电子信箱：xueyuanpress@163.com
联系电话：010-67601101（销售部） 67603091（总编室）
经　　销：新华书店
印　刷　厂：北京建宏印刷有限公司
开本尺寸：710×1000　1/16
字　　数：600千字
印　　张：37.25
印　　数：1500册
版　　次：2019年8月第1版
印　　次：2019年8月第1次印刷
定　　价：90.00元

汉学研究大系 组织编写委员会
主　任：李宇明　　刘　利
成　员：阎纯德　　杨尔弘　　刘晓海　　田列朋

汉学研究大系 总编辑委员会
总顾问：袁行霈　　李学勤
顾　问：王晓平　　乐黛云　　宇文所安　李明滨　　吴志良
　　　　严绍璗　　张西平　　宋绍香　　何培忠　　郁　白
　　　　孟　白　　钱林森　　崔希亮　　柴剑虹　　阎国栋
　　　　熊文华
主　任：李宇明
总主编：阎纯德
助　理：陈　晶

列国汉学史丛书 编辑委员会
主　任：刘　利
副主任：韩经太
主　编：阎纯德　　吴志良
编　委：安平秋　　许光华　　李海绩　　李雪涛　　陈开科
　　　　陈戎女　　杨玉英　　张国刚　　周　阅　　侯且岸
　　　　钱婉约　　徐志啸

总　序　一

　　经过近30年多位学者的辛劳努力,现在我们可以说,国际汉学研究确实已经成长为一门具有特色的学科了。

　　"汉学"一词本义是对中国语言、历史、文化等的研究,而在国内习惯上专指外国人的这种研究,所以特称"国际汉学",也有时作"世界汉学""国际中国学",以区别于中国人自己的研究。至于"国际汉学研究",则是对"国际汉学"的研究。中外都有学者从事国际汉学研究,我们在这里讲的,是中国学术界的国际汉学研究。

　　自从改革开放以来,国际汉学研究改变了禁区的地位,逐渐开拓和发展。其进程我想不妨划分为三个阶段:一开始仅限于对国际汉学界状况的了解和介绍,中心工作是编纂有关的工具书,这是第一个阶段。到了20世纪90年代,出现国际汉学研究的专门机构,大量翻译和评述汉学论著,应作为第二个阶段。在这两个阶段里,学者们为深入研究国际汉学打好了基础,准备了条件。新世纪到来之后,进入全面系统地研究国际汉学的可能性应该说业已具备。

　　今后国际汉学研究应当如何发展,有待大家磋商讨论。以我个人的浅见,历史的研究与现实的考察应当并重。国际汉学研究不是和现实脱离的,认识国际汉学的现状,与外国汉学家交流沟通,对于我国学术文化的发展以至于多方面的工作都是必要的。我曾经提议,编写一部中等规模的《当代国际汉学手册》,使我们的学者便于使用;如果有条件的话,还要组织出版《国际汉学年鉴》。这样,大家在接触外国汉学界时,不会感到隔膜,阅读外国汉学作品,也就更容易体味了。必须指出的是,国际汉学有着长久的历史,因此现实和历史是分不开的,不了解各国汉学的历史传统,终究无法认识汉学的现状。

　　我们已经有了不少国际汉学史的著作及论文。实际上,公推为中国最早的汉学史专书,是1949年出版的莫东寅《汉学发达史》,尽管是通史体裁,也包含了分国的篇章。这本书最近已有经过校勘的新版,大家容易看到,尽管只是概述性的,却使读者能够看到各国汉学互相间的关系。由此可见,有组织、有系统地考察各国汉学的演进和成果,将之放在国际汉学整体的背景中来考察,实在是更为理想的。

这正是我在这里向大家推荐阎纯德教授、吴志良博士主编的这套"列国汉学史书系"(即"汉学研究大系")的原因。

阎纯德教授在北京语言大学主持汉学研究所工作多年,是我在这方面的同行和老友,曾给我以许多帮助。他为推进国际汉学研究,可谓不遗余力,所做出的重要贡献是学术界周知的。在他的引导之下,《中国文化研究》季刊成为这一学科的园地,随之又主编了《汉学研究》,列入《中国文化研究汉学书系》,有非常广泛的影响。其锲而不舍的精神,我一直十分敬服。特别要说的是,阎纯德教授这几年为了编著这套"列国汉学史书系"所投入的心血精力,可称出人意想。

在《汉学研究》第八集的《卷前絮语》中,阎纯德教授慨叹:"《汉学研究》很像同人刊物,究其原因,是从事这个领域研究的学者太少,尤其是专门的研究者更是少之又少,所以每一集多是读者相熟的面孔。"现在看"列国汉学史书系",作者已形成不小的专业队伍,这是学科进步的表现,更不必说这套书涉及的范围比以前大为扩充了。希望"列国汉学史书系"的问世成为国际汉学研究这个学科在新世纪蓬勃发展的一个界标。让我们在此对阎纯德教授、这套书的各位作者,还有出版社各位所做出的劳绩表示感谢。

李学勤

2007 年 4 月 8 日

于清华大学国际汉学研究所

总　序　二

　　汉学历史和学术形态历史是既抽象又具体的存在,是浩瀚无边的过去、现在和未来。历史会让我们兴奋,也会使我们悲哀,有时还会觉得它仿佛是一个梦。但是,当我们梦醒而理智的时候,便会发现——太阳、地球、人类社会,一切的一切,不管是曾经存在过的恐龙,还是至今还在生生不息的蚂蚁社群,天上的,地下的,看得见的,看不见的,一切都有自己的历史。一切都有过发生,一切都还在发展,可能还会灭亡。

　　任何事物的发生都有一个有形或无形的孕育过程,"汉学"(Sinology)也是这样,其孕育和成长,就是中国文化与异质文化相互交媾浸淫的历史。这个历史,始于公元1世纪前后汉代所开通的丝绸之路,接下来是七八世纪的大唐帝国、十四五世纪的明代、清末的鸦片战争和五四新文化运动,这种文化的碰撞和交流之潮时起时伏直到今天,还会发展到永远。这是历史,是汉学的昨天、今天和未来,是其孕育、发生和成长的过程显现出的文化精神。但是,昨天有远有近,我们可以寻着蛛丝马迹探讨找回其真;而今天,只是一个过渡,一俟走过,便成为昨天的陈迹。

　　写作汉学史是一件艰难的劳作,尤其对象是遥远的昨天,尤其是"遗失"在异国他乡的昨天,更非一件易事。时至今日,朦胧面纱下的汉学还不完全为一些学人所认识,因此有必要取下面纱,让人们看个究竟。

　　中华人民共和国成立最初的30年,对于"汉学"讳莫如深,因为"它"被认为是个有害于中国的"坏东西";从20世纪70年代中期之后,尤其90年代以降,"汉学"便逐渐成为学术界耳熟能详的学术名词。中国大陆重提"汉学"至今,汉学就像隐藏在深山里的小溪,经过30年的艰辛跋涉,才终于形成一条奔腾的水流,并成为中国文化水系不可或缺的组成部分;尤其是到了21世纪10年代之后,国家领导人也提出倡导研究汉学(中国学)。这是天翻地覆的文化壮举。这个变化是时代和历史变迁带来的结果,也是文化自己发展的规律。

那么,究竟什么是汉学呢?首先,这里的汉学非指汉代研究经学注重名物、训诂——后世称"研究经、史、名物、训诂考据之学"的"汉学",而是指外国人研究中国历史、语言、哲学、文学、艺术、宗教、考古及社会、经济、法律、科技等人文和社会科学领域的学问,这起码是近300来年世界上的习惯学术称谓。李学勤(1933—2019)教授多次说:"'汉学',英语是 Sinology,意思是对中国历史文化和语言文学等方面的研究。在国内学术界,'汉学'一词主要是指外国人对中国历史文化等的研究。有的学者主张把它改译为'中国学',不过'汉学'沿用已久,在国外普遍流行,谈外国人这方面的研究,用'汉学'比较方便。"①Sinology 一词来自外国,它不是汉代的"汉",也不是汉族的"汉",不指一代一族,其词根 Sino 源于秦朝的"秦"(Sin),所指是中国。为了弄清 Sinology 的真正含义和译义,我曾向西方多位汉学家征求其看法。他们几乎毫无疑义地认为:Sinology 的词根"Sino",意思是"秦",所指是中国,源自拉丁词语"Sina"(China,中国),"logia"为希腊词语,其意为"科学",或含有考古学或哲学的部分意思;前者所示是"中国",后者所示是"科学"或"研究",两者相加,Sinology 就是"中国的科学研究"。Sinology 一词的诞生,最早应是始于后利玛窦时代,出自某个传教士的智慧——借用汉代和清代的"汉学"。从那时起,西方传教士就将对中国的文化研究称为 Sinology(汉学),研究者称为 Sinologist(汉学家)。

如果我们将 Sinology 在学术上称为"汉学"和"中国学",名字虽异,但实质上它们是"异名共体",所表述的内涵完全一样。高利克在回信中说:"我认为 Sinology(汉学)或 Sinologist(汉学家)是用以指称我们所从事的事业之恰当的词语。"

在历史长河里,汉学由胚胎逐渐发育成长。当汉学走过少年时代,在西学东渐和中学西传互示友谊之后,中学开始影响西方而成为人类文明史上的伟大事件。中世纪以来,欧洲视中国为"修明政治之邦",对中国充满了好奇与好感,18 世纪"中国热"蜂起欧洲,19 世纪初期法国便成为西方汉学的中心,巴黎成为"汉学之都"。戴密微(Paul Demiéville,1894—1979)曾说汉学的先驱是葡萄牙、西班牙和意大利。但是,汉学作为学术研究和

---

① 李学勤《国际汉学漫步·序》,石家庄:河北教育出版社,1997 年。

一种文化形态,举大旗的则是法国人。1814年12月11日,雷慕沙(Jean Pierre Abel Rémusat,1788—1832)在法兰西学院首开"汉语和鞑靼—满语语言与文学讲座",开启了西方真正的汉学时代。但指代汉学的"Sinologie"(英文"Sinology")一词则出现在17世纪末,应该早过雷慕沙主持第一个汉学讲座100年的时间。从此之后,"Sinology"便成为主导汉学世界的图腾、约定俗成的学术"域名"。在世界文化史和汉学史上,外国人把研究中国的学问称为"汉学",研究中国学问的造诣深厚的学者称为"汉学家"。因此,我认为,我们不必要标新立异,根据西方绝大部分汉学家的习惯看法,"Sinology"发展到如今,这一学术概念有着最广阔的内涵,绝不是汉代和清代独有的"汉学",更不是什么"汉族文化之学",它涵盖中国的一切学问,既有以儒释道为核心的传统文化,也包含"敦煌学""西夏学""突厥学""满学"以及"藏学"和"蒙古学"等领域。由于汉学的发展、演进,以法国为首的"传统汉学"(Sinology)和以美国为首的"现代汉学"("中国学",Chinese Studies),到了20世纪中叶之后,研究内容、理念和方法,已经出现兼容并包状态,就是说Sinology可以准确地包含Chinese Studies的内容和理念;从历史上看,尽管Sinology和Chinese Studies所负载的传统和内容有所不同,但现在却可以互为表达、"雌雄同体"于同一个学术概念了。话再说回来,对于这样一个负载着深刻而丰富历史内涵的学术"域名",我以为还是叫它"汉学"(Sinology)为好,因为Sinology不仅承继了汉学的传统,而且也容纳了Chinese Studies较为广阔而现代的内容。另外,中国人对中国文化的研究应该称为国学,而外国学者研究中国文化的那种学问则称为汉学。汉学是国学有血有肉有灵魂的"影子",而汉学不是国学,是介于中学与西学两者之间、本质上更接近西学的一种文化形态。说它与国学同根而生,说它们是"一条藤上的两个瓜"(许嘉璐语),都不为过,然而瓜的形象与味道却不相同,一个是"东瓜",一个是"西瓜"。我认为这样认识汉学,既符合中国文化的学术规范,又符合世界上的历史认同与学术发展实际。

汉学的历史是中国文化与异质文化交流的历史,是外国学者阅读、认识、理解、研究、阐释中国文明的结晶。汉学是中国文化和外国文化撞击后派生出来的学问,实际上也是中国文化另一种形式的自然延伸。但是,汉学不是纯粹的中国文化,它与中国文化有着密不可分的血缘关系,它既是中外文化的"混血儿",又是可以照见"中国文化"的镜子,是可以攻玉的"他山之石";"'Sinology'是一门在国际文化中涉及双边或多边文化关系的近代边缘性的学术,它以'中国文化'作为研究的'客体',以研究者各自的'本土文化语境'作为观察'客体'的基点,在'跨文化'的层面上各自表述其研究的结果,它具有'泛比较文化研究'的性质。"①以上两种表述虽有不同,但学理一致,基本可以厘清我们对于 Sinology 的学术定位。

　　法国汉学家马伯乐(Henri Maspero,1883—1945)说过:"中国是欧洲以外仅有的这样的一个国家:自远古起,其古老的本土文化传统一直流传至今。"法国哲学家弗朗索瓦·于连(François Jullien)也说:"中国文明是在与欧洲没有实际的借鉴或影响关系之下独自发展的、时间最长的文明……中国是从外部审视我们的思想——由此使之脱离传统成见——的理想形象。"②他在《为什么我们西方人研究哲学不能绕过中国》中提出:"我们选择出发,也就是选择离开,以创造远景思维的空间。人们这样穿越中国,也是为了更好地阅读希腊。"为了获得一个"外在的视点",他才从遥远的视点出发,并借此视点去"解放"自己。这便是一个未曾断流、在世界上仅存的几种古老文化之一的中国文明的意义。中国文明是一道奔流不息的活水,活水流出去,以自己生命的光辉影响世界;流出的"活水"吸纳异国文化的智慧之后,形成既有中国文化的因子,又有外国文化思维的一种文化,这就是"汉学"。也就是说,汉学是以中国文化为原料,经过另一种文化精神的智慧加工而形成的一种文化。从某种意义上说,汉学既是外国化了的中国文化,又是中国化了的外国文化;抑或说是一种亦中亦西、不中不西,有着独立个性的文化。汉学作为一门独立的具有跨文化性质的学科,是外国文化对中国文化借鉴的结果。汉学对外国人来说是他们的"中学",对中国人来说又是西学,它的思想和理论体系仍属"西学"。

　　我们的汉学研究,是指对外国汉学家及其对中国文化研究成果的再研究,是中国学者对外国学者研究中国文化的反馈,也是对外国文化借鉴的一个方面。凡是对历史或异质文化进行研究,都有一个价值判断和公正褒贬的问题。因此,对于汉学家对中国文化的研究,必得有我们自己的判断,

---

① 严绍璗《我对 Sinology 的理解和思考》,载《世界汉学》2006 年第 4 期。
② [法]弗朗索瓦·于连(François Jullien)《迂回与进入》,香港三联书店,1998 年。

然后做出公正的褒贬。我们说汉学是可以攻玉的"他山之石",但是这句箴言并非只适用于中国人,对外国人也是一样。汉学也像外国的本体文化一样,对我们来说有借鉴作用,对西方来说有启迪作用——西方学者以汉学为媒介来了解中国,汲取中国文化的精华,完善自己的文明。人类由于文化背景差异和文化语境的不同,思维方向和方式也会不同,因而就会得出不同的结论,讲出不同的道理。"西方学者接受近现代科学方法的训练,又由于他们置身局外,在庐山以外看庐山,有些问题国内学者司空见惯,习而不察,外国学者往往探骊得珠。如语言学、民俗学、考古学、人类学、社会学诸多领域,时时迸发出耀眼的火花。"①汉学的学术价值往往不被国人重视,并利用汉学家对于中国文化的一些误读而贬低汉学的价值。其实,这并不公平,有些汉学家对于中国文化确实有其独到的见解,能发中国人未发之音。法国汉学家马伯乐对中国上古文化和上古宗教的研究就有独到的贡献,中国学者称赞他对中国宗教研究有开"先河"之功。他研究中国宗教的宗教社会学之方法,促进和推动了中国学者采用宗教社会学来研究中国宗教,被称为"中国宗教社会学研究的真正创始人"。

踏着地理学家和探险家斯文·赫定(Sven Hedin,1865—1952)的足迹来到中国的瑞典地质学家、考古学家安特生(John Gunnar Andersson,1874—1960),他对中国的贡献足以说明他也是一位汉学家。1914年,他被中国北洋政府农商部聘任为矿政顾问,他先是从事地质调查,写出《中国的铁矿和铁矿工业》和《华北马兰台地》的调查报告,然后致力于古生物化石的收集和研究。1921年10月,在河南渑池发现仰韶文化,因此被誉为"仰韶文化之父"。他的研究揭开了中国田野考古工作的序幕,改变了中国近代考古的面貌。他有《甘肃考古记》、《中国远古之文化》(*An Early Chinese Culture*,1923)、《黄土的女儿:中国史前史研究》(*Children of the Yellow Earth:Studies in Prehistoric China*)等著作。

瑞典汉学家高本汉(Bernhard Karlgren,1889—1978)的最高成就是根据研究古代韵书、韵图和现代汉语方言、日朝越诸语言中汉语借词译音构拟汉语中古音,以及根据中古音和《诗经》用韵、谐声字构拟古音,写出著名的学术专著《中国音韵学研究》《汉语中古音与古音概要》《古汉语字典

---

① 季羡林《汉学研究·序》第七集,中华书局,2003年。

重订本》《中日汉字形声论》《论汉语》《诗经注释》《尚书注释》和《汉朝以前文献中的假借字》等。他对汉语音韵训诂的研究是不少中国学者所不及的,并深刻影响了对于中国音韵训诂的研究。20世纪日本学者津田左右吉(Tsuda Soukichi,1873—1961)关于中国文化的研究著述甚丰,他认为中国文化是一种"人事本位文化",其核心是"帝王文化",其他认识上尽管有偏颇,但也有其独异性和深刻之处。这就是"他山之石"的意义和价值。

当然,不可否认,汉学家对于中国文化的误读或歪曲也是常见的。美国现代汉学(中国学)的奠基人费正清对中国历史尤其近代史的研究独具风采,为美国人民认识中国搭建了一座桥梁;但他在研究上的所谓"冲击—回应"模式,却近乎荒谬,认为是西方给中国带来了文明,是西方的侵略拯救了中国。

综上所述,对于汉学成果的研究,只有冷静、公正、客观、全面,才能在沙中淘得真金,发现真正的"他山之石"。

在中国,汉学的接受与命运,诚实地说,在20世纪80年代初期之前,基本上是无视它的学术价值,更没人把它看作是中国文化的延伸。此外,由于民族心理上的历史"障碍",我们还曾视汉学为洪水猛兽,甚至觉得它是仇视中国、侮辱中国的一个境外的文化"孽种"。这种"观点",虽嫌偏颇,当然也不是空穴来风。因为自19世纪"鸦片战争"前后,直至20世纪40年代,偌大的中国曾经惨遭蹂躏,其间也不乏为列强殖民政策服务的少数传教士、"旅行家"和"学者"深入中国腹地,以旅行、探险、考古之名而实行社会情报的搜集、盗窃和骗取中国文物。

人类思想的飞翔,是受社会和历史禁锢的,山高水远的阻隔也使得人类互相寻找的岁月特别漫长。交流是人类文化选择的自然形态,汉学就发生在这种物质交流和文化交流之中。

人类在互相寻找的初级阶段,中国和西方试探性的商业交往还很原始,那时的人类,不同的国家、民族和族群处于相对落后和封闭的状态,人类各个角落的不同文化还处于相对不自觉或是相对蒙昧的历史时期。在人类最早的沟通中,中国人走在最前边。公元前139年,张骞奉汉武帝之命,越过葱岭,亲历大宛、康居、大月氏、大夏、乌孙、安息等地,直达地中海东岸,先后两次出使中亚各国,历时十多年,开创了古代和中世纪贯通欧亚非的陆路"丝绸之路",为人类交往开了先河,也为汉学的萌发洒下最初的雨露。

在文化史上,以孔孟儒家学说为核心的中国文化最先影响朝鲜半岛,然后才是日本和越南等周边国家。这些周边国家与中国的关系复杂,甚至被说成同种同文,因此可以说它们的文化与中国文化有着很深的"血缘"关系。公元522年,中国佛教渡海东传日本,从那时开始,中国典籍便大量传入日本;但这只是一种"输入",只是日本创建自己文化的借鉴,并没有形成对于中国文化的深层研究。及至唐代,由于文化上承接了汉朝的开放潮流,那时与异质文化的交流相对更加频繁,商贸往来和文化沟通有了发展,西方和中国周边国家或地域的人士通过陆路和水路进入中国腹地,有的经商,有的留学,长安(今西安)、洛阳、扬州、广州、泉州等城市,都是中外贸易和文化交汇的重要都会。尤其是长安(今西安),是当时世界最大的商业文化之都;而扬州、广州、泉州等,由于东南沿海经济崛起、人口增多、手工业发达、农田水利的改善,为海外贸易发展创造了条件,再由于唐代中期"安史之乱"切断了陆路"丝绸之路"的缘故,曾称为"鲤城""温陵""刺桐城"的泉州,便成为联结亚洲、欧洲和非洲的海上丝绸之路的"东方第一大港",是那时以丝绸、金银、铜器、铁器、瓷器为主的国际贸易之都。通过频繁的往来和交流,外国人对中国文化的认识越来越多、越来越深,汉学也便在这种交流中不知不觉慢慢衍生。

但是,源远流长的汉学,人们习惯地认为其洪流和网络在西方,西方是汉学的形象代表。这种看法,一是源自近代以来西方强势文化和中国人的崇洋心理;二是西方汉学的某些特征也确实有别于朝鲜半岛、日本和越南的汉学。其实,如果我们从世界汉学历史发展的角度看,日本、朝鲜半岛和越南的汉学要早于西方的汉学,比如日本在十四五世纪已经初步形成了汉学,而那时西方的传教士还没有进入中国。因此,对于汉学的研究,无论是西方还是东方(朝鲜半岛、日本和越南),我们都不能顾此失彼,要以同样的关注和努力而探讨之。当然,汉学的历史藏在文献里,而隐性源头却可能在文献之外。

文化往往伴随经济流动,其交流也会在不自觉或无意识状态下发生。到了明代初年,郑和于1405年,率200多艘舰船的庞大舰队出使西洋,前后7次,历经28年,到过30多个国家,最远抵达非洲东岸和红海口,真正拓展了海上"丝绸之路"。

在公元八九世纪至十六七八世纪期间,关于中国,多见于西方商人、外交使节、旅行家、探险家、传教士、文化人所写的游记、日记、札记、通信、报告之中,这些文字包含着重要的汉学资源,因此这些文献被称为"旅游汉学"。这些人的东来源于文艺复兴,因为思潮的开放影响了欧洲人的思想和生活,他们或通商,或传教,或猎奇,但了解和研究中国文化却是一致的,于是汉学便在葡萄牙、西班牙、意大利、法国、荷兰、英国、德国、俄罗斯等主要的西方国家逐步发展起来。

这类游记和著作较早的,有约在公元851年成书的描述大唐帝国繁荣富强的阿拉伯帝国(大食国)旅行家苏莱曼(Sulayman)的《中国印度见闻录》(又译《苏莱曼东游记》)、威廉·吕布吕基斯(1215—1219)的《远东游记》(1254)、意大利雅各布·德安克纳的《光明城》(*The City of Light*);这类"旅游汉学"著作中,最著名且影响至今的当属《马可·波罗游记》(*The Travels of Marco Polo*,又译《东方见闻录》)。马可·波罗(Marco Polo,1254—1324)于1275年随父亲和叔父来中国,觐见过元世祖忽必烈,1295年回国后出版了这本书,它以美丽的语言和无穷的魅力翔实地记述了中国元朝的财富、人口、政治、物产、文化、社会与生活,第一次向西方细腻地展示了"唯一的文明国家""神秘中国"的方方面面。

大航海凯旋不久,欧洲传教士最初到世界各地传教,在美洲和日本等许多地方遭遇不顺。但是,他们唯独在中国这个以德仁待人的文明国度得到了善待。庞迪我(Diego de Pantoja,1571—1618)在1602年写给西班牙主教的信里说:"中国那么强大,为什么不去征服那些周边小的国家,甚至一任那些小国给它制造麻烦呢?因为中国不想用自己的威力征服别人。这一事实,对欧洲人来说是不可理解的;中国人与他们的皇上并不寻求或梦想超过他们目前的国土疆界来扩大他们的帝国。"利玛窦(Matteo Ricci,1552—1610)说:"在这样一个几乎具有无数人口和无限国土幅员辽阔、各种物产丰富的国家,虽然它有装备精良的陆军和海军,很容易征服临近的国家,但他们的皇上和人民却从来没想过要发动侵略战争,他们很满足于自己已有的东西,没有征服别人的野心。在这方面,他们与欧洲人很不相同,欧洲人常常不满意自己的政府,并贪婪祈求别人享有的东西……我仔细研究了中国四千多年的历史,我不得不承认,我从未见过这类征服的记载,我也没有听说过他们对外侵略、扩张国界。"

从 16 世纪到十八九世纪,在数以千计的散布在中国各地的传教士中,有不少人成为名载史册的汉学先驱,他们为汉学的发展做出了重大贡献。自 1540 年圣伊纳爵·罗耀拉(St Ignatins de Loyola,1491—1556)、圣方济各·沙勿略(St. Francisco Xavier,1506—1552)等人来华,开始了以葡萄牙、西班牙、意大利传教士为主的第一波耶稣会的传教活动。接着,意大利的范礼安(Alexandre Valignani,1539—1606)、罗明坚(Michel Ruggieri,1543—1607)等著名传教士来华。明朝万历十一年(1583 年),罗明坚又将利玛窦神甫带到中国,从此,耶稣会传教士在中国的宗教活动无论是对于西方还是东方,都开始了一个新的历史时期。

西方众多旅行家、探险家、商人和耶稣会士来华,他们笔下的许多记载和著译,催生了汉学。葡萄牙贝尔西奥(P. Belchior,1519—1571)的《中华王国的风俗与法律》(1554)、葡萄牙多明我会传教士加斯帕尔·达·克鲁斯(Gaspar da Cruz,1520—1570)全面介绍中国的《中国情况详介专著》,最著名的是 1585 年在罗马出版的西班牙胡安·冈萨雷斯·德·门多萨(Juan Gonsales de Mendoza,1545—1618)编著的《中华大帝国史》(Dell'historia della China,又译《大中国志》)。这位没有来过中国的传教士汉学家,却根据自己所掌握的有关中国文献写出了第一部真正的汉学著作,名副其实地对中国的政治、历史、地理、文字、教育、科学、军事、矿产、物产、衣食住行、风俗习惯等做了百科全书式的介绍,具有相当的学术价值,以七种文字印行,风靡欧洲。

在这个一百多年的岁月里,前后出版的有金尼阁(Nicolas Trigault,1577—1629)根据利玛窦日记的整理,加上自己的中国见闻合著为《利玛窦中国札记》(Regni Chinensis Descriptio,又译《基督教远征中国史》),亚历山大·德·罗德(Alexandre de Rhodes,1591—1660)的《在中国的数次旅行》(1666),比利时南怀仁(Ferdinand Verbiest,1623—1688)的《中国皇帝出游西鞑靼行记》(1684),葡萄牙费尔南·门德斯·托平的(Fernão Mendes Pinto,1509—1583)的《远游记》,法国李明(Louis-Daniel Le Comte,1655—1728)的《关于中国现状的新回忆录》(Nouveau mémoire sur l'état présent de la Chine,1696,又译《中国近事报道》)和《中华帝国全志》(《中国通志》),等等。

这些包罗万象的文献,不仅记录了不同时代的中国,还以自己的文化视角开始了中西文化最初的碰撞。作为文献,这些游记、日记、札记、通信和报告,有赞美,有误读,也有批评,但因为其中包含大量中国物质文化及政治、经济、历史、地理、宗教、科举等多方面的文化记载,而成为汉学的重要组成部分,在学术史上有重要价值。

汉学的发生、发展与经济、政治、交通以及资讯分不开。有学者把汉学的历史分为"萌芽""初创""成熟""发展""繁荣"几个时期,也有的分为"游记汉学时期""传教士汉学时期"和"专业汉学时期"三个阶段。但汉学的真正形成是在明末清初兴起的"西学东渐"和"中学西传"的互动之中。

以利玛窦为核心的耶稣会士的历史意义在于他们开始了对中国文化的全面开垦,不仅著书立说,还把《大学》《中庸》《论语》《孟子》等中国文化经典译成西文,不仅开西学东渐之先河,也推动了中学西传,使中国文化对西方科学与哲学产生重要影响,因此这位思想家当仁不让地被视为西方汉学的鼻祖。与其先后到达中国的著名的传教士大都曾著书立说、传播中国文化,对推动西学东渐和中学西传做出了贡献。

在世界汉学史上,除了以上提及的,还有许多汉学家的名字十分响亮,如曾德照、柏应理、卫匡国、殷铎泽、南怀仁、汤若望、龙华民、罗如望、熊三拔、张诚、白晋、马若瑟、宋君荣、钱德明、翟理斯、安特生、雷慕沙、儒莲、德理文、安东尼·巴赞、蒙田、冯秉正、尼·雅·比丘林、巴拉第·卡法罗夫、瓦西里耶夫、沙畹、伯希和、马伯乐、葛兰言、马礼逊、斯坦因、理雅各、李约瑟、韦利、霍克斯、卫礼贤、福兰阁、孔拉迪、高本汉、卫三畏、费正清、拉铁摩尔、孔飞力、史景迁、狄百瑞、傅高义、齐赫文斯基、季塔连科、戴密微、谢和耐、石泰安、汪德迈、施寒瑞、施舟人、顾彬、宇文所安,等。他们对中国文化的独特理解,铸造成汉学史上的思想学术之碑,开垦了汉学成长的沃土。

"西方的汉学是由法国人创立的。"但是,在欧洲全面研究中国文明的问题上,"法国的先驱是葡萄牙、西班牙和意大利"①。戴密微把以上三个国家誉为汉学的先锋,"他们于16世纪末叶,为法国的汉学家开辟了道路,而法国的汉学家稍后又在汉学中取代了他们",真正建立了作为学术的汉

---

① [法]戴密微《法国汉学研究史》,耿昇译《法国当代中国学》,北京:中国社会科学出版社,1998年。

学传统。就传统汉学而言,法国是汉学家最多的国家之一,还有英国、俄罗斯、美国、日本等国,有许多汉学界的学术巨擘,不断为汉学大厦的崇高而添砖加瓦。

中外文化交流的结果不仅意味着中国文化"外化"的传播,也意味着异质文化对中国文化"内化"的接受。汉学家作为中外文化交流的桥梁和使者,在异质文化的交流中,也是人类和谐与进步的推动者。

汉学诞生在与异质文化碰撞、交流和相互浸淫之中。这个结果无异于一枚果子的成熟,只有"风调雨顺"才能生长得好。和谐、宽容、理解与尊重,是异质文化彼此借鉴的保证。作为文化形态的汉学,其生存和成长离不开良好的国际语境。就中国而言,历史上凡是开放的时代,文化交流就多,汉学就发展;反之,汉学就停滞,这似乎成为一种规律。

作为学术公器的汉学,文化上有其自己的成长过程。汉学是发展的,这一植根于中国文化土壤,生存于异国他乡的文化,同样深受不同时代语境的极大影响。这里所说的语境,既包括中国的历史演变,也包括异国和世界的历史变化;就是说,不同的历史时期,不同的社会、政治、经济、文化背景,在很大程度上左右着汉学的发展方向和内容;换句话说,汉学的形成和发展,不仅受制于中国历史的更迭,也受制于他者社会的变化。这就是以历史悠久的中国文化为研究对象的汉学发展的基本轨迹。

传统汉学以法国为中心,现代汉学兴显于美国。20世纪中期以来,在西方其他国家葆有传统汉学的同时,现代汉学也很繁荣。这个时期的"汉学"涂满了政治色彩,以法国为代表的汉学较多地保持着传统汉学的学术精神,而美国的"中国学"却成了充满政治意识的现代汉学的代表。

19世纪末至20世纪初,美国汉学悄然嬗变为中国学,并以自己独有的个性特点和极强的生命力出现在世人面前。美国的"中国学"所关心的不是中国文化,更不是中国的传统文化,而是中国的政治、经济、军事、教育和社会生活各个层面的问题。这种政治特征,是那个时期美国中国学的基础,这一特征也影响了其他国家汉学的研究方向和内容。

人类文化包含了物质文化和观念文化。物质文化表现在衣食住行生活方面,是一种看得见、摸得着又极易变化的"具象"文化,例如饮食、服饰、住房、音乐、舞蹈等;观念文化是一个民族精神的核心,表现在人的价值观、道德观、家庭观、宗教观等诸多方面,以及对自由、平等、民主的理解,观念文化是一个民族的思维经过高度抽象后形成的思想、观念和精神,它是通过文化的灵魂——哲学、文学、语言、宗教、历史等来表达的。① 观念文化,一俟进入汉学家的研究视野,他们的研究也就进入了对中国文化核心的深层研究。

汉学家从对中国物质文化到观念文化的研究,其研究领域越来越广阔,越来越深厚。现在,汉学不仅包括对中国的哲学、文学、宗教、历史领域的研究,还包括对社会学、政治学和自然科学的研究。传统汉学和现代汉学,它们已经亲密到"异名共体"的地步。二者的差异在于前者是以文献研究和古典研究为中心,包括哲学、宗教、历史、文学、语言等;而以美国为中心的现代汉学(中国学)则以现实为中心,以实用为原则,其兴趣根本不在那些负载着古典文化资源的"古典文献",而重视正在演进、发展着的信息资源。但是,汉学发展到21世纪,其研究内容和方式已经出现了融通这两种形态的特点。这种状况既出现在欧洲的汉学世界,也出现在美国的中国学研究之中,可以说世界各国汉学家的研究,都兼有以上两种汉学形态。

汉学(Sinology)对中国研究者来说,被尘封得太久,所以它的空白很多,浩如烟海的资源还有待于深入开掘。这种开掘,不仅可以收获汉学,还可以于无意中发现被历史"放逐"和"遗失"在异国他乡的中国文化。编撰"汉学研究大系"的目的和宗旨,不仅是为了梳理已有的汉学资源,在世界范围内追踪中国文化的传播与研究的历史状况、经验及影响,同时探究汉学的产生、成长、发展与繁荣,还要尽可能厘清这块"他山之石"对于中国文化的作用。当然,"汉学研究大系"还期望对推动中国文化与世界文化当下的交流有所裨益。

"汉学研究大系"包括"列国汉学史丛书""中国文化经典与名人传播与研究丛书""汉学家研究丛书""外国文学与中国丛书""西学中医丛书"等多个"丛书"。作为一个文化工程,其撰写的难度非一般学术著作所能比拟。严绍璗教授谈到 Sinology 的研究者的学识素养时提出四个"必须":第一,必须具有本国的文化素养(尤其是相关的历史、哲学素养);第二,必须具有特定对象国的文化素养(同样包括历史、哲学素养);第三,必须具

---

① 任继愈《汉学发展前景无限》,载《中华读书报》2001年9月19日。

有关于文化史学的基本学理素养(特别是关于"文化本体"理论的修养);第四,必须具有两种以上语文的素养(很好的中文素养和对象国的语文素养)。这几点确实都是汉学研究者必须具备的文化和语文素养,否则很难高效进入汉学研究的学术境界。

"列国汉学史书系"的启动始于20世纪90年代,但它的诞生经历了千难万险,如果稍微松懈,必定会死于胎中。2018年10月13日,在北京语言大学校长刘利教授和北京语言大学语言资源高精尖创新中心领导李宇明教授的支持下,开了一次"'汉学研究大系'专家咨询会"。来自北京、天津和南京的学者、在京的汉学家,以及多家新闻媒体的记者参加了本次咨询会。从那时开始,我们将"汉学史书系"裂变为多个"丛书",如此变化,完全是为了能将书系编撰得更科学、更广阔。这个"大系"就像一个"汉学研究超市",如此分法,就是为了便于更多的学者能将自己的作品加入这个"超市"之中,也便于更多的读者走进这个"超市"选购自己需要的精神食粮。

冬天到了之后是春天,接着便是收获的季节。这套富有创意和价值的书系工程几乎涵盖了汉学研究的一切领域,它将对中外文化交流和汉学的发展以及比较研究产生深远影响。

在人类的文化长廊里,无论是中国还是外国,各种书写异国文化的著作琳琅满目,这其中有外国人写中国各类历史的,也有中国人写外国的各类著作。历史,是往事,是记录,是选择,并有相对独立的评论和褒贬。但是,事实上任何一部历史都不是最后的历史,历史随着时光的流逝而演进,修史很难一步到位,它需要一代代的学者"积跬步"才能"至千里",只有"积土成山,积水成渊",才会有"风雨兴""蛟龙生"。学问之事非一夕之功,非得有前赴后继者敢于赴汤蹈火"流血牺牲",才会达至光明顶峰。

开拓者也许会在某个时候将自己的真诚劳作化为欢乐,因为在以后的岁月里,定会有人踏着自己的肩膀攀上高峰,以鸟瞰美丽风光。21世纪是经济的大空间,对汉学来说也是一个"大空间"。但是,要探索这个"大空间",需要有个和谐的"太空站",需要大家联袂共建。当然,世界需要多元文化和谐相处的历史语境,共同创造彼此接近、认识、理解、尊重、沟通、借鉴与融合的机会,这个机会,就是汉学研究发展的机会。

时间在行走,历史在行走。人类创造过历史,书写过历史,但这尚不是最后的历史。汉学有历史,而且还正在创造新的历史,汉学及其研究将以自己的品格和个性在人类文化的世界里放出异彩。

阎纯德
2019 年 3 月 3 日
于北京半亩春秋

目　　录

序 …………………………………………… 袁筱一（Ⅰ）
初版序（附法文原文）………… 伊夫·谢弗莱尔　钱林森 译（Ⅵ）

引言：中国，你在哪里？——法国作家对中国形象的追寻 …（1）
第一章　人文主义、古典主义作家与中国 ……………………（15）
　第一节　西勒纳斯盒中的珍藏——拉伯雷与中国 …………（18）
　第二节　每个人都包含着整个人类的形式——蒙田与中国 …（24）
　第三节　无法模仿的喜剧家——莫里哀与中国 ……………（34）
第二章　启蒙主义作家与中国 …………………………………（47）
　第一节　孕育今世纪的巨子——孟德斯鸠与中国 …………（51）
　第二节　中国：一个新的精神的和物质的世界
　　　　　——伏尔泰与中国 …………………………………（61）
　第三节　真理的战士，自然的骄子——卢梭与中国 ………（85）
第三章　19 世纪浪漫主义作家与中国 ………………………（115）
　第一节　最伟大的、亟待发现的诗人——雨果与中国 ……（118）
　第二节　两次"革命"的见证人——大仲马与中国 ………（136）
　第三节　天生的小说家，深情的麾娜瓦——乔治·桑与中国 …（151）
第四章　19 世纪批判现实主义作家与中国 …………………（163）
　第一节　西方的"镜子"与东方的"映像"——司汤达与中国 …（167）
　第二节　一座采掘不尽的富矿：未完成的探索——巴尔扎克
　　　　　与中国 ………………………………………………（190）
　第三节　他，终于没有"错过中国"——福楼拜与中国 …（227）
第五章　19 世纪自然主义作家与中国 ………………………（249）
　第一节　徘徊在真实与训谕之间——左拉与中国 …………（252）
　第二节　其气息与自然主义者迥异——都德与中国 ………（271）
　第三节　一个并不熟悉的漂亮朋友——莫泊桑与中国 ……（281）

第六章　19世纪象征主义作家与中国 ……………………（293）
第一节　无法逃避与分离的神明兼邪魔——波德莱尔与中国 ……………………（296）
第二节　诸神的背叛——马拉美、魏尔伦、兰波及后象征主义与中国 ……………………（313）

第七章　20世纪法国作家与中国（一）……………………（327）
第一节　诗学王国的哲人——瓦雷里与中国 ……（331）
第二节　客人，你从哪儿来？——克洛岱尔与中国 ……（343）
第三节　行行重行行——谢阁兰与中国 ……………（359）
第四节　哦，乘黄风的远行人，你倒领略到灵魂的意趣！——圣-琼·佩斯与中国 ……………………（372）
第五节　云游四方的诗人——亨利·米肖与中国 ……（391）

第八章　20世纪法国作家与中国（二）……………………（403）
第一节　高擎火炬的人——法朗士与中国 …………（407）
第二节　联系东方与西方贤智间桥梁的建造者——罗曼·罗兰与中国 ……………………（415）
第三节　享乐国里的斗士——巴比塞与中国 ………（431）
第四节　心智时代的象征——纪德与中国 …………（437）
第五节　长眠在悖谬里的铜像——马尔罗与中国 …（447）

第九章　20世纪法国作家与中国（三）……………………（459）
第一节　连接诗与生活，永远现实的超现实——超现实主义作家与中国 ……………………（463）
第二节　危机中的"拯救"——存在主义作家与中国 …（474）
第三节　永不终结的残局——荒诞派戏剧与中国 …（487）
第四节　另立别宗：探索者的创造——新小说派与中国 …（498）

第十章　20世纪法国作家与中国（四）……………………（509）
第一节　不倦的耕者——艾田蒲与中国 ……………（512）
第二节　倾听另一种文明话语——克罗德·罗阿与中国 …（519）
第三节　来自西方的盗火者——米歇尔·鲁阿与中国 …（524）

附录 ……………………………………………………………（532）
后记 ……………………………………………………………（547）

Sommaire

Introduction : Chine où-es tu? —La recherche des images de Chine par les écrivains français .... (1)

Chapitre I Les écrivains de l'humanisme et du classicisme et la Chine .... (15)

1. Le trésor dans les Silènes—François Rablais et la Chine .... (18)
2. "Chaque homme porte la forme entière de l'humaine condition" —Michel Eyquem de Montagne et la Chine .... (24)
3. Un auteur comique difficile à imiter : —Molière et la Chine .... (34)

Chapitre II Lesécrivains des Lumières et la Chine ...... (47)

1. Un grand Maître ouvrant une ère nouvelle—Charles Louis de Secondat, baron de Montesquieu et la Chine .... (51)
2. La Chine : "un monde nouveau d'esprit et de matière" —Voltaire et la Chine .... (61)
3. Combattant de la vérité, fils de la nature—Jean-Jacques Rousseau et la Chine .... (85)

Chapitre III Les écrivains du romantisme du 19ème siècle et la Chine .... (115)

1. "Le poète le plus grand qui reste à découvrir"—Victor Hugo et la Chine .... (118)
2. Témoin de deux révolutions chinoises—Alexandre Dumas et la Chine .... (136)
3. "Romancière née, minerve amoureuse"—George Sand et la Chine .... (151)

Chapitre IV Les écrivains du réalisme du 19ème siècle et la Chine .... (163)

1. Le miroir de l'Occident et le reflet de l'Orient——Stendhal et la Chine ……………………………………………………（167）
2. Une mine inépuisable: exploitation inachevée——Honorée de Balzac et la Chine ……………………………………………（190）
3. Il n'a pas manqué la Chine, finalement——Gustave Flaubert et la Chine ……………………………………………………（227）

Chapitre V Les écrivains du naturalisme du 19ème siècle et la Chine ………………………………（249）

1. Errer entre la réalité et la morale——Emile Zola et la Chine ………（252）
2. "Son style est bien différent de celui des naturaliste"
   ——Alphonse Daudet et la Chine ……………………………（271）
3. Un Bel-ami encore malconnu——Guy de Maupassant et la Chine ……………………………………………………（281）

Chapitre VI Les poètes du symbolisme du 19ème siècle et la Chine ………………………………（293）

1. Divinité et démon qu'on ne peut repousser ni fuir
   ——Charles Baudelaire et la Chine ……………………………（296）
2. La trahison des dieux——Stéphane Mallarmé, Paul Verlaine, Arthur Rimbaud et les autres poètes du symbolisme et la Chine ……………………………………………………（313）

Chapitre VII Les écrivains français du 20ème siècle et la Chine (I) ……………………………………（327）

1. Le philosophe dans le monde poétique——Paul Valérie et la Chine ……………………………………………………（331）
2. Hôte, d'où viens-tu? ——Paul Claudel et la Chine ………………（343）
3. De voyage en voyage——Victor Segalen et la Chine ……………（359）
4. "Ô, Voyageur dans le vent Jaune, goût de l'âme !"
   ——Saint-John Perse et la Chine ………………………………（372）
5. Un poète voyageant partout——Henri Michaux et la Chine ………（391）

Chapitre VIII Les écrivains français du 20ème siècle et la Chine (II) ……………………………………（403）

1. L'homme portant haut le flambeau——Anatole France

et la Chine ……………………………………………… (407)

2. Un constructeur du pont reliant les sages de l'Orient et de
l'Occident—Romain Rolland et la Chine ……………… (415)

3. Combattant au monde des jouissances—Henri Barbusse
et la Chine ……………………………………………… (431)

4. Le symbole de l'ère intellectuelle—André Gide et la Chine …… (437)

5. Une statue de bronze dormant à jamais dans l'Absurde
—André Malraux et la Chine ……………………… (447)

Chapitre IX Les écrivains français du 20ème siècle et la Chine(III) ……………………… (459)

1. Lier la poésie à la vie: le surréalisme toujours réaliste—les écrivains
du surréalisme et la Chine ……………………… (463)

2. Le salut dans la crise—Les écrivains de l'existentialisme
et la Chine ……………………………………………… (474)

3. Une partie sans résultat—Les dramaturges de l'Absurde
et la Chine ……………………………………………… (487)

4. Création d'une autre école: le monde sous le regard particulier
—les écrivains des nouveaux romans et la Chine ……………… (498)

Chapitre X Les écrivains français du 20ème siècle et la Chine(IV) ……………………… (509)

1. Un laboureur infatigable—René Étiemble et la Chine …………… (512)

2. À l'écoute de la voix d'une autre civilisation—Claude Roy
et la Chine ……………………………………………… (519)

3. Prométhée venant de l'Occident—Michelle Loi et la Chine …… (524)

Bibliographie ……………………………………………… (532)

Posteface ……………………………………………… (547)

序

钱林森教授嘱我为《法国作家与中国——16世纪至20世纪80年代》的新版作序,我是既惶恐又欣快。惶恐自然因为钱教授是我的师辈,他开始开拓中法文学(化)交流史的疆土时,我还少不更事。而且时间在钱教授身上仿佛总是正面的,三十年的努力、三十年的积累,令我等慵懒之人在惊叹之余只有钦佩。但我还是毫不犹豫地接受了钱教授的盛情邀约,不仅仅因为我是这本书初版的最早读者之一,更因为《法国作家与中国》在中法比较文学领域具有开山之作的意义。

谓之开山,并不只是基于对《法国作家与中国》初版时间的判断。关于时间,钱教授在后记中解释过,《法国作家与中国》这个研究课题的孕育,可以追溯到20世纪80年代中期。那时中国还在经历又一次的翻译高潮,文学的、思想的。可恰恰因为还在经历中,纵然占得先机,却并不是一个好的治史的时间节点。这本书初版之后的20世纪90年代末期,中国对于外国文学的引进、翻译以及出版、传播都发生了很大的变化,从而直接导致了法国作家与中国的关系发生了很大变化。因而,该书并没有包含90年代以后极为复杂和纷繁的20多年。

所以,《法国作家与中国》的意义并不完全在时间上,对于今日的再版而言更是如此。事实上,中外文化交流史的建构是极为复杂的过程。而试图在比较的框架里去理解两种语言以及两种语言文化之间的关系,就是要将弥散在各个不为人所知的历史角落中细碎的事实整合起来,呈现一种并非显性的,甚至有可能是假设性的逻辑。这个,或许是我在20多年前读到《法国作家与中国》时最大的收获。它关乎我对比较文学的"比较"二字的理解,也关乎我对学术领域中事实与建构的理解。

在大多数人的想象中,中法文学之间的关系首先表现为法国文学对中国文学的影响,这一学术想象尤其在20世纪80年代极为流行。王晓明教授也在其早期的一篇文章《翻译的政治——从一个侧面看80年代的翻译运动》中说:"整个80年代,是中国人重新感觉和思考中国的社会现状,并为它重新确立发展方向的时期,在这个过程中,被译成中文的那些主要是来自西方的人文科学和社会科学著作,包括文学作品,正构成了中国人重新感觉和思考现实的基本参照系,成为启发和引导他们的感觉和思考的重要因素"。这一判断在肯定了20世纪80年代这一次翻译高潮的价值的同时,也隐藏着另一个命题,那就是自现代以来,比较起中国文化和思想对西方文化和思想的影响,显然,我们更能看到的、更加能够证实的,是反方向的影响、反方向的运动。

《法国作家与中国》从研究的主题来说,显然是着重描述这一反向的运动。在"法国"和"中国"这两个地理维度中,作者选择依循"法国"文化和思想发展的时间脉络,从文艺复兴、古典主义到启蒙,再进入现代的大门;从浪漫主义、现实主义、自然主义一直勾勒到存在主义、荒诞派戏剧和新小说。然而值得玩味的是,这条主线是在其与另一个地理维度——中国——的关系中得到再现的。它要说的不仅仅是如果没有卢梭、雨果、司汤达、巴尔扎克,中国的新文化运动或是现代意义的小说可能会是别的面貌。还有另一个值得我们注意的事实是:如果没有与包括中国在内的其他语言文化的关系,也许,文艺复兴巨匠笔下的世界、伏尔泰的启蒙思想、雨果的人道主义等等也会有些许的改变,也不是我们今天看到的样子。

这其中包含两层意思。

第一层意思更显而易见,也更为我们所熟悉:从翻译,或者外国文学的角度来说,这是接受、抵抗与生成的历史。法国作家固然有法国作家的特殊之处,也逃不脱中国对于外国文学、文化、思想的接受环境。我们的确看到,尽管书中的法国作家可以上溯到文艺复兴,但在中国的接受基本是从19世纪末20世纪初开始的,融入在大的"西方文化"的范畴内,沉淀有中国在语言文化发生激变的时期对外来文化因素的欲求。它和法国自身书写的文学、文化或者思想史有关,但绝不是法国自身书写的文学、文化或者思想史在中国的简单移译和介绍。因而才有拉伯雷在中国的"寂寥",——借用昆德拉的评价,拉伯雷在法国小说史上也有被低估的倾向——才有雨果的"小说家"与"人道主义者"的形象;才有司汤达的忽"红"忽"黑"。19世纪末20世纪初不仅是个起点,奠定下了这些法国作家的中国之旅的路线、接触、对话与冲突,甚至使得中国作家的写作方式或者语言得到了某些改变。反过来，作为外国文学译介的主力军，20世纪上半叶的作家又在某种程度上决定了现代中国对法国文学、法国文化的接受选择和接受方式。直到20世纪80年代再一次翻译高潮来临之前的翻译环境充分说明了这一点。

王晓明教授所评述的20世纪80年代则是另一个对"西方文化"集中译介的时期。《法国作家与中国》中，中国对于"当代"法国作家——更确切地说，是20世纪法国作家——的接受事实多发生于这个时期。例如，荒诞派戏剧在中国的"开局""对弈"以及"中国式下法"就颇具典型意义，在某种程度上可以算是我们对于"当代"的非本土文学、文化和思想的接受范式。跳出荒诞派戏剧的范例，放置在整个中法文化对话之中，我们会发现，一种语言文化对另一种语言文化的接受就是这样一个过程："开局"是翻译与介绍，是丢一颗石子到深不见底的目的语语言文化中的试探；"对弈"是更深入的评论、思考，甚至是本土化的准备；而"中国式下法"就到了生成的阶段，是外来的被本土的融化掉，最终成为本土"智识遗产"——我们借用法国比较文学大家，也是该书初版时序言作者谢弗莱尔的语汇——的一部分。从"开局"到"中国式下法"，这个过程往往很长，但也可以很短。19世纪末20世纪初和20世纪80年代之所以能够成为中国的外国文化接受史上两个特殊的高潮时期，其中一个非常重要的原因是作家——小说家、剧作家、诗人、评论家、思想家——往往冲在接受的前线，有时甚至扮演着翻译家的角色。这就使得两国的文化之间建立了直接的联系，也给了比较文学的研究者比较明确的指征。但是，比较文学研究者容易踏入的陷阱恰恰也在这里。

好在《法国作家与中国》对于这个陷阱是非常清醒的。从开篇时分蒙田与老庄的似是而非，到接近尾声时的新小说对中国年轻一代小说家的影响，如果说平行研究是比较文学研究绕不过去的一种方法，钱林森教授在使用时却是慎之又慎的。因而，除了道听途说、一鳞半爪之外，蒙田"东方哲人"的形象或许更来源于一种误读，此"中庸"绝非彼"中庸"；此"怀疑论"绝非彼"物我两忘"。但是，"新小说在中国新文苑运行中"留下的印记却是真实的：哪怕90年代还算是年轻的一代在今天已臻成熟，在回望新小说种种颠覆性的叙事手段在自己写作风格中扮演的角色时不免有些犹疑，他们年轻时候的作品以及那时作品在自己的小说史上留下的痕迹，却如书中所呈现的一般,是无法否定的。学术史的构成必须摒弃偏见、摒弃人云亦云、摒弃涉事者的主观判断,而只基于事实说话,建立事实之间的逻辑。应该说,《法国作家与中国》的作者为我们做出了很好的榜样。

第二层意思却是极容易隐藏在第一层的意思下,以至于我们在以一个地理纬度为据点,叙述在这个维度里来自另一个空间的影响时,往往竟至忽视。一种文化对另一种文化的接受,或者说,两种文化之间的互动是一个缓慢而复杂的过程。如果我们只截取某一个时间点加以观察,就会形成过于简单的判断。与20个世纪80年代不同,这些年来,认为"输入"过多,"输出"才是迫切任务的声音不绝于耳,说到原因,大体也是由此类简单判断而起。我倒是觉得,在简单判断之前,读一读《法国作家与中国》也许很有必要。虽然是"法国作家"与中国,但开篇从拉伯雷和蒙田写起,写的竟是受到过一点点中国影响的拉伯雷和蒙田。在钱教授另一部著作《中国文学在法国》中得到浓墨重彩书写的伏尔泰,在这本书中也占有篇幅不小的一章。更宏观地来看,《法国作家与中国》这一书名中"与"的选择也开宗明义地昭显了作者的立场:两种语言文化之间的影响,从来不是单方面的。在不同的历史时期,受制于不同的政治、文化、传统、经济环境,彼此之间对话的频率,影响的强弱会呈现出完全不同的面貌,不从历史的全局去观察和把握,得出有失偏颇的结论在所难免。应该是出于强调第二层意思的缘故吧,进入每一章之后,《法国作家与中国》的结构基本相似:首先追溯的是法国作家本身与中国的渊源,然后是中国接受的姿态,最后是有可能建立的平行研究。从方法上来说,作为学术史的范式之一,我以为,它的意义就在于揭示了"史"的真正逻辑:如果说编年是任何一部史都无法回避的、显性的逻辑,治史的目的却是在于挖掘编年之后的,经常为我们忽视的逻辑。从内容上来说,《法国作家与中国》的意义就在于它通过学术史的形式告诉我们,法中两国的文化史看似是线性的、前因后果的,但也许它更是循环性的,是寻求传统之外的理解,并不断融入自身传统的一个过程。谁能说,从纪君祥的《赵氏孤儿》到马约瑟翻译的《赵氏孤儿》,再到伏尔泰的《中国孤儿》,最后到陈凯歌导演的《赵氏孤儿》,这个过程不是循环的中法文化关系的结果呢?循环,意味着一种语言文化能够画出一个越来越大的圆,容纳越来越多的可能性。这既是法国文化的魅力根本所在,也是中国文化的魅力根本所在。

书中的最后一章也在某种程度上证实了这一点。法国作家与中国之间的渊源，从来不是中国一厢情愿的构建，从基督教外扩到欧洲汉学的发祥，这其中始终包括法国"向外"的目光与意愿。比较起在两次中国翻译高潮中冲在前线的中国作家，法国的汉学家当然也是不可忽略的力量：他们不仅是中法文化互动的印记和证明，更是中法文化交流史的缔造者。

说到底，这就是比较文学中"比较"的意义吧。对于一种语言文化来说，向外，然后返至自身的运动总是复杂的，难以一言以蔽之的。但是唯其复杂，才值得我们一而再、再而三地探索、沉浸与玩味。对他者的诉求——特别是在译入的高潮时期——是对他者文化的误读的来源，却也是他者文化生命延续的必然手段。如果说《法国作家与中国》在今天仍然没有失去它在资料以外的价值，就在于此：它不仅没有回避，而且充分勾勒了两种文化之间关系的复杂性。我们从中得不到一个让人一劳永逸的答案，却获取了永远要探索下去、开发新的事实、提出新的假设的勇气与动力。

袁筱一
2018 年 8 月于上海

初 版 序

  中国法国,法国中国:两种文明,两种文学形态的国家,拥有一大批早已遐迩闻名和今日得到承认的作家。这两个世界各自发展了自己的潜力,从它们首次接触至今也只不过才5个世纪。

  人们知道,对法国和整个西方来说,发现中国意味着什么,特别是艾田蒲,他曾不止一次地着意提及哪些是构成《中国之欧洲》①这部著作的印象和看法,不管这些印象和看法是持久的或是短暂的,而在这部《中国之欧洲》中,也未免存在一些对中国的模糊看法、幻象,乃至偏见。至于中国,她首先对西方的科学和技术产生了兴趣,继而又屡屡受制于武力威胁,因而中国只是从20世纪起,才真正向欧洲文学,特别是向法国文学开放。中国、法国,这是两个最终互相发现,而又彼此丰富的世界。

  论述这些关系的比较文学著作并不是没有,但为数不多,因此就应该感谢钱林森教授,他力图描述、分析这一频繁交流,而这正是比较文学研究者的方法之中心所在,指出法国作家怎样了解中国,中国又怎样接受法国文学。

  自然,他的方法是一种历史的方法。因此,从第一章起,蒙田就占据一个重要的位置,作为人思考人的必不可少的标志,对此,我们将不会感到奇怪。启蒙时代显然受到重视,这个时代的三位代表是孟德斯鸠、伏尔泰、让-雅克·卢梭,我们知道,卢梭在巴金心目中所占的地位。稍后,是雨果所体现的法国浪漫主义,但我们也可看到伟大的通俗文学作家大仲马的名字,这是钱林森研究中所列出的作家之一。不过,法国文学还是以巴尔扎克的现实主义,左拉的自然主义,或许还有都德及短篇小说大师莫泊桑,向中国提供一些能够激发一种创造性的接受的范本;当然,同一时代的波德

---

  ① 艾田蒲《中国之欧洲》两卷集,巴黎:伽俐玛出版社,1988年、1989年。中文版系(郑州)河南人民出版社1992年和1994年出版,由许钧、钱林森译。

莱尔或魏尔伦的象征主义,也是文学上的明灯,他们的光芒一直照射到中国,及至20世纪一些法国诗人,特别是保尔·克洛岱尔、维克多·谢阁兰和亨利·米肖,才更深刻地了解这疆土辽阔的国家,十章有四章(差不多占著作的一半)用来描述20世纪的法国作家与中国的接触,这表明当代,即我们所处的时代所占的重要地位,应该相信,这只不过是两个传统文化进一步互相了解的开始,而这两种文化,有时又都受到自满倾向的威胁。

钱林森教授的著作是属于那些有助于这种必不可少的、进一步互相了解的著作之一,我们应当感谢他在这有待开发的领域所提供的各种启示。

伊夫·谢弗莱尔
索尔邦大学教授
1994年9月于巴黎
钱林森 译

PRÉFACE
(初版序法文原文)

La Chine et la France, la France et la Chine : deux civilisations, deux littératures, un très grand nombre d'écrivains aujourd'hui connus, et reconnus, dans l'un et l'autre pays. On ne compte pourtant guère que cinq siècles écoulés depuis les premiers contacts entre ces deux mondes, qui avaient développé séparément les virtualités qu'il possédaient.

On sait que ce que signifia, pour la France comme pour l'ensemble de l'Occident, la découverte de la Chine : R. Étiemble, entre autres, a su, à maintes reprises, rappeler avec force quelles furent les impressions, durables ou éphémères, qui contribuèrent à constituer L'Europe chinoise[1], à laquelle ne furent d'ailleurs pas épargnés les impressions, les illusions ou les préjugés. La Chine, pour elle, d'abord sensible aux sciences et aux techniques occidentales, sujette ensuite à des entreprises belliqueuses, ne s'ouvrit réellement aux littératures européennes et, en particulier, à la littérature française qu'à partir du XXe siècle de l'ère chrétienne. Chine/France : deux terres qui ont fini par se découvrir l'une l'autre, qui s'enrichissent l'une l'autre.

Les travaux de littérature comparée qui traitent de ces contacts ne manquent pas, mais ils restent encore trop peu nombreux. C'est pourquoi il faut savoir gré au professeur Qian Lin-Sen d'avoir tenté de décrire et d'analyser ce mouvement de va-et-vient qui est au cœur d'une démarche comparatiste, en montrant tant ce que les écrivains français ont connu de la Chine que la façon dont celle-ci, à son tour, a accueilli la littérature française.

---

[1] Étiemble, *L'Europe chinoise*, Paris, Gallimard, 2 vol., 1988 et 1989.

PRÉFACE

Sa démarche est, tout naturellement, une démarche historique. On ne s'étonnera pas de voir Montaigne figurer en bonne place, dès le premier chapitre, comme une sorte de repère indispensable à tout homme qui réfléchit sur l'homme. Le siècle des lumières est évidemment à l'honneur, représenté, notamment, par le trio Montesquieu-Voltaire-Jean-Jacques Rousseau: on sait d'ailleurs ce que ce dernier a représenté pour Ba Jin. Plus tard, le romantisme français s'incarne en Victor Hugo, mais on trouvera aussi le nom de ce grand écrivain populaire qu'est Alexandre Damas père parmi ceux qui figurent dans l'étude de Qian Lin-Sen. Toutefois, c'est peut-être avec le réalisme et le naturalisme, avec Balzac et Zola, mais aussi Daudet et Maupassant, ce maître du récit court, que la littérature française propose des exemples susceptibles de susciter une réception créatrice en Chine; Il est vrai que le symbolisme d'un Baudelaire ou d'un Verlaine font aussi partie, à la même époque, des phrases dont le rayon s'étend jusqu'aux rivages chinois, en attendant qu'au XXe siècle des poètes français connaissent plus intimement ce vaste pays: Paul Claudel, Victor Segalen, Henri Michaux, entre autres. Quatre chapitres (sur dix, soit près de la moitié de l'ouvrage) sont consacrés à la rencontre de la Chine et des écrivains français du XXe siècle: c'est dire l'importance de l'époque actuelle, de notre époque, dont il faut espérer qu'elle n'est que le début d'une meilleure connaissance réciproque de deux cultures traditionnelles, parfois guettées, l'une et l'autre, par la tentation de l'autarcie.

L'ouvrage du professeur Qian Lin-Sen est de ceux qui contribuent à cette meilleure et indispensable connaissance: que son auteur soit remercié pour les suggestions qu'il apporte dans un domaine où tant de choses sont à faire!

Yves Chevrel
Professeur à la Sorbonne
Septembre 1994

引言：中国，你在哪里？
——法国作家对中国形象的追寻

  我们对于中国民族，设想出多少怪戏。因为我们不能了解这类既上反下、既左却右、既前又后的中国民族。既聪颖绝伦，却又有不谙世务的狂愚，既柔弱无俦，却又能盛衰兴亡绵延不绝；既质性惰钝，却又有出类拔萃的工艺，既禀性痴顽，却又有令人颠倒之玲珑；既质朴少文，却又有不可思议之纤巧；既淡泊自安，却又能精微修凿；我们既不能了解，遂想出无奇不有妙想天开的解说。
           ——瓦雷里《盛成〈我的母亲〉序》
  在我们传统的形象里，中国文化乃是最讲究细节，最严守清规戒律，最不顾时间的变动，最注意纯粹空间轮廓的。我们想到中国，便是横陈在永恒天空下面一种沟渠堤坝的文明，我们看见它展开在整整一片大陆的表面，宽广而凝固，四周都是城墙。……如此看来，在我们所居住这个地球的另一个极端，似乎有一种文化完全专注于安排空间的次序，但却不是把天下万物归于有可能使我们能命名、能说、能想的任何范畴里。
              ——福柯《词与物》①

  16世纪以降，自西方传教士门多萨颇具影响的《大中华帝国史》，特别是杜赫德多卷的《中华帝国志》等著作将中国信息、中国知识带到西方后，中国，这"天外的版舆"②，就成为一代代法国作家神往、探寻的对象。中国，你在哪里？便始终成为他们一个复杂而富有魅力的课题。而中国的魅

---

① 转引自张隆溪《非我的"神话"》，载《文化类同与文化利用》，北京大学出版社，1990年。
② 瓦雷里《盛成〈我的母亲〉序》，合肥：安徽文艺出版社，1985年。

力正产生于它的遥远、神奇和相异性。几个世纪以来,法国作家就这样根据自己的需要和想象,对着遥远神奇的天国,呼唤过,期盼过,描绘过,改塑过,歌颂过,也曲解过,曾几度为之设想出了种种的"怪戏"。他们笔下所呈现的中国形象,不管具有怎样的色彩,赋予怎样的正面的或负面的意义,但它却始终是盖之难蔽、挥之难去,富有魅力而复杂的存在!

在16世纪法国作家眼里,中国还是一个轻雾迷漫、晨曦初升的陌生世界。然而,这天之一方的陌生世界,虽然显得神奇、古远,但它毕竟是可望,也是可及的。睿智而充满想象力的人文主义作家拉伯雷,在其非凡神奇之作《巨人传》中第一次象征性地提到了中国。他对中国做了寓意性的描写:在"印度以北的中国附近",放着智慧的神瓶,它让主人公庞大固埃,不遗余力地到神秘的东方来找神谕,无疑表明中国正是智慧、理想之所在,它是可以通过探险和旅行而达到的。我们无法确知拉伯雷在创作《巨人传》之前,是否读过旅行家关于中国的描述,但他这充满想象力的几笔,恰好描写了法国作家对中国形象的基本取向,这就是赋予它神秘的智慧,奉为至高的理想所在。正是这想象的、非我的神话,塑造了几代作家心目中的中国形象!与拉伯雷同时代的另一个人文主义作家蒙田在其《随笔集》中,曾对中国做了这样更为直接的赞叹:中国的"政府体制和艺术在一些杰出的领域内超越了我们,它的历史告诉我,世界之大、之丰富是我们的祖辈和我们自己所无法深刻理解的"①,他把中国看成是"欧洲的典范",是他在世界别处未曾见到过的典范,目的是借此"来支持他自己的信念,即认识是不可靠的,世界是无限丰富的,道德的教训是普遍适用的"②。中国对法国人文主义者蒙田和拉伯雷同样都具有深刻的诱惑力,所不同的是,这种诱惑在前者出自需要,在后者出自想象。这构成了后世几代作家追寻和塑造中国形象的两个基本模式。

18世纪是法国倾慕中国的时期。对18世纪法国作家来说,中国的智慧不再像拉伯雷追寻的神瓶那样迷蒙,而变得这样具体和实在:蜂拥而至的中国艺术促进了欧洲艺术风格的改变,形成了欧洲建筑史上的"园林时代",中国的陶瓷、装饰、丝织直接推动了欧洲风习的革新,崇尚中国成了那

---

① 钱林森《中国文学在法国》,广州:花城出版社,1990年,第3页。
② 拉奇(D. Lach)《欧洲历史上的亚洲》(Asia in the Making of Europe)第2卷,芝加哥,1977年,第297页。转引自张隆溪《非我的"神话"》。

时代趋之若鹜的时风。这股"中国热"的历史潮涌,更加激发了法国人的想象力,使本来具有神秘魅力的中国主题更添魅力,驱使18世纪的法国作家对中国精神、中国形象的思考与追寻更为执着、更为热切。而号称欧洲三大汉学巨著《域外耶稣会士之有趣而有益的通讯集》《中华帝国志》《北京耶稣会士杂记》及法国耶稣会士李明、白晋、宋君荣、钱德明等人的著作在巴黎相继出版,又为他们对中国的思考和探求建立了可靠的基础,哲学家由此寻觅到了思想材料,构筑起自己的理性王国,文学家由此采撷到了新的题材,塑造了新的中国形象,为18世纪欧洲"中国热"的历史大潮推波助澜!

在18世纪首先对中国进行集中的想象性描述的作家是格莱特(S. Gueullette,1663—1766)①,他同时又是拉伯雷《巨人传》最著名的编辑出版者,也许出于对前辈的一种追随,他于1723年写了一部小说《中国故事集——达官冯皇的奇遇》,将拉伯雷在《巨人传》中对中国的想象,幻化为一部十足的流浪汉小说。格莱特在中国背景下,叙述主人公冯皇在46个夜里向中国新皇后宣讲灵魂转世的故事,因为如果不能说服皇后,中国就要改信伊斯兰教。尽管这不过是一个嵌入中国背景的虚构故事,却迎合了那一时代崇尚中国的时代风尚,所以在当时颇有影响,但它毕竟缺乏对中国本身深入的思考,随着岁月的流逝也就被人遗忘了。

真正对中国做总体思考并提到哲学高度加以探究的,是18世纪启蒙作家伏尔泰和孟德斯鸠。在法国文学史上,伏尔泰无疑是第一个"亲华"的作家,而在源远流长的中法文化关系史上,他又是以中国文化热忱的颂扬者、中国精神执着的追寻者、中国形象最深刻的表现者而永载史册的。伏尔泰在自己卷帙浩瀚的著作和日记中几百次提到中国,对中国的政治思想、道德伦理、历史、哲学、科技、民风民情进行全面的描述与探究,这在中外关系史上实属罕见。作为法国18世纪的思想巨子,他最难能可贵的是,以宏阔的文化视野和自觉的东方意识,首先将中国提到历史哲学高度加以审视、思考,是他首次将中国写进了人类的文明史,从而确立了中国在人类历史进程中的应有地位②;是他首次将中国文化视为人类最高的精神文明

---

① [美]史景迁(Spence)《文化类同与文化利用》,北京大学出版社,1990年。
② 伏尔泰《风俗论》(梁守锵译),北京:商务印书馆,2003年。

之一进行全面的颂扬①;作为中法文化交流的先驱者,伏尔泰值得称道的是,他不仅是中国古文明的发掘者,中国文化精神的弘扬者,而且也曾以最明确的语言指出中国有发明而好古,守旧停滞等弱点。而作为中法文学交流航向的开拓者的伏尔泰,他的首功是,自觉地、较广泛地采撷了中国题材,成功地把东方情调引进自己的描写天地②,使中国形象成为激发作家新的灵感、新的激情、新的想象力和新的审美情趣的源泉。历史地看,在沟通中西(中法)交流和理解上,伏尔泰功不可没,但是,我们应当指出,他所倾心描绘的中国形象,其实也是真实与想象参半,是他依据传教士所传播的不无理想化的中国形象、中国知识所构架的"中国幻景""中国的神话的东西"③,与现实的中国相去甚远。他之所以如此热情地颂扬中国,如此执着地追寻中国,是因为他从迥异于西方文明的中国形象中,看到了启蒙思想家所构想的"理想国",找着了一个"欧洲的反模式",以此作为鞭笞旧欧洲的巨杖,重建文明的参照,完全出于一种真实的需要。跟伏尔泰一样,孟德斯鸠也怀着极大的热情对中国进行过专题研究和集中描述,他在其奠定思想家地位的《论法的精神》一书中,曾设立专章专节议论过中国。孟德斯鸠对中国的重视,显然也出于自我的需要;与伏尔泰不同,他不是把中国模式作为欧洲的榜样,而是把中国模式看成专制制度的一个例证,力图把它列入他的世界模式。他同样对中国的文明形态作过严肃认真的思考,并赋予中国在人类文明发展进程中以一席地位。但他是以否定的角度来确认这一地位的。虽然他所构架的所谓中国气候决定中华民族的性格,因之而决定专制政体属性的"理论"依据,在今人眼光看来不免荒唐,因而对后世文人学士也产生过荒谬的影响④,但他毕竟以中国为对象,从否定的方面创造了一个与伏氏笔下的"中国幻景"具有同值的"非我"的神话,在法国和西方作家中一开描写中国负面形象的先河。就历史内涵来说,这种负面形象和伏氏倾心讴歌的正面形象是同等的。否定的也好,肯定的也好,它们都不过是西人根据自己的需要而创造出的,真理与谬误并存,现实与虚构参半的"非我"的神话,这种"非我"的神话对我们认识"自我",反观神话制造者本身具有同等的历史价值。

---

① 《路易十四时代》等。
② 《中国孤儿》《伊兰娜》等诗剧和《查第格》《老实人》等哲理小说。
③ 艾田蒲《中国之欧洲》第 1 卷(*l'Europe Chinoise*),巴黎,1988 年,第 327 页。
④ C. 昂博尔·于阿里(C. Imbault-Huart)评论中国古诗就运用过这种理论。

18世纪法国作家研究中国、描写中国的,当然不止伏、孟两位,我们还可举出卢梭、狄德罗,举出阿尔央斯的《中国人信札》、勒萨日的一些剧作,举出哲学家爱尔维修、经济学家魁奈等人的著作,所有这些作家的作品都未超脱伏、孟模式,即从肯定和否定两个方面对中国进行观照,流露于他们笔端的也不外是正面的或负面的中国形象,而不论是美化的、丑化的,都是作者本人依据耶稣会士所传播的中国知识,出于自己的政治文化的实用目的而构想出来的神话,距离真实的中国很远,但它又真实地表明了,在18世纪的法国,中国确实成了人们思考的中心,成为兴趣所向,较之16世纪,这个遥远神奇的天国,仿佛一下就缩短了人间的距离而显现在人们的面前似的。

18世纪欧洲的"中国热"推动了法国汉学的发展[①],汉学的发展使中国知识、中国信息在19世纪欧洲得到更广泛更真实的传播,为法国作家研究中国,寻求中国形象提供了更多的可能。但是奇怪的是,19世纪随着西方人研究中国的可能性增大,法国作家群探求中国的热情却在逐渐减少,虽然这未必就像史学家所说的,出现了所谓对"中国摒弃期"[②],但较之18世纪对中国的探寻,确实出现了巨大空缺,它没有产生像伏尔泰那样研究中国的天才,也没有出现过像18世纪以中国作为主要描写对象的著作,个中原因有待探索。然而,中国依旧是作家所关注的对象之一,20世纪"中国热"的余波,似乎仍在耳边激荡,前辈们高唱的"中国之歌"依然在他们心底回响,中国依旧对这一代作家保持着一种魅力。这种魅力仍然孕育于时空的辽远和色调的神秘。16世纪人文主义大师拉伯雷通过自己作品中的人物,第一次天才地指出,神秘莫解的中国是可以企及的,18世纪的巨人们把辽远的天国拉回了人间,而深受启蒙思想熏染的19世纪的子孙们又把中国拉向了远方,通过创作,他们似乎都在低声地发出同样的疑问:中国,你在哪儿?虽然他们面对着较前辈有更多与中国交流的机会。批判现实主义大师巴尔扎克虽然受到了亲生父亲,一个"中国的狂热者"的影响,从小就读过杜赫德的著作,接受了"中国教育",并为此写了一篇有关中国的专论[③],确认中国是"一个值得认识研究的民族"!但他的中国知识,他

---

① 《中国文学在法国》,第1—16页。
② [美]史景迁(Spence)《文化类同与文化利用》,第68页。
③ 《中国与中国人》(*La Chine et les Chinois*)。

对中国的了解到底还是零星的、肤浅的。在他看来,中国是"虚幻神奇的""永世长存的",有五千年的文明史,但又是"守旧""静止的","这个民族围绕它本身运转,一成不变,它确实是中央帝国",赞与贬都未脱伏尔泰的窠臼。他在创作中也只限于采摘中国文化掌故借以刻画他所喜爱的人物,也未能如前辈那样刻意追寻中国形象。另一位小说大师福楼拜虽然在其代表作《包法利夫人》《情感教育》中多次提及中国风物,但只是作为东方情调的点缀,对中国并未深入推究,他对中国心往向之,一生几度梦想到这个遥远的东方古国做一次神奇的旅行,把其中的奥秘看个究竟,却一次次地错过了机会,留下了永世的遗憾。福氏弟子莫泊桑对中国文化时有精辟之见①,但他的文学创作几乎没有涉猎中国题材;19 世纪小说界出众的才女乔治·桑,虽然生性温柔多情,却未投情于中国,只是一味感叹中国艺术的神秘;巴尔扎克的两个挚友,文学巨子雨果和知名诗人戈蒂耶倒是本时期法国作家中典型的"中国热"的身体力行者。前者为自己的情妇布设了一间中国式的绣房。英法八国联军火烧圆明园时,又公开站出来谴责西方侵略者毁坏中国文明的罪行;后者请来一位中国教师教自己女儿中文,使她成为中国古诗的最初法文译者,他自己也仿照中国诗风进行创作,成为文坛一时佳话。雨果和戈蒂耶虽然对中国倾注了较多的关注和情趣,但细究起来,他们追求的主要还是文化风尚,严格意义上的中国形象,在他们的创作中也没有留下清晰的印迹。中国题材在一代象征大师波德莱尔那里占有一席之地,但并不表明诗人对中国本身的关注,事实上诗人并没有把中国作为描写对象。波诗作中一共四次提及中国,《恶之花》中两次,《散文诗集》两次②;或用它组成时间与永恒的对立面,如散文诗《时钟》;或象征遥远的乐土,如散文诗中的《邀去旅行》。《恶之花》中的同名诗及《悲伤与彷徨》等,完全幻化为"他性",有着更深层次意蕴的掘进,而中国本身的面影愈显超逸神秘难解。这一切使我们不得不承认:法国作家对中国形象的追寻,在 19 世纪确实存在巨大空缺。

中国,你在哪里?这也一直困惑着 20 世纪致力于寻求中国的作家们。虽然得益于中法两国之间日趋频繁的交流与接触,他们可以通过更多的出

---

① 《中国文学在法国》,第 89 页。
② [美]格洛里亚·比恩著《波德莱尔在中国》(周发祥译),载《文学研究参考》1987 年第 9 期。

版物,或通过自己周围更多的中国人、中国弟子(诸如瓦雷里有梁宗岱、盛成,罗曼·罗兰有梁宗岱、敬隐渔、傅雷;纪德有盛澄华、张若茗),获取更多的中国信息和中国知识,但他们还是深感了解这东方古国的困难性。大诗人瓦雷里曾典型地表达了这种难以把握的困惑心情:"我们对于中国民族,设想出多少怪戏。……因为吾人对于这虽广大而不能富强的中国,有发明而不能进步的中国,迷信鬼神而反无宗教信仰的中国,残忍凶暴成性,却又能恬静旷达深有涵养的中国;家法森严而世风颓败不堪回首的中国,实在是无法了解的。这个中国,既东而又西,既左而复右,我们对它已有了茫无头绪的成见,莫名其妙,不知道将它放在那种文化系统才好。"①而"世界公民"罗曼·罗兰,曾与"中国兄弟"保持着经常的对话,他在生前也一直抱怨和"中国心"交流的困难,为没有赢得"中国心"而终生抱憾。为此,纪德一直渴望踏上中国土地,后悔当年生命力充沛时错过了游历中国的机会。正是这样,致力于追寻中国精神根基的法国作家,已经不满足以间接渠道获取间接信息的方法去触摸中国灵魂,便纷纷踏上了中国的旅途,开辟了探索中国的新途径。时代也赋予他们这样的机遇,如克洛岱尔、圣-琼·佩斯作为外交官被派往中国,谢阁兰作为海军医生被派赴中国。他们的努力使本时期法国作家对中国形象的追寻,呈现出多样化的新图景,从而把几个世纪法国作家对中国的探求推到了一个新的发展阶段。

我们首先要提到的是瓦雷里和纪德,虽然他们没有能像克洛岱尔、谢阁兰等涉足中国国土,有机会亲领中国文化的真髓,也未在自己的创作中提供真实的中国形象,但他们的中国观却表现了一个共同的、深层次的精神取向,这就是,他们都渴望和中国进行"思想通商、感情交换",进行"心的交融",以便一窥中国民族的底部、深部。瓦雷里曾这样惊呼:"今日世界之中,还有甚事比谋西欧文化与远东文化的联络,使其直接符合以至于心印而神会,来得更新奇更重大含有更深更远底影响呢?"②罗兰说得更直接:文化交流,便是心的交流。把精神交融提到这样的高度,并视为追寻中国形象的终极目的,是以往的作家所没有的,值得重视。他们的这种精神追寻,虽然多半是通过自己身旁的东方弟子,即真实的中国人的媒介而实现的,这种方式当然不比亲临中国来得直接,但较前辈伏尔泰、巴尔扎克等

---

① 瓦雷里《盛成〈我的母亲〉序》。
② 瓦雷里《盛成〈我的母亲〉序》。

单靠阅读就去猜度、触摸中国魂来得真切,是对以往那种在本土上瞭望东方文明呼唤中国精神的传统做法的某种挣脱。正是这样,瓦雷里通过他认识的"第一个中国人梁宗岱先生",真切地感受到"中国民族是或曾经是最富于文学天性的民族";通过梁译陶潜的诗,认识到中国古人的"勇气、耐性、朴素、纯洁与渊博";通过盛成的作品《我的母亲》,认识到中国人"勤劳、忍辱、负重、博爱和智慧";通过梁、盛认识中国青年的"勤勉、坚忍、敏锐与机智",把握到了中国人的主流精神。罗兰通过敬隐渔的中介,谈到了中国新文学的不朽作品《阿Q正传》,与中国新文化巨人鲁迅进行高层次的精神交流;通过约翰·克利斯朵夫向"忍耐、强烈、恒久、勇敢"的"中国兄弟"伸出了友谊之手,并从集结在他周围的诸如梁宗岱、傅雷等中国青年身上看到了"上升"的民族的希望,感知到了中国民族的主流精神。而纪德通过盛澄华、张若茗则找到了西方文化的东方知音。所有这些感受都颇为真实亲切。毫无疑问,驱使他们对中国做这种深层次的思考和探索的,仍然是中国文化独异的诱惑力。这种诱惑力,在他们看来,不仅在于它与西方文化相异的奇幻性、神秘性,也在于它与西方文化的一致性。罗兰阅读陶诗就敏锐地嗅到了从中法两个古老的土地上冒出的气味是相似的,他惊异于中国民族和拉丁民族的心的"酷似"。这种"心印神会"的精神体悟,恰恰悟出了东西方相异的民族不仅需要交流(两者存在着相异性),而且能够交流(两者存在一致性)的个中奥秘,确实摸触到了人类交流的实质。

　　瓦雷里、罗曼·罗兰这种探求中国精神底蕴、思考中国方式上的更新,在克洛岱尔、谢阁兰、圣-琼·佩斯、米肖、马尔罗等人那里,则表现为对异国情调的追求和对中国文化的探觅与容受。在法国作家中,真正开拓文学上的异国情调,并以此作为追寻中国形象契机的是伏尔泰,他在《中国孤儿》所表现的"启发式的异国情调",在哲理小说所表现的"讽刺的异国情调"①,提供了这方面的范例。这群20世纪作家对异国情调的追求,无疑与前辈有着承继性,但是,由于他们多数都踏上了中国国土,有机会亲领中国风物的魅力,这就不仅使他们的"异国情调"超越了一般意义的中国题材的撷取,带有更多的文化探险和探魅的色彩。虽然其中也难免有猎奇的

---

① 弗朗西斯·约斯特《比较文学导论》(廖鸿钧译),长沙:湖南文艺出版社,1988年,第141、156页。

一面,但主要还是文化探寻,他们多半因绝望于西方文明的衰落与荒谬而面对中国,选择中国的,企图通过对中国主题的描写和中国文化精神的求索,拯救西方文明。克洛岱尔的散文诗《认识东方》、谢阁兰的小说《勒内·莱斯》、散文诗《古今碑录》、米肖的《一个野蛮人在亚洲》,圣-琼·佩斯的《阿纳巴斯》、马尔罗的《人的命运》等都体现了这种"异国情调"文化追索、探险的取向,这也许就是文化史家所称道的,对中国的"更新了的利用"①,与18世纪某些作家趋之若鹜的单纯的猎奇风气是极不相同的。自然,这种题材,异国情调的文化取向,体现在每个具体作家身上,是色彩纷呈的。在克洛岱尔那里,他是以职业外交官和基督教诗人的双重身份来看待中国的。作为一个外交官,他看到了清末中国,"像一个永恒的滚油锅","是一个被虫豸所吞噬的国家",触摸到了风雨欲来的中国现实;作为一个"心远地自偏"的圣教徒的歌者,他看到了中国是个"世外桃源",他凌空蹈虚,以天地万物的旁观者的身份,致力寻求的是对陌生世界的奇怪的释义,力图将这"世外桃源"纳入他的精神结构中去。他笔下的中国无疑也是真实与想象参半,他对中国文化的汲取,也只是借东方佳酿,浇胸中块垒而已。与克洛岱尔不同,诗人兼汉学家的谢阁兰,"基于一种内在的克制,他想暂时抛开自己的固有文化,以便更好地从内部了解他国的风俗习惯和精神世界,了解既热情好客又难以接近的异国心灵"②,他把中国视为自己"精神上的祖国"③,注重的是在中国这个神秘的世界做神秘的精神遨游,注重的是精神探险。因此,"异国情调",对他已不限于异国风物的描写、异国题材的选择,而是他特有的一种与中国相结合的方法、一种审美理想,也是他构想的一套非我的理论。中国对于他既是一个真实的国家,也是一个神话,是他借以文化探胜的理想异域,正是这种"中国的冲击",激发他写出了《碑林集》等追寻中国文明的"中国诗篇",这在前贤和同侪中,可说是独一无二的。有人说,谢阁兰的《碑林集》中只有中国而没有自己,其实这是审美错觉,他自己说过:"在中国模子中,我只是摆进了我所要表达的思想。"借中国古箫吹西人之心曲,与前辈毫无二致,只不过,他把自己的思想、情感和中国风物结合得更为紧密罢了。而致力于内心探索云游四

---

① [美]史景迁《文化类同与文化利用》。
② [法]亨利·布依埃《想象集·序言》,载《法国研究》1983年第2期。
③ [法]亨利·布依埃《想象集·序言》,载《法国研究》1983年第2期。

方的诗人米肖和圣-琼·佩斯,他们从中国这个"值得存在的民族"①和"具有悠久历史和巨大可塑性"的国度,带回的不限于中国题材,"而是一种新观照、新语言"②,新视野。异国情调已完全同化为生命根底层次的探索,中国作为他们创作的一种背景和参照物,深化了他们生命探索的文化意蕴,实际的"中国"在他们作品中只是个"影子"。而马尔罗作为20世纪最有传奇色彩的"行动着"的作家,他的中国题材的代表作品《征服者》《人的命运》,本身就充满浓厚的文化历险的色彩,不过,他着重追寻的,是中国政治文化。

20世纪初是中国社会动荡、巨变的时代,是中国民族面对着世界,开始觉醒的时代。对中国这时的历史转变,不少法国作家感受到了,但并没有正面地、直接地描写过(除马尔罗外),因而也没有留下清晰的形象。罗兰和圣-琼·佩斯都曾天才地预感到中国的变革,都曾以巨大的热情期盼着中国"雄狮"的觉醒。罗兰呼唤:"先让这个巨人站起来……"③圣-琼·佩斯在中国大变革前夜(1917年11月),从中国写给友人的信中说:"……我被这个新的中国吸引住了,也被我预见到的她在未来的变革所吸引。"他还断言,如果对中国这一历史变迁和中国人在未来的国际政治作用认识不足,"那就会低估这个人民将来在科学、技术和社会等领域的吸引能力;低估这个幅员辽阔的国家在目前进行的国际合作中依靠极其丰富的资源一朝成为工业强国而堪与美国媲美的能力"④。但无论是罗兰还是圣-琼·佩斯都未直接描写过中国的变革进程。法朗士、巴比塞、萨特等,对中国也怀有类似的热情和期待,但他们没有、也不可能对之做出什么具体的描写。真正对中国这一历史动荡有亲历感受的是客居中国多年的克洛岱尔和谢阁兰,但前者的教徒的超然态度,使他不可能对此做出真实积极的反映,他对动荡的中国感到失望,或佯装不理,只在他的作品中如《东方风物》《东方知识》中留有一些踪影,而后者的真正取向是古远的精神王国,而不是现代的变化的中国,中国动荡的历史面影只在他的小说《勒内·莱斯》中有所涉及,读他的这部小说使人感受到封建末代王朝正处于风雨飘摇之中。在诸多作家中,只有马尔罗是个例外,他的小说《征服者》《人的命运》直接

---

① H. 米肖《一个野蛮人在亚洲·序》(*Un barbare en Asie*),Gallimard,1967年。
② 载《外国文学研究》1982年第2期。
③ 罗大冈《论罗曼·罗兰》,上海文艺出版,1981年。
④ 转引自蔡若明《圣-琼·佩斯在中国》,载《法国研究》1983年第2期。

描写了中国1925年的省港大罢工和1927年的中国大革命,为骚动的、觉醒的中国留下了重要一页。具有英雄色彩和神秘色彩的马尔罗,他笔下的中国和中国革命同样具有神秘意味和英雄色彩,与实际的中国相距甚远。他之选择现代中国题材,并非基于他对中国革命深刻的了解和理解,而主要出于他自己的艺术理想的追求。① 他步谢阁兰后尘,追随的是文化形态而非历史形态,在马尔罗眼中,"历史试图将命运改造为意识,而艺术则试图将命运改造为自由"②,重要的不是革命,而是借革命以摆脱人生的荒诞。这是他选择中国革命作为描写对象的真实目的。这就是为什么我们不能指望他能提供什么真实的中国形象的原因。

从20世纪法国作家追寻中国的心路历程来看,他们还是把中国视作远在天涯的、值得追寻的理想国,不管他们当中是否到过中国,有无对中国的切身感受;不管他们各自出于什么样的不同需要,选择了何种中国题材,而追寻理想的精神邦国,是他们共同的内心的呼声。驱使他们面对中国,作如此强烈希冀的,依然是中国永恒的魅力、神秘的相异性,他们失望于西方文明的衰落或弃绝于本土传统文明,热切地追寻着中国——他们心目中的理想国,然而20世纪中国骚动的现实既令他们兴奋又令他们失望,既令他们向往又令他们不解,因此,这就使踏上中国国土或从未涉足中国的作家,发出了同样的疑问:中国,你在哪里?在他们看来,20世纪的中国仍未脱去她的神秘难解的外衣,其魅力是永存的,这种魅力不仅在于中国神秘莫解的历史去向,还在于神秘莫测的灿烂的精神文明。这就是瓦雷里、罗兰渴望与中国进行心的交流、致力于中国精神根底探求的原因;这也是克洛岱尔、谢阁兰徜徉于那久远离去的精神古国,做艰苦的探索的原因;也是英雄气的马尔罗在写出了那些充满英雄味的中国革命小说之后,仍然回归中国文化、中国精神的探求的原因。

事实上,这种以中国为理想国,致力于中国文化精神追求的传统,在20世纪当代作家身上也在延续着。就笔者所涉猎到的材料来看,法国当代作家描写中国不外如下三种写法,而这三种实践表明,探寻中国文化精神始终被确认为最终和最佳选择。一是撷取作家本人在中国的经历,把中国作为一个背景写。较有影响的,如吕西安·博达尔的《领事先生》《领事

---

① 详见本书第八章第五节:长眠在悖谬里的铜像——马尔罗与中国。
② 莫洛亚《论安德烈·马尔罗》,载柳鸣九编《马尔罗研究》,桂林:漓江出版社,1984年。

的儿子》,小说以作者幼时客居中国的生活经历为素材,写其父30年代在中国成都任法国领事那段往事。作者以领事儿子的角度和眼光来回味、追忆对他来说未必是真正的幸福,亦未必是不值得留恋的生活,通篇是半封建半殖民地旧中国的腐败气息,充满了半是挽歌半是颂歌的调子,由于没有上升到文化层次的思考和追索,价值不大,它的意义只限于:让人们了解到旧中国饱受怎样的凌辱和创伤,又滋生了怎样的魍魉和丑类。二是出于对新中国新事物的奇异、惊喜而写的颂扬新中国和新文化的作品。这方面的作品很多,名重一时的《中国的钥匙》(克洛德·罗阿作)、《当中国醒来的时候……》(阿兰·佩尔菲特作)是其中的代表。促使当代作家竞相采撷当代中国题材的,依旧是迥异于西方文明的当代中国文化的相异性的魅力与吸收力,但由于中国新的文明形态在发展变化,有着极不易掌握的不稳定的因素,有时令法国人拍案惊奇的未经历史检验的新事物、新文化、新风尚,未必是他们所追寻的中国文化主流精神,这种复杂的因素又使他们反过来背对着现代,追寻中国古代文化精神。克洛德·罗阿于《中国的钥匙》之后,致力于中国现代和古代文化的探析,阿兰·佩尔菲特在其《当中国醒来的时候……》产生轰动效应之后,转而写出了《僵化的帝国或世界的冲突》这样一部研究中国文化历史的巨著。也许在他们看来,只有中国古代文化才是中国文化精神、民族精神之所在,才是永恒的、常在的、魅力无穷的。三是大约基于上述看法,把中国只作为一个象征,一种文化符号出现于自己的作品。如当代知名作家鲍里斯·维安(Boris Vian)的《北京之秋》,中国完全作为一个符号而存在的,实际的中国形象并不存在。它似乎回复到了巨人庞大固埃探寻中国智慧神壶的神秘时代,中国只作为远方智慧、远方文明的一种象征。

也许从这一点看,鲍里斯·维安的这部小说,无意中对法国作家几个世纪以来对中国的追寻做了一个意味深长的象征性总结。在法国作家看来,中国始终作为一个远方神秘的理想所在而存在的,作为一个相异的"他性",一个非我的神话而存在,与实际的中国并不相干。事实上,尽管中国经历了巨大变革,而它始终作为一种完全陌生的文明,一个凝固的没有变化的乌托邦而留存在法国作家乃至思想家的理解之中,成为激发他们想象,诱发他们思考的一个象征。遐迩闻名的法国当代哲学家福柯,在其著名的《词与物》中提到中国,还是把它视为没有时间变化、没有历史进步观念的陌生神秘的文明:"在我们梦想的世界里,难道中国不正是这理想空间的所在吗？在我们传统的形象里，中国文化乃是最讲究细节、最严守清规戒律、最不顾时间的变动、最注意纯粹空间轮廓的。我们想到中国，便是横陈在永恒天空下面一种沟渠堤坝的文明，我们看见它展开在整整一片大陆的表面，宽广而凝固，四周都是城墙。甚至它的文字也不是以横行再现声音的起伏逃逸，却以直行树立起静止的、尚可辨认出来的事物本身的形象。"他们总是在自身的文化处于彷徨的时期，出自各自不同的需要，面对着中国，而把它设想为装满智慧，能解开人世间一切奥秘的神壶，试图叩开这智慧殿堂的大门，寻找自己心目中的回声，而中国文化的悠久性、无常性和神秘性又恰恰构成了他们反复探索的无尽的源泉和魅力。这就是为什么中国始终为他们所钟情而又始终难以为他们所把握的根由。法国人心目中的中国是在长达几个世纪的历史过程中形成的形象，代表着认为不同于西方的价值观念，代表着不同历史时期的几代人的构想，或把它设想为理想化的乌托邦、诱人的充满异国风味的梦境，或把它设想为停滞、精神盲目无知的国土，都不过是他们心目中的"他者"，一种非我的"神话"——一种与西方文明相对的"文化构想物"，与实在的中国有极大距离。这是因为"在文化上相对的东方和西方不过是文化的构想物，与它们所代表的实际上的东方和西方有很大的距离"，而作为西方文化系统的法国作家，要超越自己的文化圈，完全不受历史意识的影响，纯"客观""正确"地理解中国，几乎是不可能的。何况他们在构想"中国神话"的同时又在创造一种"非我"的理论——"异国情调论"，视时间空间久远者为美，始终把中国推向远方，给它披上一身神秘的衣装。正如有些研究者所说，"神秘固然产生魅力，却可能产生恐惧，而距离若保持下去，就必须以缺乏真正的理解为代价"①，那中国将永远是个谜。然而，中国是可以认识的。只有破除西人构想的东方神话，消除东方与西方的对峙，才能欣赏他们情有所钟的差异的美，认识非我的价值。途径只有一条：就是罗兰和瓦雷里所大声疾呼的，"思想交换""心的交流"，只有在东西方相互真正了解的努力中，无论中国之于西方，还是西方之于东方，才会消去神奇的外衣，最终成为大诗人歌德所畅想的，"东方西方不可分离"——成为人类共同的文化遗产，也许在那时，法国人才不至于对中国设想出种种怪戏，才会真正了解到中国的所在而不再茫然四顾地发出这样的困惑：中国，你在哪里？

---

① 张隆溪《非我的"神话"》，载《文化类同与文化利用》，北京大学出版社，1990年。

第一章
人文主义、古典主义作家与中国

拉伯雷
(François Rabelais, 1495—1553)

蒙田
(Michel de Montaigne, 1533—1592)

莫里哀
(Molière, 1622—1673)

拉伯雷《巨人传》法文版(*Gargantua et Pantagruel*, Gallimard, 2017)

拉伯雷《巨人传》中文版(鲍文蔚译,人民文学出版社,1983年)

《悭吝人》中文版(高真常译,商务印书馆,1930年)

《莫里哀喜剧》中文版(李健吾译,湖南文艺出版社,1992年)

蒙田《随笔集》法文版(*Les Essais*, Pocket, 2009)

蒙田《随笔集》中文版(梁宗岱、黄建华译,湖南人民出版社,1987年)

这是一次人类从来没有经历过的最伟大的、进步的变革。是一个需要巨人而且产生了巨人——在思维能力、热情和性格方面,在多才多艺和学识渊博方面的巨人的时代。

——恩格斯

我是人,我认为人类的一切都与我血肉相关。

——蒙田

当16世纪的曙光布满天际的时候,经过1000年,蒙昧的法兰西逐渐苏醒了。人们从上帝与神的灵光中,从淹没个体的本体中惊异地发现自我的存在。人的一切,他的身体发肤、他的喜怒哀乐、他的容貌乃至他所居住的世界都令他们感到喜悦,他们热情歌颂一切与人血肉相关的东西。

16世纪不仅是人的自觉时代,也是法兰西文学的自觉时代,涌现出第一批法兰西伟大的作家,他们怀着人文主义激情,在各自作品中开始了自我的内省与对外在世界的洞察,留下了一篇篇关于"人"的思考。

这种思考首先来自于拉伯雷。拉伯雷出生于"法兰西花园"的施农城,他所尊奉的人本主义思想,促使他同时在精神和肉体上疗治人类创伤,他既是医生又是作家,不止于此,他还努力了解一切与人类相关的知识:解剖、数学、天文、植物、音乐、法律……在多才多艺学识渊博上,他堪称巨人,他为此写了一部《巨人传》,作品讲述了三代巨人国王如何畅饮知识、畅饮真理、畅饮人生乐趣的甘泉,在粗犷欢悦的酒神精神中,尽情地赞颂人的体魄、人的力量和人的智慧。

第二位对"人"做出思考的是来自于加斯科涅的蒙田。蒙田是一位冷静睿智的思想家,在他37岁上因疲于公务而退隐圆堡离群索居,只与他的思想为伴。期间他写下了《随笔集》,严肃地思考整个人类与世界的命运。蒙田与拉伯雷不同,也与文艺复兴诸家不同,他在文字中更多不是对人的颂扬,而是对人弱点的抨击。然而这种抨击并非对人的否定,并非向中世纪回复,而是期待人性完满,在怀疑主义语调中仍然颤动着伊壁鸠鲁的琴弦。在对人的认识上蒙田与拉伯雷构成了双重声部:伟大与渺小、美好与丑恶合成了人文主义者对"人"的完整认识;在文学风格上蒙田冷静隽永的学者风范与拉伯雷纵情放诞的民间笑剧特质恰巧也构成了相辅相成的双重声部。

在谈到对人的认识时,我们还要提到莫里哀,虽然他生活的时代已远离了拉伯雷与蒙田，社会风尚也由个性主义转向对王权的遵从，然而莫里哀并不同于古典主义悲剧家，他的喜剧中仍然回荡着人文主义的声调，他剖析人性，用蘸满辛酸的笔刺穿种种生命的伪饰，将人从被金钱、被习俗异化的状态中解放出来，由此他也被列入我们本章研究的范围。

对窒息人欲的封建伦理的批判，对人性自由的追求也是觉醒后中国人面临的相同的历史课题，在共同的境遇中，中国读者是如何介绍研究这些作家的？这些作家对中国新文学产生了怎样的影响？让我们就此来做一番考察。

第一节　西勒纳斯[①]盒中的珍藏
——拉伯雷与中国

> 我非常钦佩拉伯雷，……他是法国中世纪最伟大的天才作家，而且是我们能提出来和但丁媲美的唯一诗人。[②]
> ——巴尔扎克

> 拉伯雷，伟大的法兰西现实主义作家，超越时代，和我们站在一起，参加了新的正义的战斗。[③]
> ——郭沫若

在"印度以北的中国附近"放置着象征智慧最终结晶的神瓶，《巨人传》中这一描写是出于偶然，还是拉伯雷（François Rabelais, 1493—1553）良苦用心所在？也许拉伯雷曾读过旅行家们关于中国的描述，将"政治清明"、地大物博的中国视为一种至高理想，驱使他的主人公到神秘的东方来寻找神谕。历史往往富有戏剧性，拉伯雷也许未曾想到500年后中国读者又从他的作品中寻找人文主义的宝瓶神谕，然而这条道路却更为艰辛坎坷。

[①] 西勒纳斯是指一种小药盒，盒子外表上画着一些离奇古怪的滑稽形象，但里面却贮藏着至为珍贵的药品。拉伯雷在《巨人传》前言中认为：他的作品就是西勒纳斯，在嘲弄与嬉笑下，是一种与表象完全不同的深刻思想。

[②] 转引自《致〈星期报〉编辑意保利特·卡斯狄先生书》，载《文艺理论译丛》（第2册）第37页。

[③] 转引自郭沫若《争取世界和平的胜利与人民文化的繁荣》，《人民日报》1953年9月28日。

一、寂寥的中国之旅

20世纪初,旧文学盛极而衰,进入释家所谓的"灭相"段,时代呼唤"别转一方向",先知先觉者们开始向遥远的法兰西探寻。他们巡视的目光扫过许多无名的作家,却很少落到这位巨人的身上,时代的间隔,已在拉伯雷身上蒙上了厚厚的积尘,人们无法想见积尘下西勒纳斯的珍藏。

进化论的文学演进思维模式,使中国寻宝者错过了拉伯雷。怀着深刻的忧患意识,中国学者希望在一天之内造成通向文学天国的巴别之塔,这使得中国在借助他山之石营造自己新文学宫殿过程中,带有某种急功近利的色彩。他们天真地以为,只要在短时间内通过对西方文学演进阶段的简单模仿,即可步入文学先进国家之列。陈独秀说:中国文学了无真意,梦人想象之黄金世界正对应了患有此病的古典主义、浪漫主义文学。① 田汉援引 Brander Mathews 的话,将欧洲文学划分为不可能的时代、不必有的时代、可以有的时代与不可避的时代,要求中国文学跳过人文主义、古典主义而向不可避的自然主义文学看齐。② 沈雁冰以为:我国传统文学主要是抒情叙意,属于古典主义与旧浪漫主义范畴,为最终赶上世界思潮,须"尽量把写实派自然派文学先行介绍"③。这些评论简单地用新陈代谢规律解释文学难免牵强附会,其疏忽不仅在于对中国文学现状地位做了不适应的评估,更重要的是将人文主义与古典主义作家排除在中国读者视野之外。因此中国作家绝少将注意力集中到拉伯雷身上。

如果说由于新文学倡导者不适当的类比,造成国人在外国文学介绍之初与拉伯雷失之交臂,还是一种偶然原因的话,那么文学趣味上的相悖,则是国人在以后岁月里难以接纳拉伯雷的根本原因。高卢民族狂放的天性,常常使他们将健全理智深刻思想诉诸荒诞怪异的风格中,《巨人传》就是这样一部作品,它将"崇高无法估价"的珍藏置于表面刻着滑稽怪像的西勒纳斯盒中,这种任性恣意、放诞不拘的狂欢式风格,使得具有儒学气质的中国读者,即便有意从理智上吸收其人文主义思想,情感上仍然对其粗俗

---

① 陈独秀《现代欧洲文艺史潭》,载《青年杂志》1915年第1卷3号。
② 田汉《诗人与劳动问题》,载《少年中国》1920年第10卷第8期。
③ 沈雁冰《小说新潮栏宣言》,载《小说月报》1920年第11卷1号。

表示厌恶,这也就是为何直到1981年新版的《巨人传》上还赫然标着"内部发行"的字样。

正由于倡导者的疏漏与民族审美框范的交互作用,使得这位法国最早的作家却最晚东渐中国,据我们手头现有资料来看,第一篇介绍拉伯雷的文字是1933年《大公报》上的《拉伯雷诞生四百五十周年纪念》,文章说:

> 书叙巨人父子生平,自髫龄受教,其一生事迹,如战争阴险,縻不群述,一如当时流行之游侠故事,初无严密结构。拉伯雷禀文家创造观察之才,具哲人思维判别之力,集时人之知识于一身,而于事无不洞察,文思充溢,尽情诙谐讥讽,蓬勃有气,"大食王父子传"内容包罗甚广,其哲理命意若何?殆无能确指,或称此为巨制,为一时代,一国家之一切情思知虑之总和而纳于博通能文之腕下……要之,祛除一切羁束,听人之天赋机能扩展,以求生活之自然,为文艺复兴时代之一主要思潮,殆亦即此作全书之精神。具读此名著者,既不问拉伯雷改进社会政教之用心,亦未有不觉著之纵声欢悦之情溢于纸背者,拉伯雷书中于教育、寺院至于一切巨细,縻不肆其抨击,古今讽刺作家中,惟古希腊Luclan与十七世纪英国斯威夫特差可与比,虽此二家,似尤未逮。
>
> (注:文中着重号系笔者所加)

文章虽称"其哲理命意若何?殆无能确指",但仍然准确指出"祛除一切羁束,听人之天赋机能扩展"为全书之精神。应该说,这篇文章是较有见地指出拉伯雷之于中国文学的意义,然而它却只是一篇前无古人、后无来者之作。其后,拉伯雷研究又处于一种令人难堪的寂寞状态,与莎士比亚、塞万提斯相比,作为文艺复兴三巨头的拉伯雷始终门前冷落车马稀。

中国读者给予拉伯雷的未必尽是冷淡与隔阂,中国人民共和国成立后中国读者也曾为拉伯雷奉上热情,只是在这种热情下依然还有隔阂。

1953年8月至9月的短短两个月内,中国大报小刊戏剧性地推出了十数篇拉伯雷评论文章,郭沫若、郑振铎、李又然、刘绥松、严大椿、成钰亭等人纷纷在《译文》《光明日报》《文艺月报》《文艺报》上撰文介绍拉伯雷的生平与创作,中国文坛对拉伯雷态度转变近乎神奇,仿佛一夜之间,中国学者都将关注的焦点投向这位久蒙尘垢的法国巨人,莫说与过去几十年中仅有一篇介绍文字形成强烈反差,就是在50年代专注于苏俄文学介绍中,能辟出这么多版面来介绍一位资产阶级人文主义者也是非同寻常的,这种举动潜藏着怎样一种心态与背景呢?

翻译的文字是这样品评拉伯雷的:"伟大的拉伯雷是拥护人类过和平生活的,他那讽刺的大锤最沉重的打击就落在他那时代毕可肖们的头上。我们理应报答这位天才的、曾以巨人的腕力跟和平与人类的死敌进行斗争的法兰西作家,拉伯雷在今天也跟我们一起为普通人民的幸福,为了各族人民的解放,为了全世界的和平而斗争。""拉伯雷在他的长篇小说中,正如我们今天也要明白表示的那样,这么真实地、有力地揭发了战争挑拨者们的凶恶目的……"①

中国评论家的文字亦是如此:"我们的时代最主要的历史内容是反对侵略战争,争取人民民主和持久和平……很显然,拉伯雷愿意优秀的青年男女在和平环境里做他们所愿意的,他反对侵略,在他的作品里使侵略者终于失败。""纪念方斯华·拉伯雷,'做你所愿意的'——我们愿意做的,我们有责任的,第一就是争取和平反对战争。"②

很显然,中国读者是从反对侵略战争与保卫世界和平角度来解读拉伯雷的。是年《译文》特别选译出《巨人传》第一部 25 至 29 章,高康大击退毕克罗寿夫这情节,更证实了这一价值取向,拉伯雷及其《巨人传》被中国读者做了实用主义解释。这种看似奇谬的解读在当时社会背景下又完全有其必然性。1953 年正值抗美援朝,反美反侵略的情绪充弥了整个社会,恰好此时又逢世界和平理事会举行国际四大文化名人纪念(其余三位为屈原、哥白尼和何塞马蒂)活动,在这种历史境遇中,拉伯雷被顺水推舟地扮饰为反战英雄,《巨人传》也被寻章摘句地解读成维护和平的小说,在中国读者的接受屏幕上留下了拉伯雷令人遗憾的失真映像。如果说第一代研究者虽未对拉伯雷表现出兴趣,但还能准确把握作品主旨,那么在中国第二代研究者热情表象下,却更添了一层与拉伯雷的隔膜。

当然,50 年代拉伯雷研究热潮并非毫无意义,至少它向国人介绍了这位作家,何况一些文章还较客观公允地品评了《巨人传》。更值得一提的是随后还出现了《巨人传》第一部的译本:1954 年平明出版社与 1956 年人民文学出版社分别推出成钰亭所译《高康大》与鲍文蔚所译的《巨人传》,

---

① 阿尼西莫夫《拉伯雷论》,载《译文》1953 年第 8 期。
② 载《光明日报》1954 年 9 月 2 日。

然而也仅限于此。随着60年代社会政治背景转换,对拉伯雷译介热情也就渐渐降温了。

随着改革开放,对人的重视的增加,拉伯雷研究也开始步入新的阶段,虽然拉伯雷并未能引起更多读者兴趣,但毕竟出现一些有深度的研究之作。这里值得一提的是艾珉的《一部百科全书式的小说:漫谈〈巨人传〉的思想与艺术》与孙超英的《拉伯雷作品中的火》(Le feu Chez Rabelais)。前者是一篇全景式综论文章,作者从"人"的理想、禁欲主义批判、蒙昧主义批判、拉伯雷的价值观以及拉伯雷的艺术手法等七个方面来剖析《巨人传》,文章准确地把握了作品的精神实质,这是多年来拉伯雷研究中不可多得的文章;后者则是一篇带有现代色彩的专门性论文,文章对拉伯雷作品中"火"的意象的象征意义以及灯笼的隐喻义做了较深入阐释,这种新视角、新理论切入,拓展了中国拉伯雷研究的广度。

二、酒神精神的张扬

在古代希腊,人们崇拜酒神狄奥尼索斯,每年春秋两季都要举行他的祭祀仪式。在酒神狂欢节上,人们充分释放肌体本能:性的放纵、口欲的满足、自我感情的宣泄……在这欢娱享乐,自然欲望充分满足的醉狂世界里,体现了希腊人"以人为本"思想。拉伯雷正是这种酒神精神的继承者,在他那近乎民间狂欢的风格中,袒露了人性最自然的渴求:高康大每天要吃17093头牛的奶,摇篮中的庞大固埃一顿早餐吃掉一头牛的奶、半个肚子,外加肝和胃,此外,交媾、妊娠、分娩、排泄,人类一切生命活动都在一种狂放不羁、奔突而出的文字中得以夸张宣泄。在这种文字中人们仿佛又回到古代酒神狂欢境界中。这是在经过千年蒙昧后,人性本能的释放,是在中世纪禁欲主义桎梏之下,人类自我的重新认识。这种人类自我发现的极度喜悦,常常使拉伯雷对人类最粗俗的生理本能,如排泄功能,也像谈玫瑰、谈天使那样在作品中津津乐道,他曾洋洋洒洒论述5岁孩子如何擦屁股,并且得出结论说天堂之所以美好,不在于百合、仙丹或花蜜,而在于天使可以用小天鹅来擦屁股。这是多么大胆的亵渎!然而这并非无知的粗俗,这是对人的重视。在拉伯雷看来,即使是人的最低级本能也要高于基督神学的虚幻精神实体,人的一切生命活动与自然本能在这里被抬高到与自然天道同等的地位,这就是人道的合理性。对人类自然本能的礼赞构成了拉伯雷人文主义思想的最重要一方面。

拉伯雷所关注的不仅仅是人的肉体方面,他也关注人的精神追求。个性自由是《巨人传》所表达的一个重要思想。在宗教神学阴影下,人没有自由意志,他只是上帝意志或撒旦意志的俘虏、奴隶、臣仆,拉伯雷正是通过建立德廉美修道院来清除人们眼中的中世纪蒙昧主义的荫翳。"Fais ce que tu voudras"(做你所愿意的),这条修道院院规本身就是一个无神论命题,它证明了人在一切事务上的充分权利,把作为某种目的工具的人转变为具有独立自由的精神个体,一种新文化由此诞生了。

拉伯雷正是通过对人类自身生命与精神追求的肯定,在一种近乎狂欢文字中,确立了人在社会乃至宇宙中的地位。中国五四新文化运动也正面临着文艺复兴时期这样一种抉择。挣脱几千年封建伦理桎梏的人们,首先发现的就是人的失落:

> 我翻开历史一查,这历史没有年代,歪歪斜斜的每页上都写着仁义道德几个字,我横竖睡不着,仔细看了半夜,才从字缝里看出字来,满本都写着两个字是吃人。
>
> ——鲁迅《狂人日记》

> 我们现在应该提倡的新文学,简单地说一句是"人的文学",应该排斥的便是反对的非人的文学……中国讲到这类问题却须从头做起,人的问题从来未经解决。
>
> ——周作人《人的文学》

周氏兄弟对封建伦理窒息扼杀人性的批判,对人性的张扬,正是五四精神的体现。几千年来封建道德认为个体本身毫无意义,只有在本体范畴中才有价值。为了能达到某种虚幻的精神境界,传统道德要求个体祛欲、克己,压抑个性,以达到"道德完善",这是对人性的戕害。五四运动正植根于对这种传统道德的批判,这点上中国作家无疑是与拉伯雷合拍的,特别是周作人,还曾类似于拉伯雷从人的自然机能上深入思考"人的解放"这一问题。他在《人的文学》一文中指出:人是"从动物进化的人类",他解释说"我们承认人是一种生物,他的生活现象与别的动物并无不同,所以我们相信人的一切生活本能都是美的善的,应该完全满足"。周作人在这点上是深刻的,但依然很含蓄,他对人的自然属性只是肯定,而不是拉伯雷式的礼赞;他只是停留在抽象理论上,而不是拉伯雷式恣意渲染。在他与拉伯雷的合拍中已隐隐潜含着某种不同,这种不同在随后的年代更进一步显现出来。

中国学者身上积淀的儒学意识,使他们一边批判儒教窒息人欲,一方面又积极采取儒家以天下为己任的入世思想。在他们看来人的解放不是感官的享乐,并非人体自然本能的解放,而是包含更深一层的社会含义。他们不同意拉伯雷将人作为一个抽象概念进行歌颂,更不同意拉伯雷对人的食色性欲肆意地渲染。在中国学者看来人应该是社会的、具体的人,它首先带有阶级的印记,所谓人的解放也就是为被压迫者、被剥削者争取生存权利与生活权利。从五四时期提倡"人的文学"到 20 年代转向"为人生的文学"正标志这一观念的变化。在"人"与"人生"这一差别上,中国读者无疑与拉伯雷分道扬镳了。

从拉伯雷与中国新文学工作者所倡导的人性自由来看,他们有着相同的历史境遇。作为法国乃至世界人文主义与个性主义的源头,拉伯雷确实曾赢得过中国读者的尊重,也曾在观念上强化中国新文学中对人性自由的追求。然而,他们对人的理解又不是完全吻合的。在新文学工作者笔下,人是作为阶级符号出现的,人的解放就是被压迫阶级的解放,而在拉伯雷《巨人传》中则宁可被表现为对人的体魄、人的生命活动的赞颂。不同的理解导致了中国读者与拉伯雷的疏远,中国读者赞扬拉伯雷神瓶中的人文主义圣水,但始终不愿畅饮它。

第二节　每个人都包含着整个人类的形式
——蒙田与中国

> 他迟早总要被人们看作是一位具有中国道家思想的人物,的确,他的相对论思想,他的崇尚自然,他对死那种知命不避的态度,确实与道家很相像。
>
> ——博克
>
> 和长天高山大海以及一切深宏隽永的作品一样,蒙田的论文所给我们的暗示和显现给我们的面目是变幻无穷的。
>
> ——梁宗岱

提起蒙田(Michel de Montaigne,1533—1592)这位退隐圆墟,竟日冥想

的人文主义怪才,我们大概常常会想起庄周、陶渊明这样一些奇特的形象。英国学者 P. 博克就曾指出:蒙田"迟早总要被人们看作是一位具有中国道家思想的人物"①,然而事实果真如此吗?

一、似是而非:蒙田与中国传统文化

在中国,在这个很少与我们交往,对我们并不了解的王国里,它的政府体制和艺术在一些杰出的领域内超越了我们,他的历史告诉我,世界之大、之丰富是我们的祖辈和我们自己所无法深刻理解的。②

这是蒙田 55 岁上读到门多萨《大中华帝国史》后发出的由衷感叹。蒙田对中国文化的赞赏常使人把他当作一位受到东方文化滋染的智者,而蒙田的生活方式与思想更常常给人造成这种印象。

蒙田 37 岁时一反文艺复兴诸家凌厉激奋的生活态度,转入维尼领地,过起一种"杜门不复出,终身与世辞"的隐居生活。在随后创作的《随笔集》中,他又与当时人文主义者大唱反调:人文主义者崇尚古人,而蒙田则常常在大庭广众下渎圣;人文主义者赞叹人是万物的尺度,而蒙田对人类理性却毫无信心,他写道:"可悲而可鄙的生灵,甚至不能主宰自己,却胆敢自命为宇宙的主宰和君王。"③在蒙田大脑中充满了与当时社会思潮格格不入却闪现着东方智慧火花的奇思异想,比如他对自然的崇拜,他的稳健中庸思想都是东方几千年来的主流思潮。不仅如此,有时蒙田阐发这些思想的隽语箴言简直与中国先哲语录如出一辙:中国儒家强调过犹不及,蒙田则有"不足和过多殊途同归"④;中国人认为身体发肤,受之父母,当悉心爱护,而蒙田也说:我们身躯乃上帝所赐,没有哪一个部位不值得关心,每根毛发都应细心护理。⑤ 至于蒙田提出:"当我逗着我的小猫玩时,天晓得是它在逗我,还是我在逗它?"⑥则更使人想起庄周梦蝶的典故,这种一致

---

① 博克《蒙田》,北京:工人出版社,1985 年,第 142 页。
② 转引自《保尔·戴密微汉学论文集》,巴黎,1982 年,第 433 页。
③ 《为雷蒙·塞邦辩护》,转引自博克《蒙田》,北京:工人出版社,1985 年,第 35 页。
④ 《随笔集》第 2 卷第 15 章,转引自郭宏安《读蒙田的〈随感录〉》。
⑤ 《我知道什么呢·译者的话》,北京:生活·读书·新知三联书店,1988 年,第 4 页。
⑥ 《随笔集》第 2 卷第 12 章,转引自郭宏安《读蒙田的〈随感录〉》。

性几乎在蒙田文章中俯拾皆是。从这个角度看,似乎将蒙田作为一个具有东方思想的哲人来看已言之凿凿,然而实际上这是一个误会。

表层语词高度一致性下,是深层思想同样高度的对立。蒙田与中国文化究竟是怎样一种似是而非的关系呢?要想全面分析这个问题显然不是本文所允许的,我们这里择取蒙田哲学思想的两个核心方面,即中庸之道与怀疑论哲学来窥测蒙田与中国传统文化的关系。

适中有序的中庸思想是蒙田接近东方的一个显著特征,这种思想几乎贯彻了他精神追求的各个侧面:政治上,他反对巨大的、突然的变革,主张尊重现存秩序;宗教上,他既反对天主教的狂热,又反对新教的标新立异,在内战方酣之时呼吁节制;教育上,他强调以适当纪律约束儿童,使其身心两健;个人生活上,他崇尚充分而不过分的享乐……①这种对秩序节制的崇尚,是中国儒家思想的核心,孔子提出:君子中庸,小人反中庸②,所谓中庸就是量度以取中,不偏不倚,无过无不及。孔子这里所提出的中庸原则之最终目的是调和人际社会关系,以情感与理性的中和,取得与社会关系的均衡稳定,从而达到济世救民的目的,这点在子思那里表述得更为清楚。子思将中庸之道上升为一种方法论,认为"中也者,天下之大本也;和也者,天下之大道也,致中和,天地位焉,万物育焉"③。这就是说只有遵从中庸之道,人与万物才能平衡和谐发展,宇宙一切才能各得其所,然而这种中庸并非出自人的本性,而须人们躬亲实践,"及其至也,虽圣人亦有所不知焉……有所不能焉"④。人必须戒慎恭谨,削平棱角,压抑个性,竭尽终身之力去奉行中庸之道。至此,我们发现中国儒家所谓中庸已成为一种异己力量,为维护群体利益而戕害个体自由与享受。与此相反,在蒙田的"中庸""节制"这些中国古籍中常见的字眼里,则显示了另一种境界。"最美好的生活是普通的、人人可及的生活,有条不紊,没有奇迹,不越常轨。"⑤这是蒙田在宗教狂热中,为生命设计的一条出路,他希望人们能运用中庸节制,进行自我调节,在动乱时代更好地生活。在"稳定""适中""有序"的字眼里体现的却是对个人生活的关切,对个体生命的尊崇。

---

① 郭宏安《读蒙田的〈随感录〉》,载《外国文学评论》1979 年。
② 载《中庸》2 章。
③ 载《中庸》1 章。
④ 载《中庸》12 章。
⑤ 《随笔集》第 3 卷第 9 章。

怀疑主义是蒙田哲学另一个最显著的特征。后人常常将蒙田与他的名言"Que-sais je?"（我知道什么呢?）联系在一起,也正是从这个角度人们将其与中国庄子比较,英国史学家博克说:"他的相对论思想,他的崇尚自然,他对死那种知命不避的态度,确实与道家很相像。"①蒙田的怀疑主义来自于古希腊,它滥觞于皮浪,经塞克斯特、西塞罗、爱拉斯谟等人传递,最终为蒙田接受。蒙田的怀疑主义是针对当时宗教现实的。16世纪宗教改革在法兰西引起一场空前灾难,天主教与新教各执一端,相互残杀,造成法兰西历史上一场空前全民族大对抗。在这种社会现实下,蒙田对人的理性产生了疑问,他以为正是人类自以为是的狂妄和傲慢造成了这灾难,于是,蒙田书斋中开始出现这样的格言:"我中止判断。""我什么也不肯定,我不懂,我在怀疑中。"蒙田的怀疑论常使他滑入不可知论的迷潭,他提出了与庄周梦蝶一样的困惑:"当我逗着我的小猫时,天晓得是它逗我,还是我逗它?"这里知与不知的分界已无法界说,知也许正是无知,无知反是有知。但是蒙田与庄子的怀疑论无论在程度上,还是在目的旨归上都有着差异。蒙田的怀疑论远没有庄子来得大彻大悟。庄子怀疑的不仅是人的认识能力,甚至也是对象的客观规定性,在庄子看来:"天下莫大于秋毫之末,而泰山为小;莫寿于殇子,而彭祖为夭。"②在道家哲学中一切都是不可靠的、虚幻的,包括人生痛苦与幸福,人只有安时处顺,遵循宇宙律动,在精神世界中达到一种超脱。蒙田则不同,他的怀疑主义只限于认识论,他所怀疑的是盲目的信仰、宗教的狂热和僵死的教条,他不否认客观物质世界的存在,特别不否认生活的享受。换句话说,蒙田的怀疑主义只是一种阻止宗教狂热的手段,他渴望宗教纷争平息,天下安宁,人生能更幸福些,同时又使自我抵抗信仰狂热,过一种宁静而美满的生活。在他的怀疑论中潜含了对生命真实的肯定,对伊壁鸠鲁主义的鼓吹,在怀疑论重重迷雾下,依然颤动着享乐主义的琴弦。

无论是适中有序的中庸思想,还是人猫相惑的怀疑论,在蒙田世界观中都贯穿着享乐主义的基调,其最终指归在于对个体生命的尊重。在蒙田与典型人文主义者大唱反调的言辞里,我们发现了典型的人文主义者心态;而与中国文化仿佛同出一炉的语言中体现的是深层的绝对差异。

---

① 博克《蒙田》,北京:工人出版社,1985年,第142页。
② 《庄子·齐物论》。

蒙田哲学的真正核心是伊壁鸠鲁主义,在他看来"及时行乐是我们光荣而伟大的事业","快乐和健康是我们最好的东西"①。请别将蒙田享乐主义庸俗化,哲人在这里表达了对什么是人的真实存在的探问,他试图将个体存在从各种社会化存在的劳役中解脱出来,进而发现个体存在价值,这是在经受长期宗教桎梏后,人性的觉醒,也是在经历战乱、死亡体验后,对生命的重视,其间蕴含的张扬个性的思想正是中国文化中所匮乏的。中国也曾在魏晋时代出现以"竹林七贤"、《列子》为代表的享乐主义哲学,他们高唱"六经以抑引为主,人性以纵欲为欢",企图以娱情放诞,"将宗教、神学化的人性道德拉回到现实世界",这无疑是具有历史进步意义的,然而这种对个体现世生活关注的"越名教而任自然"的哲学,只是作为一种与中国文化主调不和谐的音符,在特定时代短暂奏响。在中国强调群体价值的儒学传统重压下,享乐主义在《列子》中亦难以贯彻始终,在其篇末出现了田夫献曝、乡豪尝芹的故事,从而使享乐主义在文章中自行消解了。从这点上来看,蒙田的享乐主义以及其中包含的将个体存在从本体"类"的存在中分离,从而在群体关系中保持一点个人对社会的独立地位和权利的内蕴,无疑对于排斥个体价值的中国哲学,具有一种矫正的作用,只有把握住这一点,才能真正理解蒙田对中国文学的作用。带着这一结论,让我们来思考蒙田在中国现代文学中的意义。

二、似非而是:蒙田与中国现代文学

蒙田的散文开辟了一个时代,《随笔集》为他的人文主义思想找到了最合适的表达形式,《随笔集》发表后,立即在拉芒什海峡的另一边受到热烈的欢迎,培根在他晚年受到蒙田影响,写作风格随即有了变化,个性流露愈加强烈。17世纪英国出现了A.考利和W.坦普尔两部《随笔集》的模仿之作,直承蒙田衣钵。19世纪随着个性自我表露的浪漫主义运动发展,随笔散文也登上了一个峰顶,涌现出一大批专注于描绘日常生活,个性色彩浓厚的作家:查尔斯·兰姆(Carles Lamb)、利亨特、爱默生(Ralph Waldo Emerson)……这里我们特别要指出兰姆与蒙田的关系,在《伊利亚随笔》二集中,他个性毕露,披肝沥胆地谈论自我,也时常采用"在表面意图掩饰下描绘自我"。他具

---

① 蒙田《随笔集》第2卷第13章。

有蒙田式散文的两个基本因素：亲切的态度和自我本位，正如沃尔特·佩斯在《查尔斯·兰姆》一文中所指出的："这些就是伊利亚——一位地道的属于蒙田一派的随笔作家。"蒙田的荣誉不止于英伦三岛，在德国他影响了赫尔德（Johann Gottfried Herder）、查尔斯·兰姆等。尼采称赞蒙田的文化相对论和"勇敢、快活的怀疑主义"①。在他自己的祖国，蒙田更是作为人文主义源头与勇于自我内省的求索者，赢得狄德罗、伏尔泰、卢梭的尊敬。20世纪蒙田带着他的荣誉又远涉重洋，初渐中国。

然而中国读者并未给予他足够的欢迎，与其同胞在中国赢得声誉相比，中国读者对蒙田态度不说是相当冷漠，至少也是不热心的。造成这种局面的原因是相当复杂的，正如笔者在前文中指出的，进化论的文学演进思维模式是冷淡蒙田的最根本的原因。浮泛躁动，急功近利的追求使新文学工作者往往宁可取法于近代文学思潮而无视古代作家，而胡适在《建设的文学革命论》中所谓"以散文而论，我们的古文家至多比得上英国的培根和法国的蒙泰恩"②。则更进一步将蒙田排除于中国作家取法对象之外。原因之二是语言的隔阂，当时散文名家大多精于英语，而无法直接阅读蒙田原著，周作人、郁达夫、林语堂、梁遇春、朱自清、徐志摩等人皆如此。郁达夫对此有过一段准确的评论："中国人吸取西洋文化大抵借用英文的力量……故而英国散文的影响在我国的智识阶级中间，是再过十年、二十年也绝不会消灭的一种根深蒂固的潜势。"③加之中国作家又普遍感到中国笔记，"在性质和趣味上与英国的Essay很有气脉相通的地方"④，这就无怪乎一些中国作家将公安派文学与英国小品文认作中国现代散文的源头。此外，由于蒙田思想表述与中国传统思想多有相近之处，也很可能被唯新是学的新文学倡导者认为过时而忽视。

然而如果仅仅据此否认蒙田对中国现代散文的影响，就过于轻率和武断。我们发现对蒙田的译介虽然处于一种沉寂状态，却从未中断过，我们还发现蒙田在中国的流布是与中国散文的消长相呼应的。通过英国文学的中介，蒙田的散文——从思想到艺术——都不断在滋育着中国新文学的发展。

---

① 博克《蒙田》第141页。
② 载《新青年》1918年第4卷第4期。
③ 郁达夫《现代散文导论》（下），载《中国新文学大系·散文卷》。
④ 郁达夫《现代散文导论》（下），载《中国新文学大系·散文卷》。

20世纪初,旧文化已走到了它的末路,中国作家意识到封建文化的陈腐隳颓,开始转向西方求真理,力图从传统中脱胎出来,重建新文化的思想构架。一时间唯新是学的风气充斥了文艺界。文学此时正面临一个全面转型时期,西方现成的文学分类与样式都被作为中国新文学发展方向的一个范本,现代意义上的散文也正在逐步从载道教化的古文中蜕变出来,转型为个人抒情的新样式,即接近蒙田一派的絮语散文。新兴散文倡导者周作人、王统照、胡梦华、梁实秋等人先后发表了《美文》《论散文》《絮语散文》等文章,从特质上界定这种文学新样式。周作人在《近代散文抄·序》中声称:散文是"个人文学之尖端,是言志的散文,它集合叙事说理抒情的分子,都沉浸在自己的性情里"。在《〈自己园地〉旧序》与《苦雨》中周作人进一步表示:现代散文应该是"只想说个人私事","笔尖留下他们自身的一部分"。似郁达夫、钟敬文等人也分别指出:"现代散文之最大特征,是每一个作家的每一篇散文里所表现的个性,比以前任何散文都来得强。"[1]"他的人格的色彩渲染在这里面,并且还是深刻的描画着,锐利的歌奏着,浓厚的渲染着,所以它的特质是个人的,一切都是从个人主观发出来的。"[2]这些对絮语散文质的规定应该说都源自蒙田"说自己的话",蒙田在他《随笔集》中是这样表述的:"我想在本书里描写这个简单普通的真我,不用大言,说假话,弄巧计;因为我写的就是我自己,我的毛病要纤毫毕露地说出来,习惯允许我能够坦白地说到哪里,我就写这自然的我到那地方。"[3]中国现代作家通过英国小品文与厨川白村的中介接受了蒙田这种自我坦诚散文的影响,在这一散文中,人格、人性这些要素突破传统美学规范,一跃而成为新散文的首要美学因素。蒙田所开创的这派随笔样式启悟了中国作家,造成了"以自我表现为中心"的絮语散文盛行。

但是中国文学中对个性自由的理解与蒙田是有相当差异的。笔者在前文中已指出,蒙田"我写我自己"是建立在他对个体生活的重视,建立在伊壁鸠鲁主义之上,没有蒙田所信奉"合理利己主义",也就不会滋长出这种对自我的深切关注,而这种享乐主义与中国济世救民的强大儒学传统是格格不入的。因此国人与蒙田的认同也只限于泛泛的个性解放上,他们主

---

[1] 郁达夫《新文学大系·散文二集导言》,载《现代散文导论》。
[2] 钟敬文《试谈小品文》,《文学周报》合订本第7集,1927年。
[3] 转引自所北《自己的话》,载李宁编《小品文艺术谈》,北京:中央广播电视出版社,1990年。

要是截取了蒙田"说自己的话"这样一个外壳,而在精神实质上与蒙田相去甚远。

如果说前期对蒙田的介绍还只限于零散的片言只语,那么从30年代起,文学界则开始较系统地译介蒙田。这一过程肇始于1933年的蒙田诞辰400周年纪念。是年出版的《文学》杂志创刊号上刊出了梁宗岱先生的《蒙田四百周年生辰纪念》的文章,文章扼要叙述了蒙田在欧洲广泛影响,表示"老早就想将这位广交善读、和蔼可亲的哲人介绍给中国读者",文章之后还附译了《论哲学即是学死》。同期,伍实还写诗称赞蒙田:"四百年前的法兰西尚被封建的遗灰笼罩/好蒙田!本着怀疑的精神/运用自如的笔调/将中古的神密和堡砦/一古脑儿轻轻打扫/使人间重见天日/才发现自家儿也有个脑/怎今日,我同胞硬要把这时代的列车开倒/君不见,诸侯们正忙着各自造城堡/弥漫空中的,但有封建的黑暗愚蒙与残暴/啊,安得有今日的蒙田,今日的蒙田何处找。"

以蒙田诞辰纪念为契机,译著界陆续开始介绍蒙田。《读书月刊》1930年第1卷第3期载文《莽太因荣誉》,梁遇春评点英译本《蒙旦的旅行日记》,蒙田的作品此时也相继译出面世。30年代陈占元、伯符等先后翻译了蒙田论教育等散文。当然此时蒙田真正的译介者当推梁宗岱先生,自1936年起,他在郑振铎主编的《世界文库》丛书上,接连推出蒙田随笔,计14篇之多。梁先生对蒙田的痴迷,使他在以后年月里为蒙田散文的播扬付出了许多心血①……30年代这种蒙田译介升温现象,是与当时出现的小品热密切相关的,正如梁遇春指出的:"近来国人很喜欢小品文字,那么蒙旦(蒙田)自然是个值得细读的作家。"②

1932年至1937年间,小品文在中国蔚成风气,不仅出现《论语》《人间世》《太白》《水星》《宇宙》《中流》《新话林》等诸多散文专刊,而且《文学》《现代》《作家》等大型杂志也开辟散文专页,《中华日报》《大美晚报》《中报》等也有固定随笔专栏,在短短五年间出现大量散文作品,仅结集出版散文就达500种之多。在散文创作进入鼎盛之际,作家队伍却出现分流划派

---

① 这里有个动人的故事,据黄建华在《蒙田随笔》译者序言中说,60年代,在知识分子遭到整肃之际,梁先生亦不改初衷,继续蒙田全集译介工作,他不时抱着一大摞手稿,边吟哦边修改,连下乡劳动都带着这一大叠书纸。老翻译家企望将深宏隽永的蒙田散文全部译出示诸国人,但史无前例的风暴摧毁了他的梦想,梁家被吹得七零八落,《随笔集》的译稿也只剩下片片残页……

② 梁遇春《蒙旦的旅行日记》,载《新月》1929年第2卷第6期。

趋向。一派承继五四以来絮语散文的特色,以闲话笔调絮语家常,讲说个人身边琐事,另一派则以散文作为匕首与投枪,重又回到文以载道的传统散文创作上去。前者是以周作人、林语堂、梁实秋、刘半农、钟敬文、废名、俞平伯、郁达夫、叶圣陶、李健吾、梁遇春等人为代表的,就文学趣味来说,蒙田无疑与这一派更为接近,确实他们也更多从蒙田那儿汲取营养。

这派散文在纷繁变化的时代,远离现实,回避政治,或表现生活情趣,或追求隐逸风致,或显示博览杂学,总之一切以自我为中心,让自己方寸中的"一种心境,一点佳意,一股牢骚,一把幽情,听其笔端流露出来",在这派作家中,周作人是最接近蒙田的。虽然周作人并未特别谈到蒙田,他只是偶尔称赞蒙田"说自己的话"①,但仅此一点就足以显示他们的渊源了,因为自我本位正是两人散文核心之所在。周作人与蒙田在生活态度上极为相似,他们几乎都是个性至上者,在动荡社会中,他们又各自隐居园墟或苦雨斋,闭户读书消极避世,尚友古人感发兴起。在文学趣味上,两人也有诸多相似。作品内容上,衣食住行、草木鱼虫无所不包,信腕信口,皆成津渡,博杂中呈现出作者浓郁的个性;艺术上,谈话风构成他们创作突出特点;美学风格上,则呈现一种自由与节制,表现与自我隐蔽的均衡。总之两位作家太多地显现一种文心汇通。两者最大的相通之处是专注于闲话身边琐事,这点上周作人无疑是受到蒙田一派散文的暗示的。

周作人这种专注于个人身边琐事的文学趣味,在当时阶级、民族矛盾日益尖锐情况下无疑是极不合理的。但是当我们将其与社会现实分离,抽象来看待这一取向时,它无疑又存在合理性,这种关怀身边琐屑之事,实际上包含着张扬个性的内容。布克哈特在《意大利文艺复兴时期的文化》一书中指出:人文主义者对于人类日常生活的关注描写是关于人的发现思想的一项重要任务。② 中世纪专制政体下,人只是作为一个种族、民族、党派、社团的一员,他只有通过美的概念或本体范畴来认识自我,这也就注定他不会关切自我,也不会对自我周围琐事羁留于心。只有在人性复苏,个性意识觉醒的文艺复兴时期,人们才会由对自我关注转而关切自身周围的细微琐事。这种关注正是人性解放的表现,在这意义上蒙田声称"人的一切都与我血肉相关",也正是在这个意义上英国散文家柴斯特顿(G. K.

---

① 周作人《再谈绯文》。
② 详见《意大利文艺复兴时期的文化》第8章,北京:商务印书馆,1979年。

Chesterton)将其作品定名为 *Tremendous Trifles*(《极大的琐事》),在这些貌似渺小的日常生活中体现了人的觉醒这一伟大主题。周作人及五四以来絮语散文作家从蒙田一派那儿接受的正是这样一种追求,它是摆脱社会约束,摆脱群体控制后个性的觉醒,它对几千年来泯灭个性、压抑个性的传统文化无疑有着矫正的作用,从这点上看周作人从蒙田一派那里接受的对日常生活描摹还是有其积极意义的。然而正如前文指出的,这种积极意义只是抽象意义上的,如果将其还原到30年代社会现实中,我们又将发现其消极的一面。在风雨如磐,血雨腥风,战争危机如达摩克利斯之剑悬于民族头上之际,专注于营造个人园地,无疑是有害的,而周作人正是在这一不适当时机不合时宜地坚持了这一主张,因而陷入谬误①。

在蒙田与中国文学关系上,我们还要提到另一位中国作家梁遇春。我们之所以特别谈及他,不仅仅在于他是30年代重要的散文家,更主要的是他与蒙田对话方式,某种程度上代表了蒙田与中国沟通的途径。梁遇春创作伊始受到的是兰姆的影响,因此被人称为"中国的伊利亚"。梁遇春虽然一直沐浴着不列颠之风,然而他的散文风格却与蒙田多有相似之处。梁遇春《春醪集》中所蕴寓的陶醉人生主题在精神内涵上与蒙田《随笔集》所表达思想是吻合的;创作上,梁文区别于中国散文的体物浏亮,而多了几分蒙田式精微朗畅;梁文常多知识性引文,那种挟带大量中西引语的行文方式有似蒙田独创的"镶嵌"文体;梁文好作新词仿语,而蒙田也正是憎恶流俗,立异为高⋯⋯这些相似绝非偶然,正如前文中已指出的,兰姆应当感激蒙田,他的散文从思想到形式都承继了蒙田的衣钵,正是通过兰姆这一桥梁,梁遇春虽未直接师法蒙田,却表现出与蒙田的一致性;也正由于这一中介,梁遇春结识了蒙田,并喜爱上他,开始译介他的散文。梁遇春这一接受方式也是中国其他作家结识蒙田的方式,通过英伦三岛吹来的闲话风,蒙田的人文主义思想,闲话文体悄然滋育着成长中的中国新文学。

30年代末抗战爆发,民族救亡声浪压倒了思想启蒙,在内忧外扰、山河飘零之时,再专注于个人天地,谈狐说禅则无异于民族的罪人。要求文学突破个人狭窄圈子而服务于社会已成为时代呼声,散文逐渐褪去了个性

---

① 当然笔者也不能苟同,有些批评者将周作人屈膝事敌与蒙田倡导的那种个人主义联系起来。将个人本位主义缩为一种保命哲学,然而它也会以一种英雄主义姿态出现。更何况与周作人同属一派的林语堂、俞平伯、废名等人大节不失,也证明蒙田的个性主义并非罪不可赦的。

主义色彩而向载道的古文道路复归。在这种历史境遇中,蒙田的个人本位主义被彻底抛弃了,这是现实的需要,也是历史的选择,在民族危亡关头,这无疑是正确的抉择。然而令人遗憾的是这一特定历史阶段价值取向却成为一种心理定式,在随后岁月里中国读者一直对蒙田采取漠视态度,未能给予蒙田以应有的理解。据我们现有资料来看,自40年代末到70年代,未有一篇蒙田评论文章,一篇《随笔集》译文面世。蒙田因其个性主义而被中国读者打入冷宫,他那隽永深刻的《随笔集》也落满了灰尘。

直到新时期,随着人们对历史的反思,随着社会的变革,再次提出个性解放要求,蒙田这位思想家才又得以新生。此时,翻译界重新翻译蒙田作品,辛见、沉晖译出了《我知道什么呢?》;黄建华在其宗师梁宗岱译作基础上译出了《蒙田随笔》;学界也在本期内纷纷介绍品评蒙田;郭宏安在1979年《外国文学评论》上撰文《读蒙田的〈随感录〉》,透过重重迷雾,深刻透析出这位人文主义奇才的思想核心;1985年孙乃修又译出英国历史学家博克的《蒙田》,全方位深入浅出地介绍了这位文艺复兴思想巨人……

纵观蒙田在中国经历的半个多世纪的历程,他随中国文学一起经历了风雨磨砺,在磨砺中愈显其光泽。新时期对他的再次发现是真正的发现,我们有理由相信,通过新时期对蒙田重新介绍,中国学界会由此通向真正理解这位深刻睿智的人文主义思想家的道路。

第三节　无法模仿的喜剧家
——莫里哀与中国

  从青年时就读、就爱莫里哀,我一生向他学习了许多东西。我每年一定要读他几出戏,好叫自己保持一种经常和美好事物的接触。我不仅喜欢他的完整的艺术手法,还喜欢诗人那仁爱的性情,高尚的心灵。
——歌德《歌德谈话录》

  他不是招笑的东方朔,乃是真正的喜剧家。
——焦菊隐《论莫里哀》

莫里哀(Molière,1622—1673)是世界戏剧史上一个响亮的名字。作为法国路易十四时期"最大的光荣"①,他的文学实绩不仅在于他是法国唯物主义喜剧的第一人,而且还在于他的喜剧精神成为全世界戏剧家们得以遵从的喜剧本质之一。"法国的伏尔泰和博马舍,英国的德莱顿和谢立丹,德国的莱辛和歌德,意大利的哥尔多尼以及西班牙的莫拉丁,都是他的崇拜者和学生。"②这个被法国人恭称为"无法模仿的"的莫里哀,毫不例外地也参与到中国的文化、文学、戏剧生活中来,从他成为中国文人的一种选择之日起,他就开始活跃于中国文人心理文化的大舞台和现代戏剧家创作的小舞台上了。他的一招一式,他给研究者所昭示的种种启迪,也便成为本节着力探讨的目标。

一、莫里哀:西剧东渐中的戏剧主角

歌德曾说:莫里哀"是一个独来独往的人,他的喜剧接近悲剧,戏写得那样聪明,没有人有胆量想模仿他"③。同样的原因,布瓦洛给了他一个"静观人"的雅号。随着 20 世纪初西学东渐,这位聪明的"静观人",便用他足够的智慧所构造的标准的古典喜剧敲开了中国的大门,这时虽已是他身后三个世纪,他却同样在中国文人心理的大舞台上演出了三幕剧:(一)对莫里哀的介绍成为中国现代戏剧史的序幕。(二)莫里哀喜剧的崭新形式契合了中国人心理中爱热闹的看客一面。(三)莫里哀戏剧意在言外的反语性成为一部分文人"常怀千岁忧"的心理映射。

我们仅从莫里哀在中国的流布过程便可得出一些初步的结论。首先必须强调的是,莫里哀与中国的关系即是他与中国话剧的关系,并且这种关系从中国话剧一诞生便存在了,而中国话剧生来就是中西合璧的产物。从当时文人的整体心态看,都对中国新剧的道路有所忧虑,而这种忧虑,产生了他们在意念上对外国戏剧的呼唤。正如胡适所倡导,要把翻译作为一种"武器"④,以此毁灭落后的老套戏剧,"建立"新的戏剧界。有了这种心理的准备,好比搭好了戏台,就等戏班编戏开场了。

从中国人对莫里哀的接纳看,可以分为三个层次。首先,是一个具象

---

① 布瓦洛语,载《莫里哀喜剧》(四册本),第一册。
② 廖可兑语,载《西欧戏剧史》,北京:中国戏剧出版社,1981 年。
③ 歌德《歌德谈话录》。
④ 载《新文学大系·戏剧卷》(洪深序)。

的接收层次。包括莫里哀作品的翻译以及其笑闹戏谑形式带来的新奇感,这使莫里哀有别于其他外国作家而突出出来。到目前为止,关于第一部介绍到中国的外国剧本有两种看法。其一是郑振铎的《现在的戏剧翻译界》①言:最先的译剧本是法国穆雷(莫里哀)的《鸣不平》和波兰廖抗夫(Leopold Kampf)的《夜未央》②;其二是焦菊隐在他获法国巴黎大学博士论文《论今日中国之戏剧》中所说的:"波兰无政府作家的《夜未央》是第一部译成中文的外国剧本。"该文译者李煜瀛还译了1900年前后比利时人莫利叶的《社会阶级》一剧。另外,从《新文学大系·戏剧卷》的洪深序中也可了解,早期的戏剧翻译确实有大量误译、错译,质量不高的现象存在,这也造成了我们今天研究的困难。但有一点是肯定的,那就是莫里哀确实是最早介绍到中国的外国戏剧家之一。到了1923年就有了简单的莫里哀评传出现了,如《法国大戏剧家毛里哀评传》(张志超)、《莫里哀及其戏剧》(哲民)③等。

如果说最初的翻译往往不是莫里哀的代表作的话,那么到1926年翻译家们对《伪君子》的关注,则标志着对他的接纳跨入了第二个层次,即表象的理解。最早的《伪君子》译本是1926年世界出版社出版的,译者缺佚。随后,焦菊隐据Ernest Thirion所编的《莫里哀文集》并参照K. P. Wormeley女士、Page先生两种译本再次翻译了《伪君子》,并同时完成了莫里哀研究中最早的有分量的研究性论文《论莫里哀》④。30年代,陈治策重译《伪君子》。译介的繁荣往往是理解的前奏,为此马宗融还特别撰文《从莫利耶的戏剧说到五种译本》⑤,专论译介问题。中国人表述他们的理解,体现为这一时期对莫里哀的评论逐渐增多。我们早在《法国古典主义与浪漫主义的戏剧》中,了解到莫里哀的重要地位,随后又有《茉莉哀与悭吝人》(王瑞麟)、《莫里哀的〈恨世者〉》⑥等评论文章出现。这说明,在二三十年代莫里哀对一个中国戏剧爱好者来说,无疑有着如雷贯耳的名声。所以焦菊隐说:"我们对于莫里哀这个名字,听得太熟悉了,差不多在我们的意识中他

---

① 载《戏剧》1921年第1卷第2期。
② 载《中国话剧研究资料》(一),《为中国话剧的黎明而呼喊》。
③ 分别载《文哲学报》1923年第3期和《世界日报》1927年6月26日。
④ 焦菊隐《伪君子·序》,载《北京晨报》1928年4月16日。
⑤ 载《文学》1934年第3卷第5期。
⑥ 分别载《世界日报》1926年11月22日和《文艺月刊》第6卷第4期。

已经成了喜剧的代表符号一样,一提起'莫里哀'三字,即会想到'喜剧'二字。"①他还引用巴尔扎克的话,以表明对莫里哀的推崇:"他(指莫)执各时代名作家的喜剧作家中第一把交椅,这话实不算太过。"焦菊隐这篇论文的价值不仅在于他对莫里哀的褒扬,更在于他形成了自己关于喜剧的观点,而这一观点是颇能影响现实的中国戏剧家创作和舞台实践的,该文首先分析了莫里哀的生平及个人气质,认为莫里哀的喜剧"骨子里是悲的",而且道出中国古代的喜剧,骨子里也是悲的。这一论断奠定了中国文人接受心理上不具排斥性,进而更激发其忧患意念。其次,它指出了莫里哀的民族特性。再次,分析了莫里哀喜剧的独特点,即"姿态"喜剧,指出其姿态的可笑是喜剧的外在特征,深层含义则是烘托某一时代的错处和弱点。他的这一分析正好道出了莫里哀这个"静观人"的"智慧"所在,也提示了一种讽刺或反叛的、机智的、中和的手段。最后,它也是最早的议及"莫里哀与中国"的评论文。它比较中西戏剧手法及喜剧内涵,提出了中西戏剧许多异曲同工之妙。焦菊隐的这篇论文无疑是了解莫里哀在文人心理舞台上所扮演角色的重要文章,具有重要的点拨和铺垫作用。整个二三十年代,莫里哀的主要作品都得以介绍,一则是在中国话剧的这个启蒙时期,中国文人的心理取向对正剧、喜剧都有同样的倾向。顾仲彝说:"讽刺喜剧和寓意的历史剧——是当代最合用的(戏剧)形式。"②他分析了中国人一是喜欢热闹,二是怀古,故形成上述的取向,这也是我们从心理接受上,能感受莫里哀的"笑闹",又能理解他的"悲哀"的缘故。中国人在现实面前,也存在莫里哀所面临的抨击现实的需要,时代也呼唤较完美的新喜剧诞生。同样此期关注的《伪君子》和《悭吝人》则表明了中国人的喜剧心理确实是想"使受压抑的精神解放,使向来不能吐气的郁闷得到发泄"③。在这种理解层面上,便产生了40年代对莫里哀译介的冷落,因为抗战的需要,大部分翻译家着力于自己的戏剧创作,开始用自己的戏剧呈现于世人,这一时期,中国自己的喜剧大量涌现,自然包括深受莫里哀影响的李健吾、杨绛等人的创作。

应该说,中华人民共和国成立以后,对莫里哀的翻译又掀起了一个高

---

① 《论莫里哀》,载《焦菊隐戏剧论文集》,上海文艺出版社,1979年。
② 顾仲彝《中国新剧运动的命运》,载《新月》1932年第4卷第1期。
③ 《论莫里哀》,载《焦菊隐戏剧论文集》,上海文艺出版社,1979年。

潮。而新时期后,对他的接纳则跃入了一个新层面,即深层的挖掘,脱离时空制约寻找某些内在底蕴,多元地、客观地把握作家作品。1949 年以后对莫里哀的翻译,当感谢李健吾先生,50 年代他不仅写了《莫里哀的喜剧》①,而且出版《莫里哀喜剧六种》②。新时期后,李先生推出了迄今中国最全面的《莫里哀喜剧》(共四册)。正如他序言称:"莫里哀共写了 33 出戏,其中有最早两出小闹剧,不具姓名,和他后来的戏都有类似处,……(不译),另外五出……我也不译了。我一共译了 27 出,都是他现实主义的辉煌收获。"在这本集子中,李先生还附有莫里哀年谱及"法国 17 世纪著名作家对莫里哀及其喜剧的评价"。李先生的贡献不仅在于他为人们全面了解莫里哀提供了可能,而且反映出中国文人的文化心理取向,是忧患意识的间接表现。应该说中国文人的忧患意识是有几种表现的:其一是忧患之余,直面现实,硬对硬,李先生不属此类;其二是忧患之心,机智婉转,软对硬;最后一种则是以退隐回避表达忧患。作为学者气质浓厚的李先生,自然采取的是第二种心理态势,所以他选择莫里哀是有他特殊原因的。从研究理解的角度看,五六十年代对莫里哀的认识有了回归的趋势,仍旧局限于社会历史的观照,如论文《关于莫里哀的〈悭吝人〉》等都是受苏联艺术家观点的影响,用斯坦尼斯拉夫斯基(Stanislavski,1863—1938)的话说,莫里哀的答尔丢夫"是全人类的答尔丢夫的总和"③,从内心上讲,仍然把喜剧作为"张弓待发"的武器,来抨击令人悲哀的罪恶。1959 年吴达元译的《莫里哀喜剧选》正是在这种背景下问世的。

  对莫里哀认识的多元化是从 1978 年后真正开始的。这时对莫里哀的评论,又分以下几类:(一)莫里哀作品赏析;(二)莫里哀作品及喜剧艺术分析;(三)对莫里哀本人的介绍及法国人眼中的莫里哀,这些介绍使中国人跳出本国的圈子用全球性的观点更真实地认识莫里哀。

  新时期的这些评论,其新意表现在:

  (一)不再把莫里哀仅仅作为一种创作指导的基石,研究者不再把莫里哀的喜剧手法作为唯一的喜剧手法。新时期的戏剧是"开放的戏剧"④,以郭沫若、老舍、曹禺和焦菊隐为代表的北京人艺时代已经结束,对莫里哀

---

① 李健吾,载《文学研究集刊》1955 年第 3 期。
② 李健吾译,1959 年。
③ 斯坦尼斯拉夫斯基《我的艺术生活》,北京:中国电影出版社,1961 年。
④ 中国戏剧出版社编辑部编《戏剧观争鸣集》二,北京:中国戏剧出版社,1988 年。

的考察，更多的是在新潮戏剧热衷下的一种历史参照。新时期现代派戏剧是最热门、最新鲜的外来营养，从艺术手法上博采众长，形成中国戏剧的民族性成为当务之急，喜剧也不例外。从思想、审美心态上，人们不再局限于几十年前分析主题为主要内容的理解方法，而是进一步认识到，除了早期话剧创立时的特殊口味，还在于莫里哀自身艺术的魅力，即"与其说是结构因素，不如说是所处环境，使长短篇小说（在中国）一领风骚……莎士比亚的荣光使17、18世纪戏剧黯然失色，使拉辛、高乃依连同大多数法国剧作家一起相形见绌……唯独莫里哀保持了寓言的含蓄，而在舞台上塑造的人物性格得以世代相传，载誉全球"①。

（二）对莫里哀不再是盲目推崇。鲁萌《论达尔杜弗——兼论历史和心理的辩证转化》②指出了"达尔杜弗是性格单一的典型"，是典型而非类型。作者不再用社会学观点分析、接受莫里哀，而是超越时空的跨度，寻找某些永恒性存在，他分析道："17世纪法国敞开了灵魂的心理学，是新古典主义文艺思潮，莫里哀的达尔杜弗，就其性格的深层心理结构来看，它已远远超过了对伪善信士，乃至整个没落贵族的影射，而是当时一种正在向整个社会心理渗透的心理特征的凝结。"鲁萌的分析，帮助人们在当代的新社会环境下发现了某些"原型"，即"伪善是至美与丑恶之间扩展的中间地带或中间层次……伪善是无限的反思运动和人类现实性历史的一个不可缺少的转换环节"。

新时期对莫里哀的认识，其坐标系建立于永恒的历史长河与某一历史阶段特异性的参照。在这个坐标中我们找到的莫里哀不是一个闪光点，而是一条双曲线，即随时间流逝，对莫里哀的认识无限接近真理日臻完善。至此，我们不能说弄清了莫里哀的流布，戏剧作为不同于书面文学的艺术形式，还有其实践的一面，舞台戏剧创作也是一种传播和接受的媒介。莫里哀所有的成就都与他自身的演出实践联系在一起。遗憾的是，莫里哀的戏剧并不是最早搬上中国舞台的外国戏剧。1906年，春柳社首先演出小仲马《茶花女》第三幕，而后改编《黑奴吁天录》，有了第一出由中国人创作演出的话剧，实验性和"硬对硬"的斗争性，使莫剧在实践上并不是最先走上舞台的。从1918年到1940年间上演的外国剧目中独不见莫剧的演出

---

① 《法国文学在中国》，载《外国文学动态研究》。
② 载《外国文学研究》1984年第2期。

记载,这就与文人文字上对他的推崇形成了反差。我想这多是因为看戏作为"集体体验",要产生台上台下的交流,必须沟通观众心理与戏剧创作者心理间的桥梁。作为有忧患意识的文人,他们可以理解,用"笑闹""戏谑"的方式作为表达聪慧的反抗心理方式,这种"喜"中的悲,十分含蓄。二三十年代,文人心态的超然和内向与市民心态中对社会黑暗的愤恨,使他们更易接受易卜生的社会问题剧。这时活跃于舞台的郭沫若、田汉在个人气质上属于以硬对硬的忧患心理,与莫里哀的反讽态度有一段距离,所以他们往往选择的是个性化的、现世的、直露的悲剧控诉。而喜剧的反抗是机智的、调侃的、含蓄的。到了40年代,若干剧社在重庆上演过莫剧,由此说明,这个时期戏剧活动的鼓动性的加强和繁荣,使国人心境渐朗,同样对待"悲哀",采取的却是一种居高临下的嘲笑。"笑"其虚假与荒唐,观众的接受心理已有了"愉快地和自己的过去诀别"①的准备。50年代,这种心理更成熟,加上一定的反思,莫剧上舞台的次数多了,当然,其中不乏翻译家的导向工作,即介绍国外对莫剧的演出。在舞台上最受欢迎的是《悭吝人》,国庆十年演出该剧后,引起很大反响。凤子和黄式宪分别在《人民日报》和《戏剧报》撰文评《悭吝人》的演出。同样是这出戏,在80年代初得以重排时,再次为人关注,导演卢若萍还公开了导演札记②。从集体体验和剧场效应看,《吝啬鬼》比《伪君子》更切合一般中国人心理的理解程度。带宗教性的、更深刻的"伪君子"形象与中国大多数观众的生活经历相差较远,故而反应不及《悭吝人》,尽管如此,我们还是该为中央戏剧学院1959年上演的《伪君子》记上一笔。

二、莫里哀喜剧:价值永恒的保留剧目

艺术研究的本质是启示性和创造性,停留、满足于钩考莫里哀在中国的流布是远远不够的。中国戏剧是在欧洲戏剧几百年成果的"合力"推动下形成的,每一个外国剧作家都面临着被中国作家"选择"或"忽略"的可能。我们的最终目标,是寻找出某一作家被选择的背后,大生态环境、小生态环境如何,决策因素何在;同样背景下采取选择姿态的接受者与采取忽略态度的接

---

① 马克思《〈黑格尔法哲学批判〉导言》。
② 《戏剧艺术》1983年第3期。

受者心理差异何在;选择以后主客体的走向及文化心理结构如何,等等。从上篇我们已有了莫里哀被选择的概论。简单地说,中国人选择莫里哀,究其大的文化环境必观照中国现代喜剧的形成历史,即选择的必然性;究其文化小环境必研究现代翻译家和剧作家的文化自觉意识,即选择的可行性。

中国戏剧是近百年欧洲戏剧发展的浓缩,也是中国旧剧向新剧嬗变的民族化过程。喜剧作为现代话剧后进的一翼,要形成自己的体系,第一位老师就是欧洲18世纪的风俗喜剧,而参考欧洲喜剧史我们可以说这第一位老师又是从莫里哀那儿派生出来的。在莫里哀以前,喜剧未摆脱中世纪笑剧的弱点,在他之后才有了反映现实的经典喜剧,他的学生和崇拜者哥尔斯密及谢立丹都是风俗喜剧创作的先驱。中国现代喜剧是从熊佛西倡导"趣味"开始的,深受西方喜剧直接熏陶的丁西林在莫里哀"来到"中国前后搬出了《一只马蜂》(1923),这出戏成为人们认识莫里哀的又一观照。早期宋春舫、王文显这些学贯中西的大学者,都提倡西欧喜剧,他们通过创作形成一种新的戏剧导向。这种开放的戏剧文化,决定了中国戏剧界具备了与莫里哀发生关系的前提条件。另一个小前提在此也不容忽视,即当时翻译家对戏剧家的文化自觉意识是使莫里哀转换成戏剧信息的催化剂。垂青莫里哀的文人,焦菊隐、李健吾或其他,都有一个共同特点,即留学英法等国,学贯中西,对欧洲戏剧的直感及学者气质,构成了他们特有的接受视野。他们的生活圈子,使他们对社会苦难能够观察,却是居高临下的角度。他们的学识使他们有这样的智慧:"喜剧诗人不直接说出他的感情,而是把它们掩盖起来……这种感情本身并不一定与悲剧的感情不同,不同的则是它们的被掩盖方式。喜剧是间接的,反语的。当他意指不幸时,它说好玩,而当他让不幸显现时,他已能够在欢乐中超越不幸。"[①]所以,这些文人个性中与莫里哀的近亲因素是他们关注莫里哀的原因之一。焦菊隐在理论上剖析了中国喜剧内质的"悲",同时也提出了中国民间艺人的即兴小剧与法、意即兴喜剧"惊人相似",这是中国喜剧愿意借鉴莫剧形式的因素。另一方面,莫里哀所持的"喜剧只是精美的诗,通过意味隽永的教训,指责人的过失"[②]的喜剧观,并不脱离"兴观群怨"这种中国传统的文学意识。这些倾心西欧喜剧的文人有较强的同化吸收能力,对新文化的顺应,

---

① 埃里克·本特立(Eric Bentley)《戏剧的生命》,Atheneum,1964年。
② 莫里哀《达尔杜弗·序》。

以及头脑的聪慧,身份的局限,使他们以软对硬表达其民族忧患。"人们谁高兴做'文字狱'的主角呢,但倘不死绝,肚子里总还有半口闷气,要借笑的幌子,哈哈地吐他出来。"①鲁迅的这段话,正是一些艺术家选择莫里哀心态的自白。

然而,莫里哀被选择,但选择的轨迹不是直线的,而是经历着中国民族文化和欧洲文学结构及规律的过滤和定向。他从来都没有成为过某个接受者唯一或恒一的选择,而是始终经历着接受者心理机制上"同化"(assimilation)和"调节"(accommodation)两个过程。"化"正是中国现代戏剧的"个性",这种创造性的选择指向在与莫里哀最近的"同构对应者"李健吾身上表现得十分明显。

李健吾对莫里哀译介的热衷反映了他们主客体间强烈的心灵吸引,同样,李健吾自身的早期戏剧创作也反映出二者契合的近亲心理机制。和莫里哀一样,李健吾既是翻译家、剧作家、理论家,也是一个戏剧活动家,从1920年他饰演《幽兰女士》中的小丫头成名始,他就成了一个熟识戏剧舞台的文人,这便使他也格外关心演剧出身的莫里哀,经历上的认同和亲近,并没使他一开始就从事喜剧创作。直到30年代作为戏剧家的李健吾才有更深的文化同质面,这与他此期所受的教育有关。他的留学生涯,使他成为莫里哀的一个崇拜者,尤其是他一回国,又翻译了老师王文显的英文剧《委曲求全》和《梦里京华》。美国人对该剧评价甚高:"这里笑着一种柔和的、恶嘲的微笑,自然是王文显先生在那里微笑,这是法国人最得意的舞台笔墨,然而这里来得更加漂亮,实在是中国人对喜剧的贡献。"②老师的成功,激发李健吾对莫里哀格外亲近。同时,《委曲求全》的成功公演,说明不止一个戏剧家"感到在国民党反动派高压下的言论不自由,想演出一出喜剧发泄一下心中郁闷之气"③。1937年后,李健吾便开始了他的喜剧创作实践,以此讽刺旧制度的世态人情,鞭挞丑恶和虚伪。其中《以身作则》和《新学究》是两则典型的莫里哀式的喜剧,用他的话说,作这两出戏是:"梦想抓住中国的一切,完美无间地放进一个舶来的造型的型体。"④说它们是典型的"莫式喜剧"最重要的标志是运用古典主义的喜剧手法,尤其

---

① 鲁迅《伪自由书·从讽刺到幽默》,北京:人民文学出版社,1973年。
② 载《波士顿报》1930年5月12日。
③ 载《王文显剧作选·附录》。
④ 李健吾《〈以身作则〉后记》,上海:文化生活出版社,1936年。

是用"三一律"来创作。他30年代前的《这不是春天》等四个戏剧和上面提到的两出戏,其戏剧结构都符合"三一律",所有的时间都集中在一两天内,地点只有一两个场景,戏剧冲突集中在高潮的边缘。莫剧正是用这种原则,形成了古典主义喜剧的风格。作为"莫式喜剧"的第二个标志是李健吾创作也是从人物性格出发,表现人物自身矛盾,通过言行和环境,巧合情节形成喜剧冲突。他的戏剧由人物性格统摄情节,这显然是从莫氏那儿得到的濡染。莫里哀的喜剧特点最重要的是把矛盾、生活和性格写透。他的舞台效果接近自然,也是以言行为符号的"姿态喜剧",从人物单一化性格典型来看,莫里哀喜剧的风格痕迹在李健吾的这两出戏中是显见的。然而,这些相似的标志仍是表象和肤浅的,这是李健吾选择莫里哀后的第一步,即通过物理现象(舞台手段,戏剧化手法等)进入李健吾审美心灵中的莫里哀,正在寻找着精神内质的沟通。而李健吾的下一步是寻求双方心理的契合,将莫里哀的美学影响真正化入自己的创作,成为他自己特有的而不再是"莫氏"的风格。能够相互默契,这是因为施受主客体拥有相当的心理同构。我们知道,莫里哀在王权专制的17世纪,是一个不可多得的"有人性"①的人。他用他的"人性"来写那些不"人性"的东西,在喜剧的笑闹之外,传达出他对"人性"的期望,以及他对"无人性"的社会和人感到的悲哀。"莫里哀……广泛地了解人类的情欲和恶习。……"②这正是他的伟大所在,这个"描写自然的作家",在写人性、写自然的心理层面上,却与李健吾不谋而合,李健吾说:"我爱广大的自然和其中活动的各不相同的人性。""作品应该建立在一个深广的人性面前,富有地方色彩,然后传达出人类普遍的情绪。"③李健吾写"人",挖掘"人性",施受双方再次达到协调。当莫里哀的影响成为某种有机体进入李健吾的创作后,我们不难发现施予者被接受后还存在一个走向问题:是继承、排异还是扬弃? 这个走向随着李健吾创作经验和戏剧借鉴上新的积累,随着外界的要求而变化着。应该说,莫里哀对李健吾的创作影响是从李的"模仿",走向"融合"直到把莫里哀变成自己某一方面来借鉴。如果说,30年代受莫氏等人的影响,喜剧多以否定性喜剧为主角的话,那么到40年代,李健吾则融合法国"结构

---

① 焦菊隐《论莫里哀》,载《晨报·副刊》第79期,1928年。
② 别林斯基《我的艺术生涯》,1948年。
③ 李健吾《〈以身作则〉后记》,上海:文化生活出版社,1936年。

剧"、传统喜剧、其他正剧,将"莫式喜剧"变成"李式喜剧",这种新的喜剧不囿于"结构剧"只强调情节,不单纯像莫里哀那样以否定性喜剧人物为主角,这种歌颂性抒情喜剧以《青春》为代表,他没有闹剧的肤浅,不及莫剧的沉重,应该说是更个性化、民族化的艺术。从40年代整个民族的士气和知识分子广泛的信心出发,是很容易出现这种转变的。这种新变化也表现在李健吾对外国喜剧的改编上,他改编古希腊喜剧家阿里斯托芬的《女人大会》,其戏剧以单纯写人的温和幽默笔致,揭露鬼蜮横行的黑暗现实,这些作品一改"以软克硬"的习惯,有了斗争的性质。当然,主旋律的演变并不能说明他抛弃了莫里哀,相反,无论到五六十年代还是70年代末,李健吾重操翻译业时,仍不忘记把技艺精湛的莫里哀摆在最重要的位置之一,而莫剧中精彩的"相似比照""妄费的努力""作法自毙"等喜剧技法,仍然是李健吾作品不会丢弃的借鉴。

　　施予者对接受者的影响常常是潜移默化的,人们对施予者的选择决定因素是一种文化心理的自觉意识,但受到施予者的作用却往往呈非自觉状态。如果接受者一开始就只把施予者作为自己学习的一部分的话,施予者的影响就更是一种潜在的了。中国戏剧创立之时,纷繁复杂的流派,相近的类别,如喜剧类,往往都会被喜欢喜剧的"拿来"。莫里哀确立了现实主义喜剧的本质精髓,然而其戏剧模式经过三个世纪的检验,必然配合新时代发展,西欧喜剧自身的衍变,决定了莫里哀的局限性,不可能成为别人的唯一选择,被选择的仅仅是某些"因素"而已。陈白尘喜剧风格与莫里哀是截然不同的,然而"对黑暗加以无情的暴露"①却正是现实主义喜剧的本质内核;陈白尘的讽刺手法是"对外国喜剧家(如莫里哀、果戈理)的借鉴",也是"对中国传统有创造性的继承和发扬"②,陈白尘对欧洲喜剧的借鉴,正是以综合吸取为宗旨的。杨绛女士是中国现代戏剧史上唯一一个用戏剧刻画旧中国都市世态画的女作家,她的风俗喜剧《称心如意》和《弄假成真》是沦陷期文学中"喜剧的双璧"③。杨绛也是受到莫里哀潜移默化的作家之一。作为王文显的学生,她不仅潜心研习西方文学,有直接接触西方文化的留学经历,而且还向中国最初的喜剧创作者们学习。她的创作,

---

① 陈白尘《乱世男女·自序》,上海杂志公司,1946年。
② 《中国现代戏剧史稿》,北京:中国戏剧出版社,1989年,第536页。
③ 柯灵《上海沦陷期间戏剧文学管窥》,载《上海师范大学学报(哲学社会科学版)》,1982年第2期,第1—18页。

是在前人尝试之后进行的,所以能吸取别人借鉴外国文学的教训和经验。从《杨绛喜剧二种》序言中,可以看到她一开始写剧,就得到戏剧家们的支持,李健吾鼓励她并且亲自担任剧中角色,黄佐临亲自执导。在沦陷区的文学氛围中,杨绛学习西方风俗喜剧,学习莫里哀自然的现实的戏剧精神,是采取"悲哀"面前的超脱精神。"如果说,沦陷在日寇铁蹄下的老百姓,不妥协、不屈服就算反抗;不愁苦、不丧气就算顽强,那么这两个喜剧里的几声笑,表示我们在漫漫长夜的黑暗里始终没丧信心,在艰苦的生活里始终保持着乐观的精神。"①杨绛的这段话,是她自觉选择喜剧的内心表白。然而作为当时的女青年知识分子,她又受到个人圈子的制约,其作品不可能是"怒目金刚"的基调,也不可能撷取劳苦人民的生活原料,这决定了她的喜剧既是旧中国都市中见惯不怪的风俗习尚,是中国的"世态画",同时又是"贵族的""文人的"。她选取"风俗喜剧"、欧洲18世纪的谢立丹等人为老师,而更多的是学到风俗喜剧中承因莫里哀喜剧而形成的唯物观点和民主性的批判精神,这种审美取向,决定了她的喜剧仍然是莫里哀型的否定性主角的喜剧。17、18世纪喜剧的嬗变痕迹可在她的作品中随处见到。当然她的作品也效法俄国风俗喜剧、民族戏曲,及西方流浪汉小说的"用一个主角贯穿",这就使她集众美于一身,个性鲜明。但作为喜剧的本质精神,她还是受益于莫剧的。莫里哀的喜剧是聪明的喜剧,然而写得像"悲剧"。莫里哀的笑的背后是"悲哀",是"抨击",是"同情"。而"婉而多讽"的杨绛,也是喜中有悲的。杨绛的笑是"用泪水洗过的,所以笑得明净,笑得蕴藉,笑得有橄榄似的回甘"②。即所谓"含泪的笑"。杨绛正是学习了莫式喜剧用"足够的智慧,从惯见的平凡事物中见出引人入胜的侧面"③,含泪的笑是深刻的思考,是在喜剧情绪下,忧郁悲哀的深刻感触。

尽管杨绛、李健吾和莫里哀一样,都是写骨子里有悲的喜剧,但"悲"的程度不同。这种有悲剧因素的否定性的喜剧创作,使中国现代这些有学者气质又以忧郁表达忧患的剧作家体现出某种近似的艺术风格,所以张东将李健吾、杨绛都划入"洗练、隽永"的一类喜剧④,而他们恰恰都程度不同

---

① 杨绛《喜剧二种·后记》,1982年。
② 柯灵《上海沦陷期间戏剧文学管窥》,载《上海师范大学学报(哲学社会科学版)》,1982年第2期,第1—18页。
③ 《歌德谈话录》。
④ 张东《中国现代喜剧风格论》,载《话剧文学研究资料》一。

地受到过莫里哀的影响,选择过莫里哀。从情节而言,他们都强调戏剧性,舞台手法都学习以莫里哀为鼻祖的西方喜剧中"乔装打扮""冒名顶替""微服私访"等手法。从接受美学的观点看,这一支以学者、戏剧家为主的戏剧力量,对中国现代喜剧的贡献无疑是巨大的,而他们选择莫里哀,同时也为莫里哀"选择",这是主客双方内因外因的相互作用所致。心理取向、文化背景决定了是他们选择了莫里哀。在喧闹的现代戏剧舞台上,剧作家不同的心态又导致产生了风格各异的模式,这正是分析了莫里哀与中国现代戏剧后我们获得的启示。

中华人民共和国成立初期的中国喜剧以老舍的独特民族形式出现。新时期后,对莫里哀的译介研究达到一个新层面,而当代的戏剧家对莫里哀的借鉴更间接了。一是因为中国话剧本身面临挑战,需要创新的不单是喜剧,外国的现代派戏剧涌入,使新的戏剧模式纷至沓来,存在一个赶新的浪潮。二是寻根时期对民族文化的回归,使正剧、悲剧及狭隘的现实主义戏剧一度成为热点产生轰动(也含70年代末的"反思""伤痕"文学里的悲剧)。三是很多改编剧都是从最近的国外剧本入手,同时重新抬高莎士比亚的地位。这些迹象似乎说明莫里哀被研究的价值正高于被选择的价值,却不能说明作为影响者的主体的莫里哀已经不存在了。事实上,现代派戏剧也是从过去的戏剧中发展而来的。例如,年轻剧作家赵耀民所写的荒诞喜剧《变奏》《街头小夜曲》《天才与疯子》,尽管其喜剧语言是荒诞可笑,然而他所追求的荒诞喜剧的本质精神,却是古今中外现实主义喜剧的愤世精神的借鉴和发展。用一位研究者的话说,这荒诞喜剧"在荒诞和滑稽的面具下,包含着尖锐、犀利的批判与讽刺现实的倾向。它肯定了人生的价值与追求、社会的真与美,它撕毁的是现实生活中无价值的东西。在这一点上,阿里斯托芬、莫里哀、果戈理、陈白尘等喜剧大师给予作者的影响是明显的、深刻的"。[①] 笔者以为,作为人类文化财富的莫里哀可以是不朽的,而作为强有力的影响者的莫里哀也不断地经受着时间的考验,他在当代的文化心理大舞台和戏剧活动的小舞台上,又将担任什么样的角色呢?这正是等待我们进一步探讨的。

[①] 胡星亮《一面透视现实人生的哈哈镜》。

第二章
启蒙主义作家与中国

孟德斯鸠
(Charles de Secondat Montesquieu,
1689—1755)

伏尔泰
(Voltaire, 1694—1778)

让-雅克·卢梭
(Jean-Jacques Rousseau,
1712—1778)

孟德斯鸠《波斯人信札》法文版(Lettres persanes, MAGNARD, 2013)

孟德斯鸠《论法的精神》中文版(严复译,《法义》商务印书馆,1909年)

伏尔泰《风俗论》法文版(les moeurs, 1785)

服尔德(Voltaire)《查第格》中文版(傅雷译,1956年)

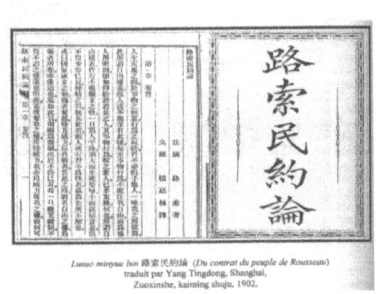

《路索民约论》中文版

巴金《随想录》(人民文学出版社,1980年)

第二章　启蒙主义作家与中国

17世纪是路易十四的世纪，18世纪是伏尔泰的世纪。

——安德烈·莫洛亚

伏尔泰结束了一个时代，而卢梭则开始了一个时代。

——歌德

18世纪启蒙作家继承了16世纪人文主义作家和17世纪古典主义作家的思想文化遗产，为法国文学史写上了新的一页。在精神倾向上，启蒙作家直接承继了人文主义者向教会宗教狂热和经院哲学所进行的斗争，他们高举起"理性"的旗帜，对中世纪一切观念形态展开了全面的清理和批判，并以人性的名义，提出了人的自由、平等的思想，将人文主义者的"人本主义"提到了一个新的阶段。在文学创作上，他们从先驱者那里汲取了有益的营养：继承和发扬了16世纪人文主义小说中那种乐观开朗的精神和冷嘲热讽、嬉笑怒骂的战斗风格（如伏尔泰的哲理小说）；汲取和仿效17世纪喜剧讽刺世态、描写性格的传统和技法（如勒萨日、博马舍的戏剧）；师承和深化人文主义小说、散文中对"人"的描写和思考（如卢梭的《忏悔录》和《新爱洛漪丝》）而使他们的创作成为表现自我、张扬个性的文学样本，给19世纪浪漫主义文学的发展以启迪。

18世纪启蒙运动的领袖们跟文艺复兴时期的"巨人"们一样，都是知识渊博、才华出众的人。孟德斯鸠是著名的政治理论家，又是小说家和历史学家；伏尔泰是一位哲学家、史学家、数学家、哲理小说大师、剧作家、诗人；狄德罗是18世纪唯物主义哲学的杰出代表，同时又是西方批评史上一位重要的艺术理论家，他在小说和戏剧方面都有重要的建树；卢梭是个很有影响的政治思想家、教育理论家，也是文学史上著名的作家，还是优秀的作曲家。此外，达朗贝尔（Jean le Rond d'Alembert）、布封（Comte de Buffon）、霍尔巴赫（Baron D'Holbach）、爱尔维修（Claude Adrien Helvétius）、杜尔阁（Anne Robert Jacques Turgot）等，既是出色的自然科学家，又是杰出的社会科学家，有的还是优秀的散文家。可以毫不夸张地说，启蒙运动的这些巨子们，几乎在人类一切知识领域中，都有自己的创造。而他们的这些创造成果也正是融汇了人类的全部知识，包括东方知识才得以确立的。

18世纪启蒙作家以更开放的世界意识注重东方文化，特别是对中国文化的汲取，他们在构建自己的思想学说时，都毫无例外地提到中国，从中国古文明中汲取了丰富的思想营养。孟德斯鸠对中国的记述和评论很多,仅在《论法的精神》一书中,就辟九节专论中国。狄德罗在《百科全书》中的"中国"条目里这样称颂道:"中国人被一致认为,其悠久历史、聪明才智、艺术进步、道德、政治、哲学时尚,均为亚洲各国之冠,甚且有人认为,可以方驾欧洲任何最进步的国家。"①卢梭在他的成名作《论科学和艺术》中,以中国为例,论证他的观点;在《论政治经济学》中对中国的政治制度加以赞颂。启蒙运动领袖伏尔泰更是中国文化的仰慕者,他在自己的文学作品、哲学和历史著作中,诸如《中国孤儿》《论风俗》《路易十四时代》《哲学辞典》等,对中国做了大量的描写、评述和颂扬。此外,爱尔维修的《论精神》、魁奈(Francois Quesnay)的《中国的专制政体》、杜尔阁的《论财富的形成和分配》中,都提到了中国。中国成了启蒙作家竞相采撷的文学题材,中国文化对启蒙文学有着重要的影响。启蒙作家或假托东方人(中国人)出游西方,以东方人(中国人)的眼光来观察西方社会,对欧洲文明的腐败现象进行抨击,如孟德斯鸠的《波斯人信札》(1721)、伏尔泰的《中国人、印度人及鞑靼人的信札》和阿尔央斯(Argens,1704—1771)的《中国人信札》等;或采用东方(中国)题材创作,抒胸中块垒,如伏尔泰的哲理小说《查第格》《老实人》,名剧《查伊尔》及《伊兰娜》等;或改编中国作品,以表达自己的哲思和理想,如伏尔泰之《中国孤儿》等。总之,中国激发了启蒙作家新的想象力,开阔了他们的新视野,拓宽了他们的描写领域,而成了他们创作上的一个精神源泉。

  本章论及的主要是,与中国关系密切的三位启蒙作家:孟德斯鸠、伏尔泰和卢梭。狄德罗对中国的认识虽然笼统,但他的美学思想对中国文学有重要影响,需专门研究,故不在论内。其他启蒙作家限于篇幅,也暂不涉及。同样,本章不可能就这三位作家与中国的关系做详尽描述,哪怕是对其中任何一个作家的详尽论述都足以形成一部著作。事实上,在国内外已出现了不少这样的专书。我们在这里仅仅想就三位启蒙大家对中国文化的容受以及他们的精神成果对中国的反馈做一透视,以便从中窥视到法国启蒙作家与中国关系的某些重要侧面。

---

① 转引自范希衡《从〈赵氏孤儿〉到〈中国孤儿〉》,载《中国比较文学》(第4辑),杭州:浙江文艺出版社,1987年,第188页。

第一节　孕育今世纪的巨子
——孟德斯鸠与中国

　　孕育今世纪，论功谁萧何？华拿总余子，卢孟实先河。① 赤手铸新脑，雷音珍古魔。吾侪不努力，负此国民多。②

——梁启超

　　1904年，中国改良主义的杰出思想家梁启超撰文《法理学大家孟德斯鸠之学说》③首次提出了带有研究性、较全面地译介孟氏的理论的见解，认为"以锐利胜"的卢梭、"以微婉胜"的伏尔泰、"以致密胜"的孟德斯鸠（Charles de Secondat Montesquieu，1689—1755），三人中"用力之多，结果之良，以孟氏为最"，并且誉之为"近世史中诸先哲"中"首屈一指"的可以"为王者师"的人物。

　　孟德斯鸠和赫胥黎（Aldous Leonard Huxley）、卢梭、伏尔泰比，何以赢得梁任公如此高度的评价呢？

一、不同人物，一样心思：孟德斯鸠与君主立宪派

　　孟德斯鸠为中国人所熟稔在19世纪末20世纪初，这正是清王朝岌岌可危、朝不保夕、民怒鼎沸、风云突变的关键时刻。包括梁启超及其导师康有为以及冯自由、马建忠、郑观应、王韬、薛福成，甚至更早些的林则徐、龚自珍、魏源等已经敏锐感到国运将尽、朝纲沦丧的沉重危机，甚至包括李鸿章、张之洞、左宗棠等上层官僚也在搜求"保国""保教"回复盛世的良方。在这样的背景下，孟德斯鸠一呼即应出现在晚清的中国学界。

　　如果说，以达尔文进化论为基础的赫胥黎的《天演论》唤起了中国人"优胜劣汰、适者生存"的进化意识以及"图强""保种"的危机意识，那么孟德斯鸠则更进一步为早醒者提供了一座"小桥流水之家"——理想的、精

---

① 华拿，指华盛顿与拿破仑。卢孟，指卢梭与孟德斯鸠。
② 载《汗漫录第九·壮别26首之18》。
③ 《新民丛报》，1902年4月。

神的指归。这是晚清思想界靠拢这位"王者师"的深层原因。因为：

（一）就晚清思想界言，当时急于在列强的炮声中为帝国这艘破旧的巨轮找到一处维修的船坞，并不是也绝无可能放弃对帝国的拯救，这是由这批思想精英们的出身、所受教育、文化背景以及觉悟程度所制约的。在当时，改良、变法成为必然之路，它既是拯救的途径，同时又是"防杜革命的第一要著"①。所谓变法，其实不过是通过皇帝改良政府达到国泰民安、帝制永存的目的而已。这在以康有为、梁启超为首的戊戌六君子身上表现得尤为突出，尽管变法以谭嗣同等人的献身为代价，尽管这种献身本身已经说明改良之途不通，然而直到1915年帝制复辟，仍有袁世凯及杨度的"筹安会"等人念念不忘君主立宪。孟德斯鸠成了一个被人利用误解的"王者师"。

（二）就孟德斯鸠言，他在《万法精理》（即《法意》又名《论法的精神》）中鼓吹的立法、司法、行政三权分立和专制政体、君主立宪政体、共和政体为早期的中国人图强变法提供了一种"理想国"的选择的可能性。三权分立既然在东西洋皆成气候，并且促进了国家的富强，而三种政体则成了中国改良派变法的理论根据（同时亦包括卢梭在《民约论》中揭示的"主权在民"理论），和孟德斯鸠的憎恨专制政体、厌恶共和政体、赞赏君主立宪政体的温和态度一拍即合。在《论立法权》中，梁启超说：

> 君主立宪者，政体之最善良者也。……君有君之权，权有限；官有官之权，权有限；民有民之权，权有限。这样的政体在梁启超看来十分理想，君、臣、民各行其权，保了君位，安了民心，振了国势，最终达到革命永绝，皇位永固的目的。在梁启超眼里，三权分立变成了孔夫子的"礼"，礼之为理，小自私家大到国家，尊卑大小不可逾越。

无独有偶，早期人物王韬及郑观应亦持此看法。

这便是孟德斯鸠进入中国、高潮迭起、名声大噪、经久不衰的原因，是三权分立联系了路易十四王朝的孟德斯鸠和清王朝的中国"西看"人物。三权分立的魅力在于，它使中西哲人在如下问题上达成了共识：改善君主（或专制）政体，协调君主、官吏和黎民的关系，使得君不昏聩，吏不施暴，

---

① 《立宪法议》，1901年。

民不造反成为现实。另一方面,孟德斯鸠并未站在资产阶级(第三等级)立场上建立自己的政体理论,相反他的一切努力不是为了导致而是为了祛免革命,保存贵族政体(君主立宪)。这种局限毫无疑问也存在于清朝末年的中国知识分子身上,由改良而革命这不仅仅体现出一个认识或觉悟的问题,更重要的是,这种理性认识根植于现实的土壤,正如康梁之倡变法有其历史的合理意义一样,孙中山等人的革命同样有其合乎理性的一面,但我们绝不可忽视其历史的局限,对康梁如此,对孙中山亦应如此。

约略而言,孟德斯鸠的影响在1949年前经历了三个阶段:第一阶段,从被中国人认识到戊戌变法失败(1898年前),以前述的马建忠、王韬、郑观应,特别是变法六君子及后来的杨度,其实更应包括严复为代表。改良派除主张三权分立外同时又主张实行君主立宪,即保留君权。第二阶段指从戊戌变法失败到民国建立(1898—1912),以孙中山、章太炎、邹容等人为代表,力倡废除帝制,建立共和,在继续倡言三权分立的基础上提出五权分立(孙中山)。1920年更有人提出八权宪法(北京大学教授陈启修)、九权宪法(1921年《东方杂志》八月号刊有《九权宪法论》)。从根本上言,孙中山革命的目的是共和,至于三、八、九权,无论千变万化,都不离孟德斯鸠之宗,这些内容必须在共和的前提之下方谈得上。第三阶段约始自1912年民国建立,从此以后,袁世凯、杨度、张勋的帝制日渐失去人心。在中国政坛,无论是真是假,共和的牌子不能倒,它已成为衡量革命与反动,进步与倒退的标志。

这便是孟德斯鸠对中国的最大影响。他与拿破仑、华盛顿一起以富于革命思想与启蒙作用的导师式的人物出现于中国政坛,首先唤起的是中国人在劫难之后急欲进行政体预演的热望,"分权"与"政体"成为中国人了解这位法兰西巨人的钥匙。其次,《论法的精神》作为他的代表作,在中国,前后有不少断续的译文、译本及阐发。阐发的效果是,客观上促使中国上下层反省自己,寻求救国图强之途,此后,无论是否对症,国家主义、无政府主义、英美资本主义及苏联的社会主义,中国人总算在努力探索后找到了一条适合于自己国情的路。

不同人物,一样心思。中西文化交流背景上的孟德斯鸠在中国清楚地显示出:是孟德斯鸠的理论思想本身适合中国彼时的国情,而中国国情决定了需要启蒙主义思想家的类似理论。中国人遇见孟德斯鸠,"如幽室见日,枯腹得酒"①。孟德斯鸠到中国如决堤之水,顺流直下,一气呵成。于是才有了孟德斯鸠在中国的话题。

二、相似事实,不同结论:孟德斯鸠的中国观

和伏尔泰等人一样,孟德斯鸠有关中国的知识主要得自于一些典籍和交谈,由于时代所限,孟德斯鸠有关中国的概念是零碎的、不全面的;由于条件所限,孟德斯鸠有关中国的认识是抽象的、缺少实物验证的。根据《法意》等书的披露,孟德斯鸠至少通过了如下书籍和人了解中国:

比利时教士柏应理(Philippe Couplet)等人著的《中国贤哲孔子》,德国神甫克察(Athanasius Kircher)著的《中国图志》、《北方游记》中的《朗克先生日记,包括他 1721 年、1722 年在中国宫廷谈判的经过》,英国航海家和探险家唐比埃的《新游记》,法国人雷诺多(Théophraste Renaudot)翻译的由穆斯林教徒所写的《两位穆斯林的印度和中国游记》,俄皇的使节韦尔特·伊兹勃兰特的《出使日记》,由法国教士杜赫德(Du Halde)等编著的《中华帝国全志》和《耶稣会士书简》,上述书籍在孟德斯鸠的有关书简、笔记中均有记录,或札记或实录,反映出孟氏阅读时的谦谨态度;除此而外,根据拉布雷德堡孟氏藏书的情况分析,他很可能还读过意大利人卫匡国(Martion Martini)的《中国上古史》,西班牙人门多萨(Juan Gonsales de Mendoza)的《中华帝国史》、葡萄牙人鲁德照(Alvare de Semedo)的《中华帝国志》以及法国财政总监西鲁哀特的《中国政制和道德概述》、荷兰人约翰·纽霍夫(Johan Nieuhoff)的《荷兰东方公司派往中国的使节》等书。

孟德斯鸠还曾与下述人等接触并通过交谈对中国有所了解:法国传教士傅圣泽(Jean-François Foucquet),意大利教士马国贤(Matheo Ripa),法国大主教阿瑟马尼(Assemani),法国早期非教士的汉学家之一弗雷泽(Nicclas Fréret),法国物理、天文学家德梅朗(de Mairan)。上述诸人绝大多数曾在中国逗留过。这里值得一提的是中国人耶稣会士黄嘉略(1679—1716),祖籍福建莆田,1702 年随法国传教士梁宏仁赴法,从此再无归期,终至客死异乡——这是孟德斯鸠终生认识的唯一一个中国人。

通过上述的这些人,孟德斯鸠对中国有了一些非直观性的认识,对中

---

① 梁启超《孟德斯鸠之学说》。

国的宗教、法律、政体、地理环境、风情民俗、科举制、文字及历史均有所了解,但是由于作者或述者本人的教养及观点、立场、方法还有条件的限制,孟德斯鸠的中国观中不乏掺杂使假之处,相互矛盾、抵牾之处也不少见。公平地说,和其他启蒙思想家一样,孟德斯鸠对中国的了解亦是为了建立理想的理性国家,他的上述努力无非是想尽量客观、全面地认识一个可供借鉴比较的帝国形象。在以后的论述中,孟德斯鸠有关中国(政体)形象的描述较之伏尔泰的描述有很大差别,有时甚至完全矛盾:

当高卢、日耳曼、英吉利以及整个北欧沉沦于最野蛮的偶像崇拜中时,庞大的中华帝国各部正培养良俗美德。

由于它是世界上最古老的民族,它在伦理道德和治国理政方面,堪称首屈一指。

伏尔泰甚至称中国是"按照理性规律建立的启蒙君主政体"的"理想国"①。但是在孟德斯鸠笔下,同一个中国却变成了另一种模样:

中国是一个专制的国家,它的原则是恐怖。
——《论法的精神》第8章第21节
中国的专制主义,在祸患无穷的压力之下,虽然曾经愿意给自己带上锁链,但却徒劳无益,它用自己的锁链武装了自己,从而变得更加凶残。
——《论法的精神》(上)第129页

孰对孰错,似乎都言之有理且有据。关键的问题不在于谁的描述更近于中国的事实而在于启蒙主义思想家这样做的背景动机是什么。在孟德斯鸠生活的时代,启蒙主义思潮正兴于法国,思想家们关注的仍然是对宗教神学牢笼的突破,借助于理性建立完美的君主国,在孟德斯鸠这里还应加上允许贵族存在。在这种思想指导下,启蒙思想家们把目光投向了遥远的、神秘的、具有悠久历史和文化传统、缺少基督教文明背景的中国。从总的倾向看,人们愿意把中国看作"全人类最伟大的文化和文明"(莱布尼

---

① 钱林森《中国文学在法国·"伏尔泰"节》,广州:花城出版社,1990年。

茨),"最优美、最古老、最广大、人口最众和治理最良好的国家"(伏尔泰),"到北京去！瞻仰着生人中最伟大的人,他是上天的真正而完全的楷模"(波维尔)①。继起的以魁奈、杜尔阁为首的重农学派更是将中国奉为治国的标本,口头赞赏鼓吹而外,更在行动上予以实践尝试。

据何炳松《中国文化西传考》②中说,普鲁士的腓特烈国王曾在一封信中说,伏尔泰如此崇拜中国文化,实在别有用心。什么用心？就是为了借助中国来否认并最终抛弃"一切专制制度中,最荒唐可笑的、最屈辱人性的、最不合理而且最恶毒的""牧师专制制度"。

这其实也是孟德斯鸠的方法和"用心"。

和所有思想家对中国的礼赞相类似,孟德斯鸠对中国的"恶评"③同样出于理性主义的目的。前已提到,孟德斯鸠将国家政体分为三种：一为专制政体,一为君主政体,一为共和政体。按照他的理论,共和政体应由全体人民或部分人民拥有最高权力,主要是些小国家;君主政体是一人执政,但有基本法。权力由君主(行政权)和贵族(立法权)分担,双方互依互存;以此套之中国便哪一种都套不上,那么便只有放在专制政体中了。

毫无疑问,专制政体是所有政体中最黑暗的一种,君主即独裁,"在专制国家里,……人就是一个生物服从另一个发生意志的生物罢了,……在那里,人的命运和牲畜一样,就是本能服从与惩罚"④,在这样的政体理论框架中,孟德斯鸠所能找到的理论根据必然是：君主至高无上、滥施淫威;刑罚酷烈,株连尤甚;官吏量刑失当,"宗教、法律、风俗、礼仪"杂糅,很难明确判定,因而滥杀无辜。法网漫漫,无人可免除飞来横祸。

这便是人们在孟德斯鸠著作中发现了太多有关中国"恶谥"的根本原因。

但是即便如此,孟德斯鸠也很难不受同时代盛赞中国的潮流的影响,也很难不面对中国文化中的另一面：

(中国的统治者的)主要目标,是要使他们的人民能够平静地过生活。他们要人人互相尊重,要每个人时时刻刻都感到对他人负有许

---

① 转引自沈定平的《中国古代思想与西欧启蒙运动的发展》,载《世界历史》1983年第3期。
② 载《中国新论》1935年第1卷第3期。
③ 转引自沈定平《中国古代思想与西欧启蒙运动的发展》,载《世界历史》1983年第3期。
④ 孟德斯鸠《论法的精神》(上),北京：商务印书馆,1982年,第27页。

多义务;要每个公民在某个方面都依赖其他公民。他们制定了最广泛的"礼"的规则……这是养成宽仁温厚,维持人民内部和平和良好的秩序,以及消灭由暴戾性情所产生的一切邪恶的极其适当的方法。①

让我们记住孟德斯鸠在《论法的精神·序言》中的话:"我建立了一些原则。我看见了:个别的情况是服从这些原则的,仿佛是由原则而引申出的;所有各国的历史都不过是由这些原则而来的结果。"这有助于理解这位思想家对于中国的低调评论。

三、中学西学,异曲同工:孟德斯鸠与严复

孟德斯鸠的主要著作是《论法的精神》和《波斯人信札》。

1899年12月13日《清议报》上刊出了梁启超的《蒙的斯鸠之学说》标志着孟德斯鸠的大名及其学说第一次传入中国。此后《国民报》《国粹学报》《游学译编》以及影响颇大的《民报》《新民丛报》《国民报》均有评介性文章出现。

1900年,《万法精理》(《论法的精神》)第一次译成中文。这个刊登译文的《译书汇编》在日本创刊,因而《万法精理》译自日文。1902年,在上海南洋公学执教的张相文翻译了《万法精理》,曾由程芝岩润色,日本人何礼之校对。署名亦是这三个人。

1913年,号称"严天演"的大学问家严复翻译的《法意》合订本由上海商务印书馆出版,其间曾分七分册出版,并在《广益丛报》《政艺通报》等刊上连载。这是《论法的精神》的第一个中文全译本。直到1961年近50年之后,才有了严译的《论法的精神》的另一个白话译本。

1915年,林纾笔述,王庆骥口译了孟德斯鸠的《波斯人信札》。林译题名《鱼雁抉微》,自谓是"哲学小说"。据林纾说:"书凡百余翰。其未毕者三十余翰。"是年9月起在《东方杂志》(12卷9号)揭载。在译文前的"识"里林纾说:

> 余译小说。至是可百余种矣。均无如是书之异。吾国儒者。好

---

① 《论法的精神》(上),第312页。

说理。其告诫者流俗。但为诫语。而外国之哲学家。则否。务揭社会之弊端。及其人之习惯与性情。和盘端出。读者虽不满其所言。然言外已足生人慄惧。及其愧耻之心。即吴道子所画地狱变相。用以惩创流俗者也。然其大旨,针砭闾阎为多。

可惜林译影响不大。直到1958年,人民文学出版社出版了罗大冈翻译的《波斯人信札》,译文忠实原作而又文采斐然,是为《信札》之第二个中译本。

此外,商务印书馆还于1958年推出了婉玲译的《罗马盛衰原因论》。

我们着重谈一下严复的《法意》。

1898年,当《天演论》正式出版以后,严复成为举国皆知的"严天演"①。当"天演"中道出"物竞天择""优胜劣败""适者生存"的惊世名言后,一种危机感深深笼罩了广大的士子阶层,有志之士掩卷深思,泱泱中华出路何在? 严复遂在《天演论》文末号召"早夜孜孜,合同志之力,谋所以转祸为福,因害为利"。但到底要建立一个什么样的国家达到图强保种的目的,严复亦不甚了了。然而,正是孟德斯鸠的《法意》提供了一个可资借鉴的答案。

正如严复所言,他译书的态度是"字字由戥子称出","一名之立,旬月踟蹰",有时也像孟德斯鸠写《法意》一样,"昼夜矻矻",以求最终达到"信""达""雅"的目的。这位"西学圣人"的典雅译文几近艰涩,一如他在答复梁任公的责备时明确答复:"不佞之所从事者,学理邃赜之书也,非以饷学童而望其受益也,吾译正以待中国多读古书之人。"② 正如本杰明·史华兹所分析的,严复的"雅"既"显露了他对自己精美文笔的骄矜和他的修辞学造诣,而且显露了他力图通过用最典雅的中文表达西方思想来影响讲究文体的文人学士的动机"。③ 据统计,严译各种著作中均有按语,其中尤以《法意》为多,达330条,④这些按语依内容分有评、有述、有驳、有议、有赞。

---

① 据王栻在《严复集》(一)序中言,仅在清末《天演论》即有30余种译文,可见影响之广。
② 载《新民丛报》第7期,1903年4月1日。转引自本杰明·史华兹(Benjamin Schwartgyz)《寻求富强:严复与西方》(叶凤美译),南京:江苏人民出版社,1989年,第87页。
③ 载《新民丛报》第7期,1903年4月1日。转引自本杰明·史华兹(Benjamin Schwartgyz)《寻求富强:严复与西方》(叶凤美译),南京:江苏人民出版社,1989年,第87页。
④ 许明龙《孟德斯鸠与中国》,北京:国际文化出版公司,1989年,第144页。

因为《法意》本身并非严格意义上的法学著作,有些像社科全书。这种性质决定了严复的按语随机而发,短短长长,不一而足,有些像明清的批评家点批《水浒传》或《石头记》——由此可见《法意》在严复心目中的重要性之一斑。

第一,孟德斯鸠使严复明了了西方法律的两大标准是非人格性和普遍性。这样,严复首先遇到的不是具体的法律条文而是如何接受新的价值观。按语说:"夫西方之君民,真君民也,君与民皆有权者。东方之君民,世隆则为夫子,世污则为主奴,君有权而民无权也。"①所谓父母言,实际上是剥夺了老百姓的任何权力。故此,必须像西方特别是英国一样使法律非"人格性",真正具有普遍意义才行。孟德斯鸠和严复同样赞赏英国的政治制度。在《孟德斯鸠传》中,严复提到孟氏曾说"惟英之民,可谓自由矣"。在《法意》按语中他回顾了和驻英公使郭嵩焘的一段谈话,严说"英国与诸欧之所以富强,公理日伸,其端在此一事"——指法庭辩论(代指宪法普遍性)。

第二,严复同意孟德斯鸠的看法,即中国不存在真正的法律,有的仅仅是一种混合体"礼"(而西文"法"字,便有中文"理""礼""法""制"四意),因而"礼"之为法,"所混同者,不仅宗教、法典、仪文、习俗而已,实且举今所谓科学历史者而兼综之也"。②

第三,严复基本上同意孟德斯鸠对中国所属政体的划分,但严复不能同意孟氏认为中国政体更"专制"、更"残酷"之说。严复认为中国人始终待君子以礼,威小人以刑;而酷刑并非专制国家的标志。在按语中说:"民主者以德者也,君主者以礼者也,专制者以刑者也。礼故重名器、乐荣宠;刑故行督者,主恐怖也。"③

第四,严复不同意孟德斯鸠的气候—地理论判断一个国家政体优劣和民族强弱。按照这种理论,中国的专制政体和民族的挨打受欺的地位将永无改变之日。按语说:"论(欧、严)二种之强弱,天时、地利、人和,三者皆有一因之用,不宜置而漏之也。"

第五,严复不同意孟德斯鸠以疆域大小而定国家政体:小国才可共和。

---

① 《法意》(上),第412页。
② 《法意》(上),第411页。
③ 载王栻主编《严复集》第4册,北京:中华书局,1986年,第901页。

严复仅举现实中的一例:"孟氏此言,取以例古的国家可耳,则其例几无一信者矣。……而美利坚幅员埒中国,法兰西则半之,皆真民主矣。"①便证明孟氏所言有谬,难尽征信。

第六,受孟德斯鸠启发,严复从德、智、力三方面否认了现阶段中国实行共和制的可能性,"斯民之智、德、力常不逮此制也"②,但是"由弱转强,由愚转智,由瓦解土崩而为专心一志者,又实无速成之术"③。严复是一个发展论者,但是他的人生观决定了他受到许多限囿,这也使他的后半生被人目为"保帝制"的遗老,特别是在杨度的"筹安会"中成为一名被动的"会员",更被人目为反动了。④

从"按语"的总倾向看,严复对孟德斯鸠的评价基本公允,他认为在13、19两世纪中,"欧人于东籍最稔者","当推孟德斯鸠、福禄特尔、狄德鲁"⑤。按语中亦曾出现"吾译此节之文,不觉俯首至地"⑥,"吾译此章,不觉低首下心"⑦等字样,显示出一个中国学者虚怀若谷、从善如流的气度,也有"孟氏之言,直百解而无一可通者,吾恨不能起其人于九泉而一叩之也"⑧,表现出一个民族主义者所应有的正义感和使命感。在《法意》上册第74页严复说:"孟氏之作,固为体思精,然以法学开山,……故往往所谓,精碎不逮后贤。"实为方家之论。

孟德斯鸠在中国是一个繁杂的话题。限于篇幅,本节主要勾勒孟氏在中国的三种运行状态及中国人的接受心理机制。严复和孟德斯鸠的关系典型地说明了第一种运行状态及早期中国人对孟德斯鸠到来的心态反应。通过严复,我们清楚地看到中国人对孟德斯鸠研究的切入点、思维向度及认识水平,也可以一窥孟德斯鸠启蒙思想的长短肥瘦。同样,透过严复的孟德斯鸠介绍,我们可以反观这位近代史上"通学硕儒"和"西学圣人"的代表在寻求富强救国道路上的跌宕坎坷。从更大更深的背景看,严复身上

---

① 王栻主编《严复集》第4册,北京:中华书局,1986年,第960页。
② 《法意》(上),第158页。
③ 《法意》(上),第169页。
④ 王栻《严复传》,上海人民出版社,1957年,第87页;周振甫《严复思想述评》,北京:中华书局,1948年。
⑤ 《法意》(上),第162页。
⑥ 《法意》(上),第244页。
⑦ 《法意》(上),第411页。
⑧ 《法意》(上),第135页。

所固有的矛盾事实上体现了中西文化的交流中的容受消长状况,这显然不是本节的内容所能框圈:因为严复还和亚当·斯密(Adam Smith)、斯宾塞尔(Spencer Hart)、约翰·穆勒(John Stuart Mill)、甄克思(Edward Jenks)、耶芳思(W. Jevons)等人关系密切①。

第二节　中国:一个新的精神的和物质的世界
——伏尔泰与中国

> 18世纪的法国人是通过伏尔泰才知道中国的,伏尔泰使法国人爱中国,就像爱思想自由的学说与和平的哲理。
> ——欧乐②

> 欧洲的王公及商人们发现东方,追求的只是财富,而哲学家在东方发现了一个新的精神的和物质的世界。③
> ——伏尔泰

18世纪的欧洲是伏尔泰(Voltaire,1694—1778)的欧洲,也是"中国之欧洲"④:在18世纪,一股"东方热""中国热"以前所未有的力量猛然地冲击着法国和整个欧洲。崇尚中国成为那时人们趋之若鹜的时尚和潮流。在这中西(中法)文化碰撞交融的历史大潮中,伏尔泰无疑是拓开航向的先驱者。是他,以历史学家的开放视野发现了中国古代文明;是他,以哲学家的深刻追寻着中华民族的精魂;又是他,以文学家的敏锐开启了中法文学交流的历史航程。伏尔泰,这位集历史学家、哲学家和文学家于一身的西方文化巨子,以他特有的远见卓识,在中法文化关系史册上写下了最为辉煌的一章。

---

① 在解放后的孟德斯鸠研究中,可圈可点的并不很多。这里谨举许明龙的《孟德斯鸠与中国》(北京:国际文化出版公司)。本文所引资料部分出自该书。

② 欧乐(A. Aulard),*Voltaire et la Chine*(东方晦译),原文、译文载《中法教育》第8期,《东方杂志》第24卷22号转载,此系原文重译。

③ 转引自利奇温(Adolf Reichwein)《18世纪中国与欧洲文化的接触》(朱杰勤译),北京:商务印书馆,1962年,第79页。

④ 艾田蒲(R. Etiemble)比较文化巨著《中国之欧洲》(*L'Europe Chinoise*, Gallimard tome Ⅰ,1988,tome Ⅱ,1989)。作者对18世纪欧洲与中国的关系做了精彩的描述。本书由许钧、钱林森译为中文,已由河南人民出版社出版。

一、开放视野与东方意识:中国古文明的发现者

在西方思想界,长期为一种偏执而狭隘的观念——"欧洲中心论"——所禁锢。这种观念总是坚持只有西欧文明才是文明,而别的民族只"不过是些微贱的野蛮部族"。在这种观念支配下,东方文明自然是长期受到忽略和排斥。自从 17 世纪末西方传教士带回了东方的信息资料后,这种情况有所改变,但真正突破这个禁锢的还是伏尔泰。他以开放的文化视野和崭新的东方意识,从传教士大量的著述中惊喜地发现到东方"一个新的道德的和物质的世界"①。这是一个全然不同于西方文明而能与之相颉颃、给人类以智慧的新的文明和新的世界,这正是思想家伏尔泰所要寻觅的理想世界。于是他那哲人的目光就一直注视着东方与中国,直到生命的终结。在谈到东方民族与文明时,这位"环顾世界",目视中国的智者明确地说:"作为一个哲学家,要知道世界上发生之事,就必须首先注视东方,东方是一切学术的摇篮,西方的一切都是由此而来的。"②又说:"东方民族全不需要我们,而我们则需要他们。"③伏尔泰遥望中国文明的开放视野和东方意识,是他作为中法文化交流历史航向的开拓者的出发点,也是他高于其他启蒙思想家之所在。比如激进的思想家卢梭,单就世界意识和东方视野而言,就远逊于伏尔泰。1756 年,卢梭发表了《圣·彼埃尔长老的永久和平计划纲要》,眼光只局限于欧洲,伏尔泰便杜撰一篇中国皇帝的诏书,奚落他说:

> 我们看到我们亲爱的让·雅克所草拟的纲要,说明赋予欧洲以一个永久和平易如反掌,我们心里大为懊丧。他忘了世界上其余的一切部分,而这些部分,他在他的所有的小册子里都应该照顾到的呀。我们看到了法国的君主制度,它是君主制度中的天下第一;德国的无政府制度,它是无政府制度中的天下第一;西班牙、英吉利、波兰、瑞典,……它们都被请去参加让·雅克的条约了。我们很安慰地看到,我们

---

① 利奇温《18 世纪中国与欧洲文化的接触》,第 89 页。译文据朱谦之《中国哲学对欧洲的影响》,福州:福建人民出版社,1983 年,第 293 页。
② 转引自利奇温《18 世纪中国与欧洲文化的接触》,第 81 页。
③ 《伏尔泰全集》第 3 卷,巴黎,1865 年,第 424 页。

的表妹全俄罗斯女皇也被邀去出一分力量。但是名单之中未见朕名，寡人大为震惊。寡人以为，寡人既与亲善的表妹如此邻近，实应与之同受邀请，且土耳其大君为匈牙利与那不勒斯的近邻、波斯王又为土耳其大君之近邻，蒙古大君又为波斯王的近邻，亦皆有同被邀请之权，而号称普遍同盟，竟忘了日本，亦属不公之至。①

这虽然纯系伏氏的游戏笔墨，但我们从中却不难看到这位西方哲人的世界眼光和东方意识。确实，在他之先，还没有一个法国作家能以这样宏阔的视野、执着的目光深情地注视东方和中国，也没有一个法国作家如他那样以开阔的胸襟、自觉的意识认真地研究中国，这就使他对中国的认识既不像孟德斯鸠那么片面，也不像卢梭那么零碎，更不像狄德罗那么宽泛。

伏尔泰一生在近80部作品、200多封信中提到过中国②，涉及整个中国的古老文明。他是中国古文明的真正的发现者和发掘者，从政治思想到伦理道德，从历史、哲学到科学技术乃至风俗民情，全面地发现中国。③ 伏尔泰把这种"发现"，看得跟达·迦马和哥伦布的地理大发现同样重要，因而当他"看到"中国这个新的世界时，内心里总是激荡着一股激情，而每每流于笔端，使他的论及中国的篇章成为讴歌中国文明的颂歌。中国的发现者伏尔泰无疑又是中国文明的热情的颂扬者。

那么，伏尔泰在中国这个世界究竟看到了些什么呢？在他眼里，中国究竟是个什么形象呢？在伏尔泰看来，中国首先是个具有悠久的历史和灿烂的文化的文明古国。他以史学家的胆识在其巨著《论风俗》中，以中国为开篇，首次将中国写进了人类的文明史。针对西方基督创世的谬说和欧洲文化至上的偏见，指出中国有记载的历史，远比犹太人悠久而真实："无可否认，世上最古老的编年史是中国的编年史，这些编年史逐年记载，从无间断，几乎全都详尽无遗、审慎有度，没有掺杂任何异想天开的东西，全都以4152年的天文观察为依据。"④ "……中国人把天空的历史和地上的历

---

① 《伏尔泰全集》第24册，《杂著三》。转引自范希衡《从〈赵氏孤儿〉到〈中国孤儿〉》，载《中国比较文学》(4)，浙江文艺出版社，1987年，第189—190页。
② 据孟华博士论文《伏尔泰与中国》(提要)，载《中国比较文学通讯》1989年第3期，第14页。
③ 艾田蒲《中国之欧洲》第2卷第3部分，"亲华的伏尔泰"，第220—280页。
④ *Essai sur les moeurs et l'esprit des nations*, in *Oeuvres complète de Voltaire*, Tome deuxième, Edition du Journal de siècle, Paris, p.34. 转引自梁守锵《伏尔泰笔下的中国》，载《中山大学学报》1984年第3期。

史结合了起来。在所有民族中,只有他们以日月之蚀,以行星会合来标志其年代;我们的天文学家核查了他们的计算,惊奇地发现,这些计算差不多都翔实无误。""不像埃及人和希腊人,中国人的历史没有任何虚构,没有任何神迹,没有任何自称半神的得到神启的人物。这个民族从一开始撰写历史,便写得入情合理。"①中国不仅有如此悠久的历史,更有古老灿烂的文化,"当高卢、日耳曼、英吉利以及整个北欧沉沦于最野蛮的偶像崇拜之中时,庞大的中华帝国的政府各部正培养良俗美德,制订法律"。②"中国人优于世界上一切民族之处,就在于自从大约四千年来,他们的法律,他们的风俗,士人们说的语言,一直没有变化",中国"发明了几乎所有的技艺,然后我们才学会其中的几种"(《百科全书》"历史"条目)。人类文明,科学和技术的发展史都是从中国开始的。一个既有悠久历史又有灿烂文化的东方古国的客观存在,这本身就击破了圣经历史是人类唯一历史,圣经文化是人类中心文化的谬说。伏尔泰对中国的这一"发现",对《圣经》不可怀疑的神话提出了永久的怀疑,从而根本上动摇了西方教会的统治。

在伏氏眼里,中国是一个崇尚道德、奉行法律、贤君良吏的"理想国"。在这里,"最负盛名、最文明、最完善的东西,就是道德和法律"③,"除了中国的法庭外,几乎在任何地方,法律、宗教、习俗几乎都是极度的荒唐,加上一丝半点的明智"④,在伏尔泰看来,中国的法律最令人激赏的是,它是以道德为基础的。而当中国奉行法律,"遵循最纯洁的道德教训时,欧洲正陷于谬误和腐化堕落之中"⑤。这"最纯洁的道德",在中国来说,便是"后辈对长辈的尊敬",而这正是人类"最合乎自然又最神圣的法则"。⑥ 伏尔泰认为,整个中国的法律就是建立在这种道德,即对长辈尊敬的孝道的基础上的:"孝道是中国政府的统治基础,中国的文职大官被视为城市和省的父母官,而国王则是帝国的君父。这种思想在人们心目中根深蒂固,从而把这个广袤无垠的国家组成一个家庭。"⑦伏尔泰因此而深为感慨:"当我们

---

① *Essai sur les moeurs et l'esprit des nations*, in Oeuvres complète de Voltaire, Tome deuxième, Edition du Journal de siècle, Paris, p.21.
② 吴模信等译《路易十四时代》,北京:商务印书馆,1982 年。
③ Essai sur les moeurs, p.52.
④ Essai sur les moeurs, p.52.
⑤ 《路易十四时代》,第 579、596、594 页。
⑥ 《路易十四时代》,第 579、596、594 页。
⑦ Essai sur les moeurs, p.52, p.21.

还是三五成群流浪于阿登森林之中时,他们幅员辽阔、人口众多的帝国已经治理得像一个家庭了。"①真令人赞叹不已。伏尔泰还十分欣赏,中国通过科举和所谓依据人品才干遴选官员的制度。他在《论风俗》和《路易十四时代》都有所谓举贤授能的论评,认为中国皇帝是能洞察下情、任人唯贤的,因此不乏溢美之词,称颂中国皇帝是"以善良仁慈、行高德美而驰名遐迩的君主"②。总之,"有一个开明的君主,佐以通过考试或由于德行而选拔出来的官吏,奉行完善的法律,并以纯洁的道德来团结人民"③,这是伏尔泰从东方世界所看到的中国,确切地说是他从神秘而遥远的东方所"构想"出来的中国,是他心目中的理想国。

在伏尔泰眼里,中国还是以"儒教"为"国教","在伦理道德和治国理政方面,堪称首屈一指"④的"奇异非凡"的国家。他推崇儒教,推崇孔子,尊他为伟大的贤者,曾在《百科全书》里孔子像下题诗颂扬:

> 他是纯理性底健康的阐释者
> 不炫骇俗,而启迪人类的智慧
> 他说话,只显得是智者,而不是先知
> 然而人们相信他,在本国也还如此⑤

这就除去了传教士涂在孔子脸上的神秘色彩,还他以"智者""贤者"的本来面目:"他们的孔夫子……既不作神启者,也不作先知,他是传播古代律法的贤明官吏。我们有时不恰当地称之为孔教;但他并没有什么宗教,他的宗教就是一切皇帝和大臣的宗教,就是至圣至贤者的宗教。他只以道德谆谆教诲,而不宣传任何教仪秘典。"⑥他说:"我读孔子的许多书籍,并作笔记,我觉得他所说的只是纯粹的道德,既不谈奇迹,也不涉及虚玄。"⑦这就是说,"孔教"(儒教)是以"启迪人类的智慧",以"道德谆谆教

---

① Essai sur les moeurs, p.21.
② 《路易十四时代》,第 579、596、594 页。
③ 梁守锵《伏尔泰笔下的中国》,载《中山大学学报》(社会科学版)1984 年第 3 期。
④ 《路易十四时代》,第 579、596、594 页。
⑤ 转引自范希衡《从〈赵氏孤儿〉到〈中国孤儿〉》,第 190 页。
⑥ Essai sur les moeurs, p.21.
⑦ 《哲学辞典》"中国"条,转引自朱谦之《中国哲学对于欧洲的影响》,福州:福建人民出版社,1985 年,第 292 页。

海"为主旨的,这就与迷信愚昧人民的基督教之类的"神示宗教"严格地区分开来。他认为儒教是一种自然宗教,既古老又纯正,它是"简朴的、明智的、庄严的,无任何迷信、无任何蛮气"①,是"理性神教"的楷模。他看到这种以道德、理性为主旨的儒教是中国人的"国教",它贯串于中国人的一切行动中,既是伦理,又是政治,既是约束个人的行为规范,又是治国理政的准则。他在《哲学辞典》等著作中论及孔子时,曾这样感慨道:"多么可悲,西方人也许应该感到羞愧,竟要到东方找到一位智者。"这位智者便是孔子,"他在公元前六百余年便教导人们如何幸福地生活,自他之后,普天之下有谁提出过更好的行为准则?"②而这些行为规则按伏尔泰的理解,就是孔子所倡导的"己所不欲,勿施于人"的道德律③。它是符合理性文明的,因而受到伏尔泰格外的推崇。伏尔泰认为,正因为中国以儒家学说作为治国之本,才使它在政治、文化、伦理、道德、宗教各方面都优于西方国家,而成为欧洲的榜样。

伏尔泰如此热情、全面地颂扬中国,是因为他从中国文化模式中,发现了启蒙思想家所需要的思想资源和精神力量。一个迥异于西方文明的中国模式,对启蒙思想家来说,无疑是新的思想武器和批判武器。"中国是欧洲的反模式"④,中国实际上成了伏尔泰笔下借以"鞭挞旧欧洲的'巨杖'"⑤,"攻击无耻者及法国政治错误"⑥的工具。这就是伏尔泰言必称中国的真正根由。他赞颂中国悠久的历史是为了揭穿"圣经"历史是人类唯一历史的骗局,击碎封建教会的蒙昧主义;他对中国灿烂文化的赞叹,是为了打破欧洲文化至上主义的偏见;他对理想国的呼唤,正是对法国封建制度的有力批判;他对中国皇帝智慧的赞扬,是对昏庸的法国君主的憎恨,表

---

① 《风俗论·引论》第18章,转引自《从〈赵氏孤儿〉到〈中国孤儿〉》,第190页。
② 《伏尔泰全集》,第8卷,第123页。转引自《中国古代文化对法国启蒙思想家的影响》,载《世界历史》1983年第2期。
③ 索柯洛夫指出:"应当作为个人行为基础的主要道德律,被伏尔泰表述为这样一个超历史的原则:'己所不欲,勿施于人。'这条道德律,就是'天生在我们心中'的'自然道德'的基础。'自然道德'是和我们的理性的要求相符合的,所以是同文明不矛盾的,而是与它符合的,因为文明的发展,据伏尔泰的意载,是以人类理性的进步为基础的。"(载瓦·索柯洛夫《伏尔泰》,上海人民出版社,1960年,第31—32页。)
④ 丁一凡《18世纪流行于法国的中国神话》,载《外国文学》1991年第2期。
⑤ 王德昭《服尔德著作中所载之中国》,载《新亚学报》1970年第9卷第2期,九龙,第172页。
⑥ 艾田蒲《中国之欧洲》第2卷,第364页。

达了他对开明君主的期待;他对科举制度的欣赏,反映了启蒙思想家对知识分子治国的追求;他对孔子的推崇,对儒教的赞美,则是对哲学家国王的一种幻想与向往……总之,"这种对于中国的仰颂,已经成了反对法国专制错误的利器,成了反对法国不公平的政治和社会的利器,成了反对褊狭的天主宗教的利器。"①伏尔泰批判基督教统治的世俗社会,批判法国封建专制制度及其精神支柱天主教会,便从中国文化找到了一种反模式,中国这一"文明社会"的典范也就成为启蒙思想家伏尔泰所倾心描绘和赞颂的对象。

然而,伏尔泰笔下的中国毕竟是理想化了的,与现实相距甚远。不仅他所呼唤的"理想王国"事实上并不存在,就是他所竭力推崇的,像康熙、雍正这样"行高德美"②的理想君主也与历史不符。中国读者都知道,骇人听闻的"文字狱"就发生在"康乾盛世",而"最贤明"的雍正为了争夺皇位,曾演出过屠杀兄弟宗亲的历史惨剧,其暴烈程度,与伏氏在《风俗论》中所谴责的拜占庭帝国皇族内部的互相残杀有过之而无不及。伏尔泰所激赏的科举制度和举荐贤人的制度,在18世纪的封建中国,也失去了昔日的风采,实际上成了历代地主阶级、世家大族们买官鬻爵、互相吹捧的丑剧。至于伏氏所热情颂扬的纯理想、纯道德的儒家文化,在中国历史发展实际进程中,特别在18世纪中国封建社会的后期,也已成为窒息人性、阻碍社会发展的桎梏。所有这一切,是伏尔泰无法看到,也无法理解的。伏尔泰倾心描绘的中国不是真实的中国。用法国权威批评家艾田蒲的话说:"与其是中国现实,毋宁说是'中国幻景'或我称之为中国的神话的东西。"③

伏尔泰从未涉足过中国,但他阅读了他那时代几乎"所有有关中国的著作",而且"读得极仔细,并作了笔记"④,他对中国的了解,主要依据于来华的耶稣会士有关中国的书信和著述。重要的有杜赫德编纂的《中华帝国志》(*Déscription géographique, historique, chronogique, politique et physique de l'empire de la Chine et de la tartric chinoise*)、《耶稣会士书简集》(*Lettres édifiantes et curieuses écrites des missions étrangères par quelques missionnaires de la compagnie de Jésus*)和金尼阁(P. Trigault)、李明(P. Le Comte)、克舍(P.

---

① 欧乐《服尔德与中国》,载《东方杂志》第24卷第22号。
② 《路易十四时代》,第596页。
③ 艾田蒲《中国之欧洲》第1卷,第327页。
④ 艾田蒲《中国之欧洲》第2卷,第209页。

Kircher)、戈比安(P. Gobien)、白晋(P. Bouvet)、傅圣泽(P. Foucquet)等人的著作,还读过殷铎泽(P. Intorcetta)翻译过的儒家理论巨著及《老子》《中庸》,参考过反耶稣会的多明我会士讷瓦尔特(Navarrete)的著述及游客安松(Anson)的游记。① 然而,耶稣会士的这些著述及书信,毕竟是第二手资料,本身就有不少失实和错误之处,伏尔泰运用这些材料时就不可能没有"失实"和"误读"。艾田蒲在其巨著《中国之欧洲》中,对传教士不懂汉语所造成的某些严重后果或公然传播的谬误,进行了详细考察后指出:"中国真理很少有机会照亮18世纪的法国。"他要求人们对运用传教士提供的素材不能不产生"失实"和"错误"的伏尔泰、孟德斯鸠采取"宽容态度":"他们几乎身不由己,被他们自身的偏见,被耶稣会士的巨大意图所左右,再说,他们没有课本,又没有拼音,没有语法书,又没有字典。"②这是历史局限。何况作为启蒙思想家的伏尔泰,又并非是个"二传手",他之重视他的宿敌——传教士提供的资料,主要是据此"构建"出他所寻求的一个理想之国,一个与欧洲、法国专制制度相对立的理想的中国模式,借以表达自己的启蒙思想而已。因此,这种"失实"(即"理想化")和"误读"(即"变形")又是必然的。事实上,这是两种文化交流汇合中必不可免的"文化过滤""文化重塑"现象:"任何文化接纳外来文化,都会摒除自己难于接受的部分而只做有选择的认同。这种选择往往出自本土文化的需要。人们由于无法解决现实生活中的问题和不满,就会构造出一个'非我'来与'自我'相对立,把一切理想的、圆满的、在'我方'无法实现的品质都投射于对方,构成一种'他性'而使矛盾得到缓解。这时起主导作用的不一定是对方的现实,而是我方的需求。"③伏尔泰对中国文化的发现、接受,也正是这样。我们既不能把伏尔泰对中国古文明的理想化的描述当作真实,当作保存"国粹"的口实,而以"东方文化主义"夜郎自大,故步自封;也不能借口伏氏观照中国的某些"不合实际"的理想化成分而将他对中国文化的钦慕称之为虚幻,因而数典忘祖,妄自菲薄。因为:"不断变化的西方的中国形象总是理性分析与虚构想象参半,赞美与指责也都不全合乎实际。然而正是

---

① 艾田蒲《中国之欧洲》第2卷,第209页。
② 艾田蒲《中国之欧洲》第1卷,第13章。
③ 乐黛云"中国文学在国外"丛书总序,载钱林森著《中国文学在法国》,广州:花城出版社,1990年,第3页。

这种'不合实际'为我们提供了理解对方的钥匙。"①伏氏对中国古文明的发掘、颂扬,与我们的现实相距甚远,但它确实加深了我们对这位西方哲人的理解,正像我国研究者所说:"今天当我们在伏尔泰的著作中读到他对中国的评论时,我们仍然不免为他对于中国的热情所深深感动:二百多年前,世界上有多少人像伏尔泰这样对中国抱着如此强烈的感情呢!"②在中法文化关系史上,伏尔泰无疑是全面而热情颂扬中国文化的第一人。

二、从《赵氏孤儿》到《中国孤儿》:中国精神的追寻者

纪君祥的《赵氏孤儿》由来华传教士马若瑟神甫(Le Père de Prémare)于1731年译成法文。1735年传入法国后③,曾三度译成英文,五度改写上演④,在西方引起过巨大的反响。伏尔泰据此创作《中国孤儿》,于1755年在巴黎首次公演,盛况空前,一下轰动了法国和欧洲。此后,伏尔泰的《中国孤儿》频频上演于法兰西剧院⑤。据统计,演出场次高达190次之多⑥,成为法国人深爱的传统剧目之一。《赵氏孤儿》作为中西(中法)文化交流史上的先行使者,在出色完成了它的使命之后,又回到了中国:1940年,张若谷先生将伏氏的《中国孤儿》译成了中文,由商务印书馆在重庆出版发行。1990年7月,由天津人民艺术剧院首次在华演出了《中国孤儿》,受到了中外学者的热烈欢迎⑦。至此,《孤》剧在两个多世纪里,完成了中-

---

① 乐黛云"中国文学在国外"丛书总序,载钱林森著《中国文学在法国》第3页。
② 梁守锵《伏尔泰笔下的中国》,载《中山大学学报》(社会科学版)1984年第3期。
③ 马若瑟译文《赵氏孤儿》于1735年全文发表在杜赫德主编的《中国通志》第2卷上。1732年《水星杂志》(Mercure)披露译文片段。
④ 《赵氏孤儿》传入法国后,除伏尔泰改编的《中国孤儿》外,尚有意大利的美达斯达休(Metastasio)的《中国英雄》(Eroe Chinese)、英国威廉·哈且特(William Hatchett)的《中国孤儿》(The Chinese Orphan)、亚瑟·墨菲(Arthur Murphy)的《中国孤儿》及波兰伏尔泰勒改编的本子。许多学者都提到德国大诗人歌德曾有《埃尔佩诺》(Elpenor)(未完稿)的改写本,但学界对此有不同看法。参载卫茂平《歌德〈埃尔佩诺〉是〈赵氏孤儿〉的改编本吗?》,载《中国比较文学》1988年第1期。
⑤ "人家说包厢在一个世纪前就被预定了出去","风流倜傥的公子们抢在五点半赶到剧院,却惊讶地发现已经太迟了,至于地位稍低的青年,则从两点钟就与可怜的票房纠缠不休了……"普氏齐内《就〈中国孤儿〉一剧致一位守旧者的信》,转引自孟华《〈中国孤儿〉批评之批评》,载《国外文学》1991年第2期。
⑥ 据南朝鲜学者朴永海的统计。转引自孟华《〈中国孤儿〉批评之批评》。
⑦ 参载林克欢的《中国的救孤与法国的救孤——〈中国孤儿〉在华首演记》,载《国外文学》1991年第2期。

法-中的往返旅行,为中法文化关系史添上了独一无二的一章。

马若瑟意译的《赵氏孤儿》并非完整的戏剧文学译本,而是经过肢解的节译本,它删去了原作的全部词曲歌唱部分,一律以"此处某角吟唱"代之。伏尔泰凭借这部只存故事情节而无文学情韵的译作,自然无法窥见原作的艺术全貌,以对它做出准确的艺术判断。但就这样的译文已使他惊异万分:"人们简直以为看到《一千零一夜》搬上舞台了;但是,尽管令人难以置信,剧作却妙趣横生;尽管变化多端,全剧却极其明畅:在任何时代、任何国家都是两大优点;而这种优点,我们现代很多剧本是没有的。"①伏尔泰从其古典主义悲剧观出发,虽然惋惜《赵氏孤儿》缺乏"其他的美",诸如缺乏"时间和剧情的统一",缺乏"情感的发挥,风俗的描绘",缺乏"雄辩、理性、热情",但他看到了剧中所蕴含的巨大的伦理价值和道德的美,认为这是一部"宝贵的大作,它使人了解中国精神,有甚于人们对这个大帝国所作和所将要作的一切陈述"②。据此,伏尔泰对中国的这一有益又有趣的古老的文学题材,进行了历史的、哲学的思考,他以独具的慧眼发现《赵氏孤儿》所蕴含的道德美和精神美,又以敏锐的目光发现他那时代的精神匮乏和道德沦丧,正是这"双重"的发现的契合构成了他对《赵氏孤儿》的接受意识③。他立意将《赵氏孤儿》搬上法国舞台,以期将他对中国文化的发现、对中国的看法"舞台化"④,这与其说是一种艺术的选择,不如说是一种文化选择,即儒家理性文化、道德文化的选择。

我们曾经指出,如果从儒家道德文化加以审视,《赵氏孤儿》所张扬的正是一种中国文化精神和道德精神,这就是作品中主人公程婴等所体现的那种"'富贵不能淫、威武不能屈'的精神境界,'仁爱''仁义'的伦理准则,重然诺、轻生死的义烈精神,以及在艰危中奋斗不息和扶危济困的侠骨义肠"⑤。崇尚儒家文化的伏尔泰,从《中国孤儿》悲剧主人公的道德境界里,必定悟出了儒学中"仁爱""信义"的"真美"之奥妙,感受到了"中国精

---

① 伏尔泰《〈中国孤儿〉作者献词》,转引自范希衡《从〈赵氏孤儿〉到〈中国孤儿〉》,载《中国比较文学》第4辑,浙江文艺出版社,1987年,第188页。
② 伏尔泰《〈中国孤儿〉作者献词》,转引自范希衡《从〈赵氏孤儿〉到〈中国孤儿〉》,载《中国比较文学》第4辑,浙江文艺出版社,1987年,第188页。
③ 载《中国文学在法国》,广州:花城出版社,1990年,第98—99页。
④ [法]勒内·波莫(René Pomeau)《〈赵氏孤儿〉的演变——伏尔泰与中国模式》(董纯、丁一凡译),载《国外文学》1991年2期。
⑤ 载《中国文学在法国》,第92—121页。

神"的光芒。他据此改作的《中国孤儿》，正是对这种"中国精神"的张扬和追寻。他按照自己的"审美范型"对原剧的情节、主题和人物进行提炼和重塑，使儒家道德文化得到了升华和高扬，使全剧成了18世纪法国人映照中华民族精魂的第一扇窗口。

伏尔泰在《中国孤儿》中采用了《赵氏孤儿》的"搜孤""救孤"两个情节，将原剧叙述春秋时期诸侯国家内部之间"文武不和"（赵盾和屠岸贾）的故事，改为元初鞑靼人与汉人两个民族间的"文野"之争，构想出征服大宋王朝的"野蛮鞑子"反被中国文明所征服的剧情，通过作品始终的"救孤"与"搜孤"的戏剧冲突，精心塑造了体现古代中国精神文明的臧惕（Zamti，又译张惕、尚德）夫妇的形象。在这对理想的人物身上，作者着墨最多的是他们的忠君仁爱的道德操守和捍卫民族文化存亡的自觉精神，从而更深层地挖掘了儒家文化的真实价值，更高层次地高扬了以这种文化为主体的"中国精神"的魅力。伏尔泰把臧惕作为儒家文化的一种体现、理想人格的外化来表现，他的主旨是要通过这个人物宣扬中国道德，宣扬孔子学说。他在给友人的信中说得很明确，要把"臧惕作为孔子后裔来表现，让他作为孔子替身来说话"，"大胆宣扬孔子的教诲"①。所谓孔子的后裔，据范希衡先生研究，"就是宋末讲民族气节的那些属臣，特别是被俘不屈的伟人文天祥，他们都是效法孔子的"②，伏尔泰笔下的臧惕的确概括了文天祥在内的、集中国美德于一身的"孔子后嗣"：他像孔子一样，重"理性、正义和风俗"；他像孔子一样，言行一致，"他的行为永远不违背自己的格言"；他像孔子一样，"在最大的不幸中，最坏的逆境中"，"他就越能安之若素，持之以恒"③，"死亡也不动心，威武他也不在意"，面对野蛮的征服者成吉思汗，他说：

> 你不过是战胜者，你不是我的君主。
> 我们俩义非君臣，我对你有何臣职！
> 你尽可断我的头，你不能夺我的志。

---

① 伏尔泰致白尔特朗（Bertrand）函，1755年9月30日。
② 载《中国比较文学》第1辑，1991年，第79页。
③ 载《中国通志》第2卷，第386页。

从作品具体描写来看,处于大宋礼教文化危在旦夕时的臧惕,其处境恰似当年孔子"文王既没,文不在兹乎?"①"天将以夫子为木铎"②那种历史责任感,毫无二致,而臧惕那舍生取义、赴汤蹈火的精神,更是孔学中"全"与"粹"的人格追求的真实写照,并把这种理想人格发展到了极致,这无疑是中华民族文化精魂的体现。正是儒家文化的这种道德力量、人格精神,使得野蛮专制的魔王成吉思汗,"肃然拜倒于伟大之前,承认自己的渺小和脆弱"③,而幡然悔悟,"降服于战败者的文德之下",从而证明了,"理性与天才对盲目、野蛮的暴力所具有的优越性"④,有力地回答了卢梭以下的诘难:"如果各种科学可以敦风化俗,如果它们能教导人们为祖国流血,如果它们能鼓舞人们的勇气,那么中国人民就应该是聪明的、自由的而又不可征服的了。然而,如果没有一种邪恶未曾统治过他们,如果没有一种罪行他们不曾熟悉,而且是无论是大臣们的见识,还是法律所号称的睿智,还是那个大帝国的众多居民,都不能保障他们免于愚昧而又粗野的鞑靼人的羁轭的话,那么他们的那些文人学士又有什么用处呢?"⑤伏尔泰《中国孤儿》的最初命意,可能只限于描写中国人对鞑靼人的斗争,他想叫孔夫子出场,"用这位古代立法者的简单而不凡的学说的陈述来惊倒一个鞑靼人",但后来改变了计划。他觉得,要是"只充满道德而绝无风流俊雅之情,大有使我们民族观之不快的危险"⑥,而"爱情在剧场上比别的热情较易成功因为世间爱情多而复仇与野心少"⑦,因此他设置了臧惕之妻伊达梅(Idame)与成吉思汗的爱情纠葛,并使之贯串全剧始终,创造了这个女性角色⑧。伊达梅在剧中是个举足轻重的角色,她与成吉思汗的这段感情冲突"并非'英雄闹剧'的无足轻重的插曲,而是归化与反归化的一种表现,激化和丰富戏剧冲突的一种因子"⑨,是"权力与道德、武力与文明的冲

---

① 《论语·子罕》。
② 《论语·八佾》。
③ 车尔尼雪夫斯基《美学论文选·论崇高与滑稽》。
④ 伏尔泰《中国孤儿·献词》。
⑤ 卢梭《论科学与艺术》,北京:商务印书馆,1963年,第13页。
⑥ 《致白尔特朗函》,1755年9月30日。
⑦ 载《中国比较文学》1987年第4辑,第194页。
⑧ 据勒内·波莫研究,伏尔泰专为当时著名的女演员克莱隆女士塑造了伊达梅这一角色。载《国外文学》1991年2期。
⑨ 《中国文学在法国》,第102页。

突"①,被伏尔泰写得光彩照人。毫无疑问,伏尔泰塑造这个人物同样是为了高扬中国道德精神,她同样是伏尔泰笔下所刻意宣扬的"蛮力臣服于文明"的思想载体。但我们看到,较之臧惕,她有着更为丰富的情韵。如果说伏尔泰在塑造臧惕时,由于执意"让他作为孔子的替身来说话",让理性作了不适当的干预,因而在臧惕身上带有更多的理念色彩,散布着浓重的传道气味,那么,他在塑造伊达梅时,则灌注着他全副心力和感情,赋予了她更多的人性光彩,写出了女性的"细腻与精微"。在剧中她被置于四种角色冲突中,即集大宋皇帝的臣民、亡国大夫的妻子、临危的孩子的母亲、新朝主子的恋人于一身的四重冲突中,让她在人性与原则、感情与责任的种种矛盾和选择中,升华自己的人格,纯化自己的心灵,使她成为文明与道德的象征,成为美的典型。在她身上我们看到既有古代中国烈女式的巾帼英雄的某些特色,更有法国女英雄圣女贞德(Joan of Arc)的影子;既有中国妇女的传统美德,更有启蒙思想光照下的法国女性的智慧、思想和自由奔放的气质,她是儒家文化和法国启蒙思想相交融的产物,"她是中国的,也是法国的,是伏尔泰的,也是我们的"②。她在剧中出现,不仅使充满阳刚之气的悲剧场面增添了阴柔之美,体现了伏尔泰对中国精神的执着追求,也表明了作者"把文明与道德的支柱偏向女性一方"③,这是与《赵氏孤儿》大异其趣的。

　　对中国精神的追寻,必然导致对野蛮和邪恶的批判,成吉思汗正是伏尔泰为了这种需要而创造的。正像原剧中的屠岸贾一家,成吉思汗在《中国孤儿》中无疑是蛮力和邪恶的代表,但他最后受到了由臧惕夫妇所体现的中国道德精神的感化,而幡然悔悟,从善如流。这种变化若从人物性格的真实性考察,难以令人信服,但若从伏氏高扬中国精神的审美视角来看,却又是符合逻辑的发展。伏尔泰在剧中常常通过成吉思汗来抒发自己对中国文化的仰慕之情,表达自己的哲思。比如,当成吉思汗发现他所蹂躏屠戮的国土与人民原是迥异于鞑靼人的古老的国家与民族时,便这样情不自禁地吟诗慨叹:

---

① 《中国文学在法国》,第 102 页。
② 伊达梅的中国女演员常汝言的话。《我心目中的伊达梅》,载《国外文学》1991 年第 2 期。
③ 童道明《东西方文化的对峙——有感于〈中国孤儿〉的演出》,载《国外文学》1991 年第 2 期。

> 我看到了一个古老的民族,地大物博,灵巧勤劳,
> 历代皇帝的权威建立在大睿大智之上,
> 就连邻国的君王也恭顺地称臣;
> 他们不用武力就能统治天下,
> 以良俗美德治民理国。(第四幕第二场)

对中国文明的这些赞美之词,我们在伏尔泰的《论风俗》《哲学辞典》或《路易十四》等其他著作中曾多次读到过,伏尔泰希望将他对中国的看法舞台化,在很大程度上正是由成吉思汗的举止及其最终的转变而得以实现的。他折服于臧惕夫妇舍生取义的中国精神,转而恳请臧惕留在宫中教习法律:

> 请用理性、公正和习俗教化百官,
> 让被征服的民族统治征服者,
> 以他们的智慧统帅勇气,将国家治理。

在这里我们也许感到伏尔泰为了表现他的民族宽容和理性胜过蛮力的哲思而最终破坏了人物性格的真实性,但它却真实地体现着伏尔泰崇尚中国文化的审美倾向。当我们看到这位暴虐成性的武夫拜倒于孔夫子后嗣臧惕的戏剧场面时,便不由得想到与伏尔泰同时代的哲学家波维尔(Poivre)这段名言:"如果中国的法律变为各国的法律,中国就可以为世界提供一个作为归向的美妙境界。到北京去,瞻仰着先人中最伟大的人,他是上天的真正而完全的楷模。"①伏尔泰在这里所表现的正是当时人们崇尚中国精神文明的共同的心理指向,他笔下的人物正是在这样的哲学高度获得了真实与生命的。

1990年7月,天津人民艺术剧院在中国首演伏尔泰的《中国孤儿》,引起了研究者对《赵氏孤儿》与《中国孤儿》关系的深入探讨。执导林兆华独出心裁地将《中国孤儿》和《赵氏孤儿》放在同一个戏剧空间中去表现。他选择了天津戏剧博物馆的旧戏楼作为演出场所,由河北梆子剧团在三面面向观众的歌舞台上演出《赵氏孤儿》片段。与此同时,天津市人民艺术剧

---

① 转引自利奇温《18世纪中国与欧洲文化的接触》(朱杰勤译),第82—83页。

院的演员在歌舞台下的中央表演区演出《中国孤儿》。"两者的演出,内容上《赵氏孤儿》家国同构、孝父忠君的儒家思想,与《中国孤儿》崇尚理性、反对专制暴政、鼓吹自由、平等的资产阶级民主思想"①,这种鲜明的对比使人强烈地意识到东西方精神文化的对立,因而使一些研究者认为,《中国孤儿》与《赵氏孤儿》表现的是启蒙思想与儒家文化的对峙而不是交融。这种看法实际上是抽去了存在于两者之间的相似性,因而也否认了启蒙思想收纳儒家文化的可能性。而我们知道,任何一种文化接受异质文化总是要置于一定的文化范型,加以重整。《中国孤儿》与《赵氏孤儿》所表现的那种"对峙",诸如民族和解和家族仇恨,自由平等的西方人道主义思想与"仁爱""信义"的东方道德等,其实都是这种文化重整的结果。伏尔泰崇尚中国精神,崇尚儒家文化,其审美定势是"仁"和理性,这是启蒙思想家通向儒学的两块路标、界石,在这两块界石旁相遇的启蒙思想和儒家文化不是对峙而是交融,这是无须求证的命题而只需承认的事实。② 儒家文化的核心是仁学思想,作为一种整体的思维模式和文化心理结构,孔子的仁学是由多种因素组成的,其中"爱人"的人道精神和注重道德修养的人格要求,无疑是其重要因素。所谓"仁就是理想的人道,尽人道即仁"(胡适),"仁"乃"统摄诸德完成人格之名"(蔡孑民),就是指此而言。伏尔泰崇尚儒家的传统文化,主要就是崇尚孔学的人道主义和道德精神③,《中国孤儿》所张扬的正是这种精神,成吉思汗所受感化的以致脱帽致敬的也正是这种精神。

儒学作为一种整体的文化结构,它的一个鲜明特点就是"实用理性"的倾向,这正是启蒙思想家汲取儒家文化的基因。所谓"实用理想",主要指的是一种理性精神④,其内涵概而言之,就是用一种理性或合理的态度来解释、对待事物与传统,用理知来引导、满足、节制情欲,对己对人的非虚无主义或利己主义,而在人道和人格的追求中取得某种均衡;不需要外在的上帝的命令,不盲目服从非理性的权威,不厌弃人世,也不自我屈辱、"以德报怨",一切都放在实用的理性的天平上加以衡量和处理。这种"实用

---

① 林克欢《中国孤儿在华首演记》,载《国外文学》1991年2期。
② 早在30年代我国研究者就指出了"福尔特称孔子学说最合于人道主义者也",看到了两者之间的相似处。耿淡如的《福尔特与孔子》,载《光大半月刊》第3卷第3期,1934年11月。
③ 钱林森《法国作家与中国文化》,载《文艺研究》1989年第1期。
④ 李泽厚《孔子再评价》,载《中国古代思想史论》,北京:人民出版社,1985年,第29页。

理性",对启蒙思想家无疑具有魅人的吸引力,它与启蒙作家以理性为圭臬的文化、心理结构有着惊人的相通之处。如此建构的儒家文化,一经形成,就具有相对独立的性格,保持某种形式结构的稳定性,具有适应于各种不同阶级内容的相对独立的功能和作用。因此带有中国氏族贵族深重烙印的儒家文化意识,才有可能为18世纪法国资产阶级启蒙作家所吸收、运用。《中国孤儿》高唱的理性战胜蛮勇的凯歌,正是启蒙作家在这方面吸收和运用的范例。

由于儒学注重人的情感、心理与伦理规范的统一,而不是把它导向外在的崇拜对象或神秘境界,去建立另外的神学信仰大厦,这是它通向启蒙思想的又一个契合点。启蒙作家的一个重要思想就是要把人从迷狂的宗教神学中解放出来,强调人性的复苏,与儒学的非宗教性、赋内在的情感心理以人性化的特点不谋而合。启蒙作家看重儒学的这种伦理规范与人的心理欲求融为一体的特点,认为是中国哲学家纯正理性的"自然宗教"的表现,是"哲学宗教""道德宗教"的理想建构,他们借之于自然神论这"摆脱宗教的一种简便易行的方法"①,以儒家的德育代替宗教的传统思想来建构自己的宗教观、道德观。这种影响反映到文学中,就是强调人的感情抒发、强调道德的净化,以自然的人情、纯朴的德性为美学追求。伏尔泰在《中国孤儿》中,按照儒学的伦理规范与人的感情心理相统一的模式,写了爱情,写了道德,重点写道德。成吉思汗对伊达梅旧情萌发,最终在道德的感召下,得到了理性的节制;伊达梅的母子爱、夫妻爱最终在道德境界里,得到了理性的均衡和升华,而尚德的情感则完全消融在忠君和人格追求里,成了伏尔泰式的道德哲学的化身。儒家文化正由此而与启蒙思想相交融,伏尔泰正由此而通向对中国精神的追求。《中国孤儿》与《赵氏孤儿》同奏的正是由儒家文化而陶铸、而升华的中国文化精魂的凯歌!

三、东方题材与异国情调:中法文学交流历史航向的开拓者

马若瑟节译的《赵氏孤儿》在《中国通志》正式发表之前,便由《水星杂志》抢先披露,好事者认为这是"新鲜别致"的东方题材,"凡时代较古或地

---

① 《马克思恩格斯全集》第2卷,北京:人民出版社,1957年,第165页。

区较远的东西",总能引起人们的"羡慕之情"①。确实,在18世纪,异国情调(中国风情)成了法国人所追求的时代风尚,遥远的、古老的东方(中国)成为文学界竞相采撷的时髦题材。在伏尔泰《中国孤儿》之前,法国著名作家勒萨日(Lesage,1663—1747)就写了两个以中国为题的剧本:一个是《巴白、空塔与医生》(1723年)两幕独白中国剧,另一个是《中国公主》(1729年)。这些剧作其实并无真正的中国气息,只不过描写了想象中的中国景观而已。代表这种倾向的还有勒纳尔(Regnard)写的"中国喜剧"《中国人》。此剧写一个名叫奥克塔夫的男人追求罗基亚尔之女丽莎贝勒。与此同时又有三个男子向她求婚,其中一个便是中国文士。丽莎贝勒的父亲从未见过这三个人,于是奥古塔夫便乘机叫他的机灵的仆人依次乔装三个求婚者,来表现他们的愚蠢无知,以此击败竞争者,获取了丽莎贝勒的爱情。此剧于1692年首演,由法国皇室的意大利喜剧团演出。仆人扮演中国文士时,极尽取乐之能事。这个假想的中国人在舞台上时而以哲学家的身份出现,时而以伦理家的身份出现,时而又以理发匠、工匠、乐剧作家的身份出现,闹尽了笑话。② 当时法国和欧洲的剧场充斥着这类融合了欧洲戏剧传统的古怪的中国戏,它们的共通点是假借一个所谓中国角色或题材,来满足观众的东方好尚和异国情调。在伏尔泰《中国孤儿》问世前后,表现这种"中国兴味""中国情调"的戏作就有《中国人》(Ces Chinois,1753)、《回来的中国人》(Le Chinois de Retour,1753)、《中国乐》(Les Fêtes Chinoises,1954)、《在法国的斯文华人》(Le Chinois Poli en France)、《中国与土耳其芭蕾舞剧》(Le Ballet Chinois et turc,1755)、《鞑靼人》(Les Tartares,1755)、《中国瓷菩萨》(Les Magots,1756)等③。

由此可见,中国是18世纪西方作家经常描写的对象,是激起他们的新的灵感、新的激情、新的审美情趣和异域情调的源泉。在西方,伏尔泰虽然不是描写中国、表现东方情调的第一位作家,然而无疑是在这方面最有成就的作家。除《中国孤儿》外,他的《伊兰娜》悲剧,他的哲理小说《查第格》等,都是采用中国题材、表现异国情调的佳作,不仅在数量上,而且在艺术

---

① 范存忠《〈赵氏孤儿〉杂剧在启蒙时期的英国》,载《文学研究》第3期,北京:人民文学出版社,1957年。
② 陈受颐《18世纪欧洲文学里的〈赵氏孤儿〉》,载《中欧文化交流史论丛》,台湾商务印书馆,1970年,第149页;《中国文学在法国》中"法国人研究中国戏剧略说"一节。
③ Henri Cordier, *La Chine en Franceau XII siècle*, 1910.

成就和社会影响上都居于当时法国作家之首。从比较文学角度看,所谓"文学的异国情调","就是异样的地理和生态特征挤进了或被结合进了文学世界",它显示出作者"对那些似乎奇怪得令人兴奋、新得令人神往的国度的喜爱,并表现了写书的人醉心于不同方面的描写,即是气候与习俗的不同也能得到青睐。倘若写书的是一位道德家或哲学家,这些素材之所以吸引其兴趣是因为他可借以说教;如果他是一位小说家或诗人,他就会被这些素材很可能产生的幻象所迷住"。① 集哲学家与悲剧诗人于一身的伏尔泰,他对东方(中国)素材无疑充满了这种异国情调的"神往"之情,中国对他说来,确实是"奇怪得令人兴奋,新得令人神往的国度",常常使他情不自禁地为"中国幻象"所"迷住",而使他成为醉心描写中国情调的作家。中国素材之所以引起哲学家伏尔泰的如此兴趣,"是因为他可借以说教"。按著名的比较文学学者弗朗西斯·约斯特的划分,伏氏《中国孤儿》表现的是"启发式的异国情调",就是说,目的是要"请中国人"给"法国人来上道德课"②。从这一方面看,《中国孤儿》实属描写异国情调的上乘之作。作品中重墨刻画的成吉思汗和臧惕两个角色,堪称"两个漂亮的角色"③。伏尔泰在这部剧作中致力于东方道德、东方风俗的描绘,其描写异国情调的主体意识十分鲜明:"我抓住了成吉思汗的那个伟大的时代,想描写鞑靼人和中国人的风俗。最有趣的故事,如果不描写风俗,也是等于零的,而这种风俗的描绘,虽是艺术最大的秘诀之一,如果不引起人们的道德感,也还只是无谓的消遣。"④伏尔泰不仅在戏剧文本创作中注重异国情调中不可缺少的风俗和道德的描绘,而且在舞台表演中,也力图把这种异国风情附诸视觉形象,着意渲染。据说,当年扮演成吉思汗的勒甘登台时,"身着蒙古征服者戎装,挎弓箭,披虎皮,十分威武"⑤,而当年饰伊达梅的著名女演员克莱隆,"穿了一身当时人认为是典型的'中国'服装,把当代女演员上台时绝不可缺的蓬上衬裙给免了"⑥。《中国孤儿》的戏装、道具、饰景等力

---

① [瑞士]弗朗西斯·约斯特(François Jost)《比较文学导论》(廖鸿钧等译),长沙:湖南文艺出版社,1988年,第140—141页。
② 《比较文学导论》,第140—141页。
③ 伏尔泰《致狄布维尔侯爵(Marquis de Thibouville)函》,1755年5月21日。
④ 《中国孤儿·献词》。
⑤ 勒内·波莫《〈赵氏孤儿〉的演变》,载《国外文学》(董纯、丁一凡译)1992年第2期。
⑥ 于漪《浅说中西戏剧传统之交融》,载《中西比较文学论集》,台北:时报文化出版企业有限公司,1980年,第265页。

求逼真地体现东方风味。而真正传统的中国戏是一种典型的非写实的戏剧,不料歪打正着,传到欧洲,"却成了写实主义的前锋武器"①,对西方的戏剧艺术产生了深远的影响。饶有趣味的是,两个世纪之后,《中国孤儿》回到了"娘家",中国戏剧艺术家创造性地将西方话剧和东方戏曲这两种异质的戏剧形式,并列交错地展现在同一个演出空间里,试图追求一种奇妙的间离(V-Effekt)与拼贴(collage)的艺术效果②,《中国孤儿》反转来影响着我国艺术家的戏剧意识和戏剧思维,从而推动他们做新的艺术探索。中法戏剧就这样在交流、反馈、共生、互补中向前发展。

18世纪的西欧,严格说来也是"文学的异国情调时代",除了上述的用来做哲学、道德说教的"启发式"的或"输入式"的异国情调之外,还有一种以揭露黑暗、批评社会为目的的"讽刺性的异国情调"。如果我们回顾一下伏尔泰所有的小说、剧本,我们就不难发现,他笔下所呈现的异国情调总是"与讽刺联系在一起的"③,这个鲜明特点显然是由启蒙思想家始终高举批判的旗帜所决定的。我们知道,伏尔泰总是喜欢引进异国素材、异国模式作为抨击黑暗,揭露封建专制和封建教会的参照,这就使他的作品构成了一种异国情趣与幽默讽刺相交织的独特色调。他把这两者结合得那么谐和、自然,堪称那一时代抒发"讽刺性的异国情调"的大家。即便如悲剧诗人戏称为"我的小滑稽戏"④的《伊兰娜》也分明充满了讽喻性、批判性的异国情调。据我国研究者考索,伏尔泰的这部绝世之作,是他继《中国孤儿》之后又一出取材中国的悲剧。⑤ 伏尔泰采用了《域外耶稣会士信札》《北京耶稣会士杂记》中来华传教的神甫晁俊秀(Bourgeois)提供的素材,构想了《伊兰娜》悲剧,创造了伊兰娜这个"中国式"的节妇形象:伊兰娜一直与幼年时的好友拉列克西相爱,但迫于母命,却嫁给了君士坦丁堡皇帝尼塞福。这位暴君出于嫉妒,命人去把为他屡建奇功的拉列克西秘密处死。事情败露后,拉列克西揭竿而起,一举杀死了尼塞福,自封为王,并立即向久已倾慕的皇后伊兰娜求婚,不料却遭到后者拒绝。原来,伊兰娜在

---

① 《浅说中西戏剧传统之交融》。
② 参载林克欢《〈中国孤儿〉在华首演记》,载《国外文学》1991年第2期。
③ 弗朗西斯·约斯特《比较文学导论》,第156页。
④ 孟华《伏尔泰又一出取材自中国的悲剧——〈伊兰娜〉》,载《中国比较文学通讯》1989年第2期。
⑤ 载《中国比较文学通迅》1989年第2期。

其父雷翁士和大祭司长"为夫守节"的逼迫下进了修道院。虽然新国王拉列克西逮捕了雷翁士和大祭司长，拆除了他与恋人相结合的壁障，但最后还是以悲剧告终：伊兰娜在想爱又不能爱的传统礼教的束缚下，用一把利刃结束了自己年轻的生命。伏尔泰将悲剧的场景移放到土耳其（君士坦丁堡地属土耳其），演述几乎是中国节妇的故事①，而批判的锋芒却直指法国黑暗罪恶的封建专制和封建教会，在刻意编织的异国风情中更显出他那特有的深邃的讽刺力量。确实，伊兰娜的悲剧有悖于"天性"和时代②，但如果我们了解到，伏氏创造这个节妇形象的真正用心，那我们又不能不承认，这个悖情悖理的悲剧结局，正符合了伏尔泰一贯的批判、战斗的个性，表明他至死也是反动黑暗的教会势力不共戴天的仇敌。

真正将讽刺艺术与异国情调结合得天衣无缝的是伏尔泰的哲理小说，而不是他的悲剧。按比较文学家弗朗西斯·约斯特的看法，13世纪的西欧，是"异国情调的小说和哲理异国情调作品的兴起的时代"，而法国是"产生哲理性异国情调作品的最适宜的地方"③，伏尔泰无疑是从事这一样式创作的最有成就者。这些作品或伪托于古代社会，影射现实，或借异国风情暴露黑暗，或采用异域素材抨击时弊，写得幽默谐趣、意味隽永。著名的哲理小说《查第格》中的"割鼻"一章，就是依据《今古奇观》中的《庄子休鼓盆成大道》的故事写成的。④ 作为启蒙思想家呼唤仁政的小说，《查第格》袭用中国这个古老的题材，注重的并非是庄周"人心莫测"的遁世哲理，而是借用中国先哲的古训，影射当时法国社会的人情险恶，讽喻时弊，高扬理性。而其中对毫无道德信守的贵族男女的嘲讽、揶揄，在带有异风异俗的谐谑中更显得尖锐泼辣，令人忍俊不禁。正如笔者在《中国古典戏剧在法国》中所指出的："《查第格》从《今古奇观》中撷取了这一创作素材，

---

① 据孟华推测，作品中的反面角色雷翁士及未出场的大祭司长是据传教士晁俊秀的原型塑造出来的；而悲剧主人公伊兰娜是作者读过杜赫德《中国通志》上的"烈女传"之类故事后写成。我们认为这种推测是站得住的。不仅伊兰娜，即使《中国孤儿》中的女英雄伊达梅身上也有若干中国节妇、烈女的影子。

② 伏尔泰致友人的信中说："什么也挽救不了主题的缺陷，它不符合天性。您在巴黎是无论如何也找不到一个为了怕被人奸夺而自尽的女子的。"《伏尔泰书信集》，Besterman，No.19323。

③ 弗朗西斯·约斯特《比较文学导论》，第151页。

④ 《庄子休鼓盆成大道》由殷弘绪神甫（Le père déntrecolles）节译成法文，载《中国通志》第3卷第292—303页。伏氏如何袭用此题材，参见方重《18世纪的英国文学与中国》，载《中国文学》创刊号第58—60页；《中国文学在法国》，第124—126页。

实际上架起了中法文化在小说交流上的第一座桥梁。它与伏尔泰的《中国孤儿》一起，不仅开启了法国作家从中国小说、戏剧这类俗文学接受中国文化的先例和范例，而且它也是借之于'纯文学'的窗口，瞭望中国文明的有益尝试。"①它同时也是伏尔泰借东方题材表达自己的哲思，是"哲理性异国情调作品"的范例。伏尔泰为了借异国情调来抒发自己的理想，常常喜欢把读者所熟悉的某些景象或地方，变换成一个远在天边的、假想的、神话般的"新景象"，"变换成一个没有人知道的、料想不到的迷人境地，变换成世界上令人神往的美丽而神秘的地方"②，创造出一种乌托邦式的或想象性的异国景观，造成理想与现实的落差，达到反讽现实的目的，从而将他那种寓哲理于批判，融批判于异国情调的独特风格发展到了一个新的境地。《老实人》中的"黄金国"就提供了这方面的范例，它令人想到我国东晋诗人陶渊明笔下的"桃花源"③。"黄金国"与"桃花源"写的都是一种"理想国"，它们之间存在着很多相似："一样的礼仪之邦，一样的仁爱之民。"一样迷人的乌托邦式的异国情调！这太多的相似，表明中法两位诗人有着相通的文化心态④。从广义的异国情调来说，它们的相似正源于两位作者相通的心理感受，"它通常表达人们想要躲避文明的桎梏，寻找另一个外国的和奇异的自然社会环境的愿望。它有助于滋养一个人的最美好的梦想，这梦想是遥远的、陌生的和神秘的"⑤，伏尔泰的"黄金国"和陶渊明的"桃花源"都不过是表达这个"美好的梦想"的尝试而已，两位作家在现实生活中实现不了的政治抱负，想借此得到寄托，就是说，"借幻想来过瘾"（钱锺书语）。

在伏尔泰卷帙浩繁的创作中，正是这些借东方素材、抒胸中块垒的短小精悍的哲理小说独具长久的生命力，它们那种针砭时弊、冷嘲热讽的泼辣风格，似乎对东方人，对中国人有着特殊的魅力。下述这种看法是很能代表五四文化人对伏尔泰的审美取向的："福禄特尔著作之最要者，在今日

---

① 《中国文学在法国》，第127页。
② 弗朗西斯·约斯特《比较文学导论》，第141页。
③ 近来我国学者对此做了有意义的比较研究。孟华的《伏尔泰笔下的乌托邦与中国》，载《欲望与幻象——东方与西方》，南昌：江西人民出版社，1991年，第141—148页。
④ 从我们现在掌握的资料来看，很难确证两者之间有严格意义上的渊源关系：《老实人》成于1759年，而法国介绍陶渊明的最早的文字刊于1779年出版的《北京耶稣会士杂记》第4卷，在时间上相隔20年。
⑤ 弗朗西斯·约斯特《比较文学导论》，第139页。

观之,非其长篇巨制之历史,精心结撰之史诗,而其出之偶然,最不矜持之短篇小说。盖福禄特尔文章之魔力及其破坏之大功,全恃其善用讥刺之法。冷嘲侧讽,寥寥数语,寻常琐事,而写来异常有力。极刻峭,极辛辣,极狠毒,而又极明显,极自然极合理……使读者一见,即觉旧制度、旧礼俗等之不近人情,不合天理,而当去之矣。"①因此,在中国最受推崇的不是他的悲剧,也不是他的史诗,而是他的这些风格泼辣的短篇。虽然,辛亥革命时期和五四时期,中国的启蒙思想宣传家和比较文学学者如梁启超、吴宓等,曾多次呼请公众注意:福禄特尔为"法国革新之先锋,与孟德斯鸠、卢梭齐名,盖其有造于法国民者,功不在两人下也"②;"福禄特尔与卢梭为造成法国大革命最有力之二人,其地位之重要,可以互相颉颃"③。但作为启蒙思想家的伏尔泰,他在中国的影响,主要是他这些讽刺时事、充满战斗锋芒的哲理小说,以及由此而升华出来的战斗人格。④ 即使鼓吹伏氏在政治上革新之功的梁启超,他着重的还是这位启蒙思想家"以其流丽之笔,写极伟大之思","以讥讽时政"⑤的短制;而中国新文学先驱者鲁迅提醒译界注意介绍的,也正是伏尔泰的这种"讽刺文学"⑥。中国学人的这种共同的审美向度,就决定了对伏尔泰的择取方向:其哲理小说——由伏氏广为采撷的东方文化的精髓而酿就的艺术精品——因之而又反馈到中国来,为"伏尔泰与中国"添上了颇具特色的一笔。

中国人注重伏氏文艺为政治服务的特点。早在戊戌维新时期,梁启超就十分推崇这个特点,他希望作者"以其身之所经历,及其胸中所怀政治之议论,一寄之于小说",用小说"发表政见,商榷国计",要像伏尔泰那样,用

---

① 《福禄特尔〈记阮讷与柯兰事〉》("Voltaire 'Jeannot et Colin'")编者按,载《学衡》1923年第18期。吴宓《福禄特尔评传》,第12页和第14页,载《福禄特尔小说集》,上海:商务印书馆,1935年。

② 梁启超《论学术之势力左右世界》,1902年。

③ 《福禄特尔〈记阮讷与柯兰事〉》("Voltaire 'Jeannot et Colin'")编者按,载《学衡》1923年第18期。吴宓《福禄特尔评传》,第12页和第14页,载《福禄特尔小说集》,上海:商务印书馆,1935年。

④ 伏尔泰不妥协地同封建专制斗争的人格精神对巴金就影响很大。巴金曾说:"对伏尔泰我所知较少,但是他为卡拉斯老人的冤案,为西尔文的冤案,为拉·巴尔的冤案,为拉里-托伦达尔的冤案奋斗,终于平反了冤狱,使惨死者恢复名誉,幸存者免于刑戮,像这样维护真理、维护正义的行为我是知道的,我是钦佩的。"《把心交给读者》。

⑤ 梁启超《论学术之势力左右世界》,1902年。

⑥ 鲁迅致黎烈文函(1936年2月1日):"法朗士之作精博锋利,而中国人向不注意,服乐德的作品,译出的也很少,大约对于讽刺文学,中国人是不大欢迎的。"

小说戏本改变"人的风俗","把一国的人从睡梦中唤起来"①,振奋国民精神,要学伏尔泰的样子,"把俺眼中所看着那几桩事情,俺心中所想着那几片道理",编成传奇,教育国民,"尽我自己分面的国民责任"②,对伏氏给予极高的评价。但那时却不见伏氏作品的具体介绍。五四时期,《新青年》在署名文章中,首次提及伏氏文风特点,称"具讽语之犀利逼人,尤为历史上文学家所仅见"③,并译短文 Micromégas 一篇加以说明。真正公开亮出哲理小说的旗号而开始系统介绍的是《学衡》杂志,该杂志第 18 期(1923年)刊发了由陈钧(陈汝衡)译的《记阮讷与柯兰事》(今译《耶诺与高兰》),这大约是伏氏被介绍到中国来的第一篇哲理小说。译文前有执编吴宓先生写的长篇序言,对伏氏生平创作特色及其在法国文学发展中的地位,做了颇为详尽的介绍,称:"福禄特尔出,以明显犀利之笔,嬉笑怒骂之文,投间抵隙,冷嘲热讽,其破坏攻击之力至伟。迨福禄特尔等身之著作既成,而法兰西之礼俗制度法律纪纲,亦已体无完肤,而天主教会基础倾圮,不能自存矣。"给伏氏的思想和艺术以极高评价,是我们见到的介绍这位文学家最系统,最有分量的文字。此后该杂志又相继刊登了由同一译者译的《坦白少年》(Candide ou l'optimisme,今译《老实人》),载《学衡》第 22 期;《查德熙传》(Zadig ou l'Déstinée,今译《查第格》),载《学衡》第 34 期,均由吴宓先生悉心校对、诠释。内中不乏真知灼见,如称《老实人》:"局势变化之速,语言机锋之妙,捉摸不定,趣味浓深。文笔则轻清丽脱,叙事则简洁明显,讥刺处辛辣刻毒,异于长篇小说之详细铺叙描写。然理无不明,旨无不达……"④评《记阮讷与柯兰事》:"写贵族之金玉其外,败絮其中。""作者命意如此苛刻,如此深重,顾始终以诙谐出之,语之滑稽,饶有趣味。读者苟不具深心,则将视为消遣谈笑之资,而乐此不疲,此非所谓'高卢人之精神'也欤!"⑤表明论者对伏氏的哲理小说有独到的把握。陈钧的这些译文后来结集《福禄特尔小说集》,列入世界文学名著丛书,由商务印书馆于 1935 年出版,成为 30 年代流行最广、影响最大的中译本。译者对伏氏哲理小说的艺术造诣推崇备至:"其小说集中每以怀疑之态度,写其孤愤之思,

---

① 梁启超《劫灰梦传奇》,载《新民丛报》创刊号,1902 年。
② 《饮冰室诗话》,北京:人民文学出版社,1963 年,第 58 页。
③ 陶履恭《法比二大文豪之片影·福禄特尔之讽语》,载《新青年》1918 年第 4 卷第 5 期。
④ 《坦白少年》中译序,载《学衡》1923 年第 22 期。
⑤ 《记阮讷与柯兰事》中译序,载《学衡》1923 年第 18 期。

悲天悯人,丑诋当世,用笔既深且刻,立意曲曲可悲,读其文固无不击节叹赏之也!虽然,彼于提倡维新肆意破坏之中,行文则置为整饬,遣词则极其雅训,而且譬喻百出,奇趣横生,文章思想,靡不美备。则仍一古学主义之精神,18世纪之本色也。不谓为天才可乎?"①对伏氏的艺术匠心颇有深切的领悟。继《学衡》杂志之后,二三十年代中国一些重要的人文杂志和报纸,如《晨报副镌》《语丝》《莽原》《新月》《东方杂志》《文艺月刊》《中法教育界》等或发译文或刊评介,竞相效仿,顿时形成了介绍"伏尔泰热"。这些译文主要的还是伏氏的哲理小说。至30年代末,他的一些重要的短篇都相继译成了中文,有些还有好几个不同的译本。② 50年代又有一些新的译文,如傅雷译的《天真汉》(载《译文》1954年12月号),80年代有更为完备的《伏尔泰小说选》(傅雷译,1980年,人民文学出版社)出版,还出有《伏尔泰哲理小说选》,被我国学者视为"18世纪启蒙文学最重要的代表作的一部分","人类精神的杰作"③,中国人如此热衷于伏氏哲理小说的译述,除了因着它们是"一洗前人故套"④的艺术珍品,还因为这也是批评时政的利器、照彻人生色相的镜子。《老实人》译者之一徐志摩在谈他译伏氏这部作品的动因时,就曾这样说过:"因为这是一部西洋来的镜花缘,这镜里照出的却不止是西洋人的丑态,我们也一样分得着体面。我敢说,尤其在今天,叭儿狗冒充狮子王的日子,满口仁义道德的日子,我想我们有借镜子的必要,时代的尊容在这里面描着……"⑤这就是说,哲理小说作为18世纪法国启蒙思想家"铲除卑鄙"的利器,在20世纪传到中国后,也有同样的实用价值。当年伏尔泰在《老实人》中借用中国题材,揭露了法国上流男女的种种丑行,而这部作品一经介绍到中国,又成了反照国人生态的镜子。中法文学就这样"投之以桃李","报之以木瓜",互相亲近往返,回复中交流、融合、发展。人类文明也正是大体上沿着这循回的模式向前发展。伏尔泰无疑是中法文学这种交流的历史航向的开拓者!

---

① 《福禄特尔小说集》译序,上海:商务印书馆,1935年。
② 单就《老实人》中译本就有徐志摩的《赣第德》(1927),伍光建的《甘地特》(1934),周怀成的《赣第德》(节译)和《欧美小说名著精华》卷一(1944)中的《康第德》等多种。
③ 柳鸣九《伏尔泰哲理小说·序》,上海文艺出版社,1995年。
④ 载拉储布(La Harpe),Cours de lalittérature,Vol.16,1825,p.299.
⑤ [法]伏尔泰《赣第德》(徐志摩译),上海:北新书局,1927年,第1—2页。

第三节 真理的战士,自然的骄子
——卢梭与中国

> 法国也许会灭亡,拉丁民族的文明、言语和世界,也许会同归于尽,可是卢骚的著作,直要到了世界末日,……才能放尽它的光辉。①
>
> ——郁达夫
>
> 我写小说,第一位老师就是卢骚,从《忏悔录》的作者那里学到诚实,不讲假话。②
>
> ——巴金

在18世纪法国启蒙作家中,卢梭(Jean-Jacques Rousseau,1712—1778)是一个开辟新时代的角色。他以惊世骇俗的思想和文字,"深入了、改造了、革命了他那个世纪以及后一个世纪的社会"③,被后世作家誉为"暴风雨的前驱,新时代的导师"④。就其文学地位而言,人们甚至认为:"要是没有他,法国文学就会朝另一个方向发展。"⑤他无疑是法国18世纪思想文化界开一代新风的人物。

卢梭的思想和文字,很早便传到了中国。⑥ 作为启蒙思想家,他的名字曾是辛亥革命中的一面旗帜,中国资产阶级革命者都曾以他为榜样,向中国封建社会制度进行过冲锋陷阵的斗争;作为西方浪漫主义文学先驱者,他的名字曾吸引了"五四"新文学作者,人们称他为"真理的战士,自然的骄子"⑦,把他视为浪漫主义文学的"伟大的代表"⑧,加以亲近和仿效。他对中国新文学的发展,产生了重要的影响。

---

① 郁达夫《卢骚传》,载《北新》1928年1月26日。
② 巴金《探索集·后记》,北京:人民文学出版社,1981年。
③ 罗曼·罗兰《若望-雅克·卢梭》(罗大冈译),载《世界文学》1962年第7、8号。
④ 罗曼·罗兰《若望-雅克·卢梭》(罗大冈译),载《世界文学》1962年第7、8号。
⑤ 安德烈·莫洛亚为1949年法国勃达斯版的《忏悔录》写的序,远方译。
⑥ 据现有资料,卢梭介绍到中国最早的作品是他的《社会契约论》,1898年由上海同文译书局根据日本中江笃介译本转译出版,书名为《民约通义》。
⑦ 郁达夫《卢骚传》。
⑧ 郭沫若《革命与文学》,载《创造月刊》第1卷第3期,1926年5月16日。

一、赤手铸新脑,雷音殄古魔:启蒙思想家卢梭与中国

黑格尔说过,巨大的历史事变和人物,经常两度出现。卢梭,作为伟大的启蒙思想家,也曾两度出现在18世纪启蒙时代的法国和20世纪启蒙时代的中国,他在18世纪法国启蒙运动中所担承的悲剧角色到20世纪的中国思想启蒙中,又几乎重演了一番!令我们惊叹不已的是,历史竟可以有如此的相似!

卢梭作为最激进的启蒙思想代表,他与其他启蒙思想家相配合,共同掀起了法国18世纪启蒙运动的狂澜巨潮,却为启蒙运动的主流作家如伏尔泰等所排斥。然而,就其精神气质而言,这位"日内瓦公民"、启蒙运动的逆叛者,较之伏尔泰,与法兰西精神气候却更为契合。① 卢梭的社会思想、哲学理论"充满文学调料,卢梭的个人命运充满戏剧性夸张,这正是法国精神气候中最为需要的煽情燃料"②。因此,如果说,卢梭生前的文学气质、戏剧性格对他的理论创造是一大损害,那么这一文学气质,在法国那种戏剧化的精神国度,对他理论的身后的扩散、传播,"却是最合适的推销模式"。从这个意义上说,法国更需要卢梭!对卢梭的这一不同于启蒙运动主流作家的精神个性,我国研究者是颇有认识的。他们说:卢梭的思想充满了文学调料,"属于感情的地方多,属于理性的地方少,属于主观的见解多,属于客观的见解少",卢梭"与其说是阐明学理的哲学家,不如说他是鼓吹革命的煽动家"③,具有非凡的"煽情"鼓动力。他们看到,"卢梭与福禄特尔之性行适为相反","福禄特尔专重理智,卢梭则纯任感情,福禄特尔惯于嬉笑怒骂,其攻击旧制度也,专用讥刺与冷嘲为武器,卢梭常忧愁病苦,其提倡新学说也,惟凭愤激与热诚以动人。福禄特尔刻薄外露,使人畏而不能使人亲,故只能收破坏之功,卢梭则伪托圣贤,悲天悯人,牺牲救世,故怜之者多而信服之者尤众,故竟能成建设之业",而"18世纪之人过重理性,又为伪古学派盛世之时,礼节繁重,而生活枯寂,人心之已厌苦,彷徨思动",卢梭"适于其时,应运而生"。他以"天真自然之说相号召,又着重感

---

① 李学勤《卢梭二题》,载《读书》1992年第6期。作者认为:"法国是个大陆国家……她的精神气候是文学型、戏剧型,不是哲学型、逻辑型。"
② 李学勤《卢梭二题》,载《读书》1992年第6期。
③ 高一涵《卢梭的民权论和国权论》,载《东方杂志》1926年第23卷第3期。

情,有如久旱禾苗,骤得甘雨,故举世倾倒,而其势力之大,莫之与京,非偶然也"①。这里是说,卢梭思想的文学个性更适于18世纪的法国,适于法国精神气候的需要。就法国启蒙运动本身逻辑结构而言,它缺乏一个回应的环节,即它既没有回应、吸收现实环境里下一个阶层民众在社会转型时产生的不满和需要,又没有回应、整合历史序列中上一阶段的观念遗产——法兰西文化中的神意激情。这就构成两大失误,"在时间、空间两个维度上都呈悬空孤立状态"②。启蒙运动的叛逆者和被排斥者卢梭,一方面顺应底层社会的需要,在下层民众将物质利益的受损换算为道德抗议时,"抢占道德制高点,控诉社会转型时期的世俗化潮流对古风美德的腐蚀",在民众呼唤英雄的时刻,不期而遇,适逢其会;另一方面,反启蒙主流作家而行之,试图掰开教会的死手,救活救赎主义的道德激情,他在启蒙主流作家拒绝回答的地方慨然出场,他那凌空蹈虚的神性激情正好填补法国精神生活中的道德真空。于是,卢梭的名字及其思想就不断地升格,上升为革命话语的结构中心,成为法国大革命的唯一的精神向导和思想法典。被排斥者成为至尊,卢梭以他全部的生命热情走完了他的思想历程;控诉者被控诉,他又以他全部戏剧性格担当了自己的悲剧角色!③

卢梭东迁中国,在中国启蒙思想运动中担当了他在自己祖国所担当的历史角色——悲剧角色。决定卢梭两度重现,两次角色相似,命运相似,既是历史发展的一种契合,又是卢梭的内在气质与中国精神气候有某种吻合。如果说,法兰西精神气候是文学型、戏剧型,趋于暴冷暴热、起落无常的大陆气候,那么,中国就更像大陆气候,近代中国的事变逻辑是戏剧逻辑,不是理性逻辑。卢梭的戏剧性格和中国的精神气候也很投合,和中国知识界,中国启蒙宣传家、思想家的文化性格相投合。但卢梭在20世纪中国的再度出现,主要还是一种历史的契合,在19世纪与20世纪之交,中国封建社会已发展到极度腐朽的阶段,饱受封建专制之苦的中国人,为了寻求救国救民的真理,不得不把目光投向西方,而卢梭,这位给"法国革命思想放火的人","18世纪以前民治思想的集大成的人"④,这位向专制主义做不妥协斗争的先驱者,便成为先进的中国人注目的中心。卢梭,正是从

---

① 徐震堮《圣伯甫评卢梭忏悔录·译序》,载《学衡》1923年第18期。
② 李学勤《卢梭二题》,载《读书》1992年第6期。
③ 李学勤《卢梭二题》,载《读书》1992年第6期。
④ 高一涵《卢梭的民权论和国权论》,载《东方杂志》第23卷第3期。

这样的历史契合中走过来,两次担承历史指派他的角色。

卢梭的思想,大约在19世纪末20世纪初传入中国。1898年,我国出现卢梭《社会契约论》的第一个中文节译本,书名为《民约通义》,据中江笃介日译本转译。1902年,杨延栋又据中江译本转译了全卷,定名为《路索民约论》。1918年,马君武又据法文原著翻译了文言本,名为《卢梭民约论》,从此,卢梭的"天赋人权"和主权在民的思想便在中国广泛流传开来。

卢梭在《社会契约论》中认为,人是生而自由平等的,国家只能是自由协议的产物,如果自由被强力所剥夺,则被剥夺了自由的人民有革命的权利,可以用强力夺回自己的自由;国家的主权在人民,而最好的政体应该是民主共和国。卢梭的这些思想出现在19世纪与20世纪之交的黑暗的中国,犹如出现在18世纪下半叶欧洲资产阶级民主革命前夜,具有发聋振聩的作用。它对向封建专制做斗争的先进的中国人来说,无疑是最锋利的思想武器,因此,以《社会契约论》为主体的卢梭的政治思想流入中国,一如当年出现在它的祖国,"有如久旱禾苗,骤得甘雨",受到我国思想界的欢迎。也许是卢梭思想的文学气质、个人命运的戏剧性格与中国接受者——中国启蒙思想家文化性格的契合,卢梭在20世纪的中国舞台上重演了他在18世纪西方所演过的三部曲:出现于资产阶级革命第一阶段(戊戌变法维新时期),极盛于第二阶段(辛亥革命阶段),中落于第三阶段(辛亥革命失败)。他以自己全部的思想魅力,两次重演了他在自己的国度曾经扮演过的角儿——悲壮的历史角色。

在中国资产阶级启蒙运动初期,卢梭是颇受敬重的西方思想家。被誉为20世纪初中国"舆论界之骄子""思想界之先锋"的启蒙宣传家梁启超,就十分推崇卢梭和孟德斯鸠,称他们是"孕育今世纪"的"先河",其功在华盛顿、拿破仑之上:"孕育今世纪,论功谁萧何?华(华盛顿)拿(拿破仑)总余子,卢(卢梭)孟(孟德斯鸠)实先河。赤手铸新脑,雷音珍古魔。吾侪不努力,负此国民多。"①立志以卢梭为榜样,"赤手铸新脑,雷音珍古魔",救国救民救天下。他还从日文本转述了卢梭的《民约论》要义,他在天赋人权、自由平等等问题上,均在一定程度上反映了卢梭的思想。梁启超介绍包括卢梭在内的西方哲学,根据的虽然不是原著,而是日本人的重述、节述或译文,"然而因了他的文笔的流畅明达,国内大多数人之略能够知道培

---

① 梁启超《留别梁任南汉挪路卢》4首之4。

根、笛卡儿、孟德斯鸠、卢梭诸人学说一脔的,却不是由于严复几个翻译原作者;而是由于再三重译,或重述的梁任公先生"。① 梁氏即使在戊戌变法失败,亡命日本,蛰居饮冰室中,也念念不忘研究包括卢梭的自然主义在内的西方思想和平等自由的新思潮。卢梭是令梁启超倾倒的人物,并成为他心目中臧否人物的一种最高标准,如他在评价近代中国第一位启蒙思想家、文学家龚自珍时就曾说:"自珍性跌宕,不检细弥,颇似法之卢骚,喜为要之思……讥切时政,诋诽专制……晚清思想之解放,自珍确与有功焉。"② 以卢梭气质比之龚自珍,强调他作为中国封建末世的异端者,在晚清思想解放中的卓著贡献。

资产阶级改良派首领康有为、谭嗣同的社会政治思想,虽然主要是在中国思想资料基础上发生发展的,他们当时接受的主要是西方的自然科学的知识,但卢梭的名字对他们来说并不陌生。他们维新改革的政治理想,特别是他们的资产阶级自然人性论以及那些裹杂在旧语言中的资产阶级民权平等的伦理思想,与卢梭是相通的或相类似的,正如梁启超论谭嗣同所云:"《仁学》下篇,多政治谈,……然彼辈当时,并卢骚《民约论》之名,亦未梦见,而理想多与暗合。"③ 卢梭政治思想中那高昂的道德激情,在康、谭的理论活动中,特别在谭嗣同社会思想中得到了回响。所不同的是,在卢梭那里,救活的是西方教会的救赎主义道德激情,在谭嗣同那里批判的是东方封建道德伦常,但也如18世纪的卢梭们一样,"道德在他们那里,全部变为政治"④,以道德词语代替政治讨论,以伦理关怀代替利益机制,谭氏思想"充满了光辉的爱国主义,民主主义和人道主义精神的对君主专制、伦常名教和清朝政权的勇猛批判"⑤。卢梭的神性激情击中了法兰西人精神生活的道德真空,而被哄抬为奇理玛斯式的道德英雄,而谭嗣同对封建伦常的批判、对人权平等的呼号,反映了19世纪与20世纪之交中国广大人民对封建专制长期压迫的憎恨情绪,他为自己社会政治道德学说而殉身,在中国近代思想启蒙运动中激起怎样的震撼啊! 也许这正是梁启超所说

---

① 郑振铎《梁任公先生》,转引自连燕堂《梁启超与晚清文学革命》,桂林:漓江出版社,1991年第46页。
② 梁启超《清代学术概论》,香港中华书局,1963年。
③ 梁启超《清代学术概论》,香港中华书局,1963年。
④ 普列汉诺夫《论一元论历史观的发展》,北京:人民出版社,1954年,第19页。
⑤ 李泽厚《谭嗣同研究》,载《中国近代思想史论》,北京:人民出版社,1982年,第236页。

的东西方启蒙思想家之理想的"暗合"与应和的结果。

如果说在资产阶级改良派首领康有为、谭嗣同那"不中不西即中即西的新学派"(梁启超语)那里,卢梭思想和他们的政治主张还只是一种"暗合",那么,在启蒙思想家严复那里,卢梭则是他自觉介绍西方资产阶级文化代表作家之一。他的《论世变之亟》《原强》《救亡决论》和《辟韩》等文章,最先将包括卢梭在内的西方资产阶级自由平等、主权在民的思想介绍到了中国。虽然严复接受的主要是英国进化论,但在具体论述中,也借用了包括卢梭在内的社会契约论和天赋人权论,强调自由为体的资产阶级民主改革的思想,所谓"民之自由,天之所畀也"(《辟韩》);"夫自由一言,真中国历史古贤之所深畏,而从未尝立以为教者也。彼西人之言曰:唯天生民。各具赋畀,得自由者,乃为全受。故人人各得自由,国国各得自由……而其刑禁章条,要皆为此设耳"(《论世变之亟》)。如果说,"严复的'自由',谭嗣同的'平等',康有为的'博爱',完整地构成了当时反封建的启蒙强音"①,那么,我们可以说,这"启蒙强音"中也有着卢梭的声音。

辛亥革命时期,卢梭成了资产阶级革命派的精神向导,他的政治思想也成为革命话语的结构中心,不断走俏,盛极一时。在辛亥革命时期,有多少革命者以做卢梭这样的英雄相期许!他们写下了多少献给卢梭的颂歌!卢梭在《社会契约论》所描述的以社会契约、天赋人权为基础的民主共和国的蓝图,为革命时期文学百歌不厌。有多少仁人志士为这共和国蓝图而献身!邹容的《革命军》以震耳欲聋的气势和最明确的语言将卢梭的天赋人权说、民主共和制及法国革命纲领和美国独立宣言宣泄出来:"各人不可夺之权利皆由天授。""无论何时,政府所为有干犯人民权利之事,人民即可革命。""凡为国人,男女一律平等,无上下贵贱之分。"诚如鲁迅所言:"倘说影响,则别的千言万语,大概都抵不过浅近直截的'革命军中马前卒'邹容所做的《革命军》。"它犹如彗星般的耀眼光焰划破了中国黑夜漫漫的长空。被誉为"女界卢梭"的革命家、奇女子秋瑾、金松岑,她们"不爱温柔爱自由","磊磊自身惟嫁国",更是崇敬卢梭。秋瑾著名的女权思想是与卢梭"天赋人权"的思想心息相通的:"近日得观欧美国,许多书说自由权,并言男女皆平等,天赋无偏利与权。"(《精卫石》)而柳亚子、高旭等南社诗人也在用自己澎湃的诗情慷慨雄猛地讴歌卢梭,讴歌"天赋人权",

---

① 李泽厚《论严复》,载《历史研究》1977 年第 2 期。

"自唱巴黎革命歌"(柳亚子《元旦感怀》):"文明有例购以血,头颅当砍休呶呶。多倡之者必多继,掷万髑髅剑花飘。中国侠风太冷落,自此激出千卢骚。"(高旭《海上大风潮起作歌》)激荡着慷慨悲壮的侠骨豪气。在18世纪法国启蒙运动中,卢梭的救赎主义的道德激情和社会控诉曾形成了一股强大的民粹主义潮流,"啸傲街头,呼风唤雨",而在这里,我们又看到了卢梭角色的二次出现:他那漂泊的几乎是英雄式的戏剧经历,他那"幻想的""根本推翻的狂论"①,对秋瑾这样以"铁血作精神侠骨"(《女国民歌》)的反清爱国的革命者是最适宜的"煽情燃料",卢梭无疑是这位"自由舞台之女杰、女豪杰、女英雄"(《精卫石·序》)呼唤风雷、以身许国的精神偶像:"英雄争挽鲁阳戈,卢梭文笔波澜血。"(秋瑾《吊吴烈士樾》)卢梭的思想及献身法国大革命的罗兰夫人的英雄形象,是秋瑾"削尽柔魂,滋培侠气"(萧山湘灵子《轩亭冤》)的思想滋养之一。在法国,"罗伯斯庇尔以他全部的生命热情走完了卢梭的思想的实践历程",他与他的导师,"神圣的人"②,"联名向18世纪说了一声'不',18世纪的历史很快吞没了他们"③。在中国,秋瑾、邹容和其他许多革命者,也以同样的革命激情实践着卢梭和西方精神导师的遗训,他们也曾以高昂的声音一起向20世纪说了一声"不",但这声音很快消失在20世纪初中国长夜难明云压天低的封建暗空中,卢梭的悲剧又在中国重演了一番。

"巨大的理论创见,导致巨大的理论流产。如火般的天国实践,导致如血般的人间地狱。"④卢梭的政治思想当然不能救中国。卢梭东渡中国的悲剧是必然的。我们关注的不仅仅是这种必然结果,而主要是过程,是这一过程中中国启蒙思想家的戏剧性格怎样必然地加剧了卢梭这二次出现的悲剧命运。辛亥革命失败,在中国启蒙思想运动的理论家和实践家中造成了一个巨大的精神真空:他们所信奉的"新学"和"西学"不灵了,卢梭因之也失去了魅力。这种精神真空,卢梭自然再无力去填补,他已成了怀疑乃至否定的对象。由怀疑而坚持不懈地向前探索,直至用新的思想来填补

---

① 高一涵《卢梭的民权论和国权论》,载《东方杂志》第23卷第3号。该文认为,卢梭的学说"之所以风行一世,得到群众的狂热的信仰,一半由于他的幻想和强辩,可以引起人家同情心,一半因为他的根本推翻的狂论适合那时代改革的需要"。
② 罗伯斯庇尔:"神圣的人啊!您教诲我认识吾身,引导我从小珍视天性的尊严,善诱我深思社会秩序的伟大原则。"《罗伯斯庇尔传》法文版,第24页。转引自《卢梭政治思想的绵延》。
③ 朱学勤《卢梭二题》,载《读书》,1992年3月31日。
④ 朱学勤《卢梭二题》,载《读书》,1992年3月31日。

精神真空,这是后来鲁迅走的路;由怀疑西学而投入复古主义的怀抱,甚至成为封建主义的卫道士,这是康有为和严复走的路。对康有为来说,他的"新学"本来就混杂着一大堆封建杂烩,"盖固有之旧思想既深根固蒂,而外来之新思想,又来源浅觳,汲而易竭;其支绌灭裂,固宜然矣"①,他之堕落为复古主义,似乎还有逻辑可寻;而被誉为"近代中国学习和传播西方资本主义新文化的总代表"②严复,由倾慕西学、鼓吹西学,而落入复古主义、封建旧文化的卫道士,则简直无逻辑可言。但这种没有逻辑的变化对严复来说,却又最合逻辑变化,即合他自身的戏剧性格——"士大夫气质"的逻辑:"从维新改良的保皇主义到革命光复的排满主义,……士大夫的气质总是很浓厚的。……在这种根本倾向下,当时的思想界多多少少都早已埋伏着复古主义和反动的种子,要恢复什么固有文化。"③正是这样,这个曾如此热情地介绍西方新文化的启蒙思想先驱,当中国资产阶级革命真正兴起的时候,便转而投向封建复古主义营垒,攻击起他先前所信奉的包括卢梭思想在内的"西学"。辛亥革命失败后造成的精神真空,只能戏剧性地由中国封建"固有文化"来填补。1914 年,严复发表《民约平议》,这是一篇攻击卢梭《社会契约论》的宣言书。他说:"自卢梭《民约》风行,社会被其影响不少,可惜喋血捐生以从其法,然实无济于治,盖其本源谬也。刻拟草《民约平议》一通,以药社会之迷信。"④活画出了这位曾经借用包括卢梭在内的西方思想武器攻击封建文化的启蒙思想家转而躬行起先前所拒斥、所反对的一切,表明卢梭的中国接受者文化性格不仅决定了他们自身的历史运命,而且也深深地左右着卢梭在中国的历史命运。

卢梭的教育思想是构成他作为伟大的启蒙思想家的重要一环。卢梭遗骸迁入巴黎先贤祠时,葬礼主持者即把他的所有重大影响归结为一本书激起了一场革命:《爱弥儿》激发了人类史上的教育革命。作为"法国教育小说的真正先驱"⑤,《爱弥儿》早有译本在中国流行⑥,对中国产生过一定影响。对卢梭的"天然去矫饰"的"自然教育"的观点,鲁迅在 1907 年就提

---

① 梁启超《清代学术概论》,该书于 1921 年 2 月由商务印书馆出版。
② 李泽厚《论严复》。
③ 瞿秋白《鲁迅杂感选集序》。
④ 《严复致熊纯如书》,转引自王栻主编《严复集》第 2 册,第 333 页。
⑤ 弗朗西斯·约斯特《比较文学导论》(廖鸿钧译),第 186 页。
⑥ 1923 年由魏肇基据英文节译,为《爱弥儿》中译本最早的本子。

出:"尚容情感之要求,特必与情操相统一调和,始合其理想之人格。"①我国近代著名的教育家蔡元培,就曾把卢梭主张的自由、平等、博爱的公民道德教育作为我国维新教育的目标,并提出教育要按儿童及青少年身心发展的程序分为不同阶段,要重视发展个性,崇尚自然启发,增设美育及提倡女子教育,深受卢梭影响。②《爱弥儿》传到中国后既产生了如此的积极影响,也产生了令人瞠目的戏剧结局,如同当年它曾给作者带来荣誉,也带来终生的灾难一样。有趣的是,这戏剧性的结局也与我国知识界的戏剧性格相关。1923年,当《爱弥儿》第一个中译本在中国出版时,一向声称卢梭"一无足取"的梁实秋,竟一反常态,戏剧性地"赞美"卢梭的女子教育论(实际上是粗暴地歪曲),他在《卢梭论女子教育》③一文中称,"卢梭承认女子有女子的人格",卢梭理想中的女子,就是"贤母良妻",卢梭理想的女子教育是"贤母良妻"的教育,认为"近代的德谟克拉西的思想平等的观念,其起源即由于不承认人类的差别。近代所谓的男女平等运动,其起源即由于不承认男女的差别",公然曲解卢梭的教育思想。他的这种观点曾在20年代中国学界引起激烈的争辩和批判。④ 鲁迅也撰文,愤然指出:"做过《民约论》的卢梭,自从他还未死掉的时候起,便受人们的责备和迫害,直到现在,责备终于没有完。连在和'民约'没有什么关系的中华民国,也难免这一幕了。"⑤对卢梭的攻击和责难来自自诩受过近代教育的"西崽文人",看起来也不合逻辑,然而在充满戏剧性的中国,却是最合逻辑的,是由攻击者那内在的"士大夫气质"、文化性格所决定的。因此,卢梭生前受到的"责备和迫害",身后东迁中国,"也难免这一幕"。正如卢梭生前毁者总是伴随着誉者一样,卢梭在中国也是有毁者必有誉者,就是在梁实秋大肆攻击卢梭的同时,也仍有中国人向卢梭发出这样的赞叹:"在现代政治思想中仍占高显地位,仍放灿烂光明,好比残月行天,清辉依旧,犹能使朗朗群星相映而减色者,当推文学家、音乐家、哲学家、社会改造家、预

---

① 鲁迅《文化偏至论》,载《河南》1908年8月。
② 林秀清、自吉达《卢梭、伏尔泰在中国》,载《复旦学报》1978年第2期。
③ 载《晨报副刊》,1926年12月15日。
④ 随之,刘乙青发表《读梁实秋〈卢梭论女子教育〉之后》(载《晨报副刊》1926年12月25日);张东侯发表《读〈卢梭论女子教育〉》(载《晨报副刊》1927年1月8日),参加辩论。
⑤ 鲁迅《而已集·卢梭和胃口》,北京:人民文学出版社,1927年。

言家于一身的法国之卢梭。"①即使师承美国新人文主义者白璧德(Irving Babbitt)反卢梭思想的学衡派诸公,他们本着"正人心而明真理,辟诡辩而黜浮情"的目的,研析卢梭言行著述,也难以否认他在人类思想文化中的影响。② 总之,卢梭东迁中国后的遭遇,也像他生前在他祖国一样,带有荒诞性、戏剧性的特点。也许这正是由卢梭荒诞戏剧性格所使然,难怪我国比较文学界老学者金克木先生这么感慨地说:"看来他的书和思想还要流行下去,还要为人爱,为人恨,为人怕,直到实现了他的'返归'(实际上是前进)自然的理想,人人自由平等,人类世界大同,有契约而无统治,人人讲真话,有爱而无恨,人不以自然为敌而以为友,那时才会失去意义。这也许是永远不能完全实现的空想,而一种空想竟能使无数人为之奋斗两百年以上,岂非又是荒诞?"③

二、"信任感情中的自我"与"开发自然的美":浪漫主义者卢梭与中国

辛亥革命时期与五四时期文学作者都极为崇拜卢梭,但他们推崇的其实是不同的两个卢梭:启蒙思想家卢梭和浪漫主义者卢梭,即写《民约论》的卢梭与写《忏悔录》的卢梭。然而,"这又是同一个卢梭,他的《民约论》和《忏悔录》代表着人类近代意识的不同侧面:民主意识和自由意识"④。卢梭之东渡,对我国文学的现代化具有不可忽略的影响。

正像《民约论》风行于辛亥革命时期一样,卢梭的《忏悔录》在五四时期也曾风行一时,单流传在当时和稍后的中译本就有五六种之多⑤。印行《忏悔录》如此众多的版本,不外是要对它的作者做"完全的人格认识"⑥,或者"希望卢骚之魂来降临于此邦"⑦,借助"卢骚这个大胆的浪漫派,来掀

---

① 浦薛风《卢梭之政治思想》,载《清华学报》第6卷第3期,1931年10月。
② 徐震堮译《圣伯甫评卢梭忏悔录》,载《学衡》1923年第18期。
③ 金克木《玉梨魂不散,金销记重来》,载《读书》1989年第7—8期。
④ 刘纳《辛亥革命时期至五四时期我国文学的变革》,载《文学评论》1986年第3期。
⑤ 就笔者所读到的就有《卢骚忏悔录》(张竞生译,1928年)、《忏悔录》(章独译,1929年)、《卢骚忏悔录》(汪炳焜译,1936年)、《卢骚忏悔录》(凌心渤编译,出版时间不详)、《忏悔录》(沈起子译,1944年)等。新时期通行的译本是由黎星和范希衡合译的。
⑥ 蔡元培为《忏悔录》(章独译)所作序。
⑦ 张竞生《卢骚忏悔录》译序。

动推翻和从新改造'旧中国'这个无聊的古典派的假社会,与腐臭的人心"①。卢梭在《忏悔录》《新爱洛漪丝》中把自我、感情和大自然引进文学,成了近代浪漫主义之父。一向对《忏悔录》的作者怀有偏见的学衡派,也无法否认这个文学史实,它撰文称"《忏悔录》为近世浪漫主义之大源泉"②,并从中列举卢梭浪漫派性行之十端,其中便有"纵任感情""寄情于花鸟草木,徜徉于山水风光";这实际上触及了卢梭对感情和个性的热烈肯定和迷恋自然、放歌自然的浪漫主义特点。五四新文学响彻着对"人"的自然本性的呼唤,对个性主义的颂歌,特别是创造社作家"返回自然"和自我暴露的创作倾向,都分明显示着卢梭的强大影响。③ 这里,我们要特别提到的是郁达夫。

作为五四时期重要的小说家和创造社的代表作家,郁达夫所受外国文学的影响是相当广泛和复杂的。在其广为采撷的不同国度不同时代的各种文学流派的作家中,卢梭无疑在他心目中占有至尊的位置:"法国也许会灭亡,拉丁民族的文明、言语和世界,也许会同归于尽,可是,卢骚的著作直要到了世界末日,创造者再来审判活人死人的时候止,才能放尽它的光辉。"④20年代,当梁实秋在某大学讲坛说卢梭"一无足取"时,郁达夫接连发表了《卢骚传》《卢骚的思想和他的创作》《关于卢骚》等长达数万言文字与之论战,对卢梭的生平、政治主张和创作特色做了极为全面、极为公正的介绍和评述。从1930年起,郁达夫又陆续翻译了卢梭的《一个孤独漫步者的沉思》,在杂志连载⑤,所有这一切事实都足以表明,卢梭不仅是郁达夫所倾慕尊崇的偶像,而且也是他立意要仿效借鉴的老师,那么卢梭究竟给郁达夫哪些启迪和影响呢?

卢梭的"返回自然"给郁达夫提供了一种艺术表现的尺度和艺术追求的境界,卢梭的"返回自然"的口号,曾经是西方浪漫主义者高高举起的文学旗帜,它也是五四作家,特别是郁达夫等创造社作家张扬个性、表现自我的一面思想旗帜和文学旗帜。因为"返回自然"不仅意味着返回人类的原

---

① 《卢骚忏悔录》编后记,1928年。
② 徐震堮《圣伯甫评卢梭忏悔录》序,载《学衡》1923年第18期。
③ 郭沫若青年时代就曾热情地向"不安本分的野蛮人,教人'返自然'的卢梭三呼万岁!"
④ 郁达夫《卢骚传》,载《北新》,1928年1月16日。
⑤ 郁译在《现代学生杂志》(从1卷5期起)连载,未译完。卢梭的这部著作的译名不下10种,通译为《一个孤独的散步者的梦想》。

始自然生活状态、返回朴野美丽的大自然,更重要的是要返回人的自然本性。它是以承认人的自由、承认自我为主要内涵的。① 卢梭认为:"在自然的状态下,是存在着一种不可毁灭的真实的平等。"(《爱弥儿》)这就是说,自然是美好的,出自自然的人是生来自由平等的,因此应该以自然的美好来代替"文明"的罪恶。卢梭所谓的"自然",也就是小私有者理想化了的社会生活。如果说卢梭的"返回自然"包含着一种社会理想,那么到郁达夫那里则主要意味着一种艺术境界和取向。他曾经说过:"无论是文学、美术或音乐,当堕入衰运,流于淫靡的时期,对此下一棒喝的就是'归向自然''回到天真'上去一个标语。"②而在这里,郁达夫所取的最重要的两点便是"信任感情中的自我"和"发现自然",反映到文学创作中,就是注重感情,描写自然,这是卢梭给西方浪漫主义文学最重要的影响,也是他给郁达夫提供的一种艺术表现的尺度,一种审美向度。

卢梭非常重视感情在文学中的作用,这在他的《新爱洛漪丝》这部"感伤的主情的文学"③巨著中就有充分的出色的表现。朱丽与圣·普乐这"两颗心灵的接触"④及其悲剧,之所以具有长久的、动人的魅力,主要得力于感情的宣泄。而书信体的形式又为感情的抒发提供了适宜的形式,使两个悲剧主人公的爱情、悲剧主人公与读者的感情,在缓慢的情节中得到舒徐、充分的展示与交融,从而强化了抒情的力量。这种感情描写的"新颖之处",正像西方权威批评家勃兰兑斯所说,"首先在它给了上层社会那种谈情说爱一个致命打击,从而也就给了法国古典主义时期关于感情的理论一个致命打击"⑤,给西方浪漫主义文学开了一个先河。因为只有浪漫主义者才把感情置于文学诸要素中的至高地位。在《忏悔录》中,卢梭把抒情提到了极高地位。"我只有一个向导还忠实可靠,那就是感情之链,它标志着我一生的发展,因此也就是我一生经历的事件之链,因为事件是那些感情的前因或后果。我很容易忘掉我的不幸,但我不能忘掉我的过失,更不能忘掉我善良的感情。"⑥这感情时而高昂,时而低沉,时而悲愤,时而忧

---

① 王富仁、罗钢《前期创造社与西方浪漫主义美学》,载《文学评论》1984年第2期。
② 郁达夫《艺术与国家》,载《郁达夫文集》第5卷。
③ 茅盾《卢梭的〈新哀绿绮思情书〉》,载《汉译西洋文学名著》,上海亚细亚书店,1935年。
④ 弗朗西斯·约斯特《比较文学导论·德、英、法诸国教育小说》。
⑤ 勃兰兑斯《19世纪文学主流》第1分册。
⑥ 卢梭《忏悔录》(范希衡译)第2部,北京:人民文学出版社,1983年,第344页。

伤,但又永远那么真实、动人。从这个意义上看,"《忏悔录》并不完全是卢梭的生活的历史,而主要是他的精神和情感的历史"①。卢梭那悲怆动人的生命历程,是由其波动绵延的"感情之链"而得以展示的。他的生命历程是感人的,这是因为他的感情流程是动人的。一部《忏悔录》,犹如"一首抒情的诗歌,一首世界文学中最美的诗",卢梭因之也成为"在浪漫主义时代行将大放异彩的抒情文学的大师"②。

一向"信任感情中的自我"的郁达夫,对卢梭这一抒情特点是心领神会的,并把它视为一种艺术境界,在自己的创作中去刻意追求。凡是读过郁达夫小说的人都不可能不发现这样一个特征:他的小说不以离奇曲折的情节取胜,而以悠悠浓郁的抒情感人,他不以整饬的结构为奇,而执着以"感情之链"串联事件,以感情的自然流驶来打动读者,因而他的作品总是具有强烈的抒情性,引起读者心灵的共鸣。郁达夫把这种艺术境界称为文学上的"殉情主义"(Sentimentalisme),即通常所说的"感伤主义"或"感情主义"。"感伤主义"(或"感情主义")作为一种文学思潮(茅盾称之为一种新的文学倾向),是19世纪浪漫主义"很早的同调"③或"前奏"④,而作为一种艺术表现的尺度,作为一种风格追求,它则有自己确定的内涵和特征,有它不完全等同于后期浪漫主义的特征,用郁达夫的话来概括:"这是一种感情上的沉溺,又并非是情深一往,如万马的奔驰,狂飙的突然,只是静止的、悠扬的、舒徐的。所以殉情主义的作品,总带有沉郁的悲哀,咏叹的声调,旧事的留恋,与宿命的嗟怨。"⑤这种感伤的、主情的文学风格,我们在卢梭的作品中感受到,在郁达夫小说中更感受到。郁达夫这种艺术境界的追求,无疑是受到卢梭的启迪的。

如果说"信任感情中的自我"是卢梭为郁达夫提供的一种艺术追求、艺术表现的尺度,那么,"发现自然"则是前者为后者提供了一种陶冶艺术

---

① J.-L. Lecercle(勒赛克尔),*Introduction de Discours Sur l'Origine et les fondements de l'inégalité Parmi les hommes*.译文载卢梭《论人类不平等的起源和基础》(李常山译),北京:商务印书馆,1962年。

② J.-L. Lecercle(勒赛克尔),*Introduction de Discours Sur l'Origine et les fondements de l'inégalité Parmi les hommes*.译文载卢梭《论人类不平等的起源和基础》(李常山译)。

③ 茅盾《卢梭的〈新哀绿绮思情书〉》。

④ 彭晓丰《郁达夫与卢梭》中"感伤主义"一节,载《中国现代文学研究》1984年第4期,北京出版社。彭文认为"感伤主义"与浪漫主义风格有所不同的看法是极有见地的。

⑤ 郁达夫《文学概说》,上海:商务印书馆,1927年。

性灵的契机,表现更多的是中法两位作家文情会通、审美灵气的契合。

卢梭是第一个使法国文学里充满青翠绿意的作家。① 把大自然引进文学无疑是他对法国文学乃至欧洲文学的一大贡献。大自然对他来说,是"最得力的老师"②,"是一个活生生的实在物,充满了他可以用一切感官来享受的富源,它是灵感的源泉,它是人的一个知己"③。大自然浸润了他整个的生命,成了他生命的一部分。他在自己的创作中以一种新的、从文艺复兴以来所不曾有的深情的笔调;以一种生命的热情,歌颂自然。所以他笔下的山川草木,江河湖泊,无一不充满生命的气息;无论是圣皮埃尔岛那浓荫密蔽、莺啼鸟啭、令人心驰神往的美景④,还是退隐庐那丛林、那清溪、那媚人的幽境⑤;无论是华莱山区那巍峨陡峭的悬石、那奔腾不息的急流,还是莱蒙湖那清风丽日、那明媚旖旎的湖光山色⑥,都无不灌注了卢梭的血肉和深情,成为抒情主人(卢梭自己或他理想的人物,如朱丽与圣·普乐)生命的一部分,打上了卢梭独有的个性标记,卢梭由此将他对自然的热爱,从莱蒙湖,从"朱丽林",从他的故事"一直传遍整个欧洲"⑦,传到东方使生性贪恋山水的郁达夫不能不顶礼膜拜。在郁达夫眼里,卢梭无疑是"自然的骄子",他惊异于卢梭"开发了自然的美,留下了一个文学史上怎么也掩没不下去的影响"⑧。他捧读《忏悔录》,每每叹为观止:"自然的描写,凡是他所经过的地方。乡村、深林、田园、草舍、溪流、湖波、山路、深渊、绝壑,甚而至于朝日、斜阳、行云、飞鸟、花草等等,凡可以增加自然的美,表现自然的意的东西,在《忏悔录》里没有一处不写到,大自然的秘密,差不多被他阐发尽了。"⑨而《新爱洛漪丝》"描写自然的沉着丰丽,和感动读者的深远幽妙"⑩,更胜于《忏悔录》。在中国,他独具慧眼,看到了卢梭描写自然的独特贡献,认为西洋小说重视背景作用起于18世纪后期,而"小说

---

① 圣勃夫语,转引自安德烈·莫洛亚《忏悔录·序》,法国勃达斯,1949年。
② 罗曼·罗兰《若望-雅克·卢梭》,载《世界文学》(罗大冈译)1962年第7、8号。
③ 勒赛克尔《论人类不平等的起源和基础·序》(李常山译),北京:商务印书馆,1962年。
④ 《一个孤独的漫步者的梦想》之五。
⑤ 见《忏悔录》第5章。
⑥ 见《新爱洛漪丝》第4部分第17封信。
⑦ 勃兰兑斯《19世纪文学主流》,第1分册。
⑧ 郁达夫《卢骚的思想和他的创作》,杭州:浙江文艺出版社,1985年。
⑨ 郁达夫《卢骚的思想和他的创作》。
⑩ 郁达夫《卢骚的思想和他的创作》。

背景中间,最容易使读者得到实在的感觉,又最容易使人美化的,是自然风景和天候的描写。应用自然风景来起诱作品中人物感情的最早还是卢骚的《新爱洛漪丝》。在这本小说中的山光湖水、天色溪流,是随主人公的情感而俱来,使读者几乎不能辨出这美丽的大自然是不是"多情善感的主人公身体的一部分来"①。郁达夫就这样以富春江畔的秀色陶铸成的灵性启悟到了卢梭笔下山山水水的生命个性,而成为这位西方的孤独的"自然之子"②的东方知音。在这里,若要明确指出卢梭对郁达夫有什么具体影响,也许就是,卢梭以多情的笔致所开掘的大自然的秀色以及这自然的描写与抒情主人公交融一体的情状,给郁达夫对山水对心境的合二为一的探究,对他借助自然的描写宣泄自我情绪的艺术追求,提供一种参照、一种艺术境界的借鉴。和卢梭一样,郁达夫也善于把自然的描写和人物情感的抒发交融成一体,刻意追求情景交融的艺术境界③,但郁达夫笔下的人物与大自然构成的情状多半不是一种甜美的满足,而是一种悲哀的失落,这与卢梭又有所不同。④ 他也像卢梭一样,不爱都市爱自然,喜欢在大自然面前排遣孤独感。卢梭曾多次表示,他厌倦都市"文明",向往乡野生活:"我感到我生来就是为了退隐和乡居的,不可能在别的地方生活得幸福。在威尼斯,在公务纷忙之中,在外交使节的高位之中,在升官晋爵的骄傲之中;在巴黎,在上流社会的漩涡之中,在晚宴的口腹享受之中,在剧院的夺目光彩之中,在虚荣的幻烟迷雾之中;对丛林、清溪、幽静的散步的回忆经常使我分心,勾起我的愁思,引起我的嗟叹和憧憬。"⑤这种返朴归真的念头,在郁达夫那里也时有流露,渴望一种一洗尘世的洒脱、飘逸的生活:"到了地旷人稀的地方,你可以高歌低唱,袒裼裸裎,把社会上的虚伪礼节、谨严的态度,一齐洗去,人与自然合而为一,大地高天,形成屋宇,蠛蠓蚁虱,不觉其

---

① 郁达夫《小说论》。大批评家勃兰兑斯重视卢梭把大自然引进文学的首功,却不承认卢梭已把自然与人物感情交融起来,认为这是 19 世纪浪漫主义作家,比如夏多布里昂才完成的任务。郁达夫以独有性灵启悟到了卢梭自然描写的独特性,并指出这一独特性对西方文学发展的重大贡献。参见,彭晓丰《郁达夫与卢梭》,载《中国现代文学研究丛刊》1984 年第 4 期。
② 卢梭的遗体先安葬在爱尔梅隆维尔园中美丽的杨树岛上,墓石上刻着:"自然之子、真理之子长眠于此。"法国大革命后,卢梭的遗骸迁葬于巴黎先贤祠,与伏尔泰墓并排。
③ 从中也可看出郁达夫有着传统美学的深厚修养,显示了他同化外来影响的功力。
④ 即便是同是写人生悲哀和感情失落,也有不同的感受和滋味,试比较《沉沦》中风景描写与《新爱洛漪丝》中圣·普乐与朱丽重游"朱丽林"的描写。载《两情人——新爱洛漪丝》(韩中一译),海口:南海出版公司,1991 年,第 489—496 页。
⑤ 《忏悔录》第 9 章。

微,五岳昆仑,也不见其大……"①郁达夫也同卢梭一样,也把自然视为寄托自己感情的处所,但他寻求的不是自然的慰藉,而是大自然的"庇护",因而得到的不是心灵的和谐与宁静,而是加倍的孤冷和悲哀。卢梭曾不止一次地提到:"田野的风光,接连不断的秀丽景色,清新的空气……这一切解放了我的心灵……我以主人的身份支配着整个大自然。我的心从这一事物漫游到那一事物,遇到合我心意的东西便与之物我交融,浑然成为一体,种种动人的形象环绕在我心灵的周围,使之陶醉在甘美舒畅的感情之中。"②在这样的自然环境中,每每使他远离人世的喧扰,获得一种绝对的和谐、绝对的安宁与抚慰。而郁达夫笔下的自然,更多的是他为悲剧主人公安排的"一个醉卧酣眠的所在"。一个逃遁人世烦恼的"避难所"。请看,《沉沦》的主人公是这样投入大自然的怀抱的:"这里就是你的避难所。世间的一般庸人都在那里妒忌你,轻笑你,愚弄你;只有这大自然,这终古常新的苍空皎月,这晚夏的微风,这初秋的清气,还是你的朋友,还是你的慈母,还是你的情人;你也不必再到世上去与那些轻薄的男女共处去,你就在这大自然的怀里,这纯朴的乡间终老了罢。"在这里郁达夫更强调的是情绪的外射,因而它绝无卢梭式的恬静与和谐。作者没有替他的主人公找到一个真正的归宿,找到真正的安慰,清新美丽的大自然没能给主人公伤痛的灵魂以甜美宁静的安抚,相反使他意外发现到纯洁的自然已被淫荡的行为所亵渎,陡然增加人物对欲的诱惑和性的苦闷,表明郁达夫在这里安排的自然情景,"不是为了寻求慰藉,而是为了表现自然慰藉的失落;不是为了减轻孤冷悲哀情绪,而是从一个方面浓化这种情绪的感受"③。郁达夫也像卢梭一样追求人与自然合而为一的境界。卢梭曾多次夸耀于世,只有独步于大自然中才能"生活得那样有意义,那样地感到自己的存在,那样充分地表现出我就是我"④,他把与自然融合,和宇宙同化,达到一种心醉神迷的境界视为人生"完全的、圆满的幸福"。在《一个孤独的漫步者的梦想》之五中是这样写的:"假如有这样一种境界,心灵无须瞻前顾后就能找到它可以寄托,可以凝聚它全部力量的牢固的基础;时间对它来说已不起作用,现在这一时刻可以永远持续下去,既不显示出它的绵延,又不留下任

---

① 郁达夫《住所的话》,《郁达夫文集》第4卷,广州:花城出版社,1982年。
② 卢梭《忏悔录》中译本第4章,北京:人民文学出版社,1980年,第199页。
③ 朱寿桐《情绪:创造社的诗学宇宙》,上海文艺出版社,1991年,第32—33页。
④ 《忏悔录》第4章。

何更替的痕迹,心中既无匮乏的感受,也无享受的感觉,既不觉苦也不觉乐,既无所求也无所惧,而只感到自己的存在,同时单凭这个感觉就足以充实我们的心灵:只要这种境界持续下去,处于这种境界的人就可以自称为幸福,而这不是一种人们从生活乐趣中取得的不完全的、可怜的、相对的幸福,而是一种在心灵中不会留下空虚之感的充分的、完全的、圆满的幸福。"①这是一种完全摆脱人世"烦恼"和大自然完全融合的境界,多少类似佛教的涅槃,所以罗曼·罗兰称颂他"从来没有一个西方人能实现这样完全的、东方意义上的神化之境"。指出:"大自然使他进入心醉神驰的境界,这种情况到晚年变本加厉,并且使他和东方神秘主义大师异常接近。"②从这方面看,卢梭"返回自然"的艺术境界,实际上是东方文化的一种回归,它与中国的老庄哲学是相通的。郁达夫对这一艺术境界也是醉心追求,如我们在上面所提到的,从中不难看到他与卢梭的相通之处(当然更有中国道家文化的因缘),不过郁达夫虽然寄情于山水,但又不能忘情于社会,总不能达到卢梭那样的"化境"——即《一个孤独的散步者的梦想》之7所说的"忘掉自己","融化到了万物的体系之中"的那种境地。自然在他那里也总是排解苦闷、宣泄愁绪的所在,卢梭所提供的艺术境界也终于只能是郁达夫借以排遣难以排遣的孤冷情绪的一种借鉴。

　　如果说"返回自然"是卢梭传留给郁达夫的一面个性主义的旗帜,那么,暴露自我则是卢梭为郁达夫提供了表现自我、表现个性的先例和范例。在西方文学史上,写自己并不始于卢梭。在卢梭之前也曾有人骄矜虚饰地写过自己③。但像卢梭那样大胆而真实地写自己、暴露自己的隐私,既写自己的德行又写自己的恶行,从而达到"惊人的人性真实"④的,除卢梭之外还没有先例。一部《忏悔录》就是卢梭毫无顾忌毫无遮拦地自我暴露,自我解剖的最真实的记录。一向重视"在情感和心理矛盾中表现自我"的郁达夫,难怪会极度推崇《忏悔录》是"独一无二""空前绝后"的杰作。卢梭对郁达夫最深刻的影响也许正是《忏悔录》那种大胆而率真的"自我暴露"的精神气度。郁达夫这个以放浪形骸的个性而著称的"中国的卢

---

① 引文载《漫步遐想录》(徐继曾译),北京:人民文学出版社,1986年,第68页。
② 罗曼·罗兰《若望-雅克·卢梭》。
③ 如蒙田的《随感集》。
④ 柳鸣九《〈忏悔录〉序》,北京:人民文学出版社,1980年。

梭"①,当他在大胆暴露自我、以真血肉惊世骇俗时,必然要从卢梭那里寻找勇气、力量和先例。而卢梭那种写自己少有的大胆和真率也就自然为郁达夫"自叙传"的创作确立了活生生的榜样。

卢梭在《忏悔录》开篇就明确宣布:"我要把一个人的真实面目赤裸裸地揭露在世人面前。这个人就是我。""不管末日审判的号角什么时候吹响,我都敢拿着这本书走到至高无上的审判者面前,果敢地大声地说:'请看!这就是我所做过的,这就是我所想过的,我当时就是那样的人。不论善和恶我都同样坦率地写了出来。我既没有隐瞒丝毫坏事,也没有增添任何好事……'"他要求的是绝对的真实。郁达夫与卢梭一样,在写自己、暴露自我时也追求一种绝对的真实。他的著名的"自叙传"说,其根本的价值就在"真"的强调,他曾指出,"艺术的理想是赤裸的天真","艺术的价值完全在一个真字上"②;因此,他主张"以唯真唯美的精神来创作文学和介绍文学"③。郁达夫强调的真实是自我的真实,即卢梭所说的,"当时我是什么样的人,我就写成什么样的人"④,主要指自我的真实心境、真实感受、真实的情绪。在郁达夫看来,这是和虚伪的社会、虚伪的罪恶作斗争的最有力的武器,所以他说:"我若要辞绝虚伪的罪恶,我只好赤裸裸地把我的心境写出来。"⑤"靡靡也罢,颓废也罢……我却不顾前后左右,勇猛地前进了。"⑥这种愤世抗俗的真实观虽然比不上卢梭那么豪迈,但在内在气脉上是与卢梭相通的。

跟卢梭一样,郁达夫对人性恶做了惊人真实的挖掘。他毫不掩饰自己人物的丑恶,诸如怯懦的劣性、变态的淫心、卑劣的恶习,毫不留情地将之展露于世,就像卢梭赤裸裸地暴露心灵中的丑恶一样。但卢梭也好,郁达夫也好,他们对人性恶的揭示,绝不是如有的批评家所指责的,是出于一种"暴露癖"的驱使⑦,而是出于更自觉的个性追求,有着更深刻的思想意义。就卢梭而言。他写人性恶基于他一贯的哲理指导:人性本是善的,是丑恶

---

① 据静闻《忆郁达夫先生》,载《郁达夫研究资料》。
② 郁达夫《艺术与国家》,1923 年。
③ 郁达夫《〈创造日〉宣言》,《创造月汇刊》。
④ 卢梭《忏悔录》第 1 章。
⑤ 郁达夫《写完了〈莴萝集〉的最后一篇》,载《郁达夫小说集》。
⑥ 郁达夫《鸡肋集·题词》。
⑦ 莫洛亚《〈忏悔录〉勃达斯版序言》。

的社会环境玷污了人的美好的心灵。人性的恶是社会腐蚀的结果,他在《忏悔录》中现身说法,以一种愤然的调子讲述自己"本性善良",怎样在恶浊的社会环境中一步步受到污染,使他染上"自己痛恨的一切恶习,诸如撒谎、怠惰、偷窃等等",甚至"堕落为卑鄙的市井无赖"。这样,他的自我暴露、自我剖析必然导向对罪恶的社会制度的谴责与控诉,对人性恶的挖掘也就转化成了一种深刻的社会批判。卢梭坦诚地暴露人性恶还基于他深刻的人本主义思想体系,"在他看来,人具有自己的本性,人的本性中包括了人的一切自然的要求,如对自由的向往,对异性的追求,对精美物品的爱好,等等",甚至认为这些自然的人性要求要比"那些经过矫饰的文明化的习性更为正常合理"①,因此他显然不把暴露自己,包括坦露自己的过失看作是耻辱,倒是觉得他能这样做而感到人性的自豪。这样,他在《忏悔录》中又以一种坦然的调子讲述自己的情欲的苦闷,因情欲的煎熬而产生的某些低劣的欲念与冲动,以及一任个人的感情、兴趣、意志为本位的人生态度,而使这部自传"成为一部最活生生的个性解放的宣言书"②,具有不同凡俗的思想力量。在郁达夫那里,对人性恶的揭示远不如卢梭那么深刻,他关注的主要是他那一时代的青年最感迫切的爱情自由的问题,因此,他在作品中常常围绕"性"这一焦点来透视人性恶,他笔下人物的乖张病态的举止无不和性发生关系,并打上了反封建传统的时代印记。郁达夫推崇卢梭坦露胸怀的作风和文字,他认为像《忏悔录》这样"以雄伟的文字和独创的作风","赤裸裸的将自己的恶德丑行暴露出来的作品","实在是空前绝后"的。③ 他欣赏卢梭的生活与情感姿态,他从卢梭那里领悟到:"人,即便是哲人,也不必为自己的情欲苦闷、忧郁情怀和神经质而羞愧。不,这不是,也并非堕落。如果说这是精神弱点,那也是社会压抑所致。"④卢梭的这种启示,成了郁达夫写人性恶的一种力量,使他毫不顾忌地以反道德的姿态揭示人物嫖妓、宿娼、性变态等种种罪恶,揭示出这种丑恶不仅是对中国封建传统、封建道德的抗议,也表达对个性解放和美好爱情的追求与向往,郁达夫由此而通向了卢梭。郁达夫的小说之所以打动那时代中国青

---

① 柳鸣九《忏悔录中译本序》(黎星、范希衡译),北京:人民文学出版社,1982年。
② 柳鸣九《忏悔录中译本序》。
③ 郁达夫《卢骚的思想和他的创作》。
④ 许子东《浪漫派? 感伤主义? 零余者? 和小说作家?——郁达夫与外国文学》,载《中国比较文学》1985年第1期。

年,其原因也在于此,即使在今天仍不失为观照那一时代青年面影的一面镜子。然而郁达夫又毕竟不是卢梭,他似乎敏锐有余而深沉不足,仅以性的苦闷来批判社会,不仅失之片面,而且也缺乏卢梭那样悲愤深邃的力量!

  郁达夫和卢梭在自我暴露中都致力于灵与肉的矛盾冲突的心理开掘,都显示了难能可贵的心理描写的才能,都取得了突出的成就。卢梭曾被法国作家誉为"内心文学之父和心理描写之父"①"内心艺术的大师"②,在心理描写中,他最擅长的无疑是揭示那种灵与肉、情感与道德之间扑朔迷离、缠绵温馨的心理矛盾与心理冲突,他在法国文学描写灵肉冲突的文学传统中所居的先驱者的地位也早为我国有些研究者所确认。③ 在《新爱洛漪丝》中展示圣·普乐与朱丽及圣·普乐与德·沃尔玛夫妇之间那些复杂微妙的感情纠葛的场面中,卢梭这方面的才具已有了卓越的表现,在《忏悔录》中则似乎得到了更为全面的发挥、更出色的表现,诸如为中外批评家一再称道的,与巴西勒太太之间那类似于少年初恋羞涩与诱惑的心理,与拉尔热夫人传奇般相恋的纷乱心绪,与乌德托夫人那柔情似水的魂魄交融,与葛莱芬小姐同骑时那散发着青春气息的心灵波动,以及与华伦夫人之间那种从灵肉冲突中升华出的超凡脱俗的绵绵深情,都表现得淋漓尽致、真实迷人,令人折服不已。郁达夫在运用心理描写的方法,正如有的研究者所指出的,"有一个渐臻成熟的过程"④。如果说郁达夫初期的作品由于过分渲染性的冲动和肉的力量,致使他的心理描写带有浓重的肉的气息,那么,在他后期的作品中,对灵肉冲突的处理表现更多的是一种情欲的净化和感情的升华。正像他暴露人性恶一样,他在展示灵肉冲突的心灵方面,似乎也是才情多于深邃,真正像卢梭那些耐得起品味、动人心弦的佳篇却不很多。但郁达夫又终究追随卢梭,他把"零余者"那颗情迷喷火、孤寂挣扎的灵魂表现得相当独特而真切。

  郁达夫如此信仰卢梭,在艺术精神和生活、道德方面深受卢梭的影响,既是时代的契合,也是精神气质的契合。五四时代是人的思想大解放、感情大解放的时代,是"人"的发现、人性解放的时代,呼唤个性、表现自己构成了五四新文学的主旋律,以表现自我、张扬感情的卢梭作品的切入,正好

---

① 圣勃夫《星期一漫谈》。
② 罗曼·罗兰《若望-雅克·卢梭》。
③ 郭麟阁《法国文学中灵与肉之冲突》,载《中法教育界》第8期。
④ 彭晓丰《郁达夫与卢梭》,载《中国现代文学研究丛刊》1984年第4期。

适应了五四时代和五四文学的要求而成为许多新文学作者求之若渴的榜样,个性鲜明的郁达夫更不例外。而郁达夫与卢梭如此声气相通,与他们之间相似的性格、相近的气质分不开。卢梭生性腼腆而懦怯,纯朴温情的平民家庭赋予他一颗"热情、善良、温和和亲切的心",而早年丧母,随之漂泊流浪的生活又平添了他孤独忧郁的性格、恨世嫉俗的情怀,培育了他那追求自由的意志和对女性那种近乎崇拜的挚爱心肠。总之这是个情绪型的人物:"他的本性是欢乐的、多情的、富于魅力、轻率、善变、健忘,易受外力牵引,不能克制自己的偏见,非常软弱……然而却是彻底健康的,没有坏心肠,也没有不纯的成分。"①他的同胞对他的个性特征做了相当确切的描述,卢梭的这些特征,我们在郁达夫身上同样看到:多情、敏锐、柔弱、孤独,对异性的眷恋,对自然的迷醉……总之,他也是一个情绪型的人物:具有"感受性强、耐受性弱的情绪型性格"②,郁达夫的同胞作如是观,难怪他与卢梭会气脉相通而成为"中国的卢梭"。

三、跨越世纪的两个灵魂的对白:卢梭的《忏悔录》与巴金的《随想录》

蔡元培先生在为章独的中译本《忏悔录》作的序中提出,读书有两法:"一是取材的读法,读了一本书,把我们所需要的材料取得了:就是著这本书的人,还著许多别的书,可以不问;著书人的品性与行为也可以不问。一是尚友的读法,读了一个人的著作,觉得是他人格的表现受了很深刻的影响,非把他完全的人格认识了,不能满意……"③巴金读卢梭,读《忏悔录》,显然是一种"尚友的读法",他重视的是认识人格,他受惠于卢梭最多最深

---

① 罗曼·罗兰《若望-雅克·卢梭》。罗兰对卢梭这一个性格特征的认识,几乎是所有读过卢梭作品的作家的共识。俄国伟大的批评家车尔尼雪夫斯基读过《忏悔录》之后对卢梭其人作过类似描述,不过,他对卢梭评价似乎更高,认为卢梭是"……一个一贫如洗、受人中伤、离乡背井但仍然忧情满怀地思念故乡的人,一个疑心重重、无比高傲而且理应高傲的人,一个城府很深,同时又什么也不会隐瞒的人,一个蔑视一切同时又需要一切的人,一个卷入许多不可饶恕的、危害别的天赋不那么高的人的事情中去但仍能保持灵魂的纯洁、无辜与天真无邪的人,除他的天真无邪外,他还是一个对当代人神秘莫测、对后代人极易理解的、既狡黠而善于洞察人心的人,一个对人们充满柔情蜜意的、天才的、品德高尚的恨世者。"转引自 M. 雅洪托娃等著《法国文学史》(郭家申译),沈阳:辽宁教育出版社,1986年。

② 朱寿桐《情绪:创造社的诗学宇宙》,上海文艺出版社,1991年,第21页。

③ 蔡元培《忏悔录》,序章独译。

的就是卢梭的人格精神,这是他极不同于郁达夫的地方。①

巴金对卢梭这种注重人格发现的"尚友的读法",为我们研究这两位作家的关系提供了独特的角度,使我们有可能将《忏悔录》《随想录》这两部在内容上和文体上有着根本差异的著作进行比较,从中透视出中法两位作家的真实的人格和灵魂。

巴金在自己50多年的创作生涯中,一直真情地将卢梭奉为自己的"启蒙老师",视为自己毕生的"知己",他不止一次地说过:"我尊敬卢梭,称他为'老师'。"②"我从他那里学到的是:讲真话,讲自己心里的话。"③"我写小说,第一位老师就是卢骚,从《忏悔录》作者那里我学到诚实,不讲假话。"④一部《忏悔录》,在巴金看来,说到底就是一部讲真话的大书,一部坦露真情、坦露心灵的大书。卢梭在《忏悔录》开篇中就亮出了旗帜,他要说真话。写出真实的自我:"当时我是什么样的人,我就写成什么样的人,当时我是卑鄙龌龊的,就写我的卑鄙龌龊,当时我是善良忠厚、道德高尚的,就写我的善良忠厚和道德高尚。"并且一再声言:"我说的都是真话。"⑤"其中可能把自己以为是真的东西当真的说了,但没有把明知是假的硬说成是真的。"⑥卢梭恪守了自己的原则,他在《忏悔录》中,坚持说真话不说假话,讲自己的憎与爱、情与欲、善与恶,甚至吐露内心中无人知晓而难以启齿的可憎的隐私,这就把一个真实的灵魂精赤赤地暴露了出来,卢梭敢于坚持讲真话,不讳言自己的缺陷、过失甚至恶习,是因为他坚信:"没有可憎之处的人是不存在的。"⑦他厌恶那种"名为自述,实为自赞"⑧的虚饰自己的作风,因为它呈现于世的绝不是传主的真实面目;而是经过"乔装打扮"的某个"侧面":"谁知道他挡起来的那一边的脸上会不会有条刀伤或者有只瞎眼,把他的容貌完全改变了呢?"⑨因此,讲真话,坦露自己真实的灵魂正显

---

① 事实上,注重思想的汲取和人格精神的学习,正是巴金接受外国作家的独特方面,他对左拉、对罗曼·罗兰等的亲近,都是从这点着眼的。
② 巴金《真话集·〈序跋集·跋〉》,北京:人民文学出版社,1983年,第63页。
③ 巴金《探索集·春蚕》,北京:人民文学出版社,1981年。
④ 巴金《探索集·后记》,北京:人民文学出版社,1981年。
⑤ 《忏悔录》第12章。
⑥ 《忏悔录》第1章。
⑦ 圣勃夫《月曜日丛淡》第3卷,第81页,转引自《〈忏悔录〉中译本序》(柳鸣九译)。
⑧ 《忏悔录》另一段开头中的话。引自《〈忏悔录〉中译本序》(柳鸣九译)。
⑨ 卢梭批评蒙田的话。安德烈·莫洛亚为法国勃达斯版《忏悔录》写的序言。

示着对人格的一种深刻关切,《忏悔录》的终极追求,就是要展示人的完整而真实的面目,它虽然不是完美的,然而是真实可信的,其真实的程度,用卢梭自己的话说,"可以作为关于人的研究——这门学问无疑尚有待于创建——的第一参考材料"①,因而具有永恒的魅力和价值。由此我们看到,卢梭对讲真话、讲心里话的重视分明是他对人的真实性、人的灵魂的真实性和人格真实性的强调和追求,而这种追求在卢梭时代不仅是"绝无仅有的",而且具有一种"革命"的意义:"在古典作家身上,体面较真实更为作家所重。莫里哀和拉罗什富科都把他们的自白美化了,伏尔泰也不作自我告白,所以到了卢梭才看到一个以把一切都说出为荣的人。"②这就是说,到卢梭才视"说真话"为荣,正是这样,才赋予《忏悔录》这部说真话的作品以无比深刻的真实性,它仿佛使我们可以触到卢梭那颗坦诚的灵魂。

  作为"启蒙老师"的卢梭牵动巴金的心的,无疑也是他那坦露真实的灵魂。如果说,郁达夫从这颗坦露的灵魂看到的是卢梭放浪的生活姿态和感情姿态,因而通向了痴迷的浪漫精神的择取,那么,巴金从卢梭灵魂告白中看到的则是这位伟人的人格追求,他由此而深化对道德的沉思,构建自我人格——道德人格。正像我们上面所提到的,巴金从《忏悔录》中受益最深最多的便是"说真话,不说假话"。谈到自己的创作,他一再声称:"我的经验很简单,很平常,一句话:不说谎,把心交给读者。"③从这个意义上看,巴金的作品,特别是《随想录》,都可以说是受惠于《忏悔录》说真话的产品。如果我们将《随想录》和《忏悔录》放在一起读,我们就会透过它们表面的文体差异而发现二者之间内在气韵的一致性:《随想录》跟《忏悔录》一样,展露的是一颗坦荡的灵魂,是一腔真诚的感情,它塑造了同样真实的自我形象,闪烁着同样崇高的人格光辉!阅读这两部作品会情不自禁地使我们产生一种同样强烈而持久的心灵感奋和审美激动,细究起来,这魅力的来由正在于它们同样是"力透纸背,情透纸背,热透纸背"的"讲真话"的大书。巴金如此推崇卢梭"说真话",而巴金所谓的讲真话就是"把心交给读者",它体现着他自己的一种道德价值的取向。巴金晚年一再强调"说真话",这对他来说正是道德人格的最基本也是最重要的准则。自

---

① 《忏悔录》第 1 部前言。
② 安德烈·莫洛亚为法国勃达斯版的《忏悔录》写的序言。
③ 《探索集·春蚕》。

然，真话并不意味着真理，"因为这完全是两个不同层面、不同范畴的问题"①；然而，真话确实是一种道德的标示。很难想象一个假话满天的人会是一个信守道德的人。巴金所谓的讲真话就是说心里话，"把心交给读者"②，真话虽然不一定代表真理，但巴金式的真话，"讲自己心里的话，讲自己相信的话，讲自己思考过的话"③，显然又是探索真理、接近真理的途径，而假话却万万不会是真理，正像巴金所指出的，"哪怕是给铺上千万朵鲜花，谎言也不变成真理"，"人只有讲真话，才能认真地活下去"④，巴金这样声言："只要一息尚存，我还有感受，还能思考，还有是非观念，就要讲话，为了证明人还活着，我也要讲话。讲什么？还是讲真话。"⑤可见，巴金在《随想录》中把讲真话视为生命价值和道德人格的体现。

卢梭在《忏悔录》中说真话，无疑也体现着一种道德人格的追求。不过，卢梭的道德人格是对真实的、自然的生命形态的企盼，是对"人性本善"的哲学理想的追求，因此具有与巴金不尽相同的道德内涵，与巴金不尽相同的追求方式。卢梭认为"美德是一种自然状态"⑥，而"装饰对于德行也同样是格格不入的"⑦，"道德的行为是自然和天性给写在人们心上的行为"⑧。因此在卢梭那里，只要是真实的、自然的，便都是道德的，对一个人来说，只要保持人的天然本性，保全人之所以为人的真实面目，便是道德的，所以他的道德追求不表现为文明意义上的修身养性，规范自己的言行举止，而体现在人性真实的维护，而这种道德人格的追求的逻辑结果，必然导致对窒息人性发展的一切社会和势力的控诉与对抗。在卢梭看来，人本性是善良的、完美的，是不平等的社会制度扼杀了人性的正常健康发展，是罪恶的社会环境毁坏了人的良风美俗。这就是为什么《忏悔录》的作者在忏悔自己的丑行和道德缺陷时总是带有一种难以抑制的控诉声调，他对自己丑行的忏悔是真诚的，对道德的追求是执着的，这就使这对抗的调子

---

① 李辉《理性透视下的人格》，载《读书》1993 年第 5 期。
② 《真话集·后记》。
③ 《真话集·后记》。
④ 《探索集·再论说真话》。
⑤ 《真话集·后记》。
⑥ 勃兰兑斯语，载《19 世纪文学主流》第 1 分册第 2 章《卢梭》。
⑦ 卢梭《论科学与艺术》，载《西方文论选》上卷，上海译文出版社，1979 年，第 330 页。
⑧ 转引自韩中一《卢梭的爱情道德观》，载《吉林师范学报（人文社会科学版）》1982 年第 4 期。

愈加悲愤激越,致使他对道德的内省完全外化为对社会的控诉与揭露,其忏悔意识也转化为对不平等的社会自觉的批判与斗争,而卢梭的道德人格也就在对社会的批判与斗争中放出某种诗意的光辉。

在《随想录》中我们看到,巴金的道德人格的追求并不表现在对个人德行的张扬和维护,而是体现在对自身严厉的审视之中,由自省而达到新的人格升华,这是与卢梭很不相同的。巴金的自我审视是严峻的,自省是热切的,以致我们在读《随想录》时会不由得感到那逼人的目光、那自省的痛苦,比如,面对"十年浩劫"的沉思,我们看到,最令巴金痛心疾首的,似乎不止于人性遭荼毒、真理被践踏,更在于他作为为真理而歌的忠诚战士,在风云莫测、人妖颠倒的岁月有过软弱和动摇,违心地说过假话,伤害过别人,包括自己熟悉的同志和友人,失却了他一贯的为人为文的道德原则。自然,这一道德的"失足",历史地看,在那风云险恶的环境在所难免。善良的巴金无疑是那一时代的受害者,但他并没有因此而原谅自己,开脱自己,他不像卢梭把自我德行的迷误统统归之于社会污染,而这样扪心自问:"'四人帮'不过四个人,为什么能有这样大的能量?……不能把一切都推在'四人帮'身上。我自己承认过'四人帮'的权威,低头屈膝,甘心任他们宰割,难道我就没有责任!难道别人就没有责任!"①于是痛苦的巴金便把他手中那支抨击黑暗、讴歌光明的笔变为剖析自己灵魂的手术刀,他那对旧制度、旧势力固有的强烈的批判意识,也就内化为对自己心灵的深沉的自省与忏悔,而使《随想录》在总体上具有《忏悔录》不同的色调与不同的声音。巴金的这种自省和忏悔具有超越个人道德修炼的深刻的时代意蕴和历史意义,带有为某些批评家所说的"与时代共忏悔,与民族共忏悔"的特色,但这种自省性(内省性)与忏悔意识对巴金来说,无疑又是他"人格的富有特征的价值内涵,这是他人格力量最突出之所在"②。巴金对内省的强调,便是他对道德人格的强调,这一点在《随想录》中有着充分的展

---

① 《随想录·探索集·后记》。
② 孙郁认为:"巴金的自我人格在作品中表现出执着性、真诚性、忍耐性和内省性四个方面","这四个方面是巴金人格的整体系统",而"巴金的内省意识是建立在生命价值上的一种自我沉思,即通过自我的解剖、自我的交流而达到人格的升华"(《生命的价值的确立到人格的自我完善——巴金创作的心灵历程》,载《文学评论》1988年第3期)此议甚是。不过我在这里需要补充的是,巴金的内省不是独善其身的遁世主义,而是为了警策自己,警策今人,告诫后世的自我沉思,本质上是入世的,与卢梭晚年在《忏悔录》,特别在《一个孤独的漫步者的梦想》中所作的类似的心灵沉思又有所不同。

示：一方面作为历史的见证人，巴金对"十年动乱"这噩梦般的历史做理性的透视，急切地呼吁社会警惕官僚主义、"长官意志"，警惕封建主义的复活，因为那是戕害人性、抹杀真理、葬送民族命运的根源。另一方面作为历史的受害者，巴金对自身的经历、遭际做痛苦的自我沉思，真诚地拷问自己的灵魂，忏悔自己的过失。这双重的身份双重的反思，必然导致对生命价值的自我沉思，这是《随想录》中最富魅力之所在。"有思考，便有痛苦，有痛苦，便有升华。"①巴金就这样在严厉地甚至有些苛刻地自我解剖中，驱除尘世的罪恶而达到一种新的精神的升华，使他成为当代中国良知的代表。

"无休止的辩解或者辩诬，一次次的自责和愧疚，乃至悔恨，这些折磨心灵折磨精神的形态，自从开始文学生涯之后，几乎一直是巴金人生风景中必不可少甚至最为丰富的内容。时至晚年，他在《随想录》中，将这些形态表现得淋漓尽致，表现得如此动人如此深厚。"②中国巴金研究者对巴金作品，特别是《随想录》中的人格追求做如此的概括和表述，大体是准确的。我们读卢梭的《忏悔录》乃至《新爱洛漪丝》和其他作品，也会得出类似的观感。但是，如果将《忏悔录》和《随想录》放在一起细读、品味，从中透溢出来的似乎又有不同的"人生风景"、不同的声音。如果说，《忏悔录》表现更多的是一种"辩解或者辩诬"，因而从卢梭那颗受害的灵魂中喊出的是一种自辩、自卫的调子，那么，《随想录》里写的更多的是"自责和愧疚"，从巴金那忧患的心灵中发出的是自责、自救的声音。正像许多研究者所指出的，《忏悔录》是它的作者四面受敌、悲惨晚年时代的产物。③ 1762年《爱弥儿》的出版，触怒了封建统治阶级，巴黎最高法院下令烧毁《爱弥儿》，并通缉作者。天主教会则把卢梭视为"上帝的敌人"。从此，他被当作"疯子""野蛮人"而遭到恶势力穷追不舍的迫害。统治阶级的正面追逼的明枪已使他难以对付，而来自同一营垒里的暗箭更使他猝不及防。面对专制政府和封建教会的诬陷迫害，面对友军的恶意中伤，卢梭感到有必要站出来为自己的存在、为自己的人格辩护。这样满怀悲愤写下的《忏悔录》，就必然回荡着一种论辩和对抗的基调。我们从作者那愤然的申辩和

---

① 李辉《理性透视下的人格》，载《读书》1992年第5期。
② 李辉《理性透视下的人格》，载《读书》1992年第5期。
③ 柳鸣九《忏悔录·中文译本序》。

赤裸的剖白中,分明听到了卢梭那受伤的灵魂忧愤的呼叫,这叫声充满着怎样一种逼人的悲愤和撼人的力量!不能不引起我们对卢梭的悲剧命运和人格精神深沉和长远的思索。巴金的《随想录》,是作者在中华民族经历了一场空前的劫难之后自我沉思、自我剖析的产物。在这场历史劫难中,巴金无疑也是一个受害者,但他不同于卢梭,他不做自我辩解。事实上,在"四害"横行的岁月,需要他以作家的良知、战士的果敢为自己和同胞蒙受凌侮的人格辩诬、抗击,为自己和同道的真实的存在作辩护时,他没有辩护(这无疑为劫后逢生的巴金留下了"一笔心灵上的欠债",用他的话说,是"堆积在身上的污泥"①),而当"四人帮"倒台、一场劫难之后,他也就自然无须为自己辩护,甚至在他看来他也无权辩护。从"噩梦"中惊醒的巴金,回首"十年一梦"的往事,愧疚、自责有加,积压在巴金心上的那笔"欠债"、那堆"污泥",使他不能自已,需要寻求一个"自救"的途径,为他痛苦无着的灵魂觅一处安放的所在。在这样的心境下握笔的巴金,全然不同于当年握杆抗诬的卢梭,他既非环境所逼,也非自辩的需要,而是出自一种内心的呼求:"我有一肚皮的话,也有一肚皮的火,还有油锅里反复煎了十年的一身骨头。火不熄灭,话被烧成灰,在心头越积越多,我不把它们倾吐出来清除干净,就无法不做噩梦,就不能平静地度过我晚年的最后日子,甚至可以说我永远闭不了眼睛。"②他写《随想录》不是为了"装饰",而是为了"还债",不是为了自辩、自卫,而是为了自责、"自救"——一种托尔斯泰式的灵魂拯救,这就决定了《随想录》有着与《忏悔录》不同的痛苦色调。请听巴金的倾诉:"奴隶,过去我总以为自己同这个字眼毫不相干,可是我明明做了十年的奴隶!……我自称为'知识分子',也被人当作'知识分子'看待,批斗时甘心承认自己是'精神贵族',实际上我完全是一个'精神奴隶'。……我完全用别人的脑子思考,别人大吼'打倒巴金',我也高举右手响应,我真心表示自己愿意让人彻底打倒,以便从头做起,重新做人。我还有通过吃苦完成自我改造的决心。我甚至因为'造反派'不'谅解'我这番苦心而感到苦恼。"③这是怎样一个痛苦而悲哀的灵魂!请看巴金的自剖:"'文革'十年我就是这样度过的。一个愿意改造自己的'知识分子'

---

① 《随感集》日译本序。
② 《无题集》后记。
③ 《随想录·十年一梦》。

整天提心吊胆,没有主见,听从别人指点,一步一步地穿过泥泞的道路,走向一盏远方红灯,走一步,摔一步,滚了一身泥,好不容易爬起来,筋疲力尽,继续向前,又觉得自己还是在原地起步。不管我如何虔诚地修行,始终摆脱不了头上的'金箍儿'。十年中间我就这样地爬着、走着、爬着……"①这又是怎样一个屈辱而赤诚的灵魂!在十年磨难中,巴金正是这样倔强而真诚地生存了下来,但他又是带着怎样的人格凌辱和心灵的创痕啊!所以当法国汉学家对他说:"你们遭逢了那样的不幸,却能够坚持下来活到今天,值得尊敬。"巴金便不无苦涩不无辛酸地回答说:"我出尽了丑,想起来自己也感到可笑又可悲。"②这个痛苦的心灵发出的每一声自责、每一句剖白和每一个回答,都具有一种呼天抢地的力量,使人不能不同巴金一起与时代共悲哀,与民族共忏悔。巴金就这样在灵魂的自责与拷问中走向人格完善、人格升华的道路,并在中国知识分子传统的忧国忧民的忧患精神中闪射着道德人格的独特光辉,巴金那痛苦无着的灵魂也因之而得到了拯救,它终于找着一个适宜的安放处所,也终于完成了它与卢梭那隔世纪的、为巴金所一再呼唤的③崇敬的灵魂的"对接"或"对白":这就是巴金的《随想录》与卢梭的《忏悔录》之间内在的关联。时至今日,捧读这两部相隔两个世纪的作品,犹如捧着两颗滚烫赤诚的心,人们止不住用最美的语言这样赞美:"跨越漫漫的历史长河,浩浩宇宙亮起了两颗遥相闪烁的星,星光辉映中我们分明看到了两颗为真理而燃烧的赤诚的心,茫茫苍穹中分明回荡着他们忠于自我、忠于人生、更忠实于时代的伟大灵魂的告白。"④

卢梭在他的弃世之作《一个孤独的散步者的梦想》开篇中曾说:"我和蒙田做着同样的工作,但目的迥然不同。因为他的《随笔集》完全是为别人而作的,而我的《遐想集》则仅仅是为自己而作。"⑤

实际上,不只是一部《遐想集》,卢梭的所有创作都是表现自我,抒发自我,"为自己而作"的产品。他把人文主义者蒙田、拉伯雷对"人"的描写

---

① 《随想集·紧箍咒》。
② 《随想集》日译本序。
③ 据粗略估计,巴金在《随想集》中深情地提及卢梭至少不下 6 处。
④ 哈若蕙《灵魂的告白——卢梭〈忏悔录〉与巴金〈随想录〉比较谈》,载《宁夏教育学院、银川师院学报》1989 年第 4 期。
⑤ 卢梭《一个孤独的散步者的遐想》(张驰译),长沙:湖南人民出版社,1985 年。

提到了空前的中心地位。是他,以人文主义者所没有的笔致,将人的感情表现得那样充分,那样真实;是他,"第一个通过一个现实的人,而且就是他自己,表现出全面体现了资产阶级人道主义精神的资产阶级个性"①;是他,第一次引入了文学的对大自然的赞美与欣赏。所有这一切,都为法国文学开辟了一个新的天地。受他的影响,后来的夏多布里昂、拉马丁、雨果、乔治·桑等便汇成了另一庞大的文学流派——19世纪浪漫主义文学。歌德说:"伏尔泰结束了一个时代,而卢梭则开始了一个时代。"这是千真万确的。

---

① 柳鸣九《〈忏悔录〉中译本序》。

第三章
19世纪浪漫主义作家与中国

维克多·雨果
(Victor Hugo, 1802—1885)

亚历山大·仲马
(Alexandre Dumas Père,
1802—1870)

乔治·桑
(George Sand, 1804—1876)

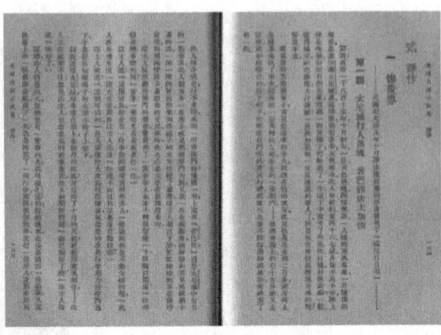

雨果《惨世界》（苏曼殊译《民国日报》，1903 年）

《雨果文集》中文版（柳鸣九主编，河北教育出版社，1998 年）

大仲马《基督山伯爵》（蒋学模译，人民文学出版社，1978 年）

大仲马《三剑客》法文版（Les Trois mousquetaires, 1982）

乔治·桑《魔沼》中文版（鲍屡平译，商务印书馆，1947 年）

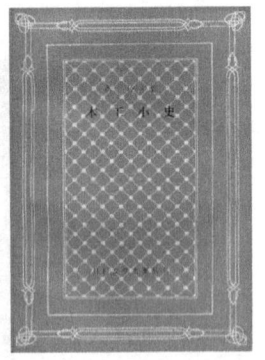

乔治·桑《木工小史》中文版（齐香译，上海译文出版社，1983 年）

乔治·桑《瓦朗蒂娜》中文版（郑克鲁译，上海译文出版社，1991 年）

第三章 19世纪浪漫主义作家与中国

> 浪漫主义,多少次被人误解,就全面来看,它真正的定义是:文学解放。新的人民,新的艺术。①
>
> ——雨果
>
> 浪漫主义的风潮的确有风靡全国青年的趋势。②
>
> ——郑伯奇

如果说"人"字结构,一笔代表了理性,那么另一笔则代表着情感。两者相互依存,不可或缺。因此当古典主义的理性长久桎梏人类情感时,便引发了19世纪法兰西一场规模空前的情感反叛——浪漫主义运动。

法国大革命,《人权宣言》对人的感情、自由和权利的尊重,为浪漫主义奠定了思想基础;启蒙主义者卢梭诗化情感,为它提供了创作上的楷模;而法国大革命后"理性王国"的破灭,又使"寻求虚幻妄诞的国土,或谎话与诗歌的世界"有了必要。在这种可能性与必然性交互作用下,浪漫主义运动最终浸礼命名了。

高踞在浪漫主义"俄林波斯山"上的"众神之神"无疑是维克多·雨果。雨果不仅有着宙斯般的容貌与体魄,还有着宙斯般的权威与全能,他在浪漫主义文学各个领域:诗歌、戏剧、小说上都有建树,他确立了法国浪漫主义理论,领导了第二文社,发起了对古典主义的攻击,浪漫主义在他手中取得胜利,也在他笔下延续,其生命力远远超过浪漫主义发源地德国和英国,一直绵延到东方。

如果说雨果是浪漫主义的"宙斯",那么乔治·桑(George Sand)则更多被人比作深情的靡娜瓦,这位专司才情、智慧的女神,在法兰西大地上到处播扬着正义和美好。她以女性独有的柔情和激情跟雨果一起为人类的幸福和爱而放歌、呐喊,为法国浪漫主义文学增添新的色彩。

在谈论浪漫主义作家时,我们还不能忘了大仲马。虽然关于他的种种逸闻趣事,他对财富、女色喜好不免使他常常成为法兰西文坛上一个带有

---

① 转引自李健吾《维克多·雨果》,载《李健吾文学评论选》,银川:宁夏人民出版社,1983年,第297页。
② 载《新文学大系小说三集导言》,良友图书公司,1935年。

喜剧色彩的角色。那急就章式连载小说也使他的艺术常常流于粗疏,然而他是一个善于"讲故事"的能手,他的通俗、历史小说为他赢得了大量读者,特别在中国他曾获得远较一些大作家更多的读者。从比较文学角度,他理所当然成为本章论述的一个重点。

萌生于资产阶级大革命的"英雄时代",上承人文主义、启蒙作家的"人本主义"的法国浪漫主义文学,具有强烈的反叛性。它反古典主义,反理性主义,反笛卡尔主义,反一切窒息人性的旧传统;它张扬个性,肯定"自我",在法国文学史上第一次抛开理性原则,第一次对个体价值做了充分肯定,第一次对人的主观内心情感做了全面宣泄,而在思想艺术上形成了一种"对抗"的、"革命"的浪漫激情和浪漫精神。20世纪初,法国浪漫主义作家作为第一批客人来到了中国,他们的这种浪漫精神正好切合了五四时期人们的个性解放、感情解放和精神解放的普遍要求,因而受到热烈的欢迎,"浪漫主义的风潮的确有点风靡全国青年的形势"。中国接受者对法国浪漫主义文学注重择取的就是这种反抗旧传统,高扬个性的浪漫精神。这也是本章展开论题的中心所在。

第一节 最伟大的、亟待发现的诗人
——雨果与中国

> 他的人民性直接来自《悲惨世界》和《巴黎圣母院》……他塑造的人物化入了世世代代人的神思秘幻中。今天一位美国人可能对路易十一一无所知,却知道加西莫多。一个中国人可能对路易-菲力普闻所未闻,却为冉阿让的不幸而战栗。①
>
> ——阿兰·德科

> 我忘不了的老师是卢梭、雨果、左拉和罗曼·罗兰。我学到了的是把写作和生活融合在一起,把作家和人民融合在一起。我认为作品的最高境界是的一致,是作家把心交给读者。
>
> ——巴金《我要奋笔写下去》

---

① 阿兰·德科《不死的奥林匹斯》(余中先译),载巴黎《新观察家》杂志,1985年第1048号。阿兰·德科(Alain Decaux,1925—)法兰西学士院院士,历史学家,著有《雨果传》。

第三章 19世纪浪漫主义作家与中国

"时间可以淹没大海,但淹没不了高峰。"①一个伟大的作家,总是超越他的时代的。雨果正是这样的一个作家。

雨果(Victor Hugo,1802—1885)神秘而复杂的中国之旅,一路载满了冲突和对话的果实,这里写着历史和文化的深沉,也写着曲解与沟通的艰难,无论他是走在崎岖山径还是康庄大道上,他的每一个探索的足迹都是美的。是美的,也便是值得描述的。

一、重心倾斜:小说家→戏剧家→诗人

雨果是人类文化史上百年难遇的大师,也是一个矛盾而独特的人。法兰西最杰出的传记大师莫洛亚在写到他时,不禁发出这样的疑问:"这个悭吝节约的人,怎样同时慷慨大方。这个纯真的年轻人,模范家庭的父亲,怎么会一变而成波拿巴主义者,继而又成为共和国的'祖父',这个和平主义者,为什么比别人更起劲地歌颂'瓦格朗的战旗'……"②这么一个多重层次的矛盾体,即使在他的同胞看来也是难以把握的,而他的命运所选择的他来到中国的行期,又恰恰在中国一个复杂而矛盾的年代,因此中国人对雨果的认识不能不经历一个漫长而复杂的过程,就是今天也需要做进一步认识。

雨果于1885年谢世,而中国第一篇关于他的译作是在1901年4月10号登载于《小说月报》第4期的《聋裁判》,译者为冷(疑陈冷血),这说明,当雨果以其恢宏气势、壮丽风采开辟着一个理想的正义世界的时候,当他以浪漫主义的狂飙之势席卷风云变幻的欧罗巴的时候,中国却还是一只沉睡的雄狮,正在备受封闭和专制的折磨,尚未打开广泛的视听。因而,作为生者的雨果在中国是寂寞无知音,只有在他百年之后,处在五四前夕的各阶层的人,都在探索代表自己的新文化的圭臬,使得西方近百年内的文学呈并时态源源来到中国时,雨果才和其他外国大作家一道,服从于"兼收并蓄"的大潮来到中国,寻找自己的"生命"。这符合当时介绍外国作家的普遍规律,但在对雨果的早期介绍上最突出的又有零碎性和倒错性两大特点。

---

① [法]安德烈·莫洛亚(André Maurois)《雨果传》。
② 莫洛亚《雨果传》。

所谓零碎性,是指当时传入中国的外国作品没有总体规划,也没有详细的归类。产生这种情况,一方面是因为翻译介绍外国作品既取决于译者的自觉意识,也受手头所持作品的条件限制,很可能当时翻译者手头有什么文章就立即翻译过来了。另一方面,参加早期翻译的文人大多是新文化运动的参加者,他们往往格外关注国家和人民的命运,格外关注外国作品中的人格力量和社会内容。当时人们阅读与介绍外国文学,文学与中国命运结合在一起的意向为一种大的方向,尤其像鲁迅等热衷于深刻思考的读者,在对外国作品的选择上更有一定的倾向性,他们选择的外国作家必须是那些能将他们意识中对社会、对人的思考反映出来的作品;同时他们作为一种特殊的读者,他们还想使外国作品按他们的导向面对更多的国人。所以这些译者各取所需,往往没有考虑到某一流派的系统介绍,而是零散地选择一些作家、作品进行介绍。具体到雨果身上,1903年发生了两件大事。第一件是初涉译界的鲁迅首译了雨果的《哀尘》①,从鲁迅在序中的一段议论,我们可以看出这两个伟大灵魂发生碰撞的偶然背后,也有一定的必然性。鲁迅写道:"嗟社会之陷阱兮,莽莽尘球,亚欧同慨,滔滔逝水,来日方长!使嚣俄而生斯世也,则剖南山之竹,会有穷时,而《哀吏》辍书,其在何日欤!其在何日欤!"②由此可见,当时的鲁迅联想到自己祖国的命运,希望世人能从雨果的作品中感觉到革命和变革的需要,也说明鲁迅和时人能对这部作品有感同身受的共鸣,正是从雨果作品所反映的人生悲况为基础的,雨果作品里对善战胜恶、理想战胜现实的浪漫精神的向往,符合了刚刚觉醒的这代中国人的期待。《哀尘》是鲁迅最早的翻译作品。第二件大事是1903年有了《悲惨世界》的第一部单行本。鲁迅的《哀尘》其实只是其中《芳汀》这一部分,转译自日本报上的《哀史的片鳞》。而比较全面的译本是上海镜今书局出版的苏曼殊译的(一说苏曼殊与陈独秀合译)的《惨世界》。不过,和后人看到的《悲惨世界》相比,此时的《惨世界》还不能算严格意义上的翻译,正像译者自己标明的一样,应该叫作"译述",这个词就包含了"评述、议论"的双重含义,当时苏曼殊在《国民日报》上连载《惨世界》至11回,鉴于读者的反响,他又出了14回的上述单行本。这篇小说的翻译模式体现了当时翻译家们的"议论"的倾向,在这部译著中,较

---

① 载《浙江潮》1903年第5期。笔名:庚辰。
② 载《浙江潮》1903年第5期。

忠实于原文的译文只有开头六回和末尾一回半,中间六回则主要是苏曼殊个人的发挥创作。苏曼殊的这种翻译模式体现了译者对原作的批评态度及适时的归纳联想,"国外救世主+中国国情"形成了苏译文的"特型"。这种似乎畸形的、夹带个人主观色彩的译作,一方面是晚清社会无法吐真言、说真话的情况下,文人们作为发泄对现实不满的突破口;另一方面也体现了翻译者作为另一种形式的批评者的主观创造功能。这种被媒介学家们称为"创造性背离"的现象,说明翻译家对作品的选取是值得我们探究的。他首先参与了阅读,同时在通过"阅读→转换→生成"这三个步骤的时候,尤其是在转换的过程中,他不自觉地就带有了自己的批评态度,而且把自己的态度通过再创造传达给了读者。20世纪的头10年,雨果的作品8次被介绍到中国,除了陈冷血、鲁迅、苏曼殊之外,还有周作人、林纾、包天笑①等人参加了译介,这说明早期对雨果的介绍虽然零散,但还是有分量的,这几位翻译家、学者可以说在文坛上也是一代风流,曾经影响了整整一代人。

所谓倒错性,是指中国读者在阅读雨果、选择雨果时与他的祖国的读者的看法有差异。也许正是这些差异构成了中法文学对话的诱因。翻开雨果在中国的译介资料我们发现,雨果在中国首先是一个小说家。我们知道雨果的惊人之处,在于他的小说、诗歌、戏剧平分秋色,纷呈异彩。与中国读者所不同的,一个法国人是沿着这样的轨迹认识雨果的:诗人→戏剧家→小说家。雨果首先是法兰西最伟大的诗人,这是法国人民所公认的。从15岁开始直到他生命的晚期,他从没放弃过缪斯的竖琴。在法国人看来,雨果其次才是一个戏剧家。作为浪漫主义的始作俑者,雨果曾将相当的时间心血献给舞台,拥有过最多的拥戴和最深的寂寞。而作为与大仲马等人并驾齐驱的小说家雨果,在法国门庭却略显冷落。好小说像好酒,经年的更醉人,这也许是小说国别史上较有共性的一个现象。中国人在这一点的认识上,与他的本国人的认识发生了错位,即结识的轨迹是:小说家→戏剧家→诗人。从1901年后,我国陆续出版了《孤儿记》《孤星泪》及其他各种《悲惨世界》的版本。同时,雨果其他小说译本《布格·雅加尔》《侠奴血》《活冤孽》《噫有情》《双雄义死录》等也陆续问世了。相比之下,雨果

---

① 《侠奴血》(天笑译),载《小说林》,1905年;《孤儿记》(周作人译),载《说林》社刊,1906年;《哀史》(林纾译),商务印书馆;《红窗血泪记》(天笑生译述),载《月月小说》,1907—1908年。

戏剧在我国的介绍则迟到了十年。最早的译本是包天笑、徐卓呆的《牺牲》，此后曾朴(笔名东亚病夫)又译《枭欤》《欧那尼》《吕伯兰》《项日乐》等。雨果诗歌则"怀才不遇"多时，虽说在20年代前后《创造月刊》有一两篇他的译诗发表，但30年代仍然是以他小说的介绍为主，而且译介进程较慢，直至50年代程抱一和闻家驷二先生才慢慢补充了一些诗的翻译。

　　从这种介绍的错位中不难看出，东西两大文化的同质、异质一直相争不下，互相作用。同质愈多的东西，介绍越广泛；异质愈多的东西，接受越困难。但由于文学交流并非简单的求同存异，所以产生介绍程序的上述差异，既是遗憾的，又是可以理解的。因为：

　　(一)初期引进外国文学时，文学与中国命运结合在一起的意向，才是真正引进外国文学的方向。人们在接受外国文学时，具有较大的选择性，一方面法国作为西方文化之都及资产阶级革命的中心，它的文学必然是人们注视的焦点；另一方面，两个社会、种族，不同时代的人在握手结交之际，又自然面临冲破隔膜的困惑。在雨果那个年代，"有众多诗人投入到浪漫主义诗歌的创作中去，这是一个感情大发扬、大解放的时期，一切感情都可入诗，而且得到美化"①。而中国在20世纪初，才刚刚揭开一点封闭的面纱，既渴望感情大发扬，又受到传统的羁绊。在艰难时世中讨生活的人，被雨果的《悲惨世界》《海上劳工》这些优秀小说所感染，更能激发对黑暗社会的憎恶。尤其对找出路的人们，雨果作品中真、善、美的人格力量，起到了关键的点化作用。可以说，雨果的《悲惨世界》在当时备受青睐，确实是人们适时取舍的结果。而雨果的诗以长诗和政治诗为主，与小说相比，人们接受它们要曲折得多，人们得先破除艺术形式上的隔膜，才能理解作品的深层，才能使其适应人们的价值取向，所以在这种情况下，最受欢迎的是雨果的小说也就毫不奇怪了。

　　(二)从文学本体因素看，外国作品介绍到中国来的先后程序，还要受到中国文学本身发展程度的制约。在鲁迅发表第一篇白话小说《狂人日记》后，白话小说发展的势头便越来越盛了。外国小说的结构及叙事模式以及西方近百年小说的广阔内涵，尤其吸引当时的读者及作者。中国话剧和新诗创始者们大多留过洋，回国后主要忙于发展话剧与新诗的早期建构，则翻译介绍外国作品的时间就不多了，译介实力自然就没有

---

① 柳鸣九主编《法国文学史》(中册)，北京：人民文学出版社，1981年。

小说界那么强。同时从译介学的观点看,语义型信息居多的小说较易转换,审美型信息居多的诗歌较难转换,两种信息兼有的戏剧难度则介于小说与诗歌之间。雨果的诗又因长诗居多,翻译起来就更困难些,所以早期介绍中避难就易是完全可以理解的。尤其中国可以说是一个诗的国度,其诗歌的创作已达登峰造极的高度,所以一时难以很快融化外国诗的新感受。

尽管对雨果的早期译介是不完善的,但它却拉开了"雨果在中国"的序幕。中华人民共和国成立以后,对雨果的译介得到了很好的补充,并逐渐"系统"和"归位"。50年代,闻家驷、李健吾都曾致力于雨果作品的翻译,李译了雨果《宝剑》等小说,闻则译出《雨果诗选》。60年代到70年代,尽管无新译本出版,然而当时的《雨果诗集与剧本序言选》①,将雨果的序言及理论论著归纳系统,使对雨果的翻译也规范全面起来。新时期,雨果的许多作品得以再版重译,新的翻译总是以其更贴近原著的风貌出现在人们面前。在小说方面,再版重译的有《悲惨世界》《海上劳工》《巴黎圣母院》等。戏剧方面出版了《雨果戏剧选》②。最值得一提的是,有许多翻译家有意识地让读者认识一个真实的雨果,致力于雨果诗歌的翻译。沈宝基的一段话说明了他们的心态:"为了让人了解完整的雨果……不仅翻译他进步的、革命的……诗篇,也翻译不少有关他私生活的作品。"③在这种情况下,人民文学出版社出版了程曾厚的《雨果诗选》,上海也有一种新译本(分两册),影响不小。外国文学出版社再版闻家驷的《雨果诗抄》……所有这些都说明,在一个新的开放体系中,雨果作为文学家的形象是越来越丰满,越来越贴近真实了。

二、人道主义与理想主义:雨果研究的一个新课题

要真正认识一位外国作家,翻译介绍是第一步。更艰巨的在于正确地接受和理解他。

在中国,研究雨果往往离不了研究他的人道主义。应该说把焦点对准

---

① 柳鸣九译《古典文艺理论译丛》第2册,北京:人民文学出版社,1961年。
② 许渊冲编《雨果诗集与剧本序言选》,北京:人民文学出版社,1986年。
③ 沈宝基《雨果抒情诗选·后记》,南京:译林出版社,1986年。

人道主义,这是把握住了雨果作品的内核和基调的。然而在以往的研究中,人们每每忽视了与他人道主义有着紧密关系的"理想主义"。雨果的人道主义和理想主义都各有两个内涵:其一,作为作家气质的雨果个性上的理想主义,是形成雨果作品中人道主义特点的重要原因;其二,作为作品内容上的乌托邦理想主义色彩,又是雨果思想上的人道主义的结果。雨果的理想主义与人道主义密不可分,互为因果,参照起来看,是能澄清以往对他人道主义理解上的一些纠纷和误会的。

笔者认为真实的雨果是这么一种人:由于本身的进步性和深刻性,使他能正确臆构出人类美好的前景,能利用理想的善战胜现实的恶;但又正是他的深刻,使他意识到在他自己所处的历史和时代,这一切应该存在的善都不能存在,由此当他用仁慈写着爱,用善良写着美,用宽容写着人道的时候,他心里非常明白,他所表现出的人道只是乌托邦的理想。雨果的伟大在于此,雨果的局限也在于此。马克思曾经在他的《〈路易·波拿巴的雾月18日〉二版序言》中提到:

> 在与我这部著作差不多同时出现的、论述同一问题的著作中,值得注意的只有两部:维克多·雨果著的《小拿破仑》和蒲鲁东著的《政变》。
>
> 维克多·雨果只是对政变的负责发动人做了一些尖刻的和俏皮的攻击。事变本身在他笔下却被描绘成了晴天的霹雳。他认为这个事变只是一个人的暴力行为。他没有觉察到,当他说这个人表现了世界历史上空前强大的个人主动作用时,他就不是把这个人写成小人而是写成伟人了。……相反,我则是说明法国阶级斗争怎样造成一个条件和局势,使得一个平庸而可笑的人物有可能扮演了英雄的角色。①

如果我们不用政治家的眼光来苛求雨果,我们就可以发现,雨果的局限也正在于他过于理想主义。为说明雨果的理想主义,我们想引用莫泊桑的一句话:"批评一个理想主义者,我们应该有诗人的激情,而后证明他的梦想是平庸的、普遍的,还是不够奔放或瑰丽的。"②为此我们不妨回顾一

---

① 《马克思恩格斯论浪漫主义》,北京:人民文学出版社,1959年,第101页。
② 莫泊桑《小说》,载《欧美古典作家论现实主义与浪漫主义》。

下形成雨果理想主义个性的两个渊源。(一)父母的不和,造成他能长期享受母爱的宽容而少受父爱的尊严。长期和母亲生活在一起,造成他个性中温柔敦厚的一面。从母亲那儿,他感受到了爱的力量,"世上的爱都是相通的",在善的熏陶下相信极善,这是典型的理想主义者的爱的哲学。雨果政治上保守的母亲在对他的教育上却很开明和宽容。这就形成了雨果个性中自由、叛逆、勇敢追求理想的一面,与古典主义的反目也许正是雨果这种个性的张扬和突破。(二)雨果一生受宗教的仁慈博爱精神滋养,作为理想主义者,他把基督教教义中的劝诫作为自己的精神依托。然而和他少年时所追随的夏多布里昂不同,他并不认为"在一切现今存在过的宗教中,基督教是最富于诗意、最人道的、最利于自由和文艺的;现今的一切都得之于它"①。他超越了自己的前辈,因为他懂得再美、再诗意的宗教也只能是理想的、乌托邦的东西。所以一方面下福汝主教"发掘慈悲心肠",一方面元老院却让宗教成为下等人面包上的涂料,"两手空空的人总算也捧着一位慈悲的上帝"②。在宗教之树面前,雨果似乎是一只鸟儿,只叼些树枝建构他理想主义的小巢,而并不想栖身在树上,借树的荫蔽自欺欺人。掌握了这些,当我们再用外部研究的视点来看雨果作品时,或许就能带着莫泊桑所说的激情了。而回顾中国研究雨果的历程,我们可以看到,在这一点上中国学人还是做得远远不够的。

最早对雨果的评介文章是1902年载于《新小说》第2号上的《法国小说家嚣俄》,但这只是一个简单的介绍。而第一篇雨果评论当推鲁迅的《哀尘译后记》,其中对现实社会展开联想后的沉痛之心,溢于言表。雨果刚"到"中国时,读者是这样感叹的:"读此节之文及苦鲁脱小传一书,而哀史之文章早隐约须蓄诸胸中。悲悯在胸,乃发为愤激,凄楚之文,论稗官以讽世,呜呼我震旦众生日趋苦恼。安得有嚣俄先生者,一一状其悲惨耶。"③可见此时人们似乎把对本国写人生、写社会的文学大将的期望转嫁到对雨果的崇拜之上了,这种认识取向还考虑不到"主义"的高度。而到20年代后,情况有所改观。曾朴曾议论道:"嚣俄历数其历史上的观察,良心上之皈依何物乎,即所谓人道主义;人道无可代表乃托之于妇人,恐妇人

---

① 夏多布里昂《基督教真谛》。
② 雨果《悲惨世界》。
③ 雨果《铁窗红泪记》(包天笑译),载《月月小说》1908年第10号。

犹不足以完全代表也,乃托之于身为吾王而失子之妇人。"①应该说此时他所理解的所谓理想主义是很幼稚的,但毕竟有所进步。30年代是对雨果译介的高潮,尤其是1935年,不仅被称为翻译年,也被称为雨果年。因为这一年不仅是法国浪漫派的百年纪念,也是雨果诞辰纪念。在此期间各杂志都纷纷登出了"雨果专号",如《中法大学月刊》第8卷第2期、《文艺月刊》第7卷第5期、《文学》第4卷第6期等。这一时期对雨果的观照是多方面的,他们似乎感觉到人道主义,但由于时代大潮的局限,在他们眼里雨果"是一个社会主义者"。他们没能看到,经历了五种王朝帝国的雨果,其思想最终达到的顶点只是一个空想的民主主义者的高度。当时像马宗融等先生对"社会主义"这一概念把握还不十分准确,当他们一读到感人的雨果作品时,就以为找到了一个真正的社会主义者的歌声。抗战前后,从纯浪漫派研究的角度来看,雨果研究是无甚起色的。在对雨果的认识上,也产生了两种分歧的观点。一种人很欣赏鲁迅在1936年去世前说的一段话:"伟大的文学是永久的,许多学者们这么说,对啦,也许是永久的罢。但我自己,却与其看薄凯契阿、雨果的书,宁可看契诃夫、高尔基的书,因为它更新,和我们的世界更接近。"②另一种人则在他作品中找到了另外的意义,雨果一下子成了一个抗战的号召者,《敬告德国公民》和《告法兰西同胞》③使雨果得到了文学意义之外的超越,译介者甚至直言,译介这些文章,仅仅是"作为本刊在1936年开始发动的前奏"。奇怪的是这一时期虽然研究雨果的论文不及30年代多(30年代有40多篇论文),却介绍了不少雨果有战斗性的小诗,诸如《穷苦的人们》《光明》《我的童年》《田园生活》④等,为人们认识雨果揭开了另外的一面。

　　历时地看雨果在中国的传播历程,我们发现50年代到60年代初中国读者非常关注雨果。此时的关注不仅仅表现为对他作品的译介,更重要的是挖掘雨果的精神内蕴。此时散见在各种报刊和杂志的雨果论文达60篇以上。分析这一阶段热衷雨果的原因,我们发现,雨果能成为50年代少数

---

① 《学衡》1924年第36期。
② 《且介亭杂文二集·叶紫作〈丰收〉序》,1935年1月16日。
③ 《文艺月刊》1936年第8卷第1期。
④ 《穷苦的人们》(穆木天译),载《文艺生活》,1941年12月15日;《光明》(穆木天译),载《文艺生活》,1942年10月15日;《我的童年》(穆木天译),载《文艺生活》,1943年11月1日;《田园生活》(穆木天译),载《人世间》第1卷第6期,1943年11月。

几个引起轰动的外国作家之一,有社会、文化等多方面的原因。首先,中华人民共和国成立之初的十年,对和平、进步的追求以及建设新中国的满腔热情,与雨果作品的慈善、人道之风相遇,便产生了灿烂的火花。而为纪念雨果、达·芬奇、果戈理和阿维森纳四位文化伟人的世界和平大会在中国召开,以及纪念雨果诞辰150周年这两件事,又是造成"雨果热"的客观基础。其次,处在一个理想主义时代的读者,从心理上很需要雨果这样一位正义的理想主义作家。人们欢迎他,因为他"歌颂的诅咒的正是我们所歌颂的诅咒的"①,因为"雨果的伟大名字鼓舞了我们"。这一时期,郭沫若、洪深、闻家驷等人都对他的创作和进步性写了评论文章。尽管此时人们并没有提到"人道主义"以及更深的东西,但已经被人道主义中进步的一面所吸引:"尽管雨果的思想中包含着某些矛盾的因素……但他并没有麻痹在这种幻想里;他向举起反叛旗帜的人民群众表示同情。"②因此,当时的读者说:"我们是把他当作法国进步人民的一颗巨大的良心来认识的;我们十分尊重在雨果的作品及其一生事业中所表现出来的民主主义、人道主义的精神和对人类的合理前途的渴望。"③1963年以后,我们忽然看不到这种热切的推崇了。如果说单纯从文坛的状况看,50年代的现实主义从雨果那儿学到了浪漫的宏观历史写法的话,那么反右风潮到来后万马齐喑的中国文学界,也就不再需要雨果了。甚至人格力量也消失了,取而代之的阶级分析,使雨果在中国的命运陷入另一种极端:"雨果的人性论、阶级调和、社会乌托邦等资产阶级的基本思想,将有助于识破雨果及其《悲惨世界》所宣扬的人道主义思想的资产阶级实质。"④在此之后的十年动乱期间,学术研究更成了政治观点的图解,雨果作为艺术家的形象进一步被扭曲变形。

这种尴尬局面在1978年后逐渐缓解。新时期对雨果的外部研究可分几个阶段。第一阶段是为雨果"人道主义"正名,肯定人道主义的感人力量,他们认为:(一)雨果的人道主义来源于他对暴政的反抗;(二)雨果人

---

① 茅盾《为什么我们喜爱雨果的作品》载《文艺报》1952年第4期。
② 郭沫若《为了和平民主与进步的事业》,《人民日报》1952年5月5日。
③ 《人民日报》1952年5月4日社论。
④ 罗大冈《评〈悲惨世界〉中一个艺术细节》,载《光明日报》1965年8月22号。

道主义的核心是善必然战胜恶;(三)雨果人道主义原则是永久不变的仁爱①。第二阶段,进一步阐发雨果人道主义的发展轨迹和双重性。作者们提出了雨果人道主义的失败在于他的"空想"②(在我们看来,是在于太理想化了)。雨果评论在这一阶段的焦点就集中在人道主义双重性的根源上,但没有人提到理想主义。第三阶段是多元化阶段,朱祖谋有《论雨果人道主义思想的发展》一文,详述了其人道主义的发展,在1987年第1期的《河北师大学报》上陈慧的《论存在主义和人道主义》一文开拓了雨果人道主义问题研究的视野。1985年为纪念雨果逝世一百周年又再次兴起对雨果的研究高潮,同时,此期对雨果作品艺术上的、文艺美学上的研究也呈方兴未艾之势。到今天,新视角、新方法、新观点的研究更是层出不穷。产生这种热闹局面,一是因为新时期有着与五四时期近似的大背景,各种文学流派、方法,古典的、现代的都一并涌入中国,刺激了中国读者的向往;二是文学研究经过一段整顿之后,向着科学化、完善化发展了,新观点看老问题,往往能发掘出些许新意;三是此期读者期望以人的整体来观照作家,更注重艺术,而不是政治、社会等附属特性。这就存在一个对以往认识的调整,有调整就有思索,有思索就有成果。

　　宏观历时的透视,使我们确实体味出了一些中国读者的审美心态;微观的考察,则能对我们有更微妙的启迪。浏览前人的研究资料,我们时常看到,凡议及人道主义,学者们都忘不了《九三年》。我们认为,这部作品确实也是足使我们发现雨果人道主义和理想主义关系的范本。作为理想主义者的雨果,他清楚地知道:"革命有一个敌人,这个敌人就是旧社会,革命对这个敌人是毫不仁慈的。"③但他仍迷信有仁爱、和平的理想存在,这促使他在自己的作品中企图用理想的人道、仁爱来解决现实中无法解决的问题。他通过"营救"和"释放"小孩的两个情节,表达出他理想中的人类原则,然而西穆尔登的最后结局说明人道在现实面前是不现实的。这种现实与理想的矛盾,使雨果更加急于在作品中描摹他乌托邦式的社会改造理想。雨果创作《悲惨世界》之时正是新上台的资产阶级撕毁他们革命前的华美诺言之时,雨果在此第一次创造了他的乌托邦理想国:马德兰市长创

---

　　① 李广博《促进人性的复旧,鞭笞人性的异化——雨果小说中的人道主义问题》,载《外国文学研究》1982年第1期。
　　② 胡常英《从〈九三年〉看雨果人道主义的双重性》,载《外国文学欣赏》1985年第2期。
　　③ 雨果《九三年》。

造的"幸福社会"。而在《九三年》中,这种理想国则是通过郭文和西穆而登的对话勾勒出来的。在那个光明世界里,将不再有士兵、国境、奴隶和贱民,"不再有爬行人类"①。尽管这只是一种理想,但对当时的现实斗争的挫败反复面前一度软弱的人们来说,仍不失为一针强心剂,更何况其中还夹杂着不少空想社会主义的色彩。这种乌托邦理想国是出于疗救社会、疗救人类的考虑,是人道主义追求的结果。

由此看来,我们被雨果理想主义的精神所吸引,又被他作品中的人道主义力量所感动。但我们理解作为资产者的雨果的人道主义精神是不彻底的,反映在他作品中的理想主义归宿更是不能被改造社会的人们采用的。人们喜欢雨果,是被他的人道所感动,但雨果带给法国人的强心剂,则是因为人们在雨果的文学作品中,最能理解和吸收的是与自己命运相似或相关的东西,即人道主义的人格力量,至于其背后的"理想主义",则往往被忽视。当然,也许这还因为中西乌托邦理想是有差异的。中国的桃花源停留在自给自足的小农经济水平上,是退隐和避世相结合的理想。而雨果的桃花源,是通过对人道的肯定,达到人性的复归,它是雨果在经济发展的时代对未来的预测。它玩世,又有参与精神,提倡智力救世论,要求君王与贫民平等,而不是回避历史。由于现代中国的特殊局面,这两种桃花源理想都没能成为现代中国人的精神支柱。可见这时雨果的某些作品得以受重视,更多的是人道主义引起的反响,而非理想主义的感召。

然而,在经历了那段特殊年代之后,当代中国人应该更关心作者与作品本体,并对之进行客观的揣摩。由此,我们可以在议论雨果人道主义时想想他的理想主义,从而得出这样的结论:尽管雨果的人道主义只不过是理想主义者的产物,它仍不失为一种对美、对善的描述,也仍不失其历史的、现实的意义,它是有张力的,故而能超越国界和时代在人类艺术的高塔上闪光。雨果理想的人道主义信仰对一个顽固的资产者来讲意味着背叛,但也有局限性;它所产生的美学力量是无度的,然而他又的确是那个阶级的进步阶层走投无路的空想。雨果正如一位传道的牧师,可以超度人的灵魂,却不能真正解救人生的苦难。然而在他的颂诗中,诚挚是不可少的,对人性美的呐喊毕竟出自他的灵魂,必然具有打动人的力量。我们想,这或许就是我们在看雨果时爱他的缘故吧。

---

① 雨果《九三年》。

三、自由、激情与浪漫精神：雨果的浪漫主义与中国

每一颗石子投入湖中都会引起涟漪。雨果的中国之行带给中国文坛及艺术家们的种种启示也是值得好好探讨的。

高尔基认为："浪漫主义不是一种关于人对世界的态度的严重理论，也不是一种文学创作理论，凡是要把浪漫主义阐释为理论的尝试，总不免或多或少搞不清楚或徒劳无益的。浪漫主义乃是一种情绪，它真实复杂地而且始终多少模糊地反映出笼罩着过渡时代社会的一切。"①雨果正是拥有这么一番"情绪"，并且用它折射出他整个心灵和时代的印迹的。雨果是一个真正的浪漫主义者，然而，中国的研究者却经常在这个问题上兜圈子，不少人都对雨果浪漫主义的走向抱怀疑态度。笔者认为一方面这是因为文艺理论界对浪漫主义与现实主义界限之争向来莫衷一是，另一方面就是对雨果的理解有些偏差。首先，他自己认为浪漫主义理想即为"自由"就极易使人产生误解。他认为"浪漫主义真正的含义不过是文学上的自由主义而已"②。雨果所说的自由，是文学上的一种自由精神，是反对追随古人，抛弃清规戒律。这种直抒胸臆的自由发挥，实际上是最有浪漫主义气质的了。他将这种与资产阶级革命相一致的"自由"运用到他的浪漫主义创作中，具有时代的进步意义。和现实主义的直面人生，批判现实主义的针砭黑暗等有强大目的性的创作相比而言，他的"自由"是可以放纵想象，写作更带有主观性；和与之针锋相对的古典主义的封闭理性僵死对立，则是一种魔性放荡不羁。中国的浪漫主义作家身上也有这种气质，即所谓"仰天大笑出门去，我辈岂是蓬蒿人"。所以如果认为雨果文学上的自由主义就是政治上的自由主义，就是现实主义，那就是对雨果的片面理解。其次，长期以来，中国人对浪漫主义又有一种成见，似乎浪漫主义的东西就是写情，情溢于外，写真，率性而行。尽管竭尽癫狂但缺乏对现实魔性的反叛。中国的浪漫主义受孕于封建社会的母体，在现实面前显得很文弱，而西方浪漫主义产生于资产阶级鼎盛期和成熟期，尤其是积极浪漫主义都对现实或多或少地提出过挑战，所以传统文化熏陶下成长的中国学者，或许

---

① 高尔基《俄国文学史》。
② 雨果《〈欧那尼〉序》。

很难理解西方浪漫主义的自我拓展,不断冒险的精神实质。而且,在雨果的时代,批判现实主义也日臻成熟,雨果在与古典主义抗争之余,还想以浪漫的笔调和其他现实主义作家的深度和广度比美。雨果的浪漫主义把司各特和荷马的特色融合在一起,是他理想主义的又一表现。和巴尔扎克、福楼拜等现实主义大师相比,雨果不是主动去表现反映一个时代和社会,并以此透露出自己的观点看法,而是先立意宣扬自己的见解和主张,虽不违反现实的真实却极力放纵其想象,即"想象就是深度"。如果我们把司汤达和雨果的"镜子说"加以比较的话,就可以形象地看到这种差别。司汤达说:"优秀的创作犹如一面照路的镜子,既映出蓝天,也映出路上的泥塘,读者不应责备镜子上面的泥塘,而应责备护路的人不该停滞在路上,弄得泥泞难行。"①雨果则说:"戏剧是一面镜子,它不仅不减弱原来的颜色和光彩,而且把它们集中起来,凝聚起来,把微光化为光明。"②如果说现实主义是平面镜的话,那么浪漫主义就是三棱镜了。虽然都反映图像,但色彩及程度大不相同。由此雨果并未从浪漫主义最后回归到现实主义,而是将他的浪漫主义在创作中越来越深化了。

除了上述极易引起争议的两个疑惑之外,雨果的浪漫主义在中国还是得到广泛认同的。中西浪漫主义总体上拥有较多的同质层面,参照两大浪漫主义的契合之处,我们可以看到,雨果的《〈克伦威尔〉序》标志着西方浪漫主义理论的成熟。而在我国明代,以汤显祖、公安三袁等文艺家的言论也标志着一直缺乏理论的浪漫主义在中国形成了其理论的雏形。比较之下,或能总结出人类文化史上若干惊人的相似之处:(一)他们都主张"抑理扬情"。雨果的"抑理"表现为对古典主义理性传统的反叛,"扬情"表现为"文学上的自由主义","要用六把锁锁住清规戒律"③。在中国明末,"情""理"矛盾随着政治色彩的鲜明而更加尖锐。宋、明理学与法国古典主义唯理哲学一样,将"理"放在一切之上。汤显祖等人充分表现出一个浪漫主义者的决绝态度,强调:"情有者,理必无;理有者,情必无,真是一刀两断语。"④汤显祖这种对"有情之天下"的渴慕,代表了那一时代人对个性

---

① 《法国作家论文学》(王忠琪等译),《现代外国文艺理论译丛》,北京:生活·读书·新知三联书店,1984年。
② 雨果《〈克伦威尔〉序》。
③ 《雨果夫人见证录》,雨果给阿黛尔的信。
④ 汤显祖《达观和尚笺》。

解放的要求。为表现个性，雨果将"模仿说"称为"艺术的灾祸"，正如汤显祖打破"乐而不淫、哀而不伤"的传统，主张"悲壮哀感鬼神鸟兽，摇动草木，洞裂金石"①一样。（二）都强调主观情感。雨果认为"诗存在于思想里面，而思想出自灵魂"②，作品不同是因为"心灵不同"，汤显祖则认为"情生诗歌而行于神"③，公安三袁则推崇"独抒性灵"。中国浪漫主义的主情、性灵说，是从"灵源中溢出"，溢乃满而出，这不同于物感说的"情以物迁"，而是和雨果强调艺术主观性一样，是强调心灵的。（三）都认识到艺术是规律的、进步的。雨果强调艺术"追着时代而进步"，在《〈克伦威尔〉序》中，他历数文学的进化，认为新古典主义者"企图把普遍的思想转到上个世纪可怜的文学体系中去，那完全是白费力气"④，同样，明末浪漫主义的"以不法为法"，也就是想打破"庸谈陈法，千篇一律"⑤的局面。除此之外，雨果的不少理论都和明末浪漫派理论有异曲同工之妙，这里就不一一赘述了。但值得一提的是，雨果浪漫主义美学理论中最重要的"美丑对照原则"实际上早在中国文人的实践中得到过验证，只是尚无人将之理论化、系统化罢了。譬如，《三国演义》等作品中就有很杰出的美丑对照。曹操的奸雄与刘备的忠厚，诸葛的智慧与周瑜的自负，都是下意识的对照。因此，雨果的"美就在丑的旁边，畸形靠近着优美"，很符合中国人的审美心态，当他的这一理论传到中国时，也就马上使中国美学家产生了共鸣。也许对人类所有的作家来说，对照是最理想的倾注作家主观意图的方式吧。当然他们也有同样的缺点：就是不乏人工痕迹，是写一种理想的美。

　　雨果与早他两个世纪的中国浪漫主义的契合，或许带有历史的偶然性。而当他20世纪初来到中国时，他的浪漫主义及其艺术魅力却确实为建构新文学出了一臂之力。在新文学运动到来之前，新文学运动的两位倡导者同时翻译雨果著作绝不是一个偶然的现象。陈独秀和鲁迅都体味到雨果这个大作家的力量。在白话小说开始兴起的时候，雨果小说完美的结构是起了积极作用的。而在中国新话剧开始问世之际，人们就能读到陈瘦竹先生翻译的《〈欧那尼〉序》，这就使中国话剧虽然起步稍晚，但一起步就

---

① 汤显祖《耳伯麻姑游诗序》。
② 雨果《〈克伦威尔〉序》。
③ 汤显祖《调象庵集序》。
④ 雨果《〈克伦威尔〉序》。
⑤ 袁宏道《叙小修诗》。

有了很好的后天条件。雨果不是"为艺术而艺术"的追随者,他认为"为进步而艺术更美"①,他的这一观点,使创造社的不少作家在追求艺术的同时,也想到了国家的进步。

纵观几十年来的雨果研究,很少见到有人将雨果和中国某一作家进行平行的比较研究。这或许是中国(除了少数古代作家)缺少文学上的全才的缘故吧。即便是鲁迅,在文学体裁上的尝试也不及雨果多,鲁迅的盛名在于他的清醒和深刻,而不像雨果选择的是史诗性的内容和形式而且创作丰厚。我们也没有看到有人将某个作家与雨果做影响研究。也许,要确切指出某个作家受到雨果的某种影响,是非常困难的。在中国现代,很多作家如鲁迅、冰心,都曾明白地说过他们的创作受到过外国小说的启发,但不是受某个外国作家单一的启发。中国作家对外国作家的吸收又因他们的个性不同而取向相异。对于雨果,鲁迅曾说:"事情多着呢,假如我有 Victor Hugo 先生的文才,也许因此可以写出一部 Les Misérables 的续集。"②事实上,鲁迅用自己独特的方式写出了这个续集,写出了中国人在悲惨世界中的呐喊。冰心读雨果的作品,从中找到了她所一直欣赏的"爱的哲学",这种人道的理想气质一直伴随着她。现代文学史上另一巨匠巴金也是深受雨果感染的作家之一,"在我幼年的时候,法国小说家雨果的作品很流行,比方他的 Les Misérables(《悲惨世界》),Les Travailleurs de la Mer(《海上劳工》),Notre Dame(《巴黎圣母院》),以后我都找到了翻译本的。"他还说从雨果、卢梭等人那儿,学到了"爱真理,爱正义,爱祖国,爱人民,爱生活,爱人间美好事物"③,学到了"把写作和生活融合在一起,把作家和人融合在一起"④。巴金能成为一个充满爱与真的作家,不能说没有雨果的深刻影响,我们甚至在巴金的作品中也时时能感受到那些人道和理想主义的光彩。而致力于现实主义探索的胡风,他所看重雨果的,是那种"诚实的精神生活和精神追求"⑤,他从法国这位"伟大的浪漫主义者"身上吸取的也正是这种"精神追求"。雨果艺术上的浪漫主义风格,同样也浸染过许多作家的创作,如郭沫若的诗歌和戏剧。郭诗以激情见长,充满理想主义

---

① 雨果《论文学》,上海译文出版社,1980年。
② 鲁迅《从胡须说到牙齿》,1925年10月30日。
③ 《进了友谊的海洋——记巴金重访法国》,载《人民日报》1979年6月3日。
④ [法]明兴礼著《巴金的生活和著作》(王继文译),上海书店,第52页。
⑤ 胡风《略谈我与外国文学》,载《中国比较文学》1985年第1期。

的追求,天狗"要将日月吞食"的宣言,和雨果"假如只有一千人了,我在其中!假如只有十人了,我就是那第十个,若是只剩下一个,那就是我"一样充满对自我的肯定,充满自信和自傲。在《屈原》中,郭沫若大胆地把现代精神充溢于主人公的言辞之中,就像雨果的戏剧一样充满了"自由精神"、战斗的火力。也许早期郭沫若的气质还是从雨果那儿吸取过一些养分的。我们还能找到一些相似的东西。如40年代田间等人的"战斗短诗",很接近雨果当年偷偷运往法国鼓励人民战斗的政治小诗。尽管两次革命性质不同,但诗人们点燃人们心灵的火炬却是热烈的、通红的。在艺术上得益于雨果的作家还有许多,如留学法国的李金发,从他所读过和译过的西方诗人里我们可以看到许多法国浪漫派诗人,如夏多布里昂、拉马丁、维尼、缪塞、戈蒂耶、雨果……这些诗人对他的影响使他的诗风中除了象征主义的影子外,还有浪漫主义的印迹。1923年,他多次涉及法国浪漫派的作品,如雨果。1924年,他与法国姑娘屐妲结婚后,爱情激发他浪漫的诗情,使他写出了为爱情而作的浪漫诗集《为幸福而歌》。此时他尤其推崇夏多布里昂、雨果等的作品,并以为"他们与我的性格合适些"。他的这种浪漫主义的倾向在早期中国象征派诗人身上时有体现,他的情诗婉约清新,和雨果早期情诗非常相似。雨果对中国文学的影响像一种"场"效应,你很难确切找到原动力,但力量却生于其间,甚至对雨果的某些"排斥",也是一种隐性的影响,比如,对雨果,郁达夫是"敬而远之"。从郁达夫的创作中,我们只能在两点上看到雨果的影响,一是其文章中体现的雨果所提倡的"丑怪美"(当然也不乏夏多布里昂的"废墟美"),这种美学心态成为郁达夫写病态人物的依据;二是其"企图把浪漫主义从梦幻拉回到现实"的尝试与雨果一样,只是郁达夫缺乏雨果的宽广视野和强有力的情感气魄,他更像缪塞所描绘出的"世纪儿",忏悔、伤感和忧郁,西方浪漫精神的发现自我和中国浪漫精神的审视自我,争夺着他,所以郁达夫真正的对法国浪漫派的批评态度,只能在他的作品的文本中去发现。另外,"斗争"的心理也是一种"影响",这种影响激发了读者去选择更加切合自己的作家来完成自己作为作者而非读者的使命。比如王蒙说他小时就早已知道了雨果的大名,10岁左右就读了《悲惨世界》,并为前几章大为震动,但后面就读不下去了。王蒙在他的《从实招来》[①]中就说过,对他来说,他对雨果的

---

① 载《外国文学评论》1988年第3期。

期待与前人不同了,他更喜欢巴尔扎克,所以他无法接受乌托邦的、虚幻的大团圆结局。刘绍棠也说"可惜我对巴尔扎克产生了偏爱,又受拉法格的影响,因而对雨果产生了偏见"①。他们对法国浪漫派的偏见是一种态度,但也说明他们并非没有去吸收他们,反之,他们选择巴尔扎克,却正是他们读了雨果等人,把他们进行比较之后的行为,也许这就是一种隐藏最深,最不易发现的"影响"吧。确实不可否认,雨果一到中国,他就成了文学家的养分,直到今天也一样。更由于《巴黎圣母院》《悲惨世界》等作品被改编成电影陆续在中国上演,使雨果在中国的知名度也就得到了大大的提高。

雨果的浪漫主义是19世纪的产物,在此之后,西方文学各流派纷至沓来。面对这么多流派的介绍,当代中国人该怎么看呢?我们认为,首先,作为一种创作方法,一种创造文学世界的境界,浪漫主义同现实主义一样是永远不会过时的。对作者们来讲,既不可将浪漫主义绝对化,也不能抛弃前人遗产,同时,我们也要看到雨果的局限性,如他小说的叙事模式和结构仍然是近代的,停留在他的这个层次上对发展中国文学尤其是小说创作是远远不够的。据莫洛亚的《雨果传》载,在西方当代新文学产生之际,雨果曾一度成为陈旧的象征,甚至进入法兰西学院的唯一途径就是诋毁雨果。纪德在议论雨果诗名时也常含嘲弄的口吻。尽管全盘否定是一种形而上学的继承态度,但上述态度也并非完全有悖于雨果自己的宣言:"我们时代的天才也可以和那煊赫一生的古代天才媲美,但它并不和过去一模一样。"②所以当当代人再看雨果时,敬佩、喜好之余绝不是亦步亦趋。只有不断突破,才有新伟人新天才诞生。

  当我听见在地球上的某个地方,
  在无情的天空和残酷的统治下,
  一个被奴役的民族正在呻吟和呼唤,
  ……
  我就诅咒这些暴君……
  我觉得诗人就是他们的审判者,
  呵,诗神的使命原是扶弱锄强,

---

① 刘绍棠《我不是义和团大师兄》,载《外国文学评论》1988年第1期。
② 雨果《〈克伦威尔〉序》。

我于是忘了爱情、家庭、儿女
忘了软弱的歌调、平静的休息,
而要用铁弦来加强我的歌唱!

雨果是这样说的,也是这样做的。雨果生前虽然没有想到过他会在中国有这么长久不衰的生命力,但是他却一直向往东方文化、关注东方文化。虽然他没有真正到过中国,他却能够指出在他所处的那个时代,中国社会的保守和中西社会精神的不同,他说:"在欧洲,一有一种发明,马上就生气勃勃地发展成为一种奇妙的东西,而在中国却依然停滞在胚胎状态、无声无臭。中国真是保存胎儿的酒精瓶。"①不仅如此,作为一名伟大的诗人,作为反对暴力的世界审判者,他同样正义地关注中国的命运,他不仅时而在作品中涉及一些对中国的神秘感,而且还写信与朋友探讨中国的命运,他最著名的是1861年写的抗议英法联军火烧圆明园的那封信,他谴责:"我们把对待帕德嫩神殿的手法来对待夏宫,但是这一次做得更干脆、更彻底,一扫而光,不留一物。"从他愤激的态度中,我们可以看出雨果对东方文化的珍惜及对不人道的侵略行为的愤怒。这似乎又使雨果与中国的关系更深了一层。雨果在遗嘱中曾说:"我即将闭上我肉体的眼睛,然而我精神的眼睛永远睁开,而且比任何时候睁得更大。"

人类需要他的精神,也需要这座不可淹没的高峰。

第二节 两次"革命"的见证人
——大仲马与中国

> 我从我的梦想中汲取题材;我的儿子从现实中汲取题材;我闭着眼睛写作,他睁着眼睛写作。我绘画;他照相。②
> ——大仲马

他是一个罕有的天才,是伟大的历史小说家;他吹活气到历史的

---

① 王维章《与维克多·雨果的对话》,载《诗刊》1979年1月。
② 吕同六、郑克鲁等《外国名作家传·大仲马条》,北京:中国社会科学出版社,1979年。

枯骸内,创造出永久不死的人物,使再世纪的人绝不会忘记他。①

——沈德鸿

对于一个略有文学修养的中国人来说,他可能不知道维尼、兰波,但是他不可能不知道大仲马(Alexandre Dumas Père,1802—1870)。是什么原因使大仲马能够为人如此了解呢？又是什么原因使这位法国浪漫主义大家在不同的时代拥有不同的读者呢？

浏览大仲马在中国的流传与研究成果,我们惊异地发现,大仲马是在文学内质上最接近我们民族文学传统的作家之一,而且他在中国的两度"受宠"又说明,他不自觉地成了我国两次"革命"的见证者。第一次指的是晚清以来的"小说界革命",第二次指的是20多年前的"文化大革命"。和其他法国浪漫派作家不同,他不仅在中国浪漫文学精神的构建留下了有价值的印迹,而且他与中国两次"革命"的关系都折射出一些值得回味的中国小说观念嬗变的历史事实。让我们循着时间的轨迹,看一看这位未曾谋面的见证人的"所见所闻",看一看他与中国人的缘分吧！

一、历史性・传奇性・通俗性：大仲马的小说体式与中国近世小说

"小说"在中国是一个发展的概念。翻开鲁迅的《中国小说史略》,我们看到,从最早的《庄子・外物篇》中提到的"小说"到现代人眼中的小说,内涵已发生了翻天覆地的变化。作为一种文体,小说和中国传统文学的诗文正宗不同,其起步晚,发展却又相当迅速。在大仲马初入中国的晚清时候,中国文学正好处在一个内外交困的两难境地。内则是正统诗文大权旁落,正呼唤戏曲、小说异军突起,文学要走出象牙塔走向世俗文学；外则是近代西方文化猛烈冲击中国文学,而冲击最厉害的文学形式,就是西方小说。在"诗界革命"后兴起的"小说界革命",使中国文学从精神到形式都来了个彻底的整顿。从大仲马与中国文坛的关系中,我们也可以看到这个整顿使中国小说在晚清以后逐渐形成了相对稳定的艺术形态,具体表现在：

---

① 沈德鸿《大仲马评传》,载大仲马著《侠隐记》(茅盾校点),长沙：湖南人民出版社,1982年。

(一) 文体包容性的扩大与历史小说的地位。资料表明,大仲马首次被介绍到中国是在《小说林》第 5 期上(丁未年七月)。这个时期是"小说界革命"正盛的时期,也正是奠定现代小说内涵稳定化的重要时期。纵观中国小说的发展历史,历来的记述"小说"的著述,都乐于给"小说"的包容范围做一规定。明胡应麟将小说分为六类曰志怪、曰传奇、曰杂录、曰丛谈、曰辩订、曰箴规,而清《四库全书》又将小说分三类,一为叙述杂事,二为记录异闻,三为辍辑琐语。从这些归纳看,传统诗文的感时伤怀、记述历史似乎不曾包含其中。而首次介绍大仲马的《小说林》也给小说分了类,把登载的外国小说和创作小说归为几类,有言情、爱国、社会、家庭、侦探、历史小说等。这就说明从实践上,人们已经扩大了小说作为一种文体的规定性。当时介绍过大仲马的其他杂志《新小说》《小说大观》等,也做了一定的划分,这种划分虽未必科学,但说明他们已意识到了小说是比传统诗文更能描绘人生和艺术的手段。《小说林》第 7 期的《觚庵漫笔》中有言:"余谓小说可分两大派,一曰记述派……一为描写派……"就当时对法国作家的介绍来看,大仲马是《小说林》中较早介绍的一位。而且他们把他的作品多归入"历史小说"一类,这是时人对小说表现角度扩大认识时最显著的倾向之一:注意到小说表现历史、政治的重要性。从《〈小说林〉发刊词》中,我们就能看到这与小说在文坛上的地位显著提高有关:"出一小说,必自国民进化运动,评一小说,必大倡改良之旨。"①

在该杂志"文学家乘"一栏,曾朴(东亚病夫)用文言撰写了"大仲马传",他认为大仲马作品"精密而矜重",是难得的小说大家。同期还刊登了大仲马的照片,并附题诗一首。这首诗既概括了大仲马的作品,也表达了译者对大仲马的钦佩推崇之意。诗曰:

    艳曲当筵妙誉驰,平生应悔奥伦知,
    季长西第伯喈哭,一样伤心入幕时,
    豪情落拓三枪卒,哀史苍凉岩窟王,
    遥想一篇初姚出,拂笺应让梵莉娘。②

---

① 摩西作,载《小说林》1907 年第 1 期。
② "奥伦"指曾左右过大仲马的路易·菲利浦公爵;"岩窟"即水晶岛;"梵莉娘",大仲马之妻。

除此之外,他还详细介绍了大仲马的主要作品,他把大仲马作为"历史小说家"来看待的意向在他的这些介绍中明显表现了出来。他先介绍了《三枪卒》(《侠隐记》)、《二十年后》和《白兰善子爵夫人》,并指出这三部书前后连接,"书中人物颇复杂","奇情丽采洵足"。还有《水晶岛之伯爵》《慕沙鲁夫人》以及述显理王8月14日虐杀教徒之事的《马戈王后》,述历史的"理查三世之荒乱",述"1784年至1789年革命时代之一骗诈事"的《后之项圈》等,所有这些他都在文后注明其为"历史悲剧""历史小说"。

为什么在这个时候,人们格外注重大仲马的"历史小说"呢?作为小说这个文体,怎样写历史才叫"历史小说"呢?尽管前面提到,从小说史看来,学人规定小说的内容从没有出现过"历史类",那么大仲马的历史小说作为"小说界革命"转承期的一种现象,是不是出现得很突兀呢?这个问题逼迫我们再一次回顾中国以往的小说史,我们发现,中国所谓"写历史的小说"还是不少的:汉人小说《汉武故事》《武帝内传》、唐人小说《长恨歌传》《莺莺传》、宋话本小说《大宋宣和遗事》及元明以来《水浒传》等都可以说是写历史之小说。然而至明清时,没有一个学者就此称以上作品为"历史小说",偏偏说:"小说作家,有些喜欢描绘天然,有些传述掌故,有些倾向于写稗史。大仲马……(因后者)为世人所欣赏。"①这个貌似理论与现实相悖的现象,正好说明了清末小说革命是一种观念革命,其创见性的成绩也便在于它使中国小说从一直处于模糊性、欠缺性的形态中解放了出来,从而具备了现代小说初期的稳定性。这个时期的小说,与五四以后的小说又不同,它还是属于小说"正统观念"形成和稳固的时期,这时的小说革命者对小说的最基本的三要素已有了自己的看法,而大仲马的小说正好是规范而精湛的正统小说模式,这一点正是西方小说给中国"小说界革命"所提供的第一个信息,即规定了小说必有的三要素:环境、人物、情节。这是中国小说观念第一次把小说与一般的说书、志怪、演义等区分开来。所以"历史小说"第一要素必须是规范的小说,而大仲马的作品在这一点上可以说足以胜任。"历史小说"的第二要素则是写历史,就这一点,胡适以大仲马为例解释得很透彻:

凡做"历史小说"不可全用历史上的事实,却又不可违背历史上

---

① 《〈狱中天地〉小引》,载《小说世界》1924年第8卷第9号。

的事实。全用历史的事实,便成了演义体,如《三国演义》和《东周列国志》,没有真正"小说"的价值。若违背了历史的事实,如《说岳传》使岳飞的儿子挂帅印打金国,虽可使一班愚人快意,却又不成"历史"的小说了。最好是能于历史事实之外,造成一些"似历史又非历史"的事实,写到最后又不违背历史的事实。如法国大仲马的《侠隐记》……写英国暴君查尔第一世为克林威尔所囚时,有几个侠士出了死力设计想把他救出来,每次都到将成功时忽又失败;写来极热闹动人,令人急煞,却终不能救免查尔第一世断头之刑,故不违背历史的事实……①(引文中着重号为原作者所加)

就他的观点,唯有《虬髯客传》还算得上"历史小说",其他小说写历史都有不可取的地方。这似乎可以说明明清以后小说从古典走向现代的一个轨迹,即历史题材不再是唯一的题材,而历史是为现实而存在的,小说更贴近现实走向谴责小说的边缘。《三国演义》等正好与大仲马的历史小说形成一种比照差,这种"差"体现出小说观念的一种过渡。虽然我们现在不再以历史小说来框范小说,但大仲马在当时小说观念的流变中的作用可见一斑。

(二)对读者的重视与通俗小说的魅力。大仲马初被介绍到中国的时代,正是明清工商业和清末资本主义萌芽的时期,经济上的变革使文学逐渐贴近城市生活和市民趣味,某些高雅的趣味被世俗的实际取代。文学贴近世俗人情,因为文学读者结构逐渐由文人走向了复杂的市民阶层。小说成为表现世俗人情、沟通文人文化与世俗文化的重要桥梁之一。这就要求小说除具有文学的美学效果之外,还应有"兴味性"和"通俗性"。正因为这一点,大仲马的作品在清末到五四前期被广泛流传和翻译便成为一个不难理解的现象,因为他的作品,正是用精湛的小说艺术写出了"兴味",体现出通俗小说的魅力。

从当时对大仲马作品的翻译之早之多,就可见他还是拥有大量中国读者的。《真善美》2卷6号,虚白统计了1928年以前所译外国小说的单行本,其中光大仲马就有8本,包括:《蟹莲郡主》《地亚小传》《玉楼花劫》(林纾译);《侠隐记》《续侠隐记》《法官秘史》(伍光建译);《大宝窟王》(包天

---

① 《论短篇小说》,载《胡适译短篇小说》,长沙:岳麓书社,1987年,第187页。

笑译);《塞雪儿》(冷血译)。而散见于小说期刊的译作则更早、更多,如天游译的《绛带记》,曾朴译述的《马哥王后佚史卷》以及《梦耳》《玫瑰一枝》《素郎》等,不一而足。

大仲马的小说魅力可用四个词来概括,即"气势宏大""文笔恣肆""情节曲折""扣人心弦"。因为他起初的小说均为报刊连载小说,小说的每一章节就必有一番悬念,这样才能吸引读者往下看。这就使得他的小说都是充满趣味、引人入胜的。与中国的古典小说相比,它更适合普通读者的口味。同样这一点也引起了"小说革命者"的重视,那就是它启发了中国小说作者注意到读者好奇探胜的心态,必须致力于提高小说的情节技巧。《小说丛话》"知新主人"有言:"每谓读中国小说,如游西式花园,一入门,则园中全景,尽在目前矣。读外国小说,如游中国名园,非遍历其境,不能领略个中况味也,盖以中国小说,往往开宗明义,先定宗旨,或叙明主人公来历,使阅者不必遍读其书,已能料事迹之半。而外国小说,则往往一个闷葫芦曲曲折折,直须阅至末页,方能打破也。"这个"闷葫芦",就是大仲马最爱运用的小说技巧:"悬念。""悬念"可以说是提高小说趣味和通俗性的一个关键。从另一角度讲,在早期法国文学的介绍中还有一值得重视的现象,即人们先关注的是浪漫派作品,作为有现实主义倾向的浪漫派作家,大仲马作品中的浪漫的异国情调无疑对国人非常新鲜,可以说浪漫丰富的想象与虚构的故事、离奇的情节,激动了一大批素来以"忧患"看历史的中国读者。

因为读者面的扩大,小说从而成为改造社会、变革人心的有力武器。梁启超在"文学界革命"的过程中曾说:"欲新一国之民,不可不先新一国之小说。"他的目的无非是想通过提高小说的地位,向更多读者阶层不仅仅是文人传播社会启蒙,这种指导思想,使"文学界革命"之后,小说从古典文学的旁册走上了最"上乘"的地位,小说的"群治"使它与读者——"人"产生了强烈的碰撞。这个时期的译介者于是很重视迎合读者,推究读者的心态。清末以来小说读者的世俗化和普遍化,决定了这些读者的心理趋向,影响文人翻译作品的趋向。我们知道,世俗文化的第一大众化艺术形式是戏曲,戏曲融文字与形象为一体,而小说要迎合世俗心态,必满足大众传统心理的爱热闹、喜怀古、好故事的特点。民间说书之所以受俗人青睐,在于它合乎了人们的这种口味。作为正统小说家的大仲马的作品,不再是逸闻奇事的杂陈,不再是民间故事的粗制滥造,其精密细致的构作同样地与读者传统心态达成了一致。因为大仲马一进入中国,它就被"曲解"了,这种曲解是通过"意译"完成的。且不说不通外文的林纾的译品,就连曾朴也在他的译文首尾施以"改造",以求"适应"一般读者。比如《马哥王后佚史卷一》中,他开首写道:"敬告看官们,现在这部法兰西绝大的哀史要开场了。你们知道他开场是什么时候呢? 就在耶苏(耶稣)降生后1772年8月18日礼拜一,开场时候讲的是件什么故事呢? ……"这种叙述形态似不伤大仲马原著的大雅,却具有"说书"的吸引力,使历史小说走向通俗化,更贴近读者了。

  在此之后使小说通俗而深刻的另一大变革是"白话文运动",译者们竞相翻译大仲马的作品,一方面取决于他作品的种种价值,反过来他的作品的翻译从文言→半文半白→白话的历程,也同样为"白话小说"的形成起到了一定的推动作用。白话文运动使文学走出象牙塔,使小说又迎来了一个规定性的形态标志;语言需流畅、通俗,以真正使小说成为"殆合理想美学、感情美学而居其上乘者"①。五四新文化运动是翻译更加通俗化的分水岭,在1919年以前,对大仲马小说的译文均是文言的,之后也渐由半文半白向白话过渡。以译他的 Solange 为例,载《小说月报》第11卷第1号(1920年),张毅汉译为《素郎》,已趋向白话文,最后他还加上了自己的一句议论:"读此文下半篇未有不凄然下泪者,名家著作,毕竟不同质,诸新文学家以为何如。"而1928年《真善美》第1卷第7号,夏莱蒂译的《莎兰绮》则更忠实原文了。在译到 Solange 被杀头以后的情景时,张译道:"头颅有灵,还会寻我的手,呼我的名字,对我流泪呢。"而夏则译为:"那个叫我名字的头颅,那个对我看的眼睛,确是莎兰绮的头,莎兰绮的眼睛呀。"相比之下,后句的白话更流畅些,更传神地表达了名家手笔的撼人心魄。由此可见,翻译家是为读者工作的,也是在小说发展大趋势下工作的,所以我们说"大仲马在中国"的接受轨迹折射出一些小说发展态势,当不为过。从译介学的角度看大仲马在中国也是颇有价值的。胡适曾说:"近几十年中译小说的人,我认为伍昭虔先生最不可及。他译大仲马的《侠隐记》12册,用的白话最流畅明白,于原文最精警之句,他皆用气力炼字炼句,谨严即不失为好文章,故我最佩服他。"②伍先生的白话,"乃是一种特创的白话,最能

---

① 东海觉我《小说林缘起》,载《小说林》第1期。
② 《胡适译短篇小说》,第196页。

传达原书的神气"①。正因为这些良好的翻译,使大仲马成了一个普及的作家。在1926年的《小说世界》中曾经记载,由沈雁冰校、伍光建译的《侠隐记》被列为当时中学语文科的补充读本,这说明大仲马的小说结构与手法的规范与通俗足以成为引导青少年文学水平的范本,在大仲马与中国的关系上,这是很值得重视的一事。

除此之外,中国读者喜欢大仲马,是因为他确实是法国浪漫派中与我国文学传统最接近的一位,这正是后人所谓:"西方的文学评论家把大仲马的小说称为'外套与宝剑'型的小说,与我国的传奇小说相类似。"②因为中国古典小说也曾经有过传奇之风,粗略看来,这似乎成为大仲马的"法国幻象"能在中国人心目中产生折射的桥梁,尽管东西方的"传奇"本质上是不尽相同的。拉丁语系中"传奇"一词 legend 意为(1) Old story handed down from the past episode of doubtful truth.(2) literature of such story.③即传奇、稗史或记载传奇、稗史的文学。如果说大仲马的作品是浪漫的传奇文学的话,这正因为欧洲浪漫主义传统中的 romantique 有"浪漫传奇"的含义。在技法上,大仲马用浪漫恢宏的笔调写历史,将正统小说的铺垫、悬念运用得淋漓尽致,使"稗史"也体现出大起大落的传奇色彩。由此可见,西方人说大仲马是传奇小说家是"正意"的。而在中国,传奇文学起初并不是一个得到提倡的文体。以唐代的传奇为例,这种小说指的是写得较长,有曲折情节的文章,"但那时作古文底人,见了很不满意,叫它作'传奇体'。'传奇'二字,当时实是訾贬的意思,并非现代人意中的所谓'传奇'"④。这里的"奇"一指异事,二指曲折;"传",记述流传,与西方的 legend 含义不甚相同。但相似之处都是文有波澜,有一种浪漫的理想化色彩。无论是《长恨歌》《李娃传》,还是《莺莺传》,都是这样。"中国人不大喜欢麻烦和烦闷,现在倘在小说里叙了人生底缺陷,便要使读者感到不快。所以凡是历史上不团圆的,在小说里往往给他团圆;没有报应的,给他报应,互相骗骗。"⑤相同的是大仲马的作品之巧构,也正是满足和表达人们的某种美好期望,故而不失一种浪漫的"幻象"的理想化和空灵。

---

① 《胡适译短篇小说》,第188页。
② 蒋学模《〈基督山伯爵〉述评》,载《青年一代》1979年第1期。
③ 《牛津双解词典》英汉版,牛津大学出版社(香港),1981年。
④ 《中国小说史略·附录》,载《鲁迅全集》第9卷,北京:人民出版社,1981年,第313页。
⑤ 《中国小说史略》,载《鲁迅全集》第9卷,北京:人民出版社,1981年。

总之，大仲马初来中国的时候，中国小说的本体形态正在稳定化，而来了之后，他又促成了这个稳定化。这个稳定形态的几个基本组成表现在结构模式上就是：从说故事到叙述故事；小说要素是基本的三要素；小说的功用及内涵得到扩大，等。

二、从创作实践到批评标准：大仲马小说带来的负面影响

大仲马在我们提及的第一次"革命"前后活跃了数十年，随后迎来了空前的沉寂。他在1949年到1966年间所遭受的待遇与雨果等人颇为相似。然而与其他法国作家不同的是，在"文化大革命"只有几部外国作品唱独角戏的时候，大仲马的《基督山伯爵》（下文简称为《基》）却一度成为倍受宠爱的作品（尽管也曾一度被批为大毒草）。至此，大仲马就与第二个"革命"——"文化大革命"发生了关系。对这段关系的反思也能使我们看到中国小说流变中的几朵浪花，这些浪花在"文革"后，融合到新时期小说观念发展的大潮中去，成为新时期小说观念发展、变异的组成部分。

首先，对大仲马作品的批评观的变化与新时期整个小说批评观的变化联系在一起。"文革"期间因为众所周知的原因，小说观念处于单一化的形态，小说的发展也停滞了，甚至某些方面有了倒退，小说一时成为政治宣传工具，无甚艺术可言。刚刚在现代文学中稳定建立起来的小说观念和理论，由于"左"的干扰，重新从有序走向混沌，当时接受外国文学作品也因着政治的需要，或取仰视态或取俯视态。仰视的体现是，当外国作品切合统治的心理时，则竭力提高作品价值；俯视的表现则是当外国作品不利于专政时，则将它打入冷宫。那时大仲马被这一仰一俯地看来看去，逐渐失去了他作为小说家的本质，而正因为这一点，也反过来促成了新时期接受批评或曰小说批评的反拨和重构。新时期大仲马再度成为小说批评的热点是从一场不小的"论争"开始的。论争的缘起是柳鸣九在《光明日报》（1976年11月20日）上登载的《"彻底批判论"必须批判》和次年3月12日该报登载的郑克鲁作《江青和〈基督山伯爵〉》，这两篇短文介绍了"文革"时江青酷爱《基》的现象，提出了这部作品该批评的观点。围绕这个问题，戈沙、金嗣峰、莫自佳、张英伦、舒英、张成觉等一批文学研究者纷纷撰文探讨。这场论争持续了三年，反映了一种新的小说观念的自觉与小说观念的创新，并解决了以下几个问题。

一是，关于如何用正确的视角看作品——即批评的标准问题。如果说论争开始时人们想的还是这部作品"应该批判"与否的话，随着论争的深入，人们就会发现"批判"已被"批评"所取代。严格说来，"批判"是个政治语汇，而"批评"则更符合文学评论的范畴。这说明论争本身强调了一种意识，即文艺不再从属于政治斗争，它也有自己的标准和规范。早期的观点，戈沙认为大仲马将社会矛盾的素材庸俗化了，宣扬的满纸都是利己主义的伪善和个人恩怨与野心。① 金嗣峰则认为大仲马"通过七月王朝的统治人物的集中而又具体入微的描写"，"明确地表达了自己和当时社会各阶层对七月王朝反动统治的强烈义愤"，甚至诺蒂亚也是一个"资产阶级革命时期的英雄形象"。这时他们二人用的还是对作品进行阶级分析的观点，所以仍带有"俯视"和"仰视"的缺憾。随后的奠自佳则意识到，上述二人一个评价过高，一个评价过低，政治上的进步说明不了文学上的进步，他首次提出把作品的取材历史与历史的阶级分析区分开来。在此基础上，张英伦明确地提出了自己批评的标准是"人民评判一部作品的好坏，总是首先检验它对人民的态度，看它在历史上有无进步的作用"，同时张履岳也提出正确评价大仲马，要看到小说"写出了历史前进的必然趋势"，所以应客观地看待这部作品。从这一意向的演变我们已经看出论争摸索出来最基本的一点：小说批评不是从属于政治批评的，它可以有历史的标准，但不是阶级分析。

二是，注意到小说的批评者就是接受者。小说批评者应该以客观态度来看待作品，他用的尺子既应该是艺术家的尺子，同时也应该符合广大读者而非一个读者衡量作品的度量衡。这也是这场论争的第二个收获。过去政治干预文学的一个表现是小说成为体现政治野心家个人意向的工具。而事实上关注某些个人（朋友也好、敌人也好）对作品的感情色彩，不是衡量作品的科学态度。戈沙的文章说的是想揭开《基》的"真面目"，认为这本书在历史上没有地位，这显然带有感情色彩："小说作者万万没想到，自己迎合资产阶级趣味写的一部通俗小说，一百年后却因'无产阶级左派领袖'的吹捧而身价百倍。"而且他还分析了江青之所以喜欢《基》，是因为

---

① 下文提到的各观点，分别出自戈沙《〈基督山伯爵〉与江青》，载《世界文学》1978年第1期；金嗣峰《要历史地评价〈基督山伯爵〉》，载《外国文学研究》1978年第1期；奠自佳《我对〈基督山伯爵〉的几点看法》，载《外国文学研究》1978年第2期；张英伦《略论大仲马的〈基督山伯爵〉》，载《读书》1979年创刊号；张履岳《不"仅仅是个人恩怨"》，载《上海师院学报》1979年第3期。

"'超人'的野心和野心支配下的不择手段,不正是江青之流在精神上的共同点么?"这里"文革"后的"批判"硝烟隐约可见。与他有一样的感情倾向的是金嗣峰,他用了许多篇幅来否定戈沙的观点,并指出"大仲马是马克思最喜欢的作家之一",不期这一论证正好与戈沙犯了同样的错误,那就是奠自佳分析了马克思的原话,纠正了金文论证的误差,同时张英伦肯定道:"不能简单推论,敌人说它好,那么它就坏。"批评的标准应是科学的标准,是人民(广大接受者)的标准,这是论争后得到肯定的结论。

三是,批评的标准应是小说艺术的标准。对《基》的论争也曾谈到小说艺术和美学,戈沙和金嗣峰总是从"人物塑造"入手。前者认为大仲马的作品总是"以情节的离奇娱乐读者的感观,以主人公的美满结局满足'读者的愿望'";后者有所发展的是,他关注到文体的规定性,认为"放在我们面前的是一部浪漫主义作品⋯⋯应考虑到方法流派的特点。⋯⋯应从整个系统来⋯⋯其实情节的生动性即戈沙称为'曲折离奇'之处,正是浪漫主义作品的一大特征"。此时这方面的论述虽然不多,却有闪光的地方,即意识到小说作品本文的主体性,评价一部作品,要把小说文本的主体性放在最高评价的天平上。在正确认识他的艺术特色上,奠自佳意识到大仲马作为浪漫主义先驱和写历史的作家的价值;张英伦更进一步分析了他作为"报章小说家"的艺术特色,他总结道:"它(指《基》)只是以通俗的文学形式表达了普通人关于善恶的人之常情。⋯⋯因为这是一部从内容到形式都为群众所喜闻乐见的书。"

关于《基》的这场论争使我们文艺的批评标准自觉回归到美学和历史的观点上来。这场论争在新时期小说批评及观念的流变中的一个重要地位还在于,它与新时期小说批评的两大理论论争相应相和,其涉及角度虽然不同,解决的问题却一样。都使小说批评成为创作的互因体。这两次重大的理论论争,一次是文艺与政治关系的论争,推翻了"文艺从属于政治"的樊篱,使小说批评标准从政治局限中解放出来;另一次是关于文学的主体性,这次论争使人们看到读者与批评家作为接受主体在决定文学价值中的作用,肯定了批评的自主意识和自身价值。

另外,对大仲马的论争和评论还使我们看到在中外文学交流中正确把握批评的批评,看到小说批评与小说观念之间多层面的关系,也是非常重要的。改善小说批评的模式,建立系统的批评体系,才能适应新时期以来令人眼花缭乱的小说形态。这就使小说研究者在研究小说新现象之余,也研究别人的小说批评,整理一些规律性的东西。"批评的批评"应运而生。"论争"严格意义上讲是"批评",同样,当1979年《基》重版以后,舒英、张成觉的文章更是一种批评的内转①。他们的文章总结道:从《基》的重版看出了今天宣传出版部门思想解放之一端,《基》以前由于江青受到株连,而一个解放的小说观念应该是在文学评价中,不可因人废文,也不可因文废人,凡有定评的中外作家有价值的作品,都是人类宝库中的瑰宝。

　　正是在这些批评者的倡导下,文艺迎来了思想解放的一天。在译介外国作品的领域中,那些曾经因人而废之文,因文而废之人,都重新找到了他们在新时期小说圣殿中的位置。大仲马也不例外。17年中,左的思潮强调文艺的政治功用和劝谕功用而忽略艺术美。而通过对大仲马的论争我们看到,"文学是人学,也是美学"②。文学的本质是:出发于"真",归位于"美"。就拿对大仲马作品的"复仇"的认识来说,开初人们认为这种"复仇"是个人野心的体现,是资产阶级的伪善和利己,而逐渐地,人们认识到"正是基督山的复仇精神,蕴含着大仲马所要弘扬的社会哲理,也就是小说的主题思想,赏善罚恶"③。所以这些真、善的观点,都是以美好的艺术形式来表达的。可见人们的小说观念已是站在世界总体文学的坐标上,来俯瞰一些人类永恒的主题了。

　　其次,和其他作家一样,大仲马的影响不仅反映在翻译界、研究界,而且与文坛的创作也颇有关系。这种与文坛的关系早在"小说界革命"的时候就见端倪。从当时译介大仲马的队伍可以了解到当时作家队伍正在发生变化,这种变化集中在两个方面,一是小说由原来的群众或文人集体创作发展成文人作家的独立创作,二是小说作家的地位得到了提高,小说作家人数骤增。资料表明,翻译大仲马的译者队伍也是一个小说创作者的队伍。大部分早期参与介绍大仲马的译者本身就是"小说界革命"的实践者。从较早译大仲马《嫁衣记》的《小说大观》为例,其译者包天笑、听鹂等人,都是既译大仲马和其他人的作品,又进行小说创作,其创作的笔致不自觉地受着其译作的影响。更为明显一些的是曾朴先生,他不仅介绍大仲马其人其作品,也进行大量的创作。如他的小说《孽海花》《鲁男子》都是清

---

① 《从〈基督山伯爵〉重版想到的》,载《山花》1979年第7期。
② 鲁彦周《〈天云山传奇〉创作札记》,载《新作家说创作》第134页,北京:人民文学出版社,1983年。
③ 张英伦《略论大仲马的〈基督山伯爵〉》,载《读书》1979年第1期。

末小说向现代小说过渡时值得一提的佳作。过去像《三国演义》《水浒传》等小说,都是在长期民间传说与说书艺人创作的基础上,由文人作家加工创作而成的。但"小说界革命"后写的小说《官场现形记》《老残游记》以及曾朴的这些小说,则完全是文人创作的了。不仅如此,从技法上他们也边翻译边学习,逐渐向西方小说的某些模式靠拢。鲁迅的《中国小说史略》说《孽海花》"写当时达官名士模样,亦极淋漓。而时复张大其词,如凡谴责小说通病;惟结构工巧,文采斐然,则其所长也"①。当然,我们不能就此结论大仲马是影响曾朴的唯一作家,但我们可以所谓"结构工巧、文采斐然",却恰是大仲马作品也有的特色。说他的作品中确有不少对西方小说结构方式尤其是大仲马的构文方式的模仿存在,至少在大仲马所提供的"连载小说"这一良好范本方面,我们就该肯定大仲马的贡献。与此同时,小说家们对大仲马的钟爱有所升华,《真善美》第 6 卷第 3 号登载了李青崖译的大仲马的散文《诺洁的炮厂里的客厅记》,炮厂(Arsenal)是法国 16、17 世纪大政治家的故居,后成为图书馆。诺洁(Nodier),本来是浪漫派文学的动议者之一,身任炮厂图书馆长之职,他的客厅为作家聚会的场所,在法国文学史上占一位置。大仲马的这篇回忆给大家描绘了当时的趋向和人才,是谈论浪漫主义应知道的感知材料。这个散文的登载标志着大仲马在中国小说流变历程中又一新形象的树立:由一个通俗的历史小说家到高超的浪漫主义作家,新的认识更接近他的本质。从这一高度认识大仲马的人中,茅盾甚为突出,虽然我们知道他并不是一个浪漫派小说家,但他却明显地受到过法国浪漫派作家大仲马的影响,他曾说:"我觉得我开始写小说时的凭借还是以前读过的一些外国小说。"②在这些外国小说中,他多次提到大仲马的。叶子铭曾经分析过③:茅盾曾为伍光建译的大仲马的名著《侠隐记》与《续侠隐记》作过校记。并写过《大仲马评传》以及评《侠隐记》译本之得失的《伍光建译〈侠隐记〉和〈浮华世家〉》等……尽管对他的随意编造史实,把英雄人物理想化等缺点,也做过许多批评,然而对他的宏伟构思与大规模地描写历史现实的气魄却是十分欣赏的。确实,当我们阅读茅盾作品时,也感到有宏大气势的文风在他的作品中时时闪现,尤其写历史,他

---

① 《鲁迅全集》第 9 卷,北京:人民文学出版社,第 290 页。
② 《谈我的研究》,载《茅盾论创作》,第 26 页。
③ 叶子铭《茅盾:创造新时代的文学》,载《走向世界文学》,长沙:湖南人民出版社,1985 年。

确实是吸收了司各特和大仲马的长处。"影响"正是以一种"陌生化"了的形式再现在他的创作中,茅盾还把对这种借鉴学习的认识提高到理论的高度,他认为模仿或接受外国作家的影响要把握分寸,学习外国作品"有在风格上得了前人的好处的,这是上品;下焉者,只在文字上写得几句小巧,有在题材方面从前人作品中得了一点暗示,因而开展他自己对于身边某一事件的注意的,这是上品,下焉者只剽窃了前人作品中的材料,而不用自己的眼睛去观察,这中间的距离,大到可以放进一个太平洋,小到只容一根头发"①。

"文革"期间大仲马的影响十分单一,但到了新时期,他却再一次与中国文学自身的发展合上了节拍,或者他对中国文坛的冲击同时是中国小说的发展的见证。应该说新时期人们仍然热心地接纳了大仲马,因为要完成此期建立新秩序前对旧秩序的整顿,先恢复正统小说的地位是必不可少的,即首先要使三要素发展不全面的小说摆脱艺术上贫乏的阴影。作为技艺精湛的正统创作家大仲马,他的小说技巧在这一层面上讲再次成为人们的重要借鉴,这种学习就表现在:(一)取材角度:王靖元曾编译一文,介绍《基》的形成,并且还着重介绍了大仲马如何汲取历史题材中的情节、如何创造、如何处理现实与虚构的关系、如何选择原型的技巧。我们想这个目的就是让大家了解和学习大仲马处理素材的巧夺天工吧。(二)运思角度:人们都知道大仲马善于组织情节,李怀埙等人从技术的角度②,阐析了大仲马作品中的悬念、铺垫、巧合的交错综合,为小说家提供了一个如何"思接千载""视通万里"的典范。(三)表达角度:蒋学模意识到大仲马的艺术魅力来自他的"叙述故事的才能",这一新颖见解与西方叙事学相默契,启发了人们对小说本体的重视。而这种对小说本体的重视,源起之一是人们开始了对"人"的重视,所以这时也有人重新探掘大仲马小说本文的深层结构:发现他的作品对人及人权的思索。(四)总体角度:作为一个杰出的畅销小说家,大仲马的"宝剑+爱情"的侠义情节也使一度风行的武侠畅销热找到了"西方依靠"。尽管通俗小说品第上下区别甚大,但大仲马作品中复仇者的侠义心肠,却颇与中国武侠小说一致。当初伍光建将"三剑客"译为"侠隐记",突出一个"侠"字,还是有他的倾向性的。当然大

---

① 《论模仿》,载《茅盾论创作》,第440页。
② 李怀埙《悬念、铺垫、巧合》,载《书评》1980年第2期。

仲马的小说不全是以侠客故事为主线,而且他所表现的侠士多是为个人复仇而奔忙,而中国的武侠小说都是"为别人两肋插刀",结尾的大团圆处,主人公往往都是牺牲者。不过无论怎么讲,大仲马结构故事的总体才能,确实值得借鉴。

不过,随着小说观念在新时期的发展,小说离散文近了,离戏剧却愈来愈远。这时候的中国小说的营养不仅是正统文学的,而是全方位的各派文学纷至沓来。中国的小说主题向单义深邃、多义复杂或朦胧模糊发展,结构上也从单纯的叙事走向心理描写,线性结构由面状结构代替,扁平变成了立体,简式变成了多重啮合。所以在方法学习上也从独尊局面向多元演变。大仲马对作家们来说,地位正在面临着挑战,他所提供的"法国幻象"正在经历痛苦的"幻变"和"幻灭"。舒婷曾说:"外国文学予我的影响就是:'不要那样写。'"所以她的写作老师曾经夺过她的笔,"将《基度山伯爵》《妇女乐园》等一一砍杀",教训她说"这算不得文学"。对一个现代意识极浓的作家来说,他们倒不是真的否定过往正统文学的价值,而实在是因为大仲马一直对作家们充当着教诲他们"要怎样写"而非"不要那样写"的角色的关系。同时对大仲马的作品来说,淡化人物、宣泄情感"是挑战";淡化情节使"传奇化"的情节"生活化"是挑战;模糊小说淡化历史背景,超越时空距离的尝试也是挑战。所有这些与大仲马那种严格的历史背景、丰富的环境铺垫和鲜明的人物塑造都发生了对抗。但是我们应该意识到,尽管随着小说观念、小说技巧的日新月异,大仲马对作家们的影响似乎是减弱了,但现代小说是从传统小说中滋生和发展出来的,只有站在这些巨人的肩上,先有了第一步,才能在叙述、结构上向高层发展。从这个意义上说,我们仍然不能忘记大仲马这样的作家。

行文至此,笔者想到大仲马与中国还是颇有缘分的,他与中国两次"革命"前后的关系以及大仲马不再是时髦论题的现状,很像某种历史现象。比如作为中国末代皇帝的溥仪,在政绩上虽然建树不大,对历史也谈不上什么大的推动,但他却是中国从封建帝制向半殖民地半封建直到向中华人民共和国发展的一个特殊的见证人。大仲马也是这样的角色。无论他是被冷落还是受热捧。无论他对中国文学是推动还是阻碍,他作为中国小说流变史的见证人的地位还是存在的。

第三节　天生的小说家，深情的靡娜瓦①
——乔治·桑与中国

  我是天生的小说家，我只会写小说，也就是说，我通过某种艺术，在同时代的某些容易动感情，而且需要被震荡的人们心中，激发感情，使之受到骚动甚至震撼……②

——乔治·桑

  乔治·桑不仅是一个有盛传一时的恋爱故事的妇人，她是一个有惊人的创作才能与稀有的想象力的妇人……③

——爱尔丁

  说及法国浪漫派，我们自然不会忘记这一流派最杰出的女作家乔治·桑（George Sand，1804—1876）。这个有着传奇般经历、矛盾的内心和独特魅力的女性，不仅在她的时代、她的国家留下了卓越的文名、俊丽的形象，乃至在以后的一百年内，在欧洲、在东方都留下了她美好的影子。法国文学史家朗松称她为"浪漫主义的第一位小说家"，而且她还是一个十分多产的作家，米雪尔·雷维版的《乔治·桑全集》收录她的作品达105卷之多，她就像一个有着与生俱来的创作天才的精灵，真诚地游荡在这个世界上，播撒着激情、正义和美好；播撒着深情，播撒着爱。今天，当我们回头看乔治·桑在中国的点点滴滴，我们发现尽管在我们这个有着自己传统的古老国度，乔治·桑曾经遭受到这样那样的偏见和忽视，但这位深情的专司才华的女神却不改初衷，给中国尤其是现代中国留下了许多爱的美好的种子，滋养了中国人曾经陌生的浪漫情怀，滋养了真诚生活的勇气和中国浪漫的一代。因为她的滋养，我们爱她。

---

① 靡娜瓦：Minerva，古罗马神话中司才华的女神。
② 转引自罗大冈《天生的小说家》，载《〈乔治·桑自传〉译本序》。
③ 爱尔丁作，魏光华译，见《乔治·桑：深情的靡娜瓦》，载《大陆杂志》1932年第1卷第5期。

一、情感的旅程与女权的觉醒:乔治·桑所带来的"爱"

中国的现代可以说是一个"感情反抗"的时代。中国人的情感世界正在经历一场裂变,他们既想抛弃过去封建的压抑的情感生活,同时又在寻找着真正的感情归宿。正是在这种呼唤激情、呼唤爱的时代,乔治·桑出现了。1927年《北新月刊》第2卷第19号上的《乔琪桑之生平》(孙席珍)是当时第一篇全面介绍乔治·桑生平与创作的文章。从这篇文章中我们了解到,20年代人们已开始认识她了。在当时的《贡献》《真善美》《长夜》和《申报艺术界》上都有简单的有关她的文字。随后的几年人们便更多地读到了有关她的爱情故事的文章①,读到她的一些作品:《侯爵夫人》《鬼池(魔沼)》②,读到她的生活史、她的论文③,等。1933年,人们还有了乔治·桑作品的第一本单行本《小芳黛》(王了一译,商务出版社)。

不过,在这些有限的,同时又不乏热情的译介文章中,我们发现20年代的这些中国读者对乔治·桑的生平尤其是她爱情故事的热衷远远超过了对她作品本身的热衷。人们很想知道,这个19世纪的才气横溢的女作家,是以怎样的魅力和热情赢得了缪塞、巴齐罗、米歇尔、肖邦的爱情,又是以怎样卓绝的才华得到名人福楼拜、海涅、大小仲马的崇拜。当时"翻译的文学无时不呈一种浪漫状态,翻译者对于所翻译的外国作品并不取理性的研究态度,其选择亦不是有纪律的、有目的的,而是任性纵情,凡投其所好者则尽量翻译,……"④翻译者们倾向于介绍乔治·桑的生平故事,也是因为她人格上的某些东西投合了人们的爱好。在他们看来,乔治·桑,"她是被人认为是非常的人,但这决不单因为著作,也并不因为她经过一番长期的恋爱生活,多少是因为她是几经风波的天才的女人,又有可惊的人格,正如巴萨克所说的,她是不能以普通的方法来看的"⑤。她的可惊的人格,在

---

① 东生《乔治·桑与缪塞的爱》,载《贡献》第2卷第3期,1928年;《桑特夫人生活的一段》和《乔治·桑的诉讼》分别载《真善美》1928年第2卷第3号、4号。
② 《侯爵夫人》(鲍文蔚译),载《法国名家小说杰作集》,上海:北新书局,1927年;《鬼池》(陈君涵译),载《妇女杂志》第17卷第9号,1930年9月1日。
③ 《乔治桑之〈我的生活史〉》,载《妇女杂志》第17卷第7号,1930年7月1日;《雷利亚叙文》,《真善美》第6卷第2号。
④ 梁实秋《浪漫的与古典的、文学的纪律》,北京:人民文学出版社,1988年。
⑤ 孙席珍《乔琪桑之生平》,载《北新月刊》1927年第2卷第19号。

于她是一个充满激情,一直都在追求真爱的人,她把自己追求的激情与感受融化在她的作品中,贯穿在她笔下的人物的心灵里。而五四时代正是呼唤激情的时代,中国正在形成自己浪漫的一代,这代人被封建礼法桎梏良久,感情的猛虎渴望着冲破牢笼。他们羡慕乔治·桑敢爱真爱的品格,而乔治·桑对自我情感和自我个性的真诚展露,反过来又成为五四人寻找"个性主义"的借鉴之一。中国人的感情旅程似乎从尊重礼法一下子走到了尊重自我这一站。所以我们说,这一阶段中国读者欢迎乔治·桑,是欢迎她所带来的真正的爱的意义。她的恋爱生平给中国现代人带来了至少是情绪上的大波动、大感染。所以我们还说,乔治·桑及法国浪漫派带来的是一场感情的革命,它是直指中国传统礼教而来的,乔治·桑说:"艺术的使命是一种情感和爱的使命。"①而中国浪漫的一代所肩负的也是同样的使命,他们所要冲破的是传统道德对人的情感的束缚,正像浪漫诗人徐志摩所说的那样:"我没有别的办法,我就有爱,没有别的天才,只有爱,没有别的能耐,只有爱,没有别的动力,只有爱。"②中国浪漫的一代对乔治·桑生平故事的兴趣也是他们对一个外国作家生成环境的兴趣。在他们看来,乔治·桑多次浪漫的恋爱经历,既是一场思想意识上的解放,也滋养了她创作浪漫主义作品的激情,是乔治·桑的第一个爱人促使她走到写作的道路上来,她离婚以后开始歌颂自己独立的生活,而与缪塞那段不可捉摸的爱恋又促使她成为梦幻的诗人,在她最后的恋人肖邦谢世之后,她又从豪放的伤感的浪漫主义转换而为狭隘的田园小说,于是中国读者从她的经历中仿佛还看到了男女情爱对创造力的激发,从而更加坚定对真爱的追求信心。李欧梵曾经总结中国现代文坛上的恋爱事件,不无感慨:"徐志摩与陆小曼、郁达夫与王映霞、蒋光赤与宋若喻,胡也频——丁玲——沈从文,萧军——萧红——端木蕻良,当时对解放的普遍心理就是把爱情和自由融合为一体,意指通过恋爱并激发个人的热情和能力。"③

　　个人情感的解放是与个性解放、妇女解放密不可分的。如果说几千年的封建统治压抑了中国人真实的感情生活的话,那么被压迫在最底层的就是中国妇女。因为三纲五常、三从四德对中国女性的限制要残酷得多。五

---

① 郑克鲁编《法国中篇小说选》中《魔沼》序言。
② 李欧梵《中国浪漫的一代》,哈佛大学出版社,1973年,第6—7页,第26—40页。
③ 《中国浪漫的一代》,第26—40页。

四以前的中国女性没有婚恋自由,没有经济、政治地位,更谈不上主宰自己的生活。而五四以后,中国人的女权意识觉醒了,她们真切地意识到在世界的其他国家,女性有着另外一种生活,她们拥有自己的世界,拥有自主的权力;她们从乔治·桑的生平中看到了女性自由解放的榜样,她们从乔治·桑的作品里也读到了女权觉醒的呼声,在五四人的眼里,"她不但是文学家,同时还是革命家。她的著作多至百数十卷,打破一切的传统观念,主张男女同权,主张女性独立,那种为自由而战争的论调,是为那时代的任何人所不敢道的,就是著名的北欧妇女运动家爱伦凯,也已经在她半世纪以后了"①。在当时宣传妇女解放运动的《妇女杂志》第17卷第7期上,曾经办了一个世界女作家的专号,介绍国外女作家及其生活,同时,还特别翻译了包括乔治·桑在内的女作家的多部作品。我想作为一个对女权十分陌生的国家,乔治·桑以下的几点给中国读者留下了深刻的印象:(一)她喜好男风,穿男士衣服,吸烟骑马,过隐士生活;(二)走出深闺,深入社交界,以写作为职业;(三)追求婚姻自由,勇敢地寻找属于自己的爱情。乔治·桑在现代中国的出现,无疑是一种妇女解放的启蒙,对中国新文学女性作者具有启迪作用。尽管像林语堂这样兼有中西修养的人都一直反对妇女以文学为职业,但到了五四以后仍然有那么一批勇敢地追求男女平等的女性拿起笔杆,走入作家的行业。我们不能不说这与广泛地对外国作家作品的提倡有关。中国现代的一些女作家如冰心、丁玲、庐隐、陈学昭、萧红等人,她们和乔治·桑一样写作,和她一样追求真正的爱,甚至她们中的大部分所热衷的都是共同关心的主题:爱情。从叙述手段上来说,她们都喜欢采取自叙式或全知全能式的叙述方法,以便细腻地表达情感,自由地抒发内心世界。

由以上的分析我们可以得出结论,乔治·桑被介绍到中国的早期,确实通过小说或者自传这些艺术形式,在东方古国——中国的现代"那些容易动感情,而且需要被震荡的人们心中",激发了感情,引起了波动和震撼。而且她的人格精神也确切影响到了现代人女权意识的觉醒,这种非文学现象也是一种影响,正如捷克文论家普实克所说的"文学影响,指的是某种外国文学对某位作家指出他和他时代所面临的问题的可能性和道路而言,如果这位作家根本没有感到有哪一位外国作家或某一个外国流派在他时他

---

① 孙席珍《乔琪桑的生平》,载《北新月刊》第2卷第19号。

地面临的同样问题,那就不存在真正意义的影响,最多只是形式上的模仿,对本国的文学也没有意义"①。事实说明,中国浪漫的一代所面临的与乔治·桑同样的问题不是太少了,而是太多了,以至也有不少的缺憾存在。

二、空白·偏见·曲解:乔治·桑在中国的缺憾

尽管历史提供了那么好的机会让我们更多地了解乔治·桑的全面的魅力,但我们检索的资料还是不容置疑地表明:对于多产的乔治·桑来说,中国读者所读到的她的作品实在是太少了。早在30年代,有读者就意识到:"乔氏的著作国内尚未有整部的介绍,虽然早已有人提及过,至于在法国,就是不习文学的人,只要是受教育的成人,无不知道这位作家。"②而这种对乔治·桑介绍不全面的缺憾,直到新时期还仍然存在。罗大冈在《木工小史》于80年代被重译为中文的时候还是要这样说:"乔治桑并不是个完全陌生的法国作家,她的最受欢迎的作品如《木工小史》《魔沼》《安吉堡的磨工》等,我国都已有了译本,可是,对这位19世纪法国最重要女作家比较全面和系统的研究与介绍,似乎至今还是空白。"③"空白"一词是多么的触目惊心呀!所以确切地谈到乔治·桑与中国读者的关系时,我们只能说中国读者了解乔治·桑,认识乔治·桑,但未必能说中国读者读了乔治·桑,理解乔治·桑。细细剖析产生这种现象的原因,表现为下面几个方面。

首先,由于人们过分注重乔治·桑的传奇经历、她的交织着贵族和平民血液的特殊气质、她的自由精神与热烈多情,不自觉间就忽略了她作品所带来的文学本身的东西。似乎乔治·桑在二三十年代带给中国浪漫一代的东西更多的是精神上和情绪上,而不是文学实质上的。她的浪漫者的精神气质比浪漫的作品更加吸引中国读者。而当该来读读她作品的时候,新文学却走入了急需调整的过程,进入了一种较务实的境地。当中国浪漫派开始出台的时候,他们却选择了"感伤"或"激越"的路子,渐渐脱离了乔治·桑纯理想主义的、纯抒情的浪漫主义范畴。

---

① 普实克《论郁达夫》,载《普实克比较文学论文集》。
② 《最近刊布的乔治桑遗札》,载《小说月报》1930年第21卷第7期。
③ 罗大冈《〈木工小史〉序》。

其次，从女权主义文学批评的观点看来，在对待乔治·桑这位作家的时候，中国读者存在着强烈的性别偏见，而这种偏见又与中国特有的文学上的性别惯例有关。乔治·桑是一个虽然倾向男风却在写作上十分有女性特点的作家：她"每一个观点，每一个概念，都是她的火热的感情中熔炼出来，都有着女性的温爱与真挚的热情的烙印"①。而这种女性信号，正是使以男性文学为传统读物的中国读者一时难以理解的关键，中国文学是从士大夫文学、青楼文学的路上来的，正如伏尔泰所说："一个将妇女禁闭在后宫民族的诗歌不同于一个给予妇女无限自由民族的诗歌。"②而一个正在建立女权的国家的读者也将是无法理解一个女权意识觉醒较早民族的女性文学的惯例，中国要想对乔治·桑的作品有充分的理解和认识，则需要培植一个相当强大的女权亚文化读者群，只有排除性别歧视之后，才能有正确的把握，才不至于有期待的失望。

除此之外，人们对乔治·桑的认识也不是一成不变的。尼采曾经说过："最令人震惊的作品可以被创造出来，成群的历史中立者总是各就其位，准备着长长的望远镜来研究作者，反响立即就可以听到——但总是采取'批评'的形式，虽然批评家本人在前一刻还根本梦想不到这部作品的可能性。"③是的，当我们的读者也透过"长长的望远镜"来看法国浪漫派和乔治·桑的时候，他们也没料到处处可能出现的印象，新的文本总是通过阅读和批评成为一个陌生化了的客体出现在人们面前。如果说二三十年代乔治·桑还颇为热门了一阵的话，到40年代她却是真正的"门前冷落车马稀"了。不过50年代至60年代初人们虽然再次提到乔治·桑，却免不了带着"必要的"曲解了。这个时期，中国从政治到文学都极受苏联的影响。一方面《弃儿弗朗沙》《小法岱特》《祖母的故事》④等得到了翻译，另一方面中国读者看乔治·桑不免就是透过苏联文论家的过滤镜才看到的。此时翻译了许多俄国文论家对乔治·桑的评价，比如普什科夫、维尼纳布依苏努斯等人的介绍。这时候人们喜欢乔治·桑，是人们想知道这么一个普通的作家，如何使"屠格涅夫是她的朋友"，又如何使"别林斯基、赫尔

---

① 罗大冈《〈我的生活史〉序》。
② 玛丽·伊格尔顿《女权主义文学理论》，长沙：湖南文艺出版社，第6页。
③ 转引自布鲁姆《影响的焦虑》（徐文博译），生活·读书·新知三联书店，1989年。
④ 《弃儿弗朗沙》，上海：平明出版社，1954年。《小法岱特》《祖母的故事》，上海：新文艺出版社，1957年。

岑、车尔尼雪夫斯基、陀思妥耶夫斯基、萨尔特科夫—谢德林以及其他许多俄国作家对乔治·桑的作品都予以很高的评价"①，更值得一提的是马克思还亲笔在他的著作《哲学的贫困》上题词："献给乔治·桑女士。"这时的中国读者得出了结论（无论这个结论准确与否），那就是：其一，乔治·桑是空想社会主义者或民主主义者，她崇高的社会理想与反映社会的忠实很受一个社会主义者的理解和欢迎。其二，乔治·桑热爱劳动人民，她认为"在劳动人民的队伍里，任何时代，都有艺术家、雕塑家，充满了天才的诗人"②。其三，她塑造了许多典型人物，像骑在人民头上的布芮可南先生等，他们的愚昧、贪财、恶劣和卑贱特质，她都描绘得淋漓尽致。而所有这些，对人民刚刚当家作主、剥削阶级刚刚被打倒的新中国的读者来说，实在写得大快人心。然而我们说这里包含了对乔治·桑的曲解也是有原因的。因为此时的读者只看到了乔治·桑社会小说或小说中描写社会的一面，而对她浪漫主义的艺术美，对她的纯真热情的爱情美，对她田园小说的牧歌情调却仿佛视而不见，这种片面是一种偏见更是一种误解，因为只用政治或社会观点来读作品，就难免做阶级分析，难免做出不切实际的对历史人物的苛求和指责："她想在田园式的、家长式的生活圈子里，去寻找改造社会的理想，这显然是一条错误的道路。历史把人民领向革命的大路，和剥削阶级做不妥协的斗争，而空想社会主义的作家，想在阶级斗争之外去寻找出路，这就成了进步的障碍。"③读读这段评论，我们不禁想，这更像一篇檄文，而不是一篇文学论文，如果拿政治家的，尤其是20世纪60年代政治家的思想境界来看19世纪的浪漫主义女作家，那必然是会有误解的，而且也是不真切的。事实上，我们认识乔治·桑的空想社会主义应该抱宽容的态度，因为历史造成的作家的局限不应该成为我们真正认识他们的屏障，相反，辩证全面地看待作家，才能真正取长补短，让世界文学宝库中的财富也成为我国文学宝库中的财富或者化为我们自己的财富。新时期以后，正如罗大冈所多次总结的，乔治·桑的几部代表作被重译再版，同时柳鸣九的《论乔治·桑的创作》是新时期内较科学、较全面评述乔氏的重要论文。可是，相比之下，在现代，对乔治·桑的迷恋已经减弱了许多。而对她写得

---

① 普什科夫《法国文学简史》，北京：作家出版社，1958年，第100—102页。
② 乔治·桑《无产者的诗歌·序》。
③ 淑君《乔治·桑和她的作品》，载《文汇报》1961年12月1日。

又快又好的百余部作品,人们仍然只读到了十分之一,可谓凤毛麟角。据悉,法国文学研究界正计划翻译乔治·桑全集。我们期待着这套全译本能早日问世,以弥补这一缺憾,让我们能真正更好地研究这位深情的女作家。

三、天真的纯粹的浪漫之曲:乔治·桑的艺术与中国

关注了许多乔治·桑作品以外的东西以后,到了80年代,人们开始懂得赏析这位多才多艺的女作家的文学艺术和美学观念了。确实无论是她早期的激情小说、中期的社会小说以及晚期的田园小说,还是她的自传《我的生活史》,这所有的作品都以其惊人的浪漫主义的美的魅力征服着读者。乔治·桑有自己独特的美学观,她和雨果不同,她不喜欢用美丑对照来强化美,而信奉爱就是美化,美化就是爱,二者合二为一。同时她的美丑标准也是主观的,评判美丑完全都出于感情的喜好。她完全是与卢梭的《新爱洛漪丝》一脉相承,是浪漫主义文体中的乐天派,她把心灵倾注到了作品里,她的作品是诗情不是叙述,是颂歌没有挽唱,她期待美轮美奂的乌托邦能够安慰人的灵魂。对于社会理想,她的浪漫主义、理想主义倾向于空想社会主义,对未来社会的梦想与雨果有着惊人的相似。中国读者翻译了《乔治·桑与福楼拜的书信》,从中了解到了乔治·桑富有个性的浪漫主义文学观《书信》①,冯汉津总结道:与福楼拜不同,乔治·桑是拥有唯美形式主义思想的,而在创作小说时她把自己的意图倾注到小说中去,提倡歌颂美好,对现实的缺憾做修补,在理想与现实之间,乔治·桑重视的是真理而不是现实。② 对乔治·桑浪漫主义文学特质的挖掘,使中国读者更贴近乔治·桑的本质了。因为如果对她的浪漫主义创作个性没有认识,就等于对她本人、她的美学没有认识。

李欧梵曾经说过:"正是西方浪漫主义的影响形成了中国文学的主要精神,并且至少支配了中国新文学最初十年的发展。"③乔治·桑是在这最初十年的后期进入中国的,恰恰融合到这一支配的力量中去。现代作家大多广泛涉猎外国作家的作品,我们不难在沈从文、徐志摩、郁达夫、冰心等

---

① 《文艺理论译丛》(3)(李健吾译),北京:人民文学出版社,1958年,第178—192页。
② 冯汉津《乔治·桑的浪漫主义文学观》,载《法国研究》1984年第2期。
③ 李欧梵《中国文学中浪漫的一代》,哈佛大学出版社,1973年。

人的身上寻觅到乔治·桑的影子,然而实证的影响研究不是我们的目的,因为无论是在相同相似的现象背后,还是在含混自否的差异背后,都有深刻的内蕴等待我们来挖掘。我们发现在现代的中国始终有浪漫的一代,却一直没有形成浪漫主义文学声势浩大的创作潮流,即使有些作者自觉不自觉地靠近了乔治·桑的风格或特征,但最终却都以极大的差异走向了另一极端。和乔治·桑一样,冰心一直奉行"爱的哲学",作为女性心理的共同趋向,她和乔治·桑一样曾经一度寄希望于爱来挽救世界,然而冰心没有成为一个浪漫主义者,当她开始写"问题小说"的时候就已经不再把虚幻的爱与理想作为疗治社会的良方了。当然她们二人笔下所表现出的童心美和女性美却是可以同日而语的,在她们的作品中你可以看见童趣,那种孩子似的思维、记忆体现出一种真正的纯洁和欢乐。在这里没有谁模仿谁,而是使我们想到世界上无论东方还是西方,美好的女性都有相似的一面。提到乔治·桑那些牧歌似的田园小说,我们不禁想到现代文学大师沈从文,虽然他们有共同的情境背景,而风格却大为不同。沈从文曾经声明自己的创作"不可能受(外国作品)什么影响,也可以说受总的影响",他信仰生命,也发现劳动人民生命的美,然而事实证明"他没有走乔治·桑的路,中国社会现实的黑暗使他无法唱出纯粹的浪漫之曲"①。和乔治·桑有着共同精神导师(卢梭)的郁达夫应该是最可以接近乔治·桑的了,因为他和乔治·桑一样推崇卢梭,信奉他的"生活就是爱",迷恋大自然,赞成平民意识和平等思想,向往美好的感情生活。然而他却并不欣赏乔治·桑,更没有走乔治·桑的乐天派道路,他甚至认为乔治·桑的本领只不过是作"清新的田园小说"和"热情的爱情小说"而已,从个人倾向上,他更喜欢勒萨日、夏多布里昂或者雨果,而从文学实质上,他却完完全全是一个"卢梭与屠格涅夫争夺下的'零余者'"②。从这些零碎的例子中我们发现,不光是上面提到的这几位作家,在中国的其他一些有浪漫主义倾向的作家身上我们也没有发现乔治·桑、雨果这样的强烈理想主义与乌托邦色彩。为什么现代的中国没有自己的雨果和乔治·桑?没有一种追求纯粹激情的浪漫派,而只有带着忧郁感伤情绪的作家呢?

从社会和文化的因素来看,产生这种现象并不偶然。我们知道,欧洲

---

① 《沈从文谈自己的创作》,选自《现代文学研究丛刊》1980年第4期,第237页。
② 许子东《郁达夫新论》,杭州:浙江文艺出版社,1984年。

的"浪漫主义是企图医治宇宙世界的伤痕的尝试,它痛苦地意识到了二元论这个问题,并急不可耐地希望用有机的一元论来解决这个问题;他与混乱对峙,然后产生决心重新恢复宇宙秩序的愿望,它是力图调和矛盾,并以综合代替分裂的一种愿望"①。所谓二元论在这里指的是现实与理想的矛盾,一元论则指的是主观情感。在法国浪漫派眼里,理想就是一种真理,他将战胜现实取得最后的胜利,至于具体的手段这似乎不是他们关心的问题;而中国的浪漫主义在二元论的宇宙问题面前,采取的仍然是二元论的手段,因为他们的文化传统、文学自觉都无法对主观情感产生信心,而只把情感作为表达认识世界时内心痛苦的渠道。虽然雨果、乔治·桑也生活在一个较动乱的年代,但他们在精神上得益的是两大鼓舞:一种是启蒙运动和18世纪末叶革命的伟大理想所带来的鼓舞;另一种是"七月革命"和"二月革命"的社会理想以及空想社会主义的理想所带来的鼓舞。中国浪漫派在现代承受着沉重的民族灾难,尤其是二三十年代中国革命所走的曲折道路,从社会到个人都无法提供一种幻想来寄托变革社会的理想。所以具有敏感气质的浪漫作家只有两条路可走,要么托附感情、抒发感情、要么耽于忧郁、表现忧患。所以乔治·桑在19世纪的法国师法卢梭,是响应他"只有与庄稼人的粗布下面……才能发现有力的身躯"②。认为农民才拥有"心灵的质朴",并通过描写贵族与平民理想而美好的恋爱,体现出渴望平等的理想。她不像郁达夫将自己的思想移嫁于卢梭,而是忠实地追求"卢梭式"的社会理想:"原始生活是一切人、一切时代人的憧憬和理想。"而郁达夫把卢梭的"不平等起源"等思想当作了"近世的共产主义的先路"③,他这样想,是与他本人对旧制度的否定,对新伦理的推崇以及传统儒家和西洋新教的双重压力下的内心苦闷分不开的,他同情卢梭,并把他的忏悔视为自己矛盾心理的告白,同时为自己的作品中弥漫着的情欲苦闷、忧郁情绪和精神对立寻找托辞。卢梭的平等思想和自我意识为郁达夫作品中反叛的漂泊浪子情怀提供了依据。

这种社会大环境所造成的差异,也直接影响了他们不同的对大自然的认识。乔治·桑、郁达夫、沈从文都欣赏大自然,尤其欢迎卢梭对大自然的推

---

① 孙景尧编《新概念、新方法、新探索》,桂林:漓江出版社,1987年,第210页。
② 卢梭《社会不平等的起源》,北京:人民文学出版社,1979年。
③ 郁达夫《卢梭的思想和他的创作》,杭州:浙江文艺出版社,1985年。

崇。郁达夫称卢梭是"自然的骄子",他赞叹卢梭:"……乡村、森林、田园、草舍……大自然的秘密差不多被他阐发尽了。"①郁达夫也深深感到,他的孤独的灵魂、不稳定的心智、放纵的情感和颓废的苦闷正是要投身到大自然中然后得以释发。我们阅读他的作品,同样能感受到富春江秀美的景色,异国风光的绮丽迷人,正是它们滋润着这位徘徊的"零余者"的灵魂。那么这也就是说大自然只是郁达夫借以排遣情怀的工具,而乔治·桑的人和自然是浑然一体的,她描绘大自然的美丽风光,也描绘大自然的人,在她对大自然的赞颂之中,饱含的正是她对人类淳朴状态的赞赏,田园牧歌也是人类的牧歌,这就像雨果给乔治·桑的信中所说的:"广袤的大自然整个儿反映在您的一行句子里,就像天空反映在一滴露珠里一样。您看见了宇宙、生命、人类、牲畜、灵魂,真是伟大。"②而沈从文的田园小说却是一个反差强烈的世界,山清水秀的大自然依旧是那么沁人心脾的美,而生活在这其中的人淡淡的清新和原始的朴质背后是浓郁的忧伤和迷惘。原因很简单,中国此时的乡村田园正在遭受资本主义的冲击,自然经济的自给自足破灭了,自然田园的生态平衡破灭了,中国农民在深重的生活压力下寻找着尊严,未免有些麻木和迷惘。沈从文淡淡的白描下的山水不是浓墨重彩的山水画,而忧伤和忧患才是一个文人内心中最希望人了解的呼声。因为他太清醒了,乌托邦似的世外桃源是不存在的,尽管有世外桃源常有的美丽山水在。

另外我们还可以从作家的个人气质、经历和中西两个不同种族人的不同民族心态上寻找原因。我们曾经肯定,西方浪漫主义的种子确实播撒到了一些中国读者的心灵里,但这些心灵的田园并不是荒芜的,它们多少曾经收割过自己的浪漫主义成果,施的养分也有自家的传统,这些自家的传统造成了我们的浪漫派独特的气质。像郁达夫这样的作家,吸收了我国文化传统积淀中极其富于忧患的一面,儒道两家的出世与入世争夺着他,新思想和旧道德争夺着他,当他在这种争夺下感到十分沉重的时候,当他在忧患中无法解脱的时候,他没有寄希望于幻想,而是更加忧郁沉沦了。而乔治·桑的身上流着贵族的血液,她虽然时常深入社会,但也只是与上流社会、名媛淑女和无忧无虑的19世纪的法国农民有所往来,她本人并未感受到生活的灾痛。法兰西民族素来就是一个乐天幽默的民族,乔治·桑从

---

① 《郁达夫文集》。
② 转引自《充满诗情画意的乡村礼赞》,载《外国文学研究》1985年第3期。

小就是一个勇敢的富有个性充满自信的人,所有这些都决定了她的浪漫主义和雨果一样也是一种理想主义。作为小说世界的多情男女,郁达夫和乔治·桑都爱写爱情,然而同是浪漫作家,不同的个人气质造就的笔下的情感世界却各有千秋。人们常说"了解人们对爱情的看法和表现方式对理解一个时代的精神是个重要因素",反之,一个时代对感情的尺度也能影响时人对爱情的看法。在乔治·桑所处的那个时代,卢梭已提前将风流韵事演变为真挚的爱情,这时肉体上的要求在爱情的园地没有自己的势力,权威们强调的是信仰和秩序,而浪漫派的乔治·桑着力的是使爱情的信仰理想化并打破感情上不平等的秩序。所以她表明自己创作就是"描写诗意的爱情故事,朴素中的美"。无论男女主人公身份地位多么不同,其情感生活都是真挚而美好的。而在郁达夫所处的时代,较开放的新文人已认识到"情爱在文学作品里之所以成为超乎一切的重要,就因为情爱的生活包含着人类心灵的最大限度的扩张"。可是此时的爱情观正处于革命的阶段,许多文人的作品及其个人的感情探索,都反映了新旧思潮下时人混乱的心态,一方面郁达夫感到情感像猛虎一般,不但冲破了重重桎梏,最后把监视情感的理性也扑倒了,一方面他也顾忌情感的"质是否纯正、量是否有度",这种传统与现代的矛盾,使郁达夫的恋爱更多的是性爱,甚至流于颓废的性苦闷和性变态。但是透过表象,我们不难分析得到,正是这种描写中郁达夫曲折地表达了他对真正爱情的渴望以及对爱情的理想。

乔治·桑的美学观、文艺观丰富了浪漫主义理论,是人类的共同财富;而她纯粹的又不失天真的浪漫主义作品,给我们带来了无尽的美的享受。虽说我们在乔治·桑和中国现代作家身上发现了许多差异,但差异并不表明没有影响,因为某种隐性的影响已经存在,并以潜力的解放的形式表现在不同作家的笔下。

比较巴尔扎克、雨果等在中国的反响,乔治·桑在中国确实显得寂寞得多,无论是现代还是当代我们都不能说对她了解有多少,正像她在自传中提及中国的花瓶和发式时那种神秘和怪异的情感一样,乔治·桑与中国之间的隔膜,是需要更多的人的努力来打破的。

第四章

19 世纪批判现实主义作家与中国

司汤达
(Marie-Henri Beyle, 1783—1842)

奥诺雷·德·巴尔扎克
(Honoré de Balzac, 1799—1850)

居斯塔夫·福楼拜
(Gustave Flaubert, 1821—1880)

司汤达《红与黑》(赵瑞蕻译,作家书屋,1944年)

司汤达《红与黑》(闻家驷译,人民文学出版社,1988年)

司汤达《红与黑》(许渊冲译,湖南文艺出版社,1993年)

巴尔扎克《幻灭》(傅雷译,人民文学出版社,1978年)

福楼拜《包法利夫人》中文版(李健吾译,浙江文艺出版社,1994年)

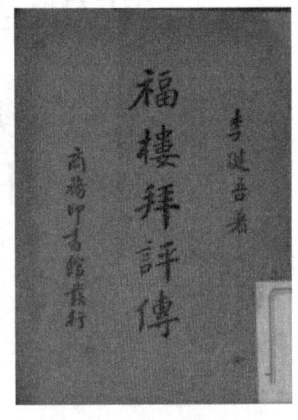

李健吾著《福楼拜评传》(商务印书馆,1935年)

在法国 19 世纪的文学中，批判现实主义是最重大的一种文学现象。……它的意义显然不限于 19 世纪上半期，它是资产阶级时代文学中最有分量的一部分，是整个法国文学发展过程中迄今为止仍高高居上的顶峰；并且它还具有全世界的意义，在人类文学遗产的宝库里占有显著的重要的地位。

——柳鸣九

司汤达深刻，巴尔扎克伟大，但是福楼拜，完美。

——李健吾

19 世纪 40 年代中期，浪漫主义运动接近尾声，批判现实主义文学登上了文学的舞台。它无情地嘲笑了无情可抒的浪漫主义余音，拓开了一个新的文学疆域。驰骋在这个文学疆域的是巴尔扎克、司汤达、梅里美、福楼拜这样一些举世瞩目的名手，他们创造了一系列不朽的迄今仍吸引着千万读者的杰作，成为法国 19 世纪文学中最光彩夺目的部分。

19 世纪批判现实主义作家生在自由资本主义上升时代。资本主义关系确立后，资产阶级革命高潮中那种英雄主义、浪漫激情，逐步为冷静务实所取代，求实精神成了时代风尚；另一方面，资本主义的发展又直接导致了"理性王国"的破灭，在资本主义冷酷现实面前，人们普遍感到的是失望和不满。冷静务实否定了浪漫的遐想，失望、不满又导向了对现实的反思与剖析，这两者的结合，便驱使批判现实主义作家——资产阶级的"逆子贰臣"对社会现实做冷静、无情的批判，而这种批判精神正构成了批判现实主义的灵魂。批判现实主义作家就这样在时代的推动下带着他们创作的大批史诗般的作品，跃上了 19 世纪文学舞台的前台。

19 世纪批判现实主义作家占据文学舞台的时代，正是科学与文学联姻的时代。科学的发展，扩大了人们的认识领域，它对文学的影响主要体现在为作家观察、认识生活提供了一个科学的方法，即分析的方法，从而更精确、更真实地描写社会现实。法国批判现实主义巨匠们在科学精神的深切熏陶下，无不用科学的眼光来剖析现实，表现现实。"文学将越来越采取科学的姿态。"（福楼拜语）司汤达对"精确科学"数学的爱好，直接导致他对精确描写的追求，巴尔扎克更是以科学的哲学头脑、生理学的发现来评判、把握现实，一部伟大的《人间喜剧》，便是熔心理学、哲学、科学、政治学与经济学于一炉的社会风俗史;而福楼拜明确地提出了"小说是生活的科学形式"①,他出生在医生世家,自幼从父亲那里秉承了"实验主义倾向",培养了"对事物周密的观察",他捉笔一如别人操刀一样,是解剖家与生理家兼而有之的;福楼拜对"科学的、客观的"执意追求,发展到极致,又成为自然主义的先声。总之,在批判现实主义作家笔下,文学才真正与科学联姻,它构成了19世纪批判现实主义文学主潮的重要特征,又是影响后世文学的重要因子。

19世纪批判现实主义作家都是在启蒙思想的熏染下成长起来的,他们赖以观察批判现实的思想武器——资产阶级人道主义,也是直接从启蒙作家那儿承袭来的。虽然18世纪启蒙作家宣扬的"自由、平等、博爱"的"华美约言",在资产阶级冷酷的世界,只不过是"自作多情的空话"②,他们因之而经历了"理性王国"幻灭后的那种发自内心的痛苦和失望,然而作为"理性"的尺度和心理基础的"人本"观念却依然存在。当他们用这样"理性"的观点去衡量现实,看到无比高贵、尊严的"人"正在沦为"商品",被空前孤立无援地抛到一个以金钱为杠杆的社会角逐场时,就越加激发起他们对"人的命运"的深沉而热切的关注。批判现实主义文学正是从这一人道主义观点出发,围绕形形色色的个人命运,对现存的秩序,对人与人之间的现金交易关系展开了猛烈的、多方位的揭露、批判,引起了人们对资本主义现存事物"永世长存的怀疑"(恩格斯语),而成为资本主义时代文学的一座高峰。批判现实主义作家对人的命运的关注和描写,无疑构成了资本主义文学的一个传统,也是他们对后世作家们具有魅力之所在。

批判现实主义作家也跟他们的前辈一样,对中国文化充满了神往之情。虽然他们未曾赶上20世纪那股"中国热",但他们毕竟受到了这股"热"的感染,巴尔扎克从15岁起就阅读了杜赫德神甫和格罗西埃神甫(L'abbé Grosier)有关中国的著作③,福楼拜也曾多次梦想到东方这神奇的古国做一次神奇的旅行④,他们的作品不时地提及中国,流露出一种向往

---

① 致马里古尔(Maricourt)书,1865年8月。
② 《〈英国工人阶级状况〉1892年,德文第二版序言》,载《马克思恩格斯选集》第4卷,第277页。
③ 载巴尔扎克评《中国和中国人》(La Chine et les Chinois par Auguste Borget)。
④ 福楼拜致女友高莱女士(Louise Colet)函,1847年12月,载李健吾的《福楼拜评传》,长沙:湖南人民出版社,1980年,第11页。

之情。法国批判现实主义作家对中国文学的影响主要集中在这两个方面：一是科学的描写方法；二是关注人的命运的文学传统，前者曾对茅盾为首的"社会剖析派"作家以有益的启迪①，而后者，直到对我国新时期作家，也依然保持着一种深刻的吸引力。本章正是从这两个方面来探究他们与中国的关系。

第一节　西方的"镜子"与东方的"映像"
——司汤达与中国

> 司汤达自己就是他那时代的一面最珍贵的镜子，是照透法国资产阶级内部矛盾的一面镜子，也是前进中民主革命的一面镜子……
>
> ——阿拉贡

> 他从18世纪走进19世纪，好像一个陌生人：人家要狂热，他要冷静；人家要描写，他要分析；人家要梦想，他要现实；人家要色彩，他要正确。然而他热情，爱意大利，爱力量，爱戏剧性故事，爱莎士比亚，爱一切属于美丽和正义的真实的东西。
>
> ——李健吾

司汤达(Stendhal，1783—1842)曾把自己的文学创作(主要是小说)奇妙地称作"镜子"，在遐迩闻名的法国艺坛，他无疑是创造这种"镜子"的巨匠。照法国大作家阿拉贡的说法，司汤达本人就是"他那时代的一面最可珍贵的镜子，是照透法国资产阶级内部矛盾的一面镜子，也是前进中民主革命的一面镜子"②，这在群芳争艳的法国19世纪文苑，可谓独树一帜。

司汤达是独特的，也是寂寞的。不仅他生前知音甚少，不被世人理解，而且死后相当一个时期内，也倍受冷落，被弃之一隅。司汤达始终坚信未来，期待着未来。他生前曾说过："我所想的是另一场曲彩，在那里最大的彩注是：做一个在1935年为人所阅读的作家。"历史是公允的，时间绰绰有

---

① 详见"巴尔扎克与中国"一节。
② 阿拉贡《论司汤达》，载《阿拉贡文艺论文选集》(盛澄华等译)，北京：人民文学出版社，1958年，第225页。

余地实现了他的愿望。在他辞世后半个世纪之后,当人们重新发掘出这面湮没已久的"镜子",拭去世纪的尘埃的时候,司汤达,这个奇特的作家,不仅在自己的祖国,而且在辽远的东方——中国,放射着何等独异的光彩!

然而,这面西方"镜子"的满路风雨的东方之旅,却又经历了多么坎坷的命运!从中映照出的又是怎样纷繁奇特的映像!

一、你中有我,我中有你:司汤达的镜子与中国的"观镜者"

司汤达的名字见诸中国大约是 20 年代,他的作品流入中国则始于 30 年代。1926 年孙俍工写的《司汤达》一文(载《世界文学家列传》一书),率先向中国介绍了这位作家。1932 年由穆木天辑译的短篇小说集《青年烧炭党》(即《法尼娜·法尼尼》),可能是最早介绍到中国来的作品。1936 年,生活书店出版了由著名法国文学研究者李健吾译出的《司汤达小说集》,内收《迷药》《箱中人》《法妮娜·法尼尼》等六个短篇。1944 年,他的代表作《红与黑》,由赵瑞蕻根据英文首次节译成中文,由重庆作家书屋出版,开始了这部名著的中国之行。1948 年,他的另一部长篇《巴马修道院》由徐迟译出,译名为《帕尔玛宫闱秘史》。1949 年,罗玉君据法文原版译出《红与黑》,分上、下两册在上海公开出版,从此这部小说便在中国公众中流传开来,历时半个世纪之久,至今不衰。在风雨如磐的三四十年代,中国接受者从法国寻来了司汤达这面镜子,对镜相视,从中看到的是似曾相识的故旧,油然而生出一种"你中有我,我中有你"的亲近感。《红与黑》的第一个中文译者赵瑞蕻就曾说过,《红与黑》这本大书是他的久已神交的"一个老朋友",是陪伴他"航过一段岁月倥偬、又多风雨的海路的旅伴"[①]。司汤达作品中所表现的"贝尔主义",那特有的激情、力度以及与命运搏击的精神,无疑深深打动了那一时代辗转生活而追求光明的中国一代知识分子的心,引起了他们一种似曾相识的感情共鸣,从而在心理上得到认同。因此,司汤达的中国之旅的第一站便受到了相当热烈的欢迎,中国第一代读者——他们多半也是司汤达似的浪迹天涯的知识者——对其人其文都做了肯定性的评价。他们认为,司汤达是"浪漫主义到自然主义(即现实主

---

① 赵瑞蕻《红与黑》译者序,北京:作家书屋,1944 年。

义——引者)的桥梁",是"浪漫派和写实派混和的人物"①,其小说"都有浪漫派和写实派的双重作风"②。说他是浪漫派,因为他所钟爱的人物,多为"浪漫的英雄典型"③,也在表达这些人物的"热情与意志的地方,不曾脱去浪漫主义的基本色彩"④,说他写实派,这是因为他的小说具有"写实的特点""不单是社会动态的写实,也是人物心理的写实"⑤,他"以恰切的心理方法所描写的自我已从浪漫派超现实主义的立场分离开来,而置于复杂的现实生活的交点上",因此,他的小说"可说是浪漫派小说中的现实派先驱"⑥,是"写实心理分析小说"⑦。《红与黑》正是这样"一部杰作"。主人公于连的"坚强意志,充溢的才能以及行动上所表现的燃烧的热情",被司汤达"用犀利的心理分析方法算是毫无遗憾地描写了出来"⑧。虽然三四十年代的研究者们沿袭的是泰纳和朗松的观照方法,但由于他们与司汤达之间的心理落差较小,倒也观照到了这位西方作家颇为真实的一面。

五六十年代随着罗玉君的《红与黑》中译本的问世以及这个本子的一版再版,特别是1960年《红与黑》电影在全国上映,司汤达这部杰作才真正在中国流传开来,这位法国大师精心制作的"镜子"传到中国第二代"观镜者",即新时代的青年接受者手中,才真正产生"你中有我,我中有你"的格局,反响强烈:读了这部小说,痛恨贵族、僧侣庸俗、虚伪、贪婪与自私者有之,崇拜于连的个人主义反抗精神者有之,欣赏玛特儿玩世不恭者有之,倾慕市长夫人风度者有之,醉心于爱情场面者有之⑨。由于接受情趣不同,取舍相异,因而呈现在他们的接受屏幕上的映像、色相也就相异。从接受美学看,原是十分正常的现象,但从"纯粹的""一统的"无产阶级审美角度看,却又是不正常的现象(即不健康的现象),于是便引发了1958年和

---

① 袁昌英《法国文学》,上海:商务印书馆,1944年,第222—224页。
② 吴达元《法国文学史》,上海:商务印书馆,1946年,第486—487页。
③ 《法国文学史》,第486—487页。
④ 夏炎德《法兰西文学史》,上海:商务印书馆,1936年,第372—373页。
⑤ 《法国文学史》,第486—487页。
⑥ 《法兰西文学史》,第372—373页。
⑦ 《法国文学》,第222—224页。
⑧ 《法兰西文学史》,第372—373页。
⑨ 参载夏玫、郑克鲁等《〈红与黑〉的历史背景及其社会意义》,载《论司汤达的〈红与黑〉》,北京:人民文学出版社,1958年。

1960年初对《红与黑》的讨论和批判,1958年人民文出版社出版了《论司汤达的〈红与黑〉》的小册子,1960年全国拥有较多青年读者的两家杂志《文学知识》《大众电影》,就小说和电影《红与黑》展开的全国性群众性的讨论和批判,就在这样的背景下开展起来的。1949年以后,中国接受者具有不同于上一代观镜者的政治眼光和接受意识,他们从司汤达这面镜子中看到的是不同的映像:

（一）否定性的。他们看到了于连是一个"不可救药的个人主义者"①,"彻头彻尾的个人主义野心家","政治野心家"。② 他在政治上是个"变色龙"③,在爱情上他"玩弄狡猾欺骗的手段"④,行为"十分恶劣","是道德败坏的典型"⑤,他的"反抗",只不过是为了"挤上去",占有统治阶级的"一席之地",为了向上爬,"他什么坏事都准备干"⑥,"只要能达到个人名利,什么都干得出"⑦,"他在法庭上慷慨陈词无非是'黄粱梦'散后的怨愤,无非是对过去勃勃野心丧失了信念的哀鸣,无非是不愿意在情敌哇列诺面前示弱"⑧;他的悲剧是个人主义毁灭的悲剧,不一而足,对于连做了全面的否定性的审视。由作品主人公的否定进而否定小说和作者,认为司汤达这面镜子没有反映社会历史本质,没有反映"人民在社会进步和历史定展上历史地位和作用","颂扬了主人公的野心",暴露了"司汤达内反动政治观",在这样"左"的非文学的政治审视下,《红与黑》这部大著,充其量只不过是一部"有蜜糖也有毒药"的小说,"不过毒药多于蜜糖。就是蜜糖里也渗透着毒汁,容易引人中毒"⑨,简直应该扔进垃圾堆。如此的映像,与其是制镜者(司汤达)所投放的形象,毋宁说观镜者(中国接受者)的政治信念、心理倾斜的一种投影——一种变了形的映像。在一个相当长时期内,中国所流行的就是这种否定性的审视与观照,这是司汤达流入中国后被曲

---

① 柳嘉《怎样对待外国古典文学作品》,载《文学知识》1960年第6期。
② 冉国选《批判司汤达的〈红与黑〉》,载《开封师院学报》1960年第93号。
③ 王忠祥《于连的政治观点、英雄主义和生活原则》,载《文学知识》1960年第6期。
④ 姚文元《从〈红与黑〉看西欧古典文学作品中的爱情描写》,载《论司汤达的〈红与黑〉》,北京:人民文学出版社,1958年。
⑤ 冉国选《批判司汤达的〈红与黑〉》,载《开封师院学报》1960年第93号。
⑥ 文外《〈红与黑〉和于连》,载《山东文学》1960年第11期。
⑦ 南开大学中文系西欧文学评论组《西欧古典文学中的个人主义》,载《文学知识》1960年第6期。
⑧ 王忠祥《于连的政治观点、英雄主义和生活原则》,载《文学知识》1960年第6期。
⑨ 王忠祥《于连的政治观点、英雄主义和生活原则》。

解的直接原因。

（二）肯定性的。审镜者从镜中看到了，于连是个"有才能、有抱负、有正义感"①的英俊青年，他聪明、干练、敏感、倔强，具有火一般炽热的性格、奔放的热情、高傲的脾气和强烈的自尊心"②，"本质是善良的高贵的"③，他"具有极强的阶级意识"，"具有极强的反抗意志"，"这种反抗足以代表他那阶级的基本要求"④，他的往上爬是"一种受客观条件限制的特殊手段"，他的虚伪和机巧是一种"伪装的、隐蔽的斗争手段"⑤，他的恋爱"主要地也是作为他反抗斗争的一种手段"⑥，他的"心是热烈而充满柔情的，他对德·瑞那夫人，一经从敌营夺过来之后，是多么倾倒，多么回肠荡气"），他的悲剧既是"个人的悲剧，也是时代的悲剧……"对于连做出了宽容的、肯定的评价，显示着这一部分观镜者与制镜者的心气会通。

（三）批判性的。审镜者认为于连是司汤达从平民中间寻找出来的"英雄""炮弹"，是一个有强烈反叛精神的角色，然而，当他作为一个叛逆形象，呈现于司汤达镜面的时候，在他身上表现最为突出的又无疑是"资产阶级个人主义性格"。这个"英雄"，"其实不过是一个追求个人财富、个人权力、个人荣誉、个人幸福的野心勃勃的个人主义者"⑦。这是 60 年代中国马克思主义批评家的审视，审视显然是严峻的，但也不乏独到之处，它看到了于连这颗"个人主义炮弹"，打到他所憎恨的封建阶级头上的时候，确实能产生振聋发聩的作用："他从司汤达笔头上被发射出去，到处横冲直闯，在德·瑞那市长公馆，在德·拉·木耳侯爵府第，在神学院，在秘密会议室里，在碉堡中，最后在法庭上，凡是触及这颗炮弹的人，都不能不使自己立刻爆炸：撕掉伪善的面具，剖开隐藏的灵魂，赤裸裸地和盘托出他们在政治上、道德上、宗教上、法律上乃至恋爱上的秘密。正是从这个意义上，于连得到了历史的评价。他们注意到了司汤达并没有掩饰他心爱的英雄的"恶德败行"，但为了要替中、小资产阶级树立一个勇敢的榜样，"不得不

---

① 陈国桦《评〈红与黑〉》，载《新华日报》1959 年 6 月 8 日。
② 黄嘉德《司汤达和他的代表作〈红与黑〉》，载《文史哲》1958 年第 3 期。
③ 梁宗岱《怎样理解于连这个人?》，载《羊城晚报》1962 年 6 月 2 日。
④ 黄嘉德《司汤达和他的代表作〈红与黑〉》。
⑤ 浦前《应该历史主义地评价〈红与黑〉》，载《文学知识》1960 年第 4 期。
⑥ 浦前《应该历史主义地评价〈红与黑〉》。
⑦ 唐弢《司汤达和他的于连——关于小说〈红与黑〉的讨论》，载《文学知识》1960 年 7 月号。

终于肯定他曾经否定了的东西,使于连实际上非常丑恶的性格涂上一层反抗、勇敢、进步、能干的保护色,通过形象的描绘输送给青年,成为青年心目中的'英雄',散布和扩大了资产阶级个人主义的影响"①。这显然也是一种政治观照,但它看到了于连镜像的历史的进步性,也看到了它的时代局限性,在那一时代被认为是最佳的观照方法,而"个人主义的炮弹"和"英雄",也似乎成了检视司汤达这面"镜子"的最真实的映像,成了中国当时对于连的最带权威的界定。

从某种意义上说,任何优秀的文学作品都是一面镜子,是反映作者身内世界和身外世界的镜子,镜中的主要形象,在一定程度上多半是作者的投影,像司汤达这样一个"人类灵魂的观察者"②,制造"镜子"的巨匠,更是如此。当人们对司汤达这面镜子加以检视和考察时,检查"镜子"者便身不由己地照入镜中,造成了"你中有我,我中有你"的双重映像。正如镜中的投影不是制镜人本身的一种机械的平面的"镜像"一样,观镜者的映像也不是不变的、恒定的,总是有所变形,有所放大、缩小,有所遮盖、装饰。而这些变形、放大、缩小、遮盖、装饰,恰恰正是检查镜子者身内身外的具体处境及由此而形成的期待视野、观照方式使之然。由于每个读者的期待视野、观照方式并不相同,不同的观镜者又会将自己的影子映入其中,这就获得了一种叠印的丰富性和多样化。这就是为什么司汤达这面镜子传到中国之后会产生如此纷繁多样的映像的原因。

二、"镜子"乎?"魔方"乎:"四人帮"的攀附与司汤达的厄运

司汤达投入镜中的,虽不是一种机械平面的"镜像",但总有其客观的规定性。检视"镜子"者,如果无视这种客观的规定性,任凭主观体验,指鹿为马,那么"镜子"也就成了任意转换的"魔方",投入的不再是观镜人富有创造性因素的映像,而是主观随意化的幻影。司汤达进入中国后,曾有过"镜子"成"魔方"的时期,这是60年代后半期到70年代前半期"四人帮"文化专制时代,司汤达和他的于连遭荼毒与厄运的"炼狱期"。

---

① 唐弢《司汤达和他的于连——关于小说〈红与黑〉的讨论》。
② 引自1958年纽约"矮脚鸡古典文学丛书"英文本《红与黑》序。

在"四人帮"扫荡中外文化的十年动乱期间，司汤达也像一切优秀的外国作家一样遭到了禁闭，但他却"有幸"第一个获得了"开禁"，享受了其他西方作家所没有享受到的"殊荣"，因而也经历了其他西方作家所未曾经历过的奇特的命运。当"四人帮"猖獗一时，《红与黑》被其御用的"无产阶级金棍子"打成了"色情小说"，遭到了最粗暴的残踏，当这伙文化骗子处于灭顶之灾时，又把它像救命稻草似的端了出来，"四人帮"的挂帅人物亲自出马"推荐"这部小说，赏给了几个难得的赞词，把它变成了自己手中随意旋转的"魔力"。在 10 年低气压的、非文化的生存困境下，司汤达的"镜子"充当了一个奇特的悲剧角色。

"镜子"成了"魔方"，无疑是"镜子"的制造者司汤达的不幸，也是检视"镜子"者——中国第三代接受者的悲剧。慑于"四人帮"主帅对《红与黑》的"举荐""定性"，一些研究者无视作品所提供的客观形象，亦步亦趋，按"钦定"寻求实用主义的诠释，完全失去了自己的主体意识。他们在这个时期发表的研究文章中，将 60 年代群众性大批判的极"左"的调头抬高到了极致，失衡的审美心态，错位的价值标准，便使于连完全变了形：于连成了在"复辟与反复辟的斗争中"，"应运而生的投降派"；他根深蒂固的资产阶级个人主义，"决定了他在封建贵族势力的安抚招诱政策面前，必然要走上一条屈膝投降的可耻的道路"；他进神学院，"把自己的灵魂完全出卖给天主教，成了一头'涂了圣油'的警犬"；他任侯爵秘书，"已经落为封建贵族地主的一条十分阴险毒辣的叭儿狗"；他参加黑会，"最后成了一个贵族复辟的忠实走狗，死有余辜的卖国贼"；而他最后的悲剧结局，则证明了，"凡是叛徒卖国贼，搞阴谋诡计的人都没有好下场"，为人们提供了一个不可多得的"反面教员"。据评论家说，这个反面教员，"可以帮助我们识别那些阳奉阴违、口是心非、惯于玩弄权术来欺骗群众来实现其卑鄙目的的野心家和阴谋家"①。读这些"评红"文章，无异于读当年讨伐卖国贼林彪的"大字报"。事实上这些只有征讨而无学术的文章正是"四人帮"专制时代奇特的政治和奇特的心态相结合的产品。于是，灌注着司汤达的生命和热情的人物，也就成了批评者随意摆弄的玩具，遭到了最无情的败坏：林彪垮台了，于连成了卖国贼、投降派；林彪倒台后，于连又成了资产阶级世界观破产的典型。司汤达这面镜子也就成了随着

---

① 江益《于连——向复辟势力屈膝的投降派》，载《开封师范院学报》1976 年第 2 期。

中国政治风云旋转的魔方,转到红就红,转到黑就是黑,遭到了最粗暴的糟蹋。

《红与黑》因"四人帮"的攀附而受到糟蹋,却没有随"四人帮"的倒台而获得解放,反因此而受株连,这使它在中国之行中比任何一部西方名著经受更多的磨难。在清算"四人帮"的斗争中,司汤达创造的这面"镜子",继续被当作魔方旋转,镜像中的于连被戴上了各种怕人的帽子:"极端的个人主义野心家"①"资产阶级个人主义野心家"②"中小资产阶级出身的知识分子右翼"代表,极端的个人主义欲望,使他"在复辟时期的尖锐而复杂的阶级搏斗中被腐蚀,走上了堕落的道路"③,"滚到了封建社会和贵族一边,成为复辟派的帮凶,是个逆历史潮流而动的反动形象"④。用这样的政治视角,做这样严厉的阶级定性式的观照,熔铸着司汤达血肉的活脱脱的于连形象也便成了为"个人野心"所牵动的木偶,他的一切思想和行为都是这"野心"驱策的结果:"他所以不满意贵族阶级的骄横跋扈、鄙视哇列诺、福力列这些暴发户","仅仅是因为那些人妨碍他的飞黄腾达而已"⑤,他在法庭上的陈言,"是个野心未遂的怨恨的发泄",至多"不过是临死前对贵族阶级的不可逾越的森严壁垒的洞见和对像自己这样的人爬不上去的醒悟而已"⑥,他的毁灭"是个人野心家性格的悲剧"⑦,"是当时那种具有资产阶级个人野心的不择手段往上爬的小资产阶级青年的可悲下场"⑧。"钦定"的高校教科书和全国各种杂志上研究司汤达的文章都充斥着这些"左"的定断,显然是60年代政治批判的翻版和继续。它完全抽去了于连形象的社会思想意义,因此实际上也就否定了这个小说——镜子的价值。然而,司汤达的这面光彩照人的镜子,毕竟是神奇的,它不但"映出蓝色的天空",而且"映出路上的泥塘",映出了"四人帮"攀附的政治伎俩和在"四人帮"文化专制下中国第三代接受者倾斜的心理、难言的处境和观照的怪圈。

---

① 杨周翰《欧洲文学史》,北京:人民文学出版社,1997年。
② 杨周翰《欧洲文学史》。
③ 陈星鹤《近似的生活道路,不同的命运结局》,载《南宁师院学报》1982年第1期。
④ 孟宪义《评〈红与黑〉》,载《哈尔滨师院学报》1978年第2期。
⑤ 陈星鹤《近似的生活道路,不同的命运结局》,载《南宁师院学报》1982年第1期。
⑥ 杜宗义《给〈红与黑〉以恰如其分的评价》,载《内蒙古大学学报》1981年第1期。
⑦ 徐鹏《论〈红与黑〉》,载《阜阳师院学报》1984年第1—2期。
⑧ 杜宗义《给〈红与黑〉以恰如其分的评价》,载《内蒙古大学学报》1981年第1期。

面对学术界这种混乱状态,摆到中国司汤达研究者面前的一个首要任务,就是揭露"四人帮"对《红与黑》攀附的伎俩,驱散他们散布的迷雾,恢复这面镜子的真实面目。率先做这种"正本清源"工作的是柳鸣九,他在1978—1981年间先后发表了《"四人帮"的攀附与〈红与黑〉的意义》《〈红与黑〉和两种价值标准》《司汤达论》等,对《红与黑》进行深入的考察。作为一个坚持马克思主义、严肃的外国文学研究者,他高过同期研究者之处就在于,他并没有因"四人帮"的攀附而粗暴地否定这部作品,而是运用手中的利器——马克思主义,揭穿"四人帮"攀附的险恶用心,给《红与黑》以科学的评价,从而使这块被"四人帮"搞乱的学术园地得到清理,使之走上健康发展的轨道,这是他对中国司汤达研究的一个贡献。在他看来,把"魔方"回复到"镜子",并给以正确的观照,有效之途就是回到马克思主义立场上来。他用马克思主义批判的冷峻的眼光,来审视《红与黑》,首先看到了这是反映时代本质、揭示阶级斗争规律的一面镜子,从总体上给它以高度的评价。他指出,司汤达在自己时代社会的两种制度、两个阶级的斗争中,"站在符合历史前进的方面",在自己代表作《红与黑》中,"描写了历史上一个特定的时期里决定历史向什么方向发展的重大的矛盾和斗争,描写了这一特定的时期社会发展的必然规律和阶级斗争的必然规律,揭露了倒行逆施的社会阶级力量,它以这样生动形象的描绘使我们看到在封建主义向资本主义发展的过程中,经济规律和政治斗争规律是如何实际上决定着社会的进程和人们的活动",从而形象地告诉我们,"社会前进的规律是不可抗拒的,是任何强大的社会逆流和历史曲折所不能改变的"[1],换言之,司汤达在创造这面镜子时,投进了他自己对时代、阶级的思考。使《红与黑》成为一部经得起时间考验的巨著,成为"那一时代最珍贵的镜子",这是它的价值,也是司汤达之所以成为杰出作家的原因所在。其次,他用冷峻批判的眼光审视于连,看到了这一形象的悲剧性所在。他认为,马克思指出的"小土地所有制和大土地所有制的对立"[2],是于连悲剧命运最深刻的经济根源。他以此为钥匙,试图打开于连丰富性格和悲剧命运的奥秘:于连的虚伪,"正是他作为一个小私有者为适应复辟时期的政治、道德的规

---

[1] 柳鸣九《"四人帮"的攀附与〈红与黑〉的意义》,载《论遗产及其他》,上海文艺出版社,1982年。

[2] 柳鸣九《"四人帮"的攀附与〈红与黑〉的意义》。

范以达到自己向上爬的目的而采取的投机手段";于连的愤慨只是"小私有者对大私有者的愤慨";于连的悲剧是"一个小私有者在一个要毁灭小生产者的反动历史逆流中盲目追求个人利益的悲剧";于连的经历,"充分反映了由贵族阶级占统治地位的上流社会,根本上不容许一个平民青年挤进来,它必然要通过种种方式把这种人扔出去,毁灭掉"。他指出,于连这个悲剧形象的塑造,是"与对复辟时代社会风貌的生动反映,对阶级斗争的真实描写交织在一起的,成了完整的艺术整体,成了一部封建贵族复辟与反复辟的形象历史",因而是有意义的。这种观照确实比我国以往的马克思主义批评家更深刻地触到了这一悲剧人物的阶级实质,从而将司汤达研究推向前进。但是,我们也不能不看到,阶级定性分析,总难免有它自己的局限,特别是将于连这样一个有着鲜活个性的人物置于"小私有者"的阶级框架内透视,将他的愿望与要求,思想与行为,追求与失败,将他对拿破仑的崇拜与追随,对社会的妒恨和愤慨,对贵族的抨击与反抗都统统归结为小私有者的自私性和盲目性,势必把这个人物所蕴含的丰富美学意蕴简单化了,因而他也无法解释这个于连何以其有道德家欲禁不止、革命家欲弃不舍、批评家欲休不能的力量,无法解释司汤达这面镜子虽久经糟蹋而始终光彩不灭的原因。

值得庆幸的是,西来的司汤达和他的心爱的于连,在中国马克思主义批评家那犀利威严的目光的审视下,虽然会感到些许的冷峻,但对他们来说,毕竟是"解脱"的一瞥,意味着他们中国之旅的苦难历程也许已走到了尽头。

三、横看成岭侧成峰:西方的"镜像"与东方的"映像"

"四人帮"文化专制主义的终结,中国进入了新的历史时期。司汤达的中国之行由此步入新的途程。《红与黑》被一印再印,而且有多种版本,广为流传。他的其他作品也被相继介绍到中国来。中国对外开放政策,为外国文化的译介提供了适宜的生存环境。打破精神枷锁,得到思想解放的外国文学研究者,在一个从未有过宽松自由的学术环境中获取了新的意识、新的视野、新的审美尺度。司汤达和他的独特的"镜子",在新的读者中引起了更多的关注,激发了更大的探求热情,他所精心投影的"镜像"——于连形象,也在新时期接受者较为开放的目光下,有一番新的观照，新的认识。他们认为于连既非骗子，也非野心家，而是"一个叛逆的平民的悲惨角色"①，"是在两个对立时代交替过程中产生的小资产阶级个人英雄主义者或个人英雄典型"，在他短暂的一生中，"反抗性也即平民阶级的自尊性居于支配地位"②，他为改变自己受压迫的处境去反抗社会，"多少反映了当时小资产阶级青年的一种本能愿望和要求"③，这种反抗即使纯粹出于个人利益的反抗，即使是在个人英雄主义基础上的反抗，"在一定程度上反映了广大人民，特别是中、小资产阶级不满现实，要求改变地位的愿望"④，在当时同样充满了"历史的正当性"⑤，因此，不能把他的思想性格和他的悲剧结局都视之为"个人野心家"必然的表现和结果，而应当和他的反抗性联系起来考察。这样，他的"虚伪和矫饰"，就并非是利己主义的谋算，"实质上是反抗性格的异化"⑥，他在法庭的最后演说，也并非是个人野心家临死前的哀鸣，而是"他一生中最富有社会意义的反抗"⑦；他宁死不向教会屈服，宁死不向反动的君主屈服，与其说"只是对复辟社会表示了个人主义绝望的反抗"⑧，不如说"在其生命的最后一刻，他又以自己大胆反抗贵族阶级的勇敢举动完成了精神光灿夺目的升华"⑨；他的悲剧与其说是"个人主义野心家失败后的悲观绝望的结果"，毋宁说是他反抗性格逻辑发展的结果，是"生不逢时，天生我材而无可所用"⑩的悲剧。总之，在新一代读者看来，这个在中国当了半辈子的"反面教员"、桎梏有年的人物，是该摘帽解放了。

然而，司汤达镜中的于连，是个极为丰富复杂的艺术存在，毕竟不是摘帽解放的政治解决就可了事的，必须进行深入的探究。而当人们真正面对这个丰富的个性，试图把它说个究竟时，又不能不深感困惑：司汤达创造的这个于连，何以能激起不同时代的人们经久不衰的探索热情？何以产生如

---

① 张继顺《天生我材何所用——漫谈〈红与黑〉中的于连形象》，载《名作欣赏》1984 年第 5 期。
② 汪梧村《于连形象新探》，载《法国研究》1984 年第 1 期。
③ 杜光远《对于连形象复杂性的再认识》，载《宝鸡师院学报》1987 年第 2 期。
④ 汪梧村《于连形象新探》。
⑤ 张继顺《天生我材何所用——漫谈〈红与黑〉中的于连形象》。
⑥ 周中兴《在夹缝中奋进，在战斗中灭亡——评于连》，载《淮阴师专学报》1980 年第 4 期。
⑦ 穆睿清《他不是个人主义野心家——也论于连》，载《文艺理论家》1986 年第 1 期。
⑧ 柳鸣九《"四人帮"的攀附与〈红与黑〉》，上海文艺出版社，1982 年。
⑨ 杜光远《对于连形象复杂性的再认识》，载《宝鸡师院学报》1987 年第 2 期。
⑩ 张继顺《天生我材何所用——漫谈〈红与黑〉中的于连形象》。

此纷纭相悖的评说？到底怎样认识这个最动人也最招是非的形象？这，始终是中国接受者颇感困难的课题。新时期研究者为之进行深入思考和探索，对于连的复杂性有了新的领悟和把握。他们认为，于连的思想性格是矛盾的，甚至具有难以调和的两重性，他是一个充满矛盾的人物。他内心世界，异常深刻而复杂，"他既卑怯又勇敢，既虚伪又正直，既狡猾又诚实，既老练又天真，既复杂又单纯，所有这些水火不容的对立特征，在他的性格逻辑中却有惊人的统一"①，因此，考察于连形象时必须注意到这一矛盾性格的奇特结合。笔者以为这是颇具创见的观照。事实上，司汤达笔下的于连正是这样一个矛盾结合体：自尊于平民阶级而不甘于这个阶级地位；敌视上流社会而又向往于这个社会；自觉的抗争意识与个人进取的野心相交织；性格流程中人性与"狼性"相渗透。这一切不但决定着于连性格的全部复杂性，而且也内在地规定着这个人物的思想深度与限度。有些研究者为了替于连"平反"、不惜拔高他。而讳言他的个人主义和个人奋斗的方面，这其实是不正确的，也不切合人物的实际和作者的创作意图。司汤达曾说："社会好像一根竹竿，分成若干节，一个人的伟大事业就是爬上比他自己的阶级更高的阶级去，而上面那个阶级则利用一切力量阻止他爬上去。"②于连沿着这根竹竿，一生搏击，爬过了这么三节：市长的家庭教师、神学院的教士、侯爵的秘书。如果以此为于连人生坐标中轴，那么，他在短促的生命中，奋进与追求以及由此而形成的复杂的性格都可以从中找到出发点。于连整个性格体系都充分显示了这种为改变个人地位而"自我奋斗""自我实现"的根本特征，于连的一生就是与命运抗争的不屈意志的象征。"人的本质表现为他的意志而奋斗，满足，再奋斗，再满足这样一个永恒不断的循环中"③，如果叔本华这段话还有道理的话，那么，只要人类社会还需要为命运而去奋斗，于连这个形象就会有永久的启迪与魅力。于连这个人物无疑凝聚了作者对人类个体的生存与奋斗的深刻思考。

人物性格的多重性、丰富性，自然会引起理解的多义性和观照的多异

---

① 何新《论于连·索黑尔——对〈红与黑〉的几点认识》，载《社会科学辑刊》1981年第3期。

② 司汤达《自我主义者的回忆》，转引自张英伦的《〈红与黑〉简论》，载《吕梁师专学报》1986年第2期。

③ 叔本华《一个憔悴的人》。

性,产生不同的评说。新时期司汤达研究者对于连性格的两重性的发现,揭开了这个人物何以毁誉不一的原因,这对认识于连丰富的个性无疑是个突进。当然,中国接受者对于连镜像的歧见及由此而呈现的不同映像,不仅决定于人物形象本身丰富性格内涵,也决定于检视镜像者的角度和标准。正像有些研究者所指出的:"一方面在作品,从根本上看,于连是个复杂、具有二重人格的形象,一方面在评论家,看他们更倾向于'二重人格'的那一重。"①所谓"横看成岭侧成峰,远近高低各不同"。司汤达创造的这面镜子为检视者提供了多视角观照的可能性。这无疑是他的魅力和深刻之处。深刻是一部作品、一个形象生命的源泉。一部作品、一个人物形象写得愈深刻,他所蕴含的潜在功能愈丰富,也就为读者参与再创造开辟了愈为广阔的天地,也愈能引起读者经久不衰的探索热情。《红与黑》及其主角于连之所以引起中国不同时期的读者如此广泛的关注,产生如此不同的争论。一个重要原因就在于写得深刻,写得独特,具有多种释义的潜在功能。《红与黑》中那特有的"不确定的气氛"以及空框的、开放结构的设置②,使读者在阅读过程中积极参与再创造成为可能,实际上使这部小说成为一部说不尽的小说。

《红与黑》这面镜子的独异性,于连这个镜像的两重性、多重性需要多视角、多方位的观照,而新方法③的引进为这种观照提供了实际可能。这就助成了中国司汤达研究向前发展的契机。新时期司汤达研究最富有意义的突破莫过于研究者超越了以往单一的政治层面的观照,采取多元的价值取向,从美学思想、艺术风格、思维方法进行多方位、多层次的透视,实现了方法论的革新。

首先,对爱情描写的爱情心理学的透视:《红与黑》不是一部偷香窃玉、寻奇猎艳的爱情小说,于连不是寻花问柳的花花公子,这是我国研究界

---

① 皇甫积庆、马汝伟《〈红与黑〉》批评角度的再批评》,载《青海师院学报》1985年第3期。
② 韦遨宇《论司汤达文学创作中的'20世纪意识'及其方法论意义》,载《中国社科院研究生院学报》1986年第1期。
③ 运用系统论透视于连的复杂性格,如蒋承勇《从系统的自组织原理看于连性格的自在性与自主性》,载《外国文学评论1987年2期。运用原型批评观照于连独特个性,如许元华《于连的"原型"与"类型"》,载《华东师范大学学报》1991年第2期;蒋承勇《主体意识的渗透与人物形象的创造——司汤达小说人物原型及其变形》,载《台州师专学报》1992年第2期。运用阐述学"女性阅读"的方法来"解读"作品主题和人物性格,如李还丰《〈红与黑〉:一个隐喻》,载《解放军外语学院学报》1991年第3期,等等。

经多年探索而获得的共识。但也无可否认的是，别开生面的爱情描写却是这部小说最成功、最精彩之所在。研究《红与黑》这样一部政治小说，分析于连这样一个在政治漩涡里翻腾的角色，探明其内在的政治阶级的含义是十分必要的。然而，仅限于此，就有抹杀这部作品的独特性、抹杀于连形象的多面性的危险，从而把它变成"某种孤立的性格寓言式的抽象品"（黑格尔语）。新时期研究者正是从这个意义上重视小说爱情描写探讨的。他们认为司汤达在《红与黑》中的爱情描写是个"杰出的创造"，它打破了时兴爱情小说的"呆板公式"，"把人物爱情关系与社会阶级关系交织在一起描写"①，使它成为"洞察社会现实展现人物性格发展的揭示人物内心世界的窗口"②，成为"刻画主人公于连和反映复辟王朝后期社会风尚的重要组成部分"③，为他同代人，特别是"爱好思考、认真严肃，而且有点雄心的青年一代"④，"写出了一部机杼独出的爱情悲剧，从而开始了爱情描写的新天地"⑤，给后世作者以莫大启示。研究者对小说的爱情描写的特质和意义趋于一致的评价，但到底如何看待于连与两个贵族女子的爱情冒险，却有不同观点，主要有三种，一是把于连的爱情冒险看作是他的政治冒险的衍射，认为他的爱情出自征服的野心的驱策，是"政治化了的爱情"⑥。二是把于连的爱情冒险看作是追求人格平等和个性解放的行为，认为于连的两次爱情冒险是"他生命的高潮"。两次恋情，无论是柔弱温顺的德·瑞那夫人对于连至死不泯的忠心挚情，还是骄傲而高贵的玛特儿小姐对于连如痴如狂的深情倾倒，都有其深刻内在的原因。如果说，令前者倾心的是于连的"一种崭新的人格"和"独特的个性"，那么使后者迷恋的则是于连那"奇特的性格"和"凌驾不了的灵魂"⑦。尽管两个贵族女性的爱情方式迥然有别，她们在两个根本点上却是一致的，那就是对本阶级的厌恶，对门阀

---

① 熊玉鹏《论〈红与黑〉的爱情描写》，载《华东师大学报》1984年第4期。
② 张继顺《天生我材何所用——漫谈〈红与黑〉中的于连形象》，载《名作欣赏》1984年第5期。
③ 张英伦《〈红与黑〉简论》，载《吕梁师专学报》1986年第2期。
④ 熊玉鹏《论〈红与黑〉的爱情描写》。
⑤ 熊玉鹏《论〈红与黑〉的爱情描写》。
⑥ 张继顺《天生我材何所用——漫谈〈红与黑〉中的于连形象》。
⑦ 何新《论于连·索黑尔——对〈红与黑〉的几点认识》，载《社会科学辑刊》1981年第3期。

制度的叛逆,都带有"壮烈的意味",而且"令人感到某种英雄的气息"①。就于连方面来说,"他的爱情道路也是他小资产阶级个人反抗的道路",不论是与德·瑞那夫人的邂逅,还是与玛特儿的角逐,他的"公民的热情",即作为一个平民青年要求在恋爱和婚姻上获得平等地位的热情,都远远超过恋人的柔情。如果撇开那些障眼的细节,而瞩目于这样一个事实:尽管经过种种曲折,于连和德·瑞那夫人相爱了,他和玛特儿还是达到了自愿的结合。这表明他们的爱情"具有深刻的社会含义,它是对封建门阀制度的有力冲击,对平等自由的恋爱和婚姻的大胆肯定,对资产阶级个性解放的热情讴歌"②。三是把于连的爱情冒险,看成是复杂的"激情爱"的表现,是一种"幸福病",它由人物的激情性格所使然。这种"幸福病"的发作,就使人物做出不可思议的疯狂举动,即一种处于"亢奋"状态,带有"战斗"气味的爱情冒险。司汤达的爱情描写独辟蹊径:"他不致力展示生理焦渴和感官颤栗以切迫的真实,也不致力铺陈悱恻思慕和卿我缠绵以达到情的委曲,他着力的是爱情追求过程中的搏击,通过行为的奇异以显示在爱情追求中心灵的震撼和亢奋。"③我们认为,对《红与黑》的爱情描写的这三种观照可以互补、并列,因为这有助于从不同侧面加深于连形象的理解。有些研究者还进而对《红与黑》的爱情描写进行心理学的透视,把这方面的探索推进到了一个新的深度。于连对德·瑞那夫人和玛特儿小姐的爱是"脑袋里的爱"。两个贵族女子,前者对于连的爱,是"心坎里的爱",后者也是"脑袋里的爱",一种"幻想"和"观念"制造出来的爱。从心理学角度看,所谓脑袋里的爱,就是出自理智的爱,即有意识的爱、有目的的爱;所谓心坎里的爱,就是出自感情的爱,即潜意识的爱、自然的爱。脑袋里的爱,为爱情背后的目的而爱,心坎里的爱,是一种符合自然、符合天性忘我的爱。于连脑袋里的爱和德·瑞那夫人心坎里的爱碰在一起,必然使两者之间由阶级的隔膜已经形成的心理落差和错位拉长了距离,加剧了他们之间心灵上震撼和冲击,使"爱情的喜悦与悲哀,道德观念与阴谋手段,高尚纯洁的感情和阴暗庸俗的心理,这些相互对立的东西"④,在双方爱情纠葛中如此不可思议而又极其真实地交融在一起。司汤达以惊人的洞察力,准确地捉住

---

① 张英伦《〈红与黑〉简论》,载《吕梁师专学报》1986年第2期。
② 张英伦《〈红与黑〉简论》。
③ 姜书良《激情:司汤达小说人物性格论》,载《外国文学评论》1990年第2期。
④ 吴洪森《形象的爱情心理学——读〈红与黑〉》,载《上海文学》1983年第5期。

了这对恋人的心理特征,把它描绘得这样深刻,真使人叹为观止。于连和玛特儿两个脑袋里的爱碰在一起,既有吸引又有排斥,排斥是主要的。他们双双之间的爱情就在这若即若离的状态中,演出了波澜起伏、曲折生动的场面。在这方面,司汤达的观察和描写同样是令人拍案叫绝的。他不仅揭示了他们的互相吸引,而且十分细致地暴露了他们的相互排斥,并从而真实地,入木三分地揭开存在于他们之间的那种"爱,得到的是蔑视;恨,却得到了爱"①奇特而自私的心灵奥秘,给读者留下了难忘的形象。新时期研究者这种心理透视,确实见前人所未见,将于连镜像的观照,推到了一个新的层面。

第二,现实主义内倾性风格的探究。作为法国批判现实主义文学的奠基者,司汤达小说究竟有哪些属于自己的创造？哪些属他个人的风格？这是以往的研究者忽略的课题,新时期的探求者们致力这一课题的挖掘,并获得了可观的成果。从严格意义上的现实主义规范来说,《红与黑》无疑是现实主义典范之作。司汤达将主人公于连置于唯利是图的维立叶尔城、森严恐怖的神学院和阴谋伪善的侯爵府邸三个具体环境之中,提供了于连典型性格生长、发展的现实土壤,历史地、真实地塑造了这一叛逆形象,奠定了他作为批判现实主义先驱的重要创造,这一艺术方法不仅开了现实主义之先河,而且为后世文学提供了光辉的范例。② 但司汤达的贡献绝不止于此,作为"人类灵魂的观察者",典型的内向性气质的作家,他的创造和属于他所特有的贡献,主要还在于,他开拓了人类内部世界的描写,拓展了文学表现领域,他属于内倾性的批判现实主义作家,具有内倾性的艺术风格。其内倾性风格追求主要表现在三个层次上:一是注重人物心路历程的描绘,二是披露人物的深层心理,三是把注意力集中在性格"自己运动"的源泉上。③ 一部《红与黑》,虽然从外在情节看,写的是于连在三个不同环境中不平凡的生活经历,因而,深刻反映了 19 世纪上半期法国的社会风尚。其实着重描写的则是个人奋斗者于连的心理演变史。"在德·瑞那市长家,主要是自尊与自卑的冲突;在神学院中,主要是虚伪与正直的冲突;

---

① 吴洪森《形象的爱情心理学——读〈红与黑〉》。
② 胡正学《〈真实地再现典型环境中的典型人物的范例〉——谈〈红与黑〉中塑造于连形象的特征》,载《法国研究》1984 年第 4 期。
③ 蒋承勇《论司汤达小说的内倾性》,载《外国文学评论》1989 年第 1 期。

在木尔侯爵府中,主要是雄心与野心、反抗与妥协的冲突"①,构成了小说的内在情节,成为小说的重要篇章。于连的主导性格也就在这三个典型环境中,在他的心路历程中得到了充分的展示和强化。而于连性格作为一个开放性系统,具有自组织、自调节的能力,它虽受环境的作用因而存在自在性的一面,但对环境又有一种超越的力量,所以它与环境之关联并不表现为环境对性格的决定作用,而表现为促进性格的展现。司汤达注意人物心理历程的描写,致力于人物性格内在动因和自主性的探索,是他不同于一般的批判现实主义作家的标识。这种透视,无疑深化了司汤达独创性的认识。

第三,现代意识的发现。对司汤达作品中现代意识的发现,是中国司汤达研究中最大的突破。它不但揭示了司汤达一个半世纪以来,由冷落而受重视的奥秘,而且也从更深层次上看到了他的独特性。这种发现,始发于对司汤达内倾性艺术风格的探究。有些论者细致地分析了《红与黑》中的心理描写与意识流心理表现的区别,实质触及了司汤达作为19世纪通向20世纪的承前启后的作家这一命题。② 有些论者则从《红与黑》中对时空意识的表现上看到了这种承前启后的创造特色。司汤达不同于以往任何作家,没有去追溯历史,没有搞时空移位借以达到借古讽今的目的;他也不同于现在的许多作家,既不有意模糊时间界限,也未曾割裂时间。《红与黑》的宏观叙述是顺序的,给人以凝重的历史感,而在微观叙述时又有自己内在时间表借以表达情绪,表达深刻的内在感受。司汤达善于抓住心灵时间特性,或者将动作拉长,造成人们感觉上的时间的延伸,或者通过浓聚将时间缩短,借以表达出现代意义上的"感情的速度,生活的速度"③,显示着自己的独创性。这里论者实际上已触及了这位文学巨子具有某些属于20世纪的东西,尽管并未明确地指出这些新东西究竟是什么。自觉地探究出司汤达艺术中的新因素的是年轻的法国文学研究者韦遨宇,他在《试论司汤达文学创作中的"20世纪意识"及其方法意义》一文中,从司汤达作品中的反理性主义主题、不确定性构思和开放性结构等角度,首先论述了司汤达的美学思想和思维方式中蕴含着某些属于20

---

① 蒋承勇《论司汤达小说的内倾性》。
② 如许光华《心理描写的两种观念和方法——司汤达的心理描写与意识流的心理描写》,载《华东师大学报》1986年第1期。
③ 李玉莲《〈红与黑〉所表现的时空意识》,载《承德师专学报》1987年第1期。

世纪的现代意识。具体地说,就是反理性主题中所表现的民主、自由、个性解放和反抗异化的现代意识;不确定性构思中所展示的人物内心历程中的多向性、流动性、偶然性和不确定性的规律;开放性结构中所包容的作品多元的意义、多元的审美价值。显然,正是这位伟大作家的创造中蕴含了为当时读者尚未发现、尚未理解的超前意识——20世纪意识,而长期不被理解。正是由于这些20世纪意识,使司汤达与19世纪其他作家背道而驰而被视为异端,受到冷遇,也正是这些属于他的创造才形成了他的独异性,成为尼采所称道的"惊人的先知和先驱者,他从拿破仑的步伐跨越了他的欧洲"①,成为法国在20世纪中最有世界影响的作家之一。新时期研究者如此的发掘,不仅把《红与黑》的研究推上了一个新的台阶,而且使这个寂寞一生的伟大作家,增添了无数的东方知音,这大约是司汤达生前所未曾料及的。

艺术就是克服困难,对西方制镜者是如此,对东方观镜者也是如此。中国读者突破了道德化的批评范式,越过单一的政治层面的观照,而终于对这位法国卓越的艺术家有所了解,其间需要克服多少困难,迈过多少漫长而曲折的路程啊!

四、相逢何必曾相识:于连、高加林及其他

对《红与黑》这面镜子的多方位的透视,使人们看到,司汤达倾心投射的于连形象,确是一个"熟悉的陌生人",具有高度的典型性。经过漫长的东方之旅中几经拒斥,几经认同,这个来自西方的"陌生人",也确为中国广大读者所熟悉了。他一次又一次地闯入中国接受者的期待世界,在他们的接受屏幕上投下了一种道不尽的丰富映像,而且牵扯着每一个与之相逢的中国人,激发他们不能不做关于命运和道路、责任和自由、理想和代价、爱与憎的思索。也许是人类命运的相似,也许是作家的"文心"会通,使于连不仅在西方有众多的故交,而且在东方交上了"相逢不相识"的新知。新时期中国司汤达研究者,以开阔的文化视野将于连置于比较视角中观察,把他跟欧洲的同类作品中的形象系列进行纵向比较,替他找着了拉摩

---

① 《红与黑》英文版序言,纽约,1958年。

的侄子(《拉摩的侄儿》)①、杜洛阿(《俊友》)、拉斯蒂涅(《高老头》)、吕西安(《吕西安·娄万》)等同胞兄弟②,还把他置于不同民族文化坐标系中,进行横向比较③,替他找来了高加林这个"中国兄弟"④。当我们将于连和高加林这两个在时空上相距如此辽远的人物放在一起比较考察时,依据的仍是司汤达的"镜子说"。这里,我们不妨将司汤达的《红与黑》和路遥的《人生》这两面"镜子"拿来,互相照一照中、法这对未曾相识的"兄弟"。

　　于连和高加林都是新旧时代的弄潮儿,他们都处于一种时代的交叉点上:如果说,19世纪30年代法国的于连处在封建王朝复辟和资产阶级反复辟斗争的漩涡,那么20世纪80年代中国的高加林则处于文明与落后、革新与守旧相对峙的巅峰上,作为各自时代的产儿,他们的性格中都有一种不安分的成分,不满现状,都想依靠自己的力量,奋勇搏击,实现个人的社会价值,来改变父辈们为他们安排的命运。但他们似乎都生不逢时,因而和环境都发生着尖锐的冲突。在高加林那里,是封闭的社会结构,不思改革的惰性,禁锢人才的体制和高加林个人奋斗施展才华的理想发生矛盾;在于连那里,是复辟王朝的森严的门第制度与他向往拿破仑以才取人的时代,靠才能求得个人发展的理想发生冲突。他们都愤慨于环境的不合理,却又希望在不合理的社会环境中出人头地,这种矛盾的心态就形成了他们的"二重人格",构成了他们性格的全部复杂性。司汤达和路遥都紧紧把握了人物的时代特征,揭示了他们的丰富个性。

　　他们在人生搏击中都经历了超越爱情的"爱情"。如果说,于连的爱情是政治化了的爱情,那么,高加林的爱情则是社会化了的爱情。中法两位作家都善于把自己的政治思考和社会理想带进自己人物的爱情天地里。

---

　　① 晁召行《拉摩的侄儿与于连》,载《许昌师专学报》1985年第3期。
　　② 邹言九《漫谈于连和杜洛阿》,载《益阳师专学报》1983年第3期;刘建军《成功的梦想,毁灭的悲剧——于连、拉斯蒂涅、吕西安命运悲剧比较谈》,载《陕西师大学报》1987年第3期;许光华《于连的"原型"与"类型"》,载《上海师大学报》1991年第2期。
　　③ 率先作这种横向比较的是苏联伟大作家高尔基,他曾说:"资产阶级社会砍掉了于连·索黑尔的脑袋,但这个爱好虚荣的青年人在欧洲和俄国最伟大作家们的许多作品中——在布尔维——李顿和阿勒弗莱德·缪塞、巴尔扎克和莱蒙特夫、显克微友、保尔·蒲尔哲等人的长篇小说里——以别的名字复活了。"载阿·维诺格拉多夫《时代三色》,上海译文出版社,1985年。
　　④ 于洪笙《于连和高加林》,载《外国文学研究》1986年第3期;张华《互窥中生辉,映衬中臻善:于连和高加林比较谈》,载《外国文学研究》1987年第3期。如下的评述多据此。

于连对贵族阶级的仇恨和报复,对资产阶级价值标准和民主思想的渴望和追求等,都由爱情而充分表现,因此,于连的爱情是政治化了的爱情。而高加林的爱情可谓一面镜子,从侧面反映社会主义社会某些复杂的社会问题和社会矛盾,诸如三大差别,物质力量有时高于精神力量等重大问题,因此,高加林的爱情是社会化了的爱情。他们都经历了两次恋爱,而他们两人的爱情,又都是建立在不平等的基础上的。于连的爱情不平等是由他与两个上流社会的妇女的阶级地位不同造成的;高加林的爱情不平等由他与两个中国女性社会地位不同造成的。"当高加林成为国家干部时,刘巧珍走不进他的生活圈子,这中间存在着农民和知识分子的差别。而当高加林成为农民时,黄亚萍走不进他的生活圈子,这中间存在着城乡之间的差别。"他们的爱情都渗透着浓厚的利己主义和功利主义。于连把获得德·瑞那夫人的爱看作是平民对贵族的征服,而他对玛特儿的爱则是为了攻破上流社会的"碉堡"而选用的梯子。高加林的利己主义虽然没有于连这么赤裸裸,但也在爱情的天平上几经权衡而最终抛弃挚爱的情人刘巧珍,做利己主义的选择。但无论是于连政治化了的爱情,还是高加林社会化了的爱情,其中也都有"人性"的爱。当于连身陷囹圄而面临死亡时,当高加林遭到生活的惩罚而处于困境时,那建立在个人功利基础上的爱情及与此相连的幸福观开始改变,他们才懂得了真正的爱情价值,于连对德·瑞那夫人至死不渝的爱,高加林对刘巧珍发自内心深处的爱,其中也不失其真和美的价值。司汤达与路遥对此的首肯与赞扬,表现了人类向善向美的追求。

　　他们都是悲剧性的人物。他们的追求都有极大的盲目性,这就为他们的人生注进了悲剧性的因素。不过,造成悲剧的原因并不完全相同。从根本上说来,于连的悲剧是由社会环境造成的,是时代的悲剧,社会的悲剧;而高加林的悲剧,是社会主义条件下发生的,是由高加林个人追求的两重性造成的,是人生选择的悲剧,"青春的悲剧"①。如果说面对19世纪法国封建贵族的森严壁垒,单枪匹马的于连,除了那一副特有的以人格的尊严、自由和价值构成的防身武器外,没有也不可能找到更好的利器与之抗争,因而他的人生追求注定要失败,那么,处于20世纪80年代中国改革大潮中的高加林,却可以而且应该越过单纯、片面的"自我价值"的追求,有更

---

① 路遥《〈人生〉法文版序》,载《小说评论》1987年第5期。

高的精神选择，更自觉的使命感和责任感，因而有更多的可能通向人生的坦途。于连的悲剧是社会的悲剧，高加林的悲剧虽然与社会环境不无关系，但主要的是他人生追求、人生选择的盲目性所使然。社会的悲剧最终将于连送上断头台，在悲剧中毁灭，让人扼腕、深思；人生选择的悲剧最终将高加林推回到了养育他的黄土地，在悲剧中得到了新生，给人以启迪和鼓舞。

他们都是作者性格和命运的一种外射，投进了中法两位作家各自的生活经历和对青春命运的关注与思考。19世纪上半叶的司汤达和20世纪下半叶的路遥也和他们笔下的主人公一样，处于各自时代的交汇点上，面临着相似的思想格局和人生课题。司汤达时代的主潮是资产阶级人道主义，它推崇个人幸福、个人尊严，张扬自我，发展个性，把人提到了前所未有的位置。为实现自我而驰骋疆场和文坛的司汤达向来以极大的热情关注青年特别是小资产阶级青年在社会上的出路和位置问题。但卷土重来的复辟王朝和森严的等级制度，不但挡住了这些青年人的去路，而且把他们在资产阶级大革命中所获得的仅有的"自由""平等"权利也剥夺了。20万个追求无着的于连·索黑尔便流向司汤达的笔端，他就在这种"先开放后封闭"的文化背景下创造了于连形象，提出了如何对待人生价值，呼唤青年一代应该为实现自己的社会价值而斗争的课题。于连形象无疑是那一时代文化思潮在文学中的表现，它反映了一代青年的命运、思想和感情，成为世界文学人物画廊中所有为争取个性解放、实现自我的"英雄人物的鼻祖"[①]。与法国"先开放后封闭"的格局相似的是，粉碎"四人帮"之后，中国思想文化界经历着"先封闭后开放"的巨变，人的位置，人的命运，人的价值，同样被提到了首位，人性复苏，寻找自我，便成了新时期文学致力表现的主题。关注青年命运，执着人生探索的路遥结合自己的经历创造了高加林这样一个概括一代青年命运的奋进者形象，为于连形象系列增添新的角色。路遥通过这一形象的创造，跟司汤达一样尖锐地提出了如何认识人生，如何追求人生价值这一古老而常青的问题。值得注意的是，路遥和司汤达对自己的人物都倾注了自己的热情，对他们的命运寄以深切的同情，对他们的人生探索所可能出现的迷误和过失，采取了一种宽容的态度。司汤达称于连是"一株美丽的植物"，说他的心地是高贵的；路遥说得更明

---

① 高尔基《〈时代三色〉序》。

确:"在我看来,只要是青年,不管他们生活在什么样的时代和什么样的国度,在他们最初选择生活道路的时候,往往不会一帆风顺。我自己就是从一条坎坷的生活道路上走过来的。因此我完全理解那些遭受痛苦与挫折而仍然顽强地追求生活的青年。我永远怀着巨大的同情心关注他们的命运;即使我为他们的某种过失而痛心的时候,也常常抱有一种兄长般的宽容态度。"①正因为于连和高加林灌注了中法两位作家的全部热情,甚至生命,熔铸了他们对一代人命运的思考,使这两个人物,成为西方和东方最有魅力、最动人的形象之一。

如果说高加林是于连"相逢不相识"的兄弟,那么,繁漪则是德·瑞那夫人似曾相识的东方姐妹。新时期研究者不少人看到了这点。他们运用"镜子说",将《红与黑》中塑造得最成功的女性形象德·瑞那夫人和安娜·卡列尼娜、玛蒂尔德和繁漪进行对比观照。② 当我们称她们为似曾相识的姐妹,显然不是指她们的外在特征,而是指她们有着类似的人生经历,类似的内心悲剧,可谓"同是天下沦落人,相逢何必曾相识"。司汤达十分欣赏德·瑞那夫人,称她是"一个令人喜爱的女性的典型",曹禺十分同情繁漪,称她是"果敢阴鸷的女人"。她们都经历了没有爱情的婚姻的痛苦。她们不乏高贵的出身,优裕的物质生活和有权势有地位的丈夫,但唯一所缺乏的是爱情,在精神上从没有得到真正的幸福。温柔贤淑的德·瑞那夫人,自幼被幽闭在修道院里,嫁给了德·瑞那后,锁进贵族深宅大院,过着"非常孤独而与世隔绝"的生活。她的丈夫,作为一个官僚,用他全部的心机追逐着权势;作为一个商人,又把他的全部感情献给了金钱;而对她除了视之为生儿育女的工具和带来一笔丰厚的陪嫁的活财产以外,根本不知道她还是一个有灵魂和感情的活人。聪明美丽的繁漪嫁到周公馆,无异于落入"一口残酷的井",她在这个家庭,虽然也跟德·瑞那夫人一样,不乏物质生活的享受,但面对着伪善、庸俗、卑劣、专横的丈夫,她遭受着远比德·瑞那夫人更为深重的封建专制主义的精神折磨。周朴园的刚愎意志就是命令,他的每一句话就是法律,他像一块沉重的磐石压在繁漪这个"美丽的灵魂"上,使她呼吸不到一口自由的空气,窒息她的青春和生命。她们

---

① 路遥《〈人生〉法文版序》,载《小说评论》1987年第5期。
② 魏威《德·瑞那夫人、安娜和玛蒂尔德》,载《名作欣赏》1982年第6期;鲁卫平《解放了社会也就解放了自己——简评德·瑞那夫人、安娜和繁漪的爱情悲剧》,载《南阳师专学报》1983年第2期。

都经历了与婚姻相离异的爱情的煎熬:无论是英俊年少、风流倜傥的于连还是苍白空虚、懦弱卑怯的周萍,带给她们的不仅是枯萎的爱情追求,死去的幸福向往,还有深重的痛苦,无涯的失望。她们都把各自的追求,当作生命的复苏,都有为了追求爱而牺牲一切的勇气,都敢于蔑视传统道德,带有鲜明的反封建与个性解放的色彩,都面临着一个危险决断:是为了自己的命运,还是为了孩子的命运?是做女人还是做母亲?不过现实对繁漪更为残酷,她与周萍的恋情是后母与前妻之子的恋情,而且她爱的又毕竟是个始乱终弃、卑怯无能的男子,这种与婚姻相峙立、与伦理相悖谬的爱情最终给她带来了更为不忍的痛苦,把她推到了深渊和绝境。她们都做了最后一次"困兽的斗":德·瑞那夫人以身殉情,表现了她追求自由幸福而矢志不渝,繁漪则把"最残酷的爱"化为最残酷的恨,彻底撕破周家的假面,喊出了"我是人,一个要真正活着的女人!"表现了这个有着"火炽热情"的东方女子,由于其双重的打击,双重的悲剧,双重的失望,双重的痛苦,从受尽蹂躏的灵魂中迸发出了最响亮的绝叫,具有德·瑞那夫人所没有的"雷雨性格"!

　　无论是于连与高加林,还是德·瑞那夫人与繁漪,他们的相似都充分表明了人的命运是相通的,而创造这些形象的中法作家所倾注的同样的热情,充分地显示着他们对人类命运的深切关注。事实上,世间大凡有成就的作家,总是与人类息息相通,他们的作品之所以具有超越时代、超越国界的生命力,就在于它反映了人类相通的东西,成为人类互相沟通的桥梁,正像路遥所说:"中国和法国是两个相距遥远而又在各个方面不尽相同的国家。但我认为,人类的心灵都是相通的。文学艺术正是沟通人类心灵的桥梁。"① 司汤达充满风雨的中国之旅,不是最终证明了他的作品正是沟通中法人民心灵的桥梁吗?

---

① 路遥《〈人生〉法文版序》,载《小说评论》1487 年第 5 期。

第二节　一座采掘不尽的富矿：未完成的探索
——巴尔扎克与中国

  在最伟大的人物中间，巴尔扎克是属于头一等的一个；在最优秀的人物中间，巴尔扎克是最出类拔萃的一个。他的才智是惊人的、不同凡响的，成就不是眼下说得尽的。

——雨果《巴尔扎克葬词》

  他所建筑的那座大厦，人们离它越远，它就越高……

——戈蒂耶《回忆巴尔扎克》

  巴尔扎克（Honoré de Balzac, 1799—1850）以罕见的智慧和力量建构了自己的文学大厦《人间喜剧》，这座前所未有的文学大厦，承受了历史岁月的考验，愈显巍峨壮观，而在人类文化塔顶永放光辉，正像他的同胞好友戈蒂耶所指出的："人们离它越远，它就越高。"在20世纪中国人看来，巴尔扎克创造的文学奇迹，与其说是一座供世人景仰的宏伟巨厦，毋宁说是一座留待后人采掘的富矿。1989年5月20日，在北京召开的"巴尔扎克诞辰190周年座谈会"上，我国权威的法国文学研究者柳鸣九说："巴尔扎克是一座富矿，是说不尽的，他提供了对文学具有永恒意义的经验。"[①]柳鸣九对巴尔扎克的这种评价，最有代表性地体现了中国巴尔扎克研究者的审美倾向和价值判断。这种判断无疑是建立在对巴尔扎克的深刻研究的基础上的，也是富有挑战性的。

一、多方采掘的"矿工"：巴尔扎克与中国文化

  巴尔扎克的文学世界，是个无所不包的世界，它伟大、丰富、新奇，令人叹为观止。构成这个世界的基本色调无疑是19世纪欧洲本土文化。但他以开阔的文化视野四方采撷，一如勤勉的"矿工"。因此，当我们步入这个缤纷世界看到了中国文化的底色，也便不会感到奇怪。
  巴尔扎克比伏尔泰等启蒙作家晚生一个世纪，他没有机会像前辈那样

[①]《他提供了对文学具有永恒意义的艺术经验》，载《文艺报》1989年7月1日。

领略 18 世纪欧洲的"中国热",但他生逢的时代,这股"中国热"的余波还未完全平息,巴尔扎克耳濡目染,受到了中国文化的深切熏陶。他的生身父亲,具有 18 世纪百科全书派的精神,是个"中国的狂热者"。幼小的巴尔扎克就常与父亲一起欣赏中国艺术,并广泛涉猎了 20 世纪欧洲有关中国的种种报道。他后来在一篇长篇评论,①曾这样回忆道:"我的童年是在中国与中国人的摇篮里过掉的,摇我的是一位推崇这个奇怪民族的亲人。所以,从 15 岁起,我就读过杜赫德神甫,格罗西埃(Grosier)神甫的著作,他在夏尔·诺蒂埃(Charles Nodier,1780—1844)之前任阿色纳尔图书馆馆长,我也读过绝大部分有关中国的、多少有些不可靠的报道,总之,理论上有关中国的一切知识我都知道。"他所接触的这些"中国教育",就成为他日后营造他那个文学世界的"东方素材",而童年时代培就的对中国艺术的兴趣,也形成了他收藏中国工艺品的终生癖好,即使在晚年为迎候韩斯卡夫人精心布置的巴黎新居也摆满了中国花盆和孔雀石的盆子。② 事实上,这种"中国风尚"虽然不像 20 世纪蔚然成为一个时代风气,然而在巴尔扎克一辈的文学青年中仍然有着相当吸引力,巴尔扎克的两个终生至交雨果和戈蒂耶也是典型的"中国热"的身体力行者,前者曾为自己情妇布设了一间中国式的精巧到令人窒息的绣房,在英法联军侵略中国,火烧圆明园时,曾公开发表声明,愤然谴责西方侵略者毁坏中国文明的罪行③;后者请来一位中国人给自己的女儿教习中文④,使其成为中国诗歌的爱好者和法国迻译中国古诗的最初的译者⑤。巴尔扎克生活在这样一种崇尚东方文化的时代气氛中,受到中国文化的陶冶,是极其自然的。

巴尔扎克对中国的认识和了解是相当零星的,远不如前辈那样系统深

---

① 即巴尔扎克为其挚友,法国画家奥古斯特·博尔热(Auguste Borget)之中国题材画集《中国与中国人》(La Chine et les Chinois)写的四篇专论,原文载《巴尔扎克杂集》(Oeuvres diverses),第531—553 页,应笔者之邀由刘阳译成中文,将编入《法国作家论中国文化》一书,本节引文对照原文,参考了刘译和李健吾先生的《〈人间喜剧〉作者的〈中国与中国人〉》,载《西北师院学报》1982年第 2 期。

② [奥地利]司蒂芬·支魏格的《巴尔扎克传》(高名凯、吴小如合译),上海译文出版社,1982 年。

③ 本书"雨果"一节。

④ 钱锺书《谈艺录》,北京:中华书局,1984 年,第 372 页。据钱锺书先生研究,戈蒂耶请的中国教师,即丁敦龄,山西人。

⑤ 载《中国文学在法国》,第 33—34 页。戈蒂耶女儿瑞蒂·戈蒂耶译了一部《玉笛》(La flute de jade,1867)诗集。

人,但他对中国文化充满了向往之情,跟伏尔泰一样,他也是中国古文明的颂扬者。他在为法国风景画家奥古斯特·博尔热的画集(Auguste Borget)《中国和中国人》写的长篇评论里,探讨了中国的文化、艺术、宗教、民俗,热情地赞扬中国这个东方"奇特的民族"及其古老的文化。在他看来,中国是"虚幻神奇的",然而是"永世长存的",它是"守旧的",但有五千年的文明史!"这个民族围绕它本身运转,一成不变,它确实是中央帝国","仙境般的帝国"!维系这个帝国统治的是德行,是法律。中国人是"快乐的""诚实的""幸福的",也是"强烈地充满着宗教精神的"。他们对艺术有自己独特的嗜好与创造,"中国人对戏剧的热情不亚于巴黎人对戏剧的热情",他们的塑像特别,他们的建筑,尤其是庙堂建筑,"富有诗意"。他们生产的茶运往世界各地。他赞叹中国人勤勉、节俭。"奢侈在中国是难以置信的"。特别令他激赏的是,"中国制造物品的低廉价格和这个民族一直保持的贸易优势",中国人在制造业和对外贸易中"有高尚的道德","可靠""诚实"。中国虽然"人口众多",但很好地解决了"生活费用便宜这一巨大的问题"……总之,在他看来,中国"这个民族值得认识研究"。

巴尔扎克酷爱中国艺术,并有独到的见解。他在评论《中国与中国人》的长文中,追述了他当年与父亲争论中国艺术的真实性问题这样写道:"出于一种矛盾的心情,我针对一位老人朴实无邪地所热爱的对象(即中国人——引者)行使'社会人'所固有的那种批判意识。我对这位老人的尊敬,按照中国礼法,应当让他成为几乎不可冒犯的,差不多是神圣的,可是我总惹他生气,以一种经过思考的判断力,提出一种不同的看法:中国和中国人是同大屏风、小围屏、小瓷器、大花瓶与绘画上的中国与中国人一模一样的。依我看来,这个民族的天分大概使它仅仅表现它所看得见的一切,并正像它所见到的那样,因为毫无疑问,透视学的缺欠是眼睛的结构的结果。中国人在发明创造中是静止的,对五千年以来获得的东西采取保守的态度,在居麦(Cumer)发明法国人自己画法国人的前一千年,就发明了'中国人自己画中国人'。"这就是说,他坚持认为中国艺术应当有自己的一套表现方法,欧洲的透视学不能生搬硬套上去,因为中国人有自己的肉眼的生理结构,所能表现的,也理应是自己所看得见的。巴尔扎克的这种看法,虽然存在着滥用生理学的科学成就诠释文艺现象的通病,但他到底看到了中国艺术的特色,强调艺术要表现真实,这是可取的。他进而盛赞中国艺术的"丰富性",盛赞中国艺术对美学观念的更新:"中国艺术无限丰富。中国人很早就看出了我们称作'美'的东西的贫乏。美只有一个字眼。希腊艺术落得观念重复的地步,确实太贫乏,尽管古典主义者不乐意。中国理论,在阿拉伯人与中世纪之前几千年就看清了'丑'表现的巨大资源。丑这个字眼被那么愚蠢地抛向浪漫主义者面前,我则拿来与美这个字眼相对立。美只有一座雕像,只有一座庙宇,只有一本书,只有一出戏。"在他看来,中国艺术之所以具有"丰富性"和强旺的生命力,就在于它深深扎根于现实生活,与"丰富"的中国艺术相对比的是西方古典艺术的"贫乏性",因为它缺乏生活的源头,变成了"观念的重复"。中西艺术的比照,虽未必如此绝对,但他力主艺术根植生活的思想却是难能可贵的。至于"美""丑"相对,也事实上触及了人类文化发展的实际。当法国浪漫主义运动拒绝模仿僵死的法国古典主义的时候,古典主义者便用"丑"来嘲笑它;当法国现实主义运动露面的时候,"丑"又成了一切反对者手中的武器,"美"与"丑"这两个截然相反的美学范畴,在文艺思想两相对峙状况下,原来是可以互相转化、互为置换的,巴尔扎克对中国艺术的赞叹,显然有其现实的针对性,他在这里无意中揭示了人类文化发展史斗争的实质。

巴尔扎克随意采撷的中国文化的掌故,散布在卷帙浩繁的《人间喜剧》中,虽然说不上篇篇珠玑,但内中不乏闪光的货色,一如深埋在富矿中的宝石装点着他那辉煌的文学世界。在他的著名的长篇小说《幻灭》里,就运用了中国文化掌故,对塑造主要人物形象起着不可或缺的作用①,比如在描绘吕西安的相貌时,就说他的眉毛"仿佛出于中国画家的手";在刻画另一个主要人物大卫·赛夏时多次提到中国的造纸术,通过这个正直的青年发明家之口赞扬中国纸,他说:"中国纸又薄又细洁,比我们的好多了,而且这些可贵的特点并不减少纸的韧性;不管这么薄还是不透明的。当年大家对中国纸极感兴趣。"他还拿中国纸同法国纸进行具体比较,说用法国仿小牛皮纸印一套精装的服尔德全集,重达250斤,而用中国纸印,则不到50斤。令人感兴味的是,巴尔扎克还穿插了校对出身的法国空想社会主义者圣·西门和另一个校工为中国纸的原料问题打赌的故事,讲得绘声绘色:圣·西门根据德国医生兼博物学家开普弗的考察和法国教士阿尔特在1735年出版的《中国散记》的记载,认为中国造纸原料是楮,而后者则认为是丝,并把问题提到了法兰西学士院,请马赛尔加以判断。马赛尔虽然担

---

① 程代熙《巴尔扎克谈中国》,载《读书》1979年第2期。

任过拿破仑帝国印刷厂厂长,却评判不了,要他们去请教格罗西埃神甫(L'abbé Grosier,1743—1823)。这个神甫不仅有介绍中国情况的著作行世,还珍藏着一部附有插图的讲到造纸技术的中国书籍。圣·西门和那个校对果然找到了格罗西埃,但这个神甫说他们两个讲的都不对。他根据所掌握的材料说:"中国纸的原料既不是楮,也不是丝,而是用捣碎的竹子纤维做的纸浆。"两个打赌的都输了。① 巴尔扎克对中国造纸如此熟悉且如此兴味盎然,讲起来如数家珍,这大约得力于他早年所受到的"中国教育",也与他经营印刷业的经历有关。他在描写大卫·赛夏时穿插这样一个掌故,并非为了猎奇或炫耀而加上去的闲笔,而是为突出这个善良而富有创造性的青年发明家的悲剧性格和悲剧命运而加上去的重要一笔,使之具有更为悲怆的文化意蕴。

巴尔扎克赞颂中国文化、艺术,进而赞颂中国的政治,他追随前辈作家伏尔泰的遗风,颂扬中国的一切。在短篇小说《禁治产》里,他以同情的笔调刻画了一个有怪癖的侯爵,这位侯爵争夺财权正与夫人打官司,他被指责的一项罪名便是他的中国情趣:"近十年来渠所关心之事仅限于中国事物、中国服装、中国风俗、中国历史,乃至一切均以中国习惯衡量;谈话之间往往以当代之事、隔日之事,与有关中国之事混为一谈;侯爵平日虽拥戴王上,但动辄征引中国政治故实,与我国政府之措施及王上之行为相比,加以评骘。"②作者的同情显然在侯爵一方,在中国一方,他站在中国一边,不遗余力地赞美中国文化、中国政治,仿佛这遥远的、他从未涉足过的古国便是法国根治社会问题的"楷模"。但是,他毕竟无法突破历史和阶级的限制,也无法突破赖以生存的环境的限制,当他试图针对社会现实问题诸如贫富对立、偷窃、战争等问题开设疗治的药方的时候,便不知所云,近乎痴人说梦。比如他一方面以人道主义的观点尖锐地提出了贫富对立的问题:"为什么流汗最多的劳苦大众,就是说出汗最多或者生命机器开动得最紧张的劳苦大众,消耗食物最少?"另一方面又从生物学家和统治阶级的谋士角度,开列疗治这一社会问题的药方,认为"贫富之间对立的存在,正如动物园中不同种类动物的生存一样,在社会秩序中是一个必须忍受的事"。他要法国当局搞好商业交流,让钱值钱;要法国人学习中国苦力的样,满足于

---

① 程代熙《巴尔扎克谈中国》。
② 引文载《夏倍上校》(傅雷译),北京:人民文学出版社,1957年。

生活的最低水平！但是，不管巴尔扎克如何"高明"，他却无法解释这一系列的矛盾现象：既然中国人人重德行，为什么还有人偷东西？既然中国是举世的楷模，"人间的乐园"，远离故土的中国穷人不想回来，而在国外"偷窃""伤害"别人？对此，巴尔扎克做出了种种有利于中国的辩解，称偷盗为中国习俗不许，且中国人"伤害人"的方式全然不同于英法"方式"："中国人偷的倾向是人对人的一种战斗，一种要你保卫自己的警告，所伤害的只是个人"，而英法"方式"却"伤害一切人，玷辱国家，耗干它的贸易源泉"。他以鸦片战争为例，中国的富人不要离开祖国，英国人就拿鸦片接种在他们身上。英国人就这样倾销鸦片，拿鸦片换茶叶，资本不再流入中国，找到了一种所谓的"商业平衡"。中国政府加以禁止，英国于是发动战争。据巴尔扎克之见，只要中国把茶叶价格提高十倍，自己种罂粟，叫回在海外流浪的中国人，英国终会失败[①]……这种近乎梦呓的主张，表明自命为"在理论上"了解"有关中国的全部知识"的巴尔扎克，是无论如何也无法超越时代的阶级的限制的。

由于巴尔扎克生存环境和终生关注的重心不仅与前辈作家如伏尔泰，而且与同时代朋友如戈蒂耶大不相同，因此不可能使他像前者那样去较全面地深究中国文明的真谛，也不可能使他有后者那样优越条件去从容地领略中国文化的魅力。他对中国的了解还是肤浅的，他的中国知识还是零星的、片面的，他对中国文化的采撷也带有很大的随意性，但是，他对中国的态度却是热忱的、友好的、尊重的。他试图从他有限的"中国知识"中提取中国文化的精华，这种努力也是难能可贵的。虽然他采集到的未必就是中国文化的精髓，但它确是巴尔扎克"富矿"的一部分，需要我们细心加以发掘。

二、一座有深度和宽度的矿藏：中国第三代采掘者眼里的巴尔扎克

巴尔扎克对中国和中国文化的尊重赢得了中国人对他和他的作品的尊重。他企图透过西方耶稣会士和商人对中国不可靠的报道，一睹我们祖先的真面目，我们中国人也以同样的真诚力图让他用自己的作品发言，并

[①] 李健吾《〈人间喜剧〉作者的〈中国与中国人〉》载《西北师大学报·社会科学版》1982年第2期。

为此付出了长达半个多世纪、几代人的努力。

早在 1915 年,巴尔扎克的作品就有由林纾和陈家麟合作用文言意译的《哀吹录》短篇集传入中国。《哀吹录》收集了巴尔扎克的四个短篇"哲学小说":《猎者斐里林》(即《别了》)、《耶稣显灵》(即《耶稣·基督在福朗德》)、《红楼冤狱》(《红客店》)、《上将夫人》(《罪犯》),译本注明原作者是法国巴鲁萨,这是巴尔扎克进入中国后第一次使用的汉译名。1917 年,上海中华书局出版了周瘦鹃译的《欧美名家短篇小说丛刊》,中卷"法兰西之部"里,收入了巴尔扎克另一个短篇小说《男儿死耳》(今译《刽子手》),并附有作家生平创作简介,使我国读者第一次接触到这位"笔耕墨耨,勤劳无比"的作家小传。① 五四前夕所介绍的巴尔扎克的这几个短篇较之他的《人间喜剧》,犹如沧海之一勺,它当然无法使国人了解巴氏的全貌,但这些译介对巴尔扎克的东进,无疑具有开拓意义。从 1919 年五四新文化运动到抗日期间(1919—1945),中国对巴尔扎克的作品介绍进入第二阶段。五四运动之后到 1930 年期间,巴尔扎克的作品流入中国的很少。从现有资料的检索,我们见到的是 1924 年出版的《小说月报》第 15 卷号外:《法国文学研究》中仲持译的《刽子手》和 1928 年上海现代书局出版的《法兰西短篇杰作集》(第 1 册)中白冷译的《征发兵》,前者为周瘦鹃的《男儿死耳》之重译,后者为林纾的《上将夫人》之重译。30 年代译成中文的巴氏作品,数量有所增加,但总体上还不算丰富,远逊于同期介绍到中国来的其他法国作家,如大仲马、小仲马、福楼拜、雨果、莫泊桑、左拉等人,其原因自然并非我国"懂法文的文学者"对"巴尔扎克的轻视"②,而是由施予者的影响力度和接受者的审美取向及作品的风格特点、译介者的才力等多方面因素决定的。

1935 年,郑振铎主编的《世界文库》曾先后收入了徐霞村译的巴尔扎克 2 个短篇《无神者之弥撒》和《一件恐怖时代之轶事》;穆木天译的 4 个短篇《不可知的杰作》《信使》《再会》和《石榴园》。此后,巴尔扎克短篇中译本结集出版的有 3 部:一是 1936 年上海商务印书馆刊行的《巴尔扎克短篇小说选》(蒋怀青译),收入巴尔扎克 8 个短篇,除《红色旅馆》《基督在法

---

① 程代熙《巴尔扎克在中国》,载《读书》1979 年第 6、7 期。
② 王任叔《关于巴尔扎克》,载《巴尔扎克短篇小说选》(蒋怀青译),上海:商务印书馆,1936 年。

兰德斯》《在恐怖的时代》《石榴园》(蒋译《格莱纳蒂尔》)为重译外,还新译了《荒野情爱》(又译《沙漠里的爱情》)、《法西诺·加拿》《大白菜德克》和《海滨的一悲剧》;二是1945年云海出版社出版的《戴依夫人》(罗塞译),收4个短篇;三是1945年重庆出版的两卷集《巴尔扎克讽刺小说集》(陈原译),收小说20篇。这3部译文集,特别是《巴尔扎克短篇小说选》和《巴尔扎克讽刺小说集》,都附有介绍巴尔扎克的前言或序文,为我们研究巴尔扎克在中国的流布提供了重要的资料。前者附有作家王任叔写的《序巴尔扎克短篇小说》一文,后者附有译者自己写的序。王文根据日本学者水野亮之《巴尔扎克》一文写成,文章对巴尔扎克的生活情状和创作特点都做了颇为详尽的介绍,其中对《人间喜剧》作了总体观照,颇有见地,是我们见到的对巴尔扎克作品作总体评价最早最有分量的文字:

> 《人间喜剧》……从横面看,是19世纪法国全土的Panorama。从纵面看,是那时期的政治经济史,极详细的风俗史、思潮史。论年代,则为自大革命直至二月革命前——这50余年之活历史。大革命后王党的暴动,帝政时代秘密警察的活跃,波尔滂王家的归还,王政复古时代的贵族社会,金钱权力渐渐增高、集纳主义的跋扈,以及其他酿成二月革命的一切事象,都在此描画殆尽。从阶级的见地看,则勃兴布尔乔亚之旺盛的奋斗力,与贵族阶级传统的没落,以及普罗利太利亚(即"无产阶级"一词的法文音译)未来任务的预言,也都在此有所描写。在有如此纵横累叠的骨骼的《人间喜剧》里,实有二千余人物,散在于巴黎之街,布尔谷尼的山奥,鲁尔之河畔。上至拿破仑,下至乡间乞食女,这些显示一切阶级与身分的人物,或泣或笑,或叫或嗳,熙熙攘攘,尽皆往来于这不可思议的世界中。这就是《人间喜剧》之名得与《神曲》并举的原因。①

面对这博大的《人间喜剧》,王任叔对中国译介巴尔扎克作品数量之少颇为不满。陈原的序分析了巴尔扎克讽刺小说的历史价值和艺术特色,他在1944年大后方的山城重庆将这些脍炙人口的短制译成中文,是因为他看到了这些作品的现实意义:"使我吃惊的是,白鲁因、路易十一、希贡、

---

① 《巴尔扎克短篇小说选》(蒋怀青译)。

魔鬼的化身、沙瓦西（按，皆巴尔扎克讽刺小说中的人物）这些西方的魔影，竟穿了中国的民族服装时常在这里的大街显灵。正所谓，地无分东西，时不论古今，凡是有人的地方，总会有假道学家、伪善者、吝啬鬼以及杀人而致肥、谄媚以兴家的人在。巴尔扎克的'趣闻逸事'，可不就是我们蝼蚁众生之已积压在心头的恨与笑爆鸣么！"①这里极有代表性地表现了中国译者选择巴尔扎克的"实用"取向，也部分地透露了这期间中国介绍巴尔扎克何以相对地沉寂、又何以只限于他的短制的原因。

  毫无疑问,巴尔扎克的短篇是巴氏创作中富有特色的部分,但它毕竟不是巴氏的精髓所在,二三十年代中国译介者竞相介绍他的短篇,无异于从巴尔扎克"矿山"中,运载了几片矿石,无法一睹这座"富矿"的真面目。二三十年代中国对巴尔扎克的介绍处于一种徘徊阶段,也许是译介者对这座"富矿"望而生畏,尚在犹疑？也许他们需要磨炼自己的才智？也许一时难以从中找到选择的契合点？但巴尔扎克的引进却需要新的突进。1936年穆木天翻译出版了《欧贞尼·葛郎代》(今译《欧也妮·葛朗台》),适应了这个需要,它标志着中国第二代译介者开始向巴尔扎克这座富矿的中心掘进,由此而将巴尔扎克在中国的介绍推到了一个新的阶段。这一代译者多为留法文学青年,较之前辈译家林纾等更熟练地、更直接地运用移植语言的能力,加之他们多半经过较长时期的试练,具有较高的中国文化素养,因而能胜任巴尔扎克中长篇的迻译任务。② 这代译者除穆木天外,主要的还有高名凯、傅雷、陈占元、黎烈文等,靠着他们的努力,《人间喜剧》的一些重要作品都先后译成中文,在中国广泛传播,如黎烈文译的《乡下医生》(1938年版),穆木天译的除《欧贞尼·葛郎代》外还有《从妹贝德》(上下两册,今译《贝姨》,1940年初版,1947再版)、《从兄蓬斯》(上下两册,今译《邦斯舅舅》,1943年初版,1951年再版)、《二诗人》(《幻灭》三部作之一,1944年版)、《巴黎烟云》(《幻灭》三部作之二上册,1944年版)、《绝对之追求》(1949年版)和《夏贝尔上校》(今译《夏倍上校》,1951年版);高名凯译的《葛兰德·欧琴妮》(即《欧也妮·葛朗台》,1946年初版,1949年再版)、《两诗人》(《幻灭》三部作之一,1947初版,1949年再版)、《外省伟人在巴黎》(《幻灭》三部作之二,1947年)、《发明家的苦恼》(《幻

---

① 陈原《巴尔扎克故事集》第一卷译序。
② 这只是总体而言,他们中每个人的实际水平却是很不一样的。

灭》三部作之三,1947年)、《毕爱丽黛》(《独身者》三部作之二,1946年初版,1949年再版)、《单身汉的家事》(即《搅水女人》,《独身者》三部作之三,1947年版)、《幽谷百合》(1947年版)、《老小姐》(《竞争》二部作之一,1947年)、《古物陈列室》(《竞争》二部作之二,1948年)、《米露埃·雨儿胥》(即《于絮尔·弥罗埃》,1949年)及1949年以后出版的《受人咒诅的儿子》《杜尼·玛西美拉》《杜尔的教士》(即《都尔的本堂神甫》)、《钢巴拉》《玛拉娜母女》(包括《玛拉娜》和《笛雅尔夫人的故事》)及短篇小说集《无神论者做弥撒》等;傅雷译的《亚尔培·萨伐龙》(1946年初版,1949年再版)、《高老头》(1946年初版,1947年再版,1949年后多次重版)及中华人民共和国成立后翻译出版的《贝姨》《邦斯舅舅》《欧也妮·葛朗台》《夏倍上校》(收《奥诺丽纳》和《禁治产》)、《都尔的本堂神甫》(附《比哀兰德》)、《搅水女人》《于絮尔·弥罗埃》《幻灭》及《赛查·皮罗多盛衰记》等,从40年代下半期到70年代在法国流传的巴尔扎克著作,主要是他们译介的这些作品,这也是中国研究者专事探求的主要文本。这些译作在中国广为传播,哺育了一代又一代的中国新文学作者[1],产生了广泛的影响。

值得注意的是,上述这些译作特别是穆译本和傅译本,一般都附有译者的序或译者之言,这些序都写得文情并茂,溶注了译者的研究心得,因此,这些译作的出现实质上是中国接受者将巴尔扎克置于第一个接受层面,即译者的接受角度加以观照,研究一下这些译序,从中可以看到这位伟大作家在其东方之旅中,中国人首先为他塑造了怎样的形象?并由此而窥见巴尔扎克这座"富矿"有着怎样的面目?在中国第二代译者眼里,"《人间喜剧》是人类生活的百科全书"[2],它的作者是"天才的社会解剖家"[3],是比左拉还要伟大的作家,因为"他清楚地认识到他的当代社会发展动向、社会发展因果律,他对于在他的作品中所要反映出来的社会生活,同专门的历史学者、经济学者、统计学者一般正确地去研究、认识,然后正确地写

---

[1] 著名作家路翎在谈到他受到外国文学影响时,就曾说过"巴尔扎克的好些本《人间喜剧》,高名凯翻译的我几乎全读了,而且读得很仔细"。路翎《我与外国文学》,载《外国文学研究》1985年第2期。新时期知名女作家张抗抗说:"那以后有一个没有书籍没有文学的饥饿年代,在冰凉的土炕上翻烂了从家里带来的书。有时会从别人的炕席下冒出一本没头没尾的《高老头》或是《斯巴尔达克斯》。"张抗抗《大写的人字》,载《外国文学评论》1989年第4期。

[2] 高名凯《巴尔扎克评传》,载《杜尔的教士》(高名凯译),1936年,第10页。

[3] 傅雷《赛查·皮罗多盛衰记·译者序》,1978年,第7页。

出来,正确地把因果理由阐明出来"①;"巴尔扎克是'黄金'的小说家",他在《人间喜剧》中"讴歌了当时支配一切的'黄金'的威权",在他的作品中。"'黄金'成了一个伟大的无言的无性的主人公"②,他常常情不自禁地带着我们走进大小商业的后台,"叫我们看到各色各种的商业戏剧是怎样扮演的,掠夺与并吞是怎么进行的,竞争是怎么一回事,掮客发生什么作用,报纸上的商业广告又是怎样诞生的……所有的细节都归结到一个主题:对黄金的饥渴"③。巴尔扎克凭着犀利的目光和高度写实的艺术手腕,用无情的笔触在他众多的作品中深刻地揭示了这一主题。

中国第二代译者认为,《人间喜剧》中的作品通常采用了"叙述的三段构成手法"④,即环境;各个登场人物的地位、经历;各人物的容貌和精神状态;各人物的活动。它的作者是描写环境、刻画人物的妙手。"在《人间喜剧》里几乎没有一部作品不是好几千人物刻画得同样深刻,性格发展得同样充分,每个角色都能成为一个主体的"⑤,巴尔扎克最爱研究也最擅长塑造的人物是那些"偏执狂"⑥,"是有强烈的情欲,在某个环境中畸形的发展下去,终于变成人妖一般的男女!而情欲的对象或是金钱,结果就有葛朗台那样的守财奴;或是儿女之爱,以高老头为代表;或是色情,以于洛为代表;或是口腹之欲,例如邦斯"⑦。而这些形形色色的人物"都是成为一种'力',在小说中也就是各种的力在格斗"⑧。他们在《人间喜剧》里上演着各种惨烈的悲喜剧。他刻画人物固然用抽丝剥茧的方式尽量挖掘;写的城市、街道、房屋、家具、衣着、装饰,也无一不是忠实到极点的工笔画。⑨ 在他看来,每一个小节都与特定时期的物质生活精神生活密切相关。因此,读他的作品,"我们可以更深切地感到他的生活、观察和体验的深度和宽度","可以感到一种说不出的真实,说不出的亲切"。⑩

---

① 穆木天《欧贞尼·葛郎代·译者之言》,1936年。
② 穆木天《欧贞尼·葛郎代·译者之言》。
③ 傅雷《赛查·皮罗多盛衰记·译者序》,北京:人民文学出版社,1978年,第4页。
④ 穆木天《欧贞尼·葛郎代·译有之言》,1936年。
⑤ 傅雷《都尔的本堂神甫,比哀兰德·译者序》,1963年,第3页。
⑥ 穆木天《从妹贝德·译者之言》,1947年,第6—7页。
⑦ 傅雷《搅水女人·译者序》,1962年。
⑧ 穆木天《从妹贝德·译者之言》,第6—7页。
⑨ 傅雷《搅水女人·译者序》。
⑩ 穆木天《从兄蓬斯·译者之言》,1951年。

在中国第二代译者看来,《人间喜剧》佳作迭起,美不胜收:有"魔酒一般的芳香"的《从妹贝德》(即《贝姨》),称之"浪漫的热情同现实主义的描写,互相融混在一起,那种不可思议的力量,是永远地牵拽着人奔向着陶醉的天地的"①;有"另一情调的凄凉的诗篇"《比哀兰德》,赞它"像田间可爱的野花遭到风雨摧残一样令人扼腕、叹息,同时也是牛鬼蛇神争权夺利的写照"②;有读来"好像在平原上的长江巨河一样"无往自得的《从兄蓬斯》③;有善于运用"明暗交织"的对比手段而使"情节更复杂、色彩更丰富的杰作"《搅水女人》④;有"强烈笔势"的精品《勾利尤老头子》(即《高老头》);也有"天衣无缝""没有复杂的穿插,也没有浮华的虚饰"的佳作《绝对的追求》⑤……总之,佳作连连,风采多异。

　　此外,中国译者还就巴尔扎克的创作思想、思维特色做出了富有见地的评价⑥,在他们的眼里,巴尔扎克和他的《人间喜剧》是个"有深度,有宽度"的矿藏,这就是巴尔扎克的中国之行中留给中国接受者最初的总体印象。他们所选译的巴尔扎克这些中长篇小说是他们在卷帙浩繁的《人间喜剧》里由各自的审美标准选择出来的上乘之作,这无异于深山探宝者,寻觅到、择取到的是最闪光的宝石,所以这些"译者之言"往往颇多赞词,但却是中国人力图让巴尔扎克以自己的作品发言的最初的、切实的尝试,值得重视。他们的这些译作,对促进巴尔扎克在中国的流传各自起了不可替代的作用,但译介者的移植,一如巴尔扎克的原著,也需要承受时间的推敲,经过读者的再选择才能保存下来。就译笔生动流畅,在读者中影响而言,当推傅雷的译作。中华人民共和国成立以来,在中国广为流传的巴尔扎克代表性的作品都是傅雷的译本。从媒介学的角度将傅雷、穆木天和高名凯的译本,特别是同名译作与原著进行比较研究,是一个富有意义的课题,需要专文探索。⑦

---

① 穆木天《从妹贝德·译者之言》,第6—7页。
② 傅雷《都尔的本堂神甫,比哀兰德·译者序》,北京:人民文学出版社,1963年,第3页。
③ 穆木天《从兄蓬斯·译者之言》,贵阳:文通书局,1951年。
④ 傅雷《搅水女人·译者序》,贵阳:文通书局,1949年。
⑤ 穆木天《绝对之探求·译者的话》。
⑥ 傅雷《赛查·皮罗多盛衰记·译者序》,北京:人民文学出版社,1978年,第6—7页;《搅水女人·译者序》,北京:人民文学出版社,1962年。
⑦ 我们高兴地读到了赵少侯先生在《翻译通报》(1952年)上连连发表了评傅、高、穆译本的文章,这方面的研究有待进一步深入。

早在30年代,我国知名的巴尔扎克学学者就曾这样预言:"介绍巴尔扎克是一桩难事,缙译巴尔扎克简直是一种苦工。小说方面的巴尔扎克,犹如戏剧方面的莎士比亚,我们不弄便罢,弄起来就和那压在巴尔扎克背上12万法郎的债一样,或者凝在巴尔扎克心头17年爱情的梦一样,住手的那一天,怕就是和世人告别的那一天。"[1]中国的第二代巴尔扎克翻译者穆木天、高名凯、傅雷他们生前都曾试图将《人间喜剧》移植到中国来,都曾经付出过"苦工"般的劳动,并且全身心地投入[2],但终因力不从心,"惶惶万状"[3]而未能如愿以偿。移植《人间喜剧》的任务,历史地落到了中国第三代翻译者肩上。70年代,中国巴尔扎克学的发展,也需要人们对巴尔扎克有个"全方位"的了解,迻译其全集势在必行。由人民文学出版社牵头,由资深编辑、富有才情的法国文学学者夏玫主持的《巴尔扎克全集》的翻译工程便启动了。这是近代中国译介外国文学史上规模最大的"系统工程",其难度是显而易见的。单就《人间喜剧》出现的人物,少说有两三千,加上涉及的历史人物和文学人物,总数已经上万,编者为了统一译名,单作卡片就十多抽屉。[4] 主持者以非凡的果敢和魄力,几乎动员了全国所有的法文翻译好手,通力合作,完成了中国翻译史上还不多见的庞大工程。《巴尔扎克全集》《巴尔扎克选集》,为了帮助读者理解巴尔扎克的原著,主持人又以她的远见组织了编者、译者撰写若干文情并茂、别具一格的介绍,冠于每部译文之首,使中国的巴尔扎克的介绍和研究跃上了一个新的台阶。面对这装帧精美的《巴尔扎克全集》(尚未出齐)和十卷《巴尔扎克选集》,笔者在这里除了向编者、译者的魄力、勇气、智慧和劳作表示崇高敬意的同时,更加关注巴尔扎克和他的《人间喜剧》在中国第三代译者的接受层面上显示的是什么形象。

我们通过冠于译文篇首的一篇篇精致独到的序文(毋宁说是他们深山探宝的生动报告)获知,打动这一代探宝者的依然是巴尔扎克《人间喜剧》的那种深度和宽度,宛如一座深沉无边的富矿那样厚重,那样深邃,印在每一个巴尔扎克的译介者脑海里。这种厚重和深邃,既是巴尔扎克的气质,

---

[1] 李健吾《巴尔扎克的〈欧贞尼·葛郎代〉》,载《文学杂志》1937年第1卷第3期。
[2] 穆木天说:"在执笔翻译之际,译者永远地是感到像一个小孩子跟着巨人赛跑一样,永远地是感到着那个巨人在牵拽着自己,而自己真是拼死命才可以赶得上一样。"
[3] 高名凯《杜尔的教士》译序,上海:海燕书店,1936年。
[4] 钱宁《重视巴尔扎克的艺术世界——访艾珉》,载《人民日报》1987年2月26日。

也是《人间喜剧》的风格。对此,他们有十分精彩的描述:"在19世纪三四十年代法国浪漫派那些风流倜傥、才华横溢的诗人、艺术家中,巴尔扎克好似一位找错地址的不速之客,他魁梧、健壮,举止拙笨,说话粗声大气,毫无优雅风度可言。他的艺术风格和他的艺术体貌不相上下,即使在他的天才被承认以后也很少在这方面受到批评界的赞扬。巴尔扎克的气质正如罗丹为他塑造的雕像:粗糙、笨重,然而深邃、豪壮,具有震撼人心的气势和威力。巴尔扎克的作品仿佛是由天才的巨斧砍劈而成:生气勃勃,出神入化,只是还没来得及细细打磨。"①这便是巴尔扎克留在中国第三代编译者接受层面的形象表述。深度,那是指他思考的深度,人物形象的哲理深度,作品的思想深度。他自己就曾经说过,"艺术作品就是用最小的容量惊人地集中了最大量的思想"②,他的艺术"不以文笔清新和情节的曲折取胜,而以人物形象的多姿多彩和形象本身所包含的哲理深度见长"③,他的作品和他本人一样"血气旺盛",他的小说"属于并非哲学家的文学家所能写出的最有深度的小说"④;宽度,那是指巴尔扎克描写范围的广延性,从他开始,文学似乎无限度地扩大了主题,"种种似乎和文学格格不入的东西都闯进了小说:财政金融、工商实业、农业设施、银行的倒账清理、商店的结算盘存、科学技术、债务诉讼……"⑤一如泰纳所言,巴尔扎克"让小说承担了它不能承担的重量",所以《人间喜剧》显得深沉而厚重。从巴尔扎克作品实际出发,中国第三代编译者是把捉到了这位伟大作家的真血脉的。

如果说第二代译者对《人间喜剧》的艺术还处于浅尝辄止的阶段,那么,这一代译者在巴尔扎克艺术世界遨游了一番之后,有着更多的涉猎和思考,一如他们迻译《全集》不乏魄力一样,他们对巴尔扎克的艺术的观察也不乏自己的眼力,尽管他们的看法并不总是一致的,但较之上一代有着更精微的体察和领悟。请看,他们是这样观察巴尔扎克的长篇短制的:"如果把巴尔扎克的《人间喜剧》比作气势宏伟的大厦,那么,那一系列遐迩闻名的长篇(如《高老头》《欧也妮·葛朗台》《幻灭》《古物陈列室》《贝姨》《农民》等),就仿佛是巨大的柱石支撑着这座辉煌的建筑,体现出雄浑的

---

① 艾珉《高老头·译本序》,北京:人民文学出版社,2002年。
② 巴尔扎克《论艺术家》,载《侧影》周报(1830年3月11日),转引自艾珉的《幻灭·序》。
③ 艾珉《幻灭·序》,北京:人民文学出版社,1980年。
④ 艾珉《幻灭·序》。
⑤ 艾珉《幻灭·序》。

主调;而中短篇小说,则有如一道旁门、一扇彩窗、一角飞檐、一方雕饰。如果将《人间喜剧》比作气象万千的美景,那么,其中的长篇就如奇峰幽谷、密林静湖;而中短篇则像是一座亭榭,一棵古树,一块怪石,一株异草。前者令人叹为观止,后者亦使人击节赞赏。"①如果不是在巴尔扎克艺术王国里徜徉遨游的人,能做如此精细的体察吗?他们是这样体悟巴尔扎克现实主义艺术特色的:"谁说现实主义艺术只意味着一丝不苟地描摹现实呢?谁说现实主义会束缚作家的想象力,使文学成为一种单调乏味的照相式的艺术呢?请看举世公认的现实主义大师巴尔扎克的作品,这里面有着多么丰富的表现手法、多么大胆的想象、多么奇特的构思!巴尔扎克让他同时代的两千多个人物活跃在《人间喜剧》的舞台上,同时也不排斥在某些场景中让幽灵出现,鬼魂托梦,撒旦施展威力"②,没有细读过巴尔扎克原著的人能有这样深入的体悟吗?作为伟大的现实主义大师,巴尔扎克也如许多文学巨人一样,"从不作茧自缚,将自己的创作定于一尊"③,"象征、浪漫、神秘、怪诞熔于一炉,使其作品更呈多姿多彩的风格"④。巴尔扎克并不希图以情节的离奇取胜,"但他的某些小说情节之奇特神秘,故事之惊心动魄,并不亚于某些最著名的惊险小说"⑤,如《十三人故事》;他不希图追求怪诞的效果来招揽读者,但他却有不少带有浓重的荒诞神秘色彩的杰作,如《驴皮记》;他们甚至从《贝姨》的某些章节领悟到这位现实主义大师和象征大师波德莱尔笔底的"神韵是相通的"⑥。总之,在他们看来,作为卓越的现实主义大师,巴尔扎克不受任何传统或流派的狭隘观念束缚,善于运用一切可能运用的形式,将历史的宏观把握与对现实的精细体察结合起来进行深入的艺术开掘,在司空见惯的生活场景描绘中融进丰富的历史内涵和社会意识,从而形成了他那博大深邃而又精微质朴的独特风格。

这一代译介者身临其境地感受到,巴尔扎克艺术风格的多样性根植于巴尔扎克思想的丰富性、庞杂化,"他倾向唯物主义,却又对神秘主义的占卜学、骨相学津津乐道;他本质上是个无神主义者,却又热心地宣传宗教;

---

① 黄晋凯《巴尔扎克中短篇小说·序》,北京:人民文学出版社,1997年。
② 艾珉《驴皮记·序》,北京:人民文学出版社,1982年。
③ 黄晋凯《巴尔扎克中短篇小说·序》。
④ 黄晋凯《贝姨·序》,北京:人民文学出版社,1995年。
⑤ 何钊《19世纪的摩登强盗——读〈十三人故事〉》载《外国文学季刊》1984年第4期。
⑥ 黄晋凯《贝姨·序》。

他充分肯定资本主义竞争对社会生产的促进作用,可在政治上却是一个保皇党……①他的头脑中填满了19世纪种种相互矛盾的学说,他的作品充塞着太多的庞杂的思想,大量的真知灼见与奇谈怪论杂然并存,精辟的分析与荒唐的结论互相映衬。唯其如此,巴尔扎克的作品需要另一番读法,一种非消遣性的、研究性的读法:"读这类作品决不像吃冰淇淋那样清凉快意;毋宁像是嚼橄榄,初尝多嫌苦涩,仔细品去,自会感受到其味无穷。它也不是那秀丽明媚的青山绿水,使人置身其中顿觉心旷神怡;却更像怪石嶙峋、道路崎岖的山岗,如果您不怕艰难,肯去攀援,就会领略峰峦叠秀,风光无限。再下功夫去挖掘,还会采撷到奇珍异宝。"②如果不是细嚼过、品味过巴尔扎克著作的人,能有这样的体会吗?确实,中国第三代译介者写的这些才气盎然、文情并茂的序,对一个未涉足巴尔扎克艺术世界的人是一份诱人的"导游";对一初读巴尔扎克的读者,是适宜的"导读",对巴尔扎克研究者和探索者来说,又是不可不看、不可不听的发言和报告书,其重要性不容忽视。而这些序多写于七八十年代,它们的作者又都是在巴尔扎克艺术之宫徜徉过,在这座"富矿"里挖掘过,一如巴尔扎克当年铸就自己的艺术时付出了"矿工般"的劳动,注进了自己生活感受一样,他们为移植《人间喜剧》也付出了"矿工般"的辛劳,他们的观察、体会也充满了自己的真情实感,他们的成果在很多方面反映了中国新时期巴尔扎克学的成绩,其意义是显而易见的,因此,笔者不揣浅陋在此记下一笔。

三、他给了我们一个世界:中国批评家眼中的巴尔扎克

巴尔扎克作品译成中文之后,将经受中国读者(这里主要指研究者、批评家)的审视,进入中国接受者的第二个接受层面。由于最初介绍到中国来的巴尔扎克作品多为短制,不是他的代表作,所以巴尔扎克自1915年引进中国之后,直到30年代上半期相当长的一段时间都未真正进入中国批评界的视界。期间中国学人撰写的介绍巴尔扎克的文章或研究著作的专论,除了个别的外③,都是依据外国人的有关文章和著述而编译的文字,极

---

① 艾珉《幻灭·序》。
② 资中筠《公务员·序》,北京:人民文学出版社,1989年。
③ 例如李健吾先生写的有关论文。

少有自己的研究和独立的观照。比如较早发表的由佩蘅作的《巴尔扎克底作风》一文(刊于1924年4月出版的《小说月报》第15卷号外《法国文学研究》),就是根据法国学者Pelliseer之《19世纪中的法兰西文学运动》而编译的文字,文中称巴尔扎克"喜欢描写人性中粗鄙和卑琐的方面",文风"不细腻"云云,很难说是作者自己的观点。1934年印行的李璜的《法国文学史》及1936年出版的夏炎德《法兰西文学史》中有关巴尔扎克专章也都是依傍外国学者有关著述的一种转述。真正从巴尔扎克创作实际出发做独立观照或转述外国学者对巴尔扎克的评论,且经过自己的思考,做独立判断的研究文章,是1936年发表的李健吾的《巴尔扎克的〈欧贞尼·葛郎代〉》和瞿秋白1933年写的《马克思、恩格斯和文学上的现实主义》,前者是作者结合巴尔扎克第一个长篇中译本的问世而写的评论,他在这篇文章中开宗明义地说巴尔扎克是:"一个社会","一个世界","他给了我们一个世界。和我们的世界一样,形形色色,有的是美,有的是丑,有的是粗糙,有的是华严,有的是痛苦,有的是喜悦,有的是平淡无奇,有的是惊心动魄,传奇犹如命运,神秘犹如人生,广大犹如自然,而自然就是巴尔扎克,无所不有,无微不至,登泰山而小天地,泛一叶而浮大海,你觉得你不复存在,存在的是这不完美的宇宙,或者犹如作者自己所谓,这19世纪的《人曲》"①。而后者是作者首次向中国读者介绍马克思和恩格斯论巴尔扎克而写的评述,他在这篇评述中,依据马克思,特别是就恩格斯致哈克奈斯信中对巴尔扎克那个著名的论断,明确地做出自己的判断;他认为马克思和恩格斯对巴尔扎克的宇宙观和艺术创作的估量,"是整个的、一贯的","他们并没有把思想家的巴尔扎克和艺术家的巴尔扎克对立起来,并没有把艺术家的主观的宇宙观和他的描写的客观性对立起来"。而第三国际的理论家只见表面上的矛盾,把思想家的巴尔扎克和艺术家的巴尔扎克分割开来,按照他们的说法,从宇宙来看,巴尔扎克是反动的;从艺术创作来看,巴尔扎克又是无意之中的"革命家"。瞿秋白指出"其实,巴尔扎克只有一个",他是"深刻的资产阶级意识的代表",是"资产阶级的伟大的现实主义艺术家"②。以这两篇文章为标志,巴尔扎克才真正步入了中国研究者的视界。而他一进入中国研究者视野,几乎给中国人留下了相当稳固的映像:是资

---

① 李健吾《巴尔扎克的〈欧贞尼·葛郎代〉》,载《文学杂志》1937年第1卷第3期。
② 瞿秋白《马克思、恩格斯和文学上的现实主义》。

产阶级意识的深刻的表现者,是伟大现实主义艺术家,他是"一个社会""一个世界",此后中国学者对巴尔扎克所做的一切思想和艺术的透视,除却"四人帮"文化专制时期,从根本上来说,都没有离开过这个最初的观照。投映在中国研究者接受屏幕上的巴尔扎克,确实是一个如社会和世界那样丰富广博、那样复杂矛盾的现实主义大师。这个映像的形成,当然得之于中国研究者对巴尔扎克作品的透视,也得益于马克思主义经典作家对巴尔扎克的深刻阐发。如果说中国的巴尔扎克研究并不总是与巴尔扎克的翻译同步进行的话(如上所示,它迟于巴尔扎克作品介绍近20年),那么它的起步却是和马克思主义经典作家对巴尔扎克论述的介绍联系在一起的,这是中国(至少是中国大陆)巴尔扎克学的一个令人瞩目的特点。当瞿秋白于1933年将恩格斯在致哈克奈斯的那封著名的信中对巴尔扎克科学的论断首次介绍到中国来,并且做出自己的介绍的时候,事实上就为中国的巴尔扎克学奠定了坚实的理论基础,指出了发展方向。中国研究界大约从这个时期起就已熟悉恩格斯对巴尔扎克的这些精辟论断:"巴尔扎克,我认为他是比过去、现在和未来的一切左拉都要伟大得多的现实主义大师,他在《人间喜剧》里给我们提供了一部法国'社会'特别是'上流社会'的卓越的现实主义历史,他用编年史的方式几乎逐年把上升的资产阶级在1816年至1848年这一时期对贵族社会日甚一日的冲击描写出来,这一贵族社会在1815年以后又重整旗鼓,尽力重新恢复旧日法国生活方式的标准。他描写了这个在他看来是模范社会的最后残余怎样在庸俗的、满身铜臭的暴发户的逼攻下逐渐灭亡,或者被这一暴发户所腐化;……在这幅中心图画的四周,他汇集了法国社会的全部历史,我从这里,甚至在经济细节方面(如革命以后动产和不动产的重新分配)所学到的东西,也要比从当时所有职业的历史学家、经济学家和统计学家那里学到的全部东西还要多……"人们看到,迄今为止还没有一个理论家能以如此的准确性和深刻性对巴尔扎克世界做如此独到的透视,如此科学的阐发,而这些阐发是任何一个想染指巴尔扎克学的人无法回避的,它在这里对巴尔扎克的现实主义科学论断和总体把握,是任何一个严肃的巴尔扎克探索者无法绕过也不能绕过的,都必须认真作一番思考。因此,恩格斯的这些科学论断一介绍到中国来,便自然地成了我国研究者对巴尔扎克进行观照的必须依循的准则,并视之为理解巴尔扎克复杂世界的一把钥匙。中国研究者对巴尔扎克思想和艺术的探索都是以此为出发点的。中国的巴尔扎克学正是沿着恩格斯所阐明的方向发展的,难以计数的巴尔扎克研究文章,说到底就是恩格斯对巴尔扎克的阐述的阐述。因此,我们在考察巴尔扎克进入中国接受者第二接受层面时,不能不充分注意到这个最重要的特点,也不能绕过这难以计数的"阐发之阐发",因为它们确实是中国研究者在各个历史时期对巴尔扎克进行观照的成果。

  恩格斯对巴尔扎克著名的论断中留给后人以思考、最需人们反复琢磨和咀嚼的,无疑是这么一段论述:"巴尔扎克在政治上是一个正统派;他的伟大的作品是对上流社会必然崩溃的一曲无尽的挽歌;他的全部同情都在注定要灭亡的那个阶级方面,但是,尽管如此,当他让他所深切同情的那些贵族男女行动的时候,他的嘲笑是空前尖刻的,他的讽刺是空前辛辣的。……这样,巴尔扎克不得不违反自己的阶级同情和政治偏见;他看到了他心爱的贵族们灭亡的必然性,从而把他们描写成不配有更好命运的人……这一切我认为是现实主义的最伟大胜利之一,是老巴尔扎克最重大的特点之一。"他在这里所阐述的巴尔扎克老人现实主义胜利的见解,曾诱发了我国学者关于巴尔扎克的创作与世界观、巴尔扎克现实主义特色的多次讨论,人们在自己的研究中竞相援引恩格斯的话,翻来覆去地加以评论,加以诠释,试图从中寻觅最贴合恩格斯原义的解释并有所发现。在我国学界第一个出来做诠释的是瞿秋白,他在我们上面提到的文章中首次论述了巴尔扎克的世界观和创作的一致性,并正确地指出了无产阶级作家"应当采取巴尔扎克等等资产阶级的伟大的现实主义艺术家的创作方式的'精神'",无产阶级文学必须在巴尔扎克等所开创的资产阶级现实主义的基础上"往前发展"①,这种诠释被批评界认为是合理的、正确的解释。在他之后,随着巴尔扎克作品愈来愈广泛的传播,随着我国文学界对现实主义一次又一次地深入讨论,巴尔扎克创作与世界观问题又被研究界屡屡议及,被许多人从不同角度做出不同的解释,特别是50年代中期,胡风沿袭了第二国际批评家的片面观念,提出了巴尔扎克的世界观与创作相矛盾的看法,这就引发了60年代初包括外国文学研究者在内的理论界、文学界一场全国性的热烈争辩。有些杂志还为此组织了专题讨论或发表专栏文章②,在这次全国规模的讨论中,一些研究者(但也不多)发表了有益的见解,写出了有

---

① 瞿秋白《马克思、恩格斯和文学上的现实主义》。
② 如陕西《人文杂志》,于1960年第3期就刊发了一组讨论巴氏世界观的文章。

自己思考的文章，提出了理解巴尔扎克这个复杂世界的途径和方法。比如有的文章从巴尔扎克的具体作品分析入手，从其对贵族对资产阶级和人民群众的双重态度来考察他的政治思想世界观的矛盾性，又从塑造人物的得失来观照其世界观与创作的一致性。① 有的文章则从巴尔扎克所写的政治论文、亲友的书信和其他公开言论来探索他的政治信仰、宗教信仰的真实意图②，这些立足于让巴尔扎克本人发言的研究，无疑有助于人们听到巴尔扎克自己的声音，看清他的真实面目，因而缩短这位作家和中国读者之间的距离。但是我们也不能不看到，由于我们的大多数研究者总是习惯于非此即彼的二元对立的思维定式；加之复杂政治背景下争辩往往又夹带着不少的非文学因素，因此，多数文章都无例外地强调着巴尔扎克的世界观与创作方法的一致性，但竞相重复同一话语，却无多少新见。或称巴尔扎克的世界观是矛盾的，有其进步的一面，也有反动的一面，作品亦然；或云巴尔扎克世界观总体倾向是反动的，但也有合理的因素，他的作品也为他的世界观所决定，是毒药和蜜糖的混合③，等等，不一而足。更有甚者，为了强调这"一致说"，称巴尔扎克的世界观是反动的，作品也是反动的④。这里除了使我们看到盛行于60年代我国批评界那特有的左的调头外，还使我们清楚地看到，一个曾受到马克思主义经典作家极其推崇的西方作家，在我国一些自认为运用马克思主义观点评价西方作家的批评家那里，由于根深蒂固的二元对立的思维方式而受到怎样的粗暴的误解和曲解！这种调头的发展必然引发了对巴尔扎克的代表作《高老头》"父爱"的争论，对巴尔扎克人道主义、人性论的批判，再发展到极致，便是"四人帮"的禁闭、弃绝。人们本来指望通过这些"阐释"和"解读"能使巴尔扎克和他的世界跟我们靠得更近，不料却因为这类文章过多地充塞着那一时代的读书界而使人们不无遗憾地发现与这位西方巨人的距离反倒拉得更大。

巴尔扎克曾经说过，"思想常常是好比宝藏"，"需要长时间地探找"，而"艺术却是思想的结晶。我们没有觉察到这一点，因为我们接受了两千年来的文化遗产就像有些子孙继承了巨大的财富却丝毫没有想到祖辈为

---

① 如陈伯海的《关于巴尔扎克的世界观和创作方法问题》，载《文学评论》1960年第6期。
② 如李健吾的《巴尔扎克是个什么样的正统派？》，载《文学评论》1961年第4期。
③ 周骏章《巴尔扎克的世界观是矛盾的》；高起学《巴尔扎克的世界观总的倾向是反动的，但也有合理因素》，载《人文杂志》1960年第3期。
④ 张守基《作品有价值和作家的世界观反动并不矛盾》，载《人文杂志》1960年第3期。

积敛这笔财富所付出的辛劳;所以如果我们真正有心想理解艺术家,就不应当忽视这个特征:艺术中存在着某种不可思议的因素(应读成不可思议的魅力——笔者注)"①。恩格斯在评论巴尔扎克时充分把握住了这个特征并揭开了其中的奥秘,所以他是巴尔扎克老人难得的"知音"。而我们一些善于为恩格斯"作阐释"的研究者,恰恰在这个重要之点上背离了恩格斯也背离了巴尔扎克,他们宁愿简单地有时甚至片面地征引恩格斯的词句,却不肯做任何思考,他们无视巴尔扎克创造他的世界"所付出的辛劳",却不肯花力气沉到这个世界中做"长时间地探找",因此他们无法理解巴尔扎克,也不能接近这个世界。而在50年代中期到70年代上半期盛行于我国研究界的这股风气,也使这个时期的广大读者无法与巴尔扎克靠得更近。

在这里,我们无意于贬低那些为恩格斯的论述作注脚的文字和作者,仅仅想强调,我们的研究者不应当只满足于援引恩格斯的现成结论,而需要作更多的思考、发掘,因为恩格斯的论述好似解开巴尔扎克迷宫的一把钥匙,但并非任何人都懂得使用的诀窍,说:"芝麻,开吧!"②它不是一种套式,而只是开辟了研究巴尔扎克的一个方向。我们感到欣喜的是,中国不乏这样勤于思考和挖掘的研究者,他们的存在,正是给呈现危机的中国巴尔扎克研究带来复苏的希望,他们富有开创性的研究成果又将远离了中国接受者的巴尔扎克拉了回来,使人们得以重新贴近这个丰富、博大的世界。巴尔扎克的"现实主义胜利"的特点及由此而引起的他的创作与世界观关系的讨论,永远是我国学者的热门话题,继五六十年代热烈讨论后,新时期研究者又围绕它做了不少文章。不同于以往,这些文章不是将恩格斯的论断当成现成结论引用,而把它作为寻求发现的一把钥匙,多从巴尔扎克实际出发,立足于让他本人发言,因而也多有所见。

李健吾在60年代初发表了那篇富有创见的《巴尔扎克是一个什么样的正统派?》后,在70年代下半期到80年代初,他又相继发表了《巴尔扎克的世界观问题》(《文艺报》1978年第4期)、《巴尔扎克与空想社会主义者》(《文学评论》1979年第4期)、《激情与巴尔扎克的创作方法》(《浙江学刊》1980年第1期)、《神秘主义与巴尔扎克》(《山西艺术学院学报》

---

① 巴尔扎克《论艺术家》(盛澄华译),载《侧影》周报,1830年3月11日,转引自王秋荣的《巴尔扎克论文学》,北京:中国社会科学出版社,1986年,第10页。
② 《一千零一夜》中人物阿里巴巴发现了进入一个秘密宝库的诀窍:当他说"芝麻,开吧!"那宝库的门就自动开了。

1982年第3期)、《〈人间喜剧〉的远景》(《文史哲》1978年第2期)、《〈人间喜剧〉的革命辩证法》(《文艺论丛》第4辑,1978年)等论文,继续对巴尔扎克的世界观和《人间喜剧》的思想内容进行了深入的探索。他运用恩格斯的那把钥匙几乎遍访了巴尔扎克思想世界的各个角落,从巴尔扎克"从自己出发"的个人奋斗的生命历程,从他与空想社会主义者、与神秘主义的关系中,及其观察社会、创造典型的独特角度和独特追求中,多层次地剖析巴尔扎克的思想和艺术,而将其复杂的精神世界呈现于读者之前,指出:"巴尔扎克的世界观,尽管像他的时代那样复杂,有进步的东西,也有落后的东西甚至反动的东西,然而由于进步的东西渗透到支配他观察的创作方法形成一种不可抗拒的一致的照明力量……以至于反映在大部分作品中正确观察到的现实变革的深刻性,成为后人学习马克思列宁主义的先驱者们所做的关于资本主义社会发展与衰亡规律的艺术诠释。"认为巴尔扎克无论从哪一种意义上,"都是近代社会一位值得尊重的历史见证人"①。

继李健吾之后,柳鸣九在自己的一些论述中,运用尚未介绍到中国来的巴尔扎克的书信、政论及其他材料,从理论的高度论述巴尔扎克的现实主义创作方法与世界观的矛盾统一,对恩格斯的论述做了进一步的阐释。② 他依据这些材料,认为巴尔扎克并不存在正统派的"政治偏见",他真实的政治思想与保皇党的政治活动是两回事,"他是资产阶级的儿子,而不是封建阶级的遗老"③,他也认为在巴尔扎克那里,现实主义创作方法,"已经形成了一种独立的强大的力量"④,这种力量在某些场合,当世界观中消极部分可能妨碍作家真实地描写现实时,就发挥了它的作用,使得作家不是根据自己的消极的思想见解行事,而是按照这种艺术方法的规定与要求,对现实做出真实的描绘,这就是巴尔扎克的现实主义的胜利。而这种胜利,"实际上就是现实主义创作所根源的那一部分积极的世界观在创作实践上对于世界观中消极部分的胜利,它反映了作家身上世界观中对消极部分的对立"⑤。这样的看法是符合巴尔扎克实际的,也是符合恩格斯精神的,表明

---

① 李健吾《〈人间喜剧〉作者的〈中国与中国人〉》,载《西北师院学报(社会科学版)》1982年第2期。
② 柳鸣九《论创作方法与世界观关系问题》,载《论遗产及其它》,第337—352页。
③ 柳鸣九《论创作方法与世界观关系问题》。
④ 柳鸣九《论法国19世纪批判现实主义文学》,载《社会科学战线》1980年第3期。
⑤ 柳鸣九《论创作方法与世界观关系问题》,载《论遗产及其它》,第337—352页。

只有从巴尔扎克作品实际出发,才能对恩格斯的论断做出正确的合理的解释而不至于曲解它,因而曲解巴尔扎克;也表明了恩格斯对巴尔扎克的论断绝不是认识巴尔扎克的终极,它开辟了研究巴尔扎克这一丰富世界的广阔前景。

对巴尔扎克世界的透视是离不开对他的作品,特别是他的代表作《欧也妮·葛朗台》和《高老头》的观照的。这两部作品不仅是巴尔扎克在中国翻译得最多,流传最广,也是我国评论界议论得最多的作品。① 其中的人物和场景也常常作为我国学者拿来证明或诠释马、恩对资本主义社会、对巴尔扎克本人、对现实主义论断的材料,有的人物如高老头、欧也妮,也曾一度成了评论界讨论的中心②。应该说,对两部作品的思想意义,阐述是充分的。但以往的研究多数还停留在政治思想的评判,很少做美学上的审视。从方法论上来看,也脱不开为马、恩论断做寻章摘句式的机械的诠释。比如,在议及两部作品的主题思想时,论者都无一例外地告诉我们,揭露金钱的罪恶、暴露资产阶级的贪婪等这些显而易见的思想,然后都止不住引述《共产党宣言》中那些著名的语句作注脚,以此来证明作品的深刻意义。这种议论当然并没有错。然而对理解巴尔扎克那博大深邃的艺术世界毕竟显得浅陋简单些,需要做多层面多角度的观照。新时期的研究者突破了这种单一的政治观照的格局,显示了更多的路数。程代熙在漫话《高老头》一组论文中议及《高老头》小说的主题时,便极有见地说:"《高老头》的主题思想,用一句话来说,是父与子(女)关系及其矛盾。父与子的矛盾虽然在家庭范围里展开的,但家庭不过是社会的一个细胞。所以在巴尔扎克的作品里,父与子的矛盾就反映出了斑驳复杂的社会生活。表现家庭生活中的父与子,也就是两代人的矛盾,在巴尔扎克的作品里,《高老头》并不是始作俑者。在它之前的《欧也妮·葛朗台》里就涉及了这个问题,在它之后的《幻灭》里边有这方面的描绘。"③这是值得重视的看法,笔者甚至认为,不仅《高老头》《欧也妮·葛朗台》,而且在《人间喜剧》里许多作品中的主题都是揭示两代人的矛盾,写家庭解体的悲喜剧。在19世纪法国文学史上,巴尔扎克不是描写这个主题的第一个作家,但也许是表现

---

① 据不完全统计,从1978年至1980三年间,国内公开发表的论《高老头》的文章达24篇之多;论《欧也妮·葛朗台》的文章有25篇之多。
② 如1964年《光明日报》曾就高老头"父爱"问题展开了讨论。
③ 程代熙《高老头的主题思想》,载《社会科学战线》1979年第4期。

这个主题最深刻的作家。他的深刻在于,他写家庭,又跳出家庭,他揭示父与子(女)矛盾,家庭解体的深刻的经济根源:金钱力量。它凌驾于家庭、社会、阶级和一切人与人关系之上,正如李健吾所描述的:"使它的人物具有深厚的精神面貌,跳出牧歌式的假象与单线情节的范畴,纷纷在熙来攘往的道路上留下不可磨灭的脚印,又显得那样孤独,给人以寂寞之感,在小说方面,从他开始。就规模的宏伟而言,法国迄今还没有出现这样一个堪与比肩的小说世界。在这个世界里,时而狰狞,时而柔媚,时而怒目相对,时而笑脸相迎,似有情,若无情,真正的主角是在明里暗里操纵着人心的经济关系。"①正是这样,才使他高过他同时代许多作家,使他构建的世界显得那么深广,也正是这样才使他的小说高于某些研究者所说的"穷小子结识贵妇人的悲喜剧",超越中国的以往的才子佳人小说,而和中国伟大的现实主义巨著《红楼梦》挂上了钩。李健吾独具慧眼,看出了巴尔扎克的这个西方现实主义巨人,"他走的现实主义道路正是中国的曹雪芹在他一百年之前走的道路","他们的特点在于观察配偶婚姻和人与人之间的社会关系时,发现了一个起决定作用的因素:财富"②。如是,可以架设起比较研究的渠道对这两部作品的主题和人物进行美学的、伦理的、文化的透视,更多角度观照巴尔扎克的艺术世界。比如,研究葛朗台形象,就可以将之置于世界文学守财奴人物画廊中比较观照;研究《高老头》中父与子(女)建立在金钱关系上的家庭悲剧也可放在世界文学同类题材的作品中进行平行的文化考察。关于前者,早在30年代,李健吾先生就将葛朗台和中国元杂剧《看钱奴买冤家债主》中的守财奴、古罗马喜剧家浦劳塔斯(Plautus)的《瓦罐》中欧克里影(Euclion)、莫里哀剧中的悭吝人哈巴公、莎士比亚剧中的夏洛克进行比较③,显示了他开阔的文化视野,新时期研究者也有将它与《死魂灵》中泼留希金艺术形象进行比照④,也有就这个艺术形象是否典型进行探讨⑤;关于后者,我国学者也写出了《两个相似的悲剧》《〈高老头〉与〈懵教官爱女不受报穷庠士助师得令终〉之比较》《东西

---

① 李健吾《〈人间喜剧〉作者的〈中国与中国人〉》,载《西北师院学报(社会科学版)》1982年第2期。
② 李健吾《〈人间喜剧〉的革命辩证法》,载《文艺论丛》第4辑,1978年10月。
③ 李健吾《巴尔扎克的欧贞妮·葛郎代》,载《文学杂志》第1卷第3期。
④ 李国生《谈谈葛朗台和泼留希金艺术形象的异同》,载《甘肃师大学报》1981年3期。
⑤ 夏中义《典型乎?类型乎?——葛朗台形象质疑》,载《名作欣赏》1982年第2期。

方的〈焚稿断痴情〉》①等文章,或将高老头与杂剧中的人物一起分析,观其悲剧性格;或将《高老头》与中国明代短篇小说进行比较,观其家庭解体的悲剧意义;或将鲍赛昂夫人与林黛玉焚稿断痴情加以比照,以一窥曹雪芹与巴尔扎克东西方艺术大师遥遥相通的文化思路,采取不拘一格的观照方法,较之五六十年代,研究路子无疑有重大的拓展。由个别作品的研究而对《人间喜剧》做总体观照,这是对巴尔扎克做深入探讨的必然,是中国巴尔扎克学发展的重要标志。我国新老学者经多年潜心研究,在新时期奉献上了可观的成果。如李健吾的《〈人间喜剧〉的远景》(《文史哲》1978年第2期)、《〈人间喜剧〉的革命辩证法》(《文艺论丛》第4辑,1978年)、《激情与巴尔扎克的创作方法》(《浙江学刊》1980年第1期),郑克鲁的《论巴尔扎克》,黄晋凯的《巴尔扎克和〈人间喜剧〉》,等。这些文章从不同方面以不同深度对《人间喜剧》的思想、艺术做了评论和介绍,力图展现出巴尔扎克的完整的文学世界,所以在读者中颇有影响,特别是黄文,被作为丛书《外国文学知识》之一种,在读者中流传甚广。真正对《人间喜剧》做总体观照并探索到个中奥秘,代表我国巴尔扎克研究最新成果的是柳鸣九的《论巴尔扎克和他的〈人间喜剧〉》。柳文从"岁月难,作品比岁月多""前所未有的文学大厦""历史的百科全书""丰富而深刻的思想""辉煌的艺术""巴尔扎克和我们"六个方面,对巴尔扎克及其《人间喜剧》进行全方位的透视,向我们展示了人类文化史上这个浩瀚、博大的世界,是巴尔扎克研究中写得既有深度又有激情的美文。读这篇文章,犹如读巴尔扎克本人的论文,精辟独到的见解、丰富深刻的思想、激情飞扬的文字叫人应接不暇,它凝聚了中国研究者对巴尔扎克深沉的思考和挚诚的感情,倾注了中国人对人类文化瑰宝的珍爱。柳鸣九好像刚刚神游于这个世界而有所得的旅人,讲述其中的奇观,止不住神采飞扬、滔滔不绝,他又好似一个潜心于这个世界探索多年而收获无穷的饱学之士,谈起个中的奥秘如数家珍。他告诉我们,巴尔扎克以顽强的毅力、令人惊异的充沛精力,通过纯粹个人的劳动,完成了一座金字塔式的巨著《人间喜剧》。他指给我们看,《人间喜剧》里,"有一个整个的世界,整个的社会,整个的历史",甚至有"一个思维的体系"! 把这样一个整体比喻作什么才好呢?"说它像一座宏伟的大厦、

---

① 分别载《昭乌达蒙师专学报》1986年第1期;《外国文学研究》1991年第2期;《芳草》1983年第10期。

辉煌的宫殿,但砌成大厦或宫殿的每一块砖石,哪里有构成它的每一部作品那样富有艺术的生命?说它像一阕丰富的交响乐,但哪一阕乐包含有它那么丰富的主题旋律与变奏?我们很难用人类劳动的任何其他产物、哪怕是奇妙的产物来比喻它,它就是它自己,它就是伟大的《人间喜剧》,它的名字本身就包含了一个几乎是无法比喻的博大、浩瀚的内容:"人的戏",一面"世界的镜子"!他告诉我们,巴尔扎克"是法国19世纪历史的书记","从来没有一个作家有巴尔扎克这样自觉地把自己视为历史家的鲜明意识,而且,还要'比历史家做得更好些'",也"从来没有一个作家像他这样把对自己时代社会的文学描绘,提高到历史学考察某个时代社会时所具有的那种分门别类、齐全得不容许有任何疏漏的程度",他指陈给我们看,《人间喜剧》是19世纪上半叶法国社会形象的历史:它在全面呈现当代生活的形象图景方面,较以往文学史上任何一部杰作"更全面、更详尽、更深入"。它的作者是资本主义社会罪恶本质的揭露者,"又比19世纪作家都更为准确、更为淋漓尽致、更为强有力","达到了历史学的广度与高度,而又比历史学更丰富、更深入、更生动";他告诉我们,巴尔扎克不仅真实描绘自己的时代社会,是文学中的"历史家",而且表现了丰富而深刻的思想,是文学中的"哲学家""思想家",这是他之伟大的另一个方面。他指给我们看,《人间喜剧》这一部"富有才智的书",是一个"尽管纷纭复杂但却充实丰富的思想'宝库'":这里飞动着灵智的闪光、思想的火花,充满着智慧的果实、哲理的汁液。"正像他有超乎常人的健壮身体与充沛的精力一样,巴尔扎克又是一个真正意义上的思想的壮汉,他头脑里装满了思想,就像春天里成簇地向外茁生着的嫩芽一般,成千上万,多得不可数计……"如果说巴尔扎克在真实描写现实生活方面堪称为时代历史的书记,那么,他在表述丰富的思想上,则可以说是他那个时代社会的思想的"贮存器"。他告诉我们,巴尔扎克以辉煌的艺术手法建成《人间喜剧》如此庞大的文学大厦,堪称文学史上一大奇迹。他指陈给我们看:在语言艺术上,巴尔扎克显然缺乏福楼拜那种对语言的锤炼、推敲的功夫,但"又给您另外一种深刻的印象与感受,它带给您缤纷的色彩丰富的音响,层出不穷的形象,意味深长的含义",成为这个世纪"最庞大的语言宝库的掌握者";在描绘艺术上,"巴尔扎克是人类文学史上少数几个第一流的大师之一",他的描绘"就局部而言,精细入微,准确逼真,就全面而言,则有条不紊,从容展开,它既使读者感受到微妙的细节,又获得全貌的鸟瞰。在描绘的技巧与章法上,他无疑是后来现实主义作家的先导,并在他们之中至今仍保持着典范的地位";在叙述艺术上,具有非凡的才华,"当我们接触到他的描绘时,有时还会因为它多少有点累赘而稍感不满足,但是,当我们进入到他叙述的境界时,却甚感酣畅,就像乘舟顺流而下,坦坦荡荡,眼前的风光景致层出不穷,引人入胜",巴尔扎克叙述的声调"是那么调侃,眼光那么明察秋毫,见解那么深刻,态度那么练达,感情是那么热烈,性格又是那么活跃,所有这些使得他充满形象的叙述中又带有隽永的哲理,感人的激情和盎然的风趣,这是巴尔扎克叙述的魅力的主要的源泉";在人物塑造上,使巴尔扎克的辉煌的艺术发挥到最高顶点,在《人间喜剧》的画廊中跃动着 2400 多个面孔,其中给人们留下难忘的印象又具有一定社会典型意义的人物就有 100 个之多,法国 19 世纪社会生活中各阶级、各阶层、各类型的人物,在这里几乎都应有尽有⋯⋯柳鸣九就这样让我们游历巴尔扎克创造的世界,向我们述说、分析、议论、形容、评点那里的一切,因此,读他的文章,宛如身临其境,也像他一样畅游了这个世界,从中走出来的时候,也就感到生命的丰富和充实,惊奇地发现:"一百五十年的距离是多么的短,人类毕竟还年轻得很!"①觉得巴尔扎克的世界离我们更近、更亲了。

  巴尔扎克的作品之所以具有长久的生命力,在很大程度上归功于他的艺术性。对巴尔扎克艺术的观照,是透视巴尔扎克世界必不可少的部分,也是认识、理解这位巨人至关重要的一环。如果说,五六十年代的研究者过分注重政治诠释而忽略了这一课题,那么新时期研究者却给予了更多的关注。这方面的研究自然也是围绕巴尔扎克的几部代表作《高老头》《欧也妮·葛朗台》《贝姨》等而展开的。引起研究者异口同声的激赏的,似乎是这些作品的典型环境中塑造典型性格的技法和结构艺术,所以这类研究的成果较多。写得较有特色,有新意的有《〈贝姨〉的环形结构特点赏析》②等文章,表明我们的研究者不乏艺术的感受力。对巴尔扎克艺术作整体观照的是柳鸣九的《巴尔扎克的小说艺术》③。巴尔扎克的艺术性显然不以精美的辞章取胜,他在这方面远不像梅里美、福楼拜那样,"做到简明扼要,又剖析毫厘;他显然不追求典雅的趣味,端庄的仪态,整齐匀称的

---

① 资中筠《公务员·译本序》。
② 刘伯奎,载《名作欣赏》1985 年第 4 期。
③ 该文是作者《论巴尔扎克和他的〈人间喜剧〉》中的一部分,载《外国文学研究》1985 年第 1 期。

结构,在这方面,他与古典主义的大师高乃依、拉辛相距万里;他的所长也不是优美的笔调、华丽的词采,不如夏多布里昂那样具有'文字的魔力';他也不像雨果那样堪称语言大师,以他那高超完善的语言技巧,充满感情色彩的文笔给人的强烈的感受"。巴尔扎克的艺术性体现在他独特的现实主义力量之中,论者从语言、描写叙述、塑造人物诸方面考析,指出巴尔扎克给小说艺术带来一系列新的东西,把现实主义小说艺术推到全面成熟的高度:"他完成了对社会生活全面的无所不有的描绘,他很大程度上实现了小说艺术对真实的追求,使文学描绘从来没有像这样酷似现实,栩栩如生,堪称现实生活准确的再现;他通过私人生活、日常琐事而不是传奇去表现戏剧性,使私人生活的细节成为小说表现的对象,成为作家表现重大社会主题的手段,他大大开拓丰富了塑造人物形象的方法,提供了从肖像描绘到心理刻画、从描写人物的环境到展示人物言行的全面的艺术经验,使得小说中的典型性格成为可能。"表明了作者对巴尔扎克的艺术有着真切感受和真知灼见。

　　巴尔扎克艺术中最引起争议的是他的庞杂而欠锤炼的语言,繁细而臃肿的描绘。在他生前就曾受到同时代批评家、读者的非议,以至他自己不得不出来解释,说:"这种所谓缺点是来自一种过分的野心:作者一面描写人物,一面也要描写这个国家。"①批评家泰纳也为之辩护:他"让小说承担了它不能承担的重量"。我国研究者议及这个问题时,也多数沿袭了这个看法。李健吾说:巴尔扎克是"一个文学的野心家,目的在征服社会,不在征服字句"。字句的精致固然是一种"品德",但巴尔扎克在无意间忽略了这个品德,追求"一种宇宙一样有缺陷的完美"②。艾珉认为巴尔扎克滞重的风格,"在很大程度上是由于他让小说承受了太重的负担"③。柳鸣九则从作家与时代的关系来寻找原因:巴尔扎克语言丰富庞杂,正是"19世纪社会生活的地平线极大开阔的结果,是19世纪迅速变化、纷纭复杂的现实的一种反映"。像巴尔扎克这样一个有着强盛的时代感,以表现如此丰富、复杂时代为己任的作家,"他能不追求同样丰富、同样复杂的语言"? 而他的过于详尽烦琐的描绘,也是尽到了时代的责任的:在没有电影、电视的时代写作的小说作者"须作详尽细致的描绘,才能使读者跨过时间与空间的

---

① 巴尔扎克《夏娃的女儿》和《玛西米拉·道尼》初版序言(陈占元译)。
② 李健吾《巴尔扎克的〈欧贞尼·葛郎代〉》。
③ 艾珉《幻灭》译本序。

距离,置身于小说故事所发生的环境与场面",巴尔扎克满足了自己时代社会的这种要求。这显示了审视者的广阔视野。中国研究者对巴尔扎克艺术的这一特点的看法自然都是正确的,不过笔者以为,对巴尔扎克的艺术却可以有不同的认知方式。巴尔扎克这一特点其实有更深的文化根由,他丰富庞杂的语言,正是他汲取19世纪丰富庞杂的文化的结果,是那一时代色彩缤纷的文化符号的表现,而他不厌其烦地过细地描绘人物所处的时代、环境、地理、风俗、文化环境而造成的"臃肿""赘疣",显然不仅仅是"作者对于他所要披露的人生的一个土性肥厚的埋植",也是他为了突出人物形象的文化意蕴而造成的。如果对此进行文化透视,也许能对巴尔扎克艺术有更贴近的认识和了解,至少不失为一种认知方式。

巴尔扎克的作品世界是个极为丰富的宝藏。它由我国翻译家移植到中国来,再经过我国一代又一代的探索者不断地挖掘,其中的奥秘和价值也被愈来愈深刻地发掘出来了:

它向我们提供了19世纪法国社会生活无与伦比的图画,是帮助我们认识那个时代、那个国度、那个社会发展阶段的最可宝贵的文献,它的全部形象图景与细节都具有政治、历史、经济的认识价值。

它向我们暴露了资产阶级的丑恶、资本主义社会的不合理,它对于马克思主义关于资本主义社会的某些论述,是一种形象的证明……

它所蕴藏的艺术经验值得我们珍视,它对我们繁荣社会主义创作仍有积极的借鉴意义,特别是他真实描写现实、塑造典型环境中的典型性格的方法,至今仍不失为一种典范。

它作为历史上极为重大的文学现象,包含着丰富的内容,对我们有深刻的启示,是马克思主义文艺理论研究不枯竭的源泉之一。对于研究世界观与创作的关系以及世界观与创作方法的关系,它是一个典型的例证,它说明了两者的矛盾统一;在传统与创新的问题上,它清楚地表明,从来没有抽象的、绝对的、一成不变的传统;巴尔扎克在自己的时代就是一个创新者,而后才又发展了传统;在创作方法上,它给我们提供了开阔的视野,巴尔扎克所运用的创作方法就不是单一的,某种创作方法并不一定就决定作品的成败,起决定的还是作家的精神境界、思想水平与艺术修养。

柳鸣九的这些发现可以代表20世纪中国研究者对巴尔扎克世界的全面的认识和把握。然而，正如恩格斯对巴尔扎克的论述不是解释巴尔扎克的终极一样，中国人对巴尔扎克的认识也还是初步的。几年后，柳鸣九便体悟到，巴尔扎克"是说不尽的""是一座富矿"，他提供了对文学具有永恒意义的艺术经验。"在我国，过去仅仅把它视为一个批判现实主义作家，这是一个需要突破的框框。作为一个大家，他的艺术内涵是丰富多彩的，他具有鲜明的浪漫主义色彩，也有象征主义的成分。甚至'新小说'派作家布托也到他的小说里找到了现代派小说颠倒时序的手法和根据。"①我国另一个研究者郭宏安也提出："一个'现实主义'是否能打发《人间喜剧》？一个'书记'是否能满足巴尔扎克？""面对莎士比亚，研究者有'说不尽'之叹，难道巴尔扎克就是说得尽的吗？"他从波德莱尔评论巴尔扎克中得到启发，感到对《人间喜剧》除了作历史的理解外，还可作哲学的领悟，如此，可以突破巴尔扎克研究的已有格局，"开辟把握《人间喜剧》的第二战场"②，这种看法值得重视。我们认为，对《人间喜剧》还可作更为宽泛的、文化的透视，开辟认知巴尔扎克这个世界的第三战场：诸如对表现家庭解体、家庭悲剧主题的道德、伦理的剖析，对人物性格的文化心理的考察以及对巴尔扎克语言的文化意蕴的透视等等，可以从不同层面去认识、理解巴尔扎克这丰富复杂的世界，这确实需要我们做进一步深入的探索。

四、社会的广度、历史的长度：巴尔扎克与中国作家

巴尔扎克是和现实主义连在一起的，他之流入中国也与我国新文学对现实主义的倡导，对恩格斯关于现实主义理论的介绍是密不可分的。作为西方的现实主义大师的巴尔扎克对我国现实主义文学究竟有着怎样的影响？也就是我国新文学作者对巴尔扎克和《人间喜剧》有着怎样的观照？他们是从什么角度以什么方式接近巴尔扎克的文学世界的？由此我们进入了巴尔扎克与中国读者（作家）第三个接受层面的审视。

在中国新旧文学相交替的时代，巴尔扎克来到了中国。在新文学初期，这位西方文学巨人几乎没有引起人们的重视，和他的入门弟子左拉相

---

① 柳鸣九《他提出了对文学具有永恒意义的艺术经验》，载《文艺报》1989年7月1日。
② 郭宏安《巴尔扎克：观察者？洞观者？》，载《读书》1986年第12期。

比,他的影响微乎其微。作为西方现实主义大师,他在我国新文学奠基者、现实主义文学的创始人鲁迅那里,似乎也没有留下重要位置。鲁迅"为人生"的清醒严峻的现实主义文学追求和"转移性情,改造社会的"价值取向①,使他的目光越过了法国文学,也越过了巴尔扎克,投向了俄国文学。鲁迅后来为他的选择做过多次解释:读俄国作家的书,觉得"它更新,和我们的世界更接近"②,而法国作家,在他看来,"常有的享乐气息"③,也许正是这种享乐主义思想倾向,才使鲁迅和巴尔扎克这两位中法现实主义巨人无法接近。事实上,"享乐气息"在巴尔扎克的艺术世界里表现得相当充分。巴尔扎克同时代作家波德莱尔就曾指出。巴尔扎克喜剧中的"所有演员",从处在高峰中的贵族到处在底层的平民,较之真实世界中的人物,"在享乐中都更贪婪"④。奥地利作家斯蒂芬·茨威格曾对巴尔扎克、狄更斯、陀思妥耶夫斯基作品中的人物做过比较,他说:"在欧洲每年出版的五万本书中,请您打开任何一本来看。它们谈些什么呢?谈的是幸福。女人想有一个丈夫,或者某人想发财,想有权力和受人尊敬。对于狄更斯的人物,一切追求的目的,只是大自然怀抱里的一座漂亮的小住宅和绕膝欢跃的一大群儿孙。巴尔扎克的人物所热衷的是高楼大厦、贵族头衔和百万金钱。陀思妥耶夫斯基的人物有谁追求这些呢?谁也没有。一个也没有。他们不愿停留在任何地方——甚至在幸福上,他们总是渴望走得更远些,他们都怀着一颗折磨他们的'火热的心'。"⑤正像我国研究者所正确指出的,"我们不能把茨威格的话理解为对三位作家的优劣的比较"⑥,但也不能否认的是,巴尔扎克作品确实存在着一种享乐主义思想倾向。而这种思想倾向,与鲁迅为人生的清醒的现实主义精神相距甚远,鲁迅难以从巴尔扎克艺术世界中提取思想滋养来构建自己的现实主义文学。但是,在现实主义创作方法和创作原则上,他们都有着相通之处。鲁迅惊服于巴尔扎克小说里写对话的巧妙,不写人物的模样,却能使读者看了对话,便好像目睹了说话的人,认为"中国还没有那样好手段的小说家"。具有这样高超手

---

① 鲁迅《〈域外小说集〉序》。
② 鲁迅《且介亭杂文二集·叶紫作〈丰收〉序》。
③ 鲁迅《忽然想到(十)》。
④ 郭宏安《巴尔扎克:观察者?洞观者?》,载《读书》1986 年第 12 期。
⑤ 茨威格《巴尔扎克、狄更斯、陀思妥耶夫斯基》。转引自《世界文学中的现实主义问题》,北京:人民文学出版社,1958 年,第 206 页。
⑥ 王富仁《鲁迅前期小说与俄罗斯文学》,载《鲁迅研究年刊》,1981 年。

法的作家,他在描写人物对话时,在"自己的心目中是存在着这人物的模样的"①。鲁迅在这里寻出了巴尔扎克塑造典型人物的奥秘,表现了鲁迅对巴尔扎克的艺术匠心的理解。事实上,这两位现实主义大师,在塑造人物、提炼典型有相似的追求、相同的手法和相通的感受,我们不妨来倾听两位艺术大师的相似的见解。

巴尔扎克说,一个风俗历史家"为了塑造一个人物,往往必须掌握几个相似的人物……文学采用的也是绘画的方法,它为了塑造一个美丽的形象,就取这个模特儿的手,取另一个模特儿的脚,取这个的胸,取那个的肩。艺术家的使命就是把生命灌注到他所塑造的这个人体里去,把描绘变成真实。如果他只是想去临摹一个现实的女人,那么他的作品就根本不能引起人们的兴趣"②。

鲁迅塑造人物也采用了这种"杂取种种人,合成一个"③的典型综合的方法:"人物的模特儿也一样,没有专用过一个人,往往嘴在浙江,脸在北京,衣服在山西,是一个拼凑起来的角色。"④

表明两位大师艺术匠心是相同的。

如果说鲁迅由于其不同于巴尔扎克的现实主义品性,除了在现实主义创作方法有相通之处,难以使他们找到一个内在的契合点,那么,喜欢"规模宏大"⑤的茅盾,不仅在创作方法上,而且在创作主旨和总体风格上都和巴尔扎克有着相通的地方。茅盾称"读过不少巴尔扎克作品",很早就把巴尔扎克奉为"写实主义的先驱",并折服于那一对"洞瞩一切"的"锐眼","看到了底里,看到了背面","看见人的灵魂的秘密"。⑥ 他们在创作意识上、思维和表现方式及艺术风格上都存在着更多的内在联系。具体主要有三个方面:

首先,茅盾跟巴尔扎克一样,在创作上表现了浓厚的历史趣味和自觉的历史意识。茅盾和巴尔扎克都十分喜爱、推崇英国历史小说家司各特,

---

① 鲁迅《花边文学·看书琐记》,1934年8月6日。
② 巴尔扎克《古物陈列室》《钢巴拉》(程代熙译)初版序言,载《巴尔扎克论文学》,第143页。
③ 鲁迅《且介亭杂文末编·〈出关〉的'关'》。
④ 鲁迅《南腔北调集·我怎么做起小说来》。
⑤ 茅盾《我阅读的中外文学作品》。
⑥ 茅盾《西洋文学通论》,北京:书目文献出版社,1985年,第98页。

都以描写表现自己的历史时代为己任。巴尔扎克说:"法国社会将要作历史家,我只能当它的书记。"①茅盾在回顾自己的创作历程时说:"社会对于我们的作家的迫切要求,也就是那社会现象的正确而有为的反映!每每想到这一些,我异常兴奋。"他要为"中国近十年之戏剧,留一印痕"②,这种自觉的历史意识,使得茅盾的创作比任何一个中国作家的作品更接近巴尔扎克。

其次,茅盾的小说也具有巴尔扎克的《人间喜剧》的"编年史的方式"。恩格斯对巴尔扎克的创作做了如下众所周知的评价:巴尔扎克"在《人间喜剧》里给我们提供了一部法国'社会'特别是巴黎'上流社会'的卓越的现实主义历史,他用编年史的方式几乎逐年把上升的资产阶级在1816年至1848年这一时期对贵族社会日甚一日的冲击描写出来……"这里指出的正是巴尔扎克创作的气势恢宏的特征:就社会广度而言,巴尔扎克描绘的是巴黎"上流社会"为中心的整个法国"社会"的宏大画幅;就历史的长度而言,他汇集了法国从1789年革命到七月王朝末期的全部历史。茅盾的小说着意从社会的广度和历史的长度两个方面追求巴尔扎克式的恢宏的气势,他自觉地以"在横的方面"要洞察"社会生活的各个环节","在纵的方面"要透视"社会发展的方向"③作为自己的美学指归。从纵的方面(历史的长度)看,如果说巴尔扎克的《人间喜剧》为我们提供了19世纪法国社会特别是巴黎上流社会的卓越的现实主义历史,那么可以说,茅盾的小说通过对时代精神风貌和历史发展趋向的深刻描绘,为我们留下了一幅中国现代史的恢宏画卷。要是我们把茅盾小说所反映的年代加以排列,我们就不难看出,他几乎像巴尔扎克一样"逐年描写了"从五四前夕到中华人民共和国成立前的历史。茅盾小说的这一编年体的特征曾为法国汉学家多次指出过,他们说读茅盾的小说,可以从中看到"从标志着现代文学及现代文化诞生的1919年的'五四运动'到1949年全国解放这一时期中国所发生的一切重大历史事件"④。茅盾写的"历史"采用了多种方法将之组成一个整体,或将相同时期写的在内容上互相补充,或在题材、主题相似的系列小说,作为某个历史的"横断面",或作为社会的某个特定的"场景"镶嵌到统一的背景上,如在30年代写的《子夜》《春蚕》《林家铺子》等就反

---

① 《人间喜剧·序》。
② 茅盾《虹·跋》。
③ 《茅盾研究资料》中册,北京:中国社会科学出版社,1983年,第48页。
④ 载《中国文学在法国》,广州:花城出版社,1990年,第254页。

映了中国30年代政治、经济变动的"历史"整体性;或采用"人物再现"法,如《蚀》中曾尝试过的①,这两种方式,显然是从《人间喜剧》中得到启发的。但茅盾采用最多的则是人物形象系列的映照,或用人物系列的历史、心理变迁如"时代女性"系列,或用人物命运升沉如资本家形象系列,将历史串连成一个整体,表现了茅盾不同于《人间喜剧》的独特的结构方式和观照方式。

从横的方面看(历史的广度),茅盾也像巴尔扎克一样重视社会的全貌、历史的全景再现。他试图通过对"全般的社会现象"和"全般的社会结构"②的总体描绘来充当中国近代史的"书记"角色的。茅盾在创作《子夜》时,不只要描写大都市,还有"农村的经济情形,小市镇居民的意识形态(这决不像某一般人所想象那样单纯)以及1930年的《新儒林外史》"③,后因种种客观原因而未能全部实现。《子夜》主要侧重都市生活描写,为了突出中国30年代社会的全貌和30年代历史的全景;他写了《农村三部曲》等中短篇小说,增添了农村经济破产的画面;写了《林家铺子》等,增添了小市镇各式居民生活的历史;写了大量的反映小知识分子、小市民灰色生活的短篇,补上了"1930年的《新儒林外史》"。这就构成了中国30年代历史的整体画面。写全景、全貌,是茅盾从左拉,也从巴尔扎克那里受到的启发。

第三,茅盾在小说中对社会的解剖也与巴尔扎克有着深刻的内在联系。巴尔扎克那特有的历史穿透力、洞察力和社会的剖析力,历来深得中国作家的激赏。王蒙就惊叹于这位大师的解剖力量,他说:"50年代,我也曾一晚上一晚上地读巴尔扎克的《人间喜剧》。与托尔斯泰不同,读他的作品我感到的不是共鸣而是惊心动魄。没有比把生活精确而又深刻地写出更令人震惊的了。我总觉得,巴尔扎克是用外科医生的解剖刀来写作的。"④对社会现实作深刻的剖析,的确是《人间喜剧》的一大特色。而这种剖析力量来自作家的洞察力,来自对现实的深刻理解,来自对社会、历史的理性的科学分析和社会生活的深刻描绘,正是在这诸多方面,我们看到了茅盾与巴尔扎克的内在联系,看到了《子夜》与《人间喜剧》的一种相似性。

巴尔扎克在《幻灭》中借书中一个人物之口说了这样一句名言:"他要像莫里哀那样,先成为深刻的哲学家,再写喜剧。"我们可以视为他本人创

---

① 载《茅盾文艺杂论集》,上海文艺出版社,1981年,第528—532页。
② 载《茅盾文艺杂论集》,上海文艺出版社,1981年,第528—532页。
③ 《茅盾论创作》,第56页。
④ 王蒙《如实招来》,载《外国文学评论》1988年第3期。

作《人间喜剧》的经验之谈。他又通过《人间喜剧》中另一人物之口说:"我感到自己有某种思想要表达,有种体系要建立,有某种学说要阐释。"我们也可以视为作家创作《人间喜剧》的真正动力。在19世纪法国文学史上,巴尔扎克堪称"深刻的哲学家",是一个兼有哲学头脑和历史家眼光的社会学家。他的《人间喜剧》,说到底,便是这位"哲学家"剖析社会的一部书。他把《人间喜剧》的三大部分总称为三大研究。他像哲学家和科学家那样细致地观察、剖析当代社会的政治经济结构、权力和财富的分配、法律的奥秘、宗教的效用,精细地探寻人们内心的秘密,探究各种社会现象的内在联系。这种创作特点,被评论家称为"开始写作不是按照艺术家的方式,而是按照科学家的方式,不描写而解剖"①。茅盾也具有巴尔扎克式的"社会学家"的气质,他跟巴尔扎克一样重视创作中的科学的观察分析精神,也主张创作的真正动力应该是一种在对社会生活细密观察的基础上产生的分析的渴望;也常以科学的命题作为自己的创作出发点,带有深沉的理性思考和社会分析的特色,这在他的一些小说如《蚀》《子夜》《腐蚀》等表现得十分明显,正像一些外国学者所正确指出的,用"科学的、理性的,甚至是一种分析解剖式的态度去观察生活和社会",乃是"茅盾特有的艺术审美的敏锐感受"②,而这一点是与巴尔扎克相通的。

  茅盾剖析社会也多以经济作为切入点,这也与巴尔扎克、左拉相似的。茅盾赞赏巴尔扎克"大胆地把这个新支配阶级——金钱"引进了他的小说,成为"他的'史诗'里的英雄——主人公"。③ 确实,巴尔扎克几乎把所有经济生活的内容都带到了他的小说里:财政金融、工商实业、农业设施、银行的倒账清理、商店的结算盘存……在19世纪作家中没有任何人能像他那样善于从经济关系来认识和表现社会生活本质,以至于恩格斯读他的作品,"甚至在经济细节方面(如革命以后动产和不动产的重新分配)所学到的东西,也要比当时所有职业的历史学家、经济学家和统计学者那里学到的全部东西还要多"。茅盾的创作也有类似的追求,他的小说也写了大量的经济生活内容,诸如养蚕、经商、开矿、办实业、搞投机、放高利贷、同行吞并(大鱼吃小鱼)等,他的《子夜》也曾为有些经济学家推荐为研究中国

---

① 李岫编《茅盾研究在国外》,长沙:湖南人民出版社,1985年,第250页。
② 李岫编《茅盾研究在国外》。
③ 茅盾《西洋文学通论》,北京:书目文献出版社,1985年,第89页。

现代经济的重要参考书①。巴尔扎克充分地看到了不同的经济状况决定不同的思想精神状况，不同的阶级经济利益造成不同的阶级愿望、阶级要求与阶级主张。他在《人间喜剧》里正是从资产阶级与封建贵族阶级在经济上的得势与衰落，来描写这两个阶级的生活状况与心理状态的，表现了对现实生活的深刻理解。茅盾也以经济变动为中轴来观察社会政治的变化，表现一个阶级与另一个阶级、一个社会与另一个社会力量的对立，从而对中国的社会性质做出明晰的科学判断，表明了茅盾对现实的观察和表现极为深刻。茅盾在这方面与巴尔扎克的沟通与吸收，为中法现实主义文学的交融架设了一座桥梁，巴尔扎克《人间喜剧》正由此而通向以《子夜》为代表的中国社会剖析派小说，影响了中国新文学一个重要的现实主义小说流派。这一点已为我国有些学者所察觉，他们的研究已提出了这方面的课题②。对此，需要我们进行深入的探索。

巴尔扎克的现实主义艺术也深深感染着我国新文学另一个著名作家路翎。路翎在其作家生涯中广泛收纳了外国文学的滋养，在他长长的阅读外国作家名单中巴尔扎克是重要的一个。他读过《人间喜剧》的几乎所有中译本，"而且读得很仔细"③，但是这位个性独异的中国作家，也是以独特方式接近巴尔扎克的。他说："我在过去那些幽暗的岁月，住在一些城市的角隅和码头、乡村，注意着巴尔扎克的力量。"④如果说鲁迅推崇巴尔扎克的是描写的技巧，茅盾看重巴尔扎克的是再现历史的方法，那么，路翎注重的是巴尔扎克的力量。巴尔扎克的力量何在？作为一个艺术家来说，力量在于思想："一个能思想的人，才真是力量无边的人。"⑤而按巴尔扎克同时代的批评家圣·伯夫看法，巴尔扎克的真正力量来自他这样的性格："得天独厚，丰赡不匮，充满着思想、典型人物和各种创造，而且能不断地复制，永不困乏。"⑥路翎虽然没有明确地给我们解释过巴尔扎克的力量究竟是什

---

① 钱俊瑞《怎样研究中国经济》，转引自严家炎《〈子夜〉和社会剖析派小说》，载《茅盾研究》(5)，北京：文化艺术出版社，1991年，第370页。
② 参钱俊瑞的《怎样研究中国经济》，转引自严家炎《〈子夜〉和社会剖析派小说》，载《茅盾研究》(5)，第370页。
③ 路翎《我与外国文学》，载《外国文学研究》1985年第2期。
④ 路翎《我与外国文学》。
⑤ 巴尔扎克《论艺术家》，载《巴尔扎克论文学》(王秋荣编)，北京：中国社会科学出版社，1986年。
⑥ 圣·伯夫(Sainte Beuve)《评巴尔扎克》，载《译文》1958年。

么,但按照他对外国文学取向来看,显然是指巴尔扎克"在描写的过程里揭发黑暗,表现正义的力量",①是凝聚在《人间喜剧》中深刻现实主义批判力量。这样,路翎便以不同于中国其他几个作家的角度向巴尔扎克表现了自己独特的接受方式。他说过,许多年来,"世界文学巅峰的一些典型人物和境界",一直伴随他的"生活行程",在"他的心中闪烁着",这里有《人间喜剧》中那些"男子与妇女"。"人类进行啃咬性激烈的追求,表现其人道精神,对黑暗与落后表示有力的愤懑,充沛着感情,而歌颂纯洁的男子与妇女,例如从巴尔扎克在他的《欧也妮·葛朗台》《乡下医生》《从兄蓬斯》等作品中间的人物形象表现出来的。"②可见路翎首先是从思想层面接受巴尔扎克的,表现了不同于鲁迅和茅盾的择取方向。路翎也十分注意接受巴尔扎克的创作方法来结构自己的"美学温床"。他说,他在创作《在铁链中》受到了巴尔扎克创作方法的影响。在路翎的文学世界中,巴尔扎克是不可忽略的名字。

总起来看,中国作家看重巴尔扎克的,主要还是他描写社会、历史,表现生活和时代的现实主义力量。这体现着中国作家对巴尔扎克的共同取向。茅盾、路翎是这样,胡风以及其他许多作家也是这样,胡风就曾经赞叹巴尔扎克这位"法国伟大作家"的"现实主义的真实性"③。30年代,端木蕻良在强调文学描写社会,描写历史的深度和宽度时,也以巴尔扎克为榜样。他说:"我是十分的讴歌托尔斯泰式和巴尔扎克式的宏阔的,我以为想叙述我们这个时代,宽度非尽量展开不可。"他认为,"要写出人间的诸色相",必须踏着巴尔扎克的"宽阔而雄健的脚印向前走去"④。他的长篇小说《科尔沁旗草原》正体现着巴尔扎克式的气势和广度的艺术追求。40年代,周立波在鲁艺给文学青年授课时称赞巴尔扎克"是他的时代的风俗画家。他是最有创造力,最有个性,而且最能洞察那些风俗的人"⑤,着重强调了巴尔扎克描写社会、描写时代现实主义特点。50年代,刚刚起步于文学的王蒙,便惊异于巴尔扎克表现生活的"精确而又深刻"的现实主义力

---

① 路翎《我与外国文学》,载《外国文学研究》1985年第2期。
② 路翎《我与外国文学》。
③ 胡风说:"我读过《贝姨》《高老头》,那些现实主义的真实性,例如作为守财奴的高老头的贪欲,确实是使人惊异但却又信服的。"(《略谈我与外国文学》,载《中国比较文学》1985年1期)。
④ 端木蕻良《文学的宽度、深度和强度》,载《七月》1937年第5期。
⑤ 周立波《在鲁艺的〈名著选读〉讲授提纲》,载《外国文学研究》1988年第2期。

量①。而到七八十年代,虽然时代的变迁和审美情趣的变化而使有些当代作家失却了阅读巴尔扎克的兴趣②,但他仍然是在我国最受推崇、拥有最多读者的西方作家,这原因就在于巴尔扎克的作品有一种特殊的生命力,这就是描写社会的广度和展示历史的长度那种深邃的现实主义力量!正是这样,巴尔扎克为我们中国人,也为全人类留下了一座取之不竭的宝藏,它激起了包括翻译家、批评家、作家和普通读者在内的中国几代探求者的兴趣,这种探索远没有结束,只要人类的精神创作没有停止,只要人类与书本的阅读关系依然存在,巴尔扎克的影响就不会消失,人们对这座"富矿"的探索就不会止息。

第三节 他,终于没有"错过中国"
——福楼拜与中国

> 福楼拜不是凭直觉,而是凭敏锐,以出色的、崭新的、准确的、简洁的和响亮的语言,对人生作了深刻的、惊人的、全面的研究。③
> ——莫泊桑
> ……有多少怨男从毛诺(Moreau)照见自己,有多少怨女从爱玛(Emma)认出自己!要是他的理论打不开你的智慧,他的作品却怎样钻进你的灵魂!④
> ——李健吾

福楼拜(Gustave Flaubert,1821—1880)对中国了解并不多,但他仰慕

---

① 王蒙《如实招来》。
② 林斤澜说:"在'浩劫'前,就有过下放劳动的年代,听一位前辈学者说,他每月回家一趟,拿一本巴尔扎克来夜读,这样读完《人间喜剧》很有心得。我一边佩服,一边又没有这样的愿望。好比走进一个客厅,一样一件的看摆设、听讲课,一两个小时也出不来。起初也有兴致,出来以后,留下的特别印象就不多了。再往前走,进餐室,进书房,就会不耐烦起来。"林斤澜《不多不专的琢磨》,载《外国文学评论》1989年第1期。王朔称:"我不能忍受大段的对自然景致的细微烦琐的描写。……同样,大段的心理描写也是令人厌恶的。……当然,这等毛病并非俄苏古典作家作品独有,那个时代几乎所有作家都有这德行,最过分的当推巴尔扎克及其等而下之的所有英法作家。"王朔《欣赏与摒斥》,载《外国文学评论》1989年第4期。
③ 《福楼拜给乔治·桑的信序言》,1884年。
④ 李健吾《福楼拜评传》,长沙:湖南人民出版社,1980年。

中国文化,他在自己的作品中多次提到中国。① 他一生从未来过中国。但又无时不在梦想旅行中国,他向他的女友高莱(Louise Colet)夫人和桑斗(Sandeau)夫人多次吐露过这种梦想,并为一次又一次地"错过了中国"而引以终生抱憾。② 然而,福楼拜生前的这一遗憾,却由他身后的历史做出了补偿:在他百年生日之际③,当新文学的曙光在中国冉冉升起的时候,他随着纷至沓来的西方作家来到了中国。这不是他生前向往的,应和着"骆驼的协韵的步子",作神秘的东方之游,而是顺应人类文化交融的历史召唤,作生前所未曾梦想到的中国之旅。从此,福楼拜便成了中国新文学作者经常提及的名字,他的作品便"钻进了"人们的"灵魂",对中国新文学的发展产生了一种"剪不断,理还乱"的无法拒斥的影响。他,终于没有"错过中国"。

一、爱真与美的"冷血诗人":一种审美定势

1921年,正当五四新文化运动方兴未艾之际,福楼拜从他长年蛰居的故居克瓦塞来到了中国,他的到来受到了中国新文学界颇为庄重的接待,几家有影响的报刊,如《晨报副镌》《小说月报》《东方杂志》均以重要版面推出了由仲密(周作人)、沈雁冰、谢冠生等人撰写的特载或专文,向这位法国作家表示了热忱的欢迎。这大约是中国人介绍福氏最早的文字。这几家刊物还以十分醒目的位置首次刊载了福楼拜的肖像及其代表作《包法利夫人》的手迹。《晨报副镌》特载,首次为欢迎福楼拜定音:尊奉他为"文

---

① 如在其代表作《包法利夫人》中,屡屡提及中国事物:第三章写到女主角包法利夫人与赖昂首次相爱,通过后者的眼光看到,"这位漂亮太太,穿一件南京布袍子,周围一片穷苦景象,他越看越觉得不伦不类";第七章赖昂去巴黎,写包法利夫人失落、百无聊赖时,又提到,"她常常改换头发样式,她照中国样式梳头,不是柔软的圈圈,就是辫子……";第八章著名的农业展览会上,写药剂师郝麦穿一条"南京布裤子",罗道耳弗弗着一双"南京布靴子",主席德洛日赖先生在演说中提到"中国皇帝立春播种"的事。
② 1847年12月,福氏向他的情人、女作家高莱夫人抱憾道:"想想,无疑地,我将再也看不见中国!我将再也随不着骆驼的协韵的步子睡觉!或许再也看不到匍匐在竹林里的老虎眼睛发亮!你也许把这看作想象的食欲,不值一怜,然而我一想到就难受……"1859年11月24日,他在给桑斗夫人的信里,说他很想随同法国的远征队到中国来,甚至于抛开他的工作也情愿,不幸他的母亲上了年纪,离不开他。他慨叹道:"这是我第二回错过了中国!"李健吾《福楼拜评传》,长沙:湖南人民出版社,1980年,第11页。
③ 1921年,福楼拜百年诞辰,他的作品正好介绍到中国。

艺女神的孤忠的祭司""爱真与美的'冷血诗人'"。这个称谓极有代表性地体现着时人对福楼拜的一种共识,并由此而确立起中国新文学界对这位艺术家的观照角度和审美定势。众所皆知,将生命献于艺术的福楼拜,一生追求着艺术与科学、真与美的结合,而最终以一个冷静而敏锐、融科学于艺术的大家,在法国和世界文坛闻名。中国人把他看作"文艺女神的孤忠的祭司""爱真与美的'冷血诗人'",无疑是对这位作家艺术追求与艺术精神的确切表述,把握住了作为真正艺术家的福楼拜的某些重要特质,并表明中国文界一开始引进福楼拜,就以自觉的文学意识,注重于这位真正艺术家的艺术特性的发掘与择取。

中国新文学作者也像法国批评家一样,把福楼拜看作是浪漫主义与自然主义(现实主义)之间承上启下的人物,在他们对福氏最初的介绍里,无一例外地把他奉为自然主义"先驱者"①,称其代表作《包法利夫人》一开"自然主义先路"②,充分地看到他作为这种文学转换期的重要角色,并从这一角度来认识福楼拜的创造个性。茅盾就是从这样的角度认识、接近福楼拜的。他曾说过:"我们要认识这轰动世界文坛的自然主义真面目,我们要知道从浪漫主义蜕变到自然主义的关键,我们就得注意,一部早在1852年就已出版的小说——《鲍芙兰夫人》(*Madame Bovary*,通译《包法利夫人》——引者注)。"③他认为福楼拜"即使不能算是自然主义之母,至少也该算他是个先驱者,如果离开了什么主义,单以艺术而论,则他的《鲍芙兰夫人》在小说界所开的新局面而实在已是前无古人了。"④茅盾在与福楼拜最初相遇,就惊叹于福氏在艺术上所开创的"新局面",推重"佛罗贝尔是一个真正的艺术家":"他的作品,或者不及托尔斯泰、屠格涅夫、陀思妥以夫斯基他们的小说那样的悲悯弱者,或者不及巴尔扎克的小说那样的犷悍撄人,然而在严格的艺术的意义上,他们都不及佛罗贝尔。"⑤福楼拜的这种艺术上的创新,在茅盾看来,首先是指福氏以"细密"的笔致,描绘"真实的人生"。他惊讶于《包法利夫人》这部"奇书"的,就在于它是"真实的人

---

① 沈雁冰《纪念佛罗贝尔的百年生日》,载《小说月报》第12卷第12号,1921年12月10日。
② 仲密《三个文学家的纪念》,载《晨报副镌》,1921年11月14日。
③ 沈雁冰《佛罗贝尔》,载《小说月报》第13卷号外。
④ 沈雁冰《纪念佛罗贝尔的百年生日》。
⑤ 沈雁冰《佛罗贝尔》。

生写照"①。茅盾认为,致力于平凡的、真实的人生描绘,既是"自然主义先驱者"福楼拜与浪漫派文学最重要的区别之一,又是这位"爱真与美的冷血诗人"最重要的特质之一。而我们在这里需要立即加以补充的,它也是诱发茅盾走向福楼拜的一个基点,是前者对后者的一种审美指向。事实上,当茅盾一再惊异于福楼拜描绘人生,开拓人生的才具和气度时,当他不止一处,反复强调福氏揭示真实人生的艺术特性时,他无疑是在寻求这个基点,构筑一条通往福楼拜的路径,使得他跟他的同代人,即中国"为人生"的艺术家得以与福氏相沟通、交流和亲近。我们看到,正是福氏的作品,特别是他的代表作《包法利夫人》存在着与中国接受者审美指向相通的基点,它被中国新文学作者一译再译,一印再印②,被探索人生的中国作家不止十次地阅读,视为描绘"真实人生的典范",加以崇奉。

中国新文学作者与福氏相沟通的这一基点得以确立,是因为前者对后者的真实观、表现观有着深刻的理解和某种认同。茅盾曾不止一次地强调,"佛罗贝尔的态度是求真",他的真实观便是:人生是个什么样子,还它一个什么样子,"把所见的'真实'极忠实地、不加主观地抑扬,如实地描写出来"。"既然眼前的'真实'是平凡的丑恶,他也只能描写平凡的丑恶。"③因此,在他们看来,《包法利夫人》这部煌煌巨作,表现的不过是"平凡的灰色的人生",其描写的前提和中心点,只是"人生的丑恶"④。而人生的丑恶,平庸的人生,都是"真实的人生"⑤写照,甚至将福氏"长于丑恶"的描写视为写实文学的特色⑥,表现了他们对福氏这一艺术追求难能可贵的理解。福楼拜的这一真实观,与他的表现观也是分不开的,他注重陈列,注重展览:"展览,然而不是教诲,必须绘成图画,指明自然之为自然;同时图画又要完备,是好是丑全画出来。"从这方面看,他确实开启了自然主义的先河。然而他并非以写"丑恶""平庸"为乐事,他是憎恶"丑恶""平庸"而写"丑恶""平庸"。这种真实、严峻的现实主义创作特色,并非总是受到理

---

① 沈雁冰《纪念佛罗贝尔的百年生日》。
② 《包法利夫人》有三种不同译本:李青崖译的《波华荔夫人传》(文学研究会丛书),上海:商务印书馆,1927 年;李劼人译的《马丹波娃利》,北京:中华书局,1925 年;李健吾译的《包法利夫人传》,1948 年。
③ 茅盾《西洋文学通论》,北京:书目文献出版社,1985 年,第 10 页。
④ 茅盾《西洋文学通论》。
⑤ 茅盾《西洋文学通论》。
⑥ 冠生《福楼贝尔的艺术观》,载《东方杂志》1921 年第 18 卷第 23 期。

解和尊重的,在福氏生前就受到他的挚友浪漫作家乔治·桑的非议,责备他"写伤人心的东西","把丑恶指给人看","对人生缺乏一种明确的和广大的视野"①,在我国也被某些研究者看作为"悲观厌世"的表现而加以非议。其实。这是审美错觉。还是仲密说得好:"他不是一个厌世家,或虚无主义者,却是一个愚蠢论者,这是怎样适切的一个社会批评家的名称呵!"②

如果说,以揭示平凡真实的人生为主要特征的艺术"新局面",是福楼拜吸引中国新文学作者与之相亲近的一个始发点,那么,福氏为开创这个"新局面"而苦心经营的艺术美,则是他们对这位艺术巨子近而敬之的基因,它引发了中国文界的"好事者"为之探究的兴味。中国人看重福楼拜营造的"美",看重他为"美"而孜孜以求的艺术精神,认为这不仅是福氏留给后人的一份值得重视的遗产,也是构成艺术家的福楼拜不可或缺的方面。因此,要认识福楼拜,并进而一窥他的全貌,就难以绕过这一面。中国文学界对此进行的探索,可以说与福楼拜进入中国相始终。单以专论而言,就有20年代的《福罗贝尔的艺术观》(冠生),30年代的《福楼拜的艺术》(吴达元)及50年代的《科学对法兰西19世纪现实主义小说艺术的影响》(李健吾)以及新时期中国学者撰写的专论。这些出自不同作者、产生于不同时代的论文,在今天读来,虽然深浅有别,却以同样的严肃和热忱,对福氏的艺术追求和美学原则,进行了有益的阐发,表现了中国人对福氏的创造精神应有的尊重和崇尚艺术、崇尚美的共同的审美品格。在中国研究者心目中,福氏可谓西方文坛上的独一无二的"艺术忠臣"③,是一个"鞠躬尽瘁于艺术的作家"④,"在艺术上,犹如在爱情上,从一而终,是他精神活动最高的企向"⑤。这种认知是领略到艺术家福楼拜的真义的。这位爱美胜过生命的艺术骄子,他留给世人最难忘的印象,那就是他对艺术所抱的宗教般的虔诚,对美所做的超人的、苦心的追求,这一点曾不止一次地被批评家所描述过:"孚禄倍尔对于美的态度,犹如守财奴之于金钱,野心家之于权利,情人之于恋爱,抱住不放。他的作品,恰如苦心孤诣之结果的自

---

① 乔治·桑致福楼拜函(1875年12月18—19日)。
② 仲密《三个文学家的纪念》,载《晨报·副刊》1921年11月14日。
③ 《俄法两大小说家》,载《东方杂志》第18卷第23号,1921年12月10日。
④ 夏炎德《法兰西文学史》,上海:商务印书馆,1936年,第424页。
⑤ 李健吾《福楼拜的内容形体一致观》,载《文学季刊》1935年第2卷第1期。

杀一样。他倾他全身的精力,用狂人般的热心,殉教般的服从,圣迹剧上之僧侣般的虔诚来从事艺术。"①牵动中国批评家,激发起他们对福楼拜探究兴味的,无疑也是他这种为艺术而献身的宗教精神。人们止不住要问:福氏何以具有这种超乎寻常的献身精神?他对艺术、对美有着怎样的看法?这种艺术精神、美学原则与我们有着怎样的关联?中国研究者对这方面的探索,都是围绕这几个问题开展的。他们看到,福氏对艺术之所以具有这种超乎寻常的、虔诚的献身精神,是因为他对艺术、对美有超乎寻常的看法和信念。他坚定地认为,世间的"美只有一个","表现一切事物只有一种样式":"某一种现象,只能用一种方式来表达,只能用一个名词来概括,只能用一个形容词表明其特性,只能用一个动词使它生动起来,作家的责任就是以超人的努力寻求这唯一的名词、形容词和动词。"②这就是福氏审美追求的"一语说"(théorie du mot unique)。正是这样,为了寻求这"唯一的词"、"唯一的美",他常常伏案终日,苦心推敲,即使累得满头大汗,也依然耐心寻觅,他自己说过:"我宁可像狗一般地死去,句子不熟,也不肯少用一秒钟赶趁出来。"他以罕见的毅力几十年如一日,含辛茹苦,建立起自己的理想文体,一种"福楼拜体":结构谨严、自然,用词准确、生动,文笔清澈、流畅。我国福楼拜专家李健吾先生指出:"所有福氏的野心,夜以继日,差不多整个牺牲在寻找一个理想的散文风格。"③而"他一切文笔上痛苦",大半产生于对艺术、对美的过分钦敬,过分自觉,过分地执着。然而,福氏绝非是片面追求形体美的工匠,他"不是一个外在的建筑家",而是营造真正意义上的艺术美的巨匠。中国研究者都注意到福楼拜这样一段名言:"形式和思想就像身体和灵魂;在我看来,这是一个整体,是不可分割的,我不知道没有这一个,另一个会变成什么。思想越是美好,句子就越是嘹亮,请您相信这一点。思想的准确会造成语言的准确。"④他们在自己的论述中加以援引,强调福氏所企求的,是形体与观念、语言与思想相一致、相谐和的美,这就将福氏的"艺术主义"与通常意义上的"形式主义""唯美主义"划清了界线,这是符合福氏实际的。我们看到,中国"好事者"津津乐道于

---

① 俄国批评家梅裹戈夫斯基(Merejukovsky)语。转引自夏炎德《法兰西文学史》,第424页。
② 莫泊桑《居斯塔夫·福楼拜》,转引自艾珉的《法国文学的理性批判精神》,北京:北京大学出版社,1991年,第192页。
③ 李健吾《福楼拜的内容形体一致观》,载《文学季刊》1935年第2卷第1期。
④ 郑克鲁《法国文学论集》,桂林:漓江出版社,1982年,第231页。

福氏艺术观的阐述,立意不在鼓吹一种艺术至上主义,要人们去仿效他,躲进象牙之塔,营造自己的艺术之宫,而在张扬一种精神,一种从事文学创作严肃的、负责的精神。它有利于匡正文坛的浮躁之气。① 也许人们难以苟同福氏视艺术高于一切、重于一切的观点,事实上,这种艺术至上的观点有悖于文学"为人生"的取向,而中国作家的生存境况,也没有任何可能如福氏一样雕章琢句,追求风格完美。但是对他那种对艺术赤诚的爱,对艺术完美苦心孤诣的追求,对"语不惊人死不休"的创作精神,都不能不肃然起敬。因为不论在东方还是西方,人类崇尚艺术、崇尚美原本是相通的。中国研究者正是带着几分敬意,来观照福楼拜的艺术,来呼唤他的艺术精神。他们这样惊呼:"要是他的理论打不开你的智慧,他的作品却怎样钻进你的灵魂!"②"他的文辞能兼备精确、遒劲与自然的好处,在法兰西散文上留下光辉的成绩。"③"他的努力给后人很好的模范,叫我们认识艺术的真髓。"④

作为"爱真与美的'冷血诗人'",福楼拜对中国新文学作者启悟最多的,也许是他的冷峻客观的、科学的描写方法。福楼拜曾经说过:"文学将越来越采取科学式姿态"⑤,文学上的"科学姿态"在小说创作中主要表现在一是"观察"这一科学方法为小说家所普遍运用,二是对描写多采取客观的、科学的态度。在这方面,福楼拜也充当了承前启后的角色;他像巴尔扎克一样,是一个观察家,甚至是个"洞观者":"我知道看,近视眼似地看,一直看进事物的汗管,因为我把鼻子凑到上面看。"⑥跟巴尔扎克一样注重由观察入手作科学化的直观描写,同样视观察和精确为直观描写臻至真实性的重要条件。在《包法利夫人》里,他写爱玛服毒后的情景如此逼真,正因为他曾"目击过一个服毒的女人"⑦,有过亲身的观察;在《情感教育》里,他写女主人公阿尔努夫的儿子患了喉炎,曾仔细阅读了著名医生特鲁索的有关著述,还亲自跑到医院里住了一个星期,实地考察了患此种疾病的幼

---

① 茅盾《纪念佛罗贝尔百年生日》,载《小说月报》第12卷第12号,1921年12月10日。
② 李健吾《福楼拜评传》,长沙:湖南人民出版社,1981年,第10页。
③ 夏炎德《法兰西文学史》,第426页。
④ 吴达元《法国文学史》,上海:商务印书馆,1946年,第547页。
⑤ 福氏与高莱夫人书,1853年4月6日,转引自李健吾《科学对法兰西19世纪现实主义小说艺术的影响》,载《文学研究》1957年4期。
⑥ 与高莱夫人书(1852年1月16日),转引自李健吾《福楼拜评传》。
⑦ 李劼人《〈马丹波娃利〉校改后记》,载《抗战文艺》1944年第9卷1、2期合刊。

童。为描写1848年6月24日男主人公弗雷德里克乘坐马车从枫丹白露返回巴黎,他竟特地请求他的好友帮他弄清楚,这一天从巴黎到枫丹白露沿途情形如何,应该乘坐哪一班车子,车到巴黎之后应该停在何处①。在观察的冷峻、细致、深入方面,他无疑上承巴尔扎克,下启左拉、莫泊桑。但他不像巴尔扎克,也不同于司汤达,前者喜欢插嘴,后者充满自我,"唯有福氏是一个自觉的艺术家",他严禁自己在作品中露面,认为"艺术家不该在他的作品里露面,就像上帝不该在自然里露面一样"②,也严禁自己随意出来,发表意见,臧否人物,他说:"一个小说家没有权利说出他对人事的意见。在他创作之中,他应该模拟上帝,这就是说,制作,然后沉默。"③采取始终客观、"沉默"甚至冷然的态度,所以他被中国新文学作者称为"冷血诗人"。福楼拜这种冷漠、纯客观的艺术追求,无疑又给左拉、莫泊桑树立了榜样,而他从作品中隐去"自身"的写法,也开启了现代小说的先声④,为中外研究者所称道。茅盾就十分推许福氏隐去"自我",不动情的科学态度。他在谈到《包法利夫人》的作者福楼拜时说:"在小说中表现出来的他的态度,是异常冷静;他是这样地努力克制着自己的主观的感情,不使混进他的作品中。"⑤赞许他虽然"全身心跑进他自己的故事,然而他对人生的态度是完全不动情的客观的态度"⑥,并把这视之为与浪漫主义相区别的重要特质。茅盾本人的创作也沿袭了这种客观、冷静的艺术方法。事实上,30年代,以茅盾为代表的中国社会剖析派的作家群,比如沙汀、吴组缃等,他们那种冷静客观的描写方法,那种隐而不露的艺术格调,也多半受惠于福楼拜的这种科学的描写方法的熏染与影响⑦。在中国研究者看来,福氏这种重观察去想象,重客观去主观,不仅是福楼拜的科学态度的主要特征,也是写实主义的标识:"专喜用冷眼去观察世上的事物,用忠实的态度,

---

① 王丰蔚、许道明《〈情感教育〉和福楼拜的科学化直观描写》,载《复旦学报》1983年第3期。
② 《乔治·桑和福楼拜的文学争论的书信》,载《文艺理论译丛》1958年第3期。
③ 《乔治·桑和福楼拜的文学争论的书信》。
④ 王丰蔚、许道明《〈情感教育〉和福楼拜的科学化直观描写》,载《复旦学报》1983年第3期。
⑤ 茅盾《西洋文学通论》,北京:书目文献出版社,1985年,第103页。
⑥ 沈雁冰《佛罗贝尔的〈波华荔夫人传〉》,载《汉译西洋文学名著》,上海亚细亚书局,1935年。
⑦ 严家炎《〈子夜〉和社会剖析派小说》,载《矛盾研究》(5),北京:文化艺术出版社,1991年。

把它提到自己的笔下,丝毫不加以主观的去取,这就成了文学上的写实主义。"①因此,它引起中国写实主义作家的重视并从中受到较多的启悟是十分自然的。

中国新文学作者推崇福楼拜开创真实的人生画面,看重他创造美的艺术精神,尊奉他的科学的描写态度,着眼于艺术本身的择取。虽然,20年代初,福楼拜的中国接受者也曾期待着运用福氏艺术中的"时代精神"和"生命之力"来医治"涣散"的心灵,振奋民族精神②,表现了那时代中国接受外来文化所常有的实用的政治倾向,但是贯串始终的却是此种着眼艺术择取的审美指向,这种审美取向自然是由施予者的独特魅力、接受者独特素质所决定的,但同时也是由甚至主要由中国文学内部发展的实际需要所决定的。这一点,在中国新文学作者介绍福氏的最初文章中已经表达得十分明确,他们热切引进福楼拜,正是要借重他的"艺术主义"或科学精神来扫荡当时文坛的一种浮躁之气,疗治文界"玩文学"的积习,以巩固五四文学革命的成果,将新文学推向新的发展。仲密在《三个文学家的纪念》中指出,"五四新文坛虽然取得不少实绩",但"总觉欠有现实的精神",在此情况下,引进福氏的"艺术主义","实在是股极有力的兴奋剂,所以值得纪念而且提倡",纪念福楼拜等三个文学家,目的在于将福氏这样"写实时代"的代表人物与著作,加以研究、选择,"然后再定自己的方针",使各种名号的文学流派接受"写实的洗礼",增添"现实的精神"。茅盾在同期发表的文章中,强调引进艺术家福楼拜,对"中国文学的将来"具有十分重要的意义,他明确地指出:"我们如今恭敬地纪念他的百年生日,对于国内的将来不免有了两层希望:一是希望把佛罗贝尔的科学的描写态度介绍过来,校正国内几千年来文人的'想当然'的描写的积习;二是希望佛罗贝尔的'视文学如视宗教'的虔诚严肃的文学观在国内普遍起来,校正数千年来文人玩视文学的心理。"③可见,对福楼拜的这种艺术取向是由中国文学内部发展需要所决定的。笔者认为,即使在今天,重视艺术家福楼拜的研究与汲取,对文界某些"玩文学"的弊病未始没有治疗作用。

---

① 福氏与高莱夫人书,1853年4月6日,转引自李健吾《科学对法兰西19世纪现实主义小说艺术的影响》,载《文学研究》1957年第4期。
② 《俄法两大文豪的百年纪念》,载《东方杂志》第18卷第23号,1921年12月10日。
③ 沈雁冰《纪念佛罗贝尔的百年生日》,载《小说月报》第12卷第12号(1921年12月10日)。

着眼于艺术本身,去接近接受福楼拜,使得福氏在中国的流布就具有与其他作家不同的特色:既无某些作家,如司汤达那样的轰动的社会效应和政治效应,令人注目;也无某些作家,如罗曼·罗兰、司汤达那样坎坷的遭际,令人扼腕,一切远非他生前所想象的中国之旅那般神奇,一切就如他的生命本体那样安宁而平静。他在中国文坛一如他在自己的作品中一样,"他的影子无所不在,可是没有一个地方看得见他"①;他之于中国文学,一如他的个性,"他的个性是缄默的,你感到它强烈的存在,然而你听不见它丝微的呼吸"②。20年代,人们热切地呼唤他。30年代,人们读他。40年代,烽火连天的岁月,人们还在印他的作品,读之"亦醇醇有味,虽百回不厌"③。50年代,他的小说创作的科学化的旗帜,被人们高高举起④。六七十年代,他似乎被遗忘(而不是被禁锢),但人们止不住在议论他。80年代,他的作品被人们重译、重印、重读,不是伴随批评界大块的文章,而是凭借自己独有的魅力,他的"复出",一如他从蛰居有年的克瓦塞走出来,那样悄然而自然……这一切虽然不能说应验了福氏所说的,"人算不了什么,作品才是一切",但却也深刻地表明了,艺术总归是艺术。

二、自己分析自己的方法与描写女人的方法:一种影响模式的探析

福楼拜的《包法利夫人》问世后,"在文学界如同发生了一场革命",其内含的"观察与分析的奇异的力量"⑤不仅打动了西方作家,也打动了东方作家。丁玲便是折服于这种"奇异的力量"的中国作家之一。她在《包法利夫人》译介到中国后,"至少看过这本书十遍","她喜欢那个女人,她喜欢那个号称出自最细心谨慎于文体组织与故事结构的法国作家笔下写出的女人,那女人面影与灵魂,她仿佛皆十分熟悉"⑥。她从这本书"学了许

---

① 法国当代作家米歇尔·莫尔语,转引自冯汉津《福楼拜的艺术追求和他的〈情感教育〉》,载《读书》1981年第9期。
② 李健吾《福楼拜评传》。
③ 李劼人《〈马丹波娃利〉校改后记》,载《抗战文艺》第9卷第1、2期合刊。
④ 中国福楼拜专家李健吾先生在《文学研究》(1957年第4期)以显著地位发表了他的长篇论文《科学对法兰西19世纪现实主义小说艺术的影响》,高扬了科学化直观描写的艺术方法。
⑤ 爱琳娜·马克思·艾威林《包法利英译本导言》(董衡巽译),载《外国文学季刊》1983年第2期。
⑥ 沈从文《记丁玲女士》,载《国闻周报》第10卷第32期,1933年8月14日,第2页。

多"。据了解她的朋友沈从文说,原因主要的有两点:一是跟书上的女人"学会了自己分析自己的方法";二是跟著书的男人"学会了描写女人的方法"①。这种说法虽然简直,但它却第一次指明了丁玲的创作(特别是早期创作)与福楼拜之间可能存在的某种关联及这种关联的模式,因而也开拓出福氏与中国新文学关系极耐思考的课题,诱发了中外比较文学学者的探索兴趣。本节所做的关于丁玲的作品与《包法利夫人》关系的描述,无疑也是得益于沈从文的这一提法的启示。

丁玲是以描写女性的追求,并形成了自己的独特风格而蜚声中外文坛的。她受福楼拜的影响,不在于她的某些作品跟《包法利夫人》有着类似的人物配置:如莎菲与爱玛、苇弟与查理、凌吉士与罗道耳弗、赖昂与云霖、毓芳与赫麦夫妇②,甚至也不在于她创造了类似包法利夫人式的女性形象阿毛姑娘③,而在塑造这些女性的科学方法,即观察、分析、描写女性的独特的角度和方法。这就是说,她受福氏最深刻的影响,往往不表现在两者表面的相似而在他们之间内在的相异性。从这个角度看,与其说丁玲爱读《包法利夫人》因而受福楼拜的影响,不如说因为从《包法利夫人》所内含的富有吸引力的东西深深地激发了丁玲的创造个性,从而形成了契合自己艺术气质的创造女性世界的独特方法。而这一点,我们可以从构成他们作品相似的因素的比较中看出个究竟来。

有些外国学者认为,丁玲早期作品全部命题,"就是'孤独'→'梦想'→'幻灭'→'痛恨'→'分析'→'孤独'诸要素的循环"④。这是不无道理的。确实,丁玲早期描写女性的作品,所表现的不外是幻灭的主题,她笔下的主人公多半走的是"苦恼→追求→幻灭"的人生三部曲,她们或与环境相冲突,或与社会相隔绝,或出于物质的贫乏,或基于精神的饥渴,常常处于寂寞、孤独、烦恼之中,她们不满现状,不安于庸俗,不甘于沉沦,在寂寞中挣扎,在孤独中编织自己的梦想,做灵与肉多种的追求,希图以此来疗治自己苦恼的灵魂。然而,她们的追求又始终不见容于社会,始终与环境难

---

① 沈从文《记丁玲女士》。
② [日]高畠穣《丁玲》,载《现代中国的作家们》,和光社,昭和二十九年。转引自《丁玲研究在国外》,长沙:湖南人民出版社,1985年,第209页。
③ 钱荫愉的《丁玲的〈阿毛姑娘〉与福楼拜的〈包法利夫人〉》,载《山东师大学报》1982年第3期。
④ 北冈正子《丁玲早期文学与〈包法利夫人〉的关系》,载《丁玲研究在国外》第210—211页。

以协调,不得不痛饮人生的苦酒,以幻灭告终。构成丁玲女性世界的这些要素与《包法利夫人》极为相似,爱玛走过的也是这么三部曲。但是丁玲受惠于福氏最多的,似乎不是这种相似,而在于展示这种相似要素的方法,即他们笔下的女性的苦恼、追求、幻灭呈现出的不同方式。

丁玲和福楼拜都善于体察、表现女性的烦恼,他们都是女性苦恼灵魂的剖析者。茅盾说,福楼拜在《包法利夫人》中,"是尖利的灵魂解剖者"①。而丁玲所创造的莎菲,则是"心灵上负着时代苦恼创伤的青年女性的叛逆的绝叫者"②。他最先看到了中法这两位作家表现女性苦恼灵魂的特性。但他们表现的角度、苦恼的方式却是不同的。爱玛为庸碌土气的丈夫与自己想象中的婚姻生活不相称而烦恼;莎菲为苇弟和朋友们不理解她而烦恼。关于前者,福楼拜是这样表现的:"爱玛最忍受不了的是用饭的时候,壁炉冒着烟,门吱嘎响,墙上渗水,石板地潮湿,这样一间小餐厅。她觉得人生的苦恼统统盛在自己的盘子里。"由环境而集中写爱玛;关于后者,丁玲是这样表现的:"莎菲生活在世上,所要人们了解她体会她的心太热烈太恳切了,所以长远的沉溺在失望的苦恼中。"以莎菲的存在为中心来表现的。由环境而集中写人物,作者始终和人物主体保持着一定的距离,呈现着更多的冷峻的客观的格局;以人物自己的存在中心描写人物,作者往往和她的描写主体之间距离愈来愈小,以致情不自禁地"渗入"角色,替人物说话,因而留有更多的"自我"色彩,呈现更多的热情主观的格调。请看,福氏是这样描写爱玛的烦闷寂寞的:

> 她一直走到巴恩镇的山毛榉子林,田边墙角的荒亭子附近。
> 深沟乱草之中,有叶子锋利的高芦苇。
> 她先望望周围,看和上次她来,有没有什么变动。她又在原来地点看到毛地黄和桂竹香,荨麻一丛一丛环绕大石块,地衣一片一片沿着三个窗户。……她的思想起初漫无目的,忽来忽去,就像她的猎犬一样,在田野兜圈子,吠黄蝴蝶,追鹀鹈,咬小麦地边的野罂粟。随后,观念渐渐集中了,于是爱玛坐在草地上,拿阳伞尖尖头轻轻刨土,向自

---

① 茅盾《纪念佛罗贝尔百年生日》,载《小说月报》第12卷第12号,1921年12月10日,第2页。
② 茅盾《女作家丁玲》,载《文艺月报》第2号,1933年7月15日。

己重复道:"我的上帝,我为什么结婚?"

……

她喊加里过来,抱在膝盖当中,摸着它的细长头,对它道:"来,无忧无虑的东西,吻吻女主人。"

随后小狗慢悠悠打呵欠,她望着它的忧郁的嘴脸,心软了,于是把它当成自己,好像安慰一个受苦人一样,大声同它说话。

有时候,狂飙骤起,海风一跃而过苟地的高原,就连远方田地,空气也有了盐水味道。灯芯草伏在地面,簌簌作响,山毛榉的叶子立即打寒噤,发出响声,而树梢也总在摇来摆去,呼啸不已。爱玛拉紧披肩站起来。

这是作者在远距离扫描,然而,一个孤独寂寞的少妇形象却跃然纸上:她独自坐在山毛榉子林的田边草地,没有知己,只有小狗加里为伴,没有抚爱和柔情,只得抱着小狗亲吻。福楼拜像一个不露面的执刀的医生一样,不动声色地将这个生性幻丽、追求无着的寂寞苦恼的灵魂,淋漓尽致地解剖出来了。丁玲是这样表现莎菲苦闷矛盾心理的:

我真不知怎样才能分析出我自己来。有时为了被风吹散了的一朵白云,会感到一种渺茫的不可捉摸的难过……一当他单独在我面前时,我觑见那脸庞,聆着那音乐般的声音,我心便在忍受那感情的鞭打!……真的,有时候话到口边了:"我的王!准许我亲一下罢。"但又受理智,不,我就从没有过理智,但受另一种的自尊的情感所裁判而咽住了。唉!无论他的思想怎样坏,而他使我如此癫狂的动情,是曾有过而无疑,那我为什么不承认我是爱上了他呢?并且,我敢断定,假使他能把我丢下海去,丢下火去,我都会快乐地闭着眼等待那可以永久保藏我的爱情的死的来到。唉,我竟爱他了,我要他给我一个好好的死就够了。

在这里,丁玲以女性特有的深刻、透贴和细腻,凸现出了不为环境所容的叛逆的孤独无依的灵魂!她"以女子写女子间的高度的苦闷",不可能不在这率直狂放的心理直白中,掺和了自己的"声音"。从这个"声音"里人们不难辨认出一种"主观自我"的存在:"极其自尊的、易于感动的'自我'",这是与福楼拜很不相同的,这种不同是因为两位作者观照的角度、描写的方式不同所致。概而言之,福楼拜是客观的、冷然的,他反对把作家写进去;而丁玲主张写作要动之以情:"她的感情,她的激情,她的思想,就像长期蓄积的溪水,通过手中的笔,自然地倾泻出来。她的声音每每回旋在我们的脑际,令人长久不能忘怀。"①所以丁玲是主观的、投入的。

丁玲和福楼拜都十分体察各自的女主角的苦闷,都十分真实地表现了她们在寂寞中的梦想和追求,也都看到了造成她们苦闷、驱使她们追求的深刻的文化背景,但丁玲是以被奴役的,或者说以一个觉醒的女性眼光看到这一切的,因此,这就使得她笔下的女性看起来有着爱玛相似的梦想和追求,却有不同的表现形式和存在方式,因而有不同的文化内涵。丁玲的《阿毛姑娘》被评论界看作是"以《包法利夫人》为样板创作的",阿毛也被认为是最具爱玛气质的女性。皮相地看,她跟爱玛一样,爱幻想,好追求,好奇虚荣,同样厌倦于婚姻的平淡无奇和丈夫的庸碌,甚至驱使她们梦想追求的契机(阿毛的省城之行和爱玛的参加子爵舞会是滋发她们各自梦想的契机)和悲剧结局都惊人的相似。② 毋庸置疑,这是《阿毛姑娘》受到《包法利夫人》最明显、也是最浅显的影响,这是为许多研究者所经常提及的。但丁玲对福楼拜的艺术经验的提取远不止于此。"她借用相似的情节外壳,发展了自己有独特体会的方面"③,可以说,她取相似的情节做独特的观照。她从一个被奴役的女性角度,看到了半封建半殖民地中国村姑阿毛应当有不同于爱玛的梦想目标和追求方式:不像爱玛想入非非,要跻身上流社会,只指望像别人一样得到丰裕一些的物质生活;不像爱玛纵情无度,耽于肉感的追求,只幻想有别人一样的体贴温柔的爱情生活;她不是爱玛那样游手好闲,不事生产的闺秀,而是一个"非常辛勤做着事",懂得"富贵之来","一定要经过长久的忍耐"的"老实女人";她没有爱玛那副歇斯底里的气质,也没有爱玛那寄生享乐的病根,她把自己的追求和"极大的野心"寄托在"耐苦的劳作中"。她们追求的目标和方式都不同。丁玲和福楼拜都看到了激发女主人公梦想和追求的根由,是都市文化对乡野的冲击。不过,福楼拜采取的是否定态度,他把爱玛的堕落和悲剧归之于修道

---

① 苏姗娜·贝尔纳《会见丁玲》,载《丁玲在国外》,长沙:湖南人民出版社,1986年,第461页。
② 《丁玲的〈阿毛姑娘〉与福楼拜的〈包法利夫人〉》。
③ 《丁玲的〈阿毛姑娘〉与福楼拜的〈包法利夫人〉》。

院的贵族教育,归之于风靡人心的消极浪漫主义,归之于社会的贵族文化的侵蚀,因此在冷然客观的格局中,分明透露出对爱玛的揶揄:揶揄爱玛的虚荣、幻想以及由此而做的追求;而丁玲基本上是肯定的,她以女性的眼光看到了阿毛追求人生幸福的合理性和正当性,并以女性的笔致肯定了这种追求。因此,在她看来,诱发阿毛作如此追求的都市文化冲击,与其说是"半殖民地畸形文明对人们心灵的侵蚀"①,不如说,是对"保存原始时代的朴质的荒野"的村姑一种人生启蒙:使她看到了自己的命运和处境,并用见到的,世界燃烧自己的生命。丁玲是这样描绘的:"在这旅行中,阿毛所见的种种繁华、富丽,给予她一种梦想的根据,每一个联想都是紧接在事物上的,而联想所引申的那生活,那一切,又都变成仙似的圣境,能把人捆缚得非常之紧,使人迷醉到里面,不知感到的是幸福还是痛苦。阿毛就由于这旅行,把她那在操作中毫无所用的心思,从单纯的孩提一变而为好用思虑的少女了。"

这种文化冲击对阿毛来说究竟是幸福还是痛苦?从作品具体描写看来,丁玲显然认为是一种幸福。因此,丁玲不揶揄阿毛的梦想和追求,不责备她的失败和结局,为她的死唱了一首无限哀婉和凄然的歌。因为,"我们可以嘲笑阿毛的愚蠢,但是不能嘲笑阿毛的不幸,从共同的不幸而言,或是像福楼拜曾说过'爱玛是我'一样,可以说阿毛就是丁玲本人。按理说人应该有幸福,然而为什么却得不到呢?这就是丁玲在《阿毛姑娘》中所提出的问题"②。我们说,这就是丁玲从阿毛的角度观照、思考的问题。她从这一角度提出问题而赋予阿毛不同于爱玛的梦想形式和追求方式。

《包法利夫人》对丁玲作品最深刻的影响在于,作为女主角"梦想"的主体"爱"的独异的表现形式和存在方式,这是丁玲以觉醒的知识女性的眼光观察到的,是她以"新女性"的心灵感悟到的,也是男作家描写女人的方式对她的一种启悟。如果说,《阿毛姑娘》借用了《包法利夫人》相似的故事情节是福氏对丁玲正面、直面的影响,那么,《莎菲女士日记》表现的这种"爱"相异的形式和存在方式则是福氏给丁玲的负面的影响。比较一下"爱"在爱玛和莎菲那儿的表现形式和存在方式吧。在这两位女人那儿,"爱"作为女性的生命形式和觉醒标志而存在着的,成为她们追求的

---

① 《丁玲的〈阿毛姑娘〉与福楼拜的〈包法利夫人〉》。
② [日]高畠稔《丁玲传》,载《丁玲研究在国外》,第490页。

"梦想",表现了一种"灵与肉、生与死、理智与感情、幸福与空虚、自由与束缚"①交相错综的心理矛盾和冲突,有着深层文化意蕴。在爱玛那儿,"爱"是作为"幸福"主体看待的,依照福楼拜的解释,这种幸福观便是"臀与心的永久的揉混"②。对爱玛的悲剧作哲学观照,就是"身体的满足与头脑的满足一点没有共同的地方",因此,爱玛对"爱""幸福"的追求就呈现着理想与现实、灵与肉的二元对立的特征。她对自己"梦想"中的爱的追求是执着的、率真的,达到了一种忘我的地步。她为什么"爱上"罗道耳弗和赖昂并未经过缜密的思考和选择,全凭自己的感觉走,任情地沉没在自己编织的、然而在她看来也是真实的爱恋之中,什么孩子啊、丈夫啊、名誉啊、父母啊,甚至连自己全都忘掉,完全陶醉在"爱"的癫狂之中。福楼拜在这儿写出了一个"女人"的"真实的爱",从性爱的解放文化层面上看,爱玛确实表现了狂放狷介的、莎菲所没有的那种大胆、毫无顾忌的勇敢。然而,她的任情、无理智、无意识的追逐"爱"的方式,无可否认地使其爱的表现形式带有更浓重的肉欲气、盲目性,永远像"瞎子"一样,盲目地编织"臀与心的永远的揉混"的梦,直至最终毁灭。如果说,爱玛是在忘我的迷狂的世界里得到暂时幸福的女人,那么,莎菲面对的永远是个"无爱的世界"。丁玲赋予这个愤世嫉俗的"弱"女子以太多的不幸、太多的敏感与太多的孤高。和盲目任性的爱玛相比,莎菲始终保持着独立的清醒的"自我"意识,她对爱的追求具有更多的理智和理性的色彩,不同于爱玛的"臀与心的永远的揉混"的爱情梦想。冲破封建家庭的莎菲,她是"把恋爱自由、恋爱的热情,以至所谓恋爱至上主义,看作所谓'人生追求'的神圣的或唯一的"③,丁玲以觉醒的女性目光,看到了像莎菲这类叛逆的女子,"主要通过女性之觉醒,去体现着她们之'人'的社会的觉醒"④。她在描写莎菲爱的追求时,也像女主人公一样,始终保持着一种清醒的"自我"意识和独立的心态,仅仅把它作为女性之"人"的社会觉醒来加以表现,以致丁玲通过不同场合

---

① 钱谦吾《丁玲》,载《现代中国女作家》,上海:北新书局,1931年。
② 李健吾《〈包法利夫人〉的时代意义》,载《文艺复兴》第4卷第1期,1947年9月1日,第24页。
③ 冯雪峰《从〈梦珂〉到〈夜〉》,载《丁玲研究资料》(袁良骏编),天津人民出版社,1982年,第293页。
④ 冯雪峰《从〈梦珂〉到〈夜〉》。

声言,《莎菲》写的不是"性爱","莎菲没有性的要求"①。正因为描写觉醒女性的丁玲和表现爱情觉醒的莎菲惊人一致地保持清醒的"自我"意识,正因为创造主体的丁玲和创造对象的莎菲都有一种独立一致、自尊而自信的心态,保持着一种相同的观照角度和思考角度,这就使莎菲对爱的追求保持着清新的头脑和理智的思考,有着与爱玛全然不同的表现形式和选择方向。莎菲编织的是灵肉一致的爱情理想和人生理想,使她最终顶住了"美男子"凌吉士容貌的诱惑,不可能像爱玛委身于罗道耳弗那样,把自己交给这位金玉其外、败絮其中的卑琐的青年,也不可能像爱玛热恋于赖昂那样,把心交给委琐而无魅力的苇弟。如果说,爱玛与两位情人的幽会和私通,对她来说,是真实的爱情的表现,那么莎菲却不能这样做,她的理智和追求,不允许她把自己的热情和爱奉献给高贵的美型里隐藏着卑琐灵魂的人,也不允许交给虽然忠实可靠却委琐笨拙的人。爱玛没有莎菲那样的"自我"意识,莎菲得不到爱玛那样忘情境界,因此,莎菲缺乏真正甜蜜的爱恋体验,"有的只是,觉醒的不停顿的自我斗争",自我控制,自我阻挡,吐露的是一种不能实现的"爱的遗憾",表现的是一种"爱的观念"②,她面对的永远是绝望寂寞的无爱的世界。

福楼拜和丁玲都突出地写到了女主人公的幻灭或绝望,都注进了各自对人物命运的深沉思考,却有不同的方式。由于两位作家提出问题的方法、思考的角度、把握的方寸不同,因而决定了他们对各自人物的幻灭或绝望,采取不同的处理方式。我们所指的不只是两者对人物幻灭结局所做的显而易见的不同选择,而主要是指决定这种选择的深层的文化意蕴的差异及连带而来的人物绝望方式上的差异。爱玛绝望的方式归根到底是由她对性爱的追求方式和梦想的存在方式决定的。一个像爱玛那样任情、任性到狂癫程度的女子,其追求方式和梦想方式的本身就极其冷酷,带有幻灭性的,长梦中惊醒,其绝望方式也不能不是残酷的,毁灭性的。她绝望于她自身的爱和这爱得以维系的存在方式。她的绝望意味着要全然否定这爱的本身,全然否定在爱的梦想中生活过的自身。因此,除了死亡,没有别的选择。福氏通过爱玛的悲剧结局的揭示,表现的是灵肉二元对立的文化观

---

① 冬晓《走访丁玲》,香港《开卷》杂志 1979 年第 5 期。
② 北冈正子《丁玲早期文学与〈包法利夫人〉的关系》,载《丁玲研究在国外》,第 211—217 页。

照。他坚持认为,"臀与心"不能谐和,"身体的满足与头脑的满足"不能协调。他说:"身体的满足与头脑的满足一点没有共同的地方,如果它们凑巧遇在一起,就听之好了。然而不要想法联起它们来,因为这就成为人为的了。这种幸福的观念,正是人类一切不幸的几乎无二的原因。"①他让爱玛沉溺在颠鸾倒凤的"身体的满足里",赋予她的肉感追逐,以侵吞心灵、吞噬自己、吞噬对方的可怕的力量。他按照爱玛的性格逻辑发展,冷峻地表现她的这种本能的性欲追求,"不曾打算过移动过一毫一分"。虽然正如茅盾所指出的,在爱玛"那种爱美的追求的呻吟中,在她那求觅'理想'的憧憬中,在她那顽执地忠实于恋爱的浪漫的趣味中,都有一些根芽,只要作者的笔锋稍稍一偏,立刻可以在这些根芽中发展出使人钦佩的'高贵的品性',使这位不幸的波哇利夫人成为不平凡的可爱的人"②。可是福氏却"吝于这笔锋的轻轻一偏",他的冷酷的客观主义不愿把她"理想化"而顺其人物的感情逻辑,写她的恶变,写她的淫欲,让她沿着自己的跑道,跑向物欲的深渊,而以死作最后的解脱,从而对爱玛灵肉对立的追求方式,沉沦方式,做了痛苦淋漓的揭示,而被萨特称之为"一种失败史"③。在丁玲的作品中,莎菲作为由五四运动所叫醒的女性,她的绝望,就时代性来说,"是对于平凡卑怯的周围的绝望,同时就连带而对于她自己所抱的恋爱至上主义的绝望"④;就性爱文化意义来说,就是无法实现灵与肉相一致的选择,具体地说,无法找到一个真正结束她与"美型"市侩凌吉士关系的办法,无法摆脱在官能与理性的葛藤中痛苦与烦恼,即在异性官能的恋情与高贵的精神欲求之间左右维艰。莎菲的这种绝望方式,也是由她对爱的追求方式和梦想方式所决定的。既然她的"自我"意识不可能使她采用爱玛那样盲目的爱的方式,因此,不可能实现爱玛那样自戕的梦想形式,那么,她的绝望也不可能选择爱玛那样毁灭、惨烈的表现形式。在孤寂黑暗的世界,她还是倔强地活了下来,并准备用自己的"生命的剩余"做再一次追求和寻觅。丁玲在这里尖锐地提出了男女恋爱中精神企求与肉体关系问题,坚持

---

① 李健吾《〈包法利夫人〉的时代意义》,载《文艺复兴》第 4 卷第 1 期,1947 年 9 月,第 24 页。
② 茅盾《西洋文学通论》,北京:书目文献出版社,1985 年,第 103 页。
③ 让-保尔·萨特《关于〈福楼拜〉》(杨剑译),载《当代外国文学》1987 年第 2 期,第 157 页。
④ 冯雪峰《从〈梦珂〉到〈夜〉》,载《丁玲研究资料》,第 294 页。

的是灵肉一致的文化观照,通过莎菲形象的塑造,她实际上是想证明:精神与官能完全一致才是男女性爱的理想,才是时代女性所追求的,也只有坚持这种灵肉一致的爱情选择,才能避免爱玛式的幻灭的悲剧命运。如此,她让莎菲从"孤独"中迅速苏醒,进行"自我反省","自我分析",再次地牢固地确立其"自我"在莎菲爱中的位置,让她尝试着再作一次朦胧而清晰的新的追寻。我们在这里看到了福楼拜对丁玲的真正深刻的影响:它不是模仿,而是摆脱。《莎菲》不是模仿《包法利夫人》所提供的爱的世界,而是力图避免重复这个世界。《莎菲》中存在着一种抗力,即对吸引力的反抗力,"迷惑了的爱玛的性欲世界和苦恼着的莎菲的自我世界,像是在一条直线上方向相反的力"①。这种力之所以得以存在,并构成作品的中心,凭借的是作者赋予爱情主人公的清醒的"自我"意识和"分析"意识。我同意这样的判断:至少读过十遍《包法利夫人》的丁玲,想必一定"自我"震惊于其中的爱的世界、爱的魅力和爱的方式。她不允许她的女主人公重陷爱玛那样可怕的梦境,所以从一开始,她就让自己的女主人公确立起"自我",以阻挡纯官能的诱惑感。事实上,丁玲并不满意福氏塑造的包法利夫人,这可以从胡也频的《一个女性的转变》中的女主角素裳的见解中透露出几分消息。素裳认为爱玛无法使人"敬重"和"同情","因为这女人除了羡慕富华生活之外没有别的思想,并且所需要的恋爱也只是为了满足虚荣的欲望,并且变态到纯淫的倾向"。素裳说要是自己写小说的话,一定要把女主人写成一个"能使人尊重和敬爱的""不平凡的人"。莎菲的出现,在很大程度上实现了素裳的、也是丁玲的愿望,她是爱玛的反拨和反抗,是丁玲以时代女性的"新"姿态、新眼光对男作家描写的女性形象做了充分的审视之后的一种反抗、反拨,这是丁玲向"写书的男人学会描写女人的方式"。丁玲不是把《包法利夫人》作为客观的东西借鉴的,而是在难以摆脱《包法利夫人》的魅力的前提下,又极力避免自己被卷进《包法利夫人》的强烈引力中而被粉碎,这是丁玲向书中的女人学会自己分析自己的方法的结果。

由此看来,丁玲描写女性的方法其实跟福楼拜是很不相同的,这似乎与我们所要论证的题旨相矛盾。倘若再就他们与人物之间的关系,对人物的态度及由此而导致描写方式上的差异和风格上的差异而言,则更是显而

---

① 北冈正子《丁玲早期文学与〈包法利夫人〉的关系》,载《丁玲研究在国外》,第216—217页。

易见的：福楼拜是客观的、冷峻的，他对人物的行为方式不付诸道德评价，不流露感情倾向；而丁玲是主观的、主情的，她写人物，多取女性，这因为她自己是女人，"对于女人的弱点，比较明了一点"①，"更了解，更熟悉她们的情况，她们的问题"②。这些女性多半浓重地投进了她的影子或印上了与她血肉相关的"他者"，她借助这些女性吐露她的苦闷、寂寞、追求……"把所有的热情倾注于作品中"③表达她的"主观自我"。这就产生了第二个问题：这两个风格迥异的作家有无相通的基础？如没有，又似乎与我们所论证的命题相悖。但是，如果我们不拘于两者风格上的看得见的差异，而从方法论上加以观照，我们却可以从这个相悖谬的现象中看到一种深刻。如果说丁玲描写女性的独特方法，如我们已经分析的，显示了福氏对她的影响的深刻性，那么，他们风格的相异中隐藏着深刻的一致。深究起来，沈从文提出的，丁玲向写书的男人学会了"描写女人的方法"，向书中的女人学会了自己分析自己的方法，其实是一码事，二而为一的东西，至少两者是互为补充、互为因果的。而所谓的描写女人的方法，在丁玲来说，其实就是自己分析自己的方法，即科学的方法。这种科学的描写方法正是存在于两者之间的一致，是这两位风格相异的作家相沟通的基础，正是福楼拜给予包括丁玲在内的中国新文学作者最深刻的影响所在。福楼拜倡导的科学的描写方法包括观察、分析、体验、感受的方法。这也是丁玲所尊奉的创作方法。她说过，她写小说，是为了"给这社会一个分析"④。她在谈到自己的创作经验时，着重强调："每一个作者，对于一切现象，都应该去观察，去经历，去体验。"⑤福楼拜所说的观察分析是连自己也包括在所观察分析的对象里的。他在谈到《包法利夫人》时说："假如'包法利夫人'值点什么的话，就是，这本书将不绝乏心。"⑥又说："而我所研究的心，就是我自己的心。多少时候，兴之所至，我觉得解剖刀冷冰冰的，扎在我的肉里！'包法利'从这一点看来，将是我的心理科学的总汇，也只有从这方面看，将有一种特殊的价值。"⑦被誉为客观主义艺术典范的《包法利夫人》分明投进了

---

① 丁玲《我的创作经验》，载《丁玲研究资料》，第106页。
② [法]苏姗娜·贝尔纳《会见丁玲》，载《丁玲研究在国外》，第464页、第460页。
③ 苏姗娜·贝尔纳《会见丁玲》。
④ 丁玲《我的创作生活》，载《丁玲研究资料》，第110页。
⑤ 丁玲《我的创作经验》，载《丁玲研究资料》，第107页。
⑥ 与高莱夫人书(1852年5月8日)，载《文学研究》1957年第4期，第44页。
⑦ 与高莱夫人书(1854年7月3日)，载《文学研究》1957年第4期，第45页。

福楼拜自己的影子。如果将《包法利夫人》与他跟情妇的通讯,对照起来阅读,人们就不难看到,爱玛的愁苦、倦怠、寂寞、烦闷及淫念,都曾是福氏自己所经历过、体验过、感受过的。① 这个恪守在作品中"不应当写自己",冷峻有加、"纯客观的"作家,事实上通过爱玛"写了自己",爱玛成了福氏想象的"自我",用萨特的话说:"福楼拜期望他的自我是一个想象物。"②这个特点在丁玲早期小说中表现得十分突出。福楼拜善于把自己的感受化为爱玛的感受,将爱玛的痛苦变成了自己的痛苦,在创作中却情不自禁地与自己的人物合而为一。他说:"……我的想象的人物感动我,倒像我在他们内心活动着。描写爱玛·包法利服毒的时候,我自己的口里仿佛有了砒霜的气味,我自己仿佛服了毒,我连续两次消化不良,两次真正消化不良,当时我连饭全吐了……"③他与自己的人物感同身受,他忘了自己的存在,他的人物反而成了真我:"包法利夫人,就是我!——根据我来的。"④丁玲也是这样:"我把自己代替着小说中的人物,试想在那时候应该俱着那一种态度,说着那一种话,我爬进每一个人物的心里,替他们想,那时应该有那一种心情,这样我才提起笔。"⑤在丁玲那里,作者、人物也是合二为一的,这是因为,她也跟福楼拜一样,将自己全部身心贯注于创作之中,人物也成了她自己:"过去有人说我就是莎菲、杜晚香……我回答道:是的。"⑥丁玲的这一创作特色,在狂迷的岁月,曾受到了粗暴的误解,她曾作为她笔下的莎菲屡遭牵连、挞伐! 福楼拜,这个不肯流露任何情感倾向的"冷血诗人",独独对他的爱玛却表现最深沉的同情:"就在此刻,我可怜的包法利夫人,正同时在法兰西20个村落里受苦、哭泣。"⑦在丁玲,这一特点更为鲜明,她与她笔下的女性,几乎是命运与共的:"我是怀着热情工作的,当我爱一个人时,就用全部的热情去爱……"⑧福氏的观察、分析、感受、体验从自身出发,又不拿本人代替此外的一切,致力于典型的塑造,正像有的研究

---

① 李健吾《科学对法兰西19世纪现实主义小说艺术的影响》,载《文学研究》1957年第4期,第43—44页。
② 让-保尔·萨特《关于〈福楼拜〉的谈话》,载《当代外国文学》,第156页。
③ 福楼拜致泰纳书(1861年11月),转引自李健吾《福楼拜评传》,第82页。
④ [法]代纱尔墨(Descharmes)《1857年前的福楼拜》,第5章第103页注三,据李健吾。
⑤ 丁玲《我的创作经验》,载《丁玲研究资料》,第106页。
⑥ [法]苏姗娜·贝尔纳《会见丁玲》,载《丁玲研究在国外》,第460页。
⑦ 致高莱书(1853年8月14日),载《译文》1957年第4期。
⑧ [法]苏姗娜·贝尔纳《会见丁玲》,载《丁玲研究在国外》,第460页。

者所说:"是化进去,却不把自己整个放进去。"①所以他又说:"《包法利夫人》没有一点是真的。这完全是一个虚构的故事;这里没有一点关于我的感情的东西,也没有一点关于我的生活的东西。"②福氏这种创作方法上的特点,在丁玲那里也得到了印证。她像福氏一样,把自己"化进去":"我一提起笔来,就把自己倾注于所有的文稿上了。""我写作的时候与她们(指莎菲等女性——引者)有思想上的联系,但故事本身却绝不是我个人的经历,而是虚构的。作家和作品中的人有紧密的关联,但是也有区别。"她反对"把作品中的人物贴到作家脸上去"的做法,她认为:"作品就是作家抒发自己对人生、对世界、对各种事物的认识、感觉和评论,通过描述具体的人、事的发展来表达。主人公不过成了作家创作中的一个工具,作者借他(或她)让读者体会出作者要讲的话。"③决不能简单地对号入座。可见,从方法论来考察,丁玲和福楼拜在风格相异的背后,却深藏着一种内在的一致性,这种一致具体体现在观察分析的方式、体验和感受方法上的相似性。这种相似和一致,正是他们得以沟通的基础。

至此,我们可以看到,"描写女人的方法"和"分析自己的方法",确实是存在于施予者福楼拜与接受者丁玲之间的一个影响模式,这种影响的深刻之处不表现在构成他们笔下女性世界的相似因素的本身,而在这相似因素的不同的呈现方式:同中求异("予者"影响的深刻性体现着"受者"汲取的创造性),而实现这种影响的真正基础,不存在于构成他们风格的表面的相异,而存在于两者内在的相似中:异中求同——与其说是他们得以沟通的始基,毋宁说这是他们沟通的结果。丁玲说过,她喜欢很多外国作家,包括福楼拜在内,但很难说具体受哪个作家影响。④ 我们只能说,描写女性、分析女性的方式,是她接受外国作家的一种影响模式,是福楼拜科学的描写方法,架起了他们交融汇通的桥梁。我们愿意指出,这个桥梁不仅通向了丁玲,也通向了茅盾、李劼人诸作家。

---

① 李健吾《福楼拜评传》,第 81 页。
② 与尚特比女士书(1857 年 3 月 18 日),载《文学研究》1957 年,第 46 页。
③ 《丁玲谈自己的创作》,载《新苑》1980 年第 4 期,载《丁玲研究资料》,第 214—215 页、第 218 页。
④ 《丁玲谈自己的创作》。

第五章

19世纪自然主义作家与中国

爱弥尔·左拉
(Émile Zola, 1840—1902)

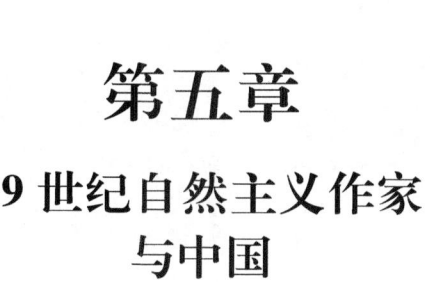

阿尔丰斯·都德
(Alphonse Daudet, 1840—1897)

居伊·德·莫泊桑
(Guy de Maupassant,
1850—1893)

左拉《金钱》(金满城译,人民文学出版社,1980年)

左拉《萌芽》法文版(2000年)

左拉《萌芽》(黎柯译,人民文学出版社,1982年)

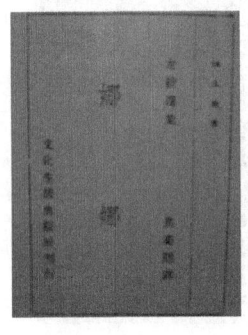
左拉《娜娜》中译本(焦菊隐译,文化与生活出版社,1947年)

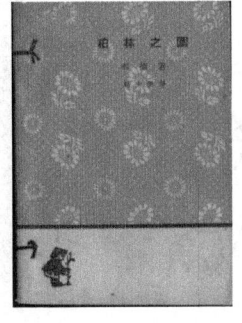
都德《柏林之围》(赵少侯译,人民文学出版社,1962年)

都德《磨坊书简》中文版(贾芝译,文化工作室,1950年)

《莫泊桑短篇小说选》中译本(郝运、赵少侯译,人民文学出版社,1981年)

第五章 19世纪自然主义作家与中国

在文学方面,自然主义是回到自然和人,它是直接的观察,精确的剖析,对现实的接受和描写。

——左拉

所以现在为欲人人能领会打算,为将来自己创造先做系统的研究打算,都应该尽量把写实派自然派文艺先行介绍。

——沈雁冰

1848年,在巴尔扎克与左拉之间划了一条界沟,左拉满怀信心地宣称"为了即将兴起的世界,必须有一种年轻而又朝气蓬勃的新宗教",这就是自然主义。

自然主义常把自己看作是现实主义的第二代,的确从逻辑上说,它是现实主义发展的极致,两者有着共同的哲学基础:同属反映论的美学范畴。在真实反映社会生活这一点上,两者是完全一致的,但正如格兰特告诉我们的那样,将两者简单的混同是危险的,特别因为还有一个很明显的方法来区分它们,即现实主义导源于哲学,描述一种"目的"——真实的获得,自然主义导源于自然哲学即科学,描述一种"方法"——一种可以引导获得真实的方法。[①] 这种方法就是将自然科学引入文学。

自然主义对科学借助体现在三个方面:(一)追求科学式周全齐备、繁细具体的描写,同时又排除任何不平凡的浪漫主义色彩。旨在追求生活自身流程。(二)采取科学式客观态度。有意识放弃显示权力的叙述,尽量让自然在无控制无介入情况下自我表露。(三)将生理遗传学理论引入文学,从生理学角度来观察人、理解人。从原本只是有了生命才有人类这个更本质问题上重新考察人,将形而上、精神的人还原为完整现实的人。自然主义在这三方面发展了现实主义,它们为自然主义带来了生机与荣誉,也为自然主义带来了局限与恶名。

提出自然主义理论的是爱弥尔·左拉,他始终怀着虔诚之心为自然主义福音书布道,人们常常将他作为自然主义同义语,在他周围还聚集着一群有共同追求的作家,他们是:龚古尔兄弟、莫泊桑、于斯曼、阿历克西、里昂·埃尼克、都德……

---

① P. Grant Realism Methuen & Co. Ltd.,1981,pp.32-33.

对于中国人来说只有三个名字是最熟悉的：左拉、莫泊桑、都德。他们都曾于 80 年前在自然主义的名下被介绍到中国，虽然他们都冠以自然主义之名，然而实际上自然主义之于他们正如新小说之于罗伯·格里耶与布托一样，有一种头大帽小、捉襟见肘的局促感，比如说工业文明带给左拉的是一种乐观主义精神，一种执着于科学、执着于未来、对人类充满信心的向上情绪。然而在都德心中留下的却是《高尼埃磨坊》中的哀婉、感伤而又无可奈何；左拉本质上是个清教徒，同时又是个民主主义者，人们常常将他称为"19 世纪人类的良心"，而莫泊桑则是位快乐荒唐的萨堤罗斯，他藐视一切人类改造社会活动，他像他的老师福楼拜一样只是个唯美主义者。写作风格上，左拉写实，莫泊桑客观，而都德则有更多主观温情和诗的笔调。

正是这种不同导致他们在中国的不同命运。假如你随便问一个普通人，自然主义者中你更喜欢谁？十之八九回答：都德、莫泊桑，至于左拉则很陌生。然而你如果问的是一个学者，那么排列顺序很可能完全相反。对于左拉来说，他的自然主义理论和创作与中国大众传统审美感觉相距太远，对他的介绍更多是出于知识界、疗治中国文学沉疴的需要，这是一种强制性理性接受。而对于都德、莫泊桑则更多出于天生爱好的情感接受。因此同为自然主义者，前者常常受到指责与批评，而后者受到更多的是欢迎与赞誉。然而正因为左拉艺术与中国传统间巨大差异，因此在重新框定民族审美视野时，其效用也就愈明显，从这个意义上说，左拉比莫泊桑、都德重要得多，他对中国文学影响也远在莫泊桑、都德之上。

第一节　徘徊在真实与训谕之间
——左拉与中国

如果不是掌握了左拉的那些发明和大胆的革新，那么法国和其他国家的长篇小说就不可能是现有的样子。

——巴比塞

不论新派旧派小说，就描写方法而论，他们缺了客观态度，就题材而言，他们缺了目的，这两句话光景可以包括尽了有弱点的现代小说。我觉得自然主义恰巧可以补救这两个弱点。

——茅盾

第五章　19 世纪自然主义作家与中国

20 世纪 20 年代,世界性自然主义运动已复归沉寂,然而左拉(Émile Zola,1840—1902)带着自然主义荣誉与恶名,带着它的成功与局限,叩响了东亚大国紧锁的大门。

一、从认识中的误解到误解中的认识:左拉在中国

新文学研究中,人们似乎总有意或无意地回避这样一个史实,即左拉及其自然主义曾推动五四新文学运动。下面几段文字,在当时报刊中是不难发现的。

> 自然主义倡于 19 世纪法兰西文坛,而左喇(左拉)为之魁,左氏之毕生事业惟执笔耸立文坛,笃崇所信,以与理想派文学家勇战苦斗,称之为自然主义之拿破仑……现代欧洲文艺,悉受自然主义之感化……
> 　　　　　　　　——陈独秀《现代欧洲文艺史潭》
> 他(陈独秀)说法国人发明了三个大东西,第一是人权学说 Rights of men……第二是生物进化论……但另外还有一点,陈先生没有说到,就是新文学运动,其实陈先生受自然主义影响最大……
> 　　　　　　　　——胡适《陈独秀与文学革命》
> 乃至《新青年》杂志兴起,提倡自然主义文学,介绍左拉、莫泊桑等人……
> 　　　　　　　　——李劼人《〈小东西〉改译后细说由来》

无论是陈独秀的倡导鼓动文学,还是胡适、李劼人的回忆,都似乎表明了左拉与中国文学的密切关系。毋庸讳言,新文学运动中所构想的平易抒情的国民文学、新鲜立诚的写实文学的许多特征,都是以自然主义为其依归的。

左拉及其自然主义初渐中国所受到的礼遇与尊崇,带有某种偶然的色彩,从当时普遍接受的进化论所含的"新陈代谢"规律来看待文学发展,使新文学倡导者将目光投向了欧洲也是日本的最新的文学运动——自然主义。陈独秀在《现代欧洲文艺史潭》中介绍西方文艺思潮演进规律后比附说:"模拟古代文体,语必典雅","堆砌成篇,了无真意"的古典主义与"脱离现实,梦入想象之黄金世界"的浪漫主义正对应了"举有此病"的中国封

建时代文学,而写实主义与自然主义则"由虚入实之表",特别是自然主义因"意在彻底暴露人生真相"①,"视写实主义更进一步"②。欧洲文艺发展的更迭演变,启悟了陈独秀酝酿一场文学革命,并将自然主义作为终极指向。在这点上与陈独秀殊途同归的还有田汉、朱希祖等人。

然而左拉得到师法与认同,更具有一种必然性,这就是说自然主义自身特征与中国文坛需求指向间具有某种一致。五四新文学运动高擎起民主与科学两面旗帜,(一)首先他们要求文学自觉转入平民派的观念,以真挚的态度,忠实地描写"世间普通男女的悲欢成败",而就自然主义特征来看,社会责任感与道德义愤常常激励左拉揭露社会真相,他将笔触伸向更广泛的人群中,描写下层生活的惨痛,拓宽了艺术题材,这使得"要制造平民派的新小说,打破绅士派的旧小说,使今后文学与今后之世界趋于同一轨道"的新文学领袖们感到契近。(二)左拉自然主义对科学的倡导,以科学严肃态度进行描写,特别是科学进化论的引入,也成为中国接受左拉的一个契机,科学进化论在中国传播是近代思想变革第一阶段,它在最广泛的范围内被接受,并成为一种人生观与生活意念,这使得人们对以进化论为基础的左拉自然主义感到亲近,而与科学进化论同样畅行的实证主义科学方法论,也使学者们进一步在理性上接纳左拉。(三)以进化论与改革人类境遇为中介,进而又使追求社会主义的人们,将左拉自然主义与社会主义、马克思主义等同起来。如果说陈独秀对此表述还不够明确的话,那么在田汉的《诗人与劳动问题》中已说得明白无误了:"社会主义者要改良人类,而左拉正写遗传的害以及社会的惨痛……根绝贫乏,制造新人,必须从这两方面下手。"

不难发现,陈独秀提出的"进化论""人权""社会主义"三大新文化启蒙运动的思想基础,都可以在自然主义中找到,由此而转向对左拉的接纳,也就顺理成章了。

抛开上述理性因素,就感情上说,左拉在恶毒的咒骂与嘲笑中,扫清了文学上虚假浪漫主义与形而上学的奥吉亚斯牛圈,最终铸就了一个崭新的文学流派,也使得与其具有相同历史境遇的陈独秀产生共鸣,他赞扬左拉:"惟执笔耸立文坛……以与理想派文学家勇战苦斗,称为自然主义之拿破

---

① "通讯",载《青年杂志》第1卷第6号。
② 《答张永言》,载《青年杂志》第1卷第4号。

仑。"而事实上陈独秀正是以左拉自居,笃信所崇,对当世之讥评无所顾忌,以非凡的胆略冲击旧文学,倡导文学革命三大主义。

就上述三方面看,新文学运动从对传统的反击,再到"写实主义"概念的提出,即由破而立这一文学生成转型的一般过程中,无疑都受到左拉自然主义的启悟与推进。我们无须为史实避讳,但是值得我们注意的是在新文学倡导者推崇左拉的同时,却未见有任何左拉的译作出现,倒是鸳鸯蝴蝶派作家率先端出了左拉的作品:1917年周瘦鹃在《欧美名家短篇小说丛刻》中收入了《洪水》,而后又在《小说月报》第11卷上译出《奈他士传》(*Nantas*)和《一死一生》(*The Deth of Oliver Bécoille*)。这一具有讽刺意味的现象昭示了这样一个事实:即无论是从进化论角度,还是在民主科学旗帜下对左拉及其学说的鼓吹,皆是远离文学自身而浸润着文化政治的选择;陈独秀等人只是把自然主义当作一种服务于他们的政治文学理想的抽象符号,缺少对自然主义与左拉深入感性的认识,事实上左拉的真实观与中国作家在审美情感上潜在的致命矛盾,这种矛盾随着对左拉研究的深入,很快凸显出来。

应该说自然主义文学内部本身就存着一种"描绘与规范""真实与训谕的张力","一种近乎无法从逻辑上加以解决的悖论"①,左拉从其科学观出发,力求淡化训谕色彩,将其置于真实的巨大身影中,这应该说是发展了现实主义反映论,但是,这却使仍然"继承关怀国事民瘼积极入世的儒家传统",要求文艺起到教化民众任务的新文学工作者感到不安,周作人告诫说:"自然主义专在人间看出兽性,中国人看了容易生病。"②茅盾在他一系列文章中,指出了自然主义三大不足,曰:"太重客观描写","不加主观见解","偏重观察而摒弃想象故其弊在丰肉而枯灵";"能抨击矣而不能解决,能揭破现社会之黑幕矣,而不能放出未来社会之光照",其弊在"使人愤懑而不知所自处,而终至于消极失望";"只用分析的方法去观察人生,表现人生,以致见的都是罪恶",见不到"有真善美隐伏在罪恶下面",其弊在"使人失望悲闷""不能引导健全人生观"③。无论是周作人还是茅盾,也

---

① 韦勒克《文学研究中的现实主义概念》,载《批评的诸种概念》,成都:四川文艺出版社,1987年,第232页。
② 《致沈雁冰的信》,载《小说月报》1922年第13卷。
③ 分别见《文学上的古典主义浪漫主义和现实主义》《〈欧美文学最近之趋势〉书后》《为新文学研究者进一解》等文章。

无论是一点不足还是多点缺陷,这些批评只传达了信息:自然主义真实性与中国对文学训谕要求间巨大差异,使中国作家不得不对左拉表示警觉,这也正代表了新硎初试的一代新文学工作者的心声。

在这种情况下,中国理论家开始排斥修改自然主义,转而憧憬着一种"合写实主义与感情主义为一的","以罗曼主义为母,自然主义为父所产生的宁馨儿"①。然而说到底这只是一种美好的幻想。几千年来文以载道的训谕传统强有力地左右着文坛,使真实与训谕的天平,无可置疑地向后者倾斜,所谓的平衡犹如镜花水月可求而不可得。与理论界同步同调的新文学创作随即证明了这一点。当时文坛上大量作品理性强劲渗透排挤了客观描写,思想意蕴浅露,人工痕迹明显,训世色彩浓厚,这些作品探索生活的热情压倒了反映生活的愿望,工具说替代了真正现实主义的镜子说,导致了现实主义的滞顿,文坛这种大量的空泛浮躁、非驴非马的社会小说,给躁动的文学青年当头棒喝,于是目光犀利的文学工作者开始清醒地认识到中国文学陈疴积疾,需要的不是"参茸大补之品",而是一种更深刻、更偏激的烈性药剂,在这种观点的策动下,以《小说月报》为阵地,茅盾与其他文研会理论家,开始了与左拉的再次对话。

1922年,对左拉自然主义的倡导,演变为一场文学运动。谢六逸、李之常、陈望道等人纷纷撰文介绍和赞誉自然主义,《小说月报》辟专栏进行"自然主义论战",是年7月,沈雁冰发表了全面系统阐述自然主义之于中国文学意义的纲领性文章——《自然主义与中国现代文学》(它与胡适的《论短篇小说》是仅有的从文本上规范新文学小说形式的两篇论文,应予以重视),文章指出:经过几年对游戏消遣的传统文学观念批判,"玩世文学的心理"有所减弱,但描写方法上仍未见起色,新旧两派小说都未摆脱"不作实地观察","不重视客观描写的痼疾",茅盾进而指出,中国文学唯一出路就在于对左拉写作方法的借助。以左拉自然主义文学的客观描写来补救中国小说的先天不足。

文研会理论家对左拉自然主义的借助,打破了传统的接受屏幕,框定了新型审美视界,从传统文学以"善"为本,真和美都要在善中找到归宿,转向了近代美学以真为本,真实第一次被擢升为写实主义首要美学原则。将真实君临于善与美之上,标志着中国现实主义的深入。

---

① 田汉《新浪漫主义及其它》,载《少年中国》第1卷第12期。

这种转向只在理性上成立，而真正在情感与审美心理上却要复杂得多，这种复杂性表现在：（一）认同的非情感理性化倾向，使得中国学者对左拉自然主义介绍始终贯穿了实用性与选择性两大原则，将技巧与思想分开，他们解释说："自然主义是一回事，自然派所含思想又是一回事，不能相混。"① 在他们看来，自然主义只是一种工具而不是程式。这种实用理性化的介绍，一方面因其实用性，颇能对症下药，并避免了自然主义的某些不足，但它同时也割裂了左拉自然主义，使创作方法转型没有与之相照应的心理基础，造成转换的浮泛性与不稳定性。（二）译介的逆序性特征。在理论界大力倡导自然主义同时，翻译界却表现出少有的冷漠。在自然主义倡导及其后四五年中，竟未有一篇左拉译作问世，这一现象昭示了自然主义与民族审美心理的脱节，中国理论家只在抽象意义上满足于它的矫治作用。

左拉在中国流布的特异性，凸显出中国作家从情感上不愿接受自然主义，而理性上又不得不接受自然主义的矛盾心态，中国文人特有的忧患意识与训谕传统，注定自然主义不可能成为一场持久的文学运动，民族集体无意识中积淀的入世色彩，使自然主义倡导者也对其最初价值取向（仅仅是批判性地借助）也发生怀疑，一年后自然主义便复归沉寂了。

这里我们要进一步指出的是对自然主义的否定，不仅源于民族审美心态，也源于对左拉自然主义的误读，这一误读主要源自日本理论界。自然主义在日本兴盛于明治39年后近十年中，而此时正是中国学者留日高峰，于是一系列关于左拉与自然主义论著被介绍到中国，其中影响较大的有岛村抱月《文艺上的自然主义》、相马御风《法国自然文艺》以及鲁迅译片山孤村《自然主义的理论与技巧》，此外谢六逸、张资平等人还根据日本学者讲义编译了部分文章。一切迹象表明，日本文艺界构成中国远眺法国自然主义的透镜，日本文艺界的观点成为中国对左拉理解的一个前见（Vorsicht），或者更确切地说是一种偏见（Vorvurteil）。

由于日本传统上是主情文化，强调情感自我宣泄与幽玄、物哀之趣，而缺少对生活的参与意识，同时又追求受压抑感官的享受，比如大量吸收了印度教性力崇拜与大乐思想的左道密宗，在日本被阐明为释教终极秘义，而大行其道。其宣扬纵欲思想的《金刚顶经》，在中国被严厉限制，而在日

---

① 沈雁冰《自然主义与中国现代小说》，载《小说月报》第13卷第7号。

本却成为"三密相印,可以成佛"的日本密宗三大经典之一。因此,当自然主义流入日本后与抒发自我情感的日本固有传统结合,走向追求暴露人性苦闷、官能解放的私小说,而与社会实践相背离。从这点上看,左拉及其学说不是冲击了日本传统,而是为其接纳与同化,使其迅速日本化,正是在这种情形下,日本学界对自然主义非政治化倾向专在人间寻找兽性提出批评。然而中国学者在充当赫尔墨斯角色时,却没有认识到日本主情文化与中国道德政治性文化的深刻差异,不假思索地接受这些观点,从而将左拉自然主义与民族审美心理距离进一步拉开。

应该说中国对日本学界观点接受与民族训谕传统是互为前提、互相强化的,两者共同作用,使左拉对中国文学绳愆纠谬的工作中途告废,造成了现代文学虽然确立了"真实"美学规范,却不深入扎实,以致主观主义仍频频侵入文学的缺憾。

30年代,随着前期对左拉自然主义倡导,随着对读者期待视野某种程度上重新框定,翻译出版界开始由左拉浪漫主义、现实主义短篇小说转向其自然主义长篇小说译介。1927年至1947年间译出的长篇小说有:《小酒店》,王了一、沈起予二种译本四版;《娜娜》,王了一、焦菊隐两种译本八版;《萌芽》,倪明一种译本二版;《妇女乐园》,茅盾一种译本一版;《玛德兰·费拉》《岱蕾斯·拉甘》,毕修勺一种译本一版;《梦》《卢贡家族的命运》《巴黎之腹》,各一种译本一版。这一长串的作品,足以使人产生左拉在中国大行其道的错觉。然而事实上随着接受者历史境遇的变化,正逐渐展开对自然主义的全面否定。30年代,无论是在译介的卢卡契、拉法格等人文章中,还是在瞿秋白以何凝笔名发表的《关于左拉》里,都对自然主义"非道德""非政治"倾向提出严厉批评,将左拉与"中国思想界的一班人,事实上借口'科学''真实''客观'等等否定革命倾向的必要,来讥笑主观改革主义急色儿",进行庸俗的比附,把左拉自然主义定性为"事实上成了资本主义掌握之中反对无产阶级革命的一种武器"①。

就本期内中国研究者尝试运用马克思主义理论对自然主义进行考察剖析而言,不啻是自然主义研究的重大发展,也的确鞭辟入里,切中肯綮地指出自然主义种种不足与缺憾,但应该注意到研究者自身的不成熟与"左倾"机械论构成的整个解释屏幕,造成了对左拉认识上的偏误主要表现在:

---

① 《瞿秋白文集》二,北京:人民文学出版社,1953年,第1169页。

（一）普罗文艺倡导者尝试运用马克思主义理论，但却又在其中夹杂了大量波格丹诺夫、弗里契的非马克思主义杂质，他们受到"组织生活理论"、庸俗社会学的影响，以激进面目对现实主义反映论发出责难，将其作为"静的表面琐屑"现实主义进行奥伏赫变（aufheben），这种情况下，左拉自然主义命运也可想而知了。

（二）对革命导师论断作僵化、机械、实用主义的理解。1932年，瞿秋白、周扬分别将发表于苏联《文学遗产》上的恩格斯《致玛哈格纳斯》信介绍到中国，引起巨大反响，在这封信中恩格斯说："巴尔扎克，我认为他是比过去、现在和未来一切左拉都要伟大得多的现实主义大师。"就这句话而言，本身并不构成评判的准则，因为我们无从知道恩格斯究竟读了左拉哪些作品，这一论断对何而发，更何况左拉作品内在逻辑发展尚未成熟，左拉形象尚在塑造中（如果据此否定左拉，我们将在解释列宁对左拉的喜爱与敬意上陷入悖论）。然而就在对恩格斯这句话的阐释上，一些理论家如拉法格（他的偏激性，曾被马克思批评为"最后一个巴枯宁主义者"）、卢卡契采取了相当严厉的态度。而这种态度也被中国学界不假思索地接受，他们没有对自然主义的全面感性认识，也缺少对左拉之于中国文学意义的考察，只是片面僵化地从一句话上演绎出对左拉的批判。

（三）瞿秋白在将Realism译成"现实主义"以示与包容自然主义的旧"写实主义"相区别的过程中，引起期待视野的变化，造成人们用现实主义或者更确切地说社会主义现实主义标准来苛求自然主义。写实主义就其名称来看，它的词根是"res"，在拉丁语中意为"事"，这是反映论文学的一种普遍倾向，自然主义无疑是属于这一阵营的。然而中国学界在以现实主义代替写实主义时，无形中缩小了这一概念的外延，在其中加入社会主义现实主义要求，造成期待值的变化，从而人为地割断了自然主义与现实主义联系，在两者间设置一道不可逾越的樊篱，使本质上属于写实主义范畴的自然主义从此被逐出现实主义的理想国。

上述三方面，特别是最后一点，导致了30年代对左拉研究与批判的失误，自然主义就此与进步文学间被划定了一条永难逾越的卡夫丁峡谷。然而，如果只把对左拉的否定归因于"左倾"思潮与政治的侵扰将是肤浅的，至少是不全面的，我们仍然坚持这样的观点：左拉自然主义与中华民族审美心理间差异造成了对左拉的否定，而政治只是进一步肯定了这种价值判断。

20年代末尖锐的阶级矛盾与30年代尖锐的民族矛盾,使政治无可回避地成为社会生活的轴心,文学也无法逃避它的巨大身影。向来对世界存在巨大的不公平与苦难怀有内疚感的中国文人,在这种内忧外患困扰下,更感到一种于国于家的责任感,因此对左拉将倾向隐匿于真实中的创作也就产生巨大排斥情绪,对于他们来说,文学应该是匕首、投枪,在这种社会现实的要求与"文以载道"传统的双重肯定下,对左拉的挞伐也就是预料之中、情理之内的事了。撇开理论界,而就中国作家对左拉的接受取向来看,也充分证实了这一点,这里最为典型的例子是巴金。巴金始终对左拉怀着崇拜与景仰之心,这种景仰之心甚至使他心摹手追,直接模仿大师的《萌芽》创作了一部同名小说。然而即便如此,巴金还是与左拉保持了一定距离。他说:"我崇拜过这位自然主义大师,我尊敬他的光辉人格,我喜欢他的另外几本非自然主义作品。""我不相信左拉的遗传规律,也不喜欢他那种自然主义写法,可是他的小说抓住了我的心。"①巴金完全忽略了左拉对纯态事实的描写与对生命本能的探究,而只在"神圣的仇恨"这一点上找到了精神上的父亲。从对左拉接受来看,巴金倾心和追随的与其说是大胆展示畸形污秽生活、充斥着粗粝的丑与赤裸裸的真的作家左拉,不如说是揭露社会肌体的腐败与罪恶的社会活动家左拉;真正使巴金动心的是他那面对黑暗势力发出了J'accuse(控诉)的大师光辉人格,巴金的这种取向无疑也是中国作家一般的取向,李劼人、老舍的例子皆是如此。

　　从陈独秀对自然主义的推崇到茅盾的借助再到瞿秋白的否定,我们对左拉与中国文学的关系进行了粗线条的勾勒,从文化角度强调了左拉之于中国文学的积极意义,应该说明的是自然主义的哲学基础是机械唯物主义,它在将真实的重要性推至文学极点时,也就将这种文学的弱点完整无遗地暴露出来。弗莱曾说,自然主义的文学以再现生活为己任……"尽管它走到这一步仍然是文学,但超越这一步,文学的假设或虚构性将开始解体。"②此后文学对自然主义的反动,正说明了这一点。本文冀图说明,中国文化将伦理提升至宇宙本体地位,道德文章作为作家终极追求,这就使得中国文学传统中充弥着训谕教化色彩,使得中国现实主义初起之时就与作为原始反映论的现实主义有了很大距离。在中国现实主义日后的发展

---

① 诺·弗莱《批判之解剖》,普林斯顿大学,1967年,第79—80页。
② 诺·弗莱《批判之解剖》。

中,虽然其间有茅盾等人倡导真实客观。但这种倡导并未从深层文化系统中揭示出中国文学弊病的根源。而只企图从实用层面上借助自然主义。因此,这种客观写实方法与思想内容上强调训谕性传统间强制完成的整合,也就是浮泛与脆弱的。当这种混杂着道德理想和感伤情绪的现实主义流入30年代后,由于社会斗争需求,它又成为一种改造世界的工具。反映论的镜子说被抛弃了,代之以追求所谓本质真实,人们不需要表现对生活的感性认识,只要根据本质去组织虚构材料,这已完全背离了唯物论的现实主义。在这种情况下,左拉的意义就在于在追求对生活无修饰的客观再现时,坚持了唯物主义一元论。左拉认为事实就是事实,其上并不存在更为本质的绝对理念或心灵世界,从而在文学领域清除了从柏拉图到黑格尔的美学中关于理念与本相的"头足倒置"(恩格斯语)的唯心主义观念,最大限度地发展了现实主义镜子说。遗憾的是这种作用被中国作家有意无意地忽略了。

从半个世纪以来左拉在中国流布历程看,自然主义不断处于民族审美心理与社会政治的改造、肢解与重构中,但即使如此,左拉也逃脱不了被否定的命运:在传统文化无批判地膨胀,政治统帅一切的年代;在批判"现实主义广阔的道路",批判《洼地上的战役》的自然主义因素时候,左拉也被彻底否定了。这不仅是左拉的悲哀,也是中国文学的悲哀。我们从中深深体味到传统心理的巨大惰性,然而值得欣喜的是新时期为左拉研究带来了转机。相隔60年后,人们又重新开始介绍左拉,这不是历史的重现,经历了困厄的人们开始以一种更清醒、更深刻的目光审视左拉和自然主义。学界并未过多停留在论证自然主义是现实主义发展这一显而易见的事实上,而是迅速转入对自然主义深刻独特性的阐发,这点上柳鸣九同志做了大量卓有成效的工作。他的系列文章和李洁非的《自然主义,一个观念的历史》(虽然我们并不完全赞同他的观点)等都可视为对左拉与自然主义的深刻认识,而与理论界遥相呼应的是近年创作界的自然主义走向。如果说在现代文学中,自然主义仅仅是作为一种调味(而非主料)工具(而非程式),自然主义最具现代性的特征被民族审美情感筛除了;如果说中国文学接受了自然主义对性爱的描写却舍弃了它对"生命本质"的探究,接受了自然主义对社会批判精神却舍弃它的审丑意识……那么这一切在相隔半个世纪后,又奇迹般复活于当代作家笔下。新时期文学向自然主义复归主要表现在:(一)还原生活本相,追求纯态事实,从而褪去伪现实主义色彩;(二)从充满血肉生气的生活中,开始对生命之谜的窥望,返回到"原奉只因拥有生命才为人类"的本质命题①;虽然这一发展势头尚未现出完形,虽然这一过程仍在继续,但我们期待着通过这种误解中再认识,对左拉的研究能进入新的更高层次。

二、真实·客观:左拉对中国小说观念影响之一

至此为止的文化审视,只是为了清楚地说明中国文学与左拉自然主义的关系,因为中国对外来文学容受大多表现为非文学的特征,然而作为一个文学论题,我们更愿意回到文学自身。本节中我们将试图运用一些现代叙事理论,从纯文学角度勾勒左拉的影响。

对真实的追求是贯穿西方认识世界方式的一条红线。西方哲学,特别是 17 世纪笛卡尔提出"我思故我在"的哲学命题以来,物质意识世界被对立二分,逻辑上导致将物质世界作为对象进行实证研究的可能,这一对立策动人们对外在世界狂热的探求,于是认识宇宙、掌握世界成为哲学的终极口号,这一哲学在文学上的投影就是对巨细无遗真实感的追求,力求在假想构架上创造出与读者之思想、历史以及个人经验完全相符的完整世界。这种求真意识使得近代西方小说在文体上几乎都走向一种模式,一种开始并结束于"以前所有的,并被小说在结尾恢复的那种沉寂状态,以外在于它本身的某些前后部分作为其先决条件"②的模式,也就是通常所说的"生活断面"结构。

"生活断面"(tranche de vie)术语是左拉在《论小说》中提出的,由于它较之东方那种起于前生而终于来世,按照四季运转,"构想成无休止的变化与循环重叠模式"③的长篇小说与笔笔从头到底、一老一实叙述,并且以能交代清楚书中一切人物(注意:一切人物)的"结局"为难能可贵④的短篇小说的明显优越性,而立即受到厨川白村、胡适、沈雁冰等东方学者的推崇。这种以对事件失衡状态进行叙述而不求有完整首尾与情节的小说形式,不仅规定了中国长短篇小说的全新美学内涵,而且由于这种小说形态具有开放性结尾,能在纵向轴上相互连缀,延展历史跨度,形成了被称作 Roman fleure(浪

---

① 参阅陈思和《自然主义与生存意识》一文,载《钟山》1990 年第 4 期。
② 华莱士·马丁《当代叙事学》,北京大学出版社,1990 年,第 94 页。
③ A. 普莱克斯主编《中国式叙事》,普林斯顿,1977 年,第 334 页。
④ 沈雁冰《自然主义与中国现代小说》,载《小说月报》1922 年第 13 卷第 7 号。

漫主义)的长河小说,为中国30年代兴起的三部曲文学样式提供了范本。

如果说小说样式的变化展示了由传统美学到真实客观反映人生的写实主义美学观的确立,那么茅盾所推崇的自然主义创作技法,进一步从微观上标识了这种文学观念的嬗变。茅盾在《自然主义与中国现代文学》中疾呼绳纠中国新旧两派小说相同的毛病:"不能客观地描写。"茅盾这里指出两点:(1)客观。(2)描写。这正是当代叙事理论中极强调的文学真实感获得的途径。日奈特将这两点表述在这样一个公式中:信息量+信息传递者＝C,也就是说真实意味着增加作品中的信息量并使信息传递者尽可能不留下叙述痕迹,下面我们分而述之,以考察中国文学在走向真实客观历程中,究竟从左拉那里汲取了什么。

(一)增加信息量(描写原则)。自然主义小说由于充分展开的细节,对人物环境静态详尽描写,"放弃"筛选和把握叙事的职能,按照生活自身流程展示现实,从而扩大了描写职能,增加了作品的信息量,获得了极高的逼真度。①

与左拉静态元素横向衍生的描写性空间小说相对的是中国传统注重情节的叙述性小说,从下列叙事速度上我们不难看出两者不同的取向:

书目	叙述时间跨度	字数（汉字）	叙事速度（每千字）
《家常事》	11月至两年后12月	347千	3.6天
《萌芽》	1863年3月—1868年4月	388千	1.02天
《醒世姻缘传》	明英宗正统年间—宪宗成化年间	995千	16.5天
《三国志通俗演义》	汉灵帝中平元年—西晋武帝太康元年	891千	40天

---

① 罗兰·巴特在《叙事作品的结构分析导论》中,将每个叙事序列(Sequence)划分为四种不同的功能单位。(a)基本功能,又称核心(noyau):一个事件中的主要行动;(b)填补单位,又称催化(catalyse):丰富填充基本功能单位间的叙事空间;(c)征象(indces):人物的性格、特征、情感以及作品中需要辨识的气氛、哲理等;(d)信息单位(informant):提供现成知识,确定背景、时间的单位。其中(a)(b)是动态元素,其主要特征为时间性;(c)(d)是静态元素,使场面具体化,其主要特征为空间性。前者通常被称作"叙述",后者通常被称作"描写"。在这四元素中,只有核心是确定的恒量。催化、征象和信息都是核心的延展,"按照原则可以以无限增生的方式加以充实"。所谓增加信息量,造成真实感,主要依赖这三者完成。左拉的小说后三种元素都异常丰富,特别是与故事发展无关的报道性细节横向衍生,大大增加了作品信息量造成了一种"文学逼真"。

表中显示的中国古代小说叙事速度是左拉小说的几倍甚至几十倍,尽管这些数据带有某种随机性,但大体可看出中西小说叙述与描写的不同取向。中国传统小说由于注重推动叙事在因果与时间秩序中向前发展的动态功能,因此其形态呈现历时性线性结构,留有小说初起阶段重故事情节的原始形态。在这些小说中,虽然催化功能也相当丰富,然而却缺少了为行动确立提供可信时空(环境),为作品奠定基调,以及展示人物思想感情、形貌体态的征象和信息,也缺少了与故事发展无关,却能增加真实感的报道性细节,总之缺少了展示环境与人物的描写职能,因此尽管中国小说对人物动态特征叙述详尽烦琐,却不能给人以真实感,这种情形发展到20世纪初变得尤为严重,成为一种只有作者空洞因果陈述的"动作清账",为此,茅盾等新文艺工作者一再呼吁以左拉的"真实细致的描写"来矫治中国小说"映像不真切"的弊病,无疑是对症下药。

(二)作者隐退(即客观原则)。自然主义作为现实主义文学的发展,它带给中国文学的另一特有疗治,就是从叙事者隐退中体现出的客观性原则。中国古代小说受说书艺术与"助人伦,成教化"的文艺观影响,往往采用介入式全知叙述视角(intrusive omniscent point of view)。叙述者对有关人物事件了如指掌,他不仅讲述有关他的人物和事件,而且还可以随意加以评论,借以表达对人类生活的一般看法,中国话本小说格式已充分保证了这一效果的产生:开篇冠以"得胜回头"概括介绍人物和情节;文中又随意据事演说"念诗""打砌",穿插敷言[①];结尾则加诸收场诗词,由说话人直接出场,总结全篇要旨,对听众劝诫,令看官清目。更有甚者,在许多长篇小说中还运用写实作品所忌讳的闪前叙述(anterieure narrative),在叙事时间轴现在段上任意提示未来事件,此外全篇中警示、设问、诠解比比皆是,以期与读者进行情感沟通。总之"真实"在这里且有更多主观性、相对性,更多的人情味[②],这与左拉严格将"真实"限定于语言逻辑中形成强烈反差。左拉从其科学主义精神出发特别强调客观真实,他宣称:"我们应该严格接受已确定的事实,再不要企图用可笑的个人情感去对待这些事实。"[③]因此左拉在创作中往往采用"非介入"性叙述,"对于一桩人生完全

---

① 罗烨《醉翁谈录》卷首《舌耕叙引·小说开辟》,上海古典文学出版社,1956年。
② A.普莱克斯主编《中国式叙事》,普林斯顿,1977年,第334页。
③ 左拉《实验小说论》,载柳鸣九编《法国自然主义作品选》,天津人民出版社,1987年,第773页。

用客观冷静头脑去看,丝毫不掺入主观心理"①,让景物自然涌入读者视野,形成客观冷静的艺术风格,并由克制陈述(understatement)产生反讽的美学效果,这种由介入叙事转为客观限制性叙事,由讲述到呈现的转变,不仅对传统载道文艺是一大冲击,而且对五四以后狂热情感性表现自我的小说,也起到矫枉反正的作用,使先天不足的中国现实主义小说经历科学、真实的洗礼,助成了它的深化。

左拉自然主义理论的倡导,打破了传统叙事结构,找到体现现代意识的叙事模式。经过对自然主义创作方法的倡导,中国现实主义小说出现某种转机,随之而起的乡土文学,如果说在语言形式上是对前阶段欧化的反拨,那么在对环境描写上,对真实感的追求上或多或少受到自然主义运动的影响②;同时,人生派作家叶绍钧、朱自清、孙俍工、王统照、徐玉诺、潘垂训、谢冰心在自然主义倡导的次年(1923年)陆续完成从浪漫主义向现实主义的蜕变,也并非偶然,30年代随着左拉作品的译入,这一影响更具体体现在当时的创作中:茅盾对主观渗透的抑制与繁细具体充满技术性材料的描写;李劼人由漫画式转入壁画式创作方法,"对随处可遇人生一般现实"不惮其详的细致铺叙;张天翼的讽刺辛辣、超然旁观;谢冰冰不事雕镂,开诚坦白……都曾从左拉那里汲取过养分。

三、人性意蕴的拓展:左拉对中国小说观念影响之二

左拉自然主义逻辑上导致了一个没有神话与幻想的真实世界,这种真实"是一个包容的概念:丑陋、骚乱、低贱都成为艺术题材,性与垂死的惨状也允许步入艺术殿堂"③。抛弃唯心主义先验人性论而代之对人性意蕴的深刻揭示,是左拉对世界文学最深刻的影响,其深刻之处在于第一次打破玄学色镜,将抽象理性的人还原到自然现实的、从生物进化而来的人,在于第一次回到了"原本只因拥有生命才为人类"的更本质的命题上。诚然,由于左拉所依据的生理学还相当原始,他对人的自然性展示有时也缺少分寸感,而带有某种偏颇,然而应该承认,在文学上这是一种深刻的片面,它

---

① 沈雁冰《自然主义与中国现代小说》。
② 温儒敏《新小说现实主义流变》,北京大学出版社,1988年,第56、73页。
③ 韦勒克《文学研究中的现实主义概念》。

首次完成了真正意义上人的复合。

左拉这种开拓对中国文学的影响,首先是作为一种象征。性爱意识往往最能反映一个社会解放程度,历来与生命为敌的宗教道德、封建伦理为了造成人人自罪感,在这一点上把持最为严厉,特别是中国封建文化中,伦理道德被提升至宇宙本体的地位,人的自然属性是完全被排除的,因此当传统式微、新潮涌动时候,这里往往成为最先突破口。激愤的青年常常将现代性爱意识作为革命与守旧、激进与保守分野的界尺,因此他们将性爱意义无限夸大,辅以骇人的举动,做出与封建道德彻底决裂的姿态成为一时时尚(《子夜》中面对来回闪动的女性胸部与诱惑性胴体,象征封建伦理道德的吴老太爷瞬时解体分化,就是早期作品中性欲象征意义的最好注脚)。在这种倡导人性自由的期待视野下,左拉对性爱的开放性描写,也就成为中国作家择取的对象。

随着写实主义深入,中国作家也在人性描写上逐渐采取左拉的客观冷静态度。这里应该指出的是,在中国正统伦理观念坚壳下潜藏着一个博大精深的性文化体系:《肉蒲团》《僧尼孽海》……这些小说在色情与淫亵上远远超过自然主义(左拉在涉及具体性欲场面时是极有节制),所不同的是这些小说将性诉诸感官冲动与人类劣情,而左拉将其归于生物机制。因此,与其说左拉传授给中国作家以性欲描写方法,不如说他洗净了"东方固有的不净思想"(鲁迅语),启悟人们如何以一种极其严谨认真的科学态度来对待人的肉体,从而在创作上完成对灵肉二元真实人生的描写,在题材上拓展了人性描写的新领域。在左拉影响下,中国作家开始将性欲视为生命内驱力合乎自然目的的追求,不以为秽亵,亦不轻薄,以期真实传达完整人生,从而大大丰富了小说中人性意蕴,深化拓展了现实主义。

但是应该看到中国作家在民族文化、审美心理的制约下,对人的自然性的表现不仅少见,而且与左拉原意也相去甚远。茅盾说:"左拉对于性欲简直和孝悌义行一样看待……使读者只见一件悲哀人生,忘了他描写的是性欲。"[①]这句话暗示着中国作家不可能像左拉一样滤去了一切社会政治意义,而考察纯态人类的自然属性,它始终只能作为中国作家塑造人物,增加真实感的辅助工具,而不构成文学反映的独立对象。在这个意义上,中国文学刚起步于左拉又止步于左拉。

---

① 沈雁冰《自然主义与中国现代小说》。

四、巴黎的疯狂与上海的喧嚣：左拉与茅盾，自然主义影响的一个实例

左拉曾宣称他的《卢贡·马卡尔家族》"为一个充满疯狂与耻辱的时代写照"，在中国具有这种"史诗"意识的小说家当首推茅盾。茅盾自 20 年代初倡导自然主义，与左拉就结下了不解之缘。30 年代，茅盾又在《西洋文学通论》中逐一介绍了《罗贡·马惹尔》丛书中 20 部小说，称之为"文学史上空前的杰作"，而后茅盾还先后编译品评了左拉的《百货商店》(*Au Bonneur des dames*)和《娜娜》。尽管从翻译看，茅盾对左拉只是一般的爱好，在谈论自己修养与读书历(Belesenheit)时，也只是泛泛提到左拉，然而两者气质上的肖似，创作风格上的契应，还是引起了广泛的话题。1931 年，《中国简报》(*China in Brief*)已将茅盾称为"中国自然主义文学领袖人物"，称他的作品为"写中产阶级的左拉主义者文学"。稍后，瞿秋白又指出茅盾《子夜》中有左拉《金钱》的影响，尽管茅盾否认了这种说法，但是学者们还是在更多场合，将他与左拉相提并论。

也许这些评论过于从具体细节上探讨两者相似之处，不免带上主观臆断成分，然而左拉的影响确实浸润在茅盾创作的方方面面。作为一位 20 年代曾热心倡导自然主义，推崇自然主义创作方法，并以自然主义理论家圣·佩韦(茅盾笔名是佩韦)自居的作家，是绝不可能在他创作中不显现自然主义痕迹的，除非他刻意掩饰，问题是他对自然主义是怎样一种借鉴。笔者认为茅盾并非处处刻意模仿左拉，恰恰相反，茅盾有时还竭力试图摆脱左拉的影响①，然而由于共同的文学趣味，共同的创作心态，茅盾创作中总是自觉不自觉表现出与左拉一致的追求。

左拉小说具有一种"全景式展示中又注重每个细节"的壁画绘制风格，他的小说呈现一种纵横捭阖、烟波万顷的体势，虽然每部作品历史跨度并不大，但却相互连缀，在纵向时间轴上延展小说历史跨度，成为自政变阴谋到色当投降的第二帝国全部历史。对于这样一部"规模宏大、文笔恣肆的绚烂作品"，茅盾无疑是极为欣赏的，他的小说从《霜叶红于二月花》到

---

① 这种"摆脱"并非通常语义上的"摆脱"，从比较文学角度来看，这是一种担心与影响者雷同而不能创新的焦虑。换而言之，茅盾对左拉影响的拒绝，正显现左拉对茅盾创作思想内核的强劲渗透。

《虹》《蚀》再到《子夜》《农村三部曲》直至《清明时节》也于有意无意间延展成为一个疯狂时代的写照(顺便提一下,左拉的《卢贡·马卡尔家族》对于中国30年代三部曲文学样式的兴盛,对于巴金、李劼人规模宏大的连缀小说有着可以证实的影响)。

与这种宏观上以博大胸襟、恣肆文笔反映生活相契应的是一种自然科学式周全齐备的描写。宏观上,左拉力求反映各阶层、各种类型人物形象,以期其完备性达到"在这些卷册后再也没有余地留给后来家,再也没有什么可写,再也没有什么可构思了"①。在茅盾创作中无疑也存在着这种力求描写出自己时代"各种性质,各种情势,各种色调的生活场景"的求全责备倾向。《子夜》中不仅集中大量笔墨描写金融界、工业界与无产者阶层,甚至还准备将农村与知识阶层连锁到作品中去,而就具体阶层看,仅"叛逆者之群""指挥者系列"中,茅盾就曾详细列出"奉行立三路线者、思想右倾者、作两条路线斗争者、蔡真之流"②四大系列,这种自觉追求全面齐备的意识与左拉相比有过之而无不及。

在微观上,左拉这种科学式描写又表现为对具体事物,具体场景不惮其详,充满技术性材料的描写。为了使作品做到摄影式准确与真切,左拉不仅要阅读大量资料,而且还要详细进行实地考察;为了写《人兽》,左拉曾战战兢兢地爬上机车头,为了写《萌芽》,左拉下到勒那尔煤矿600米深处。这种实地考察与高度准确真实的实录性细节描写,也正是茅盾所推崇与津津乐道的。茅盾在写作上广泛采用由科学命题入手,"为了写而去体验人生"的左拉创作模式。相同的写作冲动与写作程序,使茅盾作品也呈现左拉式高度写实,在《春蚕》中,茅盾不仅对养蚕整个操作过程有着资料式详尽、摄影式准确的描写,甚至于用具,"虽为小节,他也不肯一毫含糊",难怪叶圣陶说:"我有这么个印象,他是兼具文艺家写创作与科学家写论文的精神的。"③

与左拉、茅盾这种大含细入,力求真实反映社会生活相伴生的是一种刻意取消横亘在事件与读者间作者中介的客观意识。左拉常常自比作一位临床医生,一个实验观察者,"他不应有任何先入之见","思想保持无束

---

① 转引自柳鸣九《法国文学史》(下),《左拉》,北京:人民文学出版社,1979年。
② 茅盾《〈子夜〉写作的前前后后》,载《回忆录》13。
③ 叶圣陶《略谈雁冰兄的文学工作》,载《新文学史料》1981年第3期。

缚的状态,他仅仅接受已经产生并得到证实的现象"①。这无疑也是茅盾的价值取向。在他的叙事中,常常把作者——叙述者作用隐蔽起来,正如普实克指出的:"茅盾写作方法与中国古代小说中盛行那种古老叙事方法完全相反","他在作品中煞费苦心地排除了作者本人的感情和观点"。② 茅盾创作中大都是清醒理性的分析与写实,而绝少自叙传式个人投影或情感突奔,在茅盾笔下各种天灾人祸,甚至虐杀无辜也是以一种最冷静笔调表现的。

茅盾在体现自然主义的客观写实上,最遭人非议的莫过于他对性的描写。新中国成立后茅盾曾对自己作品进行大量删改,《子夜》中就删改了300多处,其中大量是针对性描写的。其实茅盾写作态度是相当严肃的,他对性的描写,无非是其真实客观反映人生的文艺思想的体现,因此无论是吴荪甫烦躁情绪的性发泄,还是冯眉卿人前敞露连日纵欲的慵懒肌体,抑或曾家驹乘乱施暴,茅盾都着眼于人物性格或社会生活的真实,在这点上,特别是社会失控下的性暴力描写,茅盾无遗是直承左拉的。

共同的文学趣味,共同的美学取向,不仅使茅盾与左拉在总体美学风格上呈现高度一致,甚至在某些具体特征上,如大量自由间接引语(le discours indirect libre)的运用、写实中夹杂浓重象征色彩上都体现了内在契合。这里我们就象征色彩来进一步说明左拉与茅盾的一致性。在茅盾写实作品中象征手法运用主要有三种样式:一曰象征性题目,如《蚀》《虹》《子夜》等;二曰象征性人物,如吴老太爷;三曰象征性道具与环境,如小火轮、绿色和平田野意象、《太上感应篇》等。人们常常借此提出茅盾创作中的主观浪漫色彩,指出茅盾博采众长、兼收并蓄的特点,然而事实上这种象征在左拉笔下是屡见不鲜的。对应来看,则象征性题目,如《萌芽》《屠槌》(又译《小酒店》)、《杂烩》(又译《家常事》);象征性人物,如娜娜、日尔米娜;象征性器物与环境,如《小酒店》中的蒸馏器、《萌芽》中的伏娄矿井等,左拉将它们发展为拟人化的物象。我们无意于指明这种相似来自于模仿,而是冀图说明这种偶合在更深层次上寓示了两者的契合。这种象征是作为写实的补色效应出现的,它是自然主义创作中的伴生现象,因为从象征方式看,它不同于中世纪那种虚幻的象征,而是高度写实性的,正如 A. 库

---

① 左拉《实验小说论》,载柳鸣九编《法国自然主义作品选》。
② 普实克《中国现代文学论文集》,长沙:湖南文艺出版社,第 130 页。

克所说"从真实事实出发,再超越事实获得意义"①;从象征的效果来看,它并未将人们引入情感世界与空灵之境,而是更贴近现实,从这点上说,茅盾并不是脱离了写实风格,而在创作上更逼近左拉了。

左拉对茅盾的影响不仅仅是艺术上的,在生活观、世界观上茅盾也表现出某种程度对左拉的认同。茅盾虽然不相信左拉的生理遗传机制,然而对左拉刻意表现的人受制于环境无疑是热烈赞同的,茅盾像左拉一样,在其作品中都以一种反讽笔调,刻意表现环境、社会对人的重压,在人物毫不掩饰的令人心碎的绝望之情中展示了社会的罪恶。在左拉看来人没有自由意志,它无足轻重;同样飘浮在茅盾作品表面的也是一层厚厚的人力无法胜天的无可奈何情绪,茅盾笔下主人公没有一位是"盛年、勇敢、直视前途"的浮尔腾第(Verdandi),有的只是受命运拨弄的绮尔维丝。他们无力创造一般社会条件,而仅仅说明这种条件。在这些小说中,这样的句子比比皆是:"一切罪恶都是环境逼成的","可恨的人都是可怜的,他们都是命运的牺牲者","每一次希望,结果只是失望,多做一番你所谓的奋斗,结果只是加多你痛苦失败的记录……"②这种造化弄人的主题,在茅盾以后的创作中也俯拾即是:《林家铺子》中的林老板,《春蚕》中的老通宝,特别是《子夜》中的吴荪甫,他是一个"无可抗拒的命运或环境下,受到打击的一个传统悲剧主角,这种角色在左拉、诺里斯和德莱塞等自然主义作家小说中,实在屡见不鲜"③。茅盾正是通过展示个人无论如何追求奋斗却在劫难逃,通过展示那些就个人才能品性来说高出同类者,由憧憬而失败,由希望而失望的必然过程,像左拉一样,"为一个充满疯狂与耻辱的时代写照"。

我们从艺术与对世界一般看法上探讨了左拉与茅盾的内在契合,然而茅盾并非就是自然主义者,在他与左拉艺术上高度的一致下,是思想上高度的对立,作为一个社会主义者,茅盾始终对自然主义表现出一种警觉,正如他20年代在《自然主义与中国现代小说》中所指出的"自然主义是一回事,自然派所含思想又是一回事,不能相混"。在茅盾看来,左拉自然主义至多只是一种工具,而非一种程式,在茅盾思想中更多渗入中国传统政治

---

① E. 豪尔《文学批评原理》,纽约,1967年,第67页。
② 茅盾《蚀》,北京:人民文学出版社,1985年,第19、42、57页。
③ 夏志清《现代小说史》,台湾,1975年。

与道德内容,比如同样是洪灾水患,在左拉笔下宁可表现为自然的破坏力,人的生存本能与在自然面前孤立无助的悲怆感,如《洪水》;而在茅盾笔下则向"苛政猛于虎"的传统主题切入,全然成为展示社会矛盾的绝好材料,如《霜叶红于二月花》。茅盾借助于左拉,却最终远离了自然主义,这种实用理性主义的借用,正是贯穿于左拉介绍之始终的。

第二节 其气息与自然主义者迥异
——都德与中国

> 这个南方人的血液里充满了阳光。
> ——左拉

> 及至《新青年》杂志兴起,提倡自然主义,介绍左拉、莫泊桑等人,胡适之先生所译的《最后一课》更成为众人皆知的作品……①
> ——李劼人

与左拉毁誉参半、磕磕碰碰的命运不同,都德(Alphonse Daudet, 1840—1897)在中国似乎受到了更多的礼遇,中国读者为他奉上的几乎全是鲜花与赞美。然而一个背反现象是中国作家更多地将左拉而不是都德作为自己的偶像。如何看待这一悖论?都德究竟对中国文学产生了什么影响?这正是本节所力图解答的。

一、从桃苔到都德

都德初渐中国便受到各阶层读者的欢迎,无论是文学革命倡导者还是鸳鸯蝴蝶派都在民国初年开始了他的作品译介。

第一位都德的热心译介者是胡适。1912年以《割地》为名,他译出了都德《月曜日故事》中的名篇《最后一课》,刊于是年上海《大共和日报》9月29日上。两年后,胡适又怀着浓厚兴趣在《甲寅》月刊第1卷第4号上译载了都德另一名作《柏林之围》。

在胡适译介都德的同时,鸳鸯蝴蝶派的《小说月报》《小说大观》上也

---

① 李劼人《〈小东西〉改译后细说由来》,载《小东西》,重庆:作家书屋,1934年。

开始出现"亚方士""桃苔"的名字。1914年《小说月报》第5卷第12号上介绍了《猎帽记》(《达拉斯贡城的达达兰》),文中慨叹中国滑稽之不传,以为都德实为"近世欧洲小说界中善为滑稽之谈者"。两年后,周瘦鹃自英文本译出都德家庭小说《猴》(The Monkey),译序中称都德嬉笑怒骂皆成文章,"直与英国大小说家切尔司·狄根司氏相抗手","为法兰西大小说家之一,与嚣俄、大仲马、白尔石克等齐名","其名至今尤藉藉也"①。在周瘦鹃翻译这篇小说前后,《小说月报》第6卷至第8卷上,还刊出廖旭人、建生所译都德小说《新牛女会》《谎》《悍》《妒》《小家庭》等。

在这纷纷攘攘的译介过程中,鱼龙混杂,泥沙俱下,基于各自不同价值取向,对都德作品感兴趣的情况亦是纷繁芜杂大相径庭的。胡适当时所译《最后一课》与《柏林之围》,首先是基于一种爱国情绪的张扬,其次则出于一种介绍欧美短篇小说艺术的冲动。在1918年《论短篇小说》一文中,胡适清晰地表明了这一良苦用心。在《论短篇小说》中,胡适指出短篇小说并非字数上的短篇,而应该是用"最经济笔法"去写"事实中最精彩的一段或一个方面",正如都德之《最后一课》,写普法战争中法军溃败。并非用史家上溯远因、中记详情、下寻影响的笔法,而是择取无知顽童之最后一课,反映割地之惨状。胡适通过对都德小说的翻译,使习惯于有因有果、有首有尾说书艺术的中国读者,对现代短篇小说艺术的美学内涵,有了直观的认识,扭转了国人审美趣味,促成了20年代短篇小说的繁荣②。

与胡适相反,鸳鸯蝴蝶派作家从他们文学趣味出发。对都德进行了别样选择,他们更强调译文的趣味性与悲情效果,选择了滑稽可笑的《猎帽记》,刺激情感的《妒》《悍》等作品;在译作上则一反胡适那种朴实无华、忠于原作的艺术风致,加入一些哗众取宠的意译、曲译笔法,使原作风味丧失殆尽。

本期内都德小说译介呈现"为我所需"的多元取法走向,这种现象到了五四之后就有所遏制。20年代对都德的推崇,更多着眼于他对自然主义的反动上。

从1921至1928年,《东方杂志》《小说世界》《小说月报》等杂志译载了大量都德的作品,《月曜日故事》与《磨坊文札》中大部分短篇小说都在

---

① 《小说大观》,第五集,1916年。
② 请参阅第三节第二部分。

此时与国内广大读者见面。在单篇翻译的基础上,成绍宗、张人权还于1927年推出《磨坊文札》全译本。由于都德这种诗情小说的巨大魅力,译本一出现,立即引起巨大反响,先后于1927年、1931年、1935年由乐华图书公司、大光书局四次重版,对当时新硎初试的文学青年产生很大影响。然而美中不足的是囿于译者中、法文水平,多有失真误译之处。①

20年代初,都德的长篇小说亦开始翻译,1922年,中华书局率先推出李劼人所译《小物件》(Le petit chose,确切地应译作《小东西》——笔者),李劼人对都德一直怀有浓厚的兴趣,早年从《小说月报》上读到《猎帽记》后,便觉得都德小说"醰醰颇有余味",李劼人曾就此运用《猎帽记》中唾天者自唾的突降反讽笔调创作了文言小说《夹坝》。稍后,当李劼人进一步阅读《最后一课》与《知事下乡》后,"都德的文章已是为我所爱好,乃至数年后,能够读法文了,故在中华民国11年,作第二部翻译时,便选中了《小东西》这部书"②。李劼人所译都德小说不止于《小物件》,1924年他又译出早年"萦回于脑际"的《达哈士孔的狒狒》,收入少年中国学会丛书,这部作品卓越的讽刺才能曾对李劼人日后长篇小说创作产生影响。李劼人20年代这些译作在当时产生相当大的影响,《小物件》先后出了8版,而《达哈士孔的狒狒》在随后10年中也出了4版,当时一些新硎初试的作家,如沈从文,还曾模仿过其中一些章节。

20年代中国读者对都德的热心,一半出于对其小说艺术的偏爱,另一半则基于对自然主义运动反抗。自然主义对于一个喜爱感伤情调和道德说教,耽于幻想的民族来说,不啻是一剂难以下咽的苦药,中国读者一方面希望自然主义能救治中国文学痼疾,另一方面又对其赤裸裸写实表示反感,期待一种综合自然主义与理想主义为一体的宁馨儿出现。正是在这种矛盾心态下,中国读者发现了既属于自然主义阵营,又与自然主义有诸多不同的都德,在他那种夹杂着理想、感伤情调的写实性中,中国读者找到了

---

① 从译介学角度看,这部译作比较粗糙,首先误译甚多,如"l'arbre de couche"(风车轴)被译为"床柱";"à la barbe de"(当面)被译作"翘起胡子",甚至把"gaze"(纱布)很不应当误作"水汽"。其次语句也多有佶屈聱牙之处,比如《星星的故事》中"但是神圣地由这光明而仅给我些美丽思想的夜保护着",这样的句子就令人费解。关于《磨坊文札》的译介错误,可参阅龚灿光《评都德〈磨坊文札〉译本》,载《重庆师范学院学报》1984年第1期。

② 李劼人《〈小东西〉改译后细说由来》。

心理平衡,于是乎都德作品一时间成为完美无缺的典范之作。① 这无疑是过誉之辞,实际上都德小说远非完满,由于过度浸润一种温情,使他作品缺少一种博大视野与对人类精神世界洞察力,常流于肤浅的悲情主义;艺术上,为了追求诗意与含泪的微笑,也常常牺牲作品真实与自然。这种对都德作品价值人为的擢升,一方面造成作家声誉直线上升,另一方面却使作家难于从他作品中挖掘出更多深刻东西,这点在他与左拉对中国不同影响方式上可以看得更清楚。

对于左拉,中国读者主要是一种自觉的理性接受,所谓理性接受是指从理性角度期待一种具有改造功能的异域文学,这种文学多半与接受方的传统相龃龉,然而通过少数先觉者的倡导,最终匡正民族期待视野;而对于都德,中国读者主要出于自发的情感接受,它主要因为与原质文化类似而得到喜爱,中国读者所推崇都德作品中主观感伤情调正着眼于它和中国传统审美情感的相通,它虽然多了几分亲切,却少了救治功效。形象地说,对于衰落的中国文学,左拉犹如药草,而都德犹如甜蔗,草药虽苦得令人生厌,却能挽回病者生命;而甜蔗虽利口无害,然而对于一个病者却无补于身。正是从这个角度上,我们发现都德虽然受到许多中国读者喜爱,但他对中国文学影响却远不如左拉,也正是在这点上,中国作家宁可对偏激而深刻的左拉表示敬意而较少提及都德。

30年代,又有许多都德长篇小说译本面世。李劼人所译《小物件》30年代曾数版,1943年译者还根据敬隐渔等人所指出的错误,重新改译全文,更名为《小东西》由作家书屋发行。李连萃在1934年也为中学生编译了这部作品。李劼人所译《达哈士孔的狒狒》30年代也曾先后两次印刷。与此同时,都德其他一些长篇小说及剧作亦出现了多种译本。王了一于1931年率先译出了《沙弗》,由开明书局出版。两年后,商务印书馆又推出了王实味的译本。这部小说40年代还分别由紫英、徐蔚南以《热恋》与《荡》为标题重译。都德剧作《阿莱城的姑娘》于1930年也分别由张志渊、罗五京独立译出。

在长篇小说大量刊行的同时,都德短篇小说翻译却呈现某种特定指向性选择。1932年,李青崖编译"敌忾小说集"曰《俘虏》,其中收入都德小说

---

① 当时发表的都德评介文章,如冠生的《知事下乡·译序》,洪为法的《读都德的〈小物件〉》都盛赞都德作品能集写实与浪漫、主观与客观之大成,调和折衷,形成完美艺术风格。

《最后一课》《陪审官的梦》《小奸细》和《柏林之围》等数篇。同年,曾仲鸣辑译《法国短篇小说集》中收入都德的《一局台球》《西简先生的羊》。1941年,祝秀侠所编《归来》一书收入都德的《最后一课》。1946年,姚篷子所编《不能克服的人》中亦收入胡适译《最后一课》。此外,庐世逸、鲍文蔚等人还分别重译了都德的《旗手》《童探》等作品。从这些译作中,我们不难发现30年代对都德接受的方向与特征。

如果说20年代读者主要从自然主义的反动上理解都德,那么30年代以及随后抗争岁月中,中国读者从爱国主义角度选择了都德。"九·一八"事变,日本在东北频频制造事端,战争的阴影已如达摩克利斯之剑,悬于中国人的头上。战争的惨痛,中国将如何面对入侵,无疑都是中国读者想从都德小说中寻找解答与寄托的,《月曜日的故事》中一篇篇洋溢着爱国主义激情的文字,使在相似民族命运下的中国读者激动不已:《柏林之围》通过怀着法兰西荣誉感的儒勒上校从幻想坠入现实的巨大眩晕,传达催人泪下的爱国情绪;《当间谍的孩子》《旗手》鞭挞了叛卖者的可鄙,赞美了爱国者杀身成仁的义举;至于《最后一课》则尤其感人至深,而在30年代出现数篇仿效之作(关于这点,我们留待后文探讨)。一切都诚如邵燕祥所说:"都德作品最能触发我们偷生于日本占领下的亡国之痛了。"①

在这种历史背景下,都德作品的另一面,对宗法制清新乡村世界的诗意赞美反而渐渐被人忘却,这一过程最终塑造了都德在中国的形象,在其后岁月里都德始终单一地作为爱国主义作家而被中国读者接受,这种模式一直延续至今。

当代都德研究与译介已呈现出与过去的半个多世纪截然不同的面貌。都德研究已从拨乱反正之初的热情,迅速转入低谷。这一方面表现在为数众多的新研究者已对都德失去了兴趣,另一方面表现为大量都德研究之作相当浅显。② 将都德与左拉命运相比,我们发现整个文学世界翻转了,随着社会历史背景变化,随着读者期待视野的变更,中国读者从误解中重新认识左拉,而都德那种充满感伤主观情调的温情小说已不再能引起中国读者的感情波澜。新时期,都德已无可避免地失去了往昔的光彩。

---

① 邵燕祥《伴我少年时》,载《外国文学评论》1992年第2期。
② 1983、1984两年中仅研究《柏林之围》的文章就达15篇之多,然而大多数只是从中学语文教学角度探讨这部作品。

二、《最后一课》及其仿作之比较

二三十年代,有几篇以"课"为题的小说值得我们注意。

第一篇是1922年郑伯奇发表在《创造季刊》上的《最初之课》,它叙述了一个天真快乐的留日学生,在最初一课上受到羞辱。第二篇是1924年《前锋》杂志上劲风的《课外广课》,它是关于父亲为懵懂无知男孩补上爱国一课的故事。第三篇出现于30年代,"九·一八"事变爆发后,李辉英创作了《最后一课》,叙述一位女孩因撕毁日本封闭学校和改上日文课的布告而被羁押时校长、教员给予她的教诲。第四篇是大琨的《最后之一课》,主人公在"八·一三"事变,纷纷谣传上海将失守的国难当头之际,赶到学校上好最后一节国文课。

这些小说叙事方式与内容情节尽管都有各自特点,有些甚至与都德小说相去甚远,但至少在以下几点上它们显示与都德小说相同之处:(一)都表达了一种抗战爱国的主题,渲染了真挚的爱国情绪。(二)在题目选择上,无论是《最后一课》,或是《最初之课》都选用了具有象征意义的关键词"课"。"课"字在这里具有一种启悟作用,表现刹那间从混沌进入成熟状态的新观念获得。(三)主人公选择上虽然只有《最后之一课》出现了都德作品中第一人称"不可信"叙事者叙事,但其他各篇主人公基本上都是天真或幼稚的角色。(四)叙事结构上"课"同时具有情节转折、高潮、结尾的叙事功能。(五)在主人公姓名选择上,大多启用了有助于预见人物性格,引起读者联想的名字,作为读者可以辨认的展望后文的参照。都德小说主人公叫小弗朗茨就有意将人物与民族名称(法兰西)含混,以引起读者联想;同样,郑伯奇小说主人公名为屏周,"屏周"一词语出《左传·定公四年》:"选建明德,以藩屏周。"意为用障蔽捍卫周,屏藩后喻卫国重臣,郑伯奇以此为人物名字,其用心所在是显而易见的。同样,《课外一课》主人公名为"方根",其寓意也是不言自喻的。除此面外,在小说氛围营造上,某些道具如布告牌的借用上都显示出这些作品与都德小说的密切关系。

天真无知的少年通过一堂课而获得爱国观念,完成从混沌向成熟的转变。这种相同叙事语式的获得并非偶然。自1912年胡适译出《最后一课》,这篇小说遂风靡中国,李劼人指出"及至《新青年》杂志兴起,提倡自然主义,介绍左拉、莫泊桑等人,胡适之先生所译的《最后一课》更成为人众皆知作品……"①由此看来,这四篇小说受到都德影响已不仅是可能的,而且确实存在。然而即便如此,这四部作品中真正称得上严格意义上的模仿(lmitation)[或者说抄袭(Plagiarism)]只有《最后之一课》,其他三篇则更多是对都德小说立意与情节的"借用"(borrowing)或者说一种"感化",它们并非只是单纯借用了《最后一课》,其间多有变形与创意。

从中国作者对《最后一课》的仿拟来看,相同的历史境遇是他们接受都德的最根本原因,19世纪70年代,法兰西正经历着异族入侵的痛楚,割地的耻辱深深啮食着每个爱国者之心;半个世纪后,中国国弱民衰,日本在东北华东蠢蠢欲动,入侵危机感萦绕于每个具有民族自尊心人的心头,在这种情形下,《最后一课》深深激荡着中国作者之心,以至心摹手追,以其立意与构思来仿作小说。

然而令人费解的是中国作家在模拟这部作品时却又将整部小说叙事语调破坏无遗。在都德小说中,刻骨铭心的惨痛是通过一个幼稚无知顽童感受表达的,用文学术语来说,讲述者是一个"易犯错误",或不可信的叙述者(falliable or unbeliable narrator)。由一个无法克服自己单纯的孩子天真无邪目光观照一切,故意在亡国惨痛中加入一种轻松叙事语调,这种悲怆与轻松,主人公叙述与读者理解间矛盾统一形成作品的反语结构,造成一个强大的感情场,使读者凄然泪下,心碎万瓣。与都德小说相反,尽管中国作者在模仿都德小说时也设计了天真主人公形象,然而又用第三人称叙事视角,把原作反语结构改造得荡然无存,特别像李辉英的《最后一课》,虽然作者也为主人公设计一些表现幼稚的细节,然而静真的整个言谈举止无疑是成人化的,她完全在叙述作者想表达的观念,因此整部作品艺术感染力无形中也就丧失了许多。

从中国仿作与都德原作的同中之异,异中之同中,我们感到都德在小说创作上多少带有一种自然主义者的超然态度,这使他能与事件拉开审美距离,而用一种缓冲语调来深刻反映重大题材;而中国作家则不同,强烈的责任感与沉重的忧患意识,使他们不愿选用多少带有一点超然的反讽叙事语调,而更愿意直接厕身于事件之中,运用非限制第三人称叙事,直接了当地在作品中表达自己观念与看法。诚然从中我们不难看到作者一颗拳拳爱国之心,然而这种小说未能与现实拉开一定距离,往往显得过于直露而

---

① 李劼人《〈小东西〉改译后细说由来》。

流于口号和观念化,其艺术感染力反而有所下降,读这些作品常常使人有欲速而不达的感觉。

从这一比较中,我们感到中西文化的差异,也感到如何处理好艺术与生活、训谕与真实的关系是中国文学亟待解决的一个难题,这就是都德《最后一课》及其仿拟之作比较所带给我们的一点启示。

三、营造别一种小说气氛:都德与中国诗情小说

"一片美丽泛光的松林,从我眼前向山脚下铺展,远处天际阿尔卑斯山勾勒出黛色的远影……静寂……只间或从远处飘来一声笛声,香艾草中一声鸟鸣,大路上叮当作响的驼铃……"(《安顿》)只几行平和冲淡的文字,都德就为读者勾勒出一种远离尘嚣、市俗纷乱的自然之美,抒情的笔调,自然的歌颂是都德小说留给中国读者最深刻的印象。法国小说素来有 Conte (小故事)与 Nouvelle(中篇小说)之分,都德以其浓郁的抒情性与感伤色彩构成了典型 Conte 色调。① 这位"血液里充满阳光"的南方人虽与福楼拜、左拉为友,然而他身上最强有力的禀赋不是自然主义严峻的观察与写实,而是对生活印象的诗意感受。他的小说近乎于与自然主义相呼应的印象画派风格,捕捉着瞬时的光与影的变化,渲染着敷衍成一篇篇诗情洋溢的小说。

都德的小说常常令人想起师陀的创作。都德笔下南方烈日下生命跃动的山林、铺满葡萄与橄榄的原野在师陀笔下化作东方田园诗:日暮时分,炊烟袅袅;村妇怀婴,农夫荷锄;牛马车满载着柴草在远方地平线上缓缓移动……师陀以诗的笔调酿就了一片宁静温柔的气氛。在他的小说中"一片片结满鲜艳的花红果的果园,孟林太太庭院里的桃红,叫卖熟枣的吆喝声,埋头在公案上剪裁花样的邮差先生,敲着木鱼的货郎担子和煤油担子……"②不断交织成一首首短歌,温馨甜美而又伤感。

散文气氛的营造与对乡村世界的醉心,也让我们想起另一位作家沈从文。沈从文本人曾说"一切艺术都容许作者注入一种诗的抒情,短篇小说也不例外"(《短篇小说》)。在他的小说中通常也是一种自然主义的印象捕捉,他对日常生活有着细腻的感受,一段素朴的回忆,一种特殊的民俗,

---

① 苏雪林《沈从文论》,载《文学》1934 年第 3 卷第 3 期。
② 马大康《文化冲突·命运观念·感伤色彩》,载《文学评论》1991 年第 1 期。

一片优美风景往往能演绎成一篇小说,编织成一个甜蜜而又惆怅的梦。30年代热心模仿沈从文风格的李同愈曾这样评介他的老师:"仿佛觉得沈从文作品中有些像很受到外国作家影响,其中以法国 Daudet(都德)气息为尤多。"①李同愈以为这种相似就是轻松的散文笔调。同时代女作家苏雪林对此也有相同感觉:"沈从文创作时过于随笔化,他好像专门拿随笔笔法来写小说的……都德《磨坊尺牍》《月曜日故事》就是这类的。"②

这种诗化笔调,这种对乡野风物的描绘,绝非只是艺术风格与题材上的相合或模仿,它潜含着更深的文化心理机制,这种文化机制植根于他们共同经历,他们都出生于清静悠闲、民风淳朴的乡村世界,生活于原始自然社会,在这里他们的人格处于一种自然无拘无束的独立状态。然而与此相反他们身外的世界,却正经历着工业文明的激变,"光影眩目,喧聒震耳"的城市文明正吞噬着民风淳朴的乡村文明。这种巨大的变动使自幼生长于远离都市山野之间的他们感到惊悸,在社会巨大价值观念转换中,他们固守自己的传统,对新兴世界怀着厌恶与恐慌。当带着这种世界观步入都市时,他们更是感到格格不入。正如朱光潜评论师陀时所指出的:"虽然现在算是在大城市里落了籍,他究竟是'外来人',在他所丢开的穷乡僻壤里,他才真正是'土著户'。他徒然插足在这光彩眩目、喧聒震耳的新世界里,不免觉得局促不安;回头看他所丢开的充满着忧喜记忆的旧世界,不能无留恋,因为它具有牧歌风味的悠闲……"③

对城市文明束缚扭曲压抑人性的惊惧,使他们又把目光投向乡间。"我最爱悦的一切还是存在,它们使我灵魂安宁,……坐在房间里,我耳朵永远响的是拉船人的声音,狗叫声,牛角的声音。"④于是乎,在他们笔下出现的是:湛蓝天光下伸展的风车翅翼,浮动着凝脂似绿沫的春日池塘,节日麦场上冉冉飘荡的烟火,亲情融融的铁匠作坊。在那里他们抚慰着为都市生活挫伤的心灵;在这片虚幻的乐土中他们保持着自我人格的自由。然而他们毕竟不是自我欺骗者,他们清醒地意识到他们所醉心的已属过去时

---

① 李同愈《沈从文的短篇小说》,载《新中华》1935 年第 3 卷第 7 期。
② 苏雪林《沈从文论》。沈从文曾谈起过自己与福楼拜、与莫泊桑的关系,但似乎从未谈及自己与都德的关系。然而金介甫在《沈从文笔下的中国》中却指出沈从文曾借鉴过都德,特别是他的《第二个佛佛》中曾模仿过都德的《达哈士孔的狒狒》。
③ 转引自刘增杰编《师陀研究资料》,北京出版社,1984 年,第 233 页。
④ 沈从文《生命的沫·题记》,载《现代文学》1930 年创刊号。

代,工业文明代替原始田野牧歌已是历史的必然,因此他们这种醉心通常又带着感伤、哀婉与无可奈何。在都德笔下,老高尼埃的风车终于被磨粉机所取代,磨坊衰败成了兔子与猫头鹰的寓所;在师陀笔下,老铁匠那替乡下少女们打着美丽的梦,为农夫们打着幸福的梦的作坊,在外来工业文明冲击下也终于败落了,他们只能继续在梦中编织幻想,幻想一块纯净的乐土。

  这是一曲无可奈何的挽歌,它触及人类社会发展中一个普遍的矛盾。人类历史总是在物质与精神、文明与自然互动的二律背反中发展的,人类社会进化总是以牺牲人性某些方面为代价的。人类在从自然状态到自在状态中无可避免地经历着三个阶段:在第一阶段,由于人类本身的原始性,使人类生活在一种物质匮乏,但精神相对独立的状态中,不受异化劳动的支配。在第二阶段中人类物质文明发达,然而这种文明却是以对物的依赖为基础,以牺牲个体自由为代价,这种文明人性物化了。然而也只有通过这条狭长的隧道,人类才能进入自由个性的第三阶段。对于都德、师陀这些作家来说,他们正经历着从第一阶段向第二阶段的过渡,共同的生活道路使他们特别敏感于社会对人性的异化。他们感到轰鸣的机器、喧嚣的市场正在剥夺人类独立的个性,他们厌恶工业把宇宙无限制造的东西化作一个庞大单调的捶打之声,他们亦厌恶新兴文明中生活与生存、手段与目的、物质与精神的脱节与背反,然而以他们的聪明,他们也清醒意识到这种社会变化是无可逃遁的历史必然。正如马尔库塞所说:文化自由是通过不自由来表现的,文化进步是通过压抑实现的。历史进程无可选择。然而即使如此,他们仍然在生存与自由间做了塞甘先生山羊式的悲剧性选择,在作品中表达了对原始、宗法社会的倾心。

  也许从社会角度看,我们应当否定这种选择,然而从个体角度上我们又同情这种选择,因为剥开赞美宗法社会的皮肉,我们分明看见一颗关切人生的拳拳之心的搏动,正是这种共同的精神追求,在都德与中国作家间连接起沟通的津梁,造成了他们作品表层同形、深层同构的一致,在他们相似艺术风格下表现出了对人类命运深刻思索的哲学底蕴,在这样的作品中,套用刘西渭一句话:诗构成了他们的衣饰,对自然与纯情乡村世界眷念构成了他们的皮肉,而对人类未来命运的思索,这基本的基本才是他们的心。

第三节　一个并不熟悉的漂亮朋友
——莫泊桑与中国

　　他有一种透视能力,能显示旁人所不体会的人生中事事物物的本质,他有一种美丽的笔调,用之于表现他的题材,有清晰、简单而富于引起读者兴味之力量。

　　　　　　　　　　　　　　　　　　　　　　——托尔斯泰

　　必须握住人物本质的东西,然后用最经济的笔法画出差别……这些地方,我们应该学学莫泊桑的手法。

　　　　　　　　　　　　　　　　　　　　　　——张天翼

　　当刚刚苏醒的中国将寻求的目光投向世界的时候,便发现了莫泊桑(Guy de Maupassant,1850—1893)这位漂亮朋友。他带着巴黎都市的喧嚣,带着色当的硝烟,带着诺曼底乡村矢车菊的芳香,跨越伊朗高原来到中国,在这沉睡已久的古国激荡起悠长而又热烈的回响。然而,中国读者能理解这颗奇特而复杂的心灵吗？在东方视界中,这位漂亮朋友又呈现怎样一种面貌呢？

一、从文化猎奇到艺术评判:莫泊桑与中国第一、二代接受者

　　科西嘉岛上住着一位孤寂无靠的老人,从外形上看,他已枯槁垂暮,然而内心却燃烧着复仇的火焰,为了给惨死的儿子报仇,他天天训练一条恶犬撕咬草人。终于在一个阴冷的傍晚,他带着这条饿了数日的猛犬,沉着镇定地完成了复仇。读过莫泊桑《族间复仇》这篇小说的人,大概立即会联想起《赵氏孤儿》中屠岸贾训神獒追咬赵盾的情节,的确,莫泊桑在1883年创作的这部《族间复仇》借用了纪君祥元杂剧的情节,如果说莫泊桑当时这一模仿仅仅还出于一种扩充题材,追求作为刺激的异国情调的话,那么20年后,中国对他的译介也正出于类似心态。

　　陈冷血在《新新小说》1911年第2号上率先翻译了"战争小说"《义勇军》。而后在1913年至1914年间,随着萌蘖于清末民初的鸳鸯蝴蝶派日嚣尘上,对莫泊桑作品的翻译也掀起了一个小小的高潮。一年间,《小说月

报》《小说时报》分别刊登了瘦鹃、随波、珠儿等翻译的《铁鱼女儿》《悲观人影》《巴黎女子》《约酮芬外传》等七篇小说。莫泊桑初渐中国即受到鸳鸯蝴蝶派如此垂青并非偶然,此派以"艳情、奇情加苦情"为其文学趣味与创作主旨,追求媚世的酸软之作,而莫氏小说具有的某种强烈感染力和某些作品中商业化倾向,恰好某种程度上投合他们需求,很快成为他们钟情的作家。对于当时出现的这批译作,我们应做具体分析,一方面它对西学东渐,开启民智做了有益的工作;但另一方面由于其文学趣味的局限,使得选篇偏畸,曲译原文主旨的问题非常严重。就题目而言,将《珠宝》(*Les Bijoux*)译作《悲观人影》,将《项链》(*La Parure*)译作《巴黎女子》本身就很不严肃,再加之译者主旨是为市民阶层提供茶余饭后谈资,因此任意删削改写原文,采用没有活力的文言意译,从而使原作在内容和艺术上都受到严重损害。这种文化层面上的猎奇。造成了国人对莫泊桑的一种错觉和误解。

  在当时译作如大河东泻、泥沙俱下的情况下,当然不乏一些优秀译作,1909年出版的《域外小说集》中就收入了周作人译的《月夜》,篇首还附有一段短文,曰:"摩泊商师事佛罗贝尔,为法国自然派大家,以小品名世,作计数百篇,简洁深刻,人不能及,亦有长篇,'人生'称最佳。在《彼得与约翰》自叙中言,别无主张,唯以模写自然为务,盖深得自然派之实验科学法者。托尔斯泰亦谓摩泊商对于世相,亦别无好恶之念,但画人生之现象而已……"这段文字敏锐指出了莫泊桑科学写实的特征,并暗示读者应从人生画像上来解读莫泊桑。然而对于当时受传统小说熏陶,形成狭隘期待视野的中国第一代接受者来说,却难以得到共鸣与赞同。《月夜》这样一篇偏重于内心矛盾揭示,显现生活断面缺少故事性的作品自然也难以被接受,囿于第一代读者文学趣味,对莫泊桑正面介绍的时机显然还不成熟。

  "我像流星一样进入文坛",这是莫泊桑创作生涯的自况,也是对1921年前后莫泊桑作品在中国流布景况恰如其分的描述。据统计,1919年至1920年间,《少年中国》上就刊登了莫泊桑5篇小说,而此段时间内《晨报·副刊》上莫泊桑作品译文竟达26篇。迄止1926年,已结集出版莫泊桑小说集6本,散见于各报刊上译文更是不计其数。除代表性短篇小说已基本译入外,李劼人与徐蔚南还分别于1922年与1926年翻译了莫泊桑的长篇小说《人心》(*Notre Coeur*)和《一生》。一时间莫泊桑作品翻译如大潮涌动,进入各派文艺社团,形成蔚蔚大观。莫泊桑之所以在中国受到如此欢迎,固然和他作品中表达的情感描摹的现实有关,由于人类共同境遇,东西方心灵中存在许多契合点:《梅吕哀》(*Menut*)中对逝水流年的追忆与伤感;《软项圈》中人类征服的渴望与客观世界无情惩罚的困扰;《隐者》(*L'Ermite*)中对血亲乱伦的震慑……这些蕴含在平淡故事中警人心魄的感染力,震慑了西方,也同样震慑了中国读者,但是这一原因并不足以解释莫泊桑在中国引起的巨大反响,实际上莫泊桑的流传是与胡适以及文研会作家有意识地倡导介绍分不开的。

对于胡适等倡导者来说,莫泊桑使他们感兴趣的与其说是思想内容,倒不如说是其精深的艺术造诣。由于终身疾病的困扰,使莫泊桑过早感到死亡的阴影,"万物都是不可靠,唯有死亡是一定"。这种悲观虚无情绪,使他将一切改造社会的实践视作可笑的挣扎,他的巨大精力和创作能量只是在对艺术完美狂热的追求得以宣泄和确证。茅盾对此曾有过精辟的评论:"艺术创作的纯粹客观态度,成了莫泊桑的生活态度,创作便是生活。""他并不认为自己也是'人生'的一员,而宁是旁观者的态度……而他所忠实地、客观地描写出来的作品,也就成为只在追求本身目的的一件艺术品。"①"请照着你的性质,用适于你的形式做点漂亮的东西吧"②,莫泊桑这样说,他从忠实于艺术出发,取得了很高的艺术成就。

莫泊桑精湛的艺术只是向我们提供了一种可能,而其被接受还取决于当时文坛的需求指向。首先从作家主体方面看,五四以后个性意识觉醒,使中国作家获得创造主体的资格,有了追求艺术个性的自由,他们将创作视为一种工作,将自己一切本质力量倾注到创作中去,从中"能动地、现实地复现自己",从而在所创造的世界中自我观照,以"确证自己本质力量"③,这样他们回到艺术的自身,努力自觉改进写作技巧。一时间,中国形成空前的创作方法的探讨争论,西方一些作家更成为他们自觉学习和模仿的对象,莫泊桑与自然主义受到了写实派的推崇。其次从客观方面看,当时文坛情形是,旧派小说"唯求报账式的清楚",连什么是体裁上的短篇小说也不甚了了;而新派则笔法稚嫩,其小说不是做作,便是味同嚼蜡。在这种情况下,创作方法介绍成了迫切需要解决的问题,进步文艺工作者都以为"赶紧多多翻译西洋文学名著,做我们的模范"④。罗家伦还进一步强

---

① 方璧《西洋小说通论》,上海书局,1930 年。
② 莫泊桑《论小说》,载《皮埃尔和让》。
③ 马克思《1844 年经济学哲学手稿》,载《马克思全恩格斯集》42 卷,第 25 页。
④ 胡适《建设的文学革命论》。

调莫泊桑的写真小说,"已为后人开无限法门"①。正是为了挽救中国文坛颓波,新文艺工作者才引入莫泊桑和其他写实派作家。鉴于中国文坛主客观两方面原因,莫泊桑从正面和负面(Négative influence)两个方向上影响了中国文坛,对中国小说创作起了补救与提高的双重作用。

莫泊桑对中国小说创作影响,第一在于明确了"短篇小说"这一文学体裁的美学内涵,确立了这一形式在中国文学中的地位,促成五四以后短篇创作的繁荣。

西方学者宣称:没有任何叙事能够让人看到其开端或结尾,叙事总是开始并结束于"以前所具有的,并被小说在结尾恢复的那种沉寂状态,以外在于它本身的某些前后部分作为其先决条件"②。莫泊桑的小说几乎都致力于这种开放性"生活断面"描写,以其《月光》集(Clair de lune)为例,全集收入 17 篇小说,除了一篇民间传说(La legenda du Mont Saint Michel)外,有 10 篇以对话结尾,而另外 6 篇也是开放式描述性结尾。③ 处于这种小说反极的是中国小说,中国古代小说具有"按照事物原有顺序,依次叙述,而且每件事实,都要有因有果,有首有尾"④的特征,胡风曾指责这种"直叙"结构导源于封建的宿命论与因果报应观,这一指责也许过于偏激,我们以为传统封闭小说主要契合了中国读者听故事的习惯。然而由于这种宋元话本以来短篇小说,都以能"清楚交待书中一切人物的'结局'为难能可贵"⑤,保留了说书人艺术痕迹,造成小说繁琐冗长,"难以卒读",同时也造成中国小说虽有长短之分,但"不过是被除数上的短篇小说,不是体裁上的短篇小说"⑥。这种情况下,对莫泊桑小说艺术的介绍,正肇始于中国学界企望突开旧径、另辟新路的努力。1918 年,胡适在给北大国文研究所小说科讲演中,以莫泊桑的《二渔夫》和都德的《最后一课》为范本,倡导"用最经济的文学手段,描写事实中最精彩的一段或一方面,而能使人充分满意的文章"⑦。胡适所谓的"事实中最精彩的一段或一方面"也就是生活截面

---

① 罗家伦《中国今日之小说界》。
② J. 米勒《叙述中的结尾问题》,转引自华莱士・马丁《当代叙事美学》,北京大学出版社,1990 年。
③ 据 Oeuvres complètes illustrées de Guy de Maupassant, Librairie Paul Ollendorf.
④ 胡风《论民族形式问题》,载《胡风评论集》,北京:人民文学出版社,1984 年,第 242 页。
⑤ 沈雁冰《自然主义与中国现代小说》,载《小说月报》1922 年第 13 卷第 7 号。
⑥ 沈雁冰《自然主义与中国现代小说》。
⑦ 胡适《论短篇小说》,载《新青年》1918 年 5 月号。

的描写,以开放性结构,对事件失衡状态进行叙述,而不求有完整的首尾与情节,它为中国短篇小说规定了全新的美学内涵。胡适在讲话前后,还翻译了莫泊桑的《二渔夫》《梅吕哀》《弑父之子》等篇小说,并介绍了《菲菲小姐》(Mlle.FiFi)与《政变一幕》,使之成为与讲话相互补充的例释。自此,国人从莫泊桑与都德作品中,对现代意义上短篇小说美学内涵有了感性认识,使这一文学样式走上了近代写实主义道路。

如果说短篇小说观念的确立,还只是难以实证的理论上影响,那么在小说结构与技巧上,莫泊桑对中国的影响则是独特而有迹可循的。

莫泊桑素有"世界短篇小说巨匠"之称,他师从福楼拜,在福楼拜引导下,莫泊桑养成一种对艺术完美的狂热追求和一种特有的从"深刻慎重的观察中综合得出的观察宇宙万物、事件和人"的才能。他的短篇技法出神入化,炉火纯青。在叙事方式上,他不拘成法,不守成规,自由运用各种方式与手法:或以平淡生活为图景,力戒离奇曲折的传奇色彩;或巧妙布局,运用悬念或突变,使情节起伏跌宕,酿成强烈艺术效果;或抽去情节支架,用情绪来连缀全篇,形成审美价值很高的氛围小说。在描写上,莫泊桑摒弃浓墨重彩,采用自然简洁而又极具表现力的白描手法,以极简练文字传达出事物最本质特征。在小说结构上,作家灰线伏笔,巧妙串联,让情节自然运作,而很少显现斧凿臆造的痕迹。在题材选择上,作家多摹写日常生活中人情事态,从最平淡琐事中,开掘出最深刻的主题,使作品意蕴深藏,余味曲包。在叙事语调上,莫泊桑多采用克制陈述,客观冷静,很少直接介入作品,并进而形成反讽的语调,而作家对人无法摆脱命运拨弄的悲观态度,又使他作品在反讽语调上多了几分悲剧色彩……

莫泊桑小说高度的艺术性,炉火纯青的创作技巧,在20年代受到中国作家广泛赞赏,并成为他们师法的范本。鲁迅曾认为莫泊桑创作平淡无奇,达到了文学最高境界——无技巧的境界。他特别赞赏莫泊桑小说"外形浅近而内含深邃",并指出:"若从艺术上看,那么契诃夫就比不上莫泊桑了。"[①]30年代有人曾撰文比较过鲁迅《在酒楼上》与莫泊桑《堂倌,来一大杯》的开场情境,的确两篇小说结构上非常相似,存在借鉴可能,但笔者以为,两位作家间更深刻的联系在于莫泊桑契合并进一步强化了鲁迅精约

---

① 转引自谷祥云《莫泊桑与契诃夫》,载《阜阳师范学院学报》1982年第7期。

深刻、冷静多讽的风格。自然主义倡导者茅盾也曾欣赏莫泊桑的小说艺术①,他所尊奉的"实地观察与客观描写"两大理论,多多少少也受到莫泊桑的启示,至于他的创作《一个女性》就曾有人断言它受到《一生》的影响。② 莫泊桑的小说艺术不仅是 20 年代作家师法的对象,而且 30 年代作家也多受他的影响。对于 30 年代崛起的左翼技巧派作家张天翼来说,"莫泊桑的艺术技巧,可以说是超过契诃夫的"③,他始终推崇莫氏作品的布局和艺术感染力,号召中国作家"学学莫泊桑的手法",在喜趣横生,讽刺辛辣与"用最经济笔法画出人物差别上"④,张天翼无疑曾得力于莫泊桑。老舍在 20 年代末曾大量阅读了福楼拜、莫泊桑等人的作品,这些小说悲剧风格,"使老舍从滑稽式的幽默向讽刺式幽默转化,悲剧成分被更多地注入了。无论在人物塑造,还是在语言风格上,他对'招笑'都有所'控制'了"⑤。莫泊桑也是艾芜所喜欢的一个作家,他对自然的描写,曾经唤起艾芜的共鸣⑥。至于曾著有《莫泊桑的生活》的孙席珍,更是从讽刺与蕴藉的艺术特色上靠拢莫泊桑⑦。此外还有沈从文,莫泊桑对他影响不止于文体多变,简洁明快,而且在于作品所反映的思想内涵,有关这点,我们将在下文中详述,至此我们对莫泊桑与中国作家的关系只做了个大概的审视,在曾汲取过莫泊桑艺术养分的名单上,远远不止上面所列的几个名字,莫泊桑对中国小说艺术影响是深刻而持久的。

中国第二代接受者在新文学运动影响下,开始着重从艺术上接纳莫泊桑,他的小说对中国现代小说观念与创作技法产生了巨大影响。当然,我们并不是说中国短篇小说只是在莫泊桑影响下才开始转向的,这是中国文学自身发展的必然变革,也是众多外国作家共同影响的结果,但应当肯定,莫泊桑确实在这些方面成就突出,在这块园地中留下了深深的犁沟。

---

① 《误我的研究》,载《茅盾论创作》,第 26 页。
② 祝秀侠《茅盾的〈一个女性〉》,载庄钟庆编《茅盾研究论集》,天津人民出版社,1984 年。
③ 周颂棣《我和张天翼相处的日子》,北京:中国社会科学出版社,1982 年。
④ 张天翼《我怎样写〈清明时节〉的》,载《文学》1936 年第 6 卷第 1 号。
⑤ 曾小逸主编《走向世界文学》,湖南人民出版社,1985 年,第 208 页、第 248 页。
⑥ 《走向世界文学》。
⑦ 谢冰莹《作家印象记·孙席珍》,台北:三民书局,1967 年。

二、从道德批评到政治批判：莫泊桑与中国第三、四代接受者

30 年代对莫泊桑的介绍热情仍然有增无减，翻译家李青崖开始了莫泊桑全集翻译的浩繁工程，自 1929 年 5 月至 1941 年先后译出 11 集，计 119 篇小说。此外，止室、梅生、殷茂澜、周瘦鹃、徐蔚南、张秀中等人也陆续编译了《重逢》《田家女》《新年的礼物》《奴爱》《魔鬼的追随》等莫泊桑小说集。一些名篇如《项链》《绳子》等出现了多种译本，一些作家如李劼人、曹禺、孙席珍等译介了莫泊桑多部作品。随着中国 30 年代长篇繁荣，第三代接受者也将目光投向莫泊桑长篇小说。他的《一生》《我们的心》一版再版，《俊友》《两兄弟》《如死一般强》，则分别由雷晋笙、黎烈文、彭兆良等译入中国。

尽管翻译界轰轰烈烈，然而在评论界，这位漂亮朋友却初遭冷遇，或许是热潮过后必然相伴的冷淡，或许是阶级矛盾尖锐之时接受屏幕的变更，总之，本期对莫泊桑的审视从小说技巧转换到小说内容上，莫泊桑小说的非道德化倾向，因在东方传统道德伦理背景下显得格外刺目，而招致种种议论，不满者有之，赞赏者亦有之。不满者寻来托翁对莫泊桑的批评，指责他缺乏对善恶鉴别知识，将民众描写为随着性欲、憎恶与贪得无厌支配而动作的半兽性人[①]；而赞赏者则从莫泊桑笔下的生命意识看到它对东方古老民族的壮阳作用。这种充满血肉生气的作品常常成为经过五四洗礼的新一代作家择取的对象。

我们首先想起了沈从文，这位来自湘西的作家与莫泊桑有着相似的生活经历，他们一个在法国景色最优美的诺曼底海滨开启了蒙沌，一个在中国景色最优美的湘西认识了世界，早年的生活景象：苹果树下与村姑的欢舞，溪流中秉执火把砍鱼的快乐，碾房水车的吱呀声，山坡上矢车菊的清香都在两位作家脑中留下永难抹去的印迹，以致当他们声名赫赫、衣冠楚楚时，却依然用乡巴佬特有目光审视周围的一切。他们都有着相同的嗜好：对水的热爱。他们从小生活在水边，一切喜怒哀乐都与水流相伴，在他们

---

① 当时的《大陆杂志》第 2 卷第 4 期，《文艺月刊》第 1 卷第 5 号，《中原》第 2 卷第 2 期都先后翻译了托尔斯泰的《论莫泊桑》。在当时莫泊桑评论不多见情况下，托翁文章一译再译，这一现象值得深味。

眼里,水的纯净象征了美与坦诚,而水万世不竭的流动,象征了生命,正如立陶宛批评家格雷马斯(A. J. Greimas)在《莫泊桑·本文符号学·实际操作》中所指出的:"水体"意象代表了非死(non mort)观念。水是两位作家心中膜拜的对象,在他们以后的创作中水的意象和画面还常常出现。

早年乡村生活造就了两位作家不虚伪与爱生命。沈从文说:"我是个对一切无信仰的人,却只信仰生命。"①生命在他们笔下包含了两层意义,首先是对被文明异化的都市生活的批判与对与自然契合的乡村生活的醉心。沈从文曾援引莫泊桑的话说:"莫泊桑生前写了一本书,叫《水上》,记载他活下来的感想,在有毛无毛萝卜间所见所闻、所经验得来的种种感想。那本书恼怒了多少衣冠中人,不大明白。但很明显,有些人因此得承认,事实上我们如今还俨然生存在萝卜田地中,附近到处是生命,是另一种也贴近泥土,也吸收雨露阳光,可不大会思索,更不容许思索的生命。"②这些不会思索更不容许思索的生命,正是两位作家所抨击的为城市文明所异化的"场面上人"。在他们看来,城市中上层社会堕落腐化,虚伪变态,丑态百出;商人阶层利欲熏心,不择手段;小市民虚荣自私,装腔作势;至于知识阶层情况更糟,社会扭曲异化他们心灵,他们已丧失人的自然本能,剩下的只是怯懦与呆板。他们在从人性扭曲层面上批判文明社会的同时,展示了与之相比照的乡村世界。如果说前者用了讽刺的笔调,这里则更多一种抒情笔调。在温馨牧歌中他们的人物一任天性在清新自然中劳作生息。值得注意的是沈从文在展示他作品中两重世界时,并未像其他 30 年代作家一样从政治视角上切入,相反他避开政治而像莫泊桑一样从人性与生命角度上审视评断。

在两位作家观念中,崇尚生命也意味着对生殖与生存本能的赞美。他们都以为性是生命内驱力合自然目的的追求,毋庸隐晦,更无须规避。生命正是在人类最低级欲求中跃动,离开这一点生命就无从称其为生命。这一共识使我们发现,诺曼底乡村干草堆上的事情同样也在湘西稻草集上发生,在沈从文的《雨后》《阿黑小史》这样一些作品中,都有着对性的自然主义描写。

---

① 沈从文《水云》,转引自凌宇《从边城走向世界》,北京:生活·读书·新知三联书店,1986 年。
② 《烛虚》,转引自凌宇《从边城走向世界》。

从展现生命自身上接纳莫泊桑的远不止沈从文一人,与沈从文过从甚密的丁玲,也从莫泊桑那儿学到许多。丁玲在她踏上文学道路的时候,曾大量阅读西方名著,其中李健吾译的《人心》她尤其喜欢,甚至读了许多遍。沈从文在《记丁玲》一书中指出:"刚写作便从福楼拜和莫泊桑那儿学了许多,她跟那些书上的女人学会了分析自己的方法,也跟那些作书的男人学会了描写女人的方法。"①确实丁玲从莫泊桑那儿学到很多,不只是学会对女人的描写,更进一步学会将爱视作一种带着痛苦的搏斗,学会大胆表露情欲。丁玲像莫泊桑一样,常把生活中对爱的体验直接摄入作品,甚至不作任何修饰和伪装。她笔下的女性都有一种强烈的情欲,她们确信肉体官能享受是一个完整人生的正当要求,虽然丁玲后来否定她早年追求,但她受到莫泊桑的影响,即使在到延安后创作的小说,比如《贞贞》中也能察觉到。在表现生命意识上我们还可以提到茅盾,30年代有人曾断言他的《一个女性》受到《一生》的影响,虽然对此我们无法确认,但我们至少可以指出《蚀》中表现女主人公与强连长欢爱的场面确是来自于约娜的新婚之旅……

无须举出更多例证,可以肯定莫泊桑作品中表现的强烈生命意识,特别是他对生殖本能、性爱本能的描写是为当时众多青年作家所接受的。但是我们也应该指出,在民族传统框范制约下,中国作家又不全然与莫泊桑认同,这里我们借一位与莫泊桑不相关却相似的年轻作家郁达夫来解说。在生活方式和行为规范上,我们完全可以将郁达夫称为中国的莫泊桑,两人同出自卢梭"返归自然"的旗帜下,对自然情欲都有赤裸裸的表白;他们生活荒唐,与妓院关系之密切是两国作家中所少有的;他们又同时怀有一种人生寂寞感,虽然产生原因各异,却导致了同样的结果:企望从性结合的挣扎中忘却自我和孤独,然而正如弗罗姆告诉现代人的那样,由于它"蜕变成不顾一切,试图摆脱因孤独而产生焦虑的绝望挣扎,其结果是比以前更强烈地感到孤独"②。由孤独走向性结合再到孤独的恶性循环,是他们在性爱上相似的经验。但是这一切并未导致郁达夫与莫泊桑认同,这一方面与两者在气质上的隔阂有关,但更重要的原因却是导源于两者迥异的生活态度。郁达夫由于对现实的失望和纤弱的情感,促使他孤独感的产生,而这一孤独的自我由于自我封闭进行内省,又进一步强化了孤独感;莫泊桑

---

① 沈从文《记丁玲》,上海:良友书店,1934年。
② E. 弗罗姆《爱的艺术》,北京:商务印书馆,1987年。

在参透人生后感到的则是一种深深的失望和寂寥。郁达夫渴望找到一颗能理解自己的心,而莫泊桑却滑向了犬儒主义与玩世不恭,与妓女交往既是摆脱孤独的手段,又是一种人生的目的,在莫泊桑笔下性本身已构成一种自足的审美对象,他常常津津乐道毫无顾忌地描写一次又一次的肉欲淫乱,而郁达夫笔下的性苦闷则常常伴随着经济苦闷、政治苦闷,本身并不具有独立审美性。正是不同的生活态度形成两位作家间差别,阻止了郁达夫向莫泊桑靠拢,同样也在其他作家与莫泊桑间划出一条清晰的界沟。

从三四十年代第三代接受者对莫泊桑理解方式看,打破先前完全褒扬的语调开始呈现多元性,或批评厌恶,或肯定赞赏,但无论是批评厌恶还是肯定赞赏,都是从"生命意识"这一点上审视莫泊桑,理解莫泊桑,也正是在这点上莫泊桑给予30年代小说创作重大影响。

如果说第二代接受者从写作技巧上理解莫泊桑,第三代接受者从社会道德层面观照莫泊桑,那么第四代接受者主要从政治角度评判莫泊桑。从社会现实缩小到阶级斗争的现实,这一研究视角变化本身反映了50年代社会政治现实,人被规定为阶级观念符号,因此所研究对象也被投射上了这种色彩,无论是对莫泊桑肯定还是否定都是从这一狭窄视孔中审视的。

第四代读者对莫泊桑研究大体可分为两个时期。50年代主要是肯定的语调,这首先表现在莫泊桑作品还在大量翻译,就长篇小说来看,重版了何敬所译《漂亮朋友》、黎烈文所译《两兄弟》、索夫的《如死一般强》,李青崖、盛澄华、罗玉京等人重译了《俊友》《一生》《我们的心》等小说。1955年左右,新文艺出版社与泥土出版社还推出了李青崖、祁蒙、东林新译的莫泊桑长篇小说《温泉》与《巴梯索先生的礼拜天》。自此,莫泊桑长篇小说已在中国全部出齐①。除此而外,还出版了段茂澜与H.但尼林所出的两部《莫泊桑传》,就在译著界积极译介莫泊桑的同时,评论界也对莫泊桑采取积极态度,他们在指出莫泊桑色情化与神秘主义的同时,肯定了他作为一个现实主义作家"镜子"价值,有时评论还引用数据来比照莫泊桑小说的背影,认为19世纪80年代的主要特征都在莫泊桑小说中得到真实反映,并与阿尔及利亚等当时现实问题联系起来,阐明莫泊桑小说对揭穿资产阶级政治界、财政界黑幕与殖民地问题的现实价值②。评论虽然视野褊

---

① 长篇小说分目据《法国大百科全书》第13卷,巴黎:拉鲁斯出版社,1975年,第7752页。
② 《谈谈"漂亮朋友"的现实意义》,载《世界文学》1959年第3期。

狭,阐发过于牵强,甚至多有扭曲,但毕竟有胜于无,肯定胜于否定,然而即便这样文章也不可多得,60年代(除开1962年因贯彻"双百方针"情况有所好转)全面开始对莫泊桑的否定,这种否定其实在1958年已初见端倪。当时曾有一篇题为《"项链"的思想性》的文章,从分析《项链》入手,指出莫泊桑这篇小说一直被资产阶级学者捧为范本,使人们对此产生很多迷信和崇拜,起着很坏的影响,文章认为莫泊桑小说根本未能反映社会本质,因此它不是"历史的镜子"而只是"麻痹人民"的毒品……在这种政治角度观照下,莫泊桑完全被歪曲了,到了60年代后期,莫泊桑与其他外国作家一起在中国火红的视屏上消失。

三、认识莫泊桑:新时期莫泊桑研究评析

对一个作家接受,总是以翻译为其先导的。同样在经历十年冷落后,莫泊桑又再次被介绍给新老读者。冰河初开,百废待兴,莫泊桑作品翻译又呈现出五四时期那种纷攘热闹的场面,一切仿佛又回到了五四时期。然而历史毕竟不会自我重复,莫泊桑研究在向纵深拓进。为了便于比照,我们姑以50年代末受到批判的《项链》为例来说明外国文学研究如何正本清源,拓展深化的。

新时期,我们首先读到的是《北京文艺》1978年第8期上一篇题为《冷峻、深刻、精巧、严谨》的文章,文章认为造成玛蒂尔德悲剧的是将妇女作为玩物与商品的资本主义制度,而这部小说现实意义在于能使生在红旗下、长在红旗下的少年读者"看清资本主义究竟是怎样一幅图景","使我们时时想到全世界包括我国领土台湾在内,至今还在资本主义奴役下的劳动人民……"如果说在拨乱反正开始的年代,人们还带着政治有色眼镜,对这篇作品作实用主义歪曲和解读的话,那么到了1985年《对玛蒂尔德形象社会意义再探讨》一文中,已开始对女主人公形象做比较合乎事实的价值判断,从19世纪中后叶法国社会现实背景中,中肯地指出造成玛蒂尔德悲剧的社会、心理因素。更进一步从作品深层结构中寻找这篇小说悲剧实质之所在的是1987年庄美芸的《从玛蒂尔德悲剧内涵看人与现实的错位》一文,这是一篇最切近莫泊桑小说主旨的评论,作者首先将玛蒂尔德比作包法利夫人,认为"可爱而富有光彩",她指出在这个形象上体现了"不安于现状的进取精神",接着作者开掘表层故事下的深层叙事语句:客体不如人意→

追求→惩罚→主体适应→客体再度惩罚。借此,作者指出了这部作品中"人为了自身尊严,总想冒犯冲破客体,渴望征服",但"人与束缚人的现实,强烈追求所招致现实的惩罚,以及人的无可奈何的适应"①,是小说的悲剧实质所在。这篇评论虽在肯定玛蒂尔德虚荣心时不无偏颇,却准确指出《项链》一百多年来赢得各阶层读者的魅力所在,因为它触发人类内心深处的一种渴望征服世界和在命运面前渺小无力的悲怆感。

从《项链》研究中,我们可以辨析出,由实用政治性附会到实事求是的理解再到运用新视角去发掘作品深层内蕴这样步步深入的清晰轨迹。这一解读过程也正是新时期莫泊桑研究的一个缩影。

然而我们也应当看到,新时期莫泊桑研究也潜在深深的危机,这表现在(一)就译介上来说,虽然数量很大,但译介面却远较三四十年代甚至50年代狭窄,莫泊桑一些具有争议和神秘主义倾向小说并未有译作出现。(二)就研究深度来说,除个别文章外,大部分评论仍然是相当浅显的赏析文章。(三)就研究前景来看,莫泊桑已很难引起年青读者与作家的兴趣,人们话题更多转向现代派。莫泊桑研究前景不容乐观。

纵观将近一个世纪来,中国对莫泊桑的研究介绍,其间风风雨雨,大起大落。或倾尽溢美之词,或竭尽贬低之能事,然而无论贬低还是褒赞,我们发现其间都贯穿一条实用理性精神,每一代接受者只是从时代要求,社会现实上解读莫泊桑,或技法,或思想,或政治。造成莫泊桑研究犹如管中窥豹,时见一斑。缺少真正学术性全景式研究之作,缺少对莫泊桑矛盾复杂人格的真正了解。因此尽管莫泊桑在中国已历经90个年头,然而对于中国读者来说,他仍然是一个并不熟悉的漂亮朋友。

---

① 载《名作欣赏》1987年第2期。

第六章

19世纪象征主义作家与中国

夏尔·皮埃尔·波德莱尔
(Charles Pierre Baudelaire,
1821—1867)

斯特凡·马拉美
(Stéphane Mallarmé 1842—1898)

保尔·魏尔伦
(Paul Verlaine, 1844—1896)

亚瑟·兰波（Arthur Rimbaud, 1854—1891）

《波德莱尔全集》法文版（1975年）

波德莱尔《恶之花》（钱春绮译，人民文学出版社，1986年）

《波德莱尔美学论文选》（郭宏安译，人民文学出版社，1987年）

《马拉美诗集》法文版（1992）

《魏尔仑诗选》（罗洛译，漓江出版社，1987年）

第六章 19世纪象征主义作家与中国

诗的本质不过是,也仅仅是人类对一种最高的美的向往。

——波德莱尔

正是波德莱尔及其后继者,提高了诗人的地位,使他们跻身于牧师或先知行列,能在现实世界里的事物后面或者超越它们看到藏在理想世界里的事物的本质。①

——查德威克

19世纪到20世纪初叶,作为浪漫主义终结与现代主义发轫的法国象征主义(Symbolisme)文学在诞生之初就被嗅觉敏锐的中国新文学界感觉到了。象征主义作为一种现代文艺思潮,其独特意义很长时间并不为中国的接受者所把握,这是因为接受者一开始仅仅把象征主义看成和人文主义、古典主义、浪漫主义、现实主义一样的一种"外学"(相对于"内学")"西用"(相对于"中体"),用以救治时弊,启聋发聩,富国强民。如是,从法国象征主义流入中国的第一天起,一种"误读"效果便产生了。

导致这种"误读"效果的产生的"语境"是由晚近甚至明清以来的社会环境决定的。长期外侮内乱,国势积弱,每况愈下,造成了中国知识分子的一种严重的文化自卑心理。在这种心理中"一种文化将削弱另一种带有许多有价值成分的文化,这种削弱是一种文化彻底衰落的标志"②,并因此而导致了中国知识分子愈积极地提倡西学,介绍、传播异域文化,愈诚惶诚恐地抱着强烈的民族主义意识,恐惧异域文化喧宾夺主的文化性格二重分裂,最终形成了接受异域文化的"曲解"、折中或中合——即"误读"效果。从20世纪20年代开始的这种"误读",几乎一直持续到今天,虽然80年代后期有些许人亦曾有过正确的释义和演绎。于是,法国象征主义在中国传播的整个过程表现出一种历险式特点:20年代初期和30年代前中期的高潮,30年代后期和40年代前中期的低潮,40年代末期到70年代前中期的低谷、消匿和回升以及80年代以来的持续回升和崭新局面的出现。

---

① 查德威克《象征主义》(周发祥译),北京:昆仑出版社,1990年。
② 约瑟夫·阿·勒文森《梁启超与中国近代思想》,成都:四川人民出版社,1986年。

本文论述到的法国象征主义诗人主要是波德莱尔①、马拉美、魏尔仑、兰波等人。果尔蒙、阿波利奈尔、雅谋,以及佩吉、于勒·苏佩维埃尔、福尔等诗人将仅仅涉及。克罗岱尔将另章叙写,至于莫里亚斯在《费加罗报》上发表《象征主义宣言》将包括他本人及勒内·吉尔、斯图亚特·梅里尔、弗朗西斯·维埃雷·格里凡、居斯塔夫·卡恩列为正宗象征派,由于他们的创作时间短暂,或者侧重于理论,最终不成气候,因而在中国的流传极为有限,故本章基本不涉及。

第一节 无法逃避与分离的神明兼邪魔
——波德莱尔与中国

波德莱尔带来近代美学的福音。

——梁宗岱

没有一个诗人能比波德莱尔引起人们更多的热烈情绪。

——阿拉贡

一、请神不到魔自来

1920年,新文化运动以北京为中心波及全国,在白话文学创造的同时大规模偷盗西方"圣火"活动日渐高涨。《新青年》杂志作为五四的一面旗帜,不仅在传播科学、民主与自由方面为人们所称道,而且在传播外来文化方面也卓有成就。正如本章引论所指出的,《新青年》之所以致力盗火活动,主要是为了寻找一种借鉴:唯其与我不同则无论西洋、东洋,也无论穷国、富国,更无论古代、近代与现代,均可采来供我(兼)收(并)蓄。本着这种原则,是年第8卷第3期上刊载了周作人先生《杂译诗30首》,其中有后象征主义诗人果尔蒙的《死叶》。这样,法国象征主义诗作率先入中国的是果尔蒙。

---

① 波德莱尔(Charles Baudelaire),应译为波德莱,正如伏尔泰(Voltaire)不加尔一样,诗人徐志摩早在30年代就用这个译名(《波特莱的散文诗》,载《新月》第2卷第10期),罗大冈先生也持这种意见(《试论雨果》,载《法国研究》1985年第4期),但波德莱尔已成为约定俗成的译名,故本文也沿用此名。

早在 1919 年 2 月周作人先生在《新青年》第 6 卷第 2 期上的散文诗《小河》作序时便说过：

> 有人问我这诗是什么体,连自己也回答不出。法国波德莱尔（Baudelaire）提倡起来的散文诗,略略相像,不过他是用散文格式,现在却一行一行地分写了。

嗣后不久,又是周作人在《新青年》第 8 卷第 3 期(1922 年 3 月;1922 年 6 月)上将波德莱尔(Charles Baudelaire,1821—1867)的散文诗《游子》和《窗》译成中文,这也是波氏作品之首次译入中国。

几乎与此同时,陈群在《民国日报·觉悟》(1919 年第 11 期)刊文《欧洲 19 世纪文艺思潮一瞥》、沈雁冰在《小说月报》(1920 年第 2 期)发表《我们现在可以提倡表象主义的文学么》均曾提到象征主义。但这一时期集中论过象征主义的却是围绕在《少年中国》周围的一群留法或熟谙法语的年轻人,这些文章有吴弱男女士论述到后象征主义诗人果尔蒙、雅谋、福尔,以及德列聂(Henri de Régnier)、萨曼(Albert Samain),还有比利时的维尔哈伦的《近代法比六大诗家》(第 1 卷第 9 期)、周无的引用亚弗野·波萨(Alfred Poizat)的《象征主义》而撰写的《法兰西近世文学的趋势》(第 2 卷第 4 期)、周太玄的《秋歌》(魏尔伦诗译及介绍文字)(第 2 卷第 9 期)、李璜的法兰西诗歌格律的简单流变回顾的《法兰西诗之格律及其解放》(第 2 卷第 12 期)以及田汉的《恶魔诗人波陀雷尔的百年祭》(第 3 卷第 4 期)。在上述文章中,有代表性的是田汉的文章。1921 年,恰值波德莱尔一百周年诞辰(1821—1921),田汉发表的这篇自道式纪念文章,全文共分 5 部分：(一)神与恶魔(引松浦一先生《生命之文学》里有关神魔的见解);(二)波陀雷尔的生涯;(三)波陀雷尔的特色;(四)波陀雷尔的主义;(五)艺术家的宗教。田文指出:"波陀雷尔文学史上的位置者,莫不曰他是法国 19 世纪罗曼主义的殿将、象征主义的先锋,实际上法国的魏尔伦也、德国的德尔美也、美国的斯永本易慈也,近代的象征诗人鲜有不汲波陀雷尔之流者。""为欲研究近代主义(Mordenisme)的尤以欲研究近代的体卡妩象征主义(Decadent Symbolism)的所不可不知。"以真心献身艺术的田汉对波德莱尔之不为人知深有感触:"恶之华被目为'罪恶之圣书',波陀雷尔自身被目为恶魔主义者更属当然的事。藉曰:病的天才之病的艺术,然艺术家之对于人生、对于真理、对于美、对于宗教之要求之欣慕之热爱不至于此,尚有一点深刻的批评与观照耶!普天下之人不肯与人生根本的悲哀当面,而惝惝恍恍浮浮泛泛想登罗曼的美的蜃楼,或以几行脆泪洒基督的足上的,请读一读恶之华,听一听恶魔的说法!田汉并且颇有见地地指出:'人道主义之极致恒接近恶魔,恶魔主义之极致恒接近人道。'"

这一时期另一篇颇具代表性的文章是闻天在《小说月报》第 15 卷号外上发表的《波特莱尔研究》,原文系史笃姆(T. Storm)所作,是国人介绍的西人介绍波氏的最早的一篇文章。同时在泰东图书局的《近代文学家》(蒋启藩编,1923 年)和中华书局的孙俍工编的《世界文学家列传》(1926 年)上均列有"波特莱尔"条。沈端先于 1928 年翻译的本间久雄的《欧洲近代文艺思潮论》(开明书店,1928 年)第 11 章也列有"波德莱尔与范来奴"。

波德莱尔作为承先启后的一代宗师曾在世纪末的欧洲留下了巨大的影响,但他一生的著作却只有诗集《恶之花》、散文诗《巴黎的忧郁》及些许文艺批评美学论文。早期中国新文学界之介绍波著似无所宗,仅仅信手拈来而已。例如《文学旬刊》(第 57 期)上的《尸体》(金满成译)和同刊第 59 期上张人权重译的《腐尸》以及徐志摩的《死尸(附评论)》(*Une Chaogue*)(《语丝》1924 年 12 月 1 日)。另外《莽原》第 2 卷第 7 期上亦曾发表过邓琳译的《理想》和《美》二诗。值得一提的有两个人,一为翻译家石民,他曾于此前此后译过波德莱尔的许多散文诗及"恶之花"并曾结集出版。一为仲密(即周作人先生),在早期介绍法国象征主义思潮中有三大功劳不可埋没:其一是敢开风气之先,果尔蒙的诗与波德莱尔的作品均由他签证入境;其二是早期(20 年代)的介绍中,只有他,不仅较早的对诗人的生平、创作、成就及理论做抽象描述(《三个文学家的纪念》,《晨报·副刊》1921 年 11 月 14 日),而且最早译介了诗人的"散文小诗"(同前报。见 1921 年 11 月 20 日、1922 年 4 月 9 日,以及《妇女杂志》1922 年第 8 卷第 8 号、第 9 号上的《游子》和《你醉》),这大概也是白话散文诗在中国的滥觞;其三是 1925 年他发现并提携了李金发,中国诗坛因此而多了怪味品种。

如果说早期的介绍仅仅着眼于"异"——即与传统不同的,那么进入 30 年代对于波德莱尔的介绍就不仅仅停留在其作为异域文化的象征上了。这一时期,新文学创作度过了她的第一个繁花似锦的 10 年,对西用开始了选择性的带有批判色彩的舶入。也正是在这个阶段,在"误读"产生的同时,中国新文学史深受象征主义熏陶的第二批优秀诗人诞生了。诚然,很少有人把介绍对象、研究对象当作一个学问范畴对待,也仍然没有独树一帜的见解,大量拥有的仍然是材料编、译。尽管如此,从质和量上看,较之于20年代、30年代仍有一个长足的进步。

当波德莱尔已经不再是文坛上的新鲜话题时,大量从外围包抄进攻的文章产生了。汪凋然谈身世(《波特莱尔之身世》《天才的努力》,良友书店,1931年)、张崇文说病理学([日]长谷川玖著的《波特莱尔的病理学》,载《现代》第4卷第6期)、闻家驷话私生活(《波特莱尔与女人》,载《文学》第1卷第4期)、徒宏道奇癖(《波特莱尔与奇癖》,载《文坛轶语》1932年9月)。在这类文章中,沈宝基的长篇译述《波特莱尔的爱情生活》篇幅最长并最全面(见《中法大学月刊》第3卷第2、3期和第4、5期合刊)。这篇传记性的文章从一个特殊角度透视了波德莱尔作为艺术家的生活、创作及心态,精彩勾画了"恶之花"中的许多华美乐章的背景。透过波德莱尔与Sarah,Jeanneduval 和 Sabatieer 三个女人的恩恩怨怨的关系,我们也许都可以嗅到来自世纪末那个特殊氛围的艺术气息。

和田汉1921年波德莱尔百周年诞辰时写的《恶魔诗人波陀雷尔的百年祭》一文相仿佛,20年代末30年代初,诗人徐志摩在《新月》第2卷第10号上发表《波特莱的散文诗》,这个深受哈代和拜伦影响的浪漫主义诗人借谈波德莱尔谈自己的文艺主张:"波特莱一辈子话说得不多……但他说出口的没有一句是废话,……他的话……没有一句不是从心灵里新鲜剖摘出来的。"波德莱尔追求的是"性灵扩张的动荡,沈思的纤徊的轮廓,天良的俄然的激发"。但是作为一个富于感受能力的优秀诗人,徐志摩凭着艺术直觉感受到:

> 爱默深说:"一个时代的经验需要一种新的忏悔,这世界仿佛常在等候着它的诗人。"波特莱是19世纪的忏悔者,正如卢骚是18世纪的,丹德是中古期的。他们是真的灵魂的探险者,起点是他们自己的意识,终点是一个时代全人类的性质的总和。

上述观点虽不无可商榷之处,但其中显示的富于个性特色的见解却是难能可贵的。

另外,30年代前中期邢鹏举也曾著有《波特莱尔散文诗》(中华书局),《北平晨报》与《批评》上亦曾刊有刘鋈的《诗人鲍德莱》一文。

这一时期的诗歌与散文诗的翻译工作已成气候,梁宗岱(见《一切的顶峰》,商务印书馆,1934年)、石民(载《语丝》第5卷第43期)、滕刚(载《文艺月刊》第1卷第2期)等均有翻译。最值一提的是卞之琳。卞之琳在《文艺月刊》第3卷第12期、第4卷第1期上译过《穷人之死》(La mort des pauvres)和《喷泉》(Le Jet d'eau),后来又在《新月》第4卷第6号上"恶之花拾零"译诗小辑,计有《应和》《人与海》《音乐》《异同的矛盾》《商籁》《破钟》《忧郁》《瞎子》《流浪的波希米亚人》《入定》十首。作为熟谙法语的诗人的卞之琳,在译诗中注入了许多自己的感受,成为现代译诗的珍品。

这一时期(1923—1926)有数部西方文学或法国文学专著。例如李璜的《法国文学》、郑振铎的《法国文学研究》、徐仲年的《法国文学ABC》、徐霞村的《法国文学史》、李则刚的《欧洲近代文艺》、夏炎德的《法兰西文学史》、袁昌英的《法兰西文学》、曹仲鸣的《法国文学丛谈》和《法国文学论集》、王维克的《法国文学史》、穆木天的《法国文学史》以及徐仲年的《法国文学的主要思潮》(商务印书馆,1946年)等十数种,大多数名为专著,其实颇多编译,缺少的仍然是一家之言和一得之见;另外,各专著虽给象征派一定篇幅,但对其鼻祖波德莱尔特别是他的创作却显然没有足够的重视,尤以《法国文学ABC》为甚,有关象征派的四页论述里给波德莱尔的只有一句:"1885年左右,蒲特莱尔、马拉尔美、斐尔冷纳三人离了巴拿斯派提倡象征派。"

二、愈近愈远:梁宗岱等人的故事

1925年,《微雨》出版,李金发成为中国现代诗坛第一位象征派诗人。1932年,戴望舒、杜衡、施蛰存主编的《现代》创刊,象征诗派诞生了。除李金发外,王独清、穆木天、何其芳、卞之琳、冯乃超、胡也频、蓬子、石民、林松青、张家骥、番草、林徽因、朱湘、孙大雨、李天若等,甚至于早期湖畔派的中国最优秀的抒情诗人冯至和晚期的芦笛诗人艾青。象征诗派的出现,直接原因很多,大致罗列如下:(一)在法语国家生活、学习,耳闻目睹了后象征派的存在,如李金发、艾青、王独清;(二)在日本读法国文学或学习法语,如穆木天、冯乃超;(三)在国内自修法文,无师自通者,如施蛰存、胡也频、戴望舒;(四)还有的是游学欧美,如孙大雨之在耶鲁大学、朱湘之在芝加哥大学。从上述情况看,无论是直接(通过法语原作品)或间接(通过第二种语言,抑或通过象征派的第二代传人,例如冯至之与里尔克,卞之琳之与叶芝、奥登,艾青之与维尔哈仑)。中国诗人基本上正确把握住了法国象征诗的脉搏规律,可谓得了真谛。但是在化而为用的过程上,误读效果产生了。无论是李金发还是戴望舒,中国诗人在接受法国象征主义过程中,总是有意无意将近于审美方式的对方简单化为创作方法或者技巧。由于传统审美心理机制的制约,接受者摒弃了作为现代主义先河的法国象征主义的现代色彩,即对人类精神文明价值的重估以及由悲观重估而导致的个人的失望,这种终极关怀最明显地体现在《巴黎的忧郁》(波德莱尔)、《牧神午后》(马拉美)、《醉舟》(兰波)。现代文明的坍塌导致了现代人对人道主义、人文思想的怀疑。新诗创作在重新被诗人们纳入中国传统的抒写离愁别绪、风花雪月的私情圈子,陷入了温庭筠、李商隐式却不见创意的幽情圈子(举胡也频最典型的象征诗题为例:《苦恼》《惆怅》《温柔》《离情》《秋色》《噩梦》),内容上复古的严重后果是手法上的没落。这样,中国诗人在脱离了传统的土地,如箭镞般射向现代的天空,最终却依然坠落下来。造成这种后果的直接原因在于,文学作为意识形态不可能超越生产方式,相反,必然与后者相适应。作为半封建半殖民地社会的典型,中国和进入后工业化的法兰西不同,前者落后于后者整整一个世纪,这个"时间差"便成为导致误读的一个直接原因。

但是导致误读的根本原因却在于,近代甚至晚明以来,作为文化正统的汉儒的中心地位屡受摇撼,异族的侵凌与欺侮使得人们认识到读书治国的可能。特别是清朝末年,国脉奄奄,有识之士更是将修身与治国紧密结合,修身凭读书,治国亦凭读书。这样,读书的最终目的无非是为了修身、治国。康梁变法之前,张之洞《劝学篇》云:"今欲强中国,存中国,则不得不讲西学。然不先以中学固其根柢、端其识趣,则强者为乱首,弱者为人奴,其祸更烈于不通西学者矣。"这种看法很有代表性,并且直到今日仍主宰着中国知识分子。多数人介绍西洋文化毋忘发扬传统,愈是西化的知识分子最终愈变成强烈的民族主义者:惧怕异族文化喧宾夺主,导致更惨烈的民族侮辱,酿成灾祸,成为一种百折不回的心理定式。于是介绍西方文化的同时,必在中国传统文化中寻找"共相",或者努力以中国固有的文化模式去改造、移植、中和西方文化使之中国化。这一点,在传播法国象征派文化的大师梁宗岱身上表现尤为明显。

梁宗岱是深得近代法国文化特别是诗学的三昧的为数不多的几个中

国人之一。由于作为诗人的感悟条件和长达七年的赴欧学习,尤其是和法国最后一位理想主义者罗曼·罗兰、第三共和国的思想家保尔·瓦雷里以及安德烈·纪德、让·普雷沃的形往神交,成为他把握法兰西近代文化的得天独厚条件。他仅有的几本有关法国诗学的小册子《诗与真》《诗与真二集》(商务印书馆,1933年、1935年)、《译诗集》(商务印书馆,1936年)已足以使他领先同行并且至今仍意味着一种研究标高,例如他对瓦雷里《水仙辞》译迻及诠释、对象征主义的理解("直感""表现""神思"等艺术范畴的个人见解亦不乏新意)、对于诗理论充分个人化辨析。但是作为一个西学大家,梁宗岱终于没有超脱传统对他的制约。他在论述象征主义问题时,也总试图在中国传统中寻找共同点。例如,象征派基于基督哲学的"万物有灵"和"天人感应",在他的眼里变成了"天性""妙悟""即景生情、因情生景""心凝形释、物我两忘"。这样,当他快要靠近真理时,他突然退却了:对异端文化的"合理"改造——处处寻找相似,对比、解释、补充,甚至"除异",最终拉开了他和真理内核间的距离。

上述文化心理反应在传播方面就是波德莱尔及象征派在中国的"历险"。随着时代及政治气候的变迁,介绍西方象征派出现了多次反复,中国传统文人的杂糅政治理想、道德理想和学术思想为一体的思想意识,在新条件下又一次苏生,学术研究因此而渗进过多的政治色彩变得停滞不前。这种情况典型地反映在梁宗岱身上(戴望舒之受冷遇也是明证)。梁曾被看作象征派大师瓦雷里在中国的真传弟子和代言人,甚至被看作象征派(曾被目为"堕落""颓废""世纪末"的代名词)的化身。这个性情率直真纯的文人在中国的遭遇分明是波德莱尔和象征派在中国流布情况的缩影或形象图解:他30年代走红,40年代末50年代初遭殃、坐牢三年,50年代末再遭横祸,"文革"中被"抄家、囚禁、挨斗、罚跪、被打、致伤,几乎送命"①。

三、辨识与诠解:关于神、魔的一次大讨论

1937年,抗日战争爆发,对波德莱尔及象征派的介绍暂告中断。诗人们焦虑于民族危亡的国事中,不可能也没有机会进行文艺重建,新文化运动后大量汲取异域文化营养的活动中断了,整个40年代有关波德莱尔的

---

① 李冰封《想起了梁宗岱先生》,载《读书》1991年第7期。

译介工作几乎无踪可寻。除前述吴达元的《法国文学史》（商务印书馆，1946年）外，仅有石民的《巴黎之烦恼》（即波氏的《巴黎的忧郁》，生活书店）、戴望舒的单行本《恶之花掇英》（怀正文化社，1947年）。戴望舒在出版这个单行本时，对波德莱尔诗的译介工作曾说过这样的话：

> 可以令人满意的有梁宗岱、卞之琳、沈宝基三位先生的翻译（最近陈敬容女士也致力于此），可是一共也不过十余首。

上述说法基本上反映了实际情况，可以想见其他象征派诗人作品的译介情况之一斑。诗人戴望舒的"掇英"收23首诗作，他的诗人身份大大裨益于他的译作并使之成为"恶之花"最好的译作之一。另外文前附译的瓦雷里的《波特莱尔的位置》是象征主义同道、卓越的哲学家从思想角度评估前辈的剀切文字，他说："有了波特莱尔，法国诗歌终于走出国境。它使全世界的人都读它。它使人不得不视之为现代性的诗歌本身；……在我国诗人中，比波特莱尔更伟大以及禀赋更高的诗人们固然是有的，可是比他更重要的，却绝对没有。"这一评价至今仍有意义。

张若茗发表在《文艺先锋》（第9卷第32期）的《法国象征派三大诗人鲍德莱尔、魏尔莱与蓝苞》一文，首次较切合实际地揭示了象征主义产生的时代背景：（一）1870年普法之战后，对科学和实证主义的怀疑；（二）青年人失去理想，徬徨而不知所从；（三）青年人变得过度兴奋，思想日趋复杂（个性）。这种社会背景有助于产生反抗的艺术。而当时的思想背景是：（一）斯宾塞哲学；（二）哈特满的下意识哲学；（三）叔本华的哲学。同时还有相关的艺术门类：华葛那的音乐"合奏"理论；印象派绘画理论及实践，都给象征主义的产生以影响。张文第二章专论"颓废精神"（L'esprit décadent），该词大约来源于魏尔莱诺的诗 *langvenr*。1882年，拉法格（Laforgue）以之形容青年人。《颓废》1886年4月10日刊文曰：我们生于叔本华的悲观时代，对一切只是厌烦。这里所反映出的现代主义倾向是很明显的。1888年，拉法格去世，"颓废"一词被象征主义（symbolisme）取代。原文第三章评论了象征主义艺术。有关"鲍德莱尔"的内容揭示了波氏与胞哀［即艾德加·艾伦·坡（Edgar Allan Poe）］的关系，揭示了不幸与美、涛与音乐以及"苦吟"风格。虽面面俱到但并不显肤浅而能提纲挈领，在当时的文章中尚能独树一帜。该文有关波氏的第二部分，重点分析了波德莱尔的身世和作品,大量的诗人"日记"的引用缩短了研究者和被研究者之间的距离。

1947年1月30日,《文汇报》第153期"笔会"展开了一场讨论。讨论是由林焕平致函"笔会"引起的。针对诗人兼翻译家陈敬容翻译的波德莱尔的作品,林担心"有人跳进去",陈提笔做答,却引出了李白凤和司马无忌。这样,"笔会"于第153期集中编发了李、司马的《从波特莱尔谈开去》和《从自做多情说开去》,同期仍编发陈译的波德莱尔的《盲人》及主笔唐弢先生的表明刊物及编者立场、为陈敬容(其实也是为波德莱尔)辩护的《编者告白》。这场辩论的焦点是:(一)波德莱尔的时代过去了,波德莱尔的诗或波德莱尔式的诗还能提倡么?(二)波德莱尔的诗"不健康且有害",会"诱导青年的思想走向颓废的路途上去",抑或不是?(三)作为受象征派影响的一代诗人,由戴望舒及其"同侪"以及陈敬容等的诗作是否与时代脱节?他们将会被"现实所抛弃"?最后李白凤语重心长地,或者说是,"悲天悯人"地劝告:"唤醒陈敬容先生和喜爱这类诗的人的迷梦,及早回头","……不要再留恋于那狭小的智识阶级的圈子"。

上述情况反映了中国人对法国象征主义误读的总爆发。

我们说过,由于明清两季的士阶层和近现代中国知识分子恐惧异域文化喧宾夺主以致"中学西用"变成"中受西害",故而在传播西学时渗入了过多的民族主义意识,使得传播对象常常变形、扭曲,成为非驴非马的东西。问题还有另外一面。从儒学占统治地位后,士阶层"善身""济天下"思想一直香火不断,直至今日。不少有识之士曾经指出:"新儒学之所以不能打通与外部世界的通道,恰恰是由于他们自身的社会使命感太强的缘故。""他们在构建自己的理论大厦时,很少有为学问而学问的态度,往往将自己的学术道德化、社会化、政治化。"①李白凤的论断恰恰犯了两个大忌:第一,他忽视文学作为文学,其评价标准主要应是文学本身而绝不应是文学以外的道德、哲学、宗教或政治,以道学或宗教的标准论文则只能导致要么无限上纲,要么批评家与诗人间对话语境阙失。有关波德莱尔"颓废"与"不道德"一说也显得过分无力——法兰西官方1857年有此评判,以后却给予"平反昭雪"。第二,李白凤忽视了文学自身的规律,硬性规定诗人应该写什么而且必须怎么写(他认为波德莱尔、戴望舒、陈敬容们的

---

① 许纪霖《封闭中的困顿——评新儒学的终极价值系统》,载《文汇报》1990年11月7日。

"悠游""迷离"的技巧要不得)。这种批评方法,丝毫无助于文学实践活动,只会最终导致上纲上线,挫伤艺术家的自尊、勇气和创作能力。1984年底,年近古稀的老诗人陈敬容(1917—1984)在回忆起37年前的事(1947—1984)时心有余悸,忧愤不平①。

1949年中华人民共和国成立,由于各种原因,译介外国文艺的工作一直未很好地开展起来,由于众所周知的两大阵营的对立,对西方文化特别是对向来聚讼纷纭的法国象征派讳莫如深,直到1957年《译文》才在7月号发表了9首"恶之花",是陈敬容先生为《恶之花》初版一百周年纪念而刊发的,同期又刊载了具有"导读"性质的《波特莱尔和他的"恶之花"》(列维克作,何如译)。1958年,沈宝基译的《阿可拉贡文艺论文选》中选取了《比冰和铁更刺人心肠的快乐—:"恶之花"百周年纪念》。这些凤毛麟角、少得可怜的文字,到后来也消匿了。

直到1973年3月,商务印书馆出版了《从文艺复兴到19世纪文学家、艺术家有关人道主义、人性论言论选辑》(北大西语系编),"波特莱尔有关人道主义、人性论言论"作为"内部参考"和被批判的靶子又一次昙花一现。

四、还原:魔性面孔,神性本质

直到1979年,波德莱尔的有关介绍,才如春笋般见诸报刊。这一时期能见到的诗人介绍是中国社会科学出版社《外国名作家传》上的"波特莱尔"(金志平,1979年);能够见到的作品介绍是《外国文学作品选》(三)(上海译文出版社,1979年)所选陈敬容女士的6首"恶之花";能够见到的理论文章介绍是《随笔集》《1845年的沙龙》《1859年的沙龙》(林同济《西方文论选》(下),上海译文出版社,1979年)和《波特莱尔论形象思维》(《外国理论家、作家论形象思维》,中国社会科学文献出版社,1979年);能够见到的研究文章是对"相应说"的探讨(刘自强文,载《外国文学研究》1979年第4期)。这种百废待兴局面透露的信息是:中国学界已经不把波德莱尔(包括法国象征主义)当成一种实用主义或政治功利性的招牌,不再将学术研究仅仅等同于政治鉴别和道德评判。

---

① 此事载陈敬容著《诗苑译林·前记》,"诗苑译林丛书",长沙:湖南人民出版社,1984年。

进入80年代,较之波德莱尔进入中国的任何一个阶段,这一时期呈现出前所未有的高潮局面,其明显特点在于介绍作家和作品共进,并辅之以相关的理论。从把波德莱尔当成独特的文学现象到把波德莱尔当成文化现象,这个飞跃并非仅仅意味着视野的扩大,而是一种观念的转变。诗、散文、美学译文、传记、年谱、研究专著、袖珍诗集……一个生气勃勃的立体文本系统日臻完善,使得我们更进一步靠近波氏成为可能。其次,较之于第一个高潮期五四新文化时代,新时期文学在接受外来文学时不再一概"拿来"而是充满选择性。这固然是自五四至今长达60年(1919—1979)吸收反馈(无数次的循环)后的必然反应,同时也是基于中国当代文学现状而形成的呈自然态的文化设防,文化传播与交流中宽宥主义起了决定性作用。研究者不再停留在"谁是波特莱尔"(五四前后)、"波特莱尔是什么"(三四十年代)阶段,而选择的重点放在了"波特莱尔为什么如此"。最后学人们不再仅仅孵化"波特莱尔象征主义"这只老鸡,他们更进一步去寻找这只老鸡下在中国土地上的蛋及其所孵化的第二代象征主义分子。这种深化早自30年代朱自清的《中国新文学大系·诗歌》导言。在导言里,朱氏第一次把诗怪李金发称作法国象征派介绍入中国之第一人,并首次归纳李金发及创造社的王独清、穆木天、冯乃超,还有戴望舒、姚蓬子为中国的"象征诗派"。此后,卞之琳、艾青及九叶诗派、新时期的朦胧诗派都曾被人看作带有象征倾向的中国第二、第三代诗人。

仅仅是《恶之花》,无论是作品介绍还是理论评价,无论是古辑新刊还是新文鲜见,总的呈现出一派繁荣景象。《读书》1983年第3期刊发了郭宏安的《伊甸园中的一枚禁果——谈〈恶之花〉》,此后1987年第7期又在"晶书录"栏刊发健君的《恶之花》,1988年第1期又发表了诗人曾卓的《〈恶之花〉印象》,这些文章重在"感",又不乏"见"。与此相类的还有属于介绍性的《一本被罚重金的诗集》①,《恶之花》的介绍②,《李健吾文学评论集》中的《恶之花》等。至于作品则亦不时散见于各刊,举其要者如下:

《吻着你的卷发》(亚丁译),载《西方爱情诗选》,漓江出版社,

---

① 载《中外诗语》1983年第12期。
② 李志平《外国文学作品提要·恶之花》,1980年7月。廖星桥《波特莱尔和他的〈恶之花〉》,载《外国文学欣赏》1984年第4期。

1981年。

《朦胧的黎明》(6首),载《外国诗歌选》,1981年。

《信天翁》《旅行》《穷人之死》,载《金果小枝》,黑龙江人民出版社,1982年。

《信天翁》,载《山西师院学报》1980年第3期。

《信天翁》等(钱春绮译),载《在大海边》,上海译文出版社,1983年。

《太阳》(陈敬容译),载《世界文学》1984年第4期。

《波特莱尔诗三首》,载《外国文艺》1986年第2期。

此外还有过王了一、钱春绮、梁宗岱、沈宝基、卞之琳、杜国清、陈敬容以及戴望舒的全译或节译本。值得一提的是由周良沛编辑的,由徐志摩、梁宗岱、戴望舒、卞之琳、陈敬容、杜国清、程抱一、古苍梧、莫谕9人翻译的《恶之花》(书名易为《不吉祥的花》),据编者说,这是自20年代开始至今60年来 Les fleurs du mal 的第一个中文全译本(国际文化出版公司,1988年),书末附有波德莱尔年谱①。

波氏的另一代表作《巴黎的忧郁》(La spleen de Paris)也陆续译出。亚丁继30年代邢鹏举、石民诸人的《波多莱尔散文诗》(中华书局,1930年版)、《巴黎的烦恼》(上海生活书店)后在《春风译丛》(1981年第2期)刊载数篇。

《波德莱尔美学论文选》(郭宏安译)作为"外国文艺理论丛书"于1987年9月由人民文学出版社出版,它为研究波氏的文艺学、美学乃至整个思想提供了理论基础。此外,泰奥菲尔·戈蒂耶(T. Gautier)的《回忆波德莱尔》,作为"世界文化名人传记译丛"之一种(陈圣生译,辽宁人民出版社),无疑是我们目前所能见到的激情洋溢、文采斐然的最好传记。文末附有的24封波德莱尔与圣·伯甫、福楼拜的书信,提供了深入诗人内心的第

---

① 编者在这个荟萃本之前写有一段"书前"语,姑录如下:
半个世纪前,梁宗岱在《象征主义》中就讲到诗借语言将人的视觉、嗅觉、味觉、有形的与无形的……全使之相应相含、相契相合,"在那里我们不能与万化冥化、并且体会到我们万化冥合。"是物我合一的化境"融作一片不可分离的永恒创造之契机",是不囿于物我表相的诗的象征。凡此种种,在我国哲学、诗词中也是早已有之的……(着重号为引者加)
对于周先生的"凡此种种……我国……早有"论,我大感不解。

一手珍贵资料。

林林总总的文本系统的最终完善，为超越五四以来的波德莱尔研究水平提供了得天独厚的条件。单是对 correspondances 论的探讨就有多篇文章①。波德莱尔作为"巴黎诗人"（发达资本主义时代的抒情诗人的同义语——本雅明语），是现代法国诗歌三流派（保尔·瓦雷里的古典诗派、保尔·克罗岱尔的无韵诗派、风格万千的自由诗派）之源，《恶之花》即是具体体现。"相应说"作为《恶之花》美学创作原则，是在三层意义上发展的：不同感官的东西，如芳香、颜色、声音之间存在着某种感应；精神的东西（懊恼、欲念、思想）和感官一样，也可互相作用；我们所看到的无论是人还是物，都仅仅是表面现象，只有天赋敏锐的诗人可以透过现象。从符号和象征中看到体现那个超感官世界。诗人的心灵和这个超感官的世界间有一个他们互相认识、交流的共同语言，这就是隐喻、象征、类比的语言。这种看法较之以前是一个进步。

也许是因为鲁迅译过《苦闷的象征》，也许是鲁迅《野草》中体现出的浓烈的象征色彩，论者之论鲁迅的《野草》常论及《恶之花》（或《巴黎的忧郁》）。从现存的鲁迅文稿看，他和象征派的关系并不密切，但也绝非毫无关联。20世纪初周氏兄弟同赴号称西洋文学实验室的日本，研读了大量西方名著，接触了各种世纪末思潮，并且首先进行了小说翻译实践。周作人归国后也首先成为法国象征主义"首席"介绍人，而鲁迅却很少或几乎未表示出对象征派的任何兴趣，这并不能说明鲁迅对象征派的无知，恐怕更多地得从审美价值角度寻找原因。后来论者讨论鲁迅与法国象征派作品的关系，孤立地从文本走向文本，这样便很可能流于根底不牢。② 但是比较方法学的引进，毕竟为象征主义（波德莱尔）之在中国开辟了另一蹊径：无论是浪漫主义与象征主义双雄——雨果与波德莱尔的类比，还是象征主义与现实主义大师——波德莱尔与福楼拜的反比，均显示出一种前所未有的洞见勇气。③ 这方面有代表性的文章是张挺的《波特莱尔及其〈恶

---

① 例如刘自强《波特莱尔的相应说》，载《外国文学研究》1979年第4期；左燕《也谈波特莱尔的对应说》，载《外国文学研究》1982年第3期；郭宏安《波特莱尔的应和论及其他》，载《法国研究》1983年第1期；《法国象征主义的艺术通感》，载《外国文学研究》1985年第4期。

② 王定天《浮生两过客——鲁迅的〈过客〉与鲍特莱尔〈陌生人〉》，载《名作欣赏》1986年第4期。

③ 廖星桥《雨果的竞争者波德莱尔》，载《法国研究》1985年第4期。佐藤朔著《近代文学的诞生人波特莱尔和福楼拜》（何天译），载《天津师专学报》1984年第4期。

之花〉与鲁迅及其〈野草〉之比较观——为庆祝建国35周年而作》①。张文第一部分是有关"波特莱尔及其《恶之花》"的评介,包括思想与艺术两部分,而全文的价值主要集中在第二部分"比较"中。中西两位诗人具有许多相似之处:同出身于知识分子家庭并受文化风气熏陶;未成年均遭不幸(父亲死去),均曾兄弟失和;精神状态(在一定阶段上相似)"忧郁"并由此而导致两部作品的相似;题材和主题(绝望、探究、向往)、创作方法、艺术手法、表现技巧相似(假托梦境、象征暗示);不吉祥的冷然美的共同风格。鲁迅和波德莱尔的不似在于:由于经历不同,波德莱尔缺少鲁迅先生的"清明的理性为基础的革命理想";对待现实的态度和进行探索的目的与途径不同,最终导致了双方人生发展途径与结局的不同。

有关波德莱尔本人及其作品的研讨,并不仅仅限于比较方法的运用。这一时期,许多论者试图努力扩大视野,或者建构起立体交叉的框架,以便全方位审视诗人及其文本。波德莱尔的出现,实际上是雨果、维尼、戈蒂耶发展的必然结果,它开始了现代意识取代浪漫主义观念过程。正是"巴黎生活"引发了波德莱尔的痛苦思考,而思考正是波德莱尔的开拓人类心智的新景象。构成波德莱尔诗歌世界的"颓废"导致了"最初和最后的误解",却因此而开了一代诗风,波德莱尔通感作为他诗风的代表,是"现代主义诗歌的第一篇宣言"。这个崭新的美学观念的获得,正是诗人内心世界各种矛盾搏斗的结果,再也没有哪个地方能像巴黎那样给予波德莱尔那么多的灵感了。"巴黎是他的世界的主体",而面对"地狱般的巴黎",波德莱尔的诗句含泪冒火,又一次震颤了艺术的天空。作为一名开拓者,波德莱尔清醒地估计了自己在当时的文化环境中的位置,估计了读者的接受能力,像文学史上的所有开拓者一样,他把文学革新的希望放在开始只有较少数但必将发展为绝大多数的知音身上"。波德莱尔的三大成就:新主题;语言——诗形式上的探索与突破;诗的新观念——让诗离开诗人,成为离开文学风习的超验的精神实体,使得浪漫主义消失了而现代诗的第一面旗帜却迎风招展。② 从另一个角度看问题,我们发现波德莱尔不仅是巴黎的歌手而且是贱民的歌手,这是由诗人生活在巴黎却笼罩着不幸决定的。这种不幸生活加上他受斯威登堡(Emanuel Swedenborg,1688—1772,瑞典哲

---

① 载《青岛师专学报》1984年第3期。
② 彭燕郊《波特莱尔,开拓者的命运与光荣》,载《外国文艺》1986年第6期。

学家)、霍夫曼(Ernst Theodor Amadeus Hoffman,1776—1822,德国作家)、傅立叶及艾伦·坡的影响,最终形成其《恶之花》《巴黎的忧郁》中所体现的"忧郁美",诗歌中具有神秘主义与唯心主义色彩,但同时又拓宽了诗歌艺术的表现力;波德莱尔追求形式的完美,反对说教但又不否认诗歌的道德作用;反对艺术追求哲学(表达)上的明晰以区别艺术思维和其他思维的关系;对于灵感观,波德莱尔强调"学艺"般"每日练习"而不靠神授,他强调想象力,靠观察,重视创作技巧的培养,"一切美的、高贵的东西都是理性和算计的结果","这一见解,肯定了人的主观能动性,肯定了人改造自然的伟力"①。正如阿拉贡所言,波德莱尔是"从垃圾中看出生命的丰富多彩的人",也正如戈蒂耶言,波德莱尔的诗是"一种在衰老文明的夕阳下产生的艺术"。一言以蔽之,波德莱尔诗的"现代性""主要是他作品的主题而决定这些主题的,正是他洞察现实的眼光,以及对待诗的态度"②。

真正代表着这一时期的研究水平的是《外国文学评论》发表的一批文章。无论是对波德莱尔与浪漫主义关系的整理③,还是对象征主义思潮的总体评价④,抑或是从"象征"角度再探《恶之花》之幽⑤,或者是调整视角,将"沉没在自己凝血中的太阳"再度远眺近照⑥,无不体现出种种不同的进步。

瓦雷里曾经说过,象征主义美学并不存在,但象征主义在这样的范畴进行过一次革命:他们用创作读者的作品渐渐取代那些依从公众习俗及偏好而作的作品。瓦雷里也寻求一切机会倾听这对于他既是"恶魔"又是圣洁的"音乐",这"音乐"既是他的信仰又是他的恶习,对他既是教育又是毒品(瓦雷里也以同样语调评价过马拉美)。象征主义从此成为与今天起支配乃至控制作用的思想观念完全对立的精神状态及其精神产物的有名无实的象征⑦。

但是,站在今天的角度看,象征主义确实是一种美学。中国人真正认识到这是一种"美学"的,是从梁宗岱开始,他在《诗与真》中说:"波德莱尔

---

① 王林《波德莱尔》,载《社会科学战线》1987年第4期。
② 程抱一《论波特莱尔》,载《外国文学评论》1980年第1期。
③ 郭宏安《恶之花在浪漫主义夕阳中》,载《外国文学评论》1987年第3期。
④ 余虹《在西方文明的转折点上——论象征主义思潮》,载《外国文学评论》1989年第1期。
⑤ 郭宏安《恶之花:穿越象征的森林》,载《外国文学评论》1987年第3期。
⑥ 赵晓丽、屈长江《沉没在自己凝血中的太阳》,载《外国文学评论》1990年第1期。
⑦ 保尔·瓦雷里《象征主义的存在》,金丝燕译,载《外国文学评论》1989年第1期。

带来了近代美学的福音。"①此后屡有论者提起这一问题,但大多只是蜻蜓点水而已。并且时有人对此提出不同看法。

象征主义思潮之成为现代西方文学的序曲并具有真正的现代性,关键在于它实现了文学之"诗意"转换(余虹的文章将古典诗意向现代诗意审美之转为"审丑"称为"诗意的转换",这其实是审美理想的重建)。导致这种转换的背景是,19世纪以来,西方文明已经由"群体文明"向"个体文明"转换了,文学的诗意面临着一场无法逃避的新选择,这场选择的现实便是所谓现代主义和传统文学的冲突。现代诗意的实质范畴即"丑"。对丑的揭示与探寻乃是对个体生存真实的探寻,它的诗意取自于个体生存的必然性,取自于对个体生存之不完善性的历史性确认,取自于对以类的崇拜为基础的、理想化的"美"的超越。这种诗意转换的更深企图或者说作为一种思维方式,西方象征主义实现了二元模式——感官世界和理念世界,现实世界与本体世界,现世界和彼世界,现象世界和本质世界等自柏拉图以来的西方传统的二元世界——的转换。他们不相信理性,肯定非理性与幻觉,并企图以此方式消除前观念和成见,达到思的还原,以期获得真正的认识。其终极结果使以理想逻辑、普遍原则为中心的二元思维模式转换成一种非中心的、非成见的、非理性的直觉感悟方式,还原到感性个体的生存领会之中,成为个体生存的解释方式与思维方式。在此基础上,象征主义在诗歌创作实践中实现了重造语言、魔化语言、恢复语言指称实在的功能,挖掘语言神奇的语义关联与象征对应。

正如同"哈姆雷特"一样,我们完全可以说"说不尽的《恶之花》"。《恶之花》作为一部寓意深厚的诗集,不时为学者重新阐释并且新义迭出。以"象征"为中心,郭宏安认为《恶之花》整个诗集"穿越"了象征的森林。波德莱尔追求一种"超自然主义",这种"超自然主义"指的是声、色、味彼此应和,彼此沟通。生理学和心理学已经证明,这并非一种超感觉、超自然的现象,而是一种通感现象(La synesthesie),波氏之创新在于他把这种现象在诗创作中的地位提高到前所未有的高度,构成他写诗的理论基础。象

---

① 周良沛在《不吉祥的花·书前》言:"近年,就有人依据这本书的书名,理出一种'美学思想',做'学术报告',论述'恶'也是'美'的道理。'真、善、美'与'假、恶、丑'是对立的,各自又是相联的东西。'善'的,不会'恶','恶'的,不可能'善',更不可能'美',仅仅从词意讲,也是两个对立的概念,在这上头,是没有什么文章好做,没有什么花招好耍的。"周先生的论断显得心气浮躁。他如果不是对此问题知之甚少,那么就一定是把复杂问题简单化了。

征在波氏那里除了修辞的意义之外,还具有本体的意义,因为世界就是一座"象征的森林",诗人应去发现、感知、认识和表现。达到前述目的的途径是借助于丰富而奇特的想象力。充分调动暗示、联想等手段,创造出一种富于想象性的意境,来弥合有限和无限、可见之物和不见之物之间的距离。

波德莱尔力图摒弃描写,脱离合乎逻辑的观念演绎,抓住某种特殊的感觉并且据此和谐地组织意象,最终获得一种内在的音乐性。在郭宏安眼中,波氏诗中追求的 L'allegorie(寓意)= Laspritualite(灵性)= 人的思想(着重号为引者加)。这实质上反映了浪漫主义和象征主义的分野。

波德莱尔进入中国的历史大致呈现出高潮(20年代初至30年代中期)、低谷(30年代末至50年代)、消匿(60年代至70年代中期)、回升(70年代末期)和第二次高潮(80年代后)的态势,几近于文学历险。制造险情的除客观条件(战争、运动)外,主观上也有许多原因。比如知识分子受传统儒学思想制约,"学术道德化"或"学术政治化"。比如明清以降,士阶层对异域文化的既心向往之又恐其喧宾夺主的二重分裂性格,这些都导致了一定的"误读"效果:扭曲性介绍,歪曲性理解,以及过多地注重思潮、概念、作家身世、逸事的粗线条勾勒而缺乏扎实而系统的(作品)文本介绍,文本中体现了更多的"颓废"与"现代"色彩,这和中国知识分子"德才兼备"理想相去甚远,因而难以从审美的角度接受之。故此,波德莱尔进入中国直到50年代,仍然表现出一种偶然性:自五四以来中国的新文学(准确地说是新文化)运动之选择外国文学,呈一种随波逐流、泥沙俱下、鱼龙混杂的形势。启蒙运动(民主、科学、自由)中文学启蒙是主要项目。正如鲁迅所说:"呐喊几声,聊以慰藉那在寂寞里奔驰的猛士。"(《〈呐喊〉自序》)或者揭出痛苦,引起疗救的注意。对于尚处在封建社会的中国而言,现代主义显然不是对症之药,波德莱尔仅仅是作为一种民主、自由、科学的象征舶运入国的,在被发觉与中国传统审美心理格格不入时,便屡遭非难。直到新时期,摆脱了极端政治功利主义的学术界,才有可能平心静气地对这个不明之物进行科学解剖。但是对于学术界以外的读者而言,波德莱尔依然意味着"颓废""堕落"(其实仅仅是艺术家个人的一种道德孤立现象),传统审美思想定式依然难在一时改变。这样,对波德莱尔作品的阅读与阐释,还将有一段迷茫期。这种情况在象征主义的其他艺术家身上也照样存在。这里姑且以李金发1923年前诗集《食客与凶年》的"自跋"作为本节结尾,他说:"余每怪何以数年来关于中国古代诗人之作品,既无人过问,一意向外采辑,一唱百合。……其实东西作家随处有同一之思想、气息、眼光和取材,余……惟每欲把两家所有,试为沟通,或即调和之意。"

第二节 诸神的背叛
——马拉美、魏尔伦、兰波及后象征主义与中国

> 他们是真的"灵魂的探险者",起点是他们自己的意识,终点是一个时代全人类的性质的总和。
>
> ——徐志摩

> 韩波致力于流浪和各种生活体验,在马拉美那里则放弃除了精神的内在的冒险而外的一切冒险。①
>
> ——罗贝尔·萨巴杰

一、御西风而入东土

1935 年 8 月,朱自清先生在《中国新文学大系·诗集》序言中将中国现代诗歌流派分为自由诗派、格律诗派和象征诗派,其中象征派中有李金发、戴望舒、王独清、穆木天、冯乃超、姚蓬子。同年,蒲风在《五四到现在的中国诗坛鸟瞰》②一文中把包括上述 6 人另加施蛰存、梁宗岱、冯至在内的 9 人归为象征派。刘心则在《论侯汝华的诗》一文中认为:"李金发仿魏尔伦(Verlain),穆木天学拉法格(Laforgue),戴望舒宗耶麦(Jammes),梁宗岱师哇莱荔(Paul Valéry),石民爱波特莱尔(Baudelaire)。"事实上,真正效法波德莱尔的只有李金发,而其他人包括在 1932 年创刊的《现代》上发诗的艾青、侯汝华等人主要受影响的还是后象征主义诸诗人,或是象征主义的传人(维尔哈伦、里尔克、奥登、叶芝甚至艾略特)。

本节所叙述的法国象征主义的"三宗"斯特凡·马拉美(Stéphane

---

① 罗贝尔·萨巴杰,法国当代诗人、诗歌史家。引文载《法国诗史》(卷下),第 283 页。转引自葛雷《论法国象征派三诗人》,载《国外文学》1988 年第 1 期。

② 《诗歌季刊》第 1 卷第 1、2 合期。

Mallarmé，1842—1898）、保尔·魏尔伦（Paul Verlaine，1844—1896）、亚瑟·兰波（Arthur Rimbaud，1854—1891）在中国的命运和其"一祖"波德莱尔相仿佛，均经过高潮—低谷—消匿—回升—二次高潮几个阶段。而后期象征主义的吉米·德·果尔蒙（Gemy de Gourmout）、吉约姆·阿波利奈尔（Guillaume Apollinaire）、弗朗西斯·雅姆（Francis Jammes）、查理·佩基（Charles Péguy）、于勒·苏佩维埃尔（Jules Superville）、保尔·福尔（Paul Fort）诸诗人则迄今为止仍处于零星介绍中。新文化运动兴起之日，一批思想敏锐的青年人假《新青年》《小说月报》《少年中国》《文艺月刊》《时事新报·学灯》及稍后的《语丝》《新月》为阵地，开始了对西方象征主义的介绍。

早自1920年，周作人首先在《新青年》第8卷第3期上将果尔蒙的《死叶》译为中文。几乎与此同时，《少年中国》的一些人也译介了魏尔伦的《秋歌》《他哭泣在我心里》（第2卷第9期），译者周太玄在自己的译诗前加了一千余字的有关诗人生平、创作及评价的文字，其中引法朗士的一段话说：

他创造了一个新的艺术；抽出一些新的意象，却是法兰西近代一个最有价值的诗人。

又引用勒墨特（J. Lematire）的话说：

他是一个野蛮人，是一个无教化的人，是一个小孩子。……这个小孩子他是有一个音乐在灵魂里面，他看得出别人有不见的路，他很清白地指示我们。

最后引用了巴黎的 Lyre Universelle 在魏尔伦逝世时的纪念文章中的一段文字：

凡尔勒仑生长在人类衰颓的时代，有许多不幸和灾害，绕围着他们。所以他击他们的头，启他们的心，用着他忍耐缠绵的诗。

吴弱男女士则于第1卷第9期上刊发《近代法、比六大诗家》，较清晰地勾画了法国和比利时诗人哀弥勒·怀特仑(Emile Verhaeren,艾米尔·维尔哈仑)、亚尔白·萨曼(阿尔伯特·萨曼)、列米·古尔孟(果尔蒙)、亨利·德列聂、弗朗西·雅谋(Francis Jammes,雅姆)、保鲁·弗劳尔(Paul Fort,保尔·福尔)的创作轨迹。作者认为"果尔蒙不只是象征派的先觉,亦是传奇派最后的著名巨子",认为保尔·福尔"理想极新,他自命是一个象征派(a symboliste),其实他是法国近代自成一体的诗人"。但是吴文认为雅姆"为法国惟一无二的自然诗人、平民诗人、牧歌诗人、乐观诗人……他是法国的 Walt Whitman①"。显然有失偏颇。

《少年中国》的另一篇文章是周无的《法兰西近世文学的趋势》(第 2 卷第 9 期),文章大量引用亚弗野·波萨的《象征主义》中的文字,认为象征主义来自"定命论(Fatalisme)、苦行主义(Jansenisme)和必然论哲学(Philosophie du des in),都是残破和浸衰了法兰西最优美高尚的灵魂和文学中最美的作品",并提及了波德莱尔、克洛岱尔、雅姆及果尔蒙诸人。

对法兰西诗歌格律做了简要的流变回顾的是李璜的《法兰西诗之格律及其解放》②,文中把波得乃尔(波德莱尔)、威尔乃仑(魏尔伦)、南波(兰波)、保禄佛尔(保尔·福尔)等人在诗歌音律解放上的贡献扼要点出:威尔乃仑的贡献在于:(一)取消阴阳韵脚之配合;(二)取消同音异写的限制;(三)可以做单音长言的句子;(四)取消母音相遇 hiatus 的禁例。南波为首的音乐印象派(improvionistes musicaux),提倡(五母)音可与五色相通。"有韵文(prose rythmeé)……要算是保禄佛尔提倡出来的"。可见《少年中国》同仁的介绍主要是一种翻译:很少或根本没有作者本人的见解。

与《少年中国》相类,《世界日报》刊发了《范尔乃的逸闻》③,《清华学报》刊载了介绍 Fagret 和 Gourmond 的《法兰西两大文学批评家》④,侍桁则在《时事类编》(第 3 卷第 5 期)发表《马拉美神秘的象征主义研究》。还有一些译文或编译如萧石君译的 Arthur Symons 的《魏尔伦》⑤和曹葆华迻译的 Symons 的《两位法国象征诗人马拉梅与凡尔伦》。此外尚有逻迪克的《最近文艺之趋势十讲(九)象征主义》(1920 年 9 月);许跻青《50 年来法

---

① 即美国诗人瓦尔特·惠特曼。
② 《少年中国》第 2 卷第 12 期。
③ 周刊之七。沈则明文。
④ 第 2 卷第 8 期。1917 年 6 月。
⑤ 《文艺月刊》第 1 卷第 1 期。

国的诗坛(前后象征主义)》①;朱仲龙译 E. W. Isoll 的《论象征主义》②;忆秋生的《欧洲最近文艺思潮》③;谢六逸的《法兰西文学》等,均有染指。此处举卞之琳译英国哈罗德·尼可逊(Harold Nicolson)的《魏尔伦与象征主义》(原书为《魏尔伦》,现题为卞之琳所加),全文专论魏尔伦诗中的亲切(intimacy)与暗示(suggestion)及其在"象征派诗法上所占的地位"。放下正宗译文姑且不表,倒是卞文"译者识"有一段话便叫人深思了:

魏尔伦的诗为什么特别合中国人底口味? ……这篇文章里论调,搬到中国来,应当是并不新鲜,亲切与暗示,还不是旧诗词的长处吗?

"魏尔伦的诗特别适合中国人的口味",这个论断不能成立。倘说译界大量迻译了魏氏的诗,写了大量批评、研究文章而断言"特别适合",显然不是事实,因为介绍魏尔伦远少于雨果、巴尔扎克,还有波德莱尔,而魏氏及象征派同伴一向为国人忌讳、诟病、敬而远之的,并未为中国诗界所认同。倘说因为"亲切与暗示"特别适合"中国人的口味",这显然又不是事实,披阅尼可逊全文,发现魏氏的"亲切与暗示"并不等同于中国的"亲切与暗示",且有相当距离。在尼可逊看来,"亲切与暗示","这两艘船成为象征派航海初期的大商船,一路装到许多外来货。它们得远涉重洋,载回来许多珍品,也载回来许多劣货"。为了达到"亲切"的目的,魏尔伦大量使用"联想法"(association),其次,魏尔伦在诗中写了大量平凡而琐碎的事,在魏尔伦的诗里,"自以为他经验里最小的事件也是了不起的有趣"。偶然事件和偶发感触的抒写证明魏氏的自知:"低沉调(minorkey),只有用间接的方法才能传达;要惆怅,第一就得恍惚。"至于暗示,则是为了追求"一种有定而无限普遍的个性之情","启示无穷","构造一个综合法叫艺术底整体暗示人的整体","杰作应该到了表面上结尾的地方才开头","在后面得留下不曾表白出来的颤动"。为了达到暗示的目的,魏尔伦还大量运用了"时来时去的含蓄"和大体相当于中国诗的"即景或因景生情:人唱合自然与自然唱合人"。尼可逊的亲切、暗示的观点是带有浓厚自我与思

---

① 《晨报副刊》1928 年 2 月 26 日。
② 《文化批判季刊》1936 年 6 月 15 日。
③ 《小说月报》15 卷号外,1924 年。

辨色彩研究。卞文认为不过是中国"旧诗词"的长处,并且言外之意流露出希望"当代一般新诗人"重新拾起以替代象征派的"亲切与暗示",是否又是一种"中和""改造"?

初期(20—30年代)的作品亦如理论介绍一样以魏尔伦居多。《秋歌》有多种译本(姑举两种:一为周太玄译,见《少年中国》第2卷第9期;一为侯佩尹译,见《现代文学》第5期),其他诗有《雪》(刘延陵译,以下仅标译者,不注出处)、《爱情感情的散步诗》《一封信》《地上的爱情之神》《美好的歌》(李金发译)、《木马歌》(Les chevaux de bois,小蕙译,半农校)、《夜之印象》《牧童底梦》《黄莺》(滕刚译)。《现代文学》第5期上除过《秋歌》外,侯佩尹还翻译了《白月》《短歌》《亲密之梦》,戴望舒尚译有《瓦上长天》(以及后来发表的《泪珠飘落紫心曲》《一个贫穷的牧羊人》等),杜衡也译有《泪珠漂落紫心曲》和《烦扰》。

较之魏尔伦,中国诗界对马拉美等其他人的介绍显得过分小气。除了李金发译有《海上微风》《忧苦》①,《橄榄月刊》第35期上刊有《马拉尔美的诗》,马拉美氏的译作几无所见。兰波则毫无踪影。倒是后期象征主义的几位诗人果尔蒙、保尔·福尔、耶麦(雅姆)、苏佩维埃尔、阿波利奈尔的诗作由戴望舒译出许多,诗后有扼要中肯的评价,相当程度上反映了译者本人的创作态度。

保尔·福尔:《回旋舞》《我有几朵小青花》《晓歌》《晚歌》《夏夜之梦》和《幸福》六首。戴氏的评论是:"保尔·福尔为法国后期象征派中的最淳朴、最光耀、最富有诗情的诗人。""他用最抒情的诗句表现他的迷人的诗境,远胜过其他用着张大的和形而上的辞藻的诸诗人。"

耶麦:《屋子里会充满了蔷薇》《我爱那如此温柔的驴子》《膳厅——赠Adrien Dlante》《少女》《树脂流着》《天要下雪了——赠Léopold Baudy》和《为带驴子上天堂而祈祷》。戴望舒评价耶麦氏"抛弃了一切虚夸的华丽、精致、娇美,而以他自己的淳朴的心灵来写他的诗的。从他的没有词藻的诗里,我们听到曝日的野老的声音、初恋的乡村少年的声音和为禽兽的谦和的朋友的圣弗朗西思一样的圣者的声音而感到一种异常的美感"。

1935年春,戴望舒客居法国时见到诗人苏佩维埃尔,应前者之请,苏氏选了自己的《肖像》《生活》《心脏——赠比拉尔》《一头灰色的中国牛》

---

① 载《文艺月刊》第7卷第3期。

《新生的女孩——为安娜·玛丽而作》《时间的群马》《房中的晨曦》《等那夜》八首诗请戴翻译,后者如约完成。

毫无疑问,戴的译诗是自 30 年代至今法国后期象征派的典范之作之一。其中体现的中国传统诗美含蓄、隐喻和象征派的"象征"臻于完美的统一使得他本人成为真正的法国象征派的中国花朵。戴望舒的友人施蛰存先生曾不止一次说过:作为译者戴望舒与诗人的戴望舒始终是相辅相成的,早期之爱波德莱尔与魏尔伦,中期之钟情后象征派的果尔蒙、耶麦与保尔·福尔,后期之慕法国和西班牙的现代诗人洛尔迦、苏佩维埃尔等,在其创作上亦体现了有迹可循、脉络清晰的特点。例如《西茉纳集》(周作人译为《西蒙尼》)一诗(集)既是果尔蒙的杰作,也完全可以看作戴的中期诗作。戴的《百合子》《八重子》《梦都子》特别是《村姑》《二月》以及《款步》(一)(二),濡染上太多的果尔蒙的《山楂》《果树园》《园子》的色彩和气息,都是"有着绝端地微妙——心灵的微妙与感觉的微妙,他的诗情完全是呈给读者的神经,给微细到纤毫的感觉的、即使是无韵诗,但是读者会觉得每一篇中都有着很个性的音乐"(《西茉纳·译后记》)。①

除戴而外,诗人卞之琳亦是创、译并举。他除译介波德莱尔、魏尔伦、里尔克、阿波利奈尔以外,诗创作更多承袭瓦雷里特别是英美象征派奥登、艾略特等人的诗风。其他零散译作尚有林文铮译古蒙(Gourmond)的《祈玫瑰词》②,黎烈文译有阿波利奈尔(G. Apollinaire)的《动物寓言诗 4 首》③,闻家驷译的阿波利奈尔的名作《蜜纳波桥·狱中诗》④。此外仍是产生于这一时期的艾青早期尊奉波德莱尔与兰波特别是阿波利奈尔(见《芦笛》一诗)。早在"精神上自由,物质上贫困"的巴黎三年期间艾青便阅读了包括阿波利奈尔的《法国现代诗选》以及布洛克、叶赛宁的诗作,但真正给他影响的是魏尔伦(早自 1920 年 3 月 15 日,吴弱男在《少年中国》上便曾撰文《近代法比六大诗家》做过介绍),这位杰出的比利时法语诗人在他的象征主义诗作中注入了更多的现代色彩,密切关注着自我以外的现实世界。艾青之由早期的《大堰河——我的保姆》《聆听》《一个拿撒勒人的

---

① 分别载施蛰存《戴望舒诗集·序》,长沙:湖南人民出版社,1983 年;《戴望舒诗全编·引言》,杭州:浙江人民出版社,1990 年。
② 《贡献》第 2 卷第 6 期。
③ 《译文》第 1 卷第 6 期。
④ 《中法文化月刊》第 1 卷第 1 期。

死》《雪落在中国的土地上》《北方》《手推车》转向《旷野》（集）再转向《反法西斯》《黎明的通知》，魏尔伦和阿波利奈尔提供了一个导航作用。

二、摧毁：共同语境下对诗的重建

30年代末期至40年代末期，由于国家和民族命运危在旦夕，有关法国象征派的介绍暂时处于搁置期，除过我们已经提到的几部《法国文学史》《法兰西文学史》对魏尔伦、马拉美、兰波还有瓦雷里做过浅尝辄止的介绍外，其他研究文字寥寥无几。王隐编的《世界文学家列传》收有《魏尔伦》《马拉美》条目①。

但是这一时期产生了"九叶诗派"（主要指在《诗创造》《中国新诗》《文艺复兴》《大公报》《文汇报》的"笔会"版等刊发诗作的一批年轻人包括辛笛、陈敬容、杜运燮、杭约赫、郑敏、唐祈、唐湜、袁可嘉、穆旦九人，其实还有方平、莫洛、方宇晨、马逢华、叶汝琏等），他们既接受了30年代中国象征派的影响，又从横的方面接受了西方现代文学的影响（主要有里尔克、奥登、阿拉贡、艾略特等曾经和法国象征派有着源流关系的现代文学巨匠），形成了自五四以来中国新诗歌现代化中断以后的又一中兴局面。充分估量九叶诗派在中国新诗现代化途中的作用是检阅新诗成长的必由之途。统而言之，中国新诗经历过一个初创—成熟—现代化的过程，所谓现代化具体而言即向世界现代看齐（苛刻地说，胡适、康白情、俞平伯、刘半农还仅仅是在放小脚，郭沫若和"新月"的闻、徐诸人标志着走出闺房），中国新诗的现代化最早可上溯到李金发，但他由于自身条件的局限无法担负此大任，真正的发端便到了冯至、戴望舒诸人。（徐志摩诸人以前，中国新诗界依然徘徊在人道主义、启蒙运动和浪漫主义早期。）戴望舒包括其前的李金发之靠拢象征派，标志着中国诗界跃跃欲与世界同步的愿望、信心和尝试。然而，由于五四时期一代诗人的"过渡性"特点（这不仅指文艺观，更指其道德、政治、哲学、伦理观）的制约，也由于1935年因抗战即将全面爆发（还有其他原因）而被迫停刊不能再成为新诗现代化的前哨阵地。（从1932年创刊，《现代》是中国唯一提出"纯然的现代的诗""是现代人在现代生活中所感受到的现代的情绪，用现代的词藻排列成的现代的诗形"的明确宗旨

---

① 中华书局，1936年。

的刊物,但《现代》的这个理想并未由其同仁完成),新诗的现代化始终处于忽冷忽热时断时续的状态。倒是继起的"莪伽"(艾青笔名)先是在《现代》上发了11首诗,后又在《春光》《新诗》《七月》上发表多首诗作才又趋进了一步:阿波利奈尔的《地带》、魏尔伦的《穷人》式风格成为艾青的标志——成熟的标志。但自1937年反法西斯战争爆发到1945年结束,新诗实际上和其他艺术形式一样处于高度的实用运动状态,肌体内部的调整提高中断良久,而其现代化的步伐也日渐缓慢甚至中止了。九叶诗派的出现首先意味着这个中兴。

其次,九叶诗派至少在两点上较之"新月派""象征派"是一个进步,一是,白话的诗歌语言更加圆融成熟,过多的文言词文言句式消失殆尽,一些后来得到认可成为典范的欧化句法屡屡出现,例如倒装,例如标点符号的省略或故意误用,例如唐祈的《严肃的时辰》最后一节仅两句:

  沉思里:
  他们向我走来

二是,诗人们在重视内宇宙开掘的同时又不忽略对身外世界的拓展,虽在意象上流露出更多的中国底色但又不乏现代色彩,这里姑举一例,辛笛的《门外》有句:

  夜来了
  使着猫的步子

另外诗《尼亚加拉瀑布》有句:

  如猫的雾爬行于路上

唐祈的《雾》有句:

  灰白的雾
  在夜间,走着
  它粗笨大白熊的脚步

这些诗句明显带有美国现代诗人 C. 桑德堡(1878—1967)的影响烙印。桑德堡题为《雾》的原诗如下：

雾来了
缩着猫的脚爪
撑着沉默的腰
它坐望着
海港和城
而又向前移进

桑德堡又是美国为数不多的受象征主义影响的现代优秀诗人。除过上述两个显著特点外,诗人们在运用大量象征、比喻手法外更多地借助于通感增强意象的新颖和语言传达的张力、探险式的胆魄加上自身充足才气,还有第二次世界大战以后中外文化交流新高潮的时代氛围①,使得其创作风格呈现出瑰丽多姿态。

1946 年,《法国文学》(第 1 卷第 2 期)刊发兰烟译《魏尔林诺抒情诗》。同期尚有拉普莱戴尔(Jacque de Lacrettle)的《琪量姆·阿普里奈尔》一文的中译,同刊第 1 卷第 4 期尚有《阿普里莱尔诗几篇》(系诗人《酒精集》的选诗 12 首)。上述暂时的复苏现象和抗战胜利的政治气候分不开:中外文化交流很大程度上具体化为中国与其战争盟国——美英法苏——的交流。

40 年代末直到 70 年代中期,迻译西方象征派的作品再度中断。极目文坛一片荒芜,万木凋零,一花独放,魏尔伦们的身影由若隐若现而彻底消失。"文革"十年的冬天整整延续到新时期的到来。虽然《译文》于 1958 年刊出了高尔基的《保尔·魏尔伦和颓废派》的译文,望文生义,当时刊发此文有消毒导读性质。

1976 年后,法国象征主义之绍介入中国出现了空前的高潮局面。总体看来,作品介绍与学术研究并重,有关的研究资料汇编和权威的词典条目释义并行;范围扩大至俄国、意大利、美国的象征主义以及受其影响的意象诗派等其他现代诗派;一些学者用力于斯,研究出现了多处突破(如葛雷

---

① 唐祈《诗的回忆与断想》的有关论述,载《外国文学评论》1989 年第 1 期。

之于魏尔伦,郭宏安之于波德莱尔,秦海鹰等人之于克罗岱尔,等等)。

较完整的文本系统的形成首先得归功于湖南人民出版社。自 1983 年 3 月起,作为"诗苑译林",该社陆续推出了《梁宗岱译诗集》(梁宗岱)、《戴望舒译诗集》(戴望舒)、《法国现代诗选》(罗洛)、《法国七人诗选》(程抱一)、《图象与花朵》(陈敬容)等诗集。其中涉及波德莱尔、魏尔伦、瓦雷里、兰波、阿波利奈尔、雅姆、勒韦迪(P. Reverdy)、米肖(Henri Michaux)、保尔—让·图莱(Paul-Jean Toult)、克洛岱尔、夏尔·佩吉(Charles Péguy)、马克斯·雅各布(Marx Jacob)、法尔格(Leon-Paul Fargue)、瓦莱里·拉尔博(Valéry Larbaud)、卡特琳·波兹(Catherine Pozzi)、沙尔蒙(André Salmon)、苏佩维埃尔、圣琼·佩斯(Saint-John Perse)、艾吕雅、阿拉贡、保尔·福尔、果尔蒙、雅克·普雷维尔、罗伯尔·德斯诺斯、弗朗西斯·蓬热、安德烈·弗雷诺、拉图尔、迪潘、伊夫·博纳弗瓦、雅克·迪潘、让·马拉克等 30 余位诗人的 250 余首诗,法国象征主义诗人的代表作《恶之花》(波德莱尔),《月光曲》《感伤的对话》《白色的月》《泪流在我心里》《瓦上长天》(魏尔伦),《水仙辞(少作)》《水仙辞(晚作)》(瓦雷里),《告别》《文字的炼金术》(摘自《地狱的一季》)、《黎明》(摘自《彩图》)、《醉舟》(兰波),《单恋者的歌》《猫》《病秋》《地带》(阿波利奈尔),《西茉纳集》(果尔蒙),《回旋舞》《晓歌》《晚歌》《幸福》(保尔·福尔),《屋子里会充满了蔷薇》《树脂流着》《为带驴子上天堂而祈祷》(雅姆),应有尽有。

此外,马拉美的《牧神的午后》《海滨墓园》也分别为飞白、梁天培、卞之琳等译出。

这一时期散见于报章上的介绍亦很多(以下仅注译者):《月光曲》(黄赛),《魏尔伦诗译》(闻家驷、葛雷),《元音》《彩图集》《地狱一季》(叶汝琏、王道乾)。《国外文学》曾于 1983 年第 1、第 2 期刊出《韩波诗十首》《玛拉美诗十首》《出租的房间》(果尔蒙、白丁详)。与作品介绍相适应,1988 年曾在武汉召开"兰波国际学术讨论会",武汉大学《法国研究》此前此后相继发了一组文章:

《〈元音〉及译后》(1983 年第 2 期)

《兰波译介专辑》(1988 年第 2 期)

《〈彩图〉中的出现效果》(1988 年第 8 期)

《兰波与东方》(1988 年第 3 期)

《诗人兰波》(1989 年第 1 期)
《兰波国际学术讨论会专辑》(一)(1989 年第 2 期)
《兰波国际学术讨论会专辑》(二)(1989 年第 3 期)
《〈彩图集〉选译 31 集》
《地狱一季选译》
《兰波"通灵人的书信"两封》

1990 年 11 月 30 日,后象征主义和超现实主义诗人勒内·夏尔的"诗歌朗诵会"由法国"无法剧团"在北京恭王府演出,这是史无前例的大事。

和作品译介比,研究显得逊色,较之三四十年代虽有突破但并不大。首先值得一提的是葛雷有关马拉美和魏尔伦的研究,他于 1983 年发表《论马拉美和魏尔伦》[1],嗣后又发表《马拉美与中国诗》[2],《再论马拉美与中国诗》[3],《魏尔伦与戴望舒》[4]等。从他本人思考的出发点及其思路看他的最终目的是为了寻找中法(现代诗歌)的交汇点,毫无疑问,这些以比较方法学建构的理论系统,充分表达出葛雷本人的文化见解。例如当他肯定马拉美的美学观矗立在黑格尔哲学、柏格森直觉主义上时,他还认为构成这个基础平面的还有一点即中国的道家思想,虽然他也承认确证尚无。令人费解的是,他认为马拉美诗中的"寄意"主张(追求"言外之意")亦源于道家的老子,而马拉美诗中(葛雷)所谓的"万物万化""人天合一"思想实际上亦源于中国道家。此外像马拉美有关诗与音乐、诗与绘画,以及宗教喻诗等无不与中国山水画、山水诗、书法理论极其相似。他的结论亦令人吃惊:

> 我们在马拉美作品的漫游中仿佛获得了这样一种奇特印象,似乎马拉美在短短几十年的诗歌创造中浓缩进了我国诗歌从春秋到唐宋一千多年的历史,他的诗歌创作仿佛包含着从老子的"大音希声"到司空图"不着一字,尽得风流"的漫长历史途程中的一个西方文学史上的新生幼芽。

---

[1] 载《世界文学》1983 年第 2 期,原作者为瓦雷里。
[2] 载《外国文学研究》1986 年第 1 期。
[3] 载《外国文学研究》1988 年第 1 期。
[4] 载《国外文学》1988 年第 3 期。

类似的观点梁宗岱、卞之琳均曾提及,但如此集中如此鲜明,葛雷却是第一人。一般认为,法国象征主义主要接受了斯维登堡(瑞典神学哲学家)的"万物有灵""神人合一"思想,诗人作为通灵者(兰波语)和诗作为通灵工具使得诗变成常人不可得解的谶语;另二方面,瓦格纳的艺术综合思想(Gesamtkunstwerk)启迪了法国象征派:绘画、音乐、舞蹈以及歌词、宗教乐、悲剧等应该成为艺术的有机整体,"我的确认识到,正是在一种艺术达到不可逾越的极限的那个地方,极其准确地开始了另一种艺术的活动范围"①,这里和中国的山水诗、山水画(更不用说书法理论)似乎没有什么关系(以上见《再论马拉美与中国诗》)。在《魏尔伦与戴望舒》中还有相似观点,即关于诗歌音乐性、含蕴和韵律的有关问题,虽不乏可商榷之处,但确实在新时期研究法国象征主义与中国文化方面找出了一个新向度。此外他对法国象征主义诗歌音乐性的理解亦有自己的看法:

> 魏尔伦所主张的音乐性是指诗中音韵的和谐和节奏,可以说他强调和追求的是单一性的音乐,而马拉美所追求和强调的音乐是诗歌本身的多层次、多含义、多角度的空灵感,当然这种主张本身也包含了音节、节奏和音韵和谐,但它比这些要复杂得多,如果魏尔伦所提倡的音乐性是一种音乐声音效果的话,那么马拉美所强调的是一种音乐气氛;如果说魏尔伦所强调的音乐性是用人为的遣词本身所达的一种和谐感,那么马拉美所强调的则是对词本身所含有的音乐成分的一种开掘和挥发,并由此而构成一个朦胧多变的总体;如果说魏尔伦所强调的音乐性仿佛一种乐器优美的独奏,那么马拉美所强调的音乐性则是一部飘忽不定的交响乐。

与葛雷不同,程抱一在回顾了兰波命运坎坷的往事之后认为:改造生活的志愿不遂之后,兰波转向于"改换生命"。这意图终究也落空了。从更深一层的角度看,可以说兰波欲求再创那青春期多愁多梦而又至真至美的境界;当他发现那是不可能的事,他就沉默了。并不是小我的青春,而是人类的青春和宇宙的青春。他的诗充满了饥与渴以及追念与向往,他所求寻的是宗教式的与原生俱在的化境。那么如何达到这种化境呢?兰波提

---

① 《波特莱尔美学论文选》(郭宏安译),北京:人民文学出版社,1987年,第561页。

出了打乱一切固有感觉(Le déréglement de tous les sens)以便获得直觉,而且只有直觉才能渗入生命的隐密层次,也才能掌握生命的至真原素。作为一个富于神秘色彩的诗人,兰波在体验了无底的生命哀伤和恐惧之后变成了一个"参予"的"洞观者"感受与创造万物,而诗(特别是《地狱一季》和《彩图》两散文诗)便是这参予洞观的最高形式,并因此而启迪产生了具有"新语言"和新生存意识的现代诗与其他人(比如江伙生的《法国诗人让-阿尔蒂尔·兰波》)①不同,程抱一的看法更靠近诗人的内核但依然不乏中国色彩(如"化境"的观念)。

和兰波有相似之处但差别很明显的是"掌握"象征主义和超现实主义"转换枢纽的关键人物"阿波利奈尔,他是法国立体派和现代派的先驱。他用迅速跳跃而又连续的电影手法摄取现实的和想象的种种镜头甚至将最微末的事件入诗,阿波利奈尔放弃了标点,强调内节奏,用韵自由并首创楼梯式,兼做调高语简的古典诗和奔腾无羁的自由诗,他革命性的一面表现在"历史事情与日常生活,神话传说与个人遭遇,外界景色与内心感应"被巧妙地混凝起来,正是基于个人的生理活动有限而精神活动无限、固守传统与成规精神将会僵死的认识,阿波利奈尔选择了创新与冒险并把一切新事物新感应都纳入诗创造的现实里。②

较之波德莱尔研究,魏尔伦、马拉美、兰波的研究明显处于次一层次,主要表现在深度不够(许多研究仍停留在编译、迻介阶段)。至于果尔蒙、雅姆、佩基、福尔、苏佩维埃尔及前述及阿波利奈尔等则处更次一层次,我们迄今无法看到有关完整的原作的系统文本,其实,除波德莱尔外,我们所能见到的单独诗选唯《魏尔伦诗选》③而已(选诗 64 首,分别来自《忧郁的诗章》《华宴集》《幸福之歌》《无言的心曲》《智慧集》《今昔集》及诗人的后期诗作,是巴黎 Charpentier 版《诗选》的选译)。但该诗集一直未受重视,更勿说有一得之见的阐释式研究了。

从 20 世纪初波德莱尔或果尔蒙被周作人介绍入中国以来,法国象征主义如履薄冰地跋涉了将近 80 年。如此漫长的岁月形成的对话语境清楚地显示,作为"问方"的中国人起初对象征主义的凝眸其实仅仅出于一种

---

① 载《武汉大学学报》(哲社版)1985 年第 1 期。
② 载《法国现代诗选》和《法国七人诗选》,出处见本节正文。
③ 《魏尔伦诗选》(罗洛译),"域外诗丛",桂林:漓江出版社,1987 年。

或然,在这里,如果说存在过期待场的话,那么这仅仅可以说是"西学东渐"的辐射,从此后"问方"和"答方"间的对话便常常出现"问非能答"和"答非所问"的障碍。

障碍一:五四一代人(甚至于直到今天)瞩目于西学的主要是"民主""科学""自由"等匡救时弊的西方理性工具,以启蒙运动甚至文艺复兴以及布尔什维主义为代表,而象征主义所表现的新的艺术与社会理想则非前者所需,脱离(法兰西)庸俗、卑污、功利现实的"为艺术而艺术"或者疏远民生的苦难的纯文学、纯诗便引不起前者的兴趣。我们只要粗略考察一下鲁迅等人(包括艾青)并不真正醉心于象征派正宗的波德莱尔诸人即可悟出:法国象征主义提供不了拯国救民的灵丹妙方,因此也就引不起提倡救国文学、国民文学者的兴趣,即使如此,由于兼容并蓄的气度的影响,这些大家们并不排斥来源于异域的新鲜文化,物竞天择,一任自生自灭,适者生存。但并非所有的人都能抱有如此态度,相当多的一批人(例如第一节述及的李白凤等)却始终视之如邪恶之水,有伤风化又不能救国。于是便竭力拒斥,这是"答问"间缺少对话场的主要原因。

但是造成阻碍西方象征主义传入中国的根本原因却是,障碍二:海通以后,甚至可上溯到更早的明朝,由于西学东渐,一些国人如遗老、国粹主义者、新儒学派及具有新儒学心态的学者,文化心理上的自卑情结和审美上的悖逆加上价值取向上的分歧形成了接受(阅读)过程中的严重"本位主义"倾向,始终抱着西学为用的理想,在容纳西学之初便抱着改造或同化之心,或者执意以国学比对,或者在二者间寻找甚至创造相似,使得东渐之西学整体变得支离破碎,不再原汁原味而大量掺杂使假,因而西方自浪漫主义以后至西方现代主义的几百年历史在中国现代文学史的最初 20 年中闪掠而过,最终却几无所遗,当然也便没有达到。我们仍不得不承认,由于前述原因,体现在中国文学中的象征主义仅仅止于一些"美学零碎"而已,远谈不上系统,更毋庸说思潮了。

然而,正是由于上述西方特别是法国象征主义美学零碎,导致了中国新诗的一次次"革命",特别是李金发、戴望舒、艾青、九叶诗派的出现更成了"革命"的直接动力和直接结果。

第七章

20 世纪法国作家与中国（一）

保尔·瓦雷里
(Paul Valéry, 1871—1945)

保罗·克洛岱尔
(Paul Claudel, 1868—1955)

维克多·谢阁兰
(Victor Segalen, 1878—1919)

圣-琼·佩斯(Saint-John Perse,1887—1975)

亨利·米肖(Henri Michaux,1899—1984)

克洛岱尔《认识东方》

维克多·谢阁兰《古今碑录》(Stèles)

谢阁兰《古今碑录》中译版(秦海鹰、车槿山译注,生活·读书·新知三联书店,1993年)

《圣-琼·佩斯全集》(Saint-John Perse, oeuvres complètes)

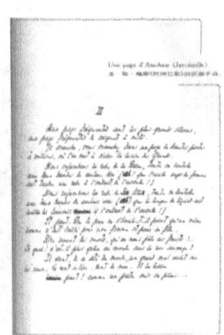

圣-琼·佩斯《阿纳巴斯》原稿手迹(Saint-John Perse, Anabase)

米肖《一个野蛮人在亚洲》法文版(Un Barbare en Asie,加利玛出版社,2002年)

第七章 20世纪法国作家与中国（一）

假如单赞美中国人的才能，假如单使用中国舶来的物品，而不去研究中国人的性情，与中国人的精神，……我觉得太浅薄了。

——瓦雷里

我当初到中国去，并不是去寻觅什么异国情调，而是被内心的本能需要所驱使。我所获得的，也不限于一些题材，而是一种新观照、新语言。①

——亨利·米肖

当瓦雷里这位心智诗人，通过他的东方弟子梁宗岱和盛成试图认识和把握中国这个遥远异国时，克洛岱尔、谢阁兰、圣-琼·佩斯、亨利·米肖已经踏上了通往中国的遥远途程，已经亲身体验异域文化的真髓了。

作为过渡性的人物，瓦雷里使象征主义向另一个方向发展了，并因此而意味着一种结束。但是，马拉美和兰波的象征主义却在克洛岱尔身上得到延续，也可以说，克洛岱尔使象征主义向着有别于瓦雷里的方向发展了。由于职业原因，同时代的克洛岱尔有幸亲临中国并长达12年之久，这就使两位同出一个师门的弟子走上了不同道路，瓦雷里的书斋生活导致了他创作的玄思色彩，而克洛岱尔的多国漫游则使他的作品以异国情调见长，特别是后者的《五大颂歌》《中国风物》《认识东方》更成为名重一时的异域题材诗，并因此而奠定了作者创作的总体特点：异域情调和宗教色彩。

与克洛岱尔作为一个杰出的异国情调诗人相类，20世纪的另外两位诗人维克多·谢阁兰、圣-琼·佩斯也曾长期耽留中国，前者达7年之久，圣-琼·佩斯则在中国生活了5年之多。谢阁兰因为包括小说《勒内·莱斯》在内的四部书奠定他作为一个成功文学家的基础，而这些著作无不以中国为题材，因而谢阁兰也成为与克洛岱尔齐名的异域风情表现者了。但是正如后所分析，只有谢阁兰的异域风情诗作是和异域文化紧密融合在一起的。和谢阁兰不同，亨利·米肖在中国逗留的时间很短，因此中国色彩在他的诗作中显现出一种不易察觉、深深渗入的特征来，加之米肖的独特个性，从而使其整个作品有一种奇幻变异的庄子美。

无论20世纪初的前述五位诗人创作如何色彩纷呈，但从中国文化影响的角度均具如下共性：第一，对中国庄老之学的热切关注与探索、汲取，

---

① 程抱一《法国当代诗人亨利·米肖》，载《外国文学研究》1982年第4期。

尤以克洛岱尔、米肖和佩斯为甚,谢阁兰次之。瓦雷里尚无确证可查,但不断有人指出其受中国道学影响的片翎支羽。第二,间接或直接了解现实中国,创作出具有特色的异域题材作品米,间接仅指瓦雷里一人,因为他终生未踏上中国。但他的间接较之前辈又显然很直接,因为他有梁宗岱、盛成这样的中国弟子。反映在创作特色上,则人人笔下都曾出现过中国形象或影子。即以亨利·米肖而言,他的《蛮子游中国》虽有浮光掠影之嫌,但毕竟是中国的影子。至于圣-琼·佩斯通过《亚洲信札》再现的中国形象,是诗人旅居中国期间的实际生活的"回忆"与"复现",因而具有相对的真实性;同时由于诗人总在忖度收信人的身份,因而这样的中国形象中总带有想象成分。第三,由于有幸接触到汉字,除瓦雷里(我们未发现)外,其余三人都有有关中国文字的论述。这不是一个纯粹语言学上的问题,表意和表音文字的巨大差异,使得诗人对汉字本身产生了兴趣,并因此而产生了许多有趣的文化现象,例如望文生意、因字赋诗、以字说诗等。此外,还由于汉字在长期演化过程中,积淀了许多中国文化的汁液,因而有关汉字的研究便常常和关注中国文化联系在一起。第四,也许是最不宜忽视的一点,探讨世纪末诗人们东游的动机是观察、梳理这种种关系的钥匙。起始于世纪末的这股西人东游潮流和西方社会现实有关。英国人(吉卜林、福斯特)关注印度;法国人克洛岱尔、谢阁兰、米肖还有马尔罗等关注中国及中南半岛,我们很难排除猎奇倾向。但是透过"东游"这种文化现象的表面,我们可以察觉到,西人们在延续起自于世纪末的以东方文明救赎西方现实的美梦,以印度特别是中国为代表的东方文明成为许多贤智之士的自选目的地。例如,圣-琼·佩斯在中国的"东游"和谢阁兰相似,但从其《阿纳巴斯》和《亚洲信札》中却体现出了远游、怀乡尤其是内心探索三位一体的特色,客观上带有东西文明互补、互救的性质。此外,我们还得看到,正是科技和人类文明进化的结果,"世界文化一体化"的歌德式理想正在成为现实,例如克洛岱尔和佩斯以外交官身份,谢阁兰以海军医生身份来华,更多体现出一种交流的意义(虽然是一种宗主国和殖民地不平等的交易),而没有了哥伦布或马可波罗的探地理之险的意义。这是一种必然,人类的大同世界理想总会出现,只不过方式和途径上更出人意料罢了。

　　本章所论述的瓦雷里、克洛岱尔、谢阁兰、圣-琼·佩斯和亨利·米肖正是20世纪初期西人东游背景上出现的具有代表性的文化交流媒介式人物。

第一节　诗学王国的哲人
——瓦雷里与中国

> 这里同那里一样,欧西同亚东一样。时时受过去的影响,也时时受将来影响。
>
> 今日之世界,还有什么比欧西文化与远东文化的联络,使其直接符合、心心相印,来得更新奇更重大含有更深更远底影响呢?
>
> ——瓦雷里

一、欧西诗哲及其东方弟子

西风东渐愈吹愈烈至 20 世纪 20 年代末蔚为大观。保尔·瓦雷里(Paul Valéry,1871—1945)便是乘着世纪的季风来到中国的。较之于前期象征派诸诗人,瓦雷里对中国国情的体察更真切、更直接,对中国文化的体悟更贴切、更逼近事实真相。我们得感谢时代提供了这样的契机:瓦雷里有可能更广阔、更深刻地阅读、研究中国典籍和作品,有可能并且也确实通过他的不入门中国弟子亲身感受中国文化氛围,这正是本节把瓦雷里独立于象征派之外论述的根本原因。正如同谈巴金必谈卢梭一样,当论及瓦雷里和中国的关系时,梁宗岱首先成为一个无法回避的话题、一个醒目的标志。在笔者看来,瓦雷里和中国的早期关系几可概括为他与梁宗岱的关系。

1925 年,梁宗岱至法,开始在《欧洲》《欧洲诗论》上发表法文诗。1926 年,23 岁的梁氏与 56 岁的瓦氏遂成莫逆的忘年之交。梁译王维、陶潜诗①得到了瓦雷里的高度赞赏。"梵乐希为人极温雅纯朴,和善可亲,谈话亦谆谆有度,娓娓动听",梁宗岱"常常追随左右,瞻其丰采,聆其清音"②。通过他所认识的"第一个中国人梁宗岱先生",瓦雷里真切地感到"中国民

---

① 《陶潜诗选》1930 年由 Le Marger 出版社印行。内收散文《归去来辞》《桃花源记》《五柳先生传》及《归园田居》《饮酒》《咏贫士》等十多首诗。
② 《保罗·梵乐希先生》,见梁宗岱《诗与真》。

族是或曾经是最富于文学天性的民族"①。因之，瓦雷里于1927年秋天的一个"木叶始脱，朝寒彻骨，萧萧金雨"的清晨，在绿林苑（Bois de Boulogne）专门为他的中国弟子梁讲解名作《水仙辞》第三段后半的意境②，得其真谛的梁于是年第一次将其译往中国③。此后梁借近水楼台之势分别写下《保罗梵乐希先生》《象征主义》《歌德与梵乐希》《韩波》等研究法国象征主义的不刊之作。梁宗岱曾经满怀深情地说："因为禀性和气质的关系，无疑地，梵乐希影响我底思想和艺术之深永是超出一切比较之外的：如果我底思想有相当的严密，如果我今日敢对于诗以及其他文艺问题发表意见，都不得不感激他。……'像一个夜行人在黑暗傍徨、摸索……忽然在一道悠长的闪电中站住了，举目四顾，认定他旅程的方向：这样便是我和你的相遇'。"④

　　梁宗岱的意义在于：在他之前，中国诗学界对瓦雷里这位"哲学诗人"的介绍呈一鳞半爪之势。在他之后，瓦雷里在中国成为许多人谈论的话题，虽然其理解深度远逊于梁。更深一层的含义是，在他之前，有许多人畏惧瓦雷里作为一个诗人兼哲人的"诗""哲"的一面；很少敢于直接切入肯綮而总是游刃于皮毛，这便形成了瓦雷里作品在中国的迟迟难产。梁宗岱的出现令学界耳目一新，他以方家身份"直译为主……不独一行一行地译，并且一字一字的译……连节奏用韵也极力模仿原作"，再现了《水仙辞》高远超逸的意、情、境，成为独步文坛的范作，个中原因除前已述到的而外，梁本人深厚的中国文化素养（特别是哲学和美学）和颖悟天性不可小觑。

　　梁宗岱从总体上把握住了瓦雷里这位大师级诗哲的起伏消长变化多端的内蕴："数学是训练他的臂力的弓儿；柏拉图教他沉思；达文希（达芬奇）和笛卡尔教他不特沉思而且要建造；悲多汶（贝多芬）和瓦格尼（瓦格纳）教他怎么能使诗情更幽咽更颤动；拉芳登（La Fontaine）、腊莘（Racine即拉辛），尤其是马拉美，教他怎么用文字来创造音乐的工具。"瓦雷里在梁宗岱眼里成为一颗放射七色光芒的宝石。

　　但是瓦雷里的主色调终究是一个哲学诗人。"哲学诗"是西方象征主义对浪漫主义的滥情及矫情的不断背叛，经波德莱尔、马拉美、兰波，而由

---

① 《法译陶潜诗选》。
② 《梁宗岱译诗集》，《水仙辞·注》，长沙：湖南文艺出版社，1983年。
③ 载《小说月报》第20卷上刊。
④ 《忆罗曼·罗兰》，梁宗岱《诗与真二集》。

瓦雷里最终形成的。由于已有的哲学诗易流于"无味的教训"的殷鉴,许多人由恐惧"冷静的理智混入纯美的艺术"而怀疑象征派的哲诗的价值,梁宗岱说:"梵乐希却不然。他像达文希之于绘画一般,在思想或概念未练成称丽的色彩或映像之前,是用了极端的忍耐去守候,极敏捷的手腕去捕住那微妙而悠忽之顷的——在这灵幻的刹那顷,浑浊的池水给月光底银指点成溶溶的流晶:无情的哲学化作缱绻的诗魂。"①这种表述给人的突出印象是充满象征诗意,但其内容则是明确的,那就是努力为诗思寻觅诗象。然而梁宗岱并不满足于此,他更进一步解释道:"与其说梵乐希以极端的忍耐去期待概念化成映像,毋宁说他底心眼内没有无声无色的思想,正如达文希眼里没有无肉体的灵魂。"②这更像禅机,语不及禅,禅在语中,离开了妙悟便难寻本真,这其实便是象征主义诗人一贯的表达方法(也是思维方式)。

象征主义有关诗歌音乐化的概念并非指诗歌的吟唱功能(曾有许多人有过,目前还有人在制造这种误解),而是指"把诗提到音乐的纯粹境界"③,所谓音乐的境界主要指诗意的不确定性或多意性。梵乐希是"马拉美——那最精微,最丰富,最新颖,最复杂的字的音乐底创造者——之嫡裔"④。但梁并不讳言二者的区别,正是这种显著的个性决定了瓦雷里出自其师而又胜于其师:

> 马拉美模糊,恍惚,昼梦一般迷离;银浪起伏,雪花乱溅;
> 霜月下的雪景,雪景工的天鹅底一片素白空明。
> 梵乐希分明,玲珑,静夜底钟声一般的清澈;安平静谧的清流,没有耀眼的闪烁,只有潋滟的绉纹;霜月下的雪景上天鹅底素白空明中细认却有些生物,飞腾,虽然这些生物也素白得和背景几不能分辨。

梁宗岱是禅中人道破禅机,上述分析对于平庸的论者言显得玄而又玄,然而其感受的准确与表达的真确,却只有梁宗岱这样深得其中三昧的人方可道出。

瓦雷里的玄学诗到底表达了什么内容?在整个三四十年代只有梁宗

---

① 《诗与真·诗与真二集》,北京:外国文学出版社,1984年。
② 《诗与真·诗与真二集》,第19页。
③ 《诗与真·诗与真二集》,第20页。
④ 《诗与真·诗与真二集》,第20页。

岱敢于并能够回答。以《水仙辞》为例,这部间隔 30 年方最后完成的深奥之作由古希腊唯美的水仙转变为新世纪一个理智的水仙,中译长达 410 行,象征、歧义、互文、寓意之处比比皆是,难度可想而知。但是由于瓦氏 1927 年秋天那个清晨的启迪、开导,梁宗岱得天独厚地获取了其中的真谛,其中至少包含有如下几层意思:(一)我是谁?(二)世界是什么?(三)我和世界的关系如何?(四)这样的玄学探索有何价值?(五)谁是柔脆而易朽的旁观者,我,还是世界?《水仙辞》的音乐和色彩引导我们深入宇宙的隐秘,感受到我与宇宙间脉搏的跳动,发现其中的哲理并且重新创造《水仙辞》本身。梁中和了他心中的中国诗学和他对象征主义的理解(一是融洽无间,二是含蓄无限)以契合为出发点对自己的理解做了如下表述:

> 水仙的水中丽影,在夜色昏暝时,给星空替代了,或者不如说,幻成了繁星闪烁的太空:实在惟妙惟肖地象征那冥想出神的刹那顷——"真寂的境界",像我用来迻译"Presence Pensive"一样——在那里心灵是这般宁静,连我们自身的存在也不自觉了。在这恍惚非意识,近于空虚的境界,在这圣灵的隐潜里,我们消失而且和万化冥合了。我们在宇宙里,宇宙也在我们里:宇宙和我们的自我只合成一体。这样,当水仙凝望他水中的秀颜,正形神两忘时,黑夜倏临,影像隐灭了,天上的明星却一一燃起来,投影波心,照澈那黯淡无光的清泉。炫耀或迷惑于这光明的宇宙的骤现,他想象这千万的荧荧群生只是他的自我化身。①

梁宗岱的观点至今仍意味着一种研究标高。作为朋友和向导,梁宗岱是瓦雷里认识的第一个中国人,第一个将《水仙辞》原汁原味介绍到中国,第一个系统而深刻研究象征主义特别是瓦雷里玄学诗的中国学者。同理,作为朋友和向导,瓦雷里向法国人首次推荐了梁译《陶潜诗选》,在梁"整个人浸在徘徊观望和疑虑中的时候",正是瓦雷里从文学甚至人生上给予前者以指导。他们互为媒介、互相导引,出于对中法文化热爱的深情达到了共鸣,及在心灵上达成共识,这种共鸣、共识既体现在前述梁宗岱有关瓦雷里其人、其作品的认识与评价上,同样也体现在瓦雷里对梁本人及作品

---

① 《梁宗岱译诗集》,《水仙辞》注①,原是梁宗岱致瓦雷里函。

的品评上,瓦雷里肯定法译《陶潜诗选》的"价值是确定了的"。其标准就是能够"在一篇作品中找到一种对于文字的富源、真义和音调的意识",能够"认出许多美妙的音乐的安排"。

通过译诗,瓦雷里不仅发现这位年轻中国人"比一个法国的文学士更善于推测、摘发,企图去袭取和变为已有的这些优美的方法",而且发现"这些小诗很明显地是受了 40 年前法国诗人底影响"。这里的影响当指波德莱尔及早期象征派,它们和巴拿斯派间的关系密切,诗歌创作追求极端严格与极端自由的协调:"严格"当指对内容的唯美的选择,"自由"当指形式上对传统十四行的努力突破。在这里也许只有瓦雷里才能发现化解在梁译中国古诗作品中的象征主义酵素,作为那场声势浩大的运动的参加者而且是领袖,瓦雷里借助于自己的经验积累,敏锐感到梁对象征派诗并非浅尝辄止,而是深谙此道。

我们得深深感激孕育我们的时代。梁宗岱与瓦雷里的故事还没有结束。1977 年,由于一个偶然的机会,梁宗岱得以把自己保存的两封(梁保存着瓦雷里及罗曼·罗兰来信 19 封,"文革"中皆散佚)瓦雷里来信的影印件由中国驻联合国教科文组织常驻代表钱李仁转寄法国驻该机构的常驻代表、瓦雷里的小儿子弗朗索瓦·瓦雷里,小瓦雷里对此表示感谢。并说,瓦雷里文集中辑有作者生前与各国文学家的通信但唯独缺了中国的,现在终于弥补了这一空白,这不啻又是中法友谊的一段佳话。①

二、南朝人物晚唐诗

梁宗岱之前也曾有人迻译解说过瓦雷里。学者吴宓有《韦拉里说诗中韵律之功用 Adomis》,该文先载《小说月报》第 20 卷第 3 号,后又刊于 1928 年《学衡》第 63 期。

《1929 年的世界文学》是赵景深的综述性著作②,其中有"哇莱荔论艺术"一节。赵还在《小说月报》第 21 卷第 6 号上刊发有《穆杭与哇莱荔》的"杂话",多数属于介绍性质。

---

① 详见张瑞龙《诗人梁宗岱》,载《新文学史料》1982 年第 3 期;钱李仁《关于〈诗人梁宗岱〉》,载《新文学史料》1983 年第 1 期。
② 上海:神州国光社,1930 年。

倒是 1928 年 9 月 25 日的《东方杂志》上黄春华的《法国文学家瓦雷李之东西文化观》名重一时,但"重"的主要原因并非因文章内容的新颖博深,而是因为文章的来源曲折离奇——原文本是瓦雷里为中国作家盛成的《我的母亲》一书作的序,盛委托报人戈公振转交黄刊发的。嗣后不久该文便收入中译本《我的母亲》一书的 1933 年版。

较之《法译陶潜诗选序言》,"文化观"开宗明义:今日世界上没有比加强欧西与亚东文化的联络更紧迫更重大的事。然后以公正态度向欧洲中心论和欧洲由来已久的对中国的误解和偏见提出诘询,瓦雷里承认中国所寄生的文化系统,是平行于埃及、犹太、希腊、罗马之外的,它"真确却又模糊不可解,既与我们同生同死共存共亡同时存在,却又在无极之间"。变化"快""新"的欧西和长久不变的老旧的中华帝国各有其合理的一面,"各有各的长处","各有各的道德",彼此应该截长补短,再不能"彼此误认,互相蔑视,做过去那些诡计多端,唯利是图,蝇营狗苟的接触了"。欧人对中国的瓶、盂、铜鼎、漆器、玉物、象牙制品、丝、瓷、珐琅、螺钿、纸等的珍爱已相当久远,然而欧洲人却舍本逐末"漠视""轻视""仇视""嘲弄"中国人的性情、中国人的精神、中国民族的生活和中国民族的生命。盛成笔下的母亲,"极仁慈",既是一位"最可爱最柔和的母亲",同时又是一位最和蔼可亲的女英雄,正是中国性情、精神及生命的代表。

这便是瓦雷里眼中的中国:

> 既上反下,既左却右,既前又后……既聪颖绝伦,却又有不谙世务的狂愚;既柔弱无俦,却又能盛衰兴亡绵延不绝;既质性惰钝,却又有出类拔萃的工艺;既禀性痴顽,却又令人颠倒之玲珑;既质朴少文,却又有不可思议的纤巧;既淡泊自安,却又能精微修凿;……广大而不能富强……有发明而不能进步……迷信鬼声中人无宗教信仰……残忍凶暴成性却又能恬静旷达深有涵养……家法森严而世风颓败不堪回首……

这也许我们所能见到的瓦雷里最集中最深刻的一篇中西文化观论了。通过陶潜的译诗,瓦氏认识到中国古人的"勇气、耐性、朴素、纯洁与渊博";通过《我的母亲》,瓦氏认识了中国近人的"勤劳、忍辱负重、博爱、智慧";通过梁宗岱和盛成,瓦氏认识了中国青年的"勤勉、坚忍、敏锐与机智"。仅此而言,瓦雷里较其前人也较其同时代的许多人更直接、更系统地理解接受了中国文化,更直接地深入了"四万万人民活活泼泼五衷的隐蕴"。

1945年7月18日,这位第三共和国的思想家、一代诗圣圆寂于巴黎寓所。万里之外的远东世界一片唏嘘。《法国文学》创刊号上于是年12月刊出三篇文章以示悼念。章明翻译了F.盎浦利叶的《瓦莱里的生平与作品》再度向国人推荐,剧人焦菊隐通译了G.杜哈迈尔的《悼念瓦莱里》,居尹则翻译了另一篇悼念文章,L.D.法尔格的《星光殒没》。但对瓦氏逝世较早做出反应的却是中国共产党在蒋管区的机关报《新华日报》,该报在噩耗传来的第四天即7月22日便于第三版发出"法国名诗人华勒里逝世",并附编者按语。

可以看出,这一时期的研究文章为数寥寥,除过梁宗岱外,还有晦庵(唐弢)刊于《文汇报》上的《水仙》《水仙余闻》两篇书话①。值得一提的是林文铮刊于《中法文化》上的《诗圣梵乐希论》,该文作于1945年10月亦当列入瓦氏逝世后的纪念文章类,但是正如田汉《恶魔诗人波陀莱尔百年祭》中以禅之魔道神道立论一样,林文也许受严沧浪的启发,试图以禅道论诗法,以禅者论诗人,林文以"德""才""道"为标准,将瓦氏列为法国近一千年来唯一的诗圣,这种过誉似可商榷。诗人以表面的情上升到精神知的高峰方才达到诗以言志,瓦雷里得天独厚,"天赋他一副慧脑,一颗诗心,心脑相应,浑然一体,……他的诗发乎智,止乎情,完乎艺。脑,空也;心,色也;色空双融,智悲不二,便是梵乐希的诗境"。以《水仙辞》《纺纱女》为例,两首杰作,"洋洋一片咨嗟,浩然孤高自赏,其实是描写方寸的挣扎与颤动,歌咏其层出不穷的演变,而臻于大定圆满。这是由两仪归于太极,由报身化为法界"。《水仙辞》源于神话,但其中的寂灭(之境)并非死亡,而是归真,内心具足一切,如如不动,是谓之圆觉。这种看法当离事实不远。

但是林文作为解读西方基督教文化和拉丁文化背景的产物,当他陶醉于独行独语时显然在一定程度上忽略了对象。如果说,"一首神品的诗,必然真善美三绝,仿佛空谷佳人,必然才德貌具备,肉眼但见其殊色,慧心兼知其德行",尚可让人一知半解,那么在品评《少司命》(即"年轻的命运女神")一诗时,离谱之论就多了:"少司命,象征因果,是后天;夏娃象征阴阳,是先天;毒蛇象征变灭,是法性之用。"甚至由夏娃之受毒蛇诱惑而引出

---

① 年代月日不详。

"万物始于无明,无明生行,行始于妄念,妄念生我见,我见生区别,区别生取舍,取舍生爱憎,爱憎生烦恼,乃长沦于生死有无之苦海中",已经由以禅论诗而一变为以诗论禅了——手段与目的颠倒了。

有关瓦雷里的代表作翻译除梁宗岱外几无他人劳动。因而林文铮在这篇"论"中《海滨墓园》(林译为"海墓")的分析便显得难能可贵,可惜参禅论道之味仍然隽永浓厚。在林看来,瓦雷里久坐海滨,悟到海天便是一座巨墓,动海是色,静天为空,色空两忘,生死齐观,即是正觉;诗人的慧心,隐约看到法身永恒的境界,他就和天一样晴朗,风一样自在,海一样忘机。真是林文铮式的奇文奇解了。

瓦雷里一生50年写诗仅有40余首,盛成称其"文不轻作,所作必精"(《我的母亲·引言》注),对此林文铮别有解释,瓦雷里志不在诗而在道,道是性灵之体,诗是性灵之用,道成诗亦成:其诗妙在有道而若无道,纯粹抒情,不言事说理,而哲意自在色香味中,"万象归于真如"。但林先生接下来说,瓦氏的抒情"是形而上的悲剧演变,用形而下的感觉,描写内心的幻想;同时非唯物非唯心,即心即物,加以天才奔放",使读者随他一致神往。又显然不尽符合瓦雷里的创作实情,包括《水仙辞》《圆柱颂》《年轻的命运女神》及《海滨墓园》在内的瓦雷里的创作更多的是静思默察中追求心灵图像的外化,即象征物,这里要求的最大程度地降低甚至摒弃"浪漫派"的抒情,不恰当地说,瓦雷里终生追求的无非是以象征手法(广义)写的玄理诗,正如埃兹拉·庞德(Ezra Pound)为代表的意象派的诞生所证明的那样,诗几乎是以零度感情的形式出现的。

"南朝人物晚唐诗",当林文铮的目光掠过1945年的法国诗坛时,他下了这样一个评判。他看到第二次世界大战末欧西时局动乱,世风日颓,人心不古,有类于中国后晋及南朝情状,但将瓦雷里比作素朴的陶渊明和绮丽的谢灵运以及精巧纤秋之温庭筠,情致婉曲之李商隐,作为末世诗人看待,多少有些让人摸不着头脑,无论就思、情、理、辞之哪一方面论,温、李、陶、谢均迥异于法兰西诗圣。这倒不由不想起章太炎先生在《诸子学略说》中的话:

强相援引,妄为皮傅,愈调和者愈失其本真,愈附会者愈违其解故。

第七章 20世纪法国作家与中国（一）

然而无论如何，《诗圣梵乐希论》都是研究瓦氏在中国的一篇不能忽视的奇文。

诚如我们所看到，瓦雷里第一部作品是梁宗岱译就的《水仙辞》。《水仙辞》是一个集思理与诗情为一体互文迭见的系统，"寓诗人对其自我之沉思，及其意想中之创造"①，即使对其母语读者言其难度也是明显的，因而被许多译者视为畏途。但梁的译文却被人公认为范译，这种高起点的"远征"因为许多原因未能为继，于是便留下了梁译瓦作为数仅有四五首的不可弥补的缺憾。

继梁宗岱而起译介瓦雷里的是他的学生卞之琳，卞自1936年起曾译过《友爱的树林》《失去的美酒》②。《海滨墓园》《风灵》《石榴》《蜜蜂》③等则见于《世界文学》1979年第4期及1983年出版的《英国诗选》，此外卞尚有瓦雷里的散文诗《年轻的母亲》的译文。

此外，曾经联手迻译过瓦雷里诗文的尚有曹葆华于《北平晨报·学园》④上发的3首译作（内容不详）。丰华瞻译自《诗的艺术》的《纯诗》（此文还有王忠琪等的译文）。罗洛尚译有《圆柱之歌》《致悬铃木——写给安德烈·丰丹那》《蛇》⑤。另值一提的是名诗人戴望舒曾译有《消失的酒》（诗）和《波特莱尔的位置》（文）。《海滨墓园》至少有两个译本，卞之琳而外，尚有程抱一译本⑥。

由于瓦雷里一生诗量不大，更由于中国学界的努力，迄今为止的瓦雷里中文译诗已足以勾勒这位诗圣的概貌。这其中是否还有另外一个原因，相对于我们论述过的波德莱尔、魏尔伦、马拉美、兰波，瓦雷里诗作一反其伙伴们的嚣噪凌厉的偏激的反抗态度而复归平静的沉思冥想，这便较易于为中国人接受，不致引起诟病忌讳，但是正如瓦雷里之在其他国家的遭际一样，由于深奥抽象庞大而导致的阅读困难令一般读者望而却步，因而瓦雷里诗作真正在中国普通读者中产生脍炙人口的效果（像拜伦、雪莱、雨果、裴多菲、莱蒙托夫等）的也几近乎无，在这一点上，波德莱尔的影响要大

---

① 《水仙辞·注》，载《梁宗岱译诗集》，长沙：湖南人民出版社，1983年。
② 分别载卞之琳《西窗集》，上海：商务印书馆，1936年；《大公报》，1936年。
③ 尚有陈力川的译文。
④ 分别载1933年2月10日（456号）、14日（457号）、16日（458号）。
⑤ 《法国当代诗选》（罗洛译），长沙：湖南人民出版社，1983年。
⑥ 载《外国文学研究》1985年第2期。

得多,甚至于不如马拉美(例如《骰子一掷》)、兰波(《语言的炼金术》)、魏尔伦(《月光曲》)的名字叫得响。——这也许是瓦雷里的诗过分文人化(哲学家)了罢。

于是瓦雷里的影响便仅仅限于梁宗岱这样一些具有通"灵"(象征主义诗歌之灵)的诗人和艺术家了。梁宗岱于20年代中期写过一首《白莲》,与瓦雷里的《水仙》中的物我无间、和谐思想、多重象征、寓意以及人、月、莲、水、香构成的意境极其相似,虽然《白莲》的行数只及《水仙》的四十分之一。但梁宗岱当时并未得读瓦雷里的作品,后来梁宗岱翻译了歌德的《一切的峰顶》,韵境却又极类《海滨墓园》:

> 一切的峰顶
> 沉静。
> 一切的树尖
> 全不见
> 丝儿风影
> 小鸟们在林间无声。
> 等着吧:俄顷
> 你也要安静。

其中浸透的类于禅定长久后的悟道其实便是《海滨墓园》的主旨。

正如中国诗人曾着迷马拉美、魏尔伦的"语言魔术化"和兰波的文字炼金术一样,瓦雷里让中国人着迷的主要是有关纯诗(poéie pure)的内容。这个"纯诗"主要指对先前的艺术功利化的厌恶和反叛,明显带有高超艺术地位的倾向,波德莱尔曾经说过:"诗的本质不过是,也仅仅是人类对一种最高的美的向往。"(《论泰奥菲尔·戈蒂耶》)马拉美亦曾经说过:"诗以还原为基本旋律的人的语言表达存在的各方面的神秘意识:诗给短促的人生以真实的价值,并且构成唯一的精神工作。"这一点瓦雷里在《纯诗》中表述得更为明确:要把诗提高到音乐的纯粹世界的境界去。诗要有纯粹的想象力,让事件、形象、有生命与无生命的都仿佛配上了音乐,形成适应我们微妙感觉的音、色、歌、舞俱来的共鸣关系。中国诗人以梁宗岱、穆木天、王独清、卞之琳、戴望舒对此的理解最准确,实践得也最彻底。"纯诗运动,其实就是象征主义的后身,滥觞于法国底波特来尔,奠基于马拉美,到梵乐希而造极。""所谓纯诗,便是摒除一切客观的写景、叙事、说理以至感伤的情调,而纯粹凭借那构成它底形体的原素——音乐和色彩——……成为一个绝对独立,绝对自由,比现世更纯粹,更不朽的宇宙。"①"诗是流动的律的先验的东西。"②"诗是内生命的反射,一般人找不着的不可知的远的世界、深的大的最高的生命。"③,甚至于还有"诗是我们底自我的最高表现,是我们全人格最纯粹的结晶"④。中西诗人的论述大抵包含着如下三重意思:(一)纯诗,意味着诗的教化意味的减少,诗不能以道德训谕的面孔出现,还诗以纯艺术的本来面目。这在商品便是一切的社会里无疑具有一定意义。(二)纯诗,必须是诗,而不是散文或其他,诗的特殊功能决定了诗的形式系统异于其他任何文字体式,因之"一个真正的诗人永远是'绝对'与'纯粹'的追求者,企图去创造一些现世所未有或已有而未达到完美的东西"⑤。(三)纯诗,意味着音乐化。音乐具有的意义有两重:一重是它具有一定的音乐上的意义、内涵,一重是它不具有语言学上的意义与内涵。纯诗要追求音乐化,因为"诗的世界是潜在意识的世界","诗的背后要有大的哲学",诗要"在人们神经上振动的可见而不可见、可感而不可感的旋律的波,浓雾中若听见若听不见的远远的声音,夕暮里若飘动若不飘动的淡淡光线,若讲出若讲不出的情肠才是诗的世界……"⑥。

瓦雷里曾说过这样一段话:"全部广泛的日常语言——所有这些手段既不符合他的要求,也不是为诗人创造的。""诗人的语言,虽然其中使用了从这个杂乱无章的混合体中吸取的成分,但却是个人努力的结果,他用最平常的材料创造出一种虚构的理想秩序。"⑦借以达到上述目的(亦即诗歌音乐化)的手段主要是重造语言、魔化语言、恢复语言指称实在的功能,挖掘语言神奇的语义关联与象征对应成了象征主义诗人的共同任务。潜藏这种行为背后的深刻的文化原因在于:以19世纪为界限,此之前的所有文艺作品无不荡激着类(群体文明)的诗意,当人以类的方式获得相对的类的自由时、个体自由的要求便出现了。此之后的个体文明以丑为明显标

---

① 《诗与真二集·谈诗》。
② 王独清《谭诗》,载《创造月刊》第1卷第1期。
③ 穆木天《谈诗》,载《创造月刊》第1卷第1期。
④ 梁宗岱《论诗》,载《诗与真一集》。
⑤ 梁宗岱《诗·诗人·批评家》,载《诗与真二集》。
⑥ 穆木天《谈诗》,载《创造月刊》第1卷第1期。
⑦ 转引自余虹《在西方文明的转折点》。

志,而这种丑的揭示与探寻乃是对个体生存真实的探源,它的诗意取自于个体生存的必然性,取自于对个体生存之不完善性的历史性确定,取自于对以类崇拜为基础的、理想化的"美"的超越。

就深藏在纯诗意义背后的哲学渊源而言,便是对柏拉图以下的西方传统的二元世界(现象与本质、客体与主体、感官与理念、现世与来世,等)的颠覆。二元世界虽然适应了一定历史时期的必然要求,为人类生存提供了意义本源和行为准则,但它同时又使个体生命飘离感性生命的丰富本源以及个体精神的真实直觉,人沿着逻辑之路向着观念世界走得愈远,也就离感性世界愈远。19世纪的象征主义深深体察到一种"意义的空场"与"真实的空场",在两种文明(个体与群体)的转换期,出现了文化意义上的"空场",象征主义要寻找事物背后的意义,要寻找所谓前文化的意义,是对传统意义的否定,对现代意义的追寻,这种重新解释世界万物的意图便是现代意图。①

此外值得一提的还有美籍华人学者余宝琳的《中国诗论与象征主义诗论》,其中有关瓦雷里的章节非常有趣,显示了一种新的思路。

就瓦雷里具体的"纯诗"作品言,中国的研究者主要集中在对《海滨墓园》的探讨。作为晚作,《海滨墓园》的含义较之《水仙辞》《年轻的命运女神》的意义相对要确定,但也凸显了瓦雷里的纯诗理论②,通过密集意象、隐语、典故、引申等手法,诗人呈现给读者的是一个远未完成、深意叠加、别出心裁的瓦雷里世界,他不是要人们去欣赏美丽的景色,而是引导人们透过自然景观去领略一个伟大的自我心境。海滨墓园转化成了人的生存环境,这里的虚无观念当有别于萨特的,瓦雷里站在他人(生者)的立场看墓园,而不是由"死者"自己说话,这符合诗人的没有生命者不为人的思想。死者(死亡)在诗人眼里是一种虚无,而诗中唤起的生命热望,则正是艺术化了的存在。③

瓦雷里之同时或稍后,集象征主义之大成者是T. S. 艾略特和奥登及叶芝,象征主义诗人的纯诗特点变得更加个人化,而其玄思特征则愈发明显。晚于李金发、穆木天、王独清、戴望舒诸人的卞之琳以及更靠后一些的

---

① 转引自余虹《在西方文明的转折点》。
② 陈力川的《瓦雷里诗论简述》,载《国外文学》1983年第2期;《瓦雷里在海滨墓园的沉思》,载《法国研究》1984年第2期。
③ 《世界名诗鉴辞典》有关瓦雷里条,王光撰,第462—464页。

九叶诗人明显地承受了纯诗与玄思的特点,尤以卞之琳为甚。三四十年代有关卞诗的那次争论从卞之琳与瓦雷里或奥登的关系方面着手诠解,也许会更有意义更能说服人。但这已超出了本文的论述范围。

第二节 客人,你从哪儿来?①
——克洛岱尔与中国

> 我是多么爱中国呀。……我顿然接受了它,我怀着欣悦、惊奇、倾倒、毫无异议的心情扑向它,如鱼得水。②
>
> ——克洛岱尔

一、在异域的阳光下:克洛岱尔在中国

决定克洛岱尔(Paul Claudel,1868—1955)一生创作倾向与个性的至少有三方面因素:一是,自年轻时便师从大师马拉美,深受象征主义的熏染,但他师宗马拉美,延续的却是亚瑟·兰波的创作香火;克洛岱尔最少在两个方面和同代诗人瓦雷里截然相反,就语言来说,瓦雷里鄙视口头语言,克洛岱尔则不然;瓦雷里强调纯诗和机巧,克洛岱尔则强调灵感和即兴。克洛岱尔将波德莱尔的契合论原封不动地承袭下来,但更加自觉、更加广泛。二是,有一年圣诞节,年轻的克洛岱尔在巴黎圣母院做弥撒,在大风琴奏乐的圣歌合唱中顿然醒悟,毅然于1886年12月即18岁时皈依天主教,事奉上帝,终生不渝。"克洛岱尔现在要以一个纯粹宗教的世界,即《圣经》世界的再创造,来取代诗歌和戏剧创作。"③三是,始自1895年的中国之行。此前此后克洛岱尔还出使过美、德、意、日、巴西等国,但在中国待的时间最长:1895年任上海候补领事;1896年3月调任福州副领事,至1899年10月;1901—1905年任福州领事;1907—1909年任天津领事。前后达

---

① 克洛岱尔迻译的《回乡偶书》。
② 克洛岱尔《中国风物》(Chose de Chine),引文据葛雷《克洛岱尔与法国文坛的中国热》,载《法国研究》1986年第2期。以下葛雷文均同此文。
③ 贝尔沙尼等著《法国现代文学史》,长沙:湖南人民出版社,1989年。

十一二年之久①,奠定其文坛荣誉基础的作品基本上写于这个时期:《认识东方》(1900)、《诗艺》(1907)、《正午的分界》(1906)、《五大颂歌》(1910),还有较早的《城市》(1890)、《少女维奥兰》(1892)。"东方"(中国的代称)出现在克洛岱尔的作品中,至少有三重意义值得肯定:(一)提供了克洛岱尔终身创作的异域背景;(二)启发了克洛岱尔对语言文字自身的重视,这对后来的法国"文本批评"提供了某种借鉴(可参阅亨利·米肖、谢阁兰的有关章节);(三)客观上引起了法国人东游的兴趣,为中国热提供了一些契机。

在近世东游的法国大作家中,克洛岱尔和中国结下的缘分最深。像米肖、谢阁兰一样他也醉心于中国的文字,但克洛岱尔尤喜中国诗词,曾迻译或化用过李白、贺知章、李清照等人的诗词;像米肖一样也迷恋《老子》《庄子》,也曾以庄老解诗。克洛岱尔犹喜庄子的寓言,并将混沌开窍、庖丁解牛、黄帝失珠的故事等嫁接到自己的作品中。甚至在《正午的分界》排演时,克洛岱尔不辞辛苦地帮助导演找寻"中国陵墓的照片""中国的 Ω 形椅子"。他亦曾介绍过中国的宗教、习俗和艺术,并像米肖等人一样着迷于中国书法,并曾根据中国的表意文字制造过"西方的表意文字":

goutte(滴):u 是一个花萼,tt 是两块直立的隔板,水在板上流淌,或者还有水迹本身。②

这个来自西方的中国迷因此而成为名副其实的大使——文化交流意义上的大使。更令人惊奇的是,在北京期间,克洛岱尔还曾拜访过督军衙门或清朝元帅;谒见过皇太后和末代皇帝;两次参加皇家的"神秘的"葬礼,看见过肥胖的袁世凯身披粗麻衣、手执哭丧棒在灵柩后走过;还有,克洛岱尔曾跟孙中山同乘一艘邮船,"有好几天,在一起谈论过"。这样的经历在近代旅华外人中可以说绝无仅有。

约在1908年,克洛岱尔在中国完成《五大颂歌》,其中的《诗神》成于福州,《神灵与水》成于北京,《光明》成于天津,《诗神即圣宠》成于天津,

---

① "12年"是葛雷、秦海鹰的数字。据克氏自己说:"我曾在中国任领事,在那里度过我生命中的15个年头。"(《中国风物》)

② 贝尔沙尼等著《法国现代文学史》,长沙:湖南人民出版社,1989年。

《关闭的屋宇》成于天津。

《认识东方》中有大约一半的篇幅写于福州这个有"玫瑰和蜜的颜色的地方",其他有关中国内容的有,写汉口的8篇,写江西庐山牯牛岭的2篇,写南京的2篇,写香港的即卷首的《香港》1篇,其他尚有日本5篇,科伦坡1篇①。

以此观之,克洛岱尔和中国的关系不仅仅体现在他之长期旅居中国,而且体现在他的主要代表作完成于中国,更体现在他写下了《认识东方》这样的"中国游记",九九归一,最终体现在他对中国文化的容受中。迄今为止他很可能是与中国结缘最深的西方大诗人了。

但是,克洛岱尔有自己的局限,特别是作为一个现代诗人他笃信上帝,始终站在一个基督信徒的角度观察事象,曾有人说他的所有创作实际上不过是给上帝唱的圣歌,克洛岱尔本人也说"任何艺术都不可缺宗教基础"。他因此而成为一个"矛盾的,既被人憎恨,又为人所赞赏,而且常常是被同一些读者憎恨与赞赏的人物"。他曾向罗伯尔·马莱(Robert Mallet)说:"难解是我的标志之一。"②

1955年,克洛岱尔逝世了,但他留下的中法文化关系遗产却是如此巨大又如此充满魅力,以至于有人竟认为《认识东方》一书导致了一场法国文坛的中国热,"开始了诗人、作家来中国的新纪元"。客人,当你从中国归来时,你仍然让人费解吗?

二、认识东方:克洛岱尔笔下的中国

克洛岱尔到中国是1895年,这正是中国帝制走向衰微、国势积弱、风雨如晦、革命在即的年月,他踏上中国之日,中日甲午之战硝烟未尽,清政府被迫签订城下之盟,马关条约使得中国人民进一步看清了政府的本相,知识分子醒来较早,便有1898年短命的百日变法,从此国脉日细,国势日降,国情日乱。等到克洛岱尔1909年离开中国时,由于出卖筑路权而引发的辛亥之变迫在眉睫,帝制遂于1911年坍塌,民国在列强的起哄声中诞生

---

① 参见徐知免文、见篇末注。
② 葛雷《克洛岱尔和法国文坛的中国热》,载《法国研究》1986年第2期。

了。但克洛岱尔看到了什么？

在《五大颂歌》的第二部分里，他写道：

> 但此刻，你们的帝国与我何妨？垂死的一切与我何妨？
> 还有被我留在这里的你们和你们的讨厌的道路，
> 我是自由的，你们的无情的安排与我何妨？至少我是自由的！我已寻得！至少我已身在其外。

在这里，克洛岱尔努力使自己成为一个不介于其中的旁观者，局外人。这种努力意图在《走向山野》篇中最为明显。其时作者任职福州，闲暇之时常去福州城里及城郊巡游。这一次他进入了本地人居住的地区。克洛岱尔看到一幅什么景象呢？

> 曙色初开，现在正是城市苏醒过来的时候……有个人已经半醒，搔着肚子，自得其乐地用迷茫的目光望着我们；另外一个睡得很沉，简直像是给粘在了石板上似的。还有一个，裤管直卷到大腿，露出了屁股腚上用叶片定住的发疤膏药，正对着旁边敞开的门撒尿；一个老太婆用双手在梳头，头上满是疮痂；于是我又想起了那个鸠形垢面的乞丐，头发蓬乱得像黢黑的灌木丝，他笔直地翘起一条干瘦如柴的腿，仰着身子，平躺在这分朦胧的微曦之中。

克洛岱尔还写到公墓般的路径，死者面容的变化，没有眼珠的小孩。中国的现状恶劣至此，但克洛岱尔自有解释，穷人富人，孩童老人，正人罪人，法官囚犯，人动物，"他们全体都像兄弟，正在啜饮神浆"，这样，在神的怀抱里，一切都平等了，于是克洛岱尔摆脱了阴影：

> 朝暾初上，阳光通过新鲜的空气照射下来，我们甩开了身后那条崎岖弯曲的路，进入一片广阔空旷的场地，随后我们穿过栽种着水稻、烟草、青豆、瓠子、黄瓜和甘蔗的田地，向山野走去。

难怪发生在这个时期的几乎所有重大事件，如中日战争、戊戌变法、八国联军战争……都不曾进入他的这本"精致的素描册子"①,因为他站在上帝信徒与使者的位置上,高瞻远瞩,忽略了或不屑于表现尘世芸芸众生的苦难、变法、战争与革命。这是这个职业外交官、业余诗人、忠诚教徒的致命缺陷,并因此而常引起爱他的人的批评,恨他的人的赞赏,复杂之至!

在《榕树》篇里,克洛岱尔对榕树的故乡有精彩的描写,作者先写了榕树的"大":

> 这个巨人……从来不俯身用手重新抓住大地,而总是挺起胸膛,把根须像无数链条一样送上蓝天。

继写榕树的力量:

> 这庞然大物用力牵引,缓缓地伸开手脚……粗糙的厚皮都迸裂开来,暴出一根根青筋。他的枝柯朝上直窜,虬曲,纵横交错,扭曲着腰和双肩,……胳臂一起落,关节伸缩着举起了全身。这是一条盘结起来的怪蟒,一条七头巨怪。

末写榕乡月夜:

> 树口,在一群谦逊的族人簇拥下,榕树像个老族长,披着一身浓密黝黑的叶丛……他用无数须根紧紧地缠绕着大地……无论它的影子转向何方,——也许是他单独跟孩子们一道,也许全村的人聚集在它长长的虬曲的树荫底下,——淡红色的月亮总会透过他的叶间的拱型缺口,洒下一片清辉。

在北京,克洛岱尔似乎已感受到中国这个古老的帝国大厦将倾的症候:

> 可现在,我住在一个残垣断壁的古老帝国中。
> 身边是颜色忧虑的皇宫,树木丛中,屋脊群立,掩映着一尊腐朽的

---

① 克洛岱尔语,转引自徐知免文,载文后注。

御座。

……

　　这里,汇集着龌龊的水渠,失修的古道,驴和骆驼的行进。

　　这里,主宰土地的帝王开出犁沟,而后举起双臂,求助于呼风唤雨的皇天上帝。

1906年的北京,在克洛岱尔神意朦胧的眼里,幻化成一种末世的象征。只有大海(上帝的代号)才是真实的,才是年轻而充满活力,才是诗人的所在:

　　啊,大海,我看不够的大海! 有限的这一切使我充实,
　　但无论我的目光转向何方,这边或者那边,
　　海却依然存在,处处存在,同样存在,永远存在,愈加存在! 永远存在! 心灵,啊,亲爱的,心灵!
　　让我们拥有这发咸的永恒的大海吧! 拥有这硕大的灰玫瑰! 我举臂伸向天堂,迈步走向蕴藏着葡萄的大海!
　　我出海远航,直到永远!

和古老王朝静止不变相比,克洛岱尔的海无时无刻不在制造着生命的奇迹:她呼吸,她歌唱,她深邃宁谧,她咆哮不安。只有在这种"存在"里,诗人才感到个人的存在与渺小,才能感到上帝的无往不在。也只有在这种"存在"里,克洛岱尔才像一只快乐的鸟儿般歌唱。

当克洛岱尔作为一个领事或大使静观沉思,中国的现实便这样真切地到了他的笔下:"杂乱无章,自由散漫,朴陋,无政府,愚昧。""这个中国像一个永恒的滚油锅,人口集中,一片混乱,到处是无政府状态。"克洛岱尔还说:"甚至在康乾盛世,中国也就是现在看到的这个样子,风俗腐败,人民贫穷,灾祸一天比一天严重。行政上呆板停滞,普遍的弄虚作假,十分愚昧。"并曾在日记中写道:"中国是一个被虫豸所吞噬的国家。(田赋银征收达四万万两? 二千八百万两交给皇家政府,其余统统为寄生虫所吞食。)"(1908年8月6日)克洛岱尔不能明确表示是列强的掠夺和封建制度祸及所致,他自然有自己的想法:做一个熟视无睹的局外人。因此当他回忆起中国生活时依然留恋的口吻说:"我住在中国,精力

充沛,青春焕发,身心饱满地生活在它的怀抱之中,那种快活的滋味是今天难以理解的。"克洛岱尔的这段话同样需要诠注:身处水深火热、动荡翻滚的中国,克洛岱尔能够怡然自得,这首先得归之于他的旁观者身份,更重要的是不求理解、不求参与、更谈不上同情的局外人心态,因为他是一个虔敬的基督徒。这让人想起了那位在"尘网"中发现桃花源的中国诗人陶渊明,中西二诗人之所以能"结庐在人境,而无车马喧",面对尘嚣而能找到心静,根本原因都是"心远地自偏",当然造成这样的心态,自有各自不同的文化背景。

克洛岱尔在"远心"的心境中发现了美丽"偏地":为时14年之人的《认识东方》是克洛岱尔的一部散文诗代表作,由于写作时作者身在福州领事职上,因此美丽的福州便成为这位法国人的中国桃园:椰风、蕉雨、茶山、橘林、戏台、节日奇观、宝塔、寺庙、陵墓、竹丛、稻田、江河、海洋以及日出日落等,写福州的散文有30多篇,占全书一半。克洛岱尔的诗很像一片自然的和声,这是否和他年轻时倾听圣歌合唱有关?

克洛岱尔是如此写南国之秋的——

  在苍茫的暮色中,我看到绿茵丛中金光闪烁的果子,我走过来,看到每一个细枝在黄昏绿色的图案上勾画出清晰的线条,我审视着红色的小橘,吮吸着浓郁、带着苦涩的芳香。

——《十一月》

克洛岱尔是这样写茶树的——

  茶树在我周围舒展着它们婆娑的枝权,是那样的高,伸开手臂也够不着葱郁的叶子。真是迷人的所在!奇特的绿茵里,到处点缀着经久不衰的花朵!一股淡淡的芳香,与其说是散发着,不如说是缭绕着,使人的鼻孔感到惬意,心旷神怡。

——《源泉》

克洛岱尔是这样写中国的空气的——

  圣灵降临节的阳光照耀着整洁、深沉如教堂般的大地。空气是那样清新、明净,我仿佛赤着身子走着。到处一派宁静。

——《大地的入口》

克洛岱尔是这样写南国收获季节的——

……天空露出难以言喻的温情向大地微笑着。这是一种默契,仿佛心灵融化在绵绵的絮语之中;谷归仓,果装筐,大地渐渐地对那些难以满足的索取者不加理会,它失去了泼泼生机而垂下了那握满硕果的双手!

——《十月》

和亨利·米肖、谢阁兰等人一样,克洛岱尔也以一个拼音文化的代表的眼光惊喜于中国文字。由于汉字是从表形(图画)文字演化而来的,并不因描形表意而导致浅显而失之于大白;还由于汉字没有表意文字的意、形完全脱节,这两点决定了汉字成为一种表征符号,其方法恰巧是法国象征主义向来所钟爱的,为此克洛岱尔也有些极有趣的看法:

有些字形像羊首,有的字很像人的手足,或者像从树林后升起的太阳。我自己也徜徉其中,探寻着这座错综的迷宫。

在汉字里可以看到一种图解的生命,一个人字,就像两个活着的人那样具有自己的性格和行为方式,固有的姿态和内在的功能、结构和面貌。

中国人对于文字的虔诚由此可以得到解释;人们怀着敬重的心情把上面留有奥秘字迹的纸片一律加以梵化。符号就是生命,根据这一普遍存在的事实,所以它就成了神圣的事物,意思的表现于是在此成为大家崇拜的偶像。这就是文字的宗教。

——《认识东方·符号的宗教》

这是克洛岱尔面对孔庙和中国碑文所发的议论,离事实还不算远。但克洛岱尔又说:

中国作家,不用讲逻辑的语法联系,只消把词语并列起来即可。

这句话强调了话语表述中词语的首要作用,这和瓦雷里等人的看法并无二致,只不过后者更注意从纯诗角度看这个问题。而克洛岱尔将更多的在中诗西译中体现这一点,后面还要论述,克洛岱尔紧接前文又说:

> 所谓读者,他是在利用人家给他提供的信号时,才称其为读者。

这句话更值得咀嚼:诗人的产品是信号,读者接受的是信号。这样创、作、读之间的关系便不是传统意义上的诗人⇒作品⇒读者的关系,而是诗人⇒信号⇒读者的关系,阅读活动不再是被动式的输入接受,而是开放的参与式的系统活动。这种觉醒到了罗兰·巴特的笔下成了一种自觉,克洛岱尔"现代意义"的一部分正在于此。

前已述及,克洛岱尔对中国的关注是多方面的:在《认识东方》中还涉及桥梁建筑、戏曲、园艺、中国民间故事、习俗等,可以设想克洛岱尔之到中国渴望见到的是一个民风淳朴、安宁升平,甚至染有儒雅之气的国度,这样的国度并非不存在,但它凝固在浩瀚的中国典籍中。克洛岱尔因此而失望,于是由现实转向书本——在这种文化形态里,克洛岱尔找到了心慕已久的永恒的邦国,这便是含汉字在内的唐诗宋词及老庄之学。

葛雷先生曾这样评价《认识东方》这部散文诗:

> 是一组绚丽多彩的中国风情画卷,是一曲曲扣人心弦带有浓郁的东方情调的乐章。在形式上他采用了波特莱尔和兰波所用过的散文诗的形式,但在抒情和语言的新颖上则别具一格,前无古人。……和19世纪那些作家笔下的中国相比,内容朴实得多,具体得多,也生动得多。……《认识东方》的出版,把法国文坛原有的中国热推向了一个新阶段,开始了诗人、作家来中国的新纪元。

三、诗苑捃华:克洛岱尔与唐诗宋词

12年的中国之行没有将克洛岱尔熔铸成一个汉学家、中国通,但是中国文化的巨大魅力却给克洛岱尔的思想与创作带来了深刻影响,特别是唐宋诗词作为中国文化的醇酿更令诗人陶醉,这一切主要体现在翻译唐宋诗

词的《根据中国的短诗而做》上。这个诗集有中国诗词40余首,曾先后分别发表在《巴黎杂志》《费加罗文学报》《法兰西水星》《新评论》等刊物上。

除了部分直、意译的诗篇(例如李白《黄鹤楼送孟浩然之广陵》、贺知章的《回乡偶书》)以外,克洛岱尔的译作中掺杂了太多的随意性,有些译作甚至面目全非,个中原因除过作者确对原作理解不透而外,也还由于作者对汉语本身的理解"没有语法和逻辑联系",词即具体的供理解的标志。但是更深一层的原因恐怕还不止于此。

以下是李清照的《声声慢》和克洛岱尔的译文:

(原词)寻寻觅觅,冷冷清清,凄凄惨惨戚戚,乍暖还寒时候,最难将息。三杯两盏淡酒,怎敌它晚来风急!雁过也,正伤心,却是旧时相识。

满地黄花堆积,憔悴损,如今有谁堪摘?守着窗儿,独自怎生得黑!梧桐更兼细雨,到黄昏点点滴滴。这次第,怎一个愁字了得!

(译文)绝望
呼唤!呼唤!
乞求!乞求!
等待!等待!
梦!梦!梦!
哭!哭!哭!
痛苦!痛苦!我的心充满痛苦!
仍然!仍然!
永远!永远!永远!
心!心!
存在!存在!
死!死!死!死!

倘不注明,李词与克诗之间的联系恐怕没有任何人能够看出。从情感意绪看,李词重在写寻、冷清、凄惨、伤心、煎熬、孤寂、愁等心理活动,而克诗多在唤、求,由等待—痛哭—心死—身死具有一种愤慨或慷慨激昂气势。由于是写家国之恨,李清照的女儿柔婉中流露出深深的个人无奈;相反,克氏译诗成于1946年,东西方法西斯均被击溃,克诗中的正义浩然之气流贯在刚刚消逝的那场噩梦的回忆中。《声声慢》的形式装进李清照的内容,几乎趋近于完美:长行短句的参差,配以叠字双音,徐缓凄婉的幽情,整饬装入声声慢长调中,不仅前绝古人而且后绝来人。克洛岱尔的《绝望》呢?在《关于法国诗句的思考和提议》里,克洛岱尔曾提出一个关于生理(生命)节奏的思维节奏的问题,任何诗的"顿"(或分句)皆由前二者决定,甚至也可以说,整个诗的语言形式皆由此决定:

> 人的思想不是以连续不断的方式进行的。人的感觉、人的生命也不是以连续不断的方式进行的。这其中有断口,有虚空。思维同脑子或者心脏一样是跳动着的。……
>
> 这就是最根本、最实质的诗句:由空白隔离开来的一个思想。它是先于宋词而存在的语言的第一要素。

克洛岱尔放弃了严格遵守亚历山大体一类固定诗体的企图,强调了诗(的形式)决定于情感的内节奏,具体而言,断句、停顿的外在形式应决定于(诗人的感情起伏波动决定的)生理节奏(呼吸、心跳)。而《绝望》便典型地体现了上述看法:为了表达唤、求、等的迫切,作者三个带感叹号的词,同样为了表达唤、求、等的失望,甚至绝望感,情感落差,作者将"梦"带上感叹号重复三次。以下带叹号的重复两到四遍的"哭""痛苦""仍然""永远""心""存在""诗"更是情到深处语哽咽,渲染了悲痛欲绝、呼天抢地的强烈情潮。这已经不是李清照的《声声慢》了,而分明是克洛岱尔借中国的佳酿浇自己的块垒了。

克洛岱尔的诗论核心是"气"。秦海鹰认为,神灵是一种气,生命是一种气,诗也是一种气。克洛岱尔的世界观、生命哲学、诗论(包括创作灵感论和音律技巧论)的确一脉相承于一个"气"字。气使诗人的神秘经验和诗歌经验从本质上统一了起来。秦还认为,克洛岱尔由于受中国道家哲学的影响,在"气"的概念上与中国传统文论有许多相类之处。

贺知章的《回乡偶书》是:

> 少小离家老大回,
> 乡音未改鬓毛衰。
> 儿童相见不相识,
> 笑问客从何处来。

克洛岱尔的诗一改原诗的风趣、蕴藉和亲切的风格,重在"陌生感",表写回乡不被人识,实写人与人之间的一种距离感:

> 回乡
> 是我,我没有变!
> "你说,客人,你从哪儿来?"

这不是儿童在问,既然"是我,我没有变"——不是乡音,而是面容与外形——那么何以有这么多的人不认识我?

> 为什么这样看我?
> 我还是老样子。

那么,我仍旧是原来的样子,而是别人变了。

> 为什么这些陌生的面孔中
> 没有一个我所爱的人?

这便是答案。客人,你没有变,面孔甚至还有心肠,别人变了成一些你不爱的陌生人。

> 人们面面相觑,哑口无言:
> "你说,客人,你从哪儿来?"

谁能告诉我,我从哪儿来?没有人认识我,我成了异族人,那么谁能告诉我,我能到哪儿去?克洛岱尔的诗有些像卡夫卡的《城堡》里的情状:失去位置,失去存在的可能性与必要条件,人和人之间形同人和异物,和谐与沟通没有了,代之而来的是猜忌、疑虑和无所适从感。克洛岱尔其实正是借中国古箫吹奏法兰西(西方)资本主义咏叹调。

对于克洛岱尔言,追求严谨、忠实的直译似乎不大可能,因为他讲究气或者内节奏,钟爱散文诗式的汪洋恣肆、无遮无拦的写风。可能还由于汉语理解能力有限,克洛岱尔的《在竹丛中》实在令人啼笑皆非,不敢恭维。原诗是苏轼的名诗《惠崇春江晚景》全录如左(和《在竹丛中》可做比较):

竹外桃花三两枝,	{ 在摇曳着的竹丛中 一枝桃花一片嫣红
春江水暖鸭先知。	{ 假如必须相信鸭子 夏天不会来得太迟
蒌蒿满地芦芽短,	{ 在我的花园里 凉拌菜和芹菜已经备齐 无论是凉拌菜还是萝卜
正是河豚欲上时。	{ 都不如从雪水 中钓来的鱼味道鲜美

这样的翻译本真全失,只能看作一种新创。克洛岱尔的这类诗如果说和中国诗词有什么关系,那么就是中国诗作成为触发诗人创作灵感的酵素,从形式到内容都别是一副新嘴脸。

但我们仍得承认,克洛岱尔译逐的毕竟是40余首中国诗词,是中国的唐诗宋词种子的西方移植。这种努力出自这样的初衷,当现代的中国在克洛岱尔的眼里变成残酷、肮脏、盲目、愚昧、狭隘的画面:妓院与烟馆在列强的炮舰声中生意照样发达,麻风病和痉挛残疾者盈市(见《认识东方·夜城》)。克洛岱尔幽幽思古情油然而生,"给往昔一个凝定的面貌"[1]的想法促使他翻译了唐诗宋词,为中法文化交流贻下厚礼。

四、最为矛盾、最有趣味的哲学:克洛岱尔与道教

克洛岱尔曾多次在不同场合引用过《道德经》之第11章[2]:

三十辐,共一毂,当其无,有车之用。
埏埴以为器,当其无,有器之用。

---

[1] 克洛岱尔致马拉美信,1895年12月24日。
[2] 例如《认识东方·运河上的小憩》。

> 凿户牖以为室,当其无,有室之用。
> 故有之以为利,无之以为用。

克洛岱尔为什么如此痴情于"最为矛盾、最有趣味"的老庄哲学？事实上,对老庄之学感兴趣者绝非少数西方人。中西交往伊始,西方人对中国文化感兴趣者与日俱增,对老庄之学更是如此,19世纪末到20世纪,远涉重洋到中国不仅是一种可能而且较为方便。大多数西方人东游发现的现实中国离理想中国相去很远,遂愈发对中国文化发生兴趣,这里有两方面原因：一是基督文化在近代屡遭颠扑,西方人心灵中无所依傍,加之物与人、肉与灵、人与神之间缺少和谐关系,世风日下,人心不古,寻求崭新的和谐和终极关怀便成为火烧眉毛的事。二是老庄之学重自然,"人法地,地法天,天法道,道法自然","万物齐一",做到"绝圣弃智"、"绝学无忧"、"无为而成"、"不行而知,不见而名,不为而成",最终达到"同与禽兽居,族与万物并"的"齐物我"境界。借助中国哲学之水激活西方现实的板结便成为许多像克洛岱尔一样的西人的共同心声,这在圣-琼·佩斯、谢阁兰和米肖身上表现亦突出。

克洛岱尔对道家哲学感受较深的有两点,其一是对老子对立统一关系具体即指"有""无"观念的理解。在老子的观念中,损益、巧拙、实虚、生死、进退、荣辱、高下、美丑、祸福等无不相生相依,相互转化。

克洛岱尔说：中国古老哲学的根本是人们所说的阴阳。这个由一顺一倒一白一黑的两个蝌蚪一样的东西抱合组成的圆圈代表着构成宇宙的发展演化的、永恒变化的两个对立原则的结合。早在黑格尔以前,中国人已经有了矛盾的同一性的思想。

其二也就是由上述"有""无""实""虚"思想为基础的对中国艺术思想的阐释（主要是诗歌和绘画）。从克洛岱尔所引的"辐毂""埏埴""户牖"等物的"利""用"关系,我们推测诗人对所谓的实利（实用性功用）和虚用（理念性功用）有相当程度的理解。西方艺术在商业化大潮中成为实利性器物,物欲淹没了人欲,这恐怕是克洛岱尔所不愿意看到的,因为他说过："我厌恶现代文明,而且对它总感到十分陌生。"[①]而中国艺术不光在观念上,而且在形式上均体现了对艺术"虚用"功能重视的特点。克洛岱尔

---

① 1895年12月24日致马拉美信。

比较内行地说：

> 中国诗歌、绘画的特色非他，乃是表现人，表现一种情思，一个动作，它讲究空白、气韵，以在读者心中唤起某种美感，在一切哲学和艺术中，"空"就是中国思想最古老最重要的东西。（着重号为引者加）

上述看法出自克洛岱尔这么一个不懂中文的非汉学家的法国人之口委实令人惊叹：空白、气韵确实抓住了中国艺术的本质。前者是老庄哲学的基本范畴之一，却极深刻地影响了中国人的审美与创造心理。后者是庄禅诗论派以及王（维）苏（轼）论画理论的基本范畴之一。克洛岱尔甚至还说：

> 中国画的妙处不仅在于形态，主要在于空间。

这个看法也与中国绘画事实相吻合。在《园林》一文中，克洛岱尔的上述看法得到了证实：中国人懂得，由于园林的四周是封闭的，各个部分必须组成匀称，自成丘壑，使大自然与我们的心神契合。中国人剥开了风景的表层，这小小的一角真像大自然那样无法解释，看上去也像大自然那样辽阔而纷繁，……我凝视这一片凄凉景色，内心深深感到震惊。

由于历史的积淀，中国建筑融进了许多宗教色彩，道、禅、儒均有，作为信徒和诗人，克洛岱尔的看法里掺杂了天主教和道教的观点，强调"人神"或"物我"的合一。由于长达12或15年的中国生活浸泡，克洛岱尔事实上对禅、儒也有了解，特别是对园林、寺院、陵墓等的描写更多地体现了这一点。在《寺院》篇里：

> 这块宗教圣地不像欧洲的圣地那样，匀称而严整，蕴含着某种信念和限制的教义的奥秘感觉。它的作用并非为了捍卫绝对，反对外观；它形成某种气氛，可以说是高悬于天上的那种气氛，寺院把整个大自然都渗透到奉献仪式之中了。

克洛岱尔作为天主教徒，对佛教（建筑）的氛围、间架、色彩、状态非常敏感，禅寺类建筑因为体现着中外合璧，加之其中醇厚的宗教意味，更在克

洛岱尔的笔下得到了灵动的再现,请看"屋顶":

> 中国建筑物可说是废去墙垣,但使屋顶舒展,变化多姿,檐角高挑、优雅地翘起,朝天空中起伏腾跃,形成曲线;它们仿佛悬挂在半天似的,屋顶愈是广阔,愈是足以承重,那么,由于其自身重量,反而更增加了轻快飘逸的感觉,广袤的殿宇在自己身旁铺下了沉沉阴影。鳞次栉比的黑色瓦当也形成了深刻的槽和强烈的棱纹,而在上面的瓦楞中间留下日光,使条条屋脊分外鲜明地浮现出来:薄薄的瓦当,装饰着花枝图案,在一片清新的空气中勾勒出檐壁的轮廓。

与寺相衬,佛塔亦为中国建筑中的重要组成部分,几乎遍于国中。克洛岱尔在参观完寺院后,"塔"便矗立在眼前:

> 正如寺院是由院子和屋宇组合起来的表现空间的广袤和大小那样,塔是通过塔身的高度来表现的。宝塔高接霄汉,把一个高度给予天空,七层八边是神秘的七重天的缩影。建筑工程巧妙地构成浮图,使檐角飞翘,每一层都在自己的下方增生了阴影;每一层顶部的各个檐角均系有小铃,铃舌悬垂在外面。铃铛发出一连串的音节,正是每一重天的梵音,轻微又不好懂的声音,仿佛水滴那样悬浮在空中。

在克洛岱尔的上述文字中,浸透着一种宗教味。诗人处处、时时以天主教徒的眼光观察人、物的行为曾遭到安德烈·纪德的斥责。"克洛岱尔现在要以一个纯粹宗教的世界,即《圣经》世界的再创造,来取代诗歌和戏剧创作。"[①]尽管如此,我们不能否认诗人作为一代宗师的重要地位:虽然他的诗有时近乎于宗教迷狂[②],近乎代上帝向人间布道。

根据徐知免的说法:"克洛岱尔这位法国诗人在我国几乎不大被人提起,我只记得大概在30年代北平出版的深蓝色封面的《法文研究》杂志中曾经对他有过一些简单介绍,以后就很难见到了。"实际情况也确乎如此。

---

① 贝尔沙尼等《法国现代文学史·克洛岱尔》。
② 载《神灵和水》开端。

从现有的材料看,克洛岱尔的作品译入中国的仅有徐知免的《认识东方》①13篇,葛雷在《克洛岱尔与法国文坛的中国热》②中迻译的4首"仿唐诗"以及秦海鹰的《五大颂歌·神灵与水》③的第一部分和罗洛的3首译作④。研究文章亦寥寥无几,除过前述葛雷的文章外,尚有徐知免的《克洛岱尔与〈认识东方〉》⑤,以及秦海鹰的《中西"气"辨——从克洛岱尔的诗谈起》⑥,《当代外国文学》1991年第3期封面上特刊出"法国作家保尔·克洛岱尔像",这大概是这位20世纪法国大诗人的肖像第一次出现在中国刊物上,对克洛岱尔忽略的原因主要是由于他作品中强烈的宗教情绪和神秘氛围。事过境迁,我们应该为曾经坚持文学上的无神论和无宗教论而惭愧后悔,不光以文学传播的角度重新认识克洛岱尔(因为克洛岱尔同时也是一个虔诚的天主教徒),更重要的是,要把克洛岱尔作为文化对话中的话语对象看待。

第三节　行行重行行
——谢阁兰与中国

谢阁兰的中国是像一种能复现真迹的羊皮稿本,经过诗的召唤,就会从表面的文字下面出现秘密但不易辨认的字迹和永不出现的影子。

——亨利·布依埃

在中国,(我)有意寻找的不是思想,不是主题,而是人们太了解的多样化的高雅的形式。⑦

——维克多·谢阁兰

维克多·谢阁兰(Victor Segalen,1878—1919)曾于1909—1917年断

---

① 载《当代外国文学》1991年第3期。
② 载《法国研究》1986年第2期。
③ 载《国外文学》1991年第2期。
④ 《法国现代诗选》(罗洛译),长沙:湖南人民出版社,1983年。
⑤ 载《当代外国文学》1991年第3期。注:本文所征引作品主要参阅了徐知免、葛雷、秦海鹰译文,其中有部分内容为钱林森新译。
⑥ 载《当代外国文学》1991年第3期。
⑦ 转引自 Pieerre Jean Remy, *L'exile le plus absolu*, in Stèles Editions Gallimand.p.11.

断断续续在北京、天津诸地寓居、旅游达 7 年之久,这占去他整个生命的六分之一强。作为一个文学家,谢阁兰的成就基本建立在中国之行的基础上,可以说没有中国便没有谢阁兰的文学事业。甚至谢阁兰的名字本身也是中国给予的:

> 这是从《百家姓》的传统姓氏中挑选来的单音节词,照这个单音节词,我的西方的、极西方的"菲尼斯代尔"的姓氏,……我的布列塔尼人的姓氏"Segalen",简缩成一个"谢"字,续在后面的两个单字便成了我的名字。整个姓名读作:"谢阁兰",这稍稍令我不悦,……阁兰,便不折不扣成了"闺阁的兰花"。我倒是更喜欢布列塔尼的语意"黑麦穗"。①

难怪有许多人称维克多·谢阁兰为"法国的中国诗人"。

一、漫长的精神祖国之旅:谢阁兰在中国

1908 年 5 月,年届 30 的法国人谢阁兰因被派往中国任海军译员,遂在东方语言学院(巴黎)学了一年汉语。次年 8 月至华。1909 年 8 月到 1910 年 1 月在华中旅行数月。1910 年始寓居北京。1911 年,在满洲里接替(亡故的)梅尼斯医生的职位。1912 年,任天津皇家医校教师。1912 年 10 月到 1913 年 6 月,应邀赴漳德府(河南安阳)为"中华民国总统"袁世凯的儿子治病。1914 年 1—8 月,曾他在华中考古旅行。1917 年,作为一支招募劳工的使团的随团医生再度来华,曾借机在南京及其附近考古。1918 年 5 月 21 日,因意外事故逝世于故乡。

在中国的日子里,谢阁兰除了频繁的考古工作外,值得一提的工作是他曾参与东北的扑灭鼠疫活动,成效甚大,并因此赢得了好评,时人有竹枝词赞曰:"城狐社鼠话当年,几代余腥一举歼。吏简四千翻阅毕,皇恩直越汉唐先。"1914 年 1—8 月,曾在华中考古旅行②,而他的《中国西部考古

---

① 《勒内·莱斯》(梅斌译),北京:生活·读书·新知三联书店,1991 年,第 69—70 页。以下所引同此。

② 叶汝琏《法国诗人维克多·瑟加兰》,载《外国文学报道》1983 年第 4 期。

记》,主要是有关两汉墓葬的考古记录,该书早在20年代便有了冯承钧先生的译本。此外,正如让·路易·贝杜安指出的,无数谢阁兰研介者所共识的,"至少有四条道路通向诗人的'宫廷深处',即《勒内·莱斯》《古今碑录》《历代图画》和《华中探胜》"①,其中《古今碑录》为诗集(详见本节第二小节),《历代图画》为咏念中国历朝的散文诗集,《华中探胜》是作者本人旅行华中的诗体日记,加上《勒内·莱斯》——围绕1911年2月28日至1911年11月22日这段时间的清廷及中国政局变化的一部"宫廷小说"。赢得谢阁兰生前身后名的所有家当都源于他生活、相当于他生命六分之一的国度——中国。

但是,对于谢阁兰来讲,中国并非一般意义上的异国他乡,也并非仅仅是一般意义上的奇特风光。在这一点上,谢阁兰有别于他的前贤们,更有别于殖民时代的以优等民族自居的某些西方白人。他首先不把欧洲之外的中国鄙视为蛮邦夷民,而是把他们当成一个独立或并列于西方文化系统的又一文化系统,当成一种同样具有价值的系统。在这一点上,谢阁兰和克洛岱尔、马尔罗、亨利·米肖、圣-琼·佩斯的区别不大,也就是说,他们生活的时代提供了他们摆脱欧洲中心的可能,而能够摆脱"欧洲中心说"则充分显示出艺术良知的作用。但是在下一点上,谢阁兰超越了他的同侪,即他不再像英国的吉卜林(J. R. Kipling)那样仅仅着眼于"异国风物"的题材性质,也不再炫耀自己对异国风物的占有。相反,谢阁兰则试图暂时离遁那个熟悉的欧陆文化圈而深入地、亲历其境地体会异域文化,"更好地从内部了解他国的风俗习惯和精神世界,了解那热情好客又难以接近的异国心灵"。谢阁兰写中国时,以一个外国人的"我"发言,"佯作接受中国文化的全部注释",这就要求"诗人具备同情和情感同化,这样他才能试与中国的心灵结合,同时又能表现自己的看法。这种模拟异国的方法并不等于放弃自己,而是一种变通的方法以表达异域事物诗意的本质"。亨利·布依埃(Henry Bouillier)一针见血地指出:"这样理解的表现异国风物的方法,意味着尽可能忠实地改装自己,使人感到世界上所能包容的一切美好事物。"

在谢阁兰看来,这绝非一种简单的看法而是一种更高意义上的艺术理想,"异国风物的爱好是多样化的审美观","异国风物就是他人的一切,欣

---

① 载《〈勒内·莱斯〉序》(郭宏安译)及《〈勒内·莱斯〉译后记》(梅斌译)。

赏这一切就是学会品尝多样化"①。从审美的角度认识谢阁兰,我们将发现,美与风物、灵与肉、远古与近世、已逝与现存、现存与未来、知与未知等范畴最终分归成谢阁兰式的理念与实存,通过实存(风物、肉、近世、现存、知)谢阁兰最终想寻找到理念(美、灵、远古、已逝、未来、未知),这是一种艰苦的精神跋涉,而中国恰恰成了可以跋涉于其中的国度,这是近代许多西方精神流浪者的家园:当世纪末西方文明大厦发出崩裂之声时,西方人再一次把求救的目光投向中国,以谢阁兰论,这种拯救还意味着对理念及未知的求索。于是中国既成为一种与既存欧陆文明相对峙的现实状态,它同时还成为一种可供精神探索的乐园。谢阁兰至少通过四种途径(四种方式)追求这种企图:通过《华中探胜》,谢阁兰以诗体日记的形式记载了他眼中的现实中国缩影的华中风物;通过《历代图画》,谢阁兰的散文诗集意图将流逝了的中国朝代的时光追回;通过《古今碑录》,谢阁兰则寻求凝固了的中国文化以及东方玄学的真谛;通过《勒内·莱斯》,谢阁兰则集中表述了前述思想,清朝的紫禁城成为一个未知、神秘、丰富的,具有不可遏止的诱惑力的精神世界的象征,借助于勒内·莱斯,谢阁兰满足了自我同时也是人类自身的求知欲。

谢阁兰的精神基本遨游在中国这个精神祖国的广袤大地,直到1919年5月21日去世为止。作为一个不平庸的作家,中国给了他一切。

二、文字比石头更不朽:《古今碑录》与中国文化

1912年,《古今碑录》的初版以高丽纸装帧成折叠式在北京印行问世,但数量仅81册。在这部名为碑录实际上标志着谢阁兰的汉学及对中国文化把握最高水准的诗集中,谢阁兰终生追求的"精神探索"的主要轨迹脉络分明地显现了出来。

《古今碑录》是谢氏周游华中的直接结果之一。举目所及,谢阁兰看到了勒石以记功、记事、记游的石碑遍布中国,寺刹、名胜、山川、市野甚至道旁墓边也碑石林立,更有甚者,当谢阁兰惊讶于世界第一的西安"碑林"的壮观时,有关文字与石头,文字、石头与永恒的想法便形成了:"倾听未道之道,服从未颁之令,崇拜未竟之业。用我的欢乐、生命与虔诚,去宣告建

---

① 载亨利·布依埃《〈想象集〉序言》。

立无纪年的统治,未登基的君王,无名之人,无人之名。去揭示上天所囊括、人类未体察的一切。"①那些"石头的思想","它们不表达,它们示意,它们存在"②,而在《悠悠万载》中谢阁兰更说,"任何不动之物都无法逃脱岁月的饿齿。牢固的东西命运并不长久"③。如是,中国人求得永恒的企图通过石头得以暂时实现,但在时间的侵蚀下这种永恒最终仍然是一种虚幻,但是文字实现了石头不能实现的永恒,因为在中国人的观念中,不名之名、不道之道乃为至名、至道。

在《古今碑录》64首诗中,浸透着中国文化之水,集中表现于如下两方面:就形式言,《古今碑录》共分"南面""北面""东面""西面""曲直""中"6部分(有人曾认为这种方向性亦含有中国影响),每首诗的右上角还标有几个汉字作为题记。其中《古今碑录》为隶书,"南面"等方向性字为草书,而所有的"题记"则是正楷,这形形色色的汉字并非一种附缀,它们从不同的向度共同解说了谢阁兰这些怪诞、深奥的篇章的某些意义,但更重要的是,它们本身便是这些篇章的有机组成部分。就内容言,前已述及的正楷题记其实便是诗的主旨所在,成为打开谢阁兰诗库的枢纽。粗分为以下两种情形:

(一)题记便是诗歌诵咏的内容。这些题记大多源于中国的经史子集,例如《诗经》《史记》《宋史》《左传》《尚书》《列子》《礼记》《金史》《道德经》《淮南子》《论语》《竹书纪年》《古文苑》《指月录》等等,据统计有32首有确切出处,但这恐怕还不是最后数字④。这里姑以《诗经》为例,《鲁颂·閟宫》中的"上帝是依,无灾无害。弥月不迟,是生后稷",成了谢诗中的"无灾无害,弥月不迟,是生后稷";《小雅·伐木》的"嘤其鸣矣,求其友声,相彼鸟也,犹求其声",成为《忠诚的背叛》中的"求友声",《陈风·月出》中的"月出照兮,佼人燎兮,舒夭绍兮,劳心惨兮",成了《请愿书》中的"月出照兮,劳心惨兮"。此外《小雅·大东》的"虽则七襄,不成报章";《鲁颂·駉》的"駉駉牡马,在坰之野",也多照引。"题记"与内容间的这种关

---

① 《古今碑录·无纪年的王朝》(秦海鹰译),载《国外文学》1991年第2期。本节所引译文参阅了叶汝琏和秦海鹰的译文。叶文出自《外国文学报道》1983年第4期,以下仅注叶译、秦译。
② 《古今碑录·序》(秦海鹰译)。
③ 梁守锵《谢阁兰的〈碑林集〉与中国文化》,载《中山大学学报》1985年第1期。
④ 此处所引用的材料部分出版,车槿山《碑与诗——谢阁兰〈碑集〉汉语证源》,载《国外文学》1991年第2期。梁守锵《谢阁兰的〈碑林集〉与中国文化》,载《中山大学学报》(哲学社会科学版)1985年第1期。

系直接而又密切。这样的例子还可见于《礼记·聘义》中有关"玉"的叙述,谢阁兰的《玉颂》基本上是这段话的"诗化"①。

(二)所引材料和诗歌内容属于借器吹乐的关系,也即以汉语材料为工具表达谢氏的思想。《镜子》《愿望之碑》《悠悠万载》《封官》《钦此》《陆海》《混沌》《紫金城》《来自远方》《音乐石》等均当作如是观。

在《五伦》中,谢阁兰引"夫妇有别"句,但在诗里歌颂的却是一种炽烈醇郁的爱情,"别"作为伦理、礼节、教规、古训在真实的爱情面前颓坍了,这样的人道主义理想是西方古已有之的,但就此时此刻的谢阁兰言,却是"夫妇有别"直接刺激的结果,这里的文化碰撞而再生的意义很明显。而贯穿于《为讨她欢心》中为爱而不顾一切的精神则更令人叹为观止:

为讨她欢心,我要张开疲惫的心:心儿撕裂。在她指间沙沙做响。
我要倾尽我的鲜血,有如佳酿,注进酒囊:那时我定能博她一笑。

其中的精神显然带有浓厚的西方底色,让人想起自"骑士诗"以下包括七星诗人、维尼、拉马丁、近现世诗人的情诗。然而诗中的意象却是充分中国化的,它们正是由"撕绸倒血"孕育化生的。"撕绸倒血",目前尚无汉语语源可征,但笔者以为这很可能来源于"裂帛"。"裂帛",古代称书籍若是,因为无纸故以竹帛代之,亦是书籍代称。谢阁兰在此很可能犯了一个望文生义的错误,以为撕=裂,绸=帛,将并列结构的"裂帛"视为与"撕绸"相同的述宾结构,故有"撕绸倒血"之说。——事实上这里的"裂"是名词,本义为缯帛的残余。由不甚深湛的汉学知识导致的望文生义错误最终却产生了一首绝妙好诗。《为讨她欢心》中"她喜欢撕绸裂锦","她喜欢看如流的美酒",却因为"撕裂声对她已不新鲜",而"美酒不够浓烈,蒸腾的酒气再不能使她陶醉",为了取悦伊人,男性的"我"才以自己的心当绸让她撕,自己的血当酒供她饮,以博她的"一丝微笑",情钟若此,便不仅是情痴而情魔了,且又何尝不含有一种"虐"与"被虐"的成分在内?这真是情海奇观。

无论如何解释,谢阁兰的《古今碑录》浸润着中国文化之水是无疑的。索隐、考证其中的中国词句并非毕一功一役可完成。因为谢阁兰还称不上

---

① 梁守锵《谢阁兰的〈碑林集〉与中国文化》。

职业的、完全意义上的汉学家,他通过汉语对中国典籍的了解毕竟有限,七年,对于一个资质良好的中国文化学习者言仅仅能打下文字基础而已,因而谢阁兰的诗篇中所征引的汉语名句难免有误解的、望文生义的、以偏概全的和基本不解的,有些转自法文的材料难免出入参差,但是即使如此,我们也该正确估价《古今碑录》的意义,除化解和借镜汉学知识外,诗集的真正意义尤在于它的独特性和深厚意蕴,在对迥异于西方基督文化的汉唐文化的承认、认同的基础上寻找表达未知世界与永恒世界的诗境和诗意,再注以自我的感受、自我的精神表达成文字。只要联系谢阁兰在华的活动我们即可悟出,正是出于爱与诚心,谢阁兰才选择了中国,而《古今碑录》则是这选择的重要结果之一。在《古今碑录·序》中的这段谈"汉字和碑石"的关系的话完全可以移用来说明谢阁兰的"汉字题记"与其"诗篇"的关系:

> 这些方块字被谢阁兰(原文为"古人")思想清晰、音乐节奏简明的法则连接在一起,互相依存、互相牵示,合在一个不可逆转的网络中,甚至对那些织网人也拒不从命。①

三、命定成不了马可·波罗的人:关于《勒内·莱斯》

从书后记载我们得知,1913 年 11 月 1 日至 1914 年 1 月 31 日,《勒内·莱斯》(René Leys)写于北京。和《华中探胜》记游、《古今碑录》记情、《历代图画》记往事一样,《勒内·莱斯》记载的是谢阁兰在华期间亲身经历耳闻目睹、道听途说或通过报纸书刊得悉的中国(1911 年)的"现实"。据说,该书初版也仅印了 81 册,仅作为馈赠品。

在谈及谢阁兰及其作品,特别是《勒内·莱斯》时,有人称作者为法国的马可·波罗,甚至连一些法国人也这样认为。"谢阁兰本人十分崇拜马可·波罗,对这位 17 世纪的意大利旅行家心向往之","谢阁兰本人梦想成为 20 世纪的马可·波罗,这一点我想是没有疑问的"②。论者并且引《勒

---

① 载秦海鹰译文。
② 梅斌《〈勒内·莱斯〉译后记》。

内·莱斯》中赞扬马可·波罗游记的一段话为证：

> 这本书是异国情调的伟大圣经,不可想象的他乡征服史,世界各地的神奇探胜记,书名比所包含的全部内容还要美妙：世界的形形色色与奇观……①

通过《勒内·莱斯》,谢阁兰果真要成为20世纪的马可·波罗吗？这也许是真的。但是,维克多·谢阁兰是一个命定成不了马可·波罗的人。谢阁兰与马可·波罗并提的可比性因素实在太少。首先,20世纪提供不了足以引起《马可·波罗游记》般轰动的历史—地理条件,马可·波罗寓华在公元前后17年的时代,人类的地理大发现远未完成,因而对异国情调、风物的寻觅成为一种时尚,马可·波罗的纪行恰巧满足了欧陆人开拓新疆域、认识欧洲以外世界的欲望。这样的历史—地理条件对谢阁兰讲已不复存在。相反,在地理大发现之后,欧洲殖民主义铁蹄几乎践踏了世界的各个角落,以"纪行"来寻求轰动效应几近幻影,况且,即使文人学者也早有捷足者,克洛岱尔、圣-琼·佩斯,以后还有马尔罗,包括谢阁兰本身,更多的是进行文化探险：发思古之幽情,掘地寻古墓,或者借中国之笛吹欧人之曲以至于吹中西合璧曲,但无论如何,没有人不识时务地企图再创"纪行"奇迹成为马可·波罗第二(或"20世纪的马可·波罗")。其次,除《华中探胜》为纪游品外,其余有关中国题材的作品则都是文学作品,尤其是自称仿侦探小说、"探险小说"②的《勒内·莱斯》,我们必须记得,这是一种虚构,因此其中有关北京、紫禁城、光绪、隆裕、袁世凯等的描写不必当真,甚至勒内·莱斯形象虽有莫里斯·鲁瓦(Maurice Roy)为模特,但从文学创作的角度看未尝不是一种心造的幻影。把《勒内·莱斯》当成《马可·波罗游记》,自然也就把布勒斯特的谢阁兰看作了威尼斯的马可·波罗了,这种方枘圆凿的类比方法令人大惑不解。如果说,因为中国曾提供了谢阁兰创作的基本素材和灵感,甚至于说没有中国便没有谢阁兰的文学成就,总之极言谢阁兰与中国关系之密切,那么笔者以为冠之以"法国的中国诗人"较之"法国的马可·波罗"则更贴切、更真实,因而也更令人心服。

---

① 《勒内·莱斯》,第150页。
② 《〈勒内·莱斯〉译后记》。

《勒内·莱斯》的原型是莫里斯·鲁瓦,时年方19。谢阁兰结识他主要出自学习汉语(主要是北京话)的需要。但后来的交往却让谢阁兰吃惊,他不光是光绪皇帝的密友,而且是宫廷特别机构的头子,并且成为隆裕太后的情人,且有一女遗世。由于这种身份,莫里斯·鲁瓦成为随便出入紫禁城宫廷的极少数非皇室人员,谢阁兰之子伊冯·谢阁兰解释:"开始部分是真的,进入紫禁城也是真的",却是作为戏子进入的,"至于后面的情节,伊冯说是出于他父亲的虚构"①。

1910年,谢阁兰试图以光绪皇帝生涯为题材写一部小说《天子》,但仅留下了描写光绪十五至光绪十六年的残稿,并未成书。到了1913年,谢阁兰便动笔写另一部有关中国皇帝与紫禁城的小说《神秘御园》(《勒内·莱斯》原名),于次年元月31日杀青,1921年在巴黎付梓。可以看出,此时的谢阁兰对中国的皇宫、皇室及其主人皇帝有着极浓厚的兴趣,这里的原因有二:其一,与马可·波罗仕元17年不同,谢阁兰所在时的清政府风雨飘摇朝不保夕,勿论谢阁兰这个外国人,即便是汉人想要通过正常渠道仕清也已不大可能。但谢阁兰又不甘心做一个普通的旅人,能进入紫禁城、觐见中国皇帝成了一种恼人的欲望。因为他对皇帝有自己的理解,皇帝"是芸芸众生的最悲哀、最乏味的形象和象征","他是个牺牲品,四千年来一直被指定为上天和地上臣民之间的中介",联系到他要写的《天子》,我们便可以悟到谢阁兰的皇帝一定意味着天之子与臣民之父的双重意义,皇帝是开启中国这个东方文化宝库的第一把金钥匙。其二,也许是更重要的,在谢阁兰看来,皇帝和紫禁城意味着一种未知世界,一种相对于欧洲人生活的现实世界的浓缩着中国文明的观念世界,以已知求未知,"倾听未道之言,服从未颁之令,崇拜未竟之业。……去揭示上天所概括,人类未体察的一切奥秘"②。这是这位专攻医学却又醉心于文学的法国人终生追求的目标,愈神秘愈生僻愈有吸引力愈能激起谢阁兰的求索欲、征服欲。紫禁城及其主人所进行的一切活动在普通人看来均是不可思议、不可理喻的,这有些像迷宫中的游戏。谢阁兰太醉心于这种仪式了。

《勒内·莱斯》以"我"(即"谢阁兰")的日记构成,作为一个异邦人,一开始便表现出对"四堵墙垣之内的魔力"的神往,通过各方渠道,"我"试

---

① 《勒内·莱斯》后记。
② 载秦海鹰译文。

图进入宫内均未遂,不意却从自己的汉语教师身上找到了线索,从"一个年轻的比利时人"那儿找到了进入内宫的途径,从此开始了神秘御园里探险活动。

小说因此而出现了两个主人公,谢阁兰成为线索形式、外景,勒内·莱斯成为目标、内容和内景,谢阁兰以其日记成为小说的结构骨架,勒内·莱斯的叙事则成为小说的血肉,更进一步,我们可以看到谢阁兰的世界是一种悬念真实、具象,而莱斯的世界则是一种谜底想象、奇诡,而整个小说则是线索、悬念、形式、外景、骨架、真实、具象与目标、谜底、内容、内景血肉、奇诡、想象的完满结合。

透过谢阁兰,我们看到了北京——这个皇宫与皇帝所在地——舞台上活动的形形色色的人物、林林总总的事件,从西方商人、医生到清朝遗老、宫女、"太傅"王爷、妓女、戏班子以及华人与洋人的区别与对立。我们看到了北京全景、紫禁城、胡同、白塔、宫墙、煤山、西什库教堂,甚至于一些风俗水井的作用。武昌起义,袁世凯登基,南方省份独立,孙逸仙在海外鼓吹人权,我们也能从字里行间看出。对北京建筑,如宫墙、白塔的描写也较详备,还对"八旗""帝国十八省""五常"等有所涉及。当谢阁兰站在钟楼上俯瞰北京时,他看到"在这些虚构的或是实存的界线里扩展开来,拼成一幅镶嵌画,杨柳葱绿,殿宇金黄,民宅灰蒙,井井有条,排列在平原上"。当谢阁兰和莱斯御马至皇宫外的护城河时:

> 御河水满欲盖,如同注满天雨的水盆,水又浓又稠,饱和着泥浆和浊流;铅灰色的水面凝然无波,河水沉甸甸地——如同涂了一层防腐剂——载着宽大的翠绿色圆形叶伞:这是皇宫里含苞欲放的荷花……这里水平如镜,映照着黄顶的楼阁,可以看见倒悬着的雉堞的墙齿……

当谢阁兰叙述完上述情景后,突然说:

> 这凝然不动的重负和浓密的黄昏压不破这河水,却重重地压在我的心上……①

---

① 《勒内·莱斯》,第33页。

第七章 20 世纪法国作家与中国（一）

类乎陈子昂登幽州台而发出"念天地之悠悠，独怆然而涕下"的场景在谢阁兰登临、凭眺时常常出现，这是否从一个侧面透露出这位西方人对所追寻的东方文明的消逝感到遗憾、忧伤和感慨呢？

真正执行叙事任务的是莱斯，但在莱斯和谢阁兰之间又存在着一种"解读/构谜"的关系。小说从一开始便将一种偶然、邂逅推至读者面前：谢阁兰踏破铁鞋却发现自己身边的汉语教师正是自己要找的人。然后小说以每次约会晤谈为一个结构单位（一次一章），每次会晤都将情节推进一段却极为有限，这种写法有些像中国的章回小说，也有些像侦探或后来的推理小说，总在吊读者的胃口；而读者正是在这种期待中逐渐走向终结（即莱斯之死）。

莱斯的活动正是谢阁兰活动的延续。当后者目睹或亲临了宫墙外的活动后，进一步探索墙内的生活便成了莱斯的任务。正如《神秘御园》题目所示，莱斯的活动主要在宫闱内，这里除了花天酒地、骄奢淫逸而外，充斥着政治阴谋、暗杀、颠覆。这既表现在莱斯与隆裕皇后的私情，也表现在勒内·莱斯为首的宫廷 P. S.（秘密警察）对刺杀摄政王阴谋的挫败，还表现在莱斯对皇帝之死的内情了解（"怎样死倒没有关系。只是皇上死时身边连一个朋友也没有啊……"），更表现在莱斯等人策划袁世凯镇压南方起义上，最后，还表现在莱斯之死上（毒杀他的是别人还是他自己）。这许多疑窦迭生、引人入胜的宫廷内幕，其中最精彩的当属"1911 年 7 月 16 日"刺杀摄政王的一幕和"1911 年 8 月 25 日"和"9 月 26 日"记载的有关莱斯如何进入后宫与隆裕幽会的情景。在前一幕中，作者先写亲王宣布：摄政王在阴历六月二十日早上必死无疑。然后写秘密警察在"东牌楼"餐馆将粉红色丝手巾送给莱斯以预警，然后写搜查无结果，再写摄政王进入慈宁宫拱门时有个人不能弯腰鞠躬，是莱斯先扑上去夺下其掖在衣下的菜刀，然后再写事过后摄政王的惊慌失措，以及莱斯的泰然处之、遇事不惊的神态，环环入扣。在后一幕中，作者先写莱斯被召见，然后写莱斯如何花钱收买太监，接着作者就打住了，在 8 月 28 日、9 月 4 日、9 月 7 日、9 月 20 日 4 次日记之后才写出真正的幽会。在这些叙述中，谢阁兰大量使用"在接二连三步步紧逼的推断中，我用大量确凿的论据明确指出"，"我对这种侦探式的推理非常得意"，诸如此类的词句，并且再三称自己的小说为"神秘的侦探小说"，叙述中的一问一答和谢阁兰本人的穷究不舍的语气也加重了读者的好奇心。整部小说便建立在"——他是何许人也？——是他口中所说的他？还是他表面的他？还是实实在在的他"①这样的探询中。

莱斯的活动还正确、充分地反映出那个时代的中国社会特点：袁世凯待价而沽其实是早有所图，站在西方殖民主义立场上的那个主人公不光称孙中山为"一只广东的跳蚤"，而且针对武昌起义妄估"这只不过是一次造反"，"中国不能有革命"。当勒内·莱斯被谢问及，宫里禁止任何男人出入，你若被发现他们会把你怎么样？莱斯回答：什么也没有干，（大笑）我是欧洲人啊！而当莱斯走投无路时，是谢阁兰提醒他：听着，永远别忘记，在中国，你是欧洲人。谢阁兰接着议论道：

这是真的；他是欧洲人；这不但说明一切，而且挽救一切。②

这才是实质：晚清社会将洋人奉若祖宗，畏之如虎。即使是袁世凯，在莱斯的眼里，也不过是"欧洲人的一个发明"，"充其量不过是一具傀儡"③。反过来说：也只有那个时代的中国才可能出现勒内·莱斯这样的传奇式怪胎。即使如此，谢阁兰在书中并不止一次对勒内·莱斯的身份及所发生的事件提出疑问，全书中贯串的若信若疑、疑中有信、信中杂疑，非但没有使内容变成糊涂账，相反却更增添了读者的阅读欲望与阅读勇气。这种现代意义上的文本构造在谢阁兰也许并未成为自觉，却实现了谢阁兰认识、探索未知世界的目的。"1911年11月14日"日记可以视为《勒内·莱斯》创作宗旨的概括。在这里，谢阁兰揭示了莱斯患有一种"幻觉"症，并且间有昏迷现象，谢阁兰的发问便有怀疑的成分在内：你多次进入皇宫是不是有点受这些"幻影"的影响？但即使如此，谢阁兰还认为："他让我观看，引导我，向我公开……他确实向我打开了'神秘御园'的玉锁，他仿佛是这座'神秘御园'的主人。"但是要尽量分清真伪；分清可能与大概；分清可信与困惑。由相信到怀疑，这中间的跨度也许只有用这段话才能解释：

不应当在最不可思议的奇遇面前拒绝发表意见。不应当对神秘

---

① 《勒内·莱斯》，第107页。
② 《勒内·莱斯》，第187页。
③ 《勒内·莱斯》，第93页。

与未知的事物背而不理(引按:这是谢阁兰氏终生求索态度的概括),因为这些罕见的时刻,即幻觉要把你压得喘不过气来,而且以促使你将它与日常生活中的事实混为一谈的时刻……这已产生幻觉并且可以用手表计算的——其敲击声以后将回响多年的——几分钟,是稍纵即逝的……

这段话包含的可能意义是,对未知之物的认识不在乎采用常态的还是非常态的手法,即使像勒内·莱斯这样极不可能的叙述者,其中的认识价值也是极其可贵的。幻觉及联想既是莱斯的当然也是谢阁兰的,真实的谢阁兰以虚构手法制造出一个谢阁兰情有独钟的勒内·莱斯,这让我们想起了作者的大学医学毕业论文《精神病学在当代文学中的地位》,莱斯难道不可能是莫里斯·鲁瓦与某一病例的结合么?不可能是对某一病症的验证吗?但尽管如此,我们还得记着我们说过的话:《勒内·莱斯》根本上是一部小说,因此便意味着一种虚构,这样我们即可免责莱斯,亦要免责谢阁兰。而且要承认,谢阁兰打开了认识东方文明的一扇窄门,虽有限但亦难得。

对谢阁兰的研究离不开中国这样一个大背景。从根本上说,谢阁兰属于成就不大却极具特色的作家,你可以厌恶他但不可忽视他。即以《勒内·莱斯》言,它是晚清北京的浮世绘,直至今日,无论中外皆有相当价值,更不用说其中有关紫禁城、皇帝及其大臣、妃子的描写则更真实,可挑剔之处极少,如同马尔罗对中国的省港大罢工、大革命的阐释一样,谢阁兰作为20世纪的西方人(应该叫法国人)对那个时代中国社会的了解、观察、分析乃至于解说无疑具有不可忽视的文化意义。还不止于此,谢阁兰的中国是异国风光但又不仅仅是,它凝聚了这个异邦人对中国的古往今来的迷恋、热爱与渴求理解之情,这在他生活的时代里亦显得不易:它毕竟超脱了殖民主义的局限,显示了一个作家摆脱习惯偏见的天良。《华中探胜》《古今碑录》《历代图画》等4部著作,对中国文明、中华文化的热爱溢于言表,它们代表了作者在中国碌碌忙忙7年时间里的辛勤果实,可以想见,没有强烈的爱心与毅力,要在如此短的时间里完成如此多的著作是不可能的。诚如前面分析,谢阁兰的主要作品均与中国有关,但是要在其中找到确凿无误的历史著作式真实材料,那将是徒劳无益的。亨利·布依埃的话很有道理:"谢阁兰从来没有想过或计划过提供有关中国的形象资料。'您真了解中国!'这类的恭维最使他受不了。他在作品中所写的不是中国而是他心目中的中国。不是专断取舍的中国,这位诗人惯于在事物的景象中分辨出符号的神秘的背面。"①这也说明了维克多·谢阁兰能够成为"法国的中国诗人"而不能成为法国的马可·波罗的原因。

第四节　哦,乘黄风的远行人,你倒领略到灵魂的意趣!
——圣-琼·佩斯与中国

我被这个新的中国吸引住了,也是被我预见到的她在未来的变革所吸引。

——圣-琼·佩斯

圣-琼·佩斯的诗跟法国一切伟大的诗作不同,它不导源于单个的自我意识,也不以唯一的客体作为创作对象。它不产生于同一块老是耕耘的土壤,也不产生于相同的一定的社会结构。它为欧洲文学带来了一个崭新的诗的形式,它为法国打开了一个新的世界。②

——埃贝尔·斯坦纳

一、来自"绿色天国的诗人"

1917 年,圣-琼·佩斯(Saint-John Perse,1887—1975)被任命为法兰西共和国驻北京使馆的三等秘书时,已是一个歌唱"绿色天国"的诗人了,他是以诗人和外交官的双重身份踏上中国土地的。

圣-琼·佩斯,原名玛丽-勒内·阿列克西·圣-莱热·莱热(Marie-René Alexis Saint-Leger Leger),出生于瓜得罗普岛一个种植园主世族家庭。他的孩提时代就是在这"绿色的天国"中度过的:优逸而完备的家庭教育,自幼赋予了诗人天文地理的广博知识,而绿色的热带海岛又给了他太多的温情,培育了他太多的爱好:植物、昆虫、天象、海洋,尤其酷好泛舟、驰骋。

---

① 载《想象集·序言》。
② 《向圣-琼·佩斯致敬》(hommange à Saint-John Perse),巴黎加利玛出版社,1965 年,第 22 页。

"绿色天国"所赋予的这知识、这温爱、这嗜好,宛如瓜得罗普岛棕榈树上流淌的汁液,滋润着他幼小的心田,酿就了诗人日后采掘不尽的诗情,成全了诗人反复放歌的题材。事实上,圣-琼·佩斯正是吟诵"绿色天国"而步入法国诗坛的。1904年,他还是17岁的法科大学生时,便开始了首次歌唱:《克罗采画图》(Images à Crusoé),随后(1910年)又写下了不同凡响的《赞歌》(Eloges),以独特的歌声抒发了他对故土的纯真情思。此间,他先后结识了诗人雅姆、瓦雷里及小说家纪德,他以自己独异的歌唱跻身于闻名遐迩的《法兰西新评论》的文学圈,令世人瞩目。

在圣-琼·佩斯早期歌唱里,激荡着诗人对故乡,对孩提时代的温馨的眷恋之情,他在追寻逝去的岁月时,从未忘记永驻在内心的这绿色世界中任何一个风习世情和生活足音,歌咏本土文化无疑是其主旋律。但他的歌唱里也显现着兰波、纪德某些作品的东方色调的影响。实际上,诗人生逢的时代和他自身的际遇,决定了他不可能仅仅是本土文化的歌手,更不可能让他成为单纯的"摇篮曲"的作者。

当圣-琼·佩斯满怀深情赞歌那离去的天国时,他结识了克洛岱尔。与后者的相逢,对这位初露头角的诗人的诗歌生涯产生了深刻的影响,虽然,克洛岱尔对天主教信仰的过分热情曾一度使他们间的友情显得有些暗淡,但克洛岱尔作为外交官兼诗人的榜样力量却无时不在激荡着圣-琼·佩斯的心。1913年,圣-琼·佩斯到德国会晤克洛岱尔,后者向他讲述了他的神奇的亚洲(中国)之行,同时向他描述了外交部的朋友菲利普·贝尔代罗(Philippe Berthelot)。克洛岱尔和贝尔代罗,一个在亚洲,一个在巴黎,是凯道赛的传统象征:一切伟大的外交家,不论是现在或过去,都是以中国,作为外交家生涯的起点的,很少有例外。"到北京去",一位大使向他建议,"欧洲,意大利、西班牙可作为外交生涯的圆满结束点"。于是圣-琼·佩斯通过考试,于1914年到法外交部供职,1917年被任命为法国驻北京大使馆的秘书,踏上了东去中国的旅程。他在中国逗留了五年之久。

在北京,圣-琼·佩斯正对的是个古老而衰朽,"智慧而博学"的中国。这个中国,克洛岱尔想要纯化它、降服它、转化它,谢阁兰力图理解它、热爱它,圣-琼·佩斯则试图认识它、观察它和剖析它。身为年轻的外交官,他不喜欢把自己紧锁在外交圈内,而喜爱生活在城市的中心,与中国社会现实保持紧密的联系,他讨厌包括法国在内的西方外交代表"故作风雅"的作风,尖锐批评同僚们的与社会隔绝、思想疏懒和闭目塞听的生活方式和工作方式①,认为这种态度无法了解这个智慧而博学的中国,也无法把握其动荡变革的进程。他与当时中国政治人物经常往来,甚至跟他们一起玩牌,与他们自由地交谈,与中国思想界教育界各式人物也有着广泛的接触,与其中某些知名人士如梁启超、蔡元培等保持着相当友好密切的关系,通过他们了解中国所可能存在的新走向和新变化。而作为文明化了的"野人"(艾略特语),面对智慧的中国,从某种意义上说,他对外交事务的兴趣要逊于对中国社会风尚和文化习俗的兴趣,而作为放歌"绿色天国"的诗人,他对僻静的郊野的喜爱又胜于对喧嚣的城市的喜爱,这双重的喜爱和兴趣,使他经常跨上他心爱的乘骑 Allan,在北京郊外信步漫游,或者索性离开尘世间的纷争,关进郊外的一所"道宇"中去钻研中国古籍,做哲学的沉思和精神的遨游②,或者一任幼年时就养成的对驰骋的酷好,干脆乘着黄风,向广漠无垠的戈壁大沙海做罕见的跋涉与"航行",总之,他要多方面地对这个辽阔而陌生的东方古国做深入的观察与探索,而这种探究性的中国之行,在诗人的漫长的生命旅程中,虽然是短暂的一段,却产生了深远的影响。具体地说,至少有如下三方面的意义:(一)在华期间,他对中国文化古籍的广泛阅读与深入思考,使其在精神上受到震撼和启迪,直接有助于诗人风格的构建与确立。圣-琼·佩斯不及谢阁兰的汉语水平,不能直接阅读原版的中国读物,他是通过西文作者(西方和法国的汉学家、旅行家、历史学家和考古学家)的译作与著作接受中国知识的。他在中国期间阅读范围相当广泛,有杜赫德的《中国通志》、马可·波罗的《马可·波罗游记》、宋君荣(Pére Gaubil)神甫的《成吉思汗的历史》、维热(Wiege)神甫的《道家著作》、李明(P. Louis le Comte)的《中国新志》、格罗西埃神甫(Abbé Grosier)的《中国通志》及19世纪和20世纪法国汉学家阿贝尔·雷米萨、斯坦尼斯拉斯·儒莲、埃尔韦·德·圣德尼侯爵、亨利·科尔迪、伯希和、爱德华·沙畹、葛兰言等有关中国的文学、历史、哲学、考古学的译作和著作。这些阅读不仅扩大了他的中国知识,有助于他从中提取新的文化滋养,而且也使他获取了一个较为完整的"欧洲人的中国",即欧洲人所观

---

① 《圣-琼·佩斯全集》(下简称《全集》)(Saint-John Perse, oeuvres complètes),加利玛出版社,1972年,第810页。

② 据诗人自述,1920年6月至翌年3月,他先后蛰居北京西北郊一座"道宇"。

照所了解的中国形象,丰富和深化了他的诗的想象,为他创立"百科全书式"的诗的风格,提供了可能。(二)他在中国所做的实地考察,特别是戈壁之行,为他打开了与他曾经生活过的"绿色天国"全然不同的世界,用他的话说,"中国已大大开阔了我在这狭小星球上的视野"①,因而为他的创作开拓了新的诗情、新的题材和新的活力。驱使圣-琼·佩斯穿越戈壁大沙漠的直接原因:一是想探明沟通东西方文化通道——丝绸之路的遗迹,二是对大漠的一种神秘依恋。前者出自一种文化怀旧情绪,它是西方诗人故国情结的一种曲折反映,后者出自对大海的流连,因为在他看来,黄沙茫茫的戈壁大漠,是"对海洋的一种拙劣模仿",它那旷邈幽远无垠的空间,具有精神的象征意义和深沉的文化意蕴。因此,诗人的戈壁远游,无疑为他拓开了哲学沉思的广阔空间。正是这样,奠定诗人声名的历史文化史诗《阿纳巴斯》(Anabase)便应运而生,它所表现的探索者的远游、征服沙漠空间和寻觅通往西方②的三大主题,一再重现在诗人其他重要诗篇,如《亲王的交游》(Amitiée du Prince)、《流放》(Exil,1924)、《风》(Vents,1946)、《航标》(Amers,1957),成为诗人终生咏叹的思想主题。(三)鉴于诗人对不同于故国风情的东方文化的看重与执着,这就使"旅游者文化和政治家文化为敏感的异国情调所取代"③。在近代法国作家中,谢阁兰是第一个自觉地将异国情调作为一个新的表现手法,并把它上升到理论高度的作家,从《远古时代》(Immemoriaux)中的太平洋岛屿到《古今碑录》《勒内·莱斯》中的中国,他把异国情调从表现热带椰林的地方色彩中解放出来,扩展其表现空间。怀着惊异与钦佩的心情踏上中国国土的圣-琼·佩斯与对宗教过分虔诚的克洛岱尔毫无共同之处。克洛岱尔首先要为大陆中国"驱邪魔",在他看来,中国及其传统构成了一种阻力,他在《正午的分界》(Partage de Midi)所表现的"邪念的亚洲",旨在说明首先必须涤除原罪,就是说,在使之获得新生之前,还得让它陷入地狱,拯救它之前得先战胜苦

---

① 《全集》,第 894 页。
② 据卡特琳·莫耶(Catherine Mayaux)女士研究,"西方"在这儿"是个基本的文化概念,这吸引诗人把他的思想引向法国和他出生的海岛的神秘所在,是东西方相遇的地方,是西方文化走向东方,东方文化走向西方的交汇之地……是一个从'侵犯'变为'对换'之路,是历史传统、哲学和精神相扭结的道路。"载她的博士论文《圣-琼·佩斯作品中的中国参照》(Le Referent Chinois dans l'oeuvre de Saint-John Perse),1991 年 6 月答辩通过,第 542—543 页。
③ 克里斯蒂昂·米尔西奥(Christian Murciaux)《圣-琼·佩斯》,巴黎大学出版社,1973 年,第 10 页。

难。圣-琼·佩斯与克洛岱尔的这种又保护又专横的双重态度相反,他不试图强迫或说服中国归依于欧洲文化、宗教,而如同谢阁兰一样,要使之结缘。他的异国情调不同于绿蒂(Loti)式的那种充满闲愁敏感的闲逸情调,把自我消融在抽印度大麻者的梦幻中,也不是从一国旅行到另一国单纯的猎奇,而是一种内心历游和精神炼狱,这一点与谢阁兰相似①。他的异国情调是"时间"与"空间"上的异域情调,致力于远游、怀乡和内心探索三位一体的追求,也就是谢阁兰所倡导的"多样性的美",虽然他没有谢氏那么自觉那么系统,但他所体现的正是谢氏的原则。

当圣-琼·佩斯从绿色海岛登上法国诗坛,随后又踏上了东去中国的旅程时,波德莱尔已经将他对海岛的思乡之情跟他少年时代的短期旅行的回忆写进了诗中;兰波在《醉舟》中发出了年青的深居简出的诗人逃越的叫喊;谢阁兰刚刚将一种新的气候引入了他的诗中;克洛岱尔则冷眼观看中国;其敞开的大门,尤如一本打开的理性的书,书上写上了永生。圣-琼·佩斯充分利用了所有这些前贤与同侪的作品作参照,而中国之行不仅给了他新的知识,也给了他历游、驰骋、返想,创造了新的空间,所有这一切使他的诗趋向一种新的风格,即诗评家罗歇·卡佑瓦(Roger Caillois)所说的"百科全书式"②,就是说,他的诗不是拿尔西斯(Narcisse)式的顾影自怜,而是作为所有种族所有文化互为比照的参证。诗人在中国期间表现了巨大的创作才能,除上述的《阿纳巴斯》之外,他还写了大量的手稿:五部诗,一部剧,一部哲学著作和其他的诗片段。他是多产的,在繁忙极度复杂的外交事务中,他总是抽出时间来创作,"中国给了这位诗人的诗名和歌喉"③,这是千真万确的。

二、内心的登临:《阿纳巴斯》与中国文化

克洛岱尔曾称,难解是他的标志之一,圣-琼·佩斯没有做过类似的表述,但他却被同时代的诗人和研究者公认为是"一个难解的诗人"④,他的

---

① 克里斯蒂昂·米尔西奥《圣-琼·佩斯》,第75—76页。
② 罗歇·卡佑瓦的《圣-琼·佩斯的诗学》(*Poétique de Saint-John Perse*),加利玛出版社,1954年,转引自《圣-琼·佩斯》,第11页。
③ 卡特琳·莫耶《圣-琼·佩斯的〈亚洲信札〉》,加利玛出版社,1944年,第27页。
④ 《向圣-琼·佩斯致敬》,第19页。

代表作《阿纳巴斯》被认为是最难解的诗作。难解在于其深藏的奥秘一时难以被人破译,而这往往被认为是一部优秀作品的重要标志。瓦雷里就曾说过:"最好的作品是其奥秘保留得最为长久的作品。"①《阿纳巴斯》无疑属于此类作品。

《阿纳巴斯》写于1920—1921年间,正值诗人旅居中国期间。该诗于1924年以圣-琼·佩斯的笔名发表,顿时轰动西方诗坛,里尔克、艾略特和昂伽若第(G. Ungaretti,1888—1970)等西方著名诗人,先后撰文高度评价,《阿纳巴斯》也因此而译为德、英、意文在西欧广为传颂。自此,西方学人曾进行过无数次探索,试图叩开内中的奥秘,但是实践证明,如果不把它与中国文化背景联系起来考察,就无法对它做出正确的合理的解释。

《阿纳巴斯》除首曲与终曲外,共有十段歌组成,作者在回答他的英译者、著名诗人艾略特时曾指出:Anabase(阿纳巴斯)"这个词是就其'内心探险'这一普通的词源意思而使用的,它具有地理上和精神上的双重含义"②。这里,诗人不仅交代了《阿纳巴斯》的创作主旨和特点,实际上也给我们指出了理解这首长诗的路径。就地理意义上的探险而言,《阿纳巴斯》是"异邦人"(征服者、探索者)由海滨疆土出发,穿越沙漠、草原向内陆的远征。十组主歌是一部完整的以记游为题材的英雄史诗,威力、军事征战是歌唱的主题。它深深烙上了诗人西北戈壁之行的印记和对中国知识的深刻回忆。诗中不乏高原、山谷、山岭、草原、"死海"(大沙漠)等,更有风尘、沙石、硝烟。这是足下的黄尘:"划定通道,任何种族子民得以通行,指引那黄色足印……"(歌Ⅲ)③黄色的城:"黄城罩上阴云,全城窗户晾出姑娘家的衬裤。"(歌Ⅳ)黄色的灯光:"在昏黄的灯下,老人乱眨眼皮……"(歌Ⅴ)黄土地:"我们不思之居这黄土带,我们已领受的极乐……"(歌Ⅶ)黄风:"哦,远行人,你乘这股黄风,倒见灵魂的意趣!……"(歌Ⅷ)这分明是戈壁远征的真实写照:"我们的旅伴,强劲的龙卷风,……还有庄严的倾盆大雨,降自奇妙的实体,交织着胡砂和昆虫,都在大漠上追赶我们,……"(歌Ⅷ)

诗篇中不仅展示了这些实在的景观,也具体地触及了中国的文化风

---

① 载瓦雷里《杂记》第2卷,第1175页,巴黎加利玛《七星文库》。
② 《全集》,第1145页。
③ 本节引诗见叶汝琏《法国现代诗与古典诗》,北京:中外文化出版公司,1992年,第267—291页,载《全集》,第85—116页。

尚、生活习俗和宗教信仰,更深层面地展现中国文化风情,诸如男人清身、幼儿坟头的幼马祭、古树下的露天喜庆……诗人的想象随着"异邦人"的征途不断奔腾,时而飞到中国南方的水乡:"从破晓起,帆影下结队的人在作什么?——成袋的麦粉运到了!那船舶……"令人想到《马可波罗游记》中对北京、南京、杭州及大运河上的货船的描摹①,时而飞到中国边陲地带:"趁月色,穿越滨海省直驱我们升平闲适的国境,前迎我们成行的女儿。香缕不绝的,定以她们轻似微风的绢纱衣衫抚慰我们……"又似乎在寻觅久已掩埋在大漠中的"丝绸之路"。总之,诗人在这部独特的诗作中,如同一个漠然的宇宙造物主,老练地清点、命名、描述、展陈,有人说:"就其类引的巨大无比的大地财富和人的创造而言,就其征引的浩繁的社会风俗宗教礼仪及无穷尽的日常生活与最遥远的往事回忆而言,在我们现代文学中最接近荷马与托尔斯泰的《战争与和平》"②。这种评估恐怕不为太过分。

作为远游、跋涉的英雄史诗的《阿纳巴斯》,很使人想到《诗经》中《公刘》的叙事长诗。虽然,叙述公刘迁邠事迹的《公刘》,与表现远行人地理上和精神上的远征与探索不能同日而语,但就其地理方面的迁移远行而言,确有许多相似之处。《公刘》共六章:一章写开拔,二章写察看,三章写寄寓,四章写宴饮,五章写定居,六章写作室,层次井然,气象恢宏。《阿纳巴斯》十章,由于交织着诗人上天入地的遐想与抒怀,不可能像《公刘》那样单一有序,但《公刘》中写到的"乃场乃疆""弓矢斯张,干戈戚扬,爰方启行"拔营远行;"陟则在巘,复降在原"跋涉察看;"既庶既繁,既顺乃宣","于时处处,于时庐旅"的寄寓;以及"取厉取锻",建宫作室和"匪居匪康",不思苟安,积极进取的精神,在《阿纳巴斯》中都有类似的描写或暗示。我们知道,《诗经》的西洋译文,早有1896年在我国河间府印刷出版的顾赛芬法文、拉丁文、中文对照的《诗经》全译本,虽然时下我们还没有确证,《阿纳巴斯》的构思受到《公刘》的直接影响,但诗人客居中国时,通过他的友人、汉学家莫朗(Soulié de Morant)、伯希和(Paul Pelliot)等人相赠送的汉学著述,可能读到了顾赛芬的《诗经》全译本,因而也不排除他在构思这部巨作时有可能受到《公刘》的某种启示。

---

① 《圣-琼·佩斯作品中的中国参照》,第737页。
② 克里斯蒂昂·米尔西奥《圣-琼·佩斯》,第15页。

如果就精神意义上的历游、探险而言,《阿纳巴斯》十章组歌,又显然是一部抒怀之作。有趣的是,圣-琼·佩斯所说的"内心探险",若按道家的说法,就有"内心登临"的寓意,登,由大地而升登天宇也。简而言之,《阿纳巴斯》就是诗人上天入地的精神历游,这样,十章组歌,从构架上来看,就像"天—人—地"一个宇宙图象①。作品中领首的人(抒怀主角),仰观天文,俯察地理,究天人之际,探宇宙之奥秘,"力图穷尽一切智慧,一切宗教"②,创造了一种新的抒情方式,一种富有探奥哲理性的抒情方式。也许正是"Anabase"(ou marehe ascendante)这一希腊文词意与"道"的精神某种偶合为人们提供了一种解读契机,致使近数年来有些法国研究者尝试用"道"来解开《阿纳巴斯》之谜③。细究起来,诗人在这首长诗中创造的抒情形象,以及不着原委的抒情手法和神秘莫测的结构形式,都和"道"这个东方智慧的载体,有着深刻的内在联系,都浸润着"道"的某种影响。

《阿纳巴斯》是诗人蛰居北京西北郊一座"道宇"中构思、陆续写就的④,作为道家的精神象征,这座"道宇"在地理上又是通向中亚的出发点,连接着广漠无垠的大漠。"道宇"中笼罩着的那特有的虚静深深地渗透到诗人的灵魂,不仅激发他的想象,而且升华了他的悟性,与他的心灵做真正的呼应与交融:"这里精神罩在巨大的寂静里,处于无限的边沿,远离喧嚣的城市,夜是那样沉寂,以致可谛听到时间的流逝,而这时间的消失在中国似乎要比别处更为缓慢"⑤。在这里,"唯一能与我进行夜间对话的是一群雁,而此刻它们正低低地飞离北方这多山的中国"⑥;"在北京,当我孤独的时候,这些在中国西部或西北部延伸的大片荒僻的土地,已有好久在我头脑中引起一种近乎幻觉的迷恋。在红海岸边见到的小片非洲沙漠,从没有像中亚这片高地如此激发我的想象。与所有这种事物的秩序在我身上神秘地起作用的身体诱惑不同,令我惊异的是,一种生命,整个生命,连同可

---

① 它多么令人想到《周易》中的"三才之图"! 载《易经来注图解》(郑灿订正),巴蜀书社,1988年,第568页。
② 《圣-琼·佩斯》,第14页。
③ 弗朗西斯·普律埃(Francis Pruner)《圣-琼·佩斯的玄奥》(*L'ésotérisme de Saint-John Perse*,1977)。
④ 《圣-琼·佩斯全集》传记部分,第18页。
⑤ 《圣-琼·佩斯全集》,第846页。
⑥ 《圣-琼·佩斯全集》,第820页。

能会在我面前显现的任何超凡的陌生人,在我身上引起的内部指令的突然闯入。"①诗人在其致母亲与友人的信札中这样真切地描述他那时的亲历感受,而这些感受不仅化为《阿纳巴斯》中一种抒怀情愫,而且还足以证明,"道宇"中所拥有的那浓重的"道"的气息与诗人的精神气质是多么谐和一致。确实,"道宇"所处的地理和精神环境,为《阿纳巴斯》的作者提供了宽广幽远的时空,使之得以与天宇进行真正的心灵交融与碰撞,纯化他的悟性而终于听从"突然闯入"的"内心指令",在精神境界上获得了超升。他在致友人比西埃尔(Bussière)医生的信中这样写道:

这里是夜的空漠,或那另一种令人失却听觉的疯狂,即极度执着的隐遁和虚无,它们朝着梦幻开放直到黎明。这里是苏醒的睡眠者的无眼睑的眼睛或无睫毛的眼睑,还有在我身边,在这种对"无"奇特的嘲讽里,中国灵魂嘲笑自己不足一颗灵魂,"道"本身吞食自己的尾巴。②

在诗人发表的文字中,这是议及"道"最为明显的一段。圣-琼·佩斯在这里用一种近乎嬉戏的笔调写出了他在构思《阿纳巴斯》作精神升华时与"道"、与"虚"、与"无"不期而遇,无异于道出个中奥秘。如果将这段颇为艰涩而又诙谐的语言,用图像来表示,它可能与《太极图》颇为相似。

《易经》中的太极说③,是中国智慧的结晶,是古人本体论的源头,也是孕育老庄哲学的依据。时下我们尚无法确证圣-琼·佩斯在创作《阿纳巴斯》时是否读过《易经》,但这种偶合的本身就证明诗人与中国文化有一种内在的呼应与联系,足以深究。

如果说"道宇"的人文环境为圣-琼·佩斯与"道"做内在的心灵呼应成为可能,那么诗人对中国读物的广泛涉猎,则为他接受道教思想影响提供了具体途径。圣-琼·佩斯接受道教思想有两个途径:一是《唐诗》,特

---

① 《圣-琼·佩斯全集》,第880—881页。
② 《圣-琼·佩斯全集》,第821页。
③ 《易经·系辞上传》第12章:"易有太极,是生两仪,两仪生四象,四象生八卦,八卦定吉凶,吉凶生大业。"

别与道家思想有深刻联系的诗人如李白①;二是汉学家的著作,特别是20世纪最杰出的法国汉学家葛兰言有关中国思想的著作②。前者所体现的与道家空灵精神相一致的美学原则为《阿纳巴斯》的抒情方式提供了借鉴,后者对道家思想的解释,成为《阿纳巴斯》抒情形象的来源。据葛兰言的说法,"道"在最初出现是确立宇宙间天、地、人之间关系准则的一种方式,它对构成一切宗教势力,特别是王权,无疑是一种巨大的力量③。因此,"'道'便历史地和帝王出游的主题联在一起"④。《阿纳巴斯》中的远征者无疑起着帝王的角色,诗一开头,便是帝国成立时充满"道"之气息的仪式:

在三大季节上有幸安营,为我这片立下法律的土地,我悉心问卜。……
威力呵,你在我们夜行道上高歌!

远征者如同国王一样,一路征程,下令开道:"划定通道,任何种族子民得以通行。"(歌Ⅲ)恢复秩序:"在衰竭的国度,习俗有待恢复。"(歌Ⅵ)建立城市:"住房建造者们指出建筑的朝向和用途,阴面与默面……"(歌Ⅳ)重建省份:"阳光泛滥下拍卖了大块土地,绥静了高原又于野玫瑰庄严的郁香中悬金攻取省份。"(歌Ⅵ)而这一切,又都是在天意(大自然、太阳、风、星辰……)感悟下行事的:

赐给我们命运的,由对岸吹来的风……(歌Ⅰ)
但愿我孤身御晚风出行,和舌战的亲王们一起,跟流星殒雨同行!(歌Ⅴ)

---

① 诗人通过阿尔蒂尔·瓦莱(Arthur Waley)的唐诗英译,特别欣赏李白的《自遣》:"对酒不觉瞑,落花盈我衣。醉起步溪月,鸟还人亦稀。"
② 葛兰言的《中国思想》(La pensée Chinoise)虽然是1934年出版的,但有关道家思想的文章早已发表,而他的《中国人的宗教》(La religion des Chinois)1922年出版的,恰是《阿纳巴斯》创作前后期。
③ 葛兰言《中国人的宗教》,巴黎,1951年,第125页。
④ 《圣-琼·佩斯作品中的中国参照》,第751页。

以往的一些西方研究者对《阿纳巴斯》中的抒情形象曾产生过诸多疑惑①，如果将《阿纳巴斯》的抒情形象和道家思想联系起来考察，这些疑虑也就容易解决了。

《阿纳巴斯》是以抒发人在行动中的孤寂感为中心的，"孤寂"（Solitude）是道家作"内心登临"的特有的精神境界。诗中所写到的那"辽阔的、无记忆的牧草之乡"，既是外邦人（征服者）出游的地点，又是他内心沉思的空间，是一种"虚"的、"无形"的空间。它展示了外邦人在征程中所跨越的具体的地理道路，同时也展现了征服者认知世界、自我探索、自我完成的精神道路：

这段旅程并非徒劳，踏着声息不通的乘骑的蹄音……，在精神的黑暗国度留下许多事体依稀可寻——多少事件悠然呈现在精神王国的边疆……

于是异邦人，全身新思想的装束，在默默的征途中仍又从戎了：他眼泪盈眶。（歌Ⅴ）

诗中这种具有具体意义和抽象意义的形象相扭结的现象，从艺术论的角度看，也是对道家思想的一种揭示。因为任何一个作品都是精神产品，都是由一种内在的精神体验的具体形象所明示出来的。在诗人看来，一个旅人的日常漫步，同时也是他与宇宙相交流，一种虚的、内在的精神体验，就是说，是一种有形的、实在的自然道路，同时也是无形的、虚的精神道路，描写的景物，既是外部世界的反映，也是内心世界的反映，这种"虚""实"相统一的艺术方法，在圣-琼·佩斯所推崇的李白、杜甫那里得到了完美的表现。因此，《阿纳巴斯》从这一角度受到的道家思想影响是显而易见的。

诗人善于通过具体和抽象、外部因素与个人主观因素相结合或并列的方法，使主体与客观世界之间的相互影响变得更加明显：

为了我的牵连远方事件的灵魂，城镇的百家灯火由犬吠阵阵拨旺

---

① 如让·鲍朗（Jean Paulhan）就发问："《阿纳巴斯》若不是写一个外交官出游亚洲它会是什么呢？""《阿纳巴斯》的主人公似是三重性的，时而是军事首脑或独裁者，像成吉思汗一样，时而是诗人或历史学家，跟随主人的司书，……时而是占星家、僧侣、宗教、幻象者，察看星星，探向冒险方向……总之，三重的暧昧，难以把握。"弗朗西斯·普律埃的《圣-琼·佩斯的玄奥》，第7页。

了……

　　孤寂啊！我们怪诞的部队夸耀我们的风纪,不过,我们的心思已在他方的城下扎营了……

　　《阿纳巴斯》中的抽象的表达承担了唐诗语言中的"虚"的角色,一如唐诗中的"虚""实"起着抒情方法上的省略作用一样,《阿纳巴斯》的抽象表达则将另一面的呼唤或存在引向具体世界和具体体验的中心点：

　　孤寂啊,但见大海岛下的青卵……

　　圣-琼·佩斯就这样以唐诗为中介,接近、接受与道家精神相一致的美学原则,创造出自己的抒情方式的。不过,这里的表现方法,已不是一般意义上的作诗的"技法",它已从对自我回忆的怀乡之情,转为寻觅本体论的表现,其重心是灵魂、精神,这大约也正是诗人之所以要强调的,"诗是从心灵中获得活力,受到培育的"①原因吧？

　　《阿纳巴斯》的结构明显的受"道"的影响,特别受到了《易经》所体现神秘智慧的影响,使它因之而显得神秘。圣-琼·佩斯跟但丁一样,极其重视"数字"在诗歌内部结构中的作用,他的《阿纳巴斯》也像但丁《神曲》那样,利用"数字"确立诗歌章目,增强诗歌奥秘的象征力量。而这个"数字"的妙用,与其说是来自西方的平达体和毕达哥拉斯学说,不如说受之于东方古老哲学精神(即"道"的阴阳说和《易经》精神)的启迪。数字在我国古代并不认为是机械的、抽象的,而是有生命的、神秘的,象征天地生生不息的活动。数字在《阿纳巴斯》中亦然,它也是有生命的,一如天地间一切现象的变化,总是遵循一定的规律的,用《易经》的语言,就是"一阴一阳之谓道"(《易经·系辞上传第五章》)。数字有奇数和偶数,按《易经》,奇数属于阳,偶数属于阴,天是阳,地是阴："天一地二,天三地四,天五地六,天七地八,天九地十。"(《易经·系辞上传第九章》)以奇数的一、三、五、七、九代表天,偶数的二、四、六、八、十代表地②,由一至十象征天地阴阳自然现象。《阿纳巴斯》的十章诗歌不是一个随意性的数字(每章诗歌内的诗段、

---

①　《圣-琼·佩斯全集》,第 566 页。
②　其中"1"是指宇宙的整齐单位。

诗句、节拍及韵脚的数字亦然),都具有深刻的象征意义,象征外邦人在大地(阴)上的远征,在天宇(阳)间的精神求索。因此,如若不能解析诗中这些数字的象征意义,就无法解读《阿纳巴斯》的节奏语言,也不能了解外邦人上千求索的历程与方向。比如,《阿纳巴斯》第一章中有三段诗,"3"这个数字,象征整个宇宙:天——地——人,暗示整个中国(海岸的、陆地的、天宇的帝国),所以诗人要"记下这篇最陶醉的全民族的诗篇",而章目数字"1",亦指宇宙本体,因此,整个第一章歌唱,预示外邦人要踏上征程了,做天上人间的探索,这是全诗的纲。《阿纳巴斯》的章目数字(1、2、3、4、5,…)又和构成宇宙的元素(金、木、水、火、土)联在一起(1和6为水,2和7为火,3和8为木,4和9为金,5为土)。"尸是水,所以第一章出现"清晨的大海","人烟之上的死水"的诗句,"水"在《文王八卦图》中是坎卦,坎卦又代表北方,太阳在这方向时,已经完全沉没,在季节上相当于冬天,所以诗中写到"太阳未曾命名",标示着外邦人远行开拔的地点、时节和方向。圣-琼·佩斯就这样凭借"道"这个神秘的智慧载体来营造他自己的颇为神秘的诗国的,我们也只能由此切入,方能解开内中的奥秘。如此,第二章,"2"属火,南方,夏天,诗中写到"正午""白昼","铺晒着洗了的头人的衣裳"。第三章,"3"属木,东方、春天(欧洲人往往把夏天跟春天联系在一起)。第四章,"4"属金,西方、秋天。第五章,"5"属土,在地中央,这样,第一至第五章,表示外邦人(或国王)在大地做由南到北,由东到西的远游,第六至第十章,则表示"外邦人"登上天庭再回到大地作精神遨游与"Anabase"这一题旨原意完全相符①。整首诗歌十章的章目数字及描写的具体内容、创造的象征形象,又能从《八卦图》神秘的象征数字中找到相一致的说明。

所有这一切表明,《阿纳巴斯》确实是一部独特而富有革新的作品,它是由多种文化传统所培养的,给它以滋养的不仅仅是法国和西方的文学和诗的传统,而且还有东方,特别是中国文化。

三、回忆、想象与诗情相结合的果实:《亚洲信札》中的中国形象

收入《圣-琼·佩斯全集》的《亚洲信札》总共 39 封信,其中写给他母

---

① 弗朗西斯·普律埃《圣-琼·佩斯的玄奥》,第 26—38 页。

亲的有 27 封,居于集子中心地位,前 6 封是他到北京时(1917 年)写给外交界朋友的,还有 1 封写给诗人瓦雷里的,后 6 封则多系致他的私人朋友的,如文学界朋友纪德等人的,是他居留中国最后年代(即 1921 年)写的,诗人在这些信札中描述了他在中国这样一个特定时期的生活,为我们提供了他生命中另一个侧影,同时触及了中国政治、文化、风俗等诸多方面的内容,因此,无论是从了解其人本身的角度,还是从了解他与中国关系的角度,《亚洲信札》都是值得加以研究的重要文献。

编写《亚洲信札》一事是由作者本人 1960 年与加利玛出版社议及的,1972 年编成,前后达 12 年之久。诗人当年在北京写的信函,绝大多数已经流失,收入《圣-琼·佩斯全集》的这些函件,绝大多数是作者"重写的"。① 换言之是"重新创作的",因此,这些信与其说是诗人生活的文献,不如说是他的一部文学作品,是回忆、想象、诗情相结合的果实。

采用书信体的方式来描述东方文化和中国形象,在法国文学史上不乏前例,单 18 世纪就有孟德斯鸠的《波斯人信札》和阿尔央斯的《中国人信札》,不过,孟德斯鸠和阿尔央斯都未曾涉足中国,他们笔下的东方文化和中国形象,都不过是他们自己所构想的产物而已,与实际的中国相距甚远。与《波斯人信札》和《中国人信札》不同,圣-琼·佩斯的《亚洲信札》是作者旅居中国期间的实际生活的"回忆"与"复现",这就使他笔下的中国形象具有相对的真实性。由于这些信函绝大部分是"重写的",诗人需要揣摩收信人的身份,设想对话者的兴趣,致使他对中国生活的复现,情不自禁地从收信者的角度加以观照,所以,在这些信件中所呈现的中国形象,很难说真正由他自己的观点出发,总是混杂着交谈者的观点,带有想象的成分。这是致一位欧洲女士的信:

不,亲爱的朋友,无须到这儿来。因为对您实在收益太少了……对整个衰竭的中国来说,您精力过人,阅历丰富。中国,只不过是充满

---

① 据卡特琳·莫耶女士研究,在 36 封信中除 1921 年 2 月致居斯达尔-阿道尔夫·莫诺(Gustave-Adolphe Monod)、1921 年 2 月 25 日致雅克·里韦尔(Jacques Rivière)、1921 年 5 月 10 日致纪德的 3 封信外,其他都是重写的。对此,她进行了仔细考证,提出许多确凿的证据,证明许多信函都是诗人重写的,如 1917 年 1 月 3 日致菲利普·贝尔代罗的信中已经提到"列宁主义"这个词,这是完全不真实的,而事实上,"列宁主义"一词是斯大林 1924 年才首次使用的。卡特琳·莫耶《圣-琼·佩斯的〈亚洲信札〉》,加利玛,1994 年,第 13—14 页。

尘埃的国土,黄尘随西风飞滚,土地的消蚀贫瘠与岁月俱增。在这儿,请别拿欧洲的眼光来看亚洲的消极景象……至于谈到种族和血缘问题,我们完全忠于那份赋予我们欧洲的男女们的美好情感。对鸦片或者对中国丝绸整日的梦想,您不比我干得更出色。您对一切否定的、懒散的或称之为舍弃潜逃的患遗忘症者来说,过于健康有力了。中国的时间,无冲突的空间,及其一切恪守中立也都不适合于您。①

显然,呈现在这儿的中国景象,多半是收信人欧洲女士心目中所可能有的,与这位女士的性格相背,却与她的想象相符。同样,在致瓦雷里的信函中,圣-琼·佩斯力图讲明瓦雷里本人面对"新的中国"可能感受到的种种惊诧,力图论及有关"接近于"这位玄奥的心智诗人心目中的中国主题:

新中国以它与18世纪法国哲学思想以及奥古斯特·孔德可悲的实证主义的联系使你大吃一惊;但那里只是假借的文化,它长期以来让位于卡尔·马克思和恩格斯。这些旧中国理性主义的连续保护层并不改变中国精神的机械论自身和特别的根基。您肯定从中感到差距程度和折射率:旧中国的精神逐渐发展与其性格的骤变,对我们来说,似乎总是有点"偏差",而这甚至吸引人、往往使人振奋的。他们的逻辑思考一点也不同于我们的逻辑,他们的范畴与我们也没有相通之处。他们的数学是不同的,同样,他们的时间推算法或他们的制表在所有内容上也不同。他们的音乐体系或他们的绘画透视法也不同。他们的辩证法是不连贯的,使他们本能地脱离任何教条主义。怀疑一切是他们唯一的精神律条。矛盾对他们来说是第二自然。对他们来说,似乎在任何知识上,反面就等于正面。他们在任何情况下有快乐的天性,他们并不使我讨厌。

在中国人脱离常轨的思想中,有一种比他们的纪律或他们的不连贯有时候更使我着迷的东西:潜意识的各种关联的一种自然的开放。它使这些天生的理性主义者成了一种超理性主义的最初实践家……

金钱的操纵手段是首要大事。对一切唯灵论都不在意,对任何玄觉无动于衷,这个极易于交往的民族大概在世界上独一无二的,在那

---

① 《圣-琼·佩斯全集》,第890页。

里宗教愿望似乎从未存在过——这一点又使这个民族更加迷信。

诗歌对中国人来说,简直可以不谈。我们往昔对诗歌原则的种种争论根本不适合:中国诗歌概念一直顺从于最刻板的遵循惯例的礼节,对诗歌奥秘的自身来源仍然是完全陌生的。①

我们无须用政治标准来判断诗人对中国的看法真实与否,况且,他在这里所描写的中国,很难纯属他个人的观点,他力图揣测、把握收信者——这位从未到过中国却始终关注中国的西方文化巨子的兴趣和个性,他在信中想方设法替收信人说话,从收信人的角度加以想象、描述。这样,他在描写中国景观的同时,也就描写了收信者的形象:重理性、重心智、重玄奥。圣-琼·佩斯在此信末尾提及他要送瓦雷里一尊中国青铜器的浑天仪,这也就暗示了这位心智诗人的高雅的情趣和精雕细刻的诗风。由此可见,收信人的身份和个性常常决定了诗人写信的内容,使得他的《亚洲信札》呈现多样化的个性来,有的雄辩,类似马尔罗的风格,如致菲利普·贝尔代罗的信;有的精巧,如致母亲的信;有的则十分文学化,如致约瑟夫·谷那哈(Joseph Conarad)的信,总体上趋向诗化的表现,从中反映出来的中国形象,也就具有各种不同的色调,这里面既有诗人通过收信者这个中介所做的种种想象,又有他客居中国的实际生活的体验,很难说是纯粹意义上的诗人眼中的中国。

那么,哪些形象纯属于诗人个人的观照呢?就是说,《亚洲信札》中所呈现的中国景观,哪些是直接来自他在北京的居留、到蒙古戈壁沙漠远游的回忆?集中涉及沙漠远游回忆的至少有三封信:一是1921年2月26日致约瑟夫·谷那哈的信,二是1920年5月4日和6月5日致他母亲的两封信。在前一封信中,有关蒙古远游的,只限于这样一些文字:"我本人所能发觉的神秘事物,在亚洲高地……","在戈壁沙漠碰到的牵骆驼人的眼光中,我有时感到突然发觉像是来自大海的人的目光。况且我是从沙漠边交错而过的","在这儿,大地无边无沿,是人们对大海所能想象到的最美的幻影"②。信中所描述的沙漠空间,实际上是未规定范围的广阔的空间,时而称"西部""中国内地""中亚""亚洲高地",时而称"中国内地高原"、

---

① 《圣-琼·佩斯全集》,第 823—824 页。
② 《圣-琼·佩斯全集》,第 888 页。

戈壁、蒙古，唯一出现的具体形象是穿越沙漠的轿形两轮车①。因此，在这封信中，对沙漠的回忆，不能简单地归之于诗人的戈壁之行的复述，他对中国的描绘既立足于实际的生活体验又立足于对中国知识的回忆，他在这儿所提供的中国景观，是他在中国不同地区所观察到的或实地见过的景象的综合，也是他的书本知识的综合②，是通过回忆、想象等方式而重新加过工的综合景观。在后两封信中，即给他母亲的两封信中有关蒙古之行的描述较为详细些，有这么两段文字：

> 北京，1920年5月4日
> 已经定了，而且也已准备就绪：五天之后我动身去卡甘（Kalgan），在那儿我将开始出游内蒙古，我将穿越戈壁沙漠，直达这游牧国家假想的首都乌尔加（Ourga），距俄国边境不远。从那儿我打算向西边延伸，尽可能地骑马远游，以便研究一下有无可能通过新疆或中国突厥斯坦（Turkestan）旧日的小径返回欧洲。③
> 北京，1920年6月5日
> 我刚从蒙古回来不久。真是绝妙的旅行！此次远游从各方面讲都是一次完满的成功的远游，引人注目，甚至引人入胜，对此，我还依然怀有巨大热情。"人类的经验"将我引到那儿，比精神还要辽远得多，以致我无法达到：那是精神的边沿回忆将不可能从我心中抹去。
> 从动物方面来说，我与狼群交错而过，我碰到了一些大野狗，在我看来，它们天真无害，甚于羚羊。④

即使这样具体地提及他的蒙古之行的文字，也仍然是启示更多于讲述。第一封信中，只是勾画出了他的蒙古之游的路线，而这也是西方探险者和他的同胞曾经走过的路线。第二封信中提及诗人此行的印象，除了途中与狼群和野狗相遇外，他什么也没有讲述，究竟如何穿越戈壁大漠，他提供的具体描写、具体回忆极为有限，尽管他保留了这方面的大量的实物和

---

① 在诗人留下的遗物中，还保留了这种轿形两轮车的木雕品。
② 诗人仔细阅读了西方旅行家有关著作，如旅行家维克多·曼昂（Victor Maignan）、莱斯当（Le Comte de Lesdain）伯爵旅游蒙古的著作。
③ 《圣-琼·佩斯全集》，第880页。
④ 《圣-琼·佩斯全集》，第881页。

图片,并阅读了有关的游记和著述,做了详尽笔记,但他并没有在信中加以征引。他采用一种简略的手法,"把我们带到叙述或描写的'边缘',但不表现任何一个具体回忆"①,从某些限定的、甚至是抽象的形象,或从某些有力的而不是描述性的表现(如'精神的边沿')出发,加以启示、想象,为我们提供他眼中的中国形象,来营造属于他个人的神话,并由此来激发人们的好奇心,这是诗人惯用的那种若隐若现的神秘的表现手法。

圣-琼·佩斯对中国内地的描述也采用了同样的简略手法,他所说的"中国内地",仅仅限于北京及北京地区,这是他在信札中唯一指给人们看的中国景观,在任何时候他都没有把我们带到北京以外的地区,比如大运河,南方水乡稻田,云南地区(那时正是法国的殖民地)等。因此,他所创造的中国景观,从地理空间来说,也是不完整的,大大简略了。信札集中描述的是北京城北方和西北方的景象,即"道宇"周围地区的景观,因为它与万里长城联在一起,但诗人并没有提及长城,仅限于地理学方面的特征:北方的中国大平原,在西方和北方的巍巍群山,与蒙古相连。这在他致母亲的信中多次提到的:"北京四郊的巨大的黄土平原","城西北方的半沙漠的广阔空间",在"北京西北方巨大无比的岩石地区",耸立着一座"道宇"。即使这一被作者着意描写的景观,经过他的想象与抽象,也让读者慢慢感到它远离了,最后消失了,变成了超越时空、超越历史的神秘的梦幻似的景象:

> 在那边,高地重叠,西北是朝向蒙古新疆的巨大山口,那里有些地方留下了最初的沙漠旅行队的踪迹。更远处,那尽头,是"无",不真实,遮住地平线的是永恒的目光,在这一切之上是亚洲高原的不变的时间,从那里,古老的游牧帝国及其无标志的道路,已经踪迹全无了。②

就是说,时间已经吞没了一切。诗人曾经说过,"从没有像中亚高原能如此激发我的想象"③,这样他在《亚洲信札》中所描写的中国景观,只限于黄土、黄风,限于没有生气的、一望无际的沙原,限于最抽象的、无遮盖的精神国土的形象。这种观照完全符合他的审美原则,他对简约和抽象的浓厚

---

① 卡特琳·莫耶《圣-琼·佩斯的〈亚洲信札〉》,第257页。
② 《圣-琼·佩斯全集》,第822页。
③ 《圣-琼·佩斯全集》,第880页。

兴味,致使他对中国景象做这种综合的观照。

圣-琼·佩斯在信札中具体忆及北京的也极少,唯一的一处是给纪德的信,但也未提供什么具体景观,只是意味深长地称北京是"超越时空的天文学的首都",是"绝妙的抽象",是"为了营造那精神的最后杰作的一个石场",是"这个世界中最后一个'几何学的所在'"①。相比之下,诗人对中国社会,对都市生活的描写倒是比较明确,而这也是通过一些具体事物暗示出来的,诸如都市的夜生活、进剧场、下棋、抽鸦片、大街上的葬礼礼仗、城市上空飞鸣的鸽群、商行、店铺、算盘……虽然简略,倒是多方面地触及了那一时代旧中国的都市风情和文化习俗。在信札中,诗人花了不少笔墨写到了中国社会、政治,与收信者进行了广泛的讨论。他以当时在中国出版的外文刊物《北京政治》为参照,自由而明确地表达了自己对中国的政治见解②,并在他致母亲的三封信中③,介绍了与他过从甚密且有代表性的三个人物:陆徵祥、梁启超和邓伯昭夫人(音译)④,目的在于为西方读者提供他所了解的中国知识分子生活和政治生活的图景,他通过这三个中国人在近代中国政治舞台上扮演的不同角色的介绍,对中国的政治问题做出了完全属于他自己的思考:他赞成那些发展中国民族主义的人,赞成他们强调中国要成为一个真正的、独立的、勇敢的国家,而不要沾染西方列强的忧虑的主张,中国应当保留厚古的一切形式,断然拒绝过分夸耀模仿西方模式(包括法国模式),而要保持她与自己的土地、自己的历史密切关系⑤。此外,中国社会各阶层人物,特别是都市手工业者和其他下层人士,如苦力、船夫、人力车夫、马夫、漆匠、关亡人、仆役等都在他的信札中留下了或明或暗的身影,诗人与其中一些人还有相当多的交往,存在着某种亲善的默契⑥。但中国社会在诗人笔下,很少得到真正的描绘,往往被作者用一些笼统的、抽象的、有时是贬义的字眼加以指称,被视作一个模糊的群集。中国的阶级在信札里,也只限于掌权者和平民,其他社会阶层形象几乎没有涉及,这种简略也如其他中国景象的简略一样,是由诗人的选择和他所

---

① 《圣-琼·佩斯全集》,第895—896页。
② 卡特琳·莫耶《圣-琼·佩斯的〈亚洲信札〉》,第51—75页。
③ 即1918年12月,1918年12月27日,1919年5月17日的三封信,分别载《圣-琼·佩斯全集》第863—866页,第866—868页和第873—875页。
④ 中国驻法大使裕庚的次女容龄。
⑤ 卡特琳·莫耶《圣-琼·佩斯的〈亚洲信札〉》,第99—100页。
⑥ 《圣-琼·佩斯全集》,第862—863页。

愿意保留的回忆所决定的,也是由法国人在中国实际的生活圈所决定的。

1909年,圣-琼·佩斯在写给朋友居斯达尔-阿道尔夫·莫诺的信这样说道:"亲爱的朋友,当我想念你的时候,我就欣愉地想到,我们从未写真正的'信',用一句不好听的话说:而是写一些像'文学'发出鸣响的东西。"①我们赞同法国学者卡特琳·莫耶女士的看法:应当把《亚洲信札》当作一部文学作品来阅读,通过这部优美的散文所透视出来的中国形象,我们不仅可以了解身为诗人兼外交官的圣-琼·佩斯本人的中国观,而且还可以了解与他同时代的法国人对中国有着怎样的想象和观照,这就使得《亚洲信札》兼具重要的文学意义和文化意义,值得我们重视。

第五节 云游四方的诗人
——亨利·米肖与中国

> 当我看到印度时,当我看到中国时,我第一次觉得世界上有些民族是值得真正存在的民族。我愉快地扑进这个现实,深信自己能带回很多东西。
>
> ——H. 米肖

一、永远的行者

亨利·米肖(Henri Michaux,1899—1984)终生都在行程中。

自1927年开始,米肖几度云游世界,足迹遍布世界:南美洲、北美洲、西非、亚洲都曾涉足。1930—1931年间,米肖到过东南亚、印度、中国、日本和锡兰等地,他广泛接触了远异于本土文明的另一种文明,创作上呈现出崭新局面。

由于各种原因,亨利·米肖成为一个沉默寡言的作家,长期以来,他淡泊功名,懒于交际,很少谈及自己的往事,更不愿撰写自传、年表,甚至厌恶照相,因此米肖长期以来成为一个神秘的、足无定所的云游僧。导致这种状况的原因是,童年时的家庭生活缺少乐趣,他孤寂的性格与家庭成员多

---

① 《圣-琼·佩斯全集》,第654页。

有抵牾。他后来回忆说:

> 回顾童年,我仿佛又成了父母亲身边的陌生人,刚会说话时,我就称自己是捡来的孩子。稍后,我的言语少了,对什么事都不予理睬,在生活面前,我咬紧牙关。

童年如此不和谐的生活给他终生创作打下了深刻的烙印。第一次世界大战爆发时,他才15岁,残酷的人类角斗无疑又给这个孤僻、敏感的少年留下了噩梦般的印象。他开始爱上文学,作为比利时的后代,他喜欢瑞斯布鲁克、赫罗,也仰慕托尔斯泰、陀思妥耶夫斯基。中学毕业后,他放弃学医念头,当上水手,开始了大西洋云游。此时突然读到了法国诗人路特烈阿蒙(Lautreamont)的《马多罗之歌》,"发现了文字的惊人的震撼力。虽然自己也因而跃跃欲试,但距离真正从事写作的意图是很远的"①。这期间认识了赫伦斯和勃朗两位作家,经其鼓励便写了一些寓言、政论性短文,先在赫伦斯主编的《绿色唱片》杂志上发表,继又在《南方杂志》《新法兰西评论》上发表。从发表第一篇作品起,米肖便流露出强烈的个人色彩,"风格怪诞"②,令普通读者咋舌。1927年,得遇另一名以怪诞风格见长的大诗人于勒·苏佩维埃尔(Jules Superville 1884—1960),苏氏亦曾远游南美。通过苏氏,米肖得以结识了大批艺术家、文学家,亲自操起画笔,诗画并举。1929年丧父,10天后又丧母,其悲痛可想而知。1941年,经纪德举荐,诗人得以扬名文坛。1944年,名批评家布尔特雷(Bertelé)推出了米肖研究专著。第二次世界大战中及以后的一些日子里,亨利·米肖再次遭受打击,其中包括其妻不幸死于火灾(1945年)。这更进一步铸定了诗人静默个性。50到60年代,诗人不再云游世界各地,而且开始借助于鸦片进行心灵世界的神游探险,再后来,70至80年代,诗人转而写作一些带有东方色彩的哲理作品。到1986年发表《迎头痛击》止,亨利·米肖80余的高龄计有40余部作品问世。

---

① 程抱一《法国七人诗选·米肖》,湖南人民出版社,1984年。
② 《法国七人诗选·米肖》。

在法国人眼里,米肖是以创新者的面孔出现的。① 他的世界旅行的成果包括游记、日记、探险报告、航海日志等。1956年后的内心世界探索则产生了诗、寓言及散文。米肖也与波德莱尔、戈蒂耶、克洛岱尔、马尔罗等作家一样对东方感兴趣,但这些作家对东方关注更多的是"文化":语言的神秘、困难、古怪,异域风情等。米肖却不同,他一直以"发现者"自居,当他对旅游实地失去兴趣时,他便写一种内部的、想象的游记,"我从遥远的地方给你们写作",这地方便是大家都生活的,却并不知道的心灵世界。这些著作有《心中的远方》(*Lointain intérieur*)、《封闭的生活》(*La vie dans Les plis*)、《难以描述的地方》(*Lieux inexprimables*)以及《幻觉》(*Apparitions*),等。在这个介乎感觉与梦想的世界里,有黑夜及噩梦,有恐惧和威胁,有侵袭和折磨,"一切都在没完没了地重复"②。

在借助于麻醉品写就的作品里,有《可怜的奇迹》(*misérable miracle*)、《骚乱的无限》(*L'infini turbulent*)、《精神的巨大考验》(*les Grandes Epreuves de l'esprit*)等。和波德莱尔及兰波一样,米肖作品中反映的是潜意识的世界,对此米肖本人有精彩解说:

> 我想揭示"正常",被埋没的、意想不到的,难以置信的,异乎寻常的正常。不正常使我认识了正常。

这便是奇幻的诗人米肖。在他眼里写作始终是一种试验的工具,本身和其他试验一样。"米肖不是一位'艺术家',而是一位探求者。"③作为个性突出的作家,米肖较早显示出对现代写作——无作者作品,或者要求读者主动参与完成——特点或方法的敏感:作者在作品中生活,但并不定居。或许,"你也可以试试"④。

诗人晚年变得更加好静,在对华裔学者程抱一的谈话中曾说:"每周

---

① Jacques Bersani, Michel Autrand, Jacques Lecarme, Bruno Vercier, *La littérature en France de 1945 à 1968*, Bordas. 引文载贝尔沙尼、奥特兰·勒卡姆、维西耶合著《法国现代文学史》(孙恒、肖旻译),长沙:湖南人民出版社,1989年。
② 《法国现代文学史·米肖条》。
③ 《法国现代文学史·米肖条》。
④ 载《法国七人诗选》。

中,我定有一天完全静默,不接电话,不见人,一句话也不说。"①

这是中国老庄的无为而为还是印度佛教的参禅求悟呢?

二、让我迷失在远方:米肖在中国

米肖在《厄瓜多尔》中曾经说过:"没有一个地方使我欢喜:我就是这样的旅行者。"②米肖在对程抱一的谈话中亦曾说:"我当初去跑世界正是为了拒弃传统与所谓'文明'。"③

那么,法国诗人亨利·米肖的理想国到底何在?这便是中国和印度。

1931年,亨利·米肖来到亚洲,足迹遍及印度、中国、日本、朝鲜、马来西亚、锡兰诸国。由于着迷于古老亚洲的宗教与文化(具体而言,前者指印度,后者指中国),诗人将其游记命名为《一个野蛮人游亚洲》。出于对衰落的基督文明的怨怼和厌恶,诗人将包括自己在内的西方文明人看成野蛮人。该书中有一章《蛮子游中国》占全书五分之一,米肖对中国的道教、书法、绘画及戏曲有深情的述评,同时也以一个旁观者的立场对中国人长期积淀的缺乏独创、过分内倾、迷信权威等人性弱点表达了见解。

总体而言,像亨利·米肖这样注重思辨,长于我行我素的诗人应该是比较封闭的,然而"东游记"给他的创作留下深刻影响,主要表现在三个方面(以下引文均见1980年2月21日诗人与程抱一的谈话)④:

(一)生长在此国,我对弗拉芒画派是很熟悉的;特别爱好布勒格尔的写实兼想象的画。但基本上我不喜欢油画,对水墨则非常敏感,这也是我对中国画和书法欣赏的原因。

严格地说,中国绘画与中国哲学有很大的相通之处。天、人思想引发出天工与人造、神与意(绘画讲究达意畅神)、神与形(以形写神,形神兼备)、造化与心源(外师造化,中得心源)以及意存笔先,画尽意在。它强调的是心理真实而不是油画的物真实,强调的是心理色彩而不是油画的色

---

① 载《法国七人诗选》。
② 《法国现代文学史·米肖条》。
③ 《法国现代文学史·米肖条》。
④ 载《法国七人诗选》。

(彩)真实。欣赏中国画往往要凭"意会""悟"。亨利·米肖首先是一个杰出的画家,对中国绘画的情有独钟既可看作是职业本能,更应看作是对中国文化本身的热爱。

(二)三十年代我到亚洲去,接触到那样迥异的文化,我心胸中许多固有意念均被打破了,尤其是在艺术上。我发现艺术形成的可能性太多,我也发现各种艺术形式之间互相沟通。深深吸引了我的:爪哇的音乐、印度的舞蹈、中国的戏剧。

中国的戏剧,这里当指京剧。从米肖的叙述看,他主要是从"艺术形式"上接受中国戏剧。唱、做、念、打并重,加上大量虚拟性的程式化动作使得京剧在异国人眼中变成了技艺高超的杂技。和绘画、书法一样,中国戏剧的重点也在表现而非再现,重在会意神似而非描形摹状,这和西洋话剧直接、逼真地再现生活的不同,米肖之对中国戏剧之新鲜感、惊喜感,当视为他想跳脱西方文明的浸淫寻求新启悟的一种努力。

(三)中国人有简朴自约的传统。在哲学上,他们寻求处于生命的根底层次。幸福的时候不过分高傲自满;灾难的时候也承受得起。

从米肖的叙述及其作品看,这里的哲学似指道儒两宗:寻求处于生命的根底层次当指庄老学的"道"观念。"幸福的时候不过分高傲自满;灾难的时候也承受得起"当指孔孟学的中庸之道。从各方面看,亨利·米肖对中国哲学感兴趣重点还是在老庄,也许始自"哲学日历上的最高殉道者"普罗米修斯,中经弥尔顿的撒旦直奔罗兰的克利斯朵夫,西方文明提供了太多的充满阳刚亦很崇高的角色,然而基督文明却衰落了。东方哲学中极少前述色彩,庄老哲学提供了无为而为、顺乎自然、以柔克刚等充满阴清之气的世界观和方法论,必然会给世纪末产儿的米肖以崭新感受,"我所获得的不限于一些题材,而是一种新观照,新语言"[①]。米肖举了这样一个例子,他不久前曾看过一段有关中国科学家的纪录片,从他们"讨论问题时那种不摆架式的神情可以看出,他们每一个人一方面意识到在学问上的成

---

① 程抱一与米肖的对话,载《外国文学研究》1982年第4期。

就,一方面也自知局限、脆弱,所以表现出非常自然的谦逊"①。在这里互相沟通的也许是对人世"今世殊死者相枕也,桁杨者相推也,刑戮者相望也"②,"窃钩者诛,窃国者侯"③的现状以及人在这样的现状面前无能为力的悲观的共同看法:庄老之学给亨利·米肖提供了一个排遣积郁、疏导块垒的方法。

而且,老庄哲学还深深影响了亨利·米肖的创作。

三、在东方文化背景下的创作

米肖作品的大部分是在中国之行(1931年)后完成的。比起其他人,他的论诗观点更接近老庄、司空图、严沧浪诸人。他曾经说过:

> 我不懂做诗,不认为自己是诗人,第一个说这句话的并不是我。诗的激情、独创性和音乐性,永远是无法估量的。它存在于任何事物之中,在一幅画、一张照片、一间陋室里,诗情或许更浓。我觉得最坏的是所谓的刻意雕琢。诗是天然的厚赠,它是天籁,不是功夫,抱着满腔做诗的雄心会使诗意全无。

米肖的话有三点值得注意,一是他本人作为苏佩维埃尔的弟子不可能不受象征派诗人的影响(苏本人即深受象征派熏陶),这段话强调诗的"音乐性"便是明证。二是象征派晚期的一代宗师瓦雷里,诗作中颇富哲理,强调诗的技巧、反对浪漫主义的滥情及矫情,而米肖则明确声明反对雕琢,声称诗是天籁,不是功夫,和大师背道而驰,其中必有原因。三是反对瓦雷里式的追求纯诗做法的并不止亨利·米肖一人,克洛岱尔也竭力反对瓦氏造诗法。无独有偶,克洛岱尔也是个东游者,中国文化(哲学并美学思想)的浸淫不可忽视。这可以引出如下结论:亨利·米肖们接受了中国哲学的某些部分并将之应用于诗创作上。因为亨利·米肖一再声称他对中国哲学的钟爱,而且在他的文章中间或也流露出老庄的观点来:诗乃天赐天籁,倘

---

① 《法国七人诗选》第117页。
② 载《庄子·在宥》。
③ 载《庄子·胠箧》。

有意为之则失却诗。《庄子·齐物论》中也有相同的意思"夫大道不称,大辩不言,大仁不仁,大廉不嗛,大勇不忮"。《天道篇》亦有"休则虚,虚则实,实者备也。虚则静,静则动,动则得也"。当然,这也并不排除另外一种途径,即米肖是通过"庄禅诗论"集大成者的严沧浪、司空图直接将中国诗论化为己有,例如"羚羊挂角,无迹可求",例如"不着一字,尽得风流"。米肖曾举例说:

> 中国的绘画、戏剧,尤其是文学,显示着一种极端的含蓄,一种内在的空凹。……中国的画主要是山水画,景物的生动性不是靠它们的厚度和重量来表现,而是靠他们的形线。中国人具有把事物浓缩到最具含义的事物的才能。

亨利·米肖还说:"如果描写的是逃跑,什么都可以表现唯独不表现逃跑。比如出汗或者左顾右盼。但唯独没有逃跑。"这种"不着一字,尽得逃跑"的写法不正有庄禅入诗的韵味吗?米肖的"诗是天籁,不是功夫"脱不了这种影响的干系。但是米肖对老庄的看法无疑具有一个局外人旁观者清的独到之处:

> 老子投给我们一个大石块,然后扬长而去。然后,他又投下一个大石块,然后扬长而去。他所有的石块尽管很硬,却都是果实。当然,阴郁的老圣贤是不会为我们剥那果皮的。

这段话反映的事实是:亨利·米肖面对老子就像面对无法逾越的冰山,于是他一点点探险,终于也还探出些胜境来。可以推测,作为一个不够格的汉学家,对老庄的解读主要还限于文字攻关(即文风),但即使如此,他也较其他接触过老庄的西方人对老庄的体悟更深些,因为亨利·米肖的个性、思维方式及美学趣味和老庄具有更多的相通之处。老子哲学中的要义是"无为而无不为",亨利·米肖的理解是:

> 隐去了你的存在和行为,世界便会朝你而来。

米肖确实忠实地履行了他的诺言:他生性沉默,不长于社交,每周总有一天沉思默想。在作品里追求个性独标、不从众更不媚俗。大概正因为此,米肖反而实现了自己的人生目标:世界渐渐认识他了①。

米肖年少时饱经忧患,成年后又丧爱妻,加之生在世纪末,因而对人生的看法更接近于加缪、萨特。于是作品中出现了大量奇幻、凶险、烦躁的场景,在风格上凸现成一种怪诞。庄子曾经说过"生为附赘悬疣","死为决疣溃痈",在米肖的眼里又何尝不是如此,米肖和庄子一样,因为屡遭打击所以常常疑惧不定、惶惶不可终日。《庄子·山木》上讲,一家主人杀死一只不鸣的雁(除劣),但在伐木时却伐去了修长的有用之材(除优)。庄子因而不知道自己的适从。米肖亦处于这样的困境中,文学便成了"驱魔"(exorcisme)的良方:

> 驱魔,这反击式的攻力,是被囚者唯一所能的,是他所能做出的真诗,把无限强烈和文字的敲击结合起来,直插入伤痛与黑念头的中心,致使那逐渐消融的"恶"被一种轻盈魔媚的圆体取代。②

米肖甚至认为:

> 大部分现代诗,寻求解脱的现代诗,都具有驱魔的作用。是取巧式的驱魔,利用梦幻、想象,利用那由潜意识巧妙透过想象而织成的自卫式梦幻。不只梦幻,还有其他形形色色通向自我解脱的思想。③

米肖的魔是心灵之魔。驱魔实际上等于救心:疏导并使之平衡。这便涉及米肖的驱魔方法,其中有一种便是寓言——宽泛意义上的寓言,即借助形象化的手段表现抽象的哲理,庄子为文以虚构寓言为主兼用譬喻,风格诡奇,汪洋恣肆。米肖在此意义上是否也受庄子的影响?

Articuladons 是米肖的创新诗,诗中的文字大多数是米肖自创的,虽是法语却实同天书。中文适译如下:

---

① 文中所引译文,均为秦海鹰所译,载《国外文学》1991 年第 2 期。
② 杜青钢《亨利·米修》未刊,四川外国语学院。
③ 杜青钢《亨利·米修》。

去吧,到常去的地方去

荡妇!

云豆上的停尸房,

塔利科的蜂鸣

人家给你填满肚子

填得饱满。

臀部,希农式的臀部

屁股塞得真痛苦。①

语义之错讹、断裂、突兀,委实令人望而生畏。也有容易理解的,那是因为米肖用了寓言。《英雄时代》写巨人霸拉波与其弟弟布麻皮相争斗,同室操戈,两败俱伤,令人想起了两次世界大战。《床上的故事》写产房中初生婴儿被凶猫侵袭,旁观的、失血过多的、苍白而力竭的母亲在长久的对峙中只能向敌人吹一口气而已。这奇特而冷酷的情景让人想起许多没有能力护卫自己孩子的母亲,而无助的孩子则让人想起希特勒铁蹄下的无数犹太人。《谨慎的人》则分明是契诃夫小说(例如《装在套子里的人》)的另一种写法,然而,"他"的心理异常,行动荒唐却让人想起了卡夫卡的《变形记》(曾经有人称亨利·米肖为法国的卡夫卡),但这毕竟是米肖眼中的变形者,"他们前行,小心翼翼地,沉思着、战战兢兢地,沉思那造物的神的无底的神秘",这里浸透着亨利·米肖一己的深刻体验。

亨利·米肖的小人物为法国文学艺苑涂上了另一种色彩:荒诞而无助的感觉,为自己的位置或尊严所做的可笑的努力,内心的放逐等,加上米肖的趋于滑稽式的幽默,让人想起黑色幽默的调子。《毫毛旅行》中的小人物毫毛是疏离于现代社会之外的局外人。对于毫毛而言,个人只是附着于他人身上的一件过时的饰物,他不能有任何主见,一切必须围绕着他人而转动、存在、思想。因点了一道菜谱上没有的菜;便被老板招来的警察教训一通;偶染小疾,结果被推进手术室,切掉一个手指头。他可以忍受别人从他身上踩过去或者在他身上擦手,也可以忍受侍者端着二盘树根让他吃下的举动,可以忍受唯独不让他住旅馆,唯独让他睡在轮船的底舱。当他像其他乘客一样欲乘火车时,别人是这样教训他的:

---

① 《法国现代文学史》,第215页。

有这样便宜的事？我们花了三个小时把火车头烧热，然后挂上八辆车厢，难道是为了运你这么个年轻人？无痛无痒的，正好留在此地工作，干啥跑到那老远去？我们开山洞，炸石头，几十吨重的石头，再铺上几百公里的铁轨，不管天气好坏，铺好了还要镇日看守，生怕有人破坏，你以为忙了这一大阵子是为了运你这么个……

毫毛是这样回答的：

好、好，我完全了解。说实话，我刚才上车来只是瞧一瞧，好奇心嘛，嘿嘿，现在行了，多谢，多谢！

于是他又上路了，拖着行李。即使这么一点生存下去的希望最终也被人掐断了。夜晚，他和妻子入睡时有人把他们的房子搬走了，四周是无遮的天空。一列火车向他们冲来，毫毛想到"看它那冲劲，一定比我们先到"，便又睡着了。妻子失去了，"他被冰寒刺醒，浸在血泊里，他妻子的几块骨肉散在他身旁"，他又睡觉了。后来审判官以毫毛在妻子死时未伸手援助为由，判了毫毛死刑，"在这条路上，我实在无法协助她"，于是便又睡去。

"在这条路上，我实在无法协助她"，这便是症结所在。像毫毛这样苟延残喘于生存线上的小人物，在法国绝不在少数，作为"安详的人"，他们的情感与理智触角早已被布满花岗岩的世界磨蚀完了，安详实际等于迟钝、懵懂。自我消失了，万物之灵的"灵"消失了，人便成了物，作为物的毫毛如何能够帮助作为另一种物的妻子呢？

亨利·米肖的现代寓言境界奇幻诡谲，这在其诗作中亦不鲜见。《暗夜里》一诗中出现我、你、她、他，意象间缺少过渡或暗示非常费解，结尾节："微弱如丝的重压下，暗夜下，夜。"亦不易解，全诗似乎写一种令人窒息的压抑。《大声音》更显奇倔突兀，开篇即是：

大声音，他饮，他饮。
大大声音，他们饮，他们饮。

从来自于全书的星星点点的暗示看,"大声音"似乎是指炮声,"大十字架拆散我们的筏,我们的精神;预先挖好我们的坟"。则流露出对战争的憎恶。但像这样的句子却就很难理解了:

够了。这里没人喝。你饮不去我的声音,大声音,你饮
不去我的声音,大声音。

有时米肖似乎不屑于在诗中表述什么,他仅仅提供了一种感觉、一种境界,这在《链的连锁》中极为明显,全诗两节第一节提供的意象是,自溢血的热肺中吐出一朵像清风一样的焰,亲近安憩的残垣。第二节照录如下:

轻得像船巅的圆桅楼,那就对了。
天空的圆桅,女人衬衣的圆桅,
唯一而无须多余的,
唯一,阴柔,
——。

这有些像梦的记载,其中的意象,有些分明是一种臆想的产物(例如第一节),是达利式绘画的诗再现,而亨利·米肖本人就是个在十几个国家举行过个人画展的杰出画家。另一些意象(如第二节前两句)则像醉眼朦胧中的联想,而亨利·米肖本人曾进行多次借助麻醉探内宇宙之险的冒险实验。《链的连锁》写的是情男与情女之间的一种关系或距离,然而这仅仅是无数种读法中的一种,因为米肖给人提供的阅读空间太巨大,风景太多,要做出一种选择相当困难。

但是当诗人的目光投向东方特别是中国时,阳光便充满了空间,激情难捺,艰涩的语言炼造一变而为滑润的抒情:"少女美妙的国度:好国度!那该是曾经好好活过的国度。人种在那里化为杰作:颇不简单的事啊!"像莎士比亚歌颂"人"一样,亨利·米肖歌颂中国人,这情景有些像中国诗人陶潜发现了桃花源:

少女们的面容,我第一次看见,在香港,在广州。奇迹似的面容,中国仿佛永远保有二八佳龄。自初梦中醒来,在那么多世纪之后,仿

然如此鲜妍无比。花的灵魂,鱼的灵魂,脚踏实地却又天真信赖,深深自矜却又任情欢笑,啊,你曾令我心悦诚服!少女、中国、美、文化……穿过这我领悟了一切,一切以及我自己。

因为找到了中国,所以便找到一种"新观照、新语言",从此米肖便以"另一种眼光"看待世界。他是少数最早意识到艺术应回归到语言本身的作家,在这一点上他早于罗兰·巴特的新批评同行们。这除了瓦雷里的影响外,很可能还受中国象形字的启发,因为中国字符本身即含有意义,这样理解中国诗便非得了解中国字符本身不可。

"正如大自然,中国语言诉诸视觉,但决不武断",米肖说,"书法是对汉语的颂扬,是对诗人的庇护,是使诗尽善尽美,具有价值的表现形式"。和法语比,"汉语在任何时候给人以独创的机缘,每个字都是一种诱惑",这样回到语言甚至仅仅关注语言便成为诗人的一种可能。米肖因此举了李白的《渌水曲》为例,诗中的"渌水明秋日,南湖采白萍,荷花娇欲语,愁煞荡舟人",被这位法国人解释成:"在中文里,它们包含着几十幅图景,是个百货店,是场电影,是一大幅画。每个字都是一个景致,一组符号,那符号的组成部分即使在最短的诗里也能给人以无穷无尽的联想"①。埃兹拉·庞德和克洛岱尔都曾有这方面的有趣论述②。1933年,亨利·米肖游中国后写出《蛮子游中国》,1950年,结交中国旅法画家赵无极,后成为挚友,曾为赵的版画及水墨写过序,1975年,出版诗集《中国的意符方块字》。上述事实说明,米肖之迷恋语言,视语言为存在方式甚至存在本身,通过大胆而独特的语言实验试图超越外界的重负及内心的骚动。限于材料,我们无法弄清亨利·米肖与中国语言之谜的精确答案,但中国对他的启发是无法否认的。有一次旅法华人学者程抱一告诉米肖"欲把他作品译成中文",亨利·米肖这样回答:"我的诗能以中文再现,我不能想象比这更大的欢乐!"

然而我们为米肖做的工作太少了③。

---

① 引文见秦海鹰《米硕的散文诗》,载《国外文学》1992年第4期。

② 克洛岱尔说:"中国的象形文字,经常启发人非常机敏、非常复杂、非常深刻的思想。"言外之意是说语言比内容更感人。载《法国研究》1986年第2期,葛雷文。

③ 米肖作品有程抱一、罗洛先生翻译的七八首,另有载《外国文艺》(1986年第6期)及《外国文学》(1987年第6期)译诗十余首。本文所引均载程抱一《法国七人诗选》及《法国当代诗人亨利·米肖》,载《外国文学研究》1982年第4期。

第八章

20 世纪法国作家与中国（二）

阿纳托尔·法朗士
（Anatole France, 1844—1924）

罗曼·罗兰
（Romain Rolland, 1866—1944）

亨利·巴比塞
（Henri Barbusse, 1873—1935）

安德烈·纪德（Andre Gide,1869—1951）

安德烈·马尔罗（André Malraux,1901—1976）

罗曼·罗兰《约翰·克里斯朵夫》中文版（傅雷译，人民文学出版社，1980年）

纪德《伪币制造者》法文版（*Les faux-monnayeurs*,Gallimard,1972）

纪德《伪币制造者》中文版（盛澄华译，上海译文出版社，1983年）

纪德《背德者·窄门》（李玉民译，漓江出版社，1987年）

马尔罗《人的境遇》法文版（*La condition humaine*,Gallimard,1972）

马尔罗《人的命运》（李忆民、陈积盛译，作家出版社，1988年）

第八章 20世纪法国作家与中国(二)

我最大的力量就是相信进步。①

——纪德

法国的文艺家,这样仗义执言的举动是常有的:较远,则如左拉为德莱孚斯打不平,法朗士当左拉改葬时候的讲演;较近,则有罗曼·罗兰的反对战争。②

——鲁迅

与瓦雷里、克洛岱尔过从甚密,并多半也由追随19世纪象征派宗师马拉美而步入文坛的阿纳托尔·法朗士、安德烈·纪德及罗曼·罗兰③,却与马拉美分道扬镳,走着不同的文学道路,而与稍后的亨利·巴比塞,安德烈·马尔罗等人,构成了与法国20世纪象征诗歌相呼应的现实主义作家的主要阵容④。从俄国十月革命到30或40年代这段时间里,他们以其卓越的文学活动、积极的社会实践和进步的政治倾向成为法国"心智时代(指三四十年代)"的"中心"、象征、良心和骄傲,并和保尔·瓦雷里(Paul Valery,1871—1945)、柯莱特(Sidonie Gabrielle Colette,1873—1954)、克洛岱尔(Paul Claudel,1868—1955)等人一起形成了精神活跃年代的力量源泉。本章将上述5位作家放在一起讨论,旨在从法国20世纪小说家角度考察他们与中国的关系。

这是法国新一代"行动着"的作家,行动,是他们的共同特点,而构成他们行动的,无疑是他们一系列进步的行为:早在1894年,法朗士旗帜鲜明地支持了左拉,对德累福斯事件表示了强烈的不满,并和独立社会主义者饶勒士结下友谊。1900年,法朗士强烈谴责了八国联军在中国的兽行。1918年的十月革命令他振奋,在此之前后他曾多宣称"我信仰社会主义,因为它是真理"。1921年,他加入成立不足一月的法共,并于第3年获诺贝尔文学奖。

---

① 《忒修斯》(Thésée)。
② 《又论"第三种人"》。
③ 法朗士早年曾是"当代巴那斯"派成员,结识过这派主要诗人戈蒂耶、魏尔伦、马拉美,写过巴那斯诗集、诗剧;纪德由马拉美举荐而入文坛,与瓦雷里友情甚密,并与在中国当领事的克洛岱尔建立深厚关系;而罗曼·罗兰则是克洛岱尔的巴黎高师的同窗。
④ 这个小说家阵容当然还应包括莫里亚克和马丹·杜加尔等人,限于篇幅本章从略。

和法朗士相似，1926 年，纪德参加了一场反对殖民地大特许公司的敲诈勒索行为的活动。1932 年，《新法兰西评论》发表了若干则日记，流露出他对社会主义苏联和共产主义事业与日俱增的好感。1934 年，与马尔罗同赴柏林，要求戈倍尔释放季米特洛夫和其他被囚的共产党人，并于 2 月加入反法西斯主义作家警惕委员会。6 月主持召开作家保卫文化国际代表大会。次年 6 月访苏，12 月在知识分子反对干涉西班牙政策的声明上签字。1947 年，获得诺贝尔奖。

罗曼·罗兰在第一次世界大战中以果敢精神和鲜明立场反对民族沙文主义和帝国主义战争。第二次世界大战中他更坚定地站在反法西斯前列。1926 年，和巴比塞合作，组织了"国际反法西斯委员会"。1927 年 2 月，在巴黎召开反法西斯群众大会，被推为名誉主席；1932 年，在荷兰阿姆斯特丹和巴比塞一起主持了国际反战同盟大会，并被推为大会主席。1933 年，他公开拒绝纳粹政府为了笼络他而送给他的"歌德奖章"。1935 年，应高尔基之邀访问苏联。

社会主义者巴比塞较之罗曼·罗兰则更为激进。第一次世界大战前，他是饶勒士的社会主义报纸《人道报》的编辑成员。第一次世界大战后他通过小说《炮火》呼吁过消灭资本主义战争。十月革命后巴比塞宣布并曾在行动上体现了对苏维埃俄国的支持。1919 年，发起组织国际进步文学艺术家反帝团体"光明社"。1923 年，加入法共，并和罗曼·罗兰一起召开第一次反法西斯大会。1932 年，召开阿姆斯特丹国际反战同盟大会。1933 年，曾准备和国际反战同盟的罗曼·罗兰、德莱塞等一起来中国调查日寇暴行。1935 年，在苏联参加共产国际第七次代表大会期间逝世。

马尔罗更是一个"行动着"的作家：20 年代他到过亚洲，同情中国革命。在 30 年代反法西斯的斗争中，他和当时的法国共产党站在同一条战线上，在"世界反法西斯委员会"和"世界反犹太迫害同盟"中发挥了重要的作用。1933 年，他与纪德共同发起争取无罪释放季米特洛夫和台尔曼的政治宣传活动，并先后出任世界争取释放季米特洛夫委员会主席和世界争取释放台尔曼委员会主席。1934 年，他和共产党作家阿拉贡等人，应邀出席在莫斯科举行的第一届苏维埃作家代表大会，会见了高尔基等苏联作家。1935 年，全世界作家代表大会在巴黎举行，马尔罗担任主席团成员。1936 年，他参加了西班牙革命政府反对法西斯势力的战争，第二次世界大战中又从事地下斗争反抗纳粹占领，战后是戴高乐派的重要人物，支持阿尔及利亚反殖民主义的斗争。

他们是法国20世纪现实主义作家的主要代表,但他们的艺术追求和艺术风格存在着差异。法朗士推崇福楼拜和《人间喜剧》的作者巴尔扎克,其创作实绩表明他是19世纪批判现实主义杰出的继承者,而罗曼·罗兰、巴比塞则把法国现实主义文学推到一个新的阶段。这三位作家曾被茅盾称为"新理想主义"(实为"新写实主义"——引者)的代表性作家。① 纪德和马尔罗风格独特、复杂,前者曾被"达达主义""超现实主义"奉为祖师爷,后者的荒诞意识也多接近于现代派,但他们的作品始终扎根于现实,致力于人与现实、人与历史、人与政治的新探索,与法朗士、罗兰和巴比塞一起,将法国文学关注人的命运的现实主义传统发展到新的高度。

正是这样,他们以其广阔深厚的人道主义和对人类进步、正义、真理、美学的坚定信念,以及由此而决定的一系列的社会政治行动,由此而取得的辉煌的文学成就(除法朗士、纪德、罗兰获诺贝尔文学奖外,巴比塞、马尔罗分别于1917年和1933年获龚古尔奖),赢得了追求自由、民主和科学的中国人的信赖,并被广泛接受。在这里,作家的行动和人道主义精神似乎较作品本身更吸引中国人,中国接受者与其说把他们看作是"为文"的榜样,毋宁视为"行动"的楷模。由于20—40年代正是这5位作家活动与创作的高峰期(三次诺贝尔文学奖均在此阶段获得),这种特殊的接受机制最终决定了法朗士、罗兰、纪德、巴比塞和马尔罗的"中国之旅"的特点:始于20年代,高涨于30年代末至40年代,中断于50年代而复出于七八十年代,经历了不寻常的旅程。

第一节 高擎火炬的人
——法朗士与中国

> 我只能说我是真诚的。我再说一遍:我热爱真理。我相信人类需要真理……②
>
> ——法朗士

---

① 茅盾《遗帽·译者附记》,载《东方杂志》第17卷第16号;《对于系统的经济的介绍西洋文学底意见》,载《时事新报·学灯》,1920年2月4日;《为母的·译者前记》,载《东方杂志》第17卷第12号。

② 转引自吴岳添《人道主义者法朗士》中的《如华之年》后记。

是他把法国传统的民主主义的火炬从左拉手中接过来，保持着它的纯净而旺盛的火焰交到巴比塞和罗曼·罗兰的手里，为今天的法国的战斗文学打下了基础。①

——赵少侯

一、行动着的作家：中国人看法朗士

1920年前后，《现代史话》（4卷），以及《企鹅岛》《诸神渴了》《天使的反叛》等作品已经发表，作为一个杰出的作家的法朗士（Anatde France，1844—1924）开始为中国人所接触、了解。在这个阶段，新文学的阵地刊物之一《小说月报》做了大量工作。而《东方杂志》也成为介绍法朗士的另一翼主力。

是年第11卷第12号《小说月报》刊发了天迦翻译的"亚那多尔法兰西"原著的戏剧《快乐的过新年》（*Conte Pour Commenter Gainnent l'année*），译后记中简单地介绍了法朗士的生平及创作。此后作者又于第12卷第8号（1921年）上再译了法朗士的小说《红蛋》（*L'œuf rouge*）。次年第5号（1922年）《文学研究栏》刊登了陈小航的译作《法朗士传》，这是迄当时为止的一篇较全面记叙法朗士生平、创作及活动的传记。迨至1924年，沈雁冰、郑振铎主笔的《现代世界文学者传略》中也专节介绍了法朗士。1925年第10卷第1号法朗士的《李例佛的女儿》（*La Fillede Liliffs*）由深谙法语的敬隐渔译出。1924年第15卷号外刊载了陈性仁据英文转译过来的法朗士的《哑剧》一作，译者指出，法朗士虽是散文家，不长于戏剧，但本剧却是世所公认的杰作。1926年第17卷第1号上，诗人李金发了《法朗士始末》一文，除全面介绍法朗士外，还在文中提出了这样一个观点：中国文学为病久矣，弱不胜衰，须进一些补养才成，也就是说"将欧美文学家及名著极力介绍翻译和着实研究，或者以后会产生几个大诗人或小说家"，借鉴用意是比较明确的。

这一时期另一介绍法朗士的阵地是《东方杂志》，早在1920年，该刊第18卷第1号上便译载了英国《观察报》记者访问法朗士的访问记及法朗士

---

① 载《法朗士短篇小说选·前记》。

本人对欧战的看法。第 18 卷第 7 号、第 19 卷第 1 号上分别有李玄伯译的《二年花月的故事》，称法朗士为资望最重、思想最新的作家，并介绍了 1921 年诺贝尔奖得主法朗士的情况；在第 19 卷第 1 号上还刊有仲持译的法朗士的《圣母的卖艺者》；第 19 卷第 2 号"欧洲文坛伟人的时局观"栏目刊发了郑超麟译的《法朗西的非战事主义》；同卷第 10 号补白中，再次刊发了法朗士有关战争的警告，在这里法朗士是以一个和平主义者面目出现的。1924 年《东方杂志》第 11 卷第 23 号再次刊发了涌虞的文章《佛朗士》。文章高度评价了法朗士，认为"他既具有渊博的学问并有纵横不羁的才思，所以在他轻快而绵密的文笔下，几乎一语一句莫不含无限的意味：……并且在表面，虽似诙谐可笑，而且里面则潜藏着锐可刺骨的讽刺"，作者甚至认为法朗士与哈代、萧伯纳比，后二人终逊一筹。而只有托尔斯泰才可与他如"日星般同彪炳于世界文坛"。作者而且特别提到了法朗士作品的两个特点：讽刺的反语（Irony）；质直无伪（Navete）。在分析了法朗士的艺术特点后提到了他的非战思想，特别提及法朗士对帝国主义侵略中国的谴责（参本节第二部分），并因此而称法朗士为"和平主义的'法国文学的复兴者'（Restorer of French Letters）、'法国国语的拯救者'（Saviour of the French Language）"。此后，发表于《东方杂志》1925 年第 22 卷第 1—3 号的《艺林外史》（*Le Chat Maigre*），李青崖译；第 9 号《佛朗士的头》（轶事），化鲁作；第 12—13 号《佛朗士语录》，从予译；第 21 号《巴莎柴》，顾德隆译；发表于 1926 年第 23 卷第 7 号的《嵌克庇尔》（*Crainquebille*）马宗融译；第 13 号《波纳尔之罪》，李青崖译；发表于 1928 年第 25 卷的《印象主义的文学批评》，华林一著（以法朗士为代表）；《出自角门抑出自象牙门》，李丹著（介绍法朗士）。可以看得出来，20 年代对法朗士的介绍以《小说月报》和《东方杂志》为最多，自 1920 年起，法朗士成为一部分人的"口头禅"，法朗士在中国也形成一股小小的热潮，个中除过文学原因以外，法朗士作为一个激进的人道主义者，一个进步的同情社会主义、被压迫民族的作家代表恐怕仍是很重要的原因，这可以王统照的下述观点为印证：

> 综合法朗士的一生对于人类的贡献并不只于他的一百多种著作，能以激动唤起读者的心灵，而在于他对人类全体的勇敢的热情的使人

间生活向上去的主张。①

和王统照文章刊在同一刊物的还有金满成的《法朗士的生平及其思想》,金曾留学法国,该文多来自一手材料因而显得稍稍与众不同些。此外,《文学旬刊》还刊载了法朗士的小说《阿伯衣女》(*Abeille*),译者仍是金满成。此外,金还译过《植物园内之隐居生活》《爱德美或恰当的慈善》《享乐园》《领带》等小说②。除金译之外,《文学旬刊》还刊载了吴江译的出自法朗士《红百合》中的一首诗《两个美丽的孩子》。

20年代的其他刊物《世界文学》《现代小说》《小说世界》《中法教育界》《贡献》《真、善、美》等刊都曾发表过法朗士的小说、论文以及有关法朗士的评论。到了30年代《文艺月刊》替代了前述的《小说月报》和《东方杂志》,刊发了相当数量的有关法朗士的译作与批评文章,这些文章有赵少侯的《法朗士生活之一斑》、曹泰来译的独幕剧《恕》、赵少侯译的小说《克兰比尔》、王联曾的《法朗士身后之毁誉》③。此外《光华大学学报》《大陆杂志》《译文》亦有译、评刊载。

1944年《艺文杂志》(第2卷第11期)刊登了鲍文蔚的长文《论法朗士》,由于作者掌握有不少各方面材料,因而此文表达了作者的许多经过理性思考的见解。正如勃兰兑斯所说,由于作品太多,法朗士作品中时常流露出两个缺陷:(一)他有时重复自己;(二)他时常自相矛盾。在鲍文蔚眼里,法朗士天分绝顶聪明,头脑清醒,目光敏锐,性情恬淡,没有野心,好奇心极甚,理解力极强。"法朗士是有名的怀疑家,但他的怀疑,是一种态度,并非主义,主义必须一贯,而态度随时可改。""法朗士尽管自相矛盾,但每次听说的话,总必有真见卓识","此之谓矛盾的天才"。爱、怜悯、宽恕,这是法朗士书中最常见的字眼。"减少世人的苦痛,这是法朗士无力保守缄默的理由。"在上述论述中,鲍文蔚在引用勃兰兑斯的评论并进行阐释时渗入了不少一己之见。

50年代以后,法朗士还曾小热过一阵子。1955年11月《译文》为纪念十月革命38周年,登载了法朗士的《社会主义是人类的良心》(李光中

---

① 载《文学旬刊》1924年10月25日。
② 分别载1924年12月第5号;1925年3月第15号;1925年4月第24号(总第69号)。
③ 分别载1933年第5卷第5期;1934年第6卷第5、6合刊;1925年第7卷第1、2期;1936年第8卷。

译),1954年第8期,它曾登发了高尔基的《阿那托尔·法朗士》(黄岩译),同期还译法氏的作品《克兰比尔》(*L'Affaire Crainquebille*),文后还附有一个后记。1956年,作家出版社出版了赵少侯译的《法朗士短篇小说选》,全书收包括《克兰比尔》在内的10个短篇,在"前记"里赵高度地评价了法朗士及其作品:

> 他是拉伯雷、蒙田、服尔德的光辉继承者。是他把法国传统的民主主义的火矩从左拉手中接过来,保持着它的纯净而旺盛的火焰交到巴比塞和罗曼·罗兰的手里,为今天法国的战斗文学打下了基础。

文章较详细地分析了作为"唯物主义者""怀疑主义者"的法朗士的思想。同时也指出其艺术上的别具特色之处:法朗士的长处是用独特的风格描写现实,用谑而不虐的笔调讽刺现实,从而揭发出一切寻常见而不怪的事物中的可怪可笑之处,是把极平常的生活情节说得娓娓动听,把他50年所见的一切不合正义的事物通过他的敏锐的分析刻画使之原形毕露。其目的不在于创造生动的故事情节,而只是记录实况。此说虽有不稳妥之处,但毕竟反映了译者的切身体会。

30多年后的80年代,《世界知识》上首先刊发了吴岳添的《被遗忘的法朗士》。该文回顾了法朗士在中国的简单流传经历,并且提到了包括《小说月报》《东方杂志》《晨报》《文学旬刊》《现代小说》《图书评论》《学灯》《孤星》等8种刊物都曾发表过法朗士的有关介绍文章,还提到《反人之书》(金满成译)、《企鹅岛》(黎烈文译)、《白石上》(陈聘之译)、《法朗士短篇小说选》(赵少侯译)、《诸神渴了》(萧甘、邦达译),这些30—50年代对法朗士的作品的译介,作者附带的还述及了有关研究情况。时隔不久,该作者又在《外国文学研究》集刊1982年第5辑上刊发了《人道主义者法朗士》,"试图通过对法朗士生平和作品之剖析,考察法朗士人道主义思想的形成、发展及主要特点,说明他的激进的人道主义在当时历史条件下的进步作用及局限性"。该文详尽地勾勒了法朗士这位人道主义战士的生平轨迹和创作情况,特别分析了法朗士思想演变和作品演变情况,着重分析了《现代史话》《克兰比尔事件》《诸神渴了》《天使的反叛》等作品。文章第4部分落脚到人道主义,从法朗士所受影响,对科学的热爱,对教权主义的斗争,在殖民主义和种族主义问题上的明确予以谴责的立场和行动来看,法朗士的激进人道主义较之传统更丰富更进步。但法朗士的人道主义也流露了如下局限:以唯心史观观察社会以及人与人之间的阶级关系。该文写在1981年,由于各方面的原因,作者对法朗士人道主义还提出了这样的批评:"他站在资产阶级当权派的对立面,与统治者进行了顽强的斗争,但是在客观上,他的斗争却往往起到了维护资产阶级统治的作用",甚至"他对资本主义制度的猛烈抨击也显得不够深刻"。但是无论如何,该文仍是少数研究法朗士的长文之一。年深月久的法朗士似乎成为少数人的话题。这一时期还可提及的文章是《论阿那托尔·法朗士》(徐知免)①。全文分两部分:一部分是法朗士的创作综述,一部分是对法朗士的评价。在后一部分里,作者辩证了有关法朗士是一个"享乐主义者""怀疑主义者""悲观主义"等老问题。法朗士《中国故事》(杂谈)也由该文作者译出②。

这时期译作较少。1982年《外国小说》第1期和第3期上分别刊有赵少侯和吴丹译的《克兰比尔》和《女牢》。而《春风译丛》和《当代外国文学》上又分别刊有马玉兰和张月楠译的法朗士小说《若卡斯特》。

二、两则中国故事:法朗士对中国文化的管窥

1904年11月,阿那托尔·法朗士讲过这样一个故事:杜塞留在非洲杀死一只雌猩猩,然后将猩猩的幼儿卖到欧洲,但猩猩仔宁愿最后饿死也不生活在欧洲。法朗士的结论是:欧洲人对待中国人正像杜塞留对待他的猩猩一样:

> 没有武力的中国人,不为自己的防御,真是好容易杀死的。他们虽然是彬彬有礼,而我们则仍责日对欧缺乏好意。真的,我们对他们的责难,其性质正和杜塞留对非洲大猩猩的责难一样。

法朗士愤怒地指出:

---

① 载《当代外国文学》1982年第3期。
② 载《世界文学》1987年第2期。

中国一有骚扰不安的现象,欧洲列强便马上派遣军队,或一国单独行动,或数国联合行动。他们用杀人放火劫掠骚扰的手段去恢复秩序,用炮火的威吓去镇平扰乱。①

在这里,法朗士既是作为一个激进人道主义者,一个和平主义者,更是作为一个接受了社会主义思想的进步作家下这番结论的。在饶勒士主编的《人道报》上,法朗士发表了《在白石上》,尖锐指出:中国人正是通过"圆明园的洗劫、北京的屠杀……中国的肢解"这样的事实认清了制造"暴行和掠夺"的"白祸",即使"现在我们发现黄祸,亚洲人许多年以前就认识白祸了"。

在这里,法朗士眼里的中国人是"彬彬有礼",不设防不用武力的,是软弱的民族。但法朗士也看出,正是帝国主义列强毫无人性地虐杀劫掠中国才导致中国没落的。从根本上讲,法朗士的时代还不足以提供完整准确把握中国真相的感受材料,因此法朗士的中国"故事"体现了许多"细节"甚至"情节"的不真实,这尤其体现在他在《时报》上为陈季同的《中国故事集》所写的评介上②。

《中国故事集》有相当部分选自《聊斋志异》,法朗士在他的评论中有两点值得注意:(一)对孔子哲学的评价。"孔子既没有什么道德寓言传世,又没有写过任何玄学小说","既无想象力,亦无哲学思想"。这里涉及中西两种哲学,乃至两种文化在思辨方式上的异同,我们仅想指出:法朗士是站在西哲的立场上并以之为准则批评中国哲学的,是用物质与意识、时间与空间、主体与客体等"世界观"范畴规范儒学经世致用的"方法论"范畴的。但法朗士也看到了孔子的"睿智",这正是中国哲学的思辨特点:重灵感印象,轻理性体系。(二)通过《中国故事集》中的《聊斋故事》对中国文化的了解。法朗士对这些故事的总评价是"颇富民间色彩,才情粲茂","有的像我们古代传说那样优美,有的像我们中世纪的寓言诗那样蕴含讽刺,有的像我们的童话那样神奇,也有的非常恐怖",并认为有些像法国的《鹅妈妈的故事》,但法朗士马上又将它们和阿拉伯的"天方夜谭"混为一类了,"于是我们知道了夜晚灯下天朝乳媪讲给黄种孩子听的是些什么故事",因为中国人讲的是"四书五经"而非,"世说新语"或"聊斋志异"。还有

---

① 涌虞《佛朗士》,载《东方杂志》1924年第21卷第23号。
② 载《世界文学》1987年第3期,徐知免译。

如下一些误解主要是由法朗士的联想甚至想象造成的：(1)中国是一个"强狠而有礼的民族"。法氏的此种想法主要产生于中国故事中的许多怪、妖、吸血鬼以及故事中出现的"恐怖感"，这里应包括《画皮》《陆判》《连学士》中的恐怖场面、酷刑等。(2)"中国到处都喜欢构筑园林，……使整个中国景色如画"，"中国人常常是才智优异的园艺家"。这主要来源于《香玉》一类的故事，以及法朗士本人生活环境中有关中国知识的传播。由于各种原因，中国园林因其风俗迥异而较早被传教士传输往欧洲。认为中国喜欢到处构筑园林，虽有夸大之处但毕竟有事实上的依据；认为中国人常常是才智优异的园艺家，这却基本上属于误解，事实确实是，古往今来在中国从事园艺艺术的仅仅是那些在皇室官宦之家或封建地主一类家庭的极少数专业劳动者。法朗士的上述看法是否还留有伏尔泰等理性主义者对中国的美化的影响成分？(3)中国这个"爱花"民族"对世界之外的事物并不大抱有兴趣，也没有形成任何神的概念"。这里的世界有两个意思，一指"中国"，那么上述话也就是说中国人固守家园，对异国他邦无非分之想。"世界"还有一个意思，即"人的生存世界"，这句的意思是说中国人看重现世生活，对所谓的理想国、天堂或地狱不感兴趣。联系上下文，似更倾向于后者，但无论是那个"世界"都符合当时的中国国情。(4)中国人的"道德思想和他们的绘画艺术一样，是不用透视法和远景的"。后句有关中国绘画艺术的论点是符合事实的，前者有关中国道德之说如果理解不错的话，当指中国的伦理道德缺少终极关怀意义而属于务实的、具体的规范一类。这个感觉是准确的，也许只有法朗士这样的大家才能从些许材料中敏锐感到这些。(三)对有关老庄哲学的把握。法朗士引了一则《白扇夫人》的故事，某少妇丈夫新死急欲嫁人，但因生前给丈夫发过誓：坟土不干决不嫁人。现在又要嫁人，又要得让坟土干，于是少妇便用白扇扇土以使之干。法朗士很赞赏，认为欧洲妇女应以白扇夫人为"典范"而问她"学习"。这个故事所隐含的教谕意义和诡辩意义自不待多说，这是庄子哲学的特点之一。法氏以之为鉴，都烛照影射出世纪之交的西方妇女旧夫未死新夫驾到的所谓背德行为。

在故事之前，法朗士这样写庄周："他对世间一切易朽之物绝不动心，他不信永生，对于荣华富贵，全持逃避态度。"当庄子发现新坟时叹曰："呜呼，此人生之歧路也。人一旦逝去，则不复生矣。"法朗士说："这并不特别，但他概括了庄周的哲学。"这种看法基本是对的，但法朗士接着又说：

> 中国人认识的唯一一种生活,就是人们在阳光下看到牡丹盛开的生活。人死,在坟墓中始得平等;如果生前是个安静的人,死后就会得到安慰;如果是个忧郁的人,他会得到失望。

这种概括至少有三重意思:(1)重视现世生活,(2)承认现世的平等,(3)有因果报应、生死轮回思想。"在阳光下看到牡丹盛开"的生活绝不是中国人的"唯一一种生活",除此而外,法朗士的理解也是对的。

以上所述也许不是法朗士"中国故事"的全部,但以斑窥豹,我们也可以发现这位激进的人道主义者,有社会主义倾向的进步作家"中国观"的点点滴滴。

第二节 联系东方与西方贤智间桥梁的建造者
——罗曼·罗兰与中国

> 在精神或道德方面(d'ordre moral)罗曼·罗兰也给予我同样不可磨灭的影响。①
>
> ——梁宗岱
>
> 我在当时,是很欣赏罗曼·罗兰的英雄主义的,我认为在任何时代,真的理想主义就是英雄主义。罗曼·罗兰的英雄主义的内容是当代人生追求和当代的人生现实之间的斗争的内容。在我写《财主底儿女们》的时候,罗曼·罗兰的《约翰·克利斯朵夫》伴我走过这段行程。②
>
> ——路翎

一个倾心于人类的艺术家,必属于整个人类,为世界所恒久倾心;一个为真理和爱而战的勇士,定会誉满天下,为人类所挚爱。在20世纪法国作家中,罗曼·罗兰(Romain Rolland,1866—1944)正是这样一个饮誉世界,属于人类的作家和战士。

---

① 载《忆罗曼·罗兰》。
② 李辉《路翎与外国文学——与路翎对话》,载《外国文学》1985年第8期。

罗曼·罗兰早已为我国读者所熟悉和爱戴,在中国享有崇高声誉。作为一个"纯粹的人道"①的作家、捍卫自由和真理的忠诚战士,他的声望与其来自他的艺术才能,毋庸来自他那怀抱人类的美德和始终向善的爱心。正由此为基点,他吸引着一代又一代的年轻中国读者,而被视为人生征途上的导师益友。也正以此为音符,通过他充满风雨的东方之旅和他与相识或不相识的"中国兄弟"的倾心交流,在中国奏出了良伴、向导、勇士三和弦的响亮和声。

一、"世界公民"与"中国兄弟":罗曼·罗兰与中国的对话

历史赋予了罗曼·罗兰与中国对话的极好机遇。20世纪初,当罗兰以"世界公民"为己称,将目光越过法国和欧洲本土,注视着尚在沉睡的东方古国时,"中国兄弟"正在"睁眼看世界",向西方寻求真理和导师,这种历史的遇合,为罗兰与中国的交流提供契机。作为一个由西方文化培育起来的"纯粹"的欧洲人,罗曼·罗兰跟他杰出的前辈伏尔泰、歌德、托尔斯泰一样,生就仰慕中国文化,而作为近代西方的一位明达的贤智者,他似乎又比前辈有着更自觉的东方意识,更开放的视界,更远大的世界文化理想,他不满足于"欧洲人"这个称谓,不相信欧洲文化高人一等的神话。他早就向西方知识界大声疾呼,打破欧洲中心论,"同古老而在恢复青春的亚洲文明的代表——印度和中国携起手来,要组成一个具有共同精神宝藏的大同的人类社会。"②他认为欧洲文化和亚洲文化是"人类智慧""互为补充的力量"③,他不止一次地跟西方人重申:"不论我们知道不知道,不论我们愿意不愿意,我们都是世界公民……印度、中国和日本的文化成了我们的思想源泉,而我们的思想又哺育着现代的印度、中国和日本。"④以如此强烈而执着的东方意识和宏阔的文化视野,罗兰就不能不对中国发生浓厚的兴趣。1916年,罗兰在日记中这样宣称:"我是属于人类的,我是人,我要到

---

① [荷兰]望·蔼覃《关于罗曼·罗兰的信》,转引自罗大冈《论罗曼·罗兰》(修订本),上海文艺出版社,1984年。
② 罗曼·罗兰《致美国作家》,载《罗曼·罗兰文钞》(孙梁辑译),上海译文出版社,1985年,第39页。
③ 雅克·鲁斯《罗曼·罗兰和东西方问题》(罗芃译),张隆溪《比较文学译文集》,北京大学出版社,1982年。
④ 《罗曼·罗兰和东西方问题》。

处去寻求人的祖国。"①这无疑也道出了东方古国先进知识者的心声。3年后,以"人"的觉醒为重要标志的五四新文化运动在中国爆发,为中西交流开辟了渠道。以改造旧文化、建设新文化为使命的五四一代先知,为了寻求救国、兴邦的真理和做人的榜样,不得不四处张望,当他们将巡视的目光投向西方时,便与罗兰注视中国的目光相遇,这位"世界公民"也就自然地成了中国先觉者所要寻求的西方知音。

然而,罗兰却无缘与中国五四一代先知进行直接的交流,他与这一代优秀代表鲁迅的精神交融得由二三十年代中国留法青年的"媒介"才能真正进行。罗兰的东方视野和开放精神对当年西去的中国青年,无疑有着天然的魔力。他们一进入罗兰的国土,便不约而同地簇拥到这位"世界公民"的身旁,把他奉为知己和导师,和他倾心交流。而罗兰也从这些前来"寻找向导,尤其寻找模范"②的青年人身上,看到了"令人感动的自我牺牲的刻苦精神"③,看到了一种新的希望,他把他们视为自己的"兄弟",不但给他们以思想上的指导,还给他们以物质的帮助,并由此开始他与中国的交流和对话。对话是缓慢的,但富有成效。

首先,它进一步证实了人类的一致性,从而高扬了罗兰的世界文化的理想。罗兰在与中国青年深入交流中,惊喜地发现到,中国人和法国人虽然天各一方,具有各自不同的文化传统,但他们的心智、性灵却有许多和谐相似之处,他对留法青年诗人梁宗岱说:"说也奇怪!我接触过的东方民族不可谓少了,没有一个像中国人那么和我们的头脑接近的。"④他在读到梁宗岱译的《陶潜诗选》时,不无兴奋地写道:"那奇迹对于我,在这样一部作品里,就是它和典型的地中海——特别是拉丁——诗的真确的血统关系。"⑤他从陶诗那"单纯动人的美"中看到了贺拉斯和维吉尔的面目,听到了地中海那一方久已鸣响的熟悉声调,嗅出了东西两个古老民族"从古老的地上升上来的气味是同样的"⑥,发觉到了"中国的心灵和法国两派心灵

---

① 《罗曼·罗兰和东西方问题》。
② 罗大冈《罗曼·罗兰与中国》,载《论罗曼·罗兰》(修订本),上海文艺出版社,1984年。
③ 《罗曼·罗兰与中国》。
④ 梁宗岱《忆罗曼·罗兰》,载《诗与真·诗与真二集》,北京:外国文学出版社,1984年,第207—217页。
⑤ 《忆罗曼·罗兰》。
⑥ 《忆罗曼·罗兰》。

中之一(那拉丁法国的)许多酷肖之点"①。这一发现使罗兰更证实了人类文化的一致性,更坚定了他的世界文化的理想。

　　第二,它树立了东西方关系的典范,从而再次确认了文化交流中的原则。罗兰热情支持中国青年为人类交流和理解所做的种种努力,肯定他们在人生征途上所取得的哪怕是微小的进步。同时,对他们中的有些人,因无知而表现出来的"愚蠢而幼稚的狂妄",深为不安,谆谆教导他们在民族交往中,要保持清醒理智的头脑,谦和平等的作风,切忌浮夸褊狭,罗兰拒绝为留法青年盛成写序,就是一个令人感动的例子。他在给后者的一封信中这样写道:"我摆脱了全部宗教或非宗教的信仰,可我要求尊重西方和东方的神圣宗教的道德准则,我还拒绝对亚洲的褊狭或不理解给予帮助,因为它和欧洲的褊狭或不理解同样是令人沮丧的。"②罗兰主张东西方民族应在互相尊重互相平等的基础上交流。这一原则在国际文化交往中具有永恒的价值。

　　第三,它肯定了民族思想和精神联系的极端重要性,从而明示了人类文化交流的实质。民族间的文化交流,说到底,是人的交流,是"心"的交流。罗兰与中国人接触中十分注重"人"和"心"的交流,他曾多次抱怨,他在争取"中国心这一方面",也像托尔斯泰一样,"没有多大成就",他和中国人的关系"很肤浅"③。这对仰慕中国文明,渴望与之交流的罗兰,无疑是一宗憾事,罗兰认为,他与中国的精神联系建立得缓慢的原因,主要有二:一是由于"30多年来,中国精神力量的精华都耗费在政治上或其他实际问题上",中国的"知识界中的杰出人物对于科学、社会学、技术或社会及政治行动比对艺术和纯思想更为关注"。二是中国尚在"骚动"、觉醒之中,处于一种"选择"和"等待"之中:"等待新的秩序","等待新的贤智的人们"④,它需要时间,罗兰坚信,"中国的思想是一座建筑坚实的大厦",它给后世留下了"无法估量的宝藏","它迟早将再次获得具有远见卓识的主人,世界需要他们"⑤,因此,他呼吁:"先让中国复兴吧!等它站起来之后,

---

①　《忆罗曼·罗兰》。
②　米歇尔·鲁阿《罗曼·罗兰与鲁迅》(王详译),载《中国比较文学》1984年第1期。
③　《致敬隐渔的信》,载罗大冈编《认识罗曼·罗兰》,北京:中国社会科学出版社,1988年。
④　罗大冈《罗曼·罗兰与中国》,载《论罗曼·罗兰》(修订本),上海文艺出版社,1984年。
⑤　《罗曼·罗兰与中国》。

它将获得我们的重视。"①对中国文化的复兴寄予了殷切的希望。

在罗兰感叹他与中国关系"很肤浅"时,他和中国新文化巨人鲁迅之间高层次的精神交流,正在法国和中国悄然而切实地进行着。助成这种交流的是留法青年翻译家敬隐渔。他作为罗兰作品第一个中文译者和鲁迅作品的第一个法文译者,是联系中法这两位作家的很适宜的中介人。1926年,当敬隐渔首译《约翰·克利斯朵夫》和《阿Q正传》,分别在中国的《小说月报》(1926年1月号)和法国的《欧罗巴》月刊(1926年5月号和6月号)公开发表时,他实际上在罗兰和鲁迅之间架设了一座相通的桥梁。特别是法译《阿Q正传》的问世,既为敬慕东方文明的罗兰找着了鲁迅这样一位"中国贤智",又为在寂寞中苦斗的鲁迅寻上了罗兰这样一位"海外知音"②,于是,近代中法文坛上的两位巨子的精神交流便由此开始。罗兰读过《阿Q正传》之后,异常欣赏鲁迅的艺术才气,成为西方第一位"鲁迅作品的伟大的赞美者"③。他在致译者敬隐渔和《欧罗巴》月刊编者信中,称颂《阿Q正传》是"一部充满讽刺的现实主义艺术"④,是"高超的艺术作品","其证据是在读第二次比第一次更觉得好"⑤,称颂鲁迅创造了阿Q这个不朽的形象,说这一形象"将长久地留在人们的记忆里",对鲁迅现实主义予以很高的评价。而鲁迅对罗兰的思想和艺术也十分推崇,称他为"大作家",为了庆祝罗兰60寿辰,鲁迅亲自翻译了日本作家写的《罗曼·罗兰的真勇主义》,率先向国人介绍了罗兰的代表作及其表现的英雄主义精神,并表示了自己的钦佩之情。

自然,罗兰和鲁迅的交流不仅仅停留在彼此倾慕,还表现在他们对各自的思想和艺术的沟通与理解,他们之间的对话有着更为深沉的精神内涵。从罗兰对《阿Q正传》所发表的若干言论来看,他对鲁迅有着深刻的理解,甚至不无真知灼见。他称阿Q"被人瞧不起,而且确有使人瞧不起的地方",身为奴隶的阿Q,不但没有意识到自己的地位,还"自得其乐,并且

---

① 《罗曼·罗兰与中国》。
② 敬隐渔1926年1月24日给鲁迅的信。据戈宝权《〈阿Q正传〉在国外》,北京:人民文学出版社,1981年,第32页。
③ 罗曼·罗兰给《欧罗巴》月刊编者巴查尔什特信。载罗大冈《论罗曼·罗兰》(修订本),第418—419页。
④ 罗大冈《罗曼·罗兰与中国》。载《论罗曼·罗兰》(修订本),上海文艺出版社,1984年。
⑤ 敬隐渔1926年1月24日给鲁迅的信。据戈宝权《〈阿Q正传〉在国外》,北京:人民文学出版社,1981年,第32页。

十分自豪",这种看法与鲁迅"怒其不争"的精神相吻合;他从深厚的人道主义出发,对阿Q性格做了宽容的评价,认为阿Q确有"自豪的理由":"因为一个人既然扎根于生活之中,就不得不有点自豪的理由",这显然与鲁迅"哀其不幸"的情感相通。他指出鲁迅这部小说"乍一看好似平淡无奇",读去就"发现其中含有辛辣的幽默",读完之后,阿Q"这个可悲可喜的家伙再也离不开你,你已经对他依依不舍了"①,这就道出了鲁迅小说:"平淡中见神奇",寓庄于谐的现实主义特质,表明他确实是这位中国伟大作家不可多得的西方知音。鲁迅对罗兰的思想和为人也有深刻的认识,特别是对罗兰引起世界轰动的反战观点和立场更有他独特而深刻的理解。一方面,他对罗兰的反战的英雄行为表示赞赏,向这位"超乎混战之上"的孤胆斗士奉献上了他全部的敬意;另一方面又依据当时中国社会的实际和自身的斗争经验,对罗兰的反战思想做出了可能的、合理的解释,乃至诤友式的补正,表现了东方思想家对西方勇士真诚的精神交流和理解。1926年,中国文界一些人,趁庆祝罗兰60寿辰之际,不惜歪曲罗兰的反战主张,试图以此来嘲笑、阻止当时的中国如火如荼的反帝爱国运动,鲁迅识破了这个用心,当即撰文予以严正揭露②。稍后,他在一次讲演中,更以东方人难得的坦率和睿智对罗兰的反战主张,直言不讳地评论道:"英国的罗素、法国的罗曼·罗兰反对欧战,大家以为他们了不起,其实幸而他们的话没有实行。否则,德国早已打进英国和法国了;因为德国如不能同时实行非战,是没有办法的。"③然而,罗兰这种抗击浊浪的果敢行为和仗义执言的反潮流精神,又毕竟是难能可贵、值得称道的,且与鲁迅的战斗精神相通,因此,鲁迅无法抑制住自己对罗兰的感情,即使到了晚年,也念念不忘罗兰的英雄精神,还由衷地加以赞扬。④

罗兰和鲁迅是从地球两端、从历史深处走过来的伟人,他们之间有很多相通之处。⑤ 他们的内心气质、人生旅程、创作道路、精神追求都有许多

---

① 罗曼·罗兰给《欧罗巴》月刊编者巴查尔什特信。载罗大冈《论罗曼罗兰》(修订本),第418—419页。
② 鲁迅《华盖集续篇·无花的蔷薇》。
③ 鲁迅《集外集拾遗补编·关于知识阶级》。
④ 鲁迅《南腔北调集·又论"第三种人"》。
⑤ 茅盾在纪念鲁迅逝世,20周年大会上的演讲中,就提到过鲁迅和罗兰之间有相似之处,载《光明日报》,1956年10月20日。

相似或相近之处,他们都出生在中产家庭,但克拉姆西①的小康之家,却没有使体弱多病的罗兰得到真正的幸福,反倒使他过早地尝到了"鼠笼"般的孤独滋味,而家道中落、命运多蹇的周家,也使年幼的鲁迅体验到了人间的不幸和世态炎凉。他们的青少年时代都是在寂寞悲观的重压下度过的,精神上受到了极度的压抑,自幼形成一种内向的、多思的性格;所幸者,法国中部的山岗和中国江南水乡,似乎都用同样的宽厚仁慈,以各自秀丽宜人的景色和古朴动人的民俗滋润着这对幼嫩而孤独的心灵,在他们的心田里埋下了他们与故乡的山水风情、与普通人、与大自然割不断的情怀,成为他们日后不断追索、不断采掘的宝藏。② 他们的文学道路,都经历了为人生的艺术艰苦探索历程,张扬道德精神,注重净化灵魂,从事的是一种"改造人的灵魂""改造民族灵魂"的文学。他们的人生旅程曲折而漫长,在漫长的人生征途中,经历过类似的犹豫、彷徨、痛苦和求索;而他们对真理对人生的追求又始终那样执着如一,锲而不舍,"虽遍体鳞伤,不时摔倒,又迷失了方向,又爬起来固执地走自己的道路"③,终于在时代的召唤下,实现了思想转换,成为新世界的自觉战士。对无产者来说,他们都是旧营垒的叛逆者,是从黑暗中摸索苦斗过来的大勇者、大智者;多思的性格,清醒求实的态度,决定了他们的思想转换,对新事物、对革命的接受,都不是一蹴而就的,因而都不同程度地招致同一营垒里战友的误解④,都体验过"两间余一卒"的悲哀,但对旧势力的围攻,却又从不怕孤立,没有任何的媚骨;他们勇于解剖自己,是青年人奔赴光明的精神向导,然而都虚怀若谷地拒绝给人指路……正是这太多的相似,才使这两个素未谋面的巨人得以心息相通,在相隔如此辽远的空间,在各自的国度进行着遥相呼应的、高层次的精神交流。这种交流是缓慢的,不引人注目的,然而却是扎实的,心会神往的。但令人遗憾的是,他们终未谋面,历史没有赋予他们这份机缘。倘若我们的鲁迅也能有幸像高尔基或泰戈尔一样与罗兰相逢,那么,这两个巨子间的对话,将会是另一种的格局,中法文化交流也就别有一番景观。这

---

① 罗兰故乡。
② 罗兰和鲁迅的许多散文的内容都取材于他们年幼时期的故乡生活。试比较《内心旅程》中的一些篇什和《朝花夕拾》。
③ 罗曼·罗兰《全景》,载罗大冈编《认识罗曼·罗兰》,北京:中国社会科学出版社,1988年,第251页。
④ 试比较罗兰与"光明社"的论战和鲁迅与"创造社"的论战。

是中法文化史上一个难以挽回的历史遗憾。

二、人生忧患中的慰藉，追求真理的灯塔：罗曼·罗兰的作品在中国

20年代，当罗曼·罗兰通过约翰·克利斯朵夫与中国青年进行了"热情、友爱的握手"①时，便开始了他的神奇的中国之旅。他的作品便成了中国读者人生忧患的慰藉、追求光明的灯塔，他和他笔下的人物也就和中国一代又一代青年人结下了难分难解的友情，成了他们前进道路上的良师益友。

罗曼·罗兰进入中国是以其多种传记的介绍为先声的。1921年7月出版的《小说月报》（第12卷第7期）上，由茅盾撰写的《海外文坛消息》中，首先提到了奥地利传记作家茨威格写的《罗曼·罗兰传》和法国作家特鲁韦（J. J. Trouve）写的《罗曼·罗兰真传》（Romand Rolland Vivant），罗曼·罗兰的名字便开始见诸中国。接着，孔常译出了阿那·尼斯布朗（Anna Nussbraum）著的《罗曼·罗兰评传》，刊在同年8月出版的《小说月报》上（第12卷第8期）。1924年，《小说月报》（第15卷）法国文学研究专号刊载了沈泽民依据茨威格的英文本写成的《罗曼·罗兰传》一文，这是中国第一篇系统地介绍罗曼·罗兰的文字。1926年，《小说月报》第1期开始发表敬隐渔译的《若望·克利司朵夫》，使罗兰得以通过他心爱的人物首次跟中国读者进行了直接的交流，从此，罗兰的作品便开始不断地介绍到中国来。1926年，罗曼·罗兰60诞辰，《莽原》的专号，刊发了鲁迅从日文译出的《罗曼的真勇主义》，赵少侯写的《罗曼。罗兰评传》，以及张定璜写的《读〈超战篇〉同〈先驱〉》，金满成译的《混乱之上》。《莽原》从19期起（1926年）连载了张定璜译自茨威格著的《罗曼·罗兰评传》的部分译文。1928年，商务印书馆出版了杨人鞭译的全译本，译名为剌外格（Stefan Zweig）著《罗曼·罗兰》。《小说月报》的专号除刊发了罗兰的几幅彩照，李劫人译的罗兰的小说《彼德与露西》（Pierre et Luce）外，还登载了张若谷写的《音乐方面的罗曼·罗兰》和马宗融写的《罗曼·罗兰传略》。马曾在巴黎高等社会研究学校听过罗兰音乐史的课，他在这篇文章中以目击者的身份首次向中国公众披露了罗兰的真实形象。从此，罗兰便成为中国青年

---

① 《致敬隐渔的信》，载罗大冈编《认识罗曼·罗兰》，北京：中国社会科学出版社，1988年。

崇敬的偶像,伴随着他们度过了不平常的岁月。

20—40年代,罗曼·罗兰的作品大量涌进中国。他的小说、戏剧和名人传记差不多都先后译成中文,其中影响较大者,有傅雷译的《约翰·克利斯朵夫》全集和《贝多芬传》等名人传记,贺之才译的《罗曼·罗兰丛刊》等,这些译作的出现在中国接受者中产生了强烈的反响。翻译家傅雷说:在"阴霾遮蔽了整个天空"的时期,他译出《贝多芬传》,其目的是要从中寻求"精神的支持",寻求"敢于向神明挑战的大勇主义",来克服"中庸苟且"①的民族弊病和自身弱点。当年还年轻的王元化在谈到他在上海孤岛时期读到罗兰作品时写道:"……当我认识了克利斯朵夫的艰苦的经历之后,我看到他处于这样不幸的境遇中仍旧毫不动摇的投奔他的途程,始终不放松他的远大理想,什么都不能阻挠他的果敢的毅力。'在这种榜样之前,谁有抱怨的权利?'比起他的痛苦,那些小小的苦恼又算得了什么?我相信克利斯朵夫不但给予了我一个人对于生活的信心,别的青年人得到他那巨人似的手臂的援助,才不致沉沦下去的一定还有很多。"②罗兰及其作品确实成了那一时代中国读者生活和战斗的"良伴与向导"。

1944年,罗兰与世长辞,引起了中国精神界巨大震动,人们为失去这样一位朋友和导师而深深悲哀。第二年,国统区和解放区各主要的进步的文艺刊物和报纸,如《新华日报》《解放日报》《抗战文艺》《文哨》,都相继发表了纪念罗兰的专号或特辑,推出了知名作家学者郭沫若、茅盾、胡风、艾青、肖三、戈宝权、焦菊隐、陈学昭等的诗文。这些诗文不仅充分地表达了中国人民痛悼罗兰的感情,而且对罗兰精神进行了更为理性的思考,不约而同地将罗兰和中国人民的解放事业联在一起,从不同方面强调了研究罗兰作品现时的重要的政治思想意义,从而把对罗兰的介绍推向了一个新的高潮。郭沫若说:罗兰"将和历史上各个民族各个时代的伟大的灵魂们,像太空中的星群一样,永远在我们人类头上照耀",而罗兰所说的"上升""下降"的民族,在40年代就是代表"正义人道的民主阵线"和"构成轴心势力的法西斯蒂",他认为纪念罗兰,就是要遵照他的"正确指示","要使全世界尽成为自由人类的共同的祖国"③。闻家驷在论及罗兰的思想、艺

---

① 《贝多芬传·译者序》,载《傅雷译〈传记五种〉》,北京:生活·读书·新知三联书店,1983年,第115页。
② 王元化《关于〈约翰·克利斯朵夫〉》,载《向着真实》,上海文艺出版社,1982年。
③ 郭沫若《罗曼·罗兰悼词》,载《沸羹集》,上海:大孚出版公司,1950年。

术和人格时指出:《约翰·克利斯朵夫》的主旨就是"死去再生"。他进而联系当时中国民族的命运:"如果打算活下去,那么以'死去再生'相号召的罗兰,便是我们最伟大的前进的导师。"①人们如此推崇罗曼·罗兰,似乎主要不是由于他是一个作家,而是由于他是一个与人类命运、与中国人民的命运心息相通的战士。正如茅盾所指出的:罗兰之所以引起中国人的热心,"更有其特殊的理由,即因第一次引起我们的注意的,是他那上次世界大战时期所发表的《精神独立宣言》,是他的上次世界大战时期所写的反战论文的结集《超于混战以上》,而他因为在1932—1933年,法西斯的毒焰在全世界高扬的时期,罗兰是国际文化界中反法西斯,保卫世界文化的立在阵头的战士"②。可见,中国人注重择取的是罗兰作为战士的这一面。而阿英更把罗兰的传播和中国当时的抗战联系了起来,他在谈到罗兰剧作《爱与死的搏斗》在华公演时说:"《爱与死的搏斗》的演出,正是要我们学习罗曼·罗兰不为一切的暴力折服,为着世界和平,为着中华民族的解放,坚决奋斗到底的精神,来强化我们的抗战力量,以持久作战的精神,来摧毁日本法西斯到底!"③这就把罗兰的作品和民族解放的政治斗争联系了起来,使罗兰不仅成了读者个人生活道路上的良伴益友,而且也成了他们革命道路上的引路人。

五六十年代,中国罗兰的介绍日趋政治化。这个时期由于我们对文艺与政治关系的片面理解,以及由此而设置的种种"禁区",这就不能不对包括罗兰在内的、外来作家的择取产生一种强制性的影响和制约。在此情势下,罗兰的价值便成了疑问。这个曾被三四十年代广大读者所尊崇的"西方的贤智",便顿然失去了光泽。因为罗兰毕竟是个资产阶级作家,他的思想和艺术毕竟是资产阶级意识形态的复杂的存在,在纯而又纯的无产阶级的政治标准下,是很难"洋为中用"的。究竟如何评价罗兰这样一个"纯粹的人道"的作家?这就产生了争议。国内有影响的《读书月报》从1958年第1期到第4期,组织了对罗兰的代表作《约翰·克利斯朵夫》的讨论,1961—1963年研究界对罗兰的资产阶级个人主义、人道主义进行批判,到1979年罗大冈先生的专著《论罗曼·罗兰——评资产阶级人道主义的破

---

① 闻家驷《罗兰的思想、艺术和人格》,载《世界文学季刊》1945年第1卷第2期。
② 茅盾《永恒的纪念与景仰》,载《抗战文艺》第10卷,2、3合刊,1945年6月。
③ 阿英《从〈爱与死的搏斗〉的公演到罗曼·罗兰与中国抗战》,载《阿央文集》,北京:生活·读书·新知三联书店,1981年,第377页。

产》第一版面世,本时期中国的罗兰研究,经过"怀疑"(罗兰作品能不能读"全民性"的辩论)、"否定"(由学界对罗兰的资产阶级个人主义人性论的严厉讨伐进而到罗兰价值的否定)和"清算"(专家出来宣布罗兰资产阶级人道主义的破产)这么政治上纲、学术失落的三道程序,把对罗兰的择取推到了一个纯政治的层面。从此,罗兰和他的主人公便成了"被时代所抛弃的'英雄'",和应当拒斥的"不着天不沾地"的个人主义者,成了一个被批判的对象,落得了在那一时期的中国一切西方优秀作家难以避免的命运,到"四人帮"文化专制主义时代,则被完全禁闭,遭到更可怕的厄运。

80 年代,罗兰的作品开始在中国重印,广大中国读者又寻回了失落近 20 年之久的"良伴和向导"。这种追寻无疑是对十年动乱期间禁锢罗兰的反拨,但始终没有越过政治层面的审视。粉碎"四人帮"之后,思想获得了解放的人们,要做的第一项工作便是推倒极"左"思潮加在他身上的一切不实之词。1980 年,我国读书界围绕罗大冈先生的《论罗曼·罗兰》一书展开的讨论,便是这种工作的开端。罗大冈先生这部成于 1976 年,初版于 1979 年的研究罗兰的专书,由于是在"怕人家给我扣帽子,说我崇洋媚外,宣扬资产阶级人性论等"①这样的心态下写成的,所以书中难免存在过左的判断。这就引起了罗兰的新老读者的非议,他们纷纷结合自己的切身感受,为罗兰及其作品平反昭雪。有的说,罗兰的作品"给我最大的教育与影响,就是指点我做一个真正勇敢的人,敢于向一切市侩主义、阿谀奉迎、阴谋诬陷的行为作斗争,要勇于说真话,要爱人民"②。有的说,读完了罗兰的作品,往往会情不自禁地唤起"那种热爱生命,勇猛向上的青春热情,我觉得生活中的一切好像都罩上了一层薄薄的柔和的轻纱,身体里也好像注入一股力量:常常会突如其来的涌出一种想要立即去做点什么的激情"③。他们一致呼吁研究界,不要再对罗兰及其作品"泼污水"。针对罗兰作品已经过时,应当向其诀别的观点,他们认为,"像《约翰·克里斯朵夫》这样能够提高人的精神情操的文学作品,对青年读者来说,肯定是有一定的积极作用的,暂时还不能就此同这部小说和他的作者罗曼·罗兰'告别'"④。

---

① 《罗大冈答本刊记者问》,载《外国文学研究》1981 年第 2 期。
② 贺之《不要再对罗曼·罗兰和〈约翰·克利斯朵夫〉泼污水吧》,载《文汇增刊》1980 年第 1 期。
③ 柳前《重读〈约翰·克里斯朵夫〉的随想》,载《读书》1980 年第 12 期。
④ 成伯泉《〈约翰·克利斯朵夫〉在中国》,载《读书》1980 年第 8 期。

他们仍然把他奉为人生旅途中的良伴益友。80年代的这场争论,实际上是1958年那场争论的继续,直接导致了对五六十年代接受模式的否定,对三四十年代择取方向的肯定,仍然回复到最初接受罗兰的基点上,但它似乎始终未越过政治思想的层画。罗兰和他的作品就这样随着中国时代风云的变化,由肯定—否定—再肯定,历经沧桑,而成为中国读者人生忧患中的慰藉,前进道路上的良伴和向导。

三、人道主义、人格力量、英雄主义:罗兰精神与中国作家

罗兰流入中国后,最使中国接受者感到兴味的,莫过于罗兰的精神。什么是罗兰精神?这是指他那拥抱人类的爱心、执着自由的人格力量和追求真理的英雄气质。罗兰自己也说过:"人道,自由和真理——这是宝中之宝",是"最崇高的道德价值"①,是生命的"神祇",因此为人类之爱、为自由和真理斗争而折射出来的人道主义精神、人格力量和英雄主义气质,便构成了罗兰精神的三根重要支柱。罗兰的这三根精神支柱,令人联想起中国儒家"仁学"结构中"爱人"的人道精神,注重道德修养的人格追求和舍生取义的历史责任感。由西方文化所培育的罗兰精神和由儒家文化积淀的中国民族文化心理结构之间的某种相似和契合,在罗兰与中国作家之间构成了一座精神沟通的桥梁。

在罗兰精神中,最能打动中国读者,或者说最能激发他们共鸣的,是罗兰在探求真理、追求人生至善的逆境中奋勇搏击的英雄主义,这种英雄主义贯穿于罗兰的生命和创作,是他生存意识和艺术创作的主体精神的表现,它对中国知识者,特别是对在黑暗中探索苦斗中的中国新文学作者,具有巨大的吸引力,他们不仅把它视为生存哲学加以崇奉,而且把它作为探索人生的一种准则,助成了一代求索者的现实主义风格和文化人格建构,给中国新文学以极大影响。

在中国读者看来,罗兰的英雄主义首先是直视人生的"大勇者"的战斗精神,是人的主体精神,是"大勇主义""努力主义""忍苦主义"②。靠着

---

① 《关于〈思想的独立性〉与亨利·巴比塞的分歧——致亨利·巴比塞第一封公开信》,载《认识罗曼·罗兰》,第98页。
② 白桦《克利斯朵夫与悲多汶》,载《黄钟》1932年第1卷第7期。

这种英雄主义,可以陶冶人性,提高人生境界,也可疗治灵魂,振奋民族精神,既有文学内的意义,又有文学外的意义,他们认为,《约翰·克利斯朵夫》就是一部充满这种英雄主义精神的巨作,主人公克利斯朵夫就是这样一个英雄人物。他"踏碎那横在自己前程上的障碍,不惧怕、不避免任何艰难,直视人生,深味着人生,没有妥协,没有虚伪,片刻不停地时时和困苦艰难战斗,时时以强者的姿态征服着人生的罪恶悲痛,同时在不断的征服中又连续的感觉出战斗的意义和生命之喜悦",这就是小说着力描写的主人公约翰·克利斯朵夫"英雄而伟大的一生"①。因此,这部书"对于这一时代里受苦、烦恼、挣扎的每一个人,不啻是一部新的圣经,一部人生的经典,从这里可以听到战斗和胜利的福音"②,而对于"怯弱的懒惰的敷衍的苟安的中华民族是一股强烈的兴奋剂!"③

对于一个艺术家来说,直视人生的战斗精神,其实是一种清醒的现实主义精神的表现。所以,罗兰的英雄主义便自然地令人想到鲁迅的那种韧性的战斗和严峻的现实主义精神,萧军在《大勇者精神》一文中,第一个将罗兰的大勇者的精神与鲁迅的那种"敢说、敢笑、敢哭、敢打"、直面人生的战斗精神联系了起来,和高尔基《海燕》中那种搏击风浪的精神联系起来,实际上将罗兰的英雄主义和鲁迅的清醒的现实主义联系了起来,这就拓开了从文学层面来观照罗兰的路径。萧军认为罗兰的"大勇者精神"反映到文学创作中来,便是"真诚"二字,"真诚的感情,真诚的思想,真诚的美和力量",而约翰·克利斯朵夫"就是执了这'真诚'的剑从诸种悲苦、困厄、堕落、迷失……而冲杀出来的。而作者的一生也正是用了这'真诚'的剑,蘸了自己'真诚'的血液,冲杀过来的一人"④。这与中国新文学作者所致力追求的"真的文学,人的文学"是相通的。中国文学史上那些主体意识强烈、个性鲜明的作家如路翎、胡风、巴金等,正是沿着这条路子,从罗兰那里汲取思想滋养的。

路翎,当他在中国现代文坛崭露头角时,就沉醉于"罗曼·罗兰的英雄

---

① 白桦《克利斯朵夫与悲多汶》,载《黄钟》1932年第1卷第7期。
② 严杰人《呼吸英雄的气息》,载《解放日报》1945年1月25日。
③ 白桦《克利斯朵夫与悲多汶》,载《黄钟》1932年第1卷第7期。
④ 肖军《大勇者的精神》,载《解放日报》1945年1月29日。

的呼吸"①,神往于这位巨匠笔下的那些"精力充沛多彩的英雄们"②,崇尚罗兰的英雄主义。罗兰嫌恶"灰色的市民的庸俗的感情",以至于不屑于"和卑俗抗争",不屑"着眼于平凡的男女",而一开始就把眼光和心灵朝着英雄,这与路翎的心气是相通的。后来,路翎明确地说过:"我在当时,是很欣赏罗曼·罗兰的英雄主义的。……罗曼·罗兰的英雄主义的内容,是当代的人生追求和当代的人生现实之间的斗争内容。我在写《财主底儿女们》的时候,罗曼·罗兰的《约翰·克利斯朵夫》伴我走过这段行程。"③也许出于对罗兰精神的倾慕。也许是对罗兰英雄主义的一种呼应,路翎在他的小说《财主底儿女们》中,创造出了中国式的克利斯朵夫——蒋纯祖。在这个财主的儿子、青年知识者身上,我们确实见到了克利斯朵夫的影子。他们都具有不寻常的"雄心和梦想",幻想建立奇功伟业,都企图跨过混沌的生活",追求阔大、自由的人生,都是"漂泊者",都骄傲于"漂泊者"的那份"孤独",对于同类怀着"轻蔑",以致"骄狂的憎恶",都有着"内省"的狂热癖好,都不乏"光荣的、高贵的"自我意识,都表现了"个性解放"的强烈要求。……这些相似都深深地打上了罗兰英雄主义的印记。表明倾心于英雄气魄的路翎是怎样深切地显示着罗兰的精神特质,以致他笔下的那个蒋纯祖和约翰·克利斯朵夫比肩而立,成为中国知识青年的"知己"与"伴侣",正如一位40年代的老读者所说的:"约翰·克利斯朵夫和蒋纯祖,震撼着我们的心灵,抚慰着我们躁动而充满活力的灵魂。约翰·克利斯朵夫的人道主义光辉和大勇主义精神,照耀着人生,激励我们前进。而蒋纯祖,则以其更加具体、亲切而毫不矫情的音容笑貌,唤醒我们的自觉,使我们引为知己。"④

罗兰,也深深吸引着我国文学史上的另一个著名作家胡风。这位与路翎气质相似、命运与共的作家,显然也是在罗兰的英雄主义启迪下,通向自己个性的追求的。如果说,令路翎倾心的是在"崇高而热烈"的"观念里生活"的罗兰,是"由罗兰的强烈精神渴望所产生的"⑤那个英雄世界,并从而

---

① 路翎(冰菱)《纪德底姿态》,载《希望》第1辑第4期,1945年12月。
② 路翎(冰菱)《认识罗曼·罗兰》,载胡风编《罗曼·罗兰》,上海:新新出版社,1941年。
③ 李辉《路翎与外国文学》,载《外国文学》1985年第8期。
④ 野艾《对一个熟悉的陌生人的问候——向路翎致意》,载《读书》1981年第2期。
⑤ 路翎(冰菱)《认识罗曼·罗兰》,载胡风编《罗曼·罗兰》,上海:新新出版社,1941年。

找到了中国的"克利斯朵夫",为中国新文学留下了一项"未完成的探索"①,那么令胡风迷恋的是在"痛苦的热情里生长起来"的罗兰,是罗兰的那种"英雄主义"与"黑暗作战和痛苦作战"②的英雄气质和精神力量,并由此溶进自己的血肉,助成了他那令人瞩目的独特的文学个性。事实上,他对"人的文学,真的文学"的发掘与思考,对中国现实主义理论的阐发与探索,跟他对罗兰的英雄主义的迷恋是分不开的,而他那渗透着"主观战斗精神"的理论风格,更是他的个性——罗兰式的"征服苦难,追求光明"的英雄气质:"痛苦的热情凝结成"的,"带着宗教热的色彩"的"理想主义"③的投影。在胡风看来,"伟大的人道主义者和伟大的理想主义者罗曼·罗兰同样是伟大的现实主义者";在罗兰那里,人道主义、英雄主义(理想主义)、现实主义是互为一体的,但"他的现实主义是为他的人道主义和理想主义服务的",而"人道主义和理想主义的伟大激情"使他的英雄人物,"通过苦难的欢乐"的艰苦斗争的道路,"达到了精神斗争的最高度"④,具有动人的现实主义力量。胡风赞叹罗兰创造出"那为善而受着痛苦的灵魂",以此来"援救他自己以及和他一样在孤独和寂寞中间作战的痛苦的兄弟们",来"照亮他自己身受的腐朽的世界和困乏的人生"⑤,由此,胡风通向自己的现实主义思考。胡风感到,罗兰笔下的这些受难的灵魂之所以具有一种魔力,成为一种精神力量的象征,就在于真实,"真实就是生命,历史的真实只有溶进战士的伟大的性格而被发现出来以后,才能够成为精神的力量。"⑥罗兰创造的这些"伟大的性格"和真实的、"受着痛苦的灵魂"正是罗兰的英雄主义、现实主义精神的表现。胡风说,"对于远在东方的中国",罗兰的这种精神"也燃烧在克服苦难、争取自由的人民里面",并且和中国精神战线上的英雄鲁迅联系了起来,罗兰通过鲁迅"俯向了中国人民的苦难"⑦,也俯向了饱经苦难的胡风本人:他不正是在这位"苦斗了一生"的西方"精神界英雄"的鼓舞下,完成了由鲁迅所开拓与罗兰相通的、写出

---

① 赵园《路翎:未完成的探索》;曾小逸《走向世界文学》,长沙:湖南大学出版社,1985年。
② 胡风《向罗曼·罗兰致敬》,载《新华日报》1945年1月25日。
③ 胡风《罗曼·罗兰》,上海:新新出版社,1941年。
④ 胡风《略谈我与外国文学》,载《中国比较文学》,杭州:浙江文艺出版社1985年。
⑤ 胡风《罗曼·罗兰》,上海:新新出版社,1941年。
⑥ 胡风《向罗曼·罗兰致敬》,载《新华日报》,1945年1月25日。
⑦ 胡风《向罗曼·罗兰致敬》。

真实人生、写出人生的血和肉的那种"灵魂现实主义"的探索吗?

如果说路翎、胡风是以极强的主观性、主观战斗精神扑向了罗兰,走向各自的选择,那么,巴金是以他的生命意识与罗兰相沟通,从而通向自己的寻求。这位中国现代文学大师,在提及外来影响时,没有回避罗兰给予他的这种特殊的影响。他在40年代给法国汉学家明兴礼(J. Monsterleet)的一封信中曾这样明确地说过:"我喜欢罗曼·罗兰的早期作品,比方他所著的《约翰·克利斯朵夫》三部传记、大革命戏剧。他的英雄主义给了我很大影响:当我苦闷的时候,在他的书中我常常可以寻找快慰和鼓舞,他使我更好地明了贝多芬的由痛苦中得到快乐。靠着他,我发现一些高贵的心灵,在痛苦的当儿,可以找到甜美,可以宰割住我的痛苦,他可做我们的模范和典型。爱真、爱美、爱生命,这是他教给我的。"①在这里,巴金显然是把罗兰视为人生"楷模"加以接受的。他也像大多数中国读者一样,很少从纯文学的角度来接近罗兰,但他对罗兰的择取又绝非通常的政治选择,而是做人的选择,这种人的自觉意识的投入,对一个作家来说,又不能不通向"文学—人学"的选择,并使这种选择贯注着一种强烈的生命意识。当他从罗兰的书中寻得了"快慰和鼓舞"时,当他从罗兰的笔下那些"高贵的心灵"中,找到了"甜美"时,当他从那些体味到"由痛苦中得到快乐"的人生真谛时,巴金所激发出的生命的激情和"勇力"一起扑向了这位文学大师及其英雄主义,不由得把他奉为做人的"模范和典型"。正像罗兰的英雄主义(理想主义)和现实主义往往不可分割一样,集作家、战士于一身的巴金,为人的原则和为文的原则也是二而为一的东西。当他从罗兰那里学到了"爱真、爱美、爱生命"的品质时,事实上他也获得了一种为文的准则,巴金的全部作品可以说都是这"爱真、爱美、爱生命"的颂歌。它既是巴金受惠于罗兰人品的结果,也是巴金受惠于罗兰文品的结果,既构成了巴金的生命意识,也构成了巴金的创作意识。巴金正是从这一基点出发走向罗兰的。

巴金、胡风、路翎以各自不同的方式接近了罗兰,接受了罗兰,从不同方面做出了合乎他们个性的文学择取:找到自己的理想性格,或助成了理论探索的契机,或学到了为人、为文的榜样,接受了真正意义上的文学影响。由于他们在接近罗兰的过程中,始终保持着鲜明的个体意识、人的意

---

① 明兴礼《巴金的生活和著作》(王继文译),上海:文风出版社,1950年,第57—58页。

识,而他们的个性又都具有罗兰某些相近或相似的方面,因而能从不同侧面和层面去贴近真实的罗兰,与之沟通和理解,他们对于罗兰做出的判断和择取也就具有更为真实的基础,避免了通常为政治的选择所难以避免的滑坡。但是,这种具有个性的文学选择,在个性意识赖以生存发展的现实土壤极为贫瘠的情况下,是难以正常发挥的。由于众所周知的原因,在一个相当的时期内,不仅胡风、路翎本人连同他们的独特的选择和探索曾一度遭到了最严厉的讨伐和批判,就连巴金老人那些讴歌"爱真、爱美、爱生命"之作也曾被无情地泼上了污水,遭到了禁忌。对罗兰的选择也终于只能导致另一种选择,即政治的选择。

罗曼·罗兰生前曾为他没有赢得中国的心而多次抱怨、遗憾,如果他现在还活着,应该感到欣慰:他的作品是这样广泛持久地吸引着中国读者,特别是一批又一批广大青年读者,他的思想是这样紧密地联结着中国一代探求者的命运,他所创造的人物跟中国人,特别是青年知识分子的心靠得这么近、这么紧。然而,他的抱怨却不无道理:这位和全人类有着广泛联系的"世界公民",倘要与"中国心"进行真正的交融与沟通,已经走过、还该要走多么漫长的道路啊!

第三节 享乐国里的斗士
——巴比塞与中国

巴比塞的名字将要以火焰的字母照耀在千千万万人为反对旧世界——剥削的、奴役的和掠夺的战争的世界——而斗争的旗帜上。①
——季米特洛夫

需要的是行动的能力,斯巴达克式的高尚的意志,而不是埃皮克蒂特式的无所做为的沉思。我们的职责是既要善于引导,又要巧于行动。②
——巴比塞

---

① 转引自杜克洛(Jacques Duclos)和弗莱维勒(Jean Fréville)《亨利·巴比塞》(王道乾译),上海:平明出版社,1952年。
② 引宴会答谢词,1916年6月。

大约在 1925 年,鲁迅先生在《忽然想到》中,提及了"法国作家所常有的享乐的气息,在他的作品中是丝毫也没有的",巴比塞(Henri Barbusse,1873—1935),说他和萧伯纳(Bernard Shaw)等人通过《致中国国民宣言》"为中国鸣不平"①,1931 年 12 月 28 日,鲁迅又在答瞿秋白的《关于翻译的通信》中将巴比塞的作品列入"含有小资产阶级的偏见"的"无产者文学之列",并以之为新创作的"师范"②。1933 年 9 月,鲁迅又针对文艺界有人因为巴比塞"不算第一个作家"而否定他,提出苹果烂了,对于经济力不强的中国人而言不是抛弃整个苹果而是挖烂苹果而留果实以救饥渴之急③。从鲁迅对巴比塞内容不多却又中肯贴切的评论中我们可以想见到巴比塞在中国的大概情形:他首先是作为一个进步作家而为中国人接受的。亨利·巴比塞是这样走向自己的终点的:1919 年他创立国际作家进步组织光明社,1923 年加入法共,1927 年他发起组织"世界反帝大同盟",1932 年的阿姆斯特丹反帝大会上他组织成立了"全世界反对战争反对法西斯斗争委员会",他曾参加法共组织的各种活动,同情支持十月革命和苏联。正是通过这林林总总的活动,巴比塞由一个理想主义者、人道主义者和和平主义者一步步迈向战士和思想家的④,但是,由于有了《泣妇》(诗集)、《光明》(小说)、《战士的话》(政论集)、《镣铐》(小说)、《地狱》(小说)、《火线》(小说)、《左拉》(传记)和《斯大林》(传记)等大批作品,巴比塞首先是一个杰出的作家,一个杰出的进步的作家。

一、罗兰一样的诗人

中国人之关注巴比塞并非自鲁迅始。早在 1920 年,《东方杂志》第 17 卷第 12 号就率先翻译了巴比塞的《为母的》,译者沈雁冰在译前小记中说:"巴比塞是法国现代最鼎鼎大名的大文学家,与罗兰齐名的。"该文译自英译本短篇集 We other。接着,沈雁冰评价道:"(巴氏的小说)体裁算得上写实派,但思想绝不是写实派。可以说是新理想派,这是和罗兰不同的

---

① 载《鲁迅全集》第 3 卷,北京:人民文学出版社,1982 年,第 89 页。
② 载《鲁迅全集》第 4 卷,第 386 页。
③ 载《鲁迅全集》第 5 卷,第 299 页。
④ 让·弗莱维勒《亨利·巴比塞的一生》(王道乾译),载《亨利·巴比塞》,上海:平明出版社,1952 年。

地方。"

次年,又有仲云译的巴氏的描述一个将死女子的故事的《女子》①;汪颂鲁译了《我从未见过上帝》(Je ne Vois jamais Dieu),此文选自《罢尔比斯的光明clarté》,"是这部书里的下半部里的一小段,这部书是为宗教而作,还是巴氏对于宗教的其他意见,我们当然不能尽知,但我们从他这不信上帝的一小段看去,也可说窥见于巴氏宗教观的一斑了"②。而李瑾的文章《记巴尔比斯与罗曼·罗兰的笔战》则披露了法国二位作家的通信,通过对暴力、反抗暴力的方式、共产主义等不同看法,译者李瑾希望:(一)探求"个人主义的学者与实利社会的事业家,他们彼此对于人道的贡献又有何种的等差?"(二)"我们可怜的中国人!我们去自由的路还远,我们争自由的力量还差,——比较欧美人——我们该当为自己努力"③。

此期还可一提的是《小说月报》,由于志趣、理想、美学品位的相似乃至相同,沈雁冰、刘延陵、郑振铎、王靖、CF女士、赵景深等人均译介过有关巴比塞的文章或作品④。1923年,刘延陵译了《不吉的小月亮》(第14卷第3期),第14卷第6号刘又译了《十字勋章》,第7号又译《太好的一个梦》,第11号又译《兄弟》。在《不吉的小月亮》后记中刘延陵认为,巴比塞是"非战派"小说家中最有名的一个,而 Leporttque 是巴氏最好的短篇。巴氏作品与曹拉(左拉)相似,到了写《光明》时,"他的破坏论成了有目的破坏论了"。在固定栏目《现代世界文学家传略》1924年第15卷第20号上,郑振铎、沈雁冰在"巴比塞"条中说,"巴比塞是非战派的名作家,其血管杂流着拉丁人种和条顿人的血液"。并简介了巴氏的创作经历、风格及文学观点。在此年此卷号外上,王靖在《法国战时的几个文学家》中介绍了Charles Pēguy、Evnest Psichari、Henri Barbusse 等五位作家,王靖引用他人的话,认为巴氏成功的原因,一是他与左拉相近,民众久不见这种作品,易被他打动;二是悲惨的写实主义在读者心目中留下的印象。但王靖认为巴氏的成名作 L'Enfer "实在是坏得很"。"巴比塞名誉日隆的原因在于当时社会的人心不宁,喜读这种带刺激的小说,但他别的作品就没有像'地狱'这

---

① 载《东方杂志》1926年第23卷第5期。
② 载《少年中国》第3卷第1期。
③ 载《少年中国》第3卷第10期。
④ 沈雁冰《巴比塞的社会主义谈》,《四个人的故事》(CF女士译),载《小说月报》1921年第12卷第3号。

样。《火》确是天才的作品"。这部小说多用土语,写污浊方面多,"倘有不了解他的人,最好不要看他的作品"。1928 年,赵景深以现代文坛杂话的形式发表《巴比塞的耶稣论》,认为巴的"耶稣论"文体颇似尼采的《查拉图斯特拉如是说》,他要说明耶稣的品格结果却说明了自我色彩浓厚的感伤主义①。次年,赵又在"杂话"中作《巴比塞与军人生活》介绍他的《我亲眼看见的》(I Saw it Myself)认为"这部书不是平静舒缓的,叙事很杂乱,但思想却超过艺术"②。仍是 1929 年,沈起予于《小说月报》上发表《H. Barbusse 之思想及其文艺》并附有巴氏照片。文章分 5 个部分:前言,认为巴氏是唯一"与一切恶势力相混战的"小说家;生平及文学生涯;光明团的思想背景、行动手段、运动;巴比塞与罗兰之争,作者认为,这亦是"近代社会思想之两大潮流底代表,这个论争的介绍,不特是为明了巴比塞之思想,而且对有心于革命及社会问题者不无补益";巴比塞之与马克思主义言,前者并非正统派。

20 年代还有其他一些杂志亦曾陆续有关巴比塞人或文的介绍。如《现代小说》第 3 卷第 3 期(1929 年)成绍宗译的《暴风雨》(系《光明》片段),《真善美》第 3 卷第 1 号(1928 年)虚白译了《葬礼进行曲》,译者曾说:"这种深刻的描写,才能发掘出无产阶级的灵魂,永远粘附在读者的心版上,可是巴比塞并没有高揭着革命文学的旗帜。"显然是有所针对的。《大众文艺》第 4 号(1929 年)刊出严野重译的《兄弟》。

二、巴比塞到中国来了

1933 年,亨利·巴比塞和罗曼·罗兰、德莱塞(其他人尚有爱因斯坦、萧伯纳、高尔基、加塔雅马、宋庆龄等)诸人受国际非战大同盟的委托将来中国调查日本帝国主义践踏下的东北与华北的真相,这是这个进步组织对国际联盟"李顿调查团"中国之行不信任所采取的重大行动。消息传开,举国上下又一次掀起了介绍亨利·巴比塞的高潮。

此前,赵景深又撰文《巴比塞与俄国》,蓬子译了巴氏的《拥抱》,洪灵

---

① 第 19 卷第 3 期。
② 第 20 卷第 3 期。

菲译《不可屈服的》,祝秀侠转自英文译了《归家》①。祝氏的《归家》于1933年第30卷第9号《东方杂志》上重易了几字改为《归来》,他认为巴氏是"近代法国作家中最受世界人民欢迎的一个",祝氏以此作为巴比塞来华"欢迎他的一个纪念"。《大陆》杂志也于第2卷第2号(1933年)也提到了巴氏来华的消息。《文艺月刊》第4卷第3期上刊出巴氏的《他们的路》(李丹译)。《东方杂志》又刊出了朱穰丞译的巴氏小说《外国人》。但是这一年——1933年——撰文最长的当属夏炎德的长文《致敬于反帝国主义作家巴比塞先生》②,因为"法国作家巴比塞等受了国际非战大同盟的委托,不日将来中国了"。全文分三大部分:国际非战大会与巴比塞;巴比塞的生平及其作品;我们对于巴比塞等再调查的期待。在第二部分里,夏炎德认为:"他是一个激进的革命家,一个勇敢的战士,他的小说与其说是小说家的小说,毋宁说是思想家的宣言。""欧战以后的巴比塞,他完全变成一个坚决的革命家,彻底的社会主义者。"第二部分末尾除前述评介外尚有"激进的社会主义者,热烈的革命家,伟大的文学家,有力的宣传家,世界和平运动的领导者;他的一生都贡献在反帝国主义的工作上,他是一个一往无前始终不怠的勇士"(原文如此)的赞颂。文中第三部分在义正词严、无可驳辩地揭穿"国际联盟是世界帝国主义的分赃机关",而李顿调查团的"报告书的本身也不啻是打家劫掠的进行曲",而对巴比塞本人则寄托了莫大的希望,"说真正公平的话","主持正义","否定李顿报告书的扯谎",昭告全世界以真情,"我们欣慰着,说真话的人来了","他们将要到我残破的中国,特草此文,想我国的同胞,亦必致敬于这为和平而奋斗的文豪"。

然而,巴比塞因故未能完成中国之行。但是,中国人仍继续将巴比塞当成光明和进步的象征来接受、诠解。1935年8月30日,巴比塞在参加共产国际第七次大会期间因病逝世,中国的许多刊物立即撰文悼念这位诗人、战士、共产党人三位一体的杰出作家。单是《文学》杂志就刊登了澄清的《巴比塞逝世后》和娄放飞的《巴比塞漫画——为追悼而作》。澄文记叙了莫斯科葬礼的实况并引纪德、罗曼·罗兰、高尔基的悼念文章,高度评价了去世者。娄文则记录了他在巴黎与巴氏的一些交往:通过多种渠道设法

---

① 分别载《小说月报》第21卷第11号,《读书月刊》创刊号(1930年),《拓荒者》(1930年),《当代文艺》(1930年)。

② 载《读书杂志》第3卷第5期。

会面、晤谈。巴比塞的问话涉及了中国留学生到法国都学些什么、中国谚语、对自己作品的评价以及娄要将巴氏著作译为中文诸事。是年，傅雷译了巴氏的《小学教师》①，《清华月刊》则刊发了赵予的《纪念亨利·巴比塞》，文中简述了巴氏的心路历程：王尔德唯美派→小布尔乔亚的忧郁→对社会问题的科学思考→思考国际问题→历史地研究→领导世界反战会。并有如下论断：

> 巴比塞在文艺上所树立的千秋声誉，在大战以后不久，就早越过重洋来到我们这个国家了。但是近年来巴比塞又以别一种更伟大的声望震惊着我们。他从单纯的厌战的文艺作家，一变而为奔走呼号护卫人类文化的战士的姿态，出现于我们面前了。

此外，《光明》于第1卷第7号（1936年）刊发梅雨译的S.威里的《"火线下"是怎样出版的》，《中流》第1卷第9—10号（1937年）载有巴比塞的《战地家书》（黎烈文译）。

三、不该遗忘巴比塞

《译文》1955年第9期刊载了尼古拉耶夫原作的《亨利·巴比塞——保卫和平的战士和反法西斯的革命作家》，同刊是年第11期为纪念十月革命38周年，特刊发巴作《巨人的步伐》（高名凯译），该文是巴氏1919年10月19日在挖土工人召开的大会上的演讲。仍是该刊1958年第5期，办了一个《亨利·巴比塞特辑》，选了巴氏9篇小说、两篇政论。小说有《文明的压榨》（写反殖民主义）、《外乡人》（写普通士兵在非正义战争中的命运）、《爱哭的John和爱笑的John》（同上）、《回家人没到家》（揭露资本主义法庭、监狱的虚伪与残酷）、《不可驯服的人》（同上）、《格来西亚》（写一个普通士兵对战争变化的认识）、《红色的圣女》（写一位贞德式女革命者）、《小学教师》（揭露教会）、《沙尔》（写一条牧羊狗）；政论有《告全世界青年书》《走向新时代》。同刊另刊有加香对巴氏的评论。

这一时期尚值一提的还有平明出版社作为"新译文丛刊"出版的《亨

---

① 载《文艺月刊》第5卷第4期。

利·巴比塞》,原著者是杜克洛和弗莱维勒。文中收有让·弗莱维勒的《亨利·巴比塞的一生》《巴比塞,作家》,雅克·杜克洛的《巴比塞,共产党人》《亨利·巴比塞作品目录》,另有"附录"《亨利·巴比塞》(让·拉纳克),是较全面地评介巴比塞的西书中刊。但自此以后,直到今天,除过《百花洲》上易弥译的《士兵的歌声》(1983年第5期)外,几乎未见其他译文。巴比塞被我们遗忘了。

巴比塞不该被我们遗忘。正如许多论者所指出的,巴比塞是20世纪初叶走向人类进步的作家的一个范例。对中国人来说,巴比塞是20—40年代知识分子倾向于进步、革命、社会主义的一面旗帜、一声召唤、一个警示和象征。作为一个小资产阶级知识分子,巴比塞最终踏上了通往马克思主义之途,其间的反复、徘徊可以想见,但他毕竟是进步甚至革命的。另一方面,亨利·巴比塞通过自己的行动证明了知识分子在世界变动中由坐以论道向起而行道过程转变的可能,这对20—40年代的知识分子投笔从戎,甚至永远弃笔走向战争或革命第一线无疑具有启迪和示范意义。

第四节 心智时代的象征
——纪德与中国

> 我真担心从此不得不放弃游历中国的愿望!我深悔在当年生命力充沛时错过这个机会。
>
> ——纪德,1947年致盛澄华
>
> 只要纪德在世一天,法国便还有一种文学生活,一种思想交流的生活,一种在那些并非职业哲学家和谈吐风趣的作家之间进行的始终坦率的争论……那块封闭纪德墓穴的石板结束了法国经历过的最能激励心智的时代。
>
> ——莫里亚克《活页笔记簿》

一、洞烛真髓:盛澄华《纪德研究》述评

1947年11月13日,安德烈·纪德(André Gide,1869—1951)接受了诺贝尔文学奖。次年他的中国朋友盛澄华出版了到目前为止仍是第一本

的"纪德研究"专集。

这个专集收录了9篇文章和两个附录:《安德烈·纪德》《〈地粮〉译序》《试论纪德》《〈新法兰西评论〉与法国现代文学》《普卢及其〈往事追踪录〉》《纪德艺术与思想的演进》《纪德的文艺观》《介绍一九四七年诺贝尔文学奖金得主纪德》。两个附录,一个是《纪德作品年表》《纪德书简》。卷首附有"纪德近影及其签名""纪德手迹"各一。①

1934年,在清华研究院学习的盛澄华通过温德(Robert Winter)的"纪德"课程认识了纪氏作品,从此便一发而不可收地阅读纪德的书,后来到了巴黎花了数年时间通读了《纪德全集》,并做了"1313页蝇头蟹文的笔记"。如此用功于纪德,直至90年代的今天恐怕仍属第一人。1938年11月21日,盛澄华在巴黎的日记中曾写道:"法国论纪德者最大的错误在于以法国的文学道德的准绳去衡量纪德,挑拨多于理解。批评家高于作家。批评家所属(党或派)高于批评家自己","对一个伟大的艺术家应予以理解,而非衡量,他的作品本身即是他自己的尺与秤"。这是盛澄华的优势之一:认真地阅读过纪德,并且以自己的批评观点。

正是在巴黎的日子,自1938年起,盛澄华开始译《地粮》,4年后出版。后来又用了"三个夏天一个秋天"译完30余万字的《伪币制造者》,3年后由重庆文化生活出版社出版。以后盛澄华还译过纪德的作品《日尼薇》及其他一些论文。这是盛澄华的优势之二:真切地通过作品迻译了解纪德。

1935年,盛澄华在巴黎结识了纪德。从此以后,二人过从甚密。后来(包括纪德逝世前盛氏在中国的日子)双方常有书简往来。从书中所附的13封信看双方关系相当融洽(书中所附最后一封信是1947年12月23日。盛氏该书于次年出版。从1948年到1951年纪德逝世,中间当还有其他未列之书简)。纪德在他的13封信中屡屡表示出前来中国的愿望,在获得诺贝尔奖的1947年,纪德在瑞士纳沙德给盛澄华的信中说:"(近患心脏衰弱)……我真担心从此不能不放弃游历中国的愿望。我深悔在当年生命力充沛时错过了这机会!我来中国和你重聚的快乐正与我对你的深刻而忠

---

① 该书由上海森林出版社1948年出版。以上所列全书各文曾分别载于:《清华周刊·现代文学专号》1934年;《时与潮文艺》创刊号,1942年;《时与潮文艺》第4卷第5、6两期;《文艺复兴》1947年第3卷第3期;《大公报·星期文艺》,1947年第2期;《文学杂志》第2卷第8期;《华北日报·文学》第6、7期,同时刊于《上海人世间》第2卷第4期;《中国作家》第2期;《益世报·文学周刊》第68期;《现代知识》第2卷第6期。

实的友谊并增。我保存着我们相识以来你的全部信札,而你对我的一贯同情是我一生中认为最是珍贵的。"这是盛澄华的优势之三:由于对作者的熟稔因而可以更多地借助于作者本人的阐释洞烛作品真髓。

因为上述原因,盛澄华的9篇文章各有特色,形成全面研究纪德的崭新景象。《安德烈·纪德》所用材料多袭自 *Léon Pierre-Quint:André Gide, Sa viè et son oeuvre*,虽无多少创见,但仍属于30年代为数寥寥的介绍纪德生平、创作的长文之一。《〈地粮〉译序》是盛译的《地粮》的序,文中集中述及纪德的生活大事及纪德思想的某些侧面,真正谈《地粮》的内容很少。《〈新法兰西评论〉与法国现代文学》和《普庐及其〈往事追踪录〉》表面看和纪德关系不大,实际上和纪德的关系极密切,由纪德主持的《新法兰西评论》(*Nouvelle Revue Française*,简称 N.R.F.)号称现代文学的方舟(Arche),网罗了包括普庐(即普鲁斯特)、克洛岱尔、瓦雷里、莫里亚克、杜加尔、罗曼、马尔罗、蒂波岱、杜亚美、佩吉、耶麦、夏尔梦、阿拉贡、布勒东、阿兰、艾吕亚、苏佩维埃尔等等大批作家,形成了极为繁荣的精神活动场,为法国现代文学形成气候起了决定性作用。盛文详尽探讨了《新法兰西评论》的形成、发展、活动及历史地位及作用,在国内恐无二者。至于《普庐》一文是因为普鲁斯特"借他独特的风格和方向替现代小说开拓了一片新天地。他曾是纪德和《新法兰西评论》同人所最叹赏的一位作家"。《纪德艺术与思想的演进》集中论述了纪德"艺术"与"思想"的发展变化经过,文中分析了大量作品以证明纪德在变化过程中具有阶段性特点。《纪德的文艺观》则横向探讨了纪德的文艺观:(一)在艺术品中是"神出主意,人做主意"(文艺的特性)。(二)艺术品像一个果子,它蕴藏着整个未来(文艺的组成)。(三)文艺中的影响是沉睡因素的唤醒(文艺中的影响)。上述概括充分反映出盛澄华的"知人"特点,虽然简朴却非抄袭,成为长期潜心研究纪德文艺观的充满个性特点的概括。《介绍一九三七年诺贝尔奖得主纪德》名为介绍,实属研究,其中如下一段话尤不失它作为内行的基本特色:

> 纪德作品大体可说是刚性的思想配合了柔性的艺术。他的艺术中并无咆哮与呼号,自然更无口号。他以纤净峻严的文笔暗暗地道出了人生的诸问题。他作品所发挥的力量是内在的。它引起你的饥饿,引起你的焦渴;它引起你的不安,使你发生疑问,从而进一步激动你去做进一步的探究与思索。假定一般作家的作品着重于"解答人生问

题",纪德的,则是"提出人生问题"。他的每一作品几乎都代表一个问号,"使你苦恼,正是我的本务。"他曾说。从否定出发的纪德,其精神却是勇往地肯定的。

《纪德作品年表》和《纪德在中国》从另一个侧面体现了研究者的研究广度。"年表所列纪德作品截止1946年,凡短篇未刊单行本已辑入《纪德全集》中者不录",凡52种。其中《纳蕤思解说》《爱情尝试》《幻航》《地粮》《假先知解说》《菲洛克塔脱》《浪子回家》《窄门》《忆王尔德》《田园交响曲》《伪币制造者》《伪币制造者日记》《刚果纪行》《妇人学校附罗培尔》《新粮》《日尼薇》《从苏联归来》《文坛追忆与当前问题》,凡20种译成中文。在《纪德在中国》里,盛澄华列举了穆木天(《窄门》)、卞之琳(《浪子回家》《解说》《窄门》《新的粮食》《伪币制造者日记》《伪币制造者》)、闻家驷(《浪子回家》)、王了一(《一个少女的梦》即《女学》,此书还有陈占元的译本《妇人学校》、金满成的《女性的风格》)、丽尼(《田园交响曲》)、黎烈文、徐懋庸、张若茗等,作者颇为自负地说:"如果我说我自己是这些介绍者中最带韧性的一个,这原因是纪德给我的影响太深,而我每喜欢对人说:纪德的影响是健康的(至少对我如此)。"作者在文中不仅列举了译者,还指出其所出语种并品评了各书质量。

然而真正代表盛澄华纪德研究水平的当首推《试论纪德》。全文长达117页,近6万字,"文中材料取自读纪德全集时所做的1313页笔记,作为一本小说的译序,也许长得荒唐;但比较说,这是我论纪德的文字中最花力气的一篇"(《试论纪德》文前说明)。全文分为5个部分:从纪德与巴雷斯的"白杨之争"(La querelle du peuplier)开篇,涉及纪德整个小说(艺术)发展的完整过程,旁及戏剧、文艺批评、美学观、伦理观、政治观、对共产主义的看法,苏联之行及对安德烈·纪德的整体评价。由于盛氏本人拥有1313页的读书笔记的优势,文中还穿插了大量的原文(作品)、日记。

在作者看来,纪德属于这样一类人:我们生存的世界有着一切现成的安排,只有极少数人对这旅程的去向及节目突然起了怀疑,只有更少数的人因怀疑而加以探索,由探索而发出问题,这少数的选民即是我们所谓的思想家与艺术家①。纪德一生中,由于北方人的深沉持重和南方人的明朗

---

① 《试论纪德》,第43页。

辉耀,使纪德既倾向于内心体验又倾向于官能乐趣。他喜欢为启程而启程,永远在旅途中,既富个性又最忘我。①

纪德艺术观中有一个重要点是"神出主意,人做主意"(Dieu propose, l'homme dispose),意之谓,在自然界中人无法逃脱自然律,不能不服从自然,在艺术作品中,艺术家的职责则在如何处理自然,使自然就范。这是解说纪德及其作品的关系的关键。②《凡尔德手册》作为象征主义式小说是纪德创作的失败性起步,但它却带来了双重的解放:作为人的纪德,摆脱了过去狭隘而主观的我,赋予未来的我以生命;作为作家的纪德,因受冷遇而摆脱了读者与批评家的目光,他换回了无限自由。③ 于是纪德写了《背德者》《窄门》《依莎倍尔》《田园交响曲》,这些小说中每一个人物都宿命般驮荷着某一观念的重担,而与现实生活脱节。盛氏说:"《背德者》是纪德的这些所谓 Récits 中最强烈、最带苦味,但同时我认为也是最美的一本。"④"纪德的每一作品都是对生活所处的一种新的姿态,正像《背德者》中所表现的是极端的个人主义,在《窄门》中则是极端的神秘倾向,以思想价值来说,我觉得《窄门》是纪德作品中最弱的一种。"⑤盛氏颇有见地地说,《田园交响乐》和《窄门》是纪德作品中最为一般的读者所接受的两本书,唯一的原因是因为它的缺少创造成分,读者所欢迎的是他们所走惯的路,在那儿可以依恋与欣赏自己的影子。⑥

后来,1914 年,纪德写下了《梵谛冈的地窖》,在主人公 Lafcadio 的身上有一代欧战(第一次世界大战)青年的影子。它"是纪德所创造的人物中最富吸引力的一个,他的无限蓬勃的青春即是最特殊的诗境。他性格中的超脱与流动性,他的非功利行为,他的非来世观,他的险遇,在在都激发战后一代徬徨中的青年",小说"不仅由于这是纪德个人在表现上最大胆、最独特的一本作品,而更因为它的出现曾替当时的法国小说注入一份雄厚的生命力"⑦。

在谈到艺术目的时,纪德曾说过,艺术品像一个果子,它蕴藏着整个未

---

① 《试论纪德》,第 46 页。
② 《试论纪德》,第 52 页。
③ 《试论纪德》,第 58 页。
④ 《试论纪德》,第 73 页。
⑤ 《试论纪德》,第 75 页。
⑥ 《试论纪德》,第 77 页。
⑦ 《试论纪德》,第 80 页。

来。联系到前面提到的"神出""人做"的艺术观,这里确乎有一种二律背反的关系存在。盛氏指出,一切艺术品都由两种相反的力所形成,一件艺术品的成功在于求得相反因子间的调和,这应用于纪德的创作如此,而应用于纪德的文艺理论也一样。由特殊来表达一般,从最具人性的作品中去完成最高的人性,在克制浪漫精神中纪德实践了他最现代性的古典精神。盛氏特别强调说:"在质朴与含蓄的约束中产生艺术,在批判意识与追求完美的斗争中艺术开始成长,而散漫与夸大式的自由却必导演艺术于死境。"①

欧洲的两次战争过后,许多杰出的诗人、艺术家找到了精神流浪的归宿地。作为一个基督徒,"至少他早看明白没有比基督教(christianisme)是更反基督(antichrist)的。'福音'(les vangiles)中基督的语声无一字不在纪德的心中唤起崇高的理想,使纪德涌出热泪;但一经基督教的解释,无一字不变做暗淡无光,无一字不被蒙上一重虚伪与功利的面幕"②。因此纪德认为天主教(catholicisme)是无从承认的,耶稣教(protestantisme)是无从容忍的。他自信永远不会成为耶稣教徒(protestant)或天主教徒(catholic),他自认唯一能加诸他头上的是一个真正的基督教徒。盛氏的上述论证显然有所本。而纪德的宗教观则深深渗透于他的作品,如《哥丽童》(Corydon)、《如果种子不死》(Si le grain ne meurt…)中,追求真诚厌恶虚伪是这个基督徒个性中的突出特点,因而"忏悔"成为其作品中的典型品格。

根据纪德的说法,他理想中的小说既不是"我"的描绘,也不是独特的"另一人"的描绘,而应是代表"人人"的一幅画,更主要的是这"人人"不应是反映在一个我中,而是"人人"反映在"人人"心中。《伪币制造者》作为"思想家艺术家的纪德的最高表现,而同时也是最综合性的表现"充分体现了上述观点。在纪德眼里,"伪币制造者"的写作过程比题材本身更令他感兴趣,"这是一个不能更特殊的题材,这是门上一个最小的锁匙洞",当你把眼睛贴到洞口时,你会看到整个世界,这便是纪德的所谓"由特殊来表达一般,使一般由特殊中表达出来",《伪币制造者》因此而扩大成为一切问题的交道口。

---

① 《试论纪德》,第89页。
② 《试论纪德》,第93页。

1936年，纪德以苏联国宾的身份参加了高尔基的葬礼,同年11月发表《从苏联归来》,由于书中涉及了苏联生活的另一面,纪德便处于左右双方的夹击中:左派说他诋毁苏联,右派指责他去了苏联。这里也许只有盛澄华这样的真正了解纪德为人思想的人才能把问题说清楚:纪德从理性与理想两条大路跑向苏联,如今纪德还是循理性与理想两条路跑出苏联。纪德真正关怀的,并非苏联和共产主义本身,而是所谓的整个人类的命运,正因为过去他以苏联作为理想与幸福的代表,苏联才在他心目中占据了如此巨大的位置;同时也正因为他发现苏联并不能代表他的这种理想,他才迫切地觉得有发表本书的必要。其次,从苏联方面看:纪德看到弥漫在苏联国内的严重于任何集权国家的形式主义,以及由此而形成的人民的恐怖与夸大心理;纪德看不出苏联与德国在精神上有何不同。因此在书中既写了苏联值得赞扬的一面,也没有回避另一面。公平地说盛氏的分析有一定道理,但盛澄华马上又辨论说:"1939年第二次世界大战爆发的直接动机正出于8月18日所发表的德苏互不侵犯条约,这本小书因此而应受到人们的原谅。"这显然又不无偏颇之处:因为纪德的主观意图和客观效果相去甚远。而德苏条约让人误解为德苏结盟则主要是苏联自救的一种策略,并不能说明德苏两国的相同。

这便是盛澄华——纪德的一位亲密的朋友创造的纪录,在20世纪40年代末期,当纪德尚健在之时,一本由中国人撰写的材料非常翔实、立论准确而充满个性色彩、论证严密的《纪德研究》面世了。50多年后的今天我们仍感到,在中国的许多研究者所砌的攀向纪德的无数阶梯中,只有盛澄华最接近纪德,至今仍无法、无人逾越。

二、高调与低调:中国早期研究者眼中的纪德

自然,40年代研究纪德的并非仅仅只有盛澄华一人。而且比盛氏更早译介纪德的也大有人在。但是唯有盛澄华将纪德作为自己孜孜不疲、精研渐进的专门对象。

1936年,文化生活出版社出版了卞之琳译的《浪子回家集》,内收纪德《纳蕤思解说》(*Le Traité du Narcisse*)、《恋爱试验》(*La tentativé Amoureuse*)、《爱尔·阿虔》(*El Hadj*)、《菲洛克但德》(*Philoctéte*)、《白莎佩》(*Bethsabé*)、《浪子回家》(*Le Retour de L'Enfant prodigue*)6篇小说(文)。

据"译者序"说,像散文诗,像小说,像戏剧,就不像作者纪德统称为的专论(traités)。"纪德的风格向来是极富于圣经体的两重美,灵性的热烈与感官的富丽。像雪白的火焰与金黄的水波,这本书尤为其中最好的一例。"据盛澄华讲,卞氏是除他本人之外用功于纪德之少数人之一。从现有资料看,本书亦为少见的纪德之中文文集之一。

然而,最早介绍纪德的却是《小说月报》。1923 年第 14 卷第 1 期上"法国文坛杂讯"率先提到纪德的名字。1925 年第 20 卷第 9 号赵景深在《现代文坛杂讯》上介绍了《康拉德的后继者纪德》。从赵文中我们得知,穆木天至迟在 1929 年以前已将纪德的《窄门》和《牧歌交响曲》译出一部或全部。赵文介绍《刚果旅行纪》时说,纪德从丑恶中看出美丽,《刚》书应放在康拉德异国情调小说类。

30 年代,《中法大学月刊》1931 年第 1 卷第 1 号介绍了张若茗的《纪德的态度》(*L'Attitude d'André Gide*),此系作者 1930 年在里昂大学通过的博士论文,1931 年作为《中法大学丛书》之一在北平公开出版,是纪德研究中的重要收获,深得纪德本人的喜爱。他在致张若茗女士的信中这样写道:"您无法想象,您出色的工作给我带来多么大的鼓舞和慰藉。……通过您的大作,我几乎得到了新生。由于您的劳作,我又重新意识到自己的存在。大作第五章最使我感到欣喜,我确信自己从来没有被别人这样透彻地理解过。"[①]同刊 1936 年 4 月刊有沈宝基的长文《纪德》,全面介绍了纪氏的生平及创作,分别以《背德者》《窄门》《田园交响乐》;《造伪钱者》;《日记抄和日记新抄》《新的粮食》划分了纪氏创作的三阶段。此期,《文学》《译文》均介绍过纪德,例如《文学》刊载了方光焘的《纪德自传的一页——童年时代的回忆》[②],同期中还有黎烈文译的《田园交响曲》(片段),1936 年第 6 卷第 2 号 KF 作《纪德谈俄国文学》,第 5 卷曾有沈起予的《纪德的一生》,"信息栏"中有"纪德不为日译本作序"及"纪德论左拉"等。《译文》1934 年第 1 卷第 2 号有纪德氏肖像一幅并有纪德文《描写自己》;同卷第 3 号,黎烈文译有纪德《今年不曾有春天》;同卷第 6 号,陈占元译了纪德的《歌德论》;第 2 卷第 4 号则有纪作陈译《论文学上的影响》;第 6 号上又译

---

① 安德烈·纪德致张若茗函(1931 年 1 月 12 日),译文据刘勇,载《中国比较文学通讯》1991 年。

② 载《文学》1933 年第 2 卷第 3 号。

了纪德的《艺术界限》，同期黎烈文又译爱伦堡的《纪德之路》，爱氏主要从纪德的所谓革命活动入手，艺术上涉及不多。该刊1936年新第1卷第5期亦有陈占元译纪氏散文《裴利普之死》，1936年新第2卷第1期又有该译者的另一篇纪德译作《戏剧的进化》；王然在该期译有《纪德论普式庚》。

《法国象征派小说家》①是刘莹的长文，由于刘莹曾介绍过象征派，故将早期有象征色彩的纪德误植入象征派行列。该文含以下内容：幼年及成年期；旅行生涯及与王尔德的同性恋；老年时期；作品分期及简介；关于性的态度——同性恋；纪德的道德观念；纪德的宗教观、艺术观。由于文长内容多，大都是点到为止，有些甚至点不到，另外，该文并未说出纪德作为象征派的缘由来。《文艺月刊》还曾发表过徐霞村的《纪德日记抄》②。

30年代其他诸刊如《世界文学》《文学期刊》《中三记》《小说半月刊》《光明·文坛情报》等刊都曾有冗怀、方光焘、黎烈文、丽尼、杨哲文的评介文章。

1947年，纪德获诺贝尔文学奖，王锐有《安德烈·纪德——本年诺贝尔文学奖金获得者》③一文，认为纪德的天才有浓郁的法兰西风格、精神，纪德的人生观是不畏困难努力进取的，纪德的性格有二元倾向。《人世间》有赵景深的《纪德五十年来的日记》④，主要评价"我们时代的主要代言人"的纪德日记之演变情况。这一时期值得一提的文章还有路翎（冰菱）的《纪德底姿态》⑤，该文在当时众多的热调、高调文章中独唱冷调、低调。文章分析了纪德作品表现的"个人主义姿态"，认为"它与老人的欧洲的深厚文化基础及这个世纪开初的社会的崩析有着血肉的关联"，通过分析这种"姿态"的实质，路翎进而引申说，我们分明感觉到，在我们这个时代，纪德是怎样变成了人们心灵的避难所。如果纪德的"体系"完整一点，"他是一定会跑到我们的大学讲座上面去的，文化的批判呀！心儿的苦恼呀！灵魂的永不安定呀！这些纪德的信徒们！"

---

① 载《文艺月刊》1936年第9卷第4期。
② 载《文艺月刊》1937年第9卷第3期。
③ 载《东方杂志》1947年第43卷第18号。
④ 载《人世间》1947年第2卷第1号。
⑤ 载《希望·书评》1945年第1卷第4期。

三、打开封闭墓穴的石板:新时期纪德研究

1957年《译文》第9期上刊有《揭穿纪德的"真诚"》一文,从根本上否定了纪德。

1982年开始,纪德又重新露面于中国。同年《国外文学》上有葛雷译的《浪子回头》,《世界文学》1986年第4期刊有"纪德日记选"(译者胡承伟)。同年12月《读书》又刊发了徐知免的《纪德和他的〈刚果之行〉》。《世界文学》1987年第5期刊载了柳鸣九为李玉民、老高放译的《背德者》和《窄门》所写的序《人性的沉沦与人性的窒息》。《当代外国文学》1988年第1期刊有刘锡珍译的《浪子还乡》,1989年第4期该刊有张曼珍译《忒修斯》。1989年第1期《读书》上刊有卞之琳的《窄门与大道》,是卞氏《窄门》的新版序。卞氏说:"保持清醒,不迷恋死骨,不盲目崇拜,而重温一下纪德在他的这本小说里进窄门的悲剧,净化一番我们的感情以至思想,似乎倒又值得了。"这段话透出一个信息来,即新的历史条件下中国人渴望从新的历史与美学角度重温纪德、重新解说纪德的欲念。1986年11月,湖南人民出版社出版的《蔑视道德的人——纪德作品选》中含《地上的粮食》(唐祖论译)、《新的地上的粮食》(唐祖论译)、《蔑视道德的人》(华迎译)、《窄门》(桂裕芳译)、《梵谛冈的地窖》(郑永慧译)、《田园交响曲》(钱志杰译),前有陈占元的《纪德和他的小说》①,在简评完前述诸书后,陈文说:"岱西说'我最大的力量就是相信进步'。这正是纪德的信念。纪德挖掘人类最隐秘的内心活动,……在文学和道德上应用实验的方法,即使自相矛盾也不后退。他缺乏一种谨严的、系统的学说,但具有丰富深刻的创见。……纪德相信人类,人类的优点和缺点他身上都存在着,而他的作品也充分地说明这一点。"对纪德再认识也体现在《人性的沉沦与人性的窒息》一文②,针对《窄门》中阿莉莎的"日记",柳鸣九说:"正是这份日记使人看到了事情的原委,也正是这份日记提供了一份证词,一份关于天真善良的心灵如何被宗教观念愚弄与戕害的证词,一份关于人的热情与生活愿望如何被宗教感情窒息的证词,一份关于人性如何被天国的迷信扼杀的证词,当

---

① 载《法国研究》1984年第1期。
② 柳鸣九文,载《世界文学》1987年第5期。

然,也是一份关于人心误入宗教神秘主义的迷津而不能自拔的证词。"步步深入,直逼本质,强烈地体现了中国人对纪德庐山真面目的接近。

纪德与中国是一个大题目,单是纪氏的作品译本便有许多复译。(《田园交响曲》《窄门》《地粮》等等)。但新时期对纪德的研究实质性突破的并不多见,尽管如此,从新视角认识毕竟体现了一种突破要求,我们渴盼着新的理性之光能照彻纪德及其作品。但首先要越过盛澄华《纪德研究》,目前它仍是我们接近纪德的一面高墙。

第五节　长眠在悖谬里的铜像
——马尔罗与中国

> 马尔罗的生平就是他的代表作。①
>
> ——安德烈·莫洛亚
>
> 任何艺术家的铜像都长眠在悖谬里,正是悖谬将铜像与读者结合起来。
>
> ——马尔罗《新评论》

安德烈·马尔罗(André Malraux,1901—1976)是20世纪踏上过中国国土的为数可数的法国大作家②。许久以来,马尔罗的艺术铜像因其本人传奇的身世和文学创作而长眠在悖谬里。特别是当我们披览马尔罗之与中国及马尔罗作品之与中国的关系时,我们深深地陷入了悖论之中,言其与中国关系密切者证据凿凿、信誓旦旦,言其与中国无关者也持之有据、言之成理。历数法国作家之与中国,还没有第二个人像马尔罗这样众说纷纭、难定一尊。这种既真又假、亦深亦浅的关系目前仍处于剪不断、理还乱的困境中。

我们承认马尔罗到过中国,但不能承认他曾亲历过1925年的省港大罢工特别是1927年的中国大革命。我们承认马尔罗的《征服者》《人的命运》的背景、内容分别摹本于省港大罢工和大革命,但我们不能苟同于马尔

---

① 引自《从普鲁斯特到加缪》。
② 其他数得上的还有克洛岱尔、谢阁兰、圣-琼·佩斯、亨利·米肖、萨特、波伏娃、罗伯-格里耶等。

罗是出于同情、理解而采用了上述题材。

　　作为戴高乐政府的特使,马尔罗 1965 年访问过中国,并且与毛泽东、刘少奇、周恩来等领导人一起,为中法建交起过作用,但我们不能因此而把马尔罗看成共产主义的同路人甚至赞同者。正像他曾抗议禁演苏联影片、抗议对马雅可夫斯基的攻讦,我们不能将这种行为视为对社会主义苏联的同情、支持一样。

　　马尔罗曾经为季米特洛夫的释放而奔走呼号。

　　马尔罗曾经参加过西班牙共和军以抗击弗朗哥法西斯。

　　马尔罗曾作为一名普通战士在第二次世界大战中英勇抗击西方法西斯。

　　马尔罗因此成为一个"热情、勇敢、有社会正义感、有顽强战斗精神"的"左翼作家""社会活动家""斗士"和"英雄"。① 因为马尔罗是一个拥有自己的坚定的终极关怀目标、志趣和情感倾向的作家,不能说马尔罗热爱中国、热爱中国人,正如不能说他热爱他耽留长久的中南半岛(Indo China Peninsula)一样。因为支持他终生行为活动的是他的人生哲学及艺术哲学。这是读懂马尔罗的关键。

一、生活过的亚洲,臆想中的中国

　　曾经有许多法国人和中国人都相信马尔罗是中国革命的战士。1925 年广州起义的英雄(或 1927 年中国大革命的英雄)的传说,马尔罗本人在传说的编造中起了作用。长久以来,当许多人就有关问题就教马尔罗时,马尔罗总是以"颇似神秘的谈话、令人难堪的沉默、某些暗示、某种肯定的语气和意想不到的微露真情"②让人客观上相信了这个传说。中南半岛归来后,马尔罗曾声称他所撰写的《征服者》有一部分来源于自身经历。1928 年夏,N. R. F. 出版社出版了《征服者》,柏林的欧洲杂志介绍了马科恩·克劳斯翻译的本书,副标题竟冠以《广州战斗日记》;附在书后的作者经历有"1924 年至 1925 年,任国民党驻交趾支那委员,后任驻中南半岛委

---

　　① 柳鸣九、罗新璋《马尔罗研究》编选者序,桂林:漓江出版社,1984 年版。
　　② 若望·拉古杜尔《马尔罗——本世纪的一个人》,节译《在中南半岛的经历》(孟湄译),载《马尔罗研究》。以下材料亦来源于此。

员,1925年任鲍罗廷领导的广州民族主义运动的宣传代表"。5年后的1933,年马尔罗写给埃德蒙·威尔逊(Edmund Wilson)的信中说自己曾是"国民党驻中南半岛和广州的委员"。

但是,事实的真相又如何呢?① 事实是1925年马尔罗仍在西贡办他的《中南半岛报》和《锁链中的中南半岛》,其中8月份曾前往香港购买印刷设备。年底(12月)即因财政拮据返回法国。1926—1929年均在法国。这便完全排除了马尔罗有关中国广州起义及大革命亲历者或参与者的可能性。

马尔罗一生中两次到过中国。1931年,与妻子克拉拉环球旅行,名义是为伽利玛出版社将要举办的"哥特—佛教和古希腊—佛教比较艺术展览会"搜集素材,途经伊朗、阿富汗、印度、新加坡、中国、日本、加拿大、美国,为期近一年,是为马尔罗之第一次中国大陆之行。1965年,作为戴高乐的特使于7月20日抵达广州,嗣后相继参观了洛阳、延安、西安、北京等地,并晤见中国领导人,为时15天,是为马尔罗之第二次中国大陆之行。

1927年前后撰写以广州起义为题材之《征服者》时,他于8月份仅仅在香港逗留过数日。省港大罢工始自1925年6月19日终于1926年10月,马尔罗有幸而邂逅,耳闻目染。

1933年《新法兰西评论》连载以上海工人第三次武装起义为中心内容的《人的命运》,伽利玛出版社同时出书。

"马尔罗并不想用历史事实来描写这个中国。"若望·拉古杜尔说,马尔罗后来说"世界开始与我的书相似起来了"。马尔罗"用自己的眼光重新创造了一个与真实一样真实的世界,他臆想的亚洲几乎与他所经历的亚洲一样"。

但我们还必须记住拉古杜尔的另一段话:"马尔罗带回的亚洲,不是正在进行革命的巨人中国,而是愤怒的、饱受灾难和屈辱的中南半岛。"

二、中国革命的"历史小说":《人的命运》

马尔罗一生中的代表作是反映中国省港大罢工的《征服者》,反映西方人在中南半岛探险、掠宝的《王家大道》,反映上海工人第三次武装起义

---

① 《马尔罗年表》(杨志棠编译),载《马尔罗研究》。

的《人的命运》和描写西班牙内战的《希望》。因马尔罗的《征服者》,特别是《人的命运》反映了20世纪远东的真实历史,而被人评为十部最佳亚洲题材小说。

我们已经说过,在撰写《征服者》以前,马尔罗没有到过中国,那么他是如何反映1925年的省港大罢工的?作品以第一人称叙述,写我应朋友加林的邀请来广州参加加林所开的法国工厂工作时巧遇省港大罢工,我便由旁观者成了参与者,亲身经历并耳闻目染,便是这篇小说的主要内容。作品中主要写了征服者加林、职业革命家鲍罗廷、厌世恐怖主义者洪、国民党元老、民族主义分子、"中国的甘地"程泰诸人物形象。通过这些人物的活动(特写)辅之以罢工场面、市区示威(全景)、点面结合地反映了罢工的始末。

我们着重分析《人的命运》(*La Condition Humaine*,又译《人的状况》)。小说着力塑造了京·吉索尔,起义委员会成员;卡托夫,另一位起义领导人;陈,一个狂热的个人主义分子;以及老吉索尔,一个耽留中国的法国知识分子诸人形象。公正地说,马尔罗描写中国大革命的作品,主人公中仅仅有一个中国人陈(如同"征服者"中仅有一个洪一样),而且陈还是一个被基督文化洗过脑的中体西灵式的人,这从一个侧面反映出作者对中国革命缺乏感性体验与正确认识"阿喀琉斯脚踵",但能因此而责备马尔罗小说没有反映出中国革命的本质吗?

从脉络或表面上看,《人的命运》真实地反映出第三次武装起义中的阶级关系、政治力量对比,罢工者作为下层人卑贱而困苦的生活现状,起义组织者的深思熟虑任劳任怨,国民党上层与共产党的较量,列强与国民党右翼势力及中国大资产阶级的勾结,革命者义无反顾的就义以及反动势力惨无人道的大屠杀。就此而言,《人的命运》反映了中国第一次国内革命战争(又称"大革命")的主流,从根本性质上并没有歪曲它反映的大事件。从客观意义上言,《人的命运》可以看作"大革命"的一个侧面的真实记录。

许多论者认为《人的命运》作为"大革命"题材的作品却没有真正写出一个纯粹的中国革命者或中国共产党人,事实上是对"大革命"的歪曲。"侈谈革命,并以此伪装进步",实际上"主张反革命"①;或者认为,《人的命运》是"一幅形象描绘1927年上海工人武装起义,反映中国革命的世界

---

① 转引自杨志棠《怎样理解人的状况》,载《外国文学研究》1982年第4期。

意义的壮丽画卷",其主旨是"揭露帝国主义和国民党反动派互相勾结、镇压中国革命的血腥罪行,描绘中国工人阶级和共产党人的英勇斗争,讴歌他们不屈不挠、视死如归的大无畏精神"①,我们想问:究竟是法国人马尔罗误解了中国的革命,还是中国人曲解了法国作家的作品?

了解马尔罗作品的钥匙应该是作者的创作动机。马尔罗没有谈过他为什么选取中国题材作为《人的命运》的骨肉,"马尔罗对革命的态度是复杂的,正如他对一切重大问题的态度。他既歌颂那种'充满激情的幻想'又对革命的理想和实践疑虑重重。……他从来就没有真正皈依过马克思主义……他认为历史的进程证明了马克思是错的,尼采才代表真理"②。但根据马尔罗的上述政治态度我们完全可以断言:选择中国"大革命"作为题材并不是作者在同情、理解基础上的必然选择或情感自愿,相反倒很可能出自一种偶然。"为什么要到亚洲去?""这是基于对其他民族文化的关注,我们素养乃至于我的生命都因此不同凡响。"③这便是"马尔罗偶然"中的一种必然,马尔罗天生是一个优秀的艺术理论家、艺术鉴赏家,对于东方(民族)文化的强烈兴趣出自于他的素养、他自小接受的熏陶,他生活的氛围——世纪末帝国主义的殖民化及对东方文化的猎奇(还可举出戈蒂耶、波德莱尔、克洛岱尔、吉卜林等),总之,他所谓的生命本能,促使马尔罗踏上远东的土地,甚至不光彩地盗取柬埔寨的深山古庙中的"七块巨石拼成的四个非常漂亮的浮雕"。选择中国"大革命"题材的可能答案是出于对中国文化的猎奇、迷恋或热爱。

但这远不是问题答案的全部。

在马尔罗的眼里,中国无所谓时间态,不恰当地说,马尔罗眼中的古代中国和现代的中国区别不大,因为他的着眼点是文化(艺术)形态而非历史形态。若望·雷马利曾分析过马尔罗的《西方的诱惑》:"步维克托·瑟加朗的后尘,对中国人的意识,诸如小桥流水、风花雪月、生死轮回、平仄声韵等,都做了巧妙的分析。"选择中国"大革命"主要出于熟悉,否则《人的命运》很可能选择"小桥流水""平仄声韵"。这完全取决于马尔罗的艺术理想:

---

① 杨志棠《怎样理解人的状况》。
② 弗朗索瓦·陶朗格《从艺术和行动中显出思想的一致》,载《马尔罗研究》。
③ 马尔罗语。转引自若望·雷马利《马尔罗与艺术创造》,载《马尔罗研究》。

我们希望这个词包含这样一个意义：努力使一些人认识他们没有认识到的自身的崇高性。①

这便是我们不能责备马尔罗没有反映"大革命"本质的理由，这也是我们觉得马尔罗既写了中国的"大革命"却不像中国"大革命"的缘由。中国"大革命"成为马尔罗达到自己艺术目的的工具。

那么，马尔罗的艺术目的何在？

三、"马尔罗与中国革命"之谜底：艺术理想及根源

马尔罗艺术画廊中的中国人是两个混血儿：一个是洪，一个是陈。洪是个接受了西方文化价值观念的恐怖主义分子，由于童年生活的烙印，他变成一个专杀显贵的枪手，一个没有理想的"征服者"。《人的命运》中的陈，他是北京大学的学生，被命运和拙劣的生活现状逼上梁山，由于老吉索尔等人的启迪，陈亦成了先被路德教洗脑后又被西方文化荡涤的中体西灵式混血儿，在暗杀的恐怖活动中丧失自控力，成为一个向往死亡、唯有死亡方能解脱的大师级怪胎。

这就是马尔罗笔下的中国革命者。关于洪和陈，法国汉学家曾将他们与巴金笔下的杜大心（《灭亡》）比较过②，事实上他们仅仅在手段工具有某种一致性，暗杀制造恐怖，但是前者是一种没有理想、缺乏目的的个人主义，而后者则相反，其理想、目的便是无政府主义，即巴金的安那其主义（Anarchism）。

《人的命运》中的其他革命者是京·吉索尔（据说是以周恩来为原型的③日法混血儿），领导人俄国人卡托夫，德国人、京的夫人梅，反革命者除未出场的蒋介石外，法兰西—亚细亚康采恩总经理费拉尔，其他人物还有京的父亲老吉索尔。"革命—反革命"成为相互存在的两极，仅仅在这两极形成的强磁场内，人物是相互联系的。此外"马尔罗的小说世界是一个

---

① 《轻蔑之秋》，转引自《马尔罗与艺术创造》，载《马尔罗研究》。
② 明兴礼（J. Monsterleet）《巴金的生活和著作》（王继文译），上海文风出版社，1950年，第143—148页。
③ 布阿德福尔《一种绝望的人道主义》，载《马尔罗研究》。

人与人之间没有交流的世界:是一个分离的世界"①。吉索尔因为混血的身份试图通过革命达到恢复他做人尊严的目的,卡托夫作为职业革命家却和周围的人在行动上达成不了共识,梅深爱京却糊里糊涂委身于人,费拉尔老谋深算却连吃败绩而且是个性虐狂,老吉索尔耽于遐思,以死态静观生存。这便是马尔罗笔下的中国革命图景。

马尔罗很相信巴士卡的理论,而《人的命运》一名便取自于后者的一段名言:

> 请设想一下戴着锁链的一大批人,他们每个人都被判了死刑;每天,当着其他人的面,将一些人处死;留下来的人?从他的同类的命运中,看到了他们自己的命运……这就是人的命运的形象比喻。

除此而外,马尔罗崇拜尼采,信奉瓦雷里、施本格勒,对于他们对世纪末的精神危机现状的估计深信不疑。马尔罗因此而断言:

> 死亡,是无可驳辩的证据,证明了生存的荒诞性,
> 人活着可以接受荒诞,但是,人不能生活在荒诞中,
> 人不过是宇宙的一种偶然,艺术并不能拯救他。②

于是马尔罗的作品便试图改变人的命运。在马尔罗眼中。"历史试图将命运改造为意识,而艺术则试图将命运改造为自由"③,重要的不是革命,而是借助革命以摆脱人生的荒诞。马尔罗解释《征服者》说:如果它得以流传至今,那并不是由于它描写了中国革命的某些片段,而是表现了一类英雄……④《征服者》和《人的命运》中的人的命运到底如何?他们因为穷困而丧失了人的自尊,蒙受了屈辱。如何摆脱这种荒谬?行动和死亡。革命是最好的行动——《人的命运》证明了这一点。

阅读《人的命运》我们会产生这样的感觉:所有的人物(包括正反面)

---

① 贝尔沙尼(Bersani J.)等著,孙恒等译《法国现代文学史》,长沙:湖南人民出版社,1989年,第78页。
② 布阿福德尔《一种绝望的人道主义》,载《马尔罗研究》。
③ 莫洛亚《论安德烈·马尔罗》,载《马尔罗研究》。
④ 转引自杨志棠《怎样理解人的状况》,载《外国文学研究》1982年第4期。

都处于一种匆忙、烦乱之中，或者说，所有的人都处在一种挣脱命运的行动中。京·吉索尔为了摆脱一个欧亚混血儿的悲惨命运而选择了革命，老吉索尔则为了对抗心中难以平静的思想狂潮选择了鸦片，最突出的中国革命者陈，为了对自己悲惨的命运提出抗议，他选择了革命中的暗杀。无论是革命、鸦片还是暗杀，所有的人物一旦踏上这样的运作系统，便永恒地身不由己地持续下去，"每个人都被抛向他的孤独，面对时间、痛苦和死亡无能为力"。单就这一点而言，马尔罗选择了与加缪相同的哲学意向，西西弗斯滚动巨石永劫不复的命运便是一种劫数、一种非人道、一种荒谬，但是人和西西弗斯的共同的不屈不挠的意志和精神便表现在：勇敢地投入到这种悲惨的但毕竟是一种行动的抵抗中去。

这样的马尔罗便不是莫洛亚、莫里亚克、罗兰、纪德意义上的马尔罗了，相反，马尔罗一跃而成为海德格尔、萨特式的马尔罗了，对时间的敏感便成为一种自觉了：

> 压抑着我的是……我作为人的命运：我一天天衰老下去，时间这个惨无人道的东西，在我的身上就像癌细胞一样，不可挽回地蔓延开来。①

> 弗朗索瓦·陶朗洛分析道：时光，不言而喻就是死亡，也就是另一种屈辱。这些书中人物和创造他们的人越是对死亡故无动于衷，那使生命转换为命运的死越发使他们心烦意乱。②

上述前提决定了我们不能提诸如"《人的命运》反映了中国革命的本质了吗"，"陈的形象不是歪曲了革命者吗"，"马尔罗的小说具有环境和细节真实吗"一类的问题。马尔罗的小说具有浓郁的现代主义特色，但手法又是相当传统的，借用现实主义写作手法表达现代主义思想意识，使得阅读马尔罗作品时产生了一些障碍：人物像影子，或者只有主干缺少枝叶，有关中国的场景是印象式的，革命似乎被简化成一些人的行动，等等，但了解马尔罗底细后我们便可能释然。尼采说：上帝死了，人便获得了解除了神

---

① 马尔罗《王家大道》。
② 《从艺术和行动中见出思想的一致》。

学压迫的自由,而马尔罗面对自由了的人问"人死了吗?人要死吗"①,便又将人从盲从的自由中投入清醒的荒谬中去。这样,所有的马尔罗著作便成了拯救人于荒谬状况的箴言或教议书。

四、还原人物:"新人"②

马尔罗小说中的人物形象是充分个性化的,但是将这些人物植入中国"大革命"的画面却显得有些单薄——马尔罗忽视了作为形象的共性特征。

耽留中南半鸟时期,马尔罗曾认识了两个越南知识分子欣君和永君。欣君是顺化人,官吏的儿子,身上蕴藏着一种随时要爆发的怒火,脾气暴躁,容易冲动。他是《人的命运》中陈的原型。

1925年12月30日,马尔罗和妻子克拉拉在痛苦和失望中离开了中南半鸟,前来送行的仅有华侨国民党员的董瑞和唐代,毫无疑问,这两个人亦成为他笔下的一些革命者的雏形。

这即是说,马尔罗的多数人物均有所依,但并非是中国的革命者,"从风云变幻的中南半鸟去构想激情沸腾的中国,根据西贡和堤岸写出上海,透过科尼亚克(法驻印支总督)的刑讯手描写蒋介石的屠夫,按照卡第纳街的商人勾勒出外滩的捐客的面貌,从湄公河三角洲或西贡港社会的呻吟想象中国大地风起云涌的起义,以青年安南运动的战友为模特儿创造广州的战略家",并因此而使其作品拥有一种"不容置疑的力量"③。这种力量主要表现在人物的"行动"力量上。

小说一开始写陈刺杀军火买办唐寅达,尽管作为杀手的他并不惧怕,但是当他完成暗杀后,他却陷入极度狂热之中。但"这不是胆怯,而是一种童年以后为他淡忘了的既残酷又庄严的焦虑不安:他独自一人和死亡在一起,独自一人待在一个渺无人迹的所在,虽被恐怖和血腥味儿憋得透不过气来,但他依然无动于衷",可紧接着的一只猫却把陈"吓得浑身瘫软,连

---

① 布阿德福尔《一种绝望的人道主义》。
② 《法国现代文学史》,转引德里厄·拉罗歇尔的话:"马尔罗是个新人,也写出了新人。"第77页。
③ 若望·拉古杜尔《马尔罗:本世纪的一个人》,载《马尔罗研究》。

身子都转不过来"①。马尔罗一次次写死神和陈的行动间的曲折周旋。

当第一次暗杀蒋介石的行动失败后,陈曾经想起过老吉索尔的话:"人临近死亡,这种赴死的欲望本身渴望传播。"他已经将死亡当成生命的意义所在,甚至是对自己命运的完全主宰②,后来老吉索尔的画家内弟嘉麻又一次重复了这个观点③,陈义无反顾地走向死亡,虽然没有达到杀死蒋介石的目的,但毕竟以行动证明了自己生命的意义。

除陈而外,小说还写到其他各种"行动":柯拉毕克和癫狂、卡托夫和革命、梅和爱情、费拉尔和性虐、老吉索尔和鸦片,通过各自的行动,小说才变得跌宕起伏令人不忍罢读。蒋介石转型后的直接行动便是大屠杀,而马尔罗笔下的屠杀行动是如此震撼人心,蒋的德国帮凶柯尼希曾说:"最好不要过多地向我谈起尊严。我的尊严就是把他们全都杀光。中国与我有什么关系?我所以待在国民党里,就是为了能让他们杀人。只有杀人的时候,我才像个男子汉,才能获得新生。"④这样的行为准则其实也是蒋介石的,革命失败后,两百名共产党员将被处死。屠杀者选取的是希特勒后来采用的焚烧活人的办法:将战败者送进机车车头让熊熊大火吞噬。

这也是行动。

京和卡托夫面对死亡早有预料准备:一旦需要便以氰化物结束自己的生命。然而当死亡来临时,两个年轻的中国人哭了,他们不惧怕死,但他们惧怕火烧。在这种情况下,京和卡托夫分别将自己的准备的仅够本人用的氰化物让给战友,然后毅然走向机车炉膛。

这同样是行动。

在这里,马尔罗入木三分地描写了死亡制造者与抵抗死亡者的个性。我们不能因为《人的命运》中的主角是异国他乡人便对其真实性提出怀疑,我们也不能以"大革命"后蒋介石没有采用上述方式处死革命者而对小说细部提出质疑。马尔罗的情感倾向是明显的,他极端憎恶、蔑视屠杀者,而对陈、京、卡托夫视死如归的行为满怀敬意。小说结尾,老吉索尔说出马尔罗要表达的心声:革命刚刚经受了一场瘟疫,但并没有夭折。应该

---

① 马尔罗《人的命运》(李玉民、陈积盛译),北京:作家出版社,1988年,第5页。
② 《人的命运》,第184页。
③ 《人的命运》,第191页。
④ 《人的命运》,第270页。

爱活人而不是爱死人。并且这样评价了为中国革命献身的志士：

> 在对消耗殆尽的中国的血腥镇压中，在民众的苦恼和希望中，京的行动同原始帝国的碑文一般铭刻在江河峡谷之中。即使这些人以一种雪崩似的轰响把旧中国永远抛入黑暗之中，它也仍然没有从世界上消失。①

我们还能向马尔罗这位描写中国革命的法国作家要求什么呢？拉古杜尔的一段话也许更有道理：

> 在这里，重要的不是这些或那些传说性的材料，不是1926年去广州的真伪，……也不是马尔罗对当时的论断的确切性。重要的是他那时与被压迫的亚洲人所共同从事的斗争，是他与被殖民化与被侮辱的人们并肩度过的风险。②

马尔罗与中国的关系不可谓不密切，然而长久以来《征服者》和《人的命运》却迟迟没有翻译进来，而此书的译介据说是法国作家访华提到过这部作品重要引起了"好事者"的兴趣才得以翻译为中文的。马尔罗与中国之关系研究愈来愈引起中法学者的重视，近见不少中法比较文化学者常以马尔罗为专攻对象，本文也只不过是抛砖引玉罢了。个中原因恰如柳鸣九的分析，由于马尔罗小说中所反映的重大而熟悉的事件不符合经典性的提法，有有意歪曲或无意误解的嫌疑，由于对作品本身采取了过分严肃、慎重的态度，因而导致了作品的迟迟难产于中国。

但这并非说《人的命运》中文版1988年一版前无人光顾马尔罗的文学餐馆，相反，自小说《人的命运》（还有《征服者》）问世不久国内即有人撰文批评，其中误解的成分居多。

1984年，《法国现代当代文学研究资料丛刊》推出了《马尔罗研究》（资料）专集③，包括4大部分：（一）马尔罗文学作品选。有《征服者》《人

---

① 《人的命运》，第340页。
② 若望·拉古杜尔《马尔罗——本世纪的一个人》。
③ 柳鸣九、罗新璋编，桂林：漓江出版社，1984年。

的状况》《希望》的片段译文,还有"马尔罗文学作品提要"(含《征服者》《人的状况》《王家大道》和《希望》)。(二)马尔罗文论选,含有关评论"知识分子""文化自由"及"文学批评"三部分内容。(三)作家批评家论马尔罗,含马尔罗总体评价:人道主义思想、艺术观与行为及思想、艺术创造、艺术哲学5个部分。(四)马尔罗生平资料,含中南半岛经历、西班牙之旅、马尔罗与戴高乐、作为部长的马尔罗及马尔罗年表5部分。透过"资料专集"我们可以较完整地了解马尔罗的生活及创作情况。

有关马尔罗研究的文章尚不多见,这是因为马尔罗作品译成中文的目前只有《人的命运》一部,由于较系统的文本机制没有形成,因而为阅读马尔罗造成了一定障碍。柳鸣九先生曾在《外国文学研究集刊》第8辑上刊有《马尔罗论》全面论证了作为斗士、作家、艺术家的马尔罗,该文和他的《马尔罗研究·编选者序》的文章有异曲同工之妙。作者的另一篇文章《中国革命与马尔罗哲理——对〈人的状况〉基本内容的若干说明》从马尔罗的哲学观角度探讨了《人的命运》中有关中国革命的基本内容描写的问题,对马尔罗主义的描述无疑成为通往马尔罗永恒的硬币:(一)"人的命运"即人生而必死,人存在着即走向死亡、生存者对死亡无能为力,便是生存的荒诞性。(二)面对荒诞性的人是孤独的,人身上皆存在欲摆脱荒诞性的本能、倾向与反应。(三)对荒诞性采取对抗精神,而最有效途径即是行动。(四)冒险、革命、艺术创造是有力的行动,足以否定荒诞、战胜荒诞。这种主义贯穿着马尔罗一生的创作与行为活动中,因而成为诠解马尔罗作品的枢纽。上述问题,杨志棠在《怎样理解人的状况》①一文中也谈到过。

"法国什么时候曾经是伟大的呢?那就是当它不闭关自守的时候。"②安德烈·马尔罗的看法同样适于当代中国。只有在改革开放的年代里,我们才有可能将长眠在悖谬里的艺术家铜像发掘出来,拂去泥尘,恢复原貌,对马尔罗的研究又何能例外?

---

① 载《外国文学研究》1982年第4期。
② 马尔罗《对知识分子的呼吁》。

第九章
20 世纪法国作家与中国(三)

路易·阿拉贡
(Louis Aragon, 189—1982)

保尔·艾吕雅
(Paul Éluard, 1895—1952)

安德烈·布勒东
(André Breton, 1896—1966)

让-保罗·萨特
(Jean-Paul Sartre,
1905—1980)

阿尔贝·加缪
(Albert Camus,
1913—1960)

阿兰·罗伯-格里耶
(Alain Robbe-Grillet
1922—2008)

尤金·尤涅斯库
(Eugène Ionesco, 1912—1994)

塞缪尔·贝克特
(Samuel Beckett, 1906—1989)

柳鸣九编选《萨特研究》
(中国社会科学出版社,1981年)

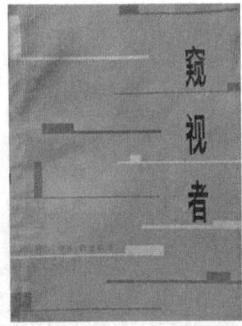
罗伯-格里耶《窥视者》中译本(郑永慧译,上海译文出版社,1979年)

尤涅斯库、贝克特《荒诞派戏剧选》(施咸荣、金志平、高行健等译,外国文学出版社,1983年)

存在主义是一种人道主义。

——让·保尔·萨特

超现实主义是一场深刻的革命。

——J. 贝尔沙尼

所谓先锋派,就是自由。

——欧仁·尤涅斯库

新小说不是一种理论,而是一种探索。

——罗伯·格里耶

进入20世纪,风起云涌的法国现代派文学也波及了中国。

现代派(modernism)是个不严格的定义,它仅仅表示了一种与古代相对的"现在"时间段,由于时间的顺延性特点我们无法严格界定"现在"的下限。就外延看,现代派是包括19世纪末开始的象征主义、超现实主义、达达主义、存在主义、荒诞派戏剧和新小说——这仅仅是就法国而论的。按照国内学者(如袁可嘉)的观点,还应包括未来主义、意象派、意识流、表现主义甚至还有"新批评派"文艺理论等派别,当然还有一个后现代派(Post-modernism)。在这里,我们之所以沿用这个约定俗成的概念或定义,是因为我们忽略了"现代"的确切时间概念和语源学意义以便取得论述的方便;还有,我们侧重的是这个定义所暗含的"反""非"含义(如反传统的、反戏剧的、非人物、非情节化诸如此类等),即它所体现的欲摧毁传统、寻求重建的创造倾向。

作为现代主义文学的总发祥地,20世纪的各种流派都曾经在法国文坛上演过,又由于近年以来中西文化交流愈演愈烈,因而曾在法国文坛上产生影响的流派都曾在中国文坛发出过回声。这样,同样出于论述的方便,本章仅仅选取了包括超现实主义文学(主要论述阿拉贡、艾吕雅和布勒东)、存在主义文学(主要论述萨特、加缪和波伏娃)、新小说派(主要论述阿兰·罗伯-格里耶、米歇尔·布托尔、娜塔丽·萨洛特及克罗德·西蒙)、荒诞派戏剧(主要论述尤涅斯库、贝克特、阿达莫夫)在内的四大种现代文学思潮。囿于篇幅,本章的讨论重点在于尽可能准确、细致地勾勒法国现代派在20世纪中国的运行轨迹,尽可能广泛、深入地寻求中西文学吸引、交流、汇融直至再生的切点和契机,其中各节所论及的受法国文学启迪、影响或自觉借鉴的中国作家并非讨论重点,而且作者将主要提供事实而不是结论。

按照时间线索,超现实主义产生于第一次世界大战前后,直至60年代末才消湮;存在主义产生于第二次世界大战前后,"1970年失去了鼓舞人的力量"①。而新小说和荒诞派戏剧则发轫于20世纪50年代,前者以1953年,罗伯-格里耶《橡皮》的问世为标志,后者以1950年《秃头歌女》或1952年《等待戈多》出台为滥觞,目前仍未完结。由于存在着多种说法,上述时限仅仅是各种不同划分中的一种,同样仅仅为了叙述方便而已。

在本章叙述中,笔者以为有这样两个问题必须澄清:(一)进入20世纪以来的法国现代主义四大流派都是以"自由""人道","反""新""先锋"的面目出现的,总的而言,它们是对传统的戏剧、小说、诗歌的不满而力求突破旧有的樊篱,因而表现出唯心主义世界观、个人主义人生观和形式主义美学观。但这绝不能作为我们的出发点,否则,本章很有可能写成大批判文章。鉴于此,本章的立足点是研究法国现代主义在中国的源流及影响,对其中的各流派观点不做褒贬,但这绝不意味着我们对其完全赞同;更进一步,笔者反对二元割裂论者,即只要其艺术、形式,剔除其思想、内容。笔者的观点很明确,只要是合理的,则无论是其艺术还是思想,形式还是内容,我们都赞成吸收。(二)从1978年至今,改革开放的洪流益发高涨,新时期文学在"文革"禁锢之后被注入了大量鲜活的能量,当然也不排除某些不合理甚至某些有毒成分。对于创作现状,比如高行健的剧作、北岛诗作、张辛欣小说,本文仅仅指出其所受影响,所融合法国现代主义文学因素的一面,而不再探讨得失,因为这样的工作已经有许多同志在做,当然也和篇幅有关系。此外,在指出新时期各类作家,例如马原、格非、余华等人之与法国现代新小说的关系后,并不排除来自诸如卡夫卡、博尔赫斯、川端康成、马尔克斯的影响。笔者尤反对以一种文学倾向代替涵盖另一种文学倾向,反对以偏概全,反对一家独尊,更反对夸大事实:着眼于自己的一家理论,而推行一家理论"法力无边"的做法②。尊重科学,让事实说话,不轻易

---

① 《法国现代文学史》。

② 1990年第6期《文学评论》题为《新时期中国文学与拉美"爆炸"文学的影响》一文中,将郑义、郑万隆、李杭育、韩少功、周大新、扎西达娃、马原、莫言、残雪、余华等人划归拉美魔幻的影响的麾下,其中带着重号的作家,基本上没有或根本上没有受魔幻现实主义的影响。以"魔幻"看世界,一切便都魔幻了。

下结论,是我们对待西方现代主义文学包括法国现代派文学尤应采取的态度。

第一节 连接诗与生活,永远现实的超现实
——超现实主义作家与中国

> 今日,超现实主义这个词在语言里不仅被专做"古怪""奇特""梦一般"的同义词,而且被专做一个真正的种类,没有它,我们似乎不可能再谈某些书、某些电影、某些画或某些事件。
>
> ——J. 贝尔沙尼

> 对于超现实主义者来说,他们所要干的不是创造美,而是自由地表达,每个人都自由地表达自我。
>
> ——布勒东《谈话录》

1966年9月28日,安德烈·布勒东(André Breton,1896—1996)逝世。1969年10月4日,《世界报》以宣言的形式发表的一篇文章里,让·舒斯特(Jean Schuster)签发了超现实主义的死亡证明:"1969年3月出版,但是在1月编好的《上臂》第7期,是超现实主义作为有组织的运动在法国的最后一次表现。"

这样,在经历了42年的坎坷生涯后,作为有组织运动的超现实主义寿终正寝了。然而,它作为"我们时代的感觉和意识中的一场深刻革命或一种重要发现的标志"将永远存在①。

一、从诞生到夭折

1924年10月11日,达达主义派中的一批主将,包括布勒东、阿拉贡、艾吕雅、苏波、皮卡比亚、杜尚、戴恩诺等人另起炉灶成立了"超现实主义研究室"(Bureau de recherches surréalistes),同年11月,安德烈·布勒东发表《超现实主义第一宣言》(*Premier manifeste du surréalisme*)。纳维尔(P.

---

① 《法国现代文学史》。

Naville)和贝雷(B. Pérés)主编《超现实主义革命》。超现实主义运动正式兴起。

在"第一宣言"中布勒东说：

> 超现实主义：阳性名词，一种纯粹的心理无意识化，人们有意识地利用它以口头、书面或其他任何方式，表达思维的真实过程。这是一种不受理智的控制、排除一切美学的或道德的利害考虑的思想的自动记录。
>
> 《百科全书》：哲学术语，超现实主义以相信某些联想形式的高度真实性作为基础，这些形式在它以前是被忽视的，它相信梦幻的万能，相信思想活动的无私。超现实主义力图彻底摧毁一切其他的心理机械论，并取而代之，来解决生活中的重要问题。① （着重号为引者加）

而布勒东于1930年发表的"第二宣言"较之"第一宣言"走得更远：

> 一切都使人相信存在着某个精神点，在那上面生与死，真实与想象，过去与未来，能言传和不能言传的，高尚的与低下的不再被矛盾地理解。然而，除了确定这个点的希望，要在超现实主义的活动中寻找别的动机，那是徒劳的。②

在这里超现实主义的卓异之处在于：（一）继承了世纪末所有文学和哲学派别（波德莱尔们的象征主义，尼采、叔本华等的哲学等）对人类前途特别是精神文明世界的悲观的重估。为了对抗物欲愈来愈泛滥的洪荒趋势，他们认为有必要保持人类艺术这最后一块净土，为此他们反对任何艺术功利，无论是金钱还是教化，追求无依无傍、天马行空式的极端自由。（二）与此相联系，超现实主义主要承继了柏格森的"直觉"理论和弗洛伊德派的潜意识学说，强调写作中的绝对自由，即所谓的"自动"写作。根据布勒东"第二宣言"所暗示的，不要说"艺术至上""为艺术而艺术"之类，因

---

① 《法国作家论文学》（王忠琪等译），"现代外国文艺理论译丛"之一，北京：生活·读书·新知三联书店，1984年。

② 转引自《法国现代文学史》，第87页。

为这同样属于一种目的因而必须放弃,应该借助于梦、催眠和自动书写研究另一重现实,超现实或潜意识现实。

早在超现实主义产生前的1922年,《小说月报》的第13卷第9期上便刊发了汪馥泉翻译的日本人川路柳虹的《不规则的诗派》,分别介绍了表现主义、未来主义、立体派、印象主义,特别是达达主义。达达主义作为超现实主义的前身,二者有许多相像之处,但是布勒东和查拉的决裂导致了"达达"和"超现实"的分道,超现实主义摒弃了达达主义中"彻底破坏""彻底虚无"的一面。《小说月报》第22卷第3期(1934年)刊发颜韵译、弟波弟作的《1930年的法国文坛》对超现实主义偶有涉及。

1924年超现实主义诞生后,中国文坛最早、最集中、最大的反应莫过于"中华独立美术协会会员"在《艺风》杂志上发表的5篇论文,更令人惊奇的是,还刊有超现实主义诗歌和绘画数幅(首)。① 赵兽首次迻译了普利东(布勒东)的《超现实主义宣言》,但这是布勒东1930的"第二宣言"而不是"第一宣言",译文有多处疙瘩,不通顺,也有些提法欠推敲,然而这毕竟是难能可贵的第一,它从一个侧面说明中国新文艺界对欧陆新思潮的敏感,也显示了文艺界亟欲汲取异域营养的信心。例如原文之第一句:"欲令得到生活上的信用,结局生活不过是一时的东西,这就是实在的生活。"令人费解。中间有句"狂气对于我们依揭半旗的事还要强猛是不错的,更不是恐怖的东西",同样令人不知所云。

译文如此,倒是几篇国人的研究文章抓住了要领,显示出早期介绍研究的某种深度。《酵母性的艺术之捣乱——艺术之革命意味》一文强调了艺术的破坏性:对一切社会制度、文化艺术的破坏性。孙福熙的这种观点代表了《艺风》刊物的态度,对于任何一种主义,"我们必须虚心研究,供我们采择。但这是采择而已,并非随波逐流,甘愿作为鹰爪底下的小鸡",倘如此"我们将由孝子贤孙一而为末代子孙了",正确的做法应该是既不"攻击"也不"盲从"新兴艺术与思想。

抱着上述态度,《艺风》同卷上李东平的文章《什么叫作超现实主义》便抓住了"超现实"的本质:所谓"超现实",虽是一种"非现实",但绝不是一种"无现实",而是一种"非现实底现实",据此给超现实所下的定义是:所谓超现实主义也者,就是达达主义(dadaisme),所有的否定性、破坏性和

---

① 《艺风》杂志,1934年第3卷第10期。

怀疑的要素消解的当时所生的一种更明快和跃进着的创造性的艺术。外延内含基本准确。然而,李东平却将超现实主义产生的时间搞错了:

> 超现实的运动最初是从 1920 年间开始,1921 年普利东《超现实主义》和《溶化的鱼》发表了(这里的两个时间概念应该是 1924 年和 1924 年 11 月)。

关于"超现实主义"在中国的传播,李东平提供了这样一条线索:

> 我国最初可说在 1933 年间由画家曾鸣、赵兽、梁锡鸿、白砂等提倡,其中间还有些人也在努力,但是因为不是纯粹的超现实主义,故未能引起一般艺坛的注目而已。

这就是说,超现实主义在中国传播,最早不应超过 1933 年。

该刊的另一篇文章[①]虽有表述不清处,但基本上还是抓住了超现实主义"以柏格森的理论和胡罗特(弗洛伊德)的精神分析做基础","是一种世界认识根本思想之概念所生的世界观"。由于搞艺术的缘故,《艺风》作者的立足点基本都是站在绘画的角度看问题,这一点以曾鸣的文章最有深度[②],他不仅谈起超现实主义本身,而且谈自己的看法并且是紧扣艺术创作谈一己的体会,全文 16 段,第 7 段说:"超现实主义的艺术,是分析机能比过理想综合机能比过解剖化的(有空间或时间)的一种崭新秩序的东西。"第 8 段说:"超现实主义的艺术是球体,立方体,圆锥体,角锥体 etc(等等,诸如此类),刚体,液体,和其他解体艺术的素材(现实)的 L'esprit Temporal 的理想系统所沿的秩序,而同时附予了实感的崭新的机能(或且说普遍化)。"第 15 段则认为,超现实主义"是从美学主义历史之间所唤起的,在所谓艺术运动中的超现实主义的世界,说是崭新秩序的一种精神运动,而更可说是精神革命的事实。或是革命精神的崭新状态的意味"。

和曾鸣的文章不同,李东平的文章专业性更强,他在《超现实主义美术之新动向》中介绍了吉里可(Georges de Chirico)、不拉克(Georges Braque)、

---

① 梁锡鸿《超现实主义论》。
② 《超现实主义的批判》。

达利(Salvador Dali)、露视(Pierre Roux)、亚庐普(Hans Arp)、丁季(Lues Tanguy)、米罗(Jean Miro)、碧加索(Pablo Picasso)、安司特(Max Ernst)、铭莱等超现实主义画家。同期还刊载了吉里可的《为波所惊的马》、达利的《肉欲的同心》、安司特的《少女所预想的》等画作,可能是超现实画作在中国的最初露面。

正当《艺风》的年轻人们满怀热情地介绍超现实主义的新思潮时,《译文》杂志于1934年12月份(第1卷第4期)刊出了黎烈文译的苏联人爱伦堡的《论超现实主义派》。爱文以罕见的蛮横、武断面孔出现,杂以詈骂、嘲讽、戏弄的章句,对超现实主义做了激愤的挞伐和全面的否定。全文将超现实主义比作"腐败的野鸡",说他们"仅仅在研究手淫的学说和露阴狂(exhibitionnisme)的哲理",将其诗作说成是"巴黎小便所的壁上"的"乱涂"。爱伦堡不止一次地说,超现实主义者的工作便是"研究男色(pederastie)和梦","他们只要饮酒唱歌,并搂抱女人。这是一个通行而颇易举的纲领","在他们看来,女人不过是 conformisme(遵循惯例,墨守成规)。他们却弄出了另一种纲领:手淫,男色,拜物教,露阴狂甚至鸡奸"。"这类野鸡真的腐败透了","他们要做那些最识货的食客的最腐败的野鸡"。

爱伦堡的格调如此低下的文章在中国能出现绝非偶然。译者黎烈文之所以选择它,可能的原因是出于对超现实主义的憎恶和不满,借助于爱伦堡的声名无非是为了拉大旗而作虎皮,在这里,译者的选择证明了他要说的话已经由作者说出。客观上言,当超现实主义在中国还仅仅是一株幼苗甚至嫩芽时,这种粗暴的打棍子做法有百害而无一利。

20世纪的30年代号称为"粉红色的十年"①,文学"左"倾一度成为英、美、西欧文坛的潮流。1927年,阿拉贡、布勒东、艾吕雅、佩雷和于尼克(Unik)加入了法共,然而这一切毕竟是暂时的,由于阿拉贡、萨杜(Sadoul)忠实地执行了俄共的有关文件,因而导致了布勒东、艾吕雅和克勒韦尔1933年底被开除出党,超现实主义的同仁团体四分五裂。运动处于低潮,布勒东和马塞尔·杜尚远赴美国继续未竟的事业,克勒韦尔自杀。此后,随着法西斯主义在西方的抬头,运动的参加者绝大多数投入了"抵抗运动":佩雷去了西班牙;阿拉贡入伍,作为抵抗战士和诗人,他写下了《埃尔莎的眼睛》《法兰西的晓角》等诗集,《巴勒的钟声》《奥莱里安》《共产党

---

① 载卞之琳《英国诗选·重新介绍奥顿的4首诗》,长沙:湖南人民出版社,1983年。

人》等叙事作品;艾吕雅也写了《丰富的眼睛》《诗与真理》《活得问心无愧》《和德国人约会》等抒情诗集。

由于战争和政治分歧,法国的超现实主义运动解体了,但远没有完结。在中国,由于爱伦堡式的观点和文章的影响,也由于抗日和民族战争,超现实主义运动结束了,准确地说是在诞生期夭折了。

此之后直到 1949 年,我们所能见到的仅有赵景深的《超现实派的现势》①、《文学百题》中的名词或常识介绍《什么是超现实主义》②。徐霞村在《现代法国小说选》中选入了苏保(即苏波,Philippe Soupaulf)《尼克加特之死》③,此文也是戴望舒译的《法兰西现代短篇集》中的一篇,名叫《尼卡特之死》④。仅仅如此而已。

二、受难周到复苏日

1950 年以后,由于阿拉贡、艾吕雅诸人在政治上转向苏联与法共,也由于中国身处两大对立阵营中的一方,因而决定了文学艺术随着政治意识的摇头而转向的特殊局面。

1952 年 11 月 18 日,保尔·艾吕雅(Paul Éluard,1895—1952)逝世于巴黎,《人道报》于同月 23 日刊出克洛德·罗阿(Claude Roy)的《表理性的真正诗人保尔·艾吕雅》。《光明日报》于两月之后的 1953 年元月 31 日全文刊载了《渺粟》的译文,毫无疑问,正像爱伦堡的文章对超现实主义贬抑过分一样,罗阿的文章也有不少溢美之词,在回顾了诗人走上文坛的道路的简历后,作者说,艾吕雅是那样清澈,几乎是同飘忽一样;他是那样温柔,那样仁爱,几乎是仅仅带着慈爱和美丽的面容的纯情感,他就是真正的诗人;这一切并不妨碍他成为一个代表理性的人。谈到艾吕雅之走上共产主义道路,作者认为,他所痛恨的是思想上、心灵上一切狭隘的表现,他所仇视的是一切妥协的谎言。共产主义对他来说是人类幸福和希望的一条合理的道路,是他长期摸索出来的一条真正出路。

---

① 载《慧星半月刊》第 1 卷第 3、4 期。
② 《文学百题》,上海:生活书店,1935 年。
③ 上海:中华书局,1931 年出版,1933 年再版。
④ 上海:天马书店,1934 年。

同样出于悼念,《文艺报》上刊登的罗大冈的文章①。文章第一部分主要回顾国际社会对艾吕雅逝世的反响(阿拉贡、毕加索、聂鲁达以及法共);然后简述了诗人的创作简历;在最后的部分里,罗大冈分析了艾吕雅诗作的主流,艾吕雅的两句诗"通过生活的筛子,展开纯洁的天空"——很扼要地说明了他作品的基本精神:通过斗争,展开美好未来的远景。并对艾吕雅诗作做了这样的总体评价:

> 由于他心中永远照耀着希望的光明,充满着对劳动人民的爱和最后胜利的信心,艾吕雅的诗永远保有强者的镇定、宁静的气氛和深远的启示。

由于政治原因起主要作用,50年代对艾吕雅和阿拉贡的介绍屡见不鲜,单以译文为例,有译自雅洪托娃(苏)的《保罗·艾吕雅》《保罗·艾吕雅诗选译》②《阿拉贡诗选》③《阿拉贡:诗人——组织者》④《阿拉贡〈论司汤达〉》⑤《左拉的现实主义》⑥《关于苏联文学》《比冰和铁更刺人心肠的快乐》⑦。除过前述诗作外,1954年罗大冈翻译了《艾吕雅诗抄》,1956年罗又译了《阿拉贡诗文抄》,1958年盛澄华等译了《阿拉贡文艺论文选集》,其余如《诗刊》《世界文学》都曾刊出过艾氏和阿氏的诗文译作。戴望舒于40年代亦曾译过几首艾吕雅的诗,它们是《公告》《受了饥馑的训练》《戒严》《一只狼》《勇气》《自由》《蠢而恶》《战时情诗七章》,事实上一共有14首诗,可惜这些诗的结集面世却是在1983年4月了。

到了60年代中苏关系恶化,阿拉贡便跟着遭殃。例如1959年《文评论坛》上发表了《阿拉贡的小说〈共产党人〉》⑧,主要是解《共产党人》难读之谜,作者从语音(口述体)间接叙述的用法(人物的思考、梦幻、独白和行动连缀一片,对话不用引号)、结构(把每一个故事分成若干段落,然后把

---

① 1953年第1期。
② 1953年第2期。
③ 罗大冈译,1955年第2期。
④ 1956年第9期。
⑤ 盛澄华译,1956年第10期。
⑥ 盛澄华、林秀清译,1956年第11期。
⑦ 1957年第10期。
⑧ 罗大冈文,1959年第4期。

它们错综交织,缀成一幅极长的"花毯"。各条线索若即若离、若隐若现,和其他的故事掩映交错,增加了情节的委婉曲折)分析。全文分明是在为阿拉贡小说的"难读"辩解。然而,同一个人,1965年却有另一篇文章《阿拉贡的小说〈受难周〉——现代修正主义文学产物之一例》①,艺术观点上的分歧姑且不论,以上述题目评陟文学作品写法,总给人以强为论点罗织论据的感觉。姑举数例:(一)阿拉贡认为细节真实重于主题真实。作者的评论是"这种错误的创作方法和自然主义是不谋而合的,作者把自己放在一条与革命现实主义没有丝毫共同之处的创作道路上"。(二)阿拉贡写贵族生活的大量篇幅,作者指责"丝毫不是从揭露批判的角度来写的"。其他的罪名是:对贵族冒险家表示了同情,对于劳动大众,没有表示同情,即使有,也只是怜悯与绝望,诸如此类等,说这一切是"修正主义"真有些何患无辞了。

这便是阿拉贡受难周的开始。漫长的"文革"除过偶或批判外,超现实主义的艾吕雅、阿拉贡被完全打入了冷宫。

1978年,《国外社会科学》第4期刊发了法国C.普列伏斯特《阿拉贡:成长与变化》(李宝源译),这大概是解冻复活后的有关超现实主义的第一篇文章。从此,以务实的学风译介、研究超现实主义思潮渐起渐高。

仅仅就作品而论,德斯诺斯、艾吕雅的诗作首先见于《春风译丛》②,然后袁可嘉主编的《外国现代派作品选》超现实主义部分几乎囊括了所有的该流派诗作。1983年艾吕雅的《恋人》《最后一夜》《加布里埃尔·佩里》3首诗在中国面世,同一刊物同期还有阿拉贡(4首)、勒内·夏尔(4首)的诗。1986年12月,由沈志明编选的《阿拉贡研究》问世,这是一个新起点。1988年12月,海峡文艺出版社推出了美国人格梅恩著、柔刚翻译的《西方超现实主义诗选》,为这个流派在中国最终确立完整的本文系统出了一把力。

这一阶段的研究出现了三个特点:(一)介绍与研究并重。由于漫长的文化之冬导致了严重的闭目塞听,超现实主义在许多人心目中仅仅是一个名词而已,这就有必要从常识介绍的起点做起,因此便出现了《超现实主

---

① 载《世界文学》第9期。
② 沈一民、张冠尧译,1981年第1期。

义和科克托的剧本《奥尔菲》》①《超现实主义的形式与发展》《谈谈超现实主义的若干理论》②《超现实主义》③《超现实主义戏剧》④。但在介绍的同时，一些学者也致力于悉心探索规律，试图烛照幽冥，这种努力便是导致了一批颇有深度的文章问世，将中国的超现实主义研究推向新起点。最早而且有一得之见的是华裔法国学者程抱一的《法国超现实主义》⑤一文，作者长期旅法，深谙法国文坛底蕴，因而许多看法很像体会，例如:"想象与梦幻是人的最丰盛而不可缺的一部分，它们使人的精神不断开向无限的可能。……人的肉体不超过七尺，然而精神却可感应甚至超越宇宙的浩瀚、神奇。所以人不像其他动物生下来就既定不移;他不断创新，他真正的命运是大可能、大形成，是一种向外同时向内的探险。基于此，超现实主义者认为现实生活与梦幻不但不应对立而应纠缠为一体。"程文还认为，在超现实主义者看来，诗是运用语言的艺术，而语言正是和人的精神发生最隐秘的关系的。为了丰富诗的实质，他们试图穿过自动写作和人工催眠达到摆脱一切桎梏的境界。所以他们的作品中充满了奇幻奥秘或是荒谬古怪的意象。他们希望凭借这种意象推捧出超现实。程文中除观点新颖外，文中还列了布勒东的年表，中间介绍了超现实主义的大事。另外，文后还推出包括艾吕雅在内的 4 位超现实主义诗人的 12 首诗作⑥。

另一篇值得一提的文章是李夏裔《超现实主义的起因及其主要理论》⑦，该文由于拥有许多掌故性材料而显得新鲜，诚如题目所示，文章提到有 5 位"达达"阵营以外的人给超现实主义以巨大影响:阿波利奈尔（G. Apollinaire,1880—1918）、瓦舍（J. Vaché,1985—1919）、沙利（A. Jarry,1873—1907）、克拉凡（A. Cravan,1881—1920）、杜尚（M. Duchamp）。有如下几次"达达—超现实"事件得予以注意:"首次达达演出晚会"（1920 年 1 月 23 日）;"审判巴莱斯（M. Barres,1862—1923）"，时间在 1921 年 5 月 13

---

① 金志平著,载《外国戏剧》1979 年第 3 期。
② 载《外国文学报道》1980 年第 2 期。作者分别为何敬业、程晓岚。
③ 施康强,载《河北文学》1981 年第 5 期。
④ 路海波,载《戏剧创作》1982 年第 4 期。
⑤ 载《外国文学研究》1983 年第 3 期。
⑥ 这些诗作是:雷维第（Pierre Reverdy）的《对面》《春之虚》《裂心》;夏尔（René Char）的《诗》《说出……》《雨燕》;艾吕雅（Paul Éluard）的《忘情》《自由》《勇气》;斐外（Jacque Prévert）《大家族》《陷沙》《卡鲁赛广场》。
⑦ 载《法国研究》1985 年第 1 期。

日;查拉的《生瓦斯的心脏》(Coeur à Gaz),时在1923年7月。李文在第三部分认为,超现实主义的活动并不仅仅指文艺产品,而是要建立一种新的世界观。在他们眼里,人类的危机在于精神上的被束缚,其根源正是西方文明的基石——僵化的逻辑:它将本属于同一整体的真实与想象,理性与非理性,思维与行动,精神和物质分割成对立的部分,因而导致人性的分裂。于是,依赖于一种新的世界观来统一、协调上述矛盾成了它的终极目标,因此表面上相矛盾的梦与现实,终必融为一种绝对的现实:超现实。诗人们更进一步渴求在内外部真实、睡与醒、理性与疯狂这类久已分裂的领域寻求沟通。是诗而非理性主义成了达到目的工具。在这里,梦与现实并重,且由于其不合逻辑的特征,更值得加以考察以便从本质上抓住心理真实(绝对自我):它既不依存于思维多变的方式,也超出实际生活需要所要求的社会变革那样一个主观世界。于是弗洛伊德替马克思的学说充当了超现实主义协调意识与潜意识以便将人和社会统一起来的工具,但是由于这两种理论本身的相容太小,因而前述协调与统一便成了空想。这进一步说明了超现实主义之不同于其他流派处:它抨击急功近利的文学,而且对科学、哲学和形而上学以及美学都产生了忧虑,它提出的问题涉及统摄宇宙的原则、方法或概念以及属于政治范围的伦理。

这一阶段的第二个特点是,研究超现实主义作家而仅仅局限于阿拉贡和艾吕雅,而在阿拉贡和艾吕雅之间又出现花大力气于前者的倾向,无论是出于有意还是无意,这种一花独放的局面,到1991年2月止,据我们所掌握的材料,尚无专文全面探讨除阿、艾氏以外的其他"超现实诗人"[①];对艾吕雅的研究也仅有《艾吕雅爱情诗的意义》[②]和《艾吕雅〈自由〉一诗欣赏》[③],对阿拉贡的研究较多,以钟翔的《永远进取、锐意创新——阿拉贡和他的创作》[④]和林秀清的《阿拉贡曲折的生活与创作道路》[⑤]较为全面,二文均逾万字,都试图全方位地勾勒诗人一生的生活与创作情况,述评中杂以自己的看法。例如有关阿拉贡后期小说(以《受难周》为例)的艺术特

---

① 葛雷发表在《外国文学评论》(1990年第2期)上的《布勒东的超现实主义美学及其诗歌创作》一文,由于篇幅受限(8000余字,其实主要探讨)"诗歌美学"三问题:① 美是一种抽搐(convulsive);② 美是一种奇妙(merveilleux);③ 美是发现(或转译为"新")。
② 李夏裔,载《外国文学研究》1988年第3期。
③ 邓永忠,载《法国研究》1987年第4期。
④ 载《外国文学研究》1989年第4期。
⑤ 载《外国文学报道》1983年第6期。

色,二人分别做了如下评述:

> 这部小说完全突破时间顺序的写法,在情节叙述中有时插入作者的大段的议论、感受和对未来的遐想,有时是由于小说的情景引起作者对自己亲身经历的事件回忆,有时插入20世纪法国社会重大历史事件的记录。正如有的评论所说,在这部小说里,过去、现在、将来都出现了。
>
> ——林秀清
>
> 后期小说,不同角度或不同程度地表现了"内心小说""客观小说""笔录报告小说""主题——结构模糊小说"的某些倾向。"我"的多重性、自传性、时空的混合性、凌乱性、语言的破碎性、哲理性,在作品中是常见的(但并不是"完全"的新小说)。
>
> ——钟翔

这一阶段研究所显示的第三个特点是很少有人探讨中国文化跟超现实主义的关系,即使阿拉贡、艾吕雅与中国文学的关系也几乎无人梳理,限于材料这里仅提出两点:由于苏联和法共的影响,四五十年代的许多作家站在了左派的一面,创作了大量进步的抵抗文艺(在中国叫抗战文艺),从"抗战—抵抗"文艺角度探讨阿、艾氏与中国抗战文艺(如艾青、力扬、田间等)的平行和交叉关系仍属空白。[①] 在法国,瓦扬·古久列(P. Vaillant-Couturier)的文艺理论思想和日丹诺夫(A. A. Zhdanov)的文艺思想有千丝万缕的联系,正是他们指导了许多法国左派作家的创作。在中国,从左联到50年代中苏关系恶化前,日丹诺夫(还可举出法捷耶夫及"拉普"的一些成员)等人的文艺理论对中国文艺界影响极大,许多人事实上将其奉为"社会主义现实主义"的经典,并以之为标准创作或鉴定作品。还有一点,阿拉贡和艾吕雅作为抵抗运动的参加者、抵抗文艺的作者曾在许多不同场合对中国表示过态度。例如1949年中华人民共和国成立,阿拉贡便曾高度欢呼过。1954年撰文祝贺毛泽东同志当选为中华人民共和国主席。此

[①] 就中法抗战文学进行比较研究已引起法国学者的重视。巴黎已故汉学家于如柏教授在他生前就呼吁中法学者关注这一领域的研究,参载《抗日战争时期的中国文学论文集》中的结论部分,巴黎,1982年,载《中国文学在法国》,第224—229页。

后中苏关系恶化导致中共与法共关系的大降温,这一时期阿拉贡表现出了"审慎和沉默"的态度。①

超现实主义运动结束了,但是作为巨响,它的历史回声仍将长久。今天在世界文学范围内,我们可以否定或拥护它,但我们不能无视它,否则,我们将无法解释后来的各种现代主义思潮。在中国,超现实主义在绘画界的影响远远大于在诗歌界的影响,甚至于戏剧中的超现实主义因素也多于诗歌,但我们得承认,它毕竟是中国新文学的一片酵母素。

第二节　危机中的"拯救"
——存在主义作家与中国

> 存在主义并非使人贪恋不舍的快乐,而是行动、发奋、战斗、团结合作的人道主义哲学。②
> ——萨特
>
> 生命是谎言,但它又是不朽的。逻辑是荒谬的,但是是需要的。③
> ——阿尔贝·加缪

一、溯流而上:对历史的回顾

在法国,存在主义几乎没有超出一代人的范围,而且也不像 20 年前超现实主义那样表现出文学上的多产。"这些思想大师有弟子,却无后人。"除了安德烈·戈兹(Andre Gorz)的一篇引人注目的自传性评论——《叛徒》(*Le traitre*, 1958)——找不到一部有争议的、受萨特的影响而产生的文学作品。从加缪一方面看,有一些欣赏他的人,却没有仿效他的人。因此,文学上的存在主义仅限于加缪(Albert Camus, 1913—1960)、萨特(Jean-Paul Sartre, 1905—1980)和西蒙娜·德·波伏娃(Simone de Beauvoir, 1908—1986)的既有典范性又具有个别性的作品。④

---

① 载《中国文学在法国》,林秀清文。
② 萨特、潘培庆《关于存在主义的几点说明》,载《法国研究》1986 年第 2 期。
③ 截选自《西西弗的神话·基里洛夫》。
④ 详载《法国现代文学史》第 3 章。

这个令人惊诧的事实是否也符合中国的实际？回答是肯定的。虽然我们能举出许多受其影响的作家作品：冯至、戴望舒、钱锺书、张爱玲、汪曾祺等，在1981年前后有相当数量的青年作家的作品流露出存在主义倾向，如《波动》（赵振开）、《晚霞消失的时候》（礼平）、《在同一地平线上》（张辛欣）、《近的云》（徐军）、《失去的，永远失去了》（杨东明），甚至有人还说《沙鸥》（李陀）、《南方的岸》（孔捷生）、《赤橙黄绿青蓝紫》（蒋子龙）也算存在主义作品，另外还有北岛、顾城的一些诗也划入圈内。还有一篇"存在主义哲学宣言"，那就是徐敬亚的《崛起的诗群》，以上林林总总，不一而足，存在主义在现代中国的影响成为仅次于象征主义的第二大西方现代思潮。

但是我们依然找不到一篇受萨特、加缪、波伏娃影响而产生的、毫无争议的文学作品。这最少说明了两点问题：（一）存在主义从一产生就是以哲学探索的面目露脸的。至少就萨特而言，他并没有有意将哲学融入文学中，相反，文学倒变成类于哲学的形而上学的思考。我们因此感觉到，在萨特的作品里，思想显得比人物（形象）更有震撼力。（二）这也就决定了中国人对存在主义的接受方式，即首先立足于形而上学的接触了解，到最终消化。在这里，文学形式成了化解（存在主义哲学）食品的催化剂，得鱼而忘筌，可以肯定，前述受存在主义影响的中国作家除了了解"他人即地狱""自由选择"以外，有多少人还能记得萨特的作品呢？况且，1981年以前，存在主义作品在中国面世并易找到的根本没有几部。那么我们可以更进一步明确肯定主要是存在主义哲学深深地影响了中国人。

尽管如此，我们还是愿意通过文学的角度探讨存在主义在中国的源流现状，因为无论是文学上的存在主义还是存在主义文学，其最终效果和作家们的希望是一致的，换句话说，通过文学作品了解存在主义哲学和通过哲学著作了解存在主义文学都是可能的。正如美国阿姆·克列泼纳（Amym Kleppner）所说，存在主义"是其代表人物用文学媒介作为重要表现方式的唯一当代哲学"[①]，也许这样的理解更正确！

在一定程度上，应该承认其独特性是作品四周所存在的一种哲学、政治和文学的氛围，一系列问题的忧虑，它们更多地说明了一种历史状况和

[①] 《哲学和文学媒介：存在主义的苦境》，载《现代哲学社会科学文摘》1965年第10期。

一个时代(1945—1955)的特点,而非法国文学的一"大流派"的特点①。

这里必须界定:我们要讨论的是法国存在主义文学在中国的有关命运。

二、废墟上的奇异生物:存在主义在中国

存在主义产生于何时?长久以来很难有统一的说法。存在主义(L'existentialisme)一词是由布里埃尔·马塞尔(Gabriel Marcel)在1943年开始使用的。然而,萨特的《恶心》(长篇小说)却是1938年发表的。

法国存在主义至少接受了如下外来影响:克尔凯郭尔(Kierkegaard)、海德格尔(Heidegger)、胡塞尔(Husserl)以及雅斯贝尔斯(Jaspers)、别尔嘉也夫(Berdyaev)、切斯托夫。加缪曾研究过后两人的哲学,而萨特本人就是胡塞尔的门生(1933—1934年,柏林法兰西学院)。

继《恶心》之后,1943年,萨特的《存在与虚无》发表,这是存在主义的纲领。同年,加缪发表了《局外人》《西西弗的神话》,波伏娃发表《女宾》;1944年,萨特发表《密室》(又译《禁闭》《禁锢》《绝境》《隔绝》),加缪发表《误会》;1946,年萨特《死无葬身之地》发表;1947年,加缪的长篇小说《鼠疫》问世;1948年,萨特《脏手》发表;1949年,加缪的《正义者》发表;1954年,波伏娃的《大人先生们》面世。

1943年,当布里埃尔·马塞尔刚刚使用存在主义这个名词时,中国人展之翻译的萨特的名剧《房间》(即《密室》)已出现在《明日文艺》上②。此后,戴望舒翻译的萨特的《墙》,又在《文艺春秋》第5卷第3期上发表。而后,吴达元撰文《名著评介:*Camus and the tragichero*(〈加缪和悲剧英雄〉)》③,罗大冈分别写有《两次大战间的法国文学》《存在主义札记》《〈义妓〉译序》④等文(其中《义妓译序》是为作者译就但未发表的《义妓》写的序言),对这一流派有相当的论述。另外盛澄华亦在《文艺复兴》上撰文

---

① 载《法国现代文学史》第3章。
② 载该刊11月份的第2期。
③ 《大公报·图书周刊》第21期,1947年6月21日。
④ 分别载于《文学杂志》第2卷第5期,1947年10月;《大公报》1948年2月8日、17日;《益世报》1948年10月25日。

《文坛追忆与当前问题》(纪德原作)、《新法兰西杂志与法国现代文学》①。接着《文学杂志》又在第3卷第1期(约在1948年)上刊登了陈石湘的长文《法国唯在主义运动的哲学背景》,较全面地论述了存在主义的有关问题,其中涉及了它与康德、黑格尔、尼采、马克思学说的区别。

关于存在主义产生的氛围,文章认为"一株奇异生物的长成,不但表现自己本身的形色,而同时映射着一个特殊的季节和一片变性的土壤。它放送的气息,代表着四周的氛围",生于巴黎这块土壤,处在第二次世界大战后的季节,"唯在主义(存在主义)的产生是20世纪两次无人性的机械化战争(……)所造成现代生活的一种反映。这个反映有着它偏激的积极性,至少能促进人对现世界的一种灵敏的警觉,不论其结论是否被接受"。

关于存在主义的哲学基础,"唯在主义则要否认一切外在规律对人生的现实性和价值,而且要把人,具体的个人,从生到死一段个人所能经验的存在,作为一切现实的出发点。把个体从普遍中解放出来——不但如此,而正要由个体对普遍的矛盾的自觉,创造人生的新价值。"

针对"存在先于质性",它所要"表现的思想以及由此演成的适应现代生活的理论,是从彻底的无神论出发,否定了19世纪哲学家们,无论是笛卡尔还是莱布尼茨的体系中,所普遍暗示的理智了解多少要先于意志的活动;又否定了18世纪,无论是法国革命时哲学家及德国康德的体系里,公开或暗中承认的可以客观说明的普遍人性;而且更进一步反对着黑格尔的唯心论和马克思的唯物论中所肯定的'宇宙观念'或'物'的客观条件决定性"。"所以唯在主义将来的发展如何,在现时它总是极不像20世纪以来学说中烦琐冗长的搜检哲学名词,不着边际。另一方面又一反已被既成政权御用的哲学教义。而在现今的政治、军事、经济的太机械不但渐渐吞没个人精神上自觉的存在,且至危胁人的实体生存时,它对存的意义,提出根本的探索。"

对于"自由选择",文章阐释说:"唯在主义所强调的个人和主观,是和个人主义的放任,以及浪漫主义中夸张的自我都是不同的。萨特一面在提倡个人自主,自觉,自由,同时力言这样的自由自主的选择,代替了上帝的工作,一步一步创造人的新形象,因而时时对自己,亦即对全人类,负责。" "责任(Responsabilité)和牵涉(Impliquée),简直成了萨特的口头语。""你

---

① 分别载《文艺复兴》第2卷第6期,1947年8月,第3卷第3期,1947年9月。

自己准则的选择因为是主观的所以是完全自由的,但你同时知道对普遍的人你都负着责任,牵涉着。"

在1948年发表的该文,显示了作者的远见灼识。这篇文章和前述吴达元、罗大冈的文章一起构成了存在主义在中国的第一个小高潮。

法国存在主义(文学)何以会在40年代中期输入中国并形成一个小高潮?这其中当然不排除诸如中国城市文明(上海、香港等)也显露出危机;传播者留学或寓居国外近水楼台先得存在主义;或者是知识分子在走向马克思主义途中暂时的思想危机,等等。但笔者认为,最主要的原因却在于:相同的战争动乱背景形成了中法两国相同的接受机制。我们知道,存在主义文学和以前流行的哲学(尼采、叔本华等)相比,最大的相同点是同属"危机哲学",即对西方文明现状的失望和前途的悲观估计。但最大的不同在于,存在主义哲学是最"现实"、最直接的拯救哲学,它不再提供遥远而美妙的理想(宗教神学),也不再像黑格尔哲学要求人类以理性之茧自缚。存在主义提供的类似于禅宗的"自修":只要每个人行使自己的"自由选择"权力,则拯救人类便有了希望。

存在主义是在这样的终极关怀呈真空状态的情况下乘虚而入的:两次世界大战特别是第二次世界大战的爆发使得千万生灵遭受涂炭,人们普遍感到类似于末日降临的灾难感,号称理性主义哲学王国的德国遭受的正是所谓理性的浩劫:希特勒歪曲并利用了尼采哲学,事实上基督教神学和颠覆了基督神学的尼采哲学同样没有为人类找来超人或救星。存在主义便在西方资本主义世界六神无主的情况下成为终极关怀的。萨特曾经声明过:存在主义是一种人道主义,这种人道主义便是在第二次世界大战以后的"荒诞"世界里个人主义地寻求出路的一种尝试。

在中国,存在主义影响了本文开始所提的冯至、戴望舒、张爱玲、汪曾祺诸人,甚至有人还提到鲁迅。但是真正来自于法国存在主义文学的恐怕只有戴、张、汪诸人,还有钱锺书①。30年代末40年代初,中国抗战进入了艰苦的相持阶段,速决的希望很渺茫,取胜的希望也消失于一些知识分子迷惘的眼中,苦闷、彷徨与无所适从感成为抵抗力弱者的感冒病毒。40年代中期到后期,抗战虽然胜利,但整个中国满目疮痍,百废待举,国共决战

---

① 解志熙《现代作家的存在与探询——存在主义与中国现代文学》,载《文学评论》1990年第5期。钱锺书的论述见该文"作者附记"。

达到白热化,尽量客观地说,战争必然带来了一定程度的破坏,在这样的形势下,"拯救从你自己开始"成为相当一部分小资产阶级或自由主义者的信条(这背后难道没有被五四颠覆的儒学所倡导的"穷则独善其身"的因素吗),存在主义便成了极易引起共鸣的终极理想。这里还必须明确指出一点,五四新文化运动摧毁旧秩序后,非马克思主义的知识分子的终极关怀一直居无定所,加上战乱,这种期待更加强烈,萨特哲学所提供的有关对世界的看法,关于本体生命,关于存在、自由,关于选择、行动以及关于责任和忧虑、失望和意志等等问题实在又迫切又具体又现实,而萨特哲学又提供了又具体又现实的答案,难怪在不同的文化背景下却引起了同代知识分子的共鸣。

这种解释其实也完全适用 20 多年后的又一次存在主义文学思潮。

1955 年前后,法国存在主义在中国的流传变成了萨特的流传。这只因为,1952 年,萨特与加缪分了家,此之前"萨特越来越对苏联的共产主义怀有好感,加缪却越来越感到厌恶。不过,这尤其表明了两种存在观和文学观的分离:在加缪那里,是人道主义、反叛、对幸福的向往,对'美好形式'的喜爱;而在萨特那里,则是政治介入、革命、萦绕脑际的犯罪念头,对'文学'的厌恶。"① 由于 50 年代特定的文学气候,该年(1955 年)《文艺报》曾发表《法国作家争取和平的斗争》,此前的该刊(1951 年)曾发过《战斗的法国进步文学》。《译文》于 1955 年第 8 期、第 10 期,发表过罗大冈的《萨特的新著〈尼克拉索夫〉》,罗译萨特剧作《恭顺的妓女》。这些文章表明:中国文艺界是赞赏萨特及其作品的,因为他拥护苏联。而苏联便是革命和进步的代名词。

但是转眼间风向变了。1962 年《光明日报》上刊发了《存在主义印象》②,在谈完"印象"之后,文章着重说,存在主义文学的影响"扩散到了中下层知识分子青年中,甚至扩散到青年学徒工之中,为害不浅"。"存在主义哲学思潮回荡于社会生活之间,同其他资产阶级思想一起推波助澜,使社会空气污染了",这种批判加评介的文章代表了这一时期文章的基本特点:以《现代外国哲学社会科学文摘》为例,据不完全统计,1959—1966 年间,共刊发有关存在主义的论文 13 篇,客观上为存在主义传播提供了一定

---

① 载《法国现代文学史》,第 15 页。
② 程宜思著,6 月 29 日。

便利条件,但是每篇文章前都有一段消毒性质的"编者按",录几条如下:

> 现代存在主义思潮,从其社会阶级根源来说,乃是垄断资本主义腐朽性、反动性在意识形态上的表现。
>
> 他的学说一点也没有指出人们走向探索客观真理、取得科学知识的道路,而且会把人们拖进信仰主义和神秘主义的泥坑。
>
> ——萨特《无神论的存在主义》的编者按
>
> (萨特的)那套"同类相互仇视的规律"也不过是抄袭反动的"社会达尔文主义"滥调,目的是要歪曲和攻击历史唯物主义,从根本上否定社会发展的客观规律。
>
> ——[美]李希特海姆《沙誉,马克思主义与历史》

三、寻找回来的世界

1958年以后,有关存在主义和萨特的文章大量涌现,拨乱反正、拨云见天,人们呼唤着正常的学术空气的形成,《给萨特以历史地位》《萨特的再发现》①成为学人的一致看法。可以这样认为,评述、研究、介绍法国存在主义思潮的"热潮"一直持续至今,当然这中间可以勉强地分为两个阶段,以1981年为界(该年10月,由柳鸣九主编的《萨特研究》一书由中国社会科学出版社出版),前期重介绍,杂以评述,后期重研究,同样不乏介绍、评述。据我们的材料检索,主要的文章:1978年(2篇);1979年(2篇);1980年(10篇);1981年(6篇);1982年(8篇);1983年(6篇);1984年(8篇);1985年(10篇);1986年(7篇);1987年(13篇);1988年(6篇);1989年(8篇);1990年(5篇)。数字不是绝对的但也毕竟反映一定的事实:1980年是个高潮,1987年是个高潮。前一个高潮是"文革"后或"文革"中成长的年轻人在偶像破碎后对"文革"的是非颠倒、人性泯灭的反思于惶惑、徘徊中的一种偶尔发现,存在主义首先成为一些人的社会观、人生观和价值观,然后才又成为这时期成长的作家中的一些人的创作观,这

---

① 柳鸣九《给萨特以历史地位》,载《读书》1980年第7期。言非《萨特的再发现》,载《外国文学欣赏》1984年第4期。

便是存在主义文学作品产生的直接和根本原因,例如针对《长江》上刊发的《波动》①,易言在《文艺报》(1982年第4期)上撰文《评〈波动〉及其他》说:

《波动》并不是一个孤立的文学现象,它的出现令我想起了第二次世界大战以后兴起的存在主义思潮和存在主义文学。我不是说我们已经有了一股很大的存在主义文学流派,但在当代文学青年中,确有受存在主义思潮和存在主义文学影响的人,而且写出了渗透着这种思想的作品。

针对易言的观点,《小说界》(1983年第1期)刊发了题为《关于存在主义答文学青年》一组专栏文章,"请陈骏涛同志就存在主义在我国当前文学作品中的反映做了答问","同时还请罗大冈和王克千同志,就存在主义哲学和存在主义文学思潮做了简单介绍"。其中陈文《关于存在主义与我国当前的文学创作》更接近事实:

今天虽然有一些青年人对萨特及其存在主义感兴趣,但多半还是出于一种探求的欲望;今天虽然出现了一些具有存在主义思想倾向的文学作品,但还并没有形成很大的势头。……存在主义虽然在我国有滋生的土壤,但并没有促其生根、开花、结果的合适的条件和气候。

关于《波动》《晚霞消失的时候》《在同一地平线上》《近的云》《失去的,永远失去了》等小说,北岛、顾城等人的诗,徐敬亚的理论文章,所谓的"存在主义宣言"到底应该怎么看,笔者认为,首先承认这种事实,因为毕竟是萨特的存在主义影响了一些青年(包括作家)。1982年8月辽宁省社会科学院对沈阳市3所大学300名学生做了一次调查,结果表明绝大多数人对存在主义感兴趣②,讳言或否认"文革"后存在主义对中国青年的影响(特别是知识分子)不是实事求是的态度。其次,大多数人仅仅接受了"人

---

① 作者赵振开,载《长江》1981年第1期。
② 载《学习与探索》1983年第2期。

是自由的""人有自由选择的权利""他人即地狱"这样的零散教条,完整的甚至稍微系统的理论更谈不上。第三,夸大存在主义的影响和否认其存在一样不可取,除前述易言的文章外,林泰寿的《今日诗坛上的存在主义哲学——析〈崛起的诗群〉》,也有夸大事实之处,例如:他认为《崛起的诗群》"主要宣扬的就是现代资产阶级的存在主义哲学;在一定意义上,可以说是今日中国诗坛上的一篇存在主义哲学宣言"。不能令人心服口服。这里仅仅提两点供参考:其一,徐文中有关探索潜意识、直觉、纯个人感受、反理性甚至最根本的"力图在物我之间造成新的存在物"是象征主义和超现实主义诗歌理论的基本范畴,早已有之,远在存在主义之先(参见"象征主义"章和"超现实主义"节)。其二,存在主义不写诗歌。他们在戏剧和小说文学方面的努力以及对诗歌的看法,波伏娃的如下论述已经非常清楚:"存在主义者的思想,今天有时用论文有时用小说来表达,这并不是什么巧合:这毋宁说是使客观和主观、绝对和相对、永久性的和历史性的归于一致的尝试;它主张要在存在的心脏掌握意义;如果说描写本质要凭借那适当地称之哲学的东西,那么只有在小说里,才有可能烘托出存在的初发涌泉的全部具体、特殊和现世的真相。"不写诗的存在主义文学流派如何是为中国诗坛提供宣言的,让人费解。1948 年陈石湘在法国存在主义传入中国不久时说的一段话至今仍让人觉得不过时:

> 另外还有一个颇时髦貌似聪明而实亦自蔽的方法,即对任何新思想运动,抄一个流行公式,加个名目,说是什么什么阶级的东西或意识即做为了事。

1981 年后的研究范围很广,几乎涉及了存在主义文学的方方面面,对《鼠疫》《脏手》《墙》《局外人》《西西弗神话》《苍蝇》《自由之路》《存在与虚无》《词语》等等均有探究。就内容言,也涉及了"文学的哲学倾向"[1]"境遇剧""自由观"[2]"宿命论思想"[3]"非理性主义倾向"[4]"创作立场的人

---

[1] 欧力同,载《社会科学》1982 年第 6 期。
[2] 施康强,载《世界文学》1982 年第 4 期。
[3] 董友宁,载《外国文学研究》1983 年第 3 期。
[4] 徐潜,载《外国文学研究》1984 年第 2 期。

际关系特点"①"多余的人,抑或理性的人"②"语言"③"自然、人道主义悲剧"④"自由形象"⑤"散文"⑥。尤值一提的是解志熙的两篇长文:《生命的沉思与存在的决断——论冯至的创作与存在主义的关系》(上、下)⑦,主要探讨冯至与存在主义的关系;另一篇是《现代作家的存在探询——存在主义与中国现代文学》(上、下)⑧,全面清理了中国新文学中的存在主义源流影响旧账,无论材料翔实度还是论述深度都堪称空前。由于论述内容极广泛,这里我们只能择其要者集中论述萨特的剧作《脏手》的研究情况。

1981年2月,《戏剧艺术》刊发了上海青年话剧团导演胡伟民(《肮脏钓手》的导演)的文章《〈肮脏的手〉导演阐述》,通过对《脏手》的导演体会阐述了"文学与哲学的结合·境遇剧"以及"《肮脏的手》写了什么"。根据胡伟民的理解,《脏手》通过谋杀事件深刻地谴责了采用恐怖主义手段消灭政敌的卑鄙行径,该剧的点题台词"一双肮脏的手"出自革命者贺德雷之口,根据导演的理解,在阶级斗争的形势发生变化时,各种政治力量重新组合的情况是经常发生的,为了长远的革命利益,革命者不得不和昨天的敌人谈判联合。贺德雷坦率地承认他有一双肮脏的手,正好揭示出政治斗争的全部复杂性的真实所在。胡文发表不久,《新剧作》1982年第5期发表了范民声的文章《假如萨特还活着……——对演出〈肮脏的手〉的一些看法》,文章集中谈了两点:一是胡文曲解了萨特原作。范文认为,认为萨特该剧通过贺德雷与路易之间的矛盾和谋杀事件"谴责了采用恐怖主义手段消灭政敌的卑鄙行径",这实在是一个对原著的误解。范文认为作者写这两个人物,是为了要表现出一种境遇,一种包围着人物从而促使他去实行"自由选择"的"境遇",与贺德雷鲜明对垒着的不是路易,却正是那个年轻的雨果。萨特通过雨果表达了自己脑子里关于理想与现实、自由与纪律、个人与集体、道德信念与政治手段的看法。由于世界是荒诞的,人才彼此如此隔膜,才必须有如此荒唐的选择。二是萨特剧中有些观点我们不能

---

① 张敏,载《文科教学》1985年第2期。
② 郭宏安,载《读书》1986年第10期。
③ 载《法国研究》1987年第3期。
④ 载《法国研究》1987年第3期。
⑤ 曾杰,载《文艺理论与批评》1989年第1期。
⑥ 杜小真《加缪散文集序》,生活·读书·新知三联书店,1989年。
⑦ 载《外国文学评论》1990年第3期、第4期。
⑧ 载《文学评论》1990年第5期、第6期。

接受。贺德雷提出的"肮脏的手戴着红手套干活要好得多","只要是有效的手段就值得采取"。"即使不是有意要诬蔑无产阶级政党,但他把这种观点强加给无产阶级政党的领袖的做法,客观上总是混淆了无产阶级政党与资产阶级政党之间的原则区别,歪曲了无产阶级政党领袖的形象"。无论最后谁说服了谁,这场讨论却有助于对萨特作品的认识的进一步深化(详见《外国戏剧》中的《对〈脏手〉及其演出的讨论》①,《书林》亦曾展开过讨论)。

作为对前述各文的看法的不同而出现的《"脏手"不脏——萨特名剧〈脏手〉新论》②一文,基本上从肯定的方面出发重新解释了该剧。首先该文提到,按照萨特的解释,《脏手》不是政治剧,它是印证政治的剧作,其主题是没有人无故掌权,剧情环境的选择并非出于对共产党的敌视,而是出于同情、理解和对之较高的评价。联系到萨特本人的一贯行动,我们应该相信萨特的真诚。那么何以会产生误解呢?该文认为有四点:由于斯大林主义不能见容于持批评态度的同路人;由于把剧中描写的政治暗杀视为共产党内斗争的常规;建立奉行中间路线的"革命民主联盟"的时间与该剧上演时间巧合;观众的心理倾向。除此而外,带着对革命、政治、无产阶级政党等问题的教条主义理解与理想主义认识,因而对《脏手》的题材、人物、思想先天地缺乏实事求是的客观研究,造成了在中国的误解。文末分析了"贺德雷与雨果的形象"和主题意义,得出的结论是,《脏手》不是什么反共的剧本,而是亲共的剧本;它不仅可以在社会主义中国的舞台上出现,而且能够使幼稚、单纯、孩子般的"革命者"由之了解政治与革命的全部丰富性、复杂性、曲折性。

总之,这一时期围绕法国存在主义文学所展开的批评、讨论、研究逐渐由不自觉到自觉,理性思考代替了浮泛之评述,任性使气或脱离文本上纲上线的现象基本消失,当存在主义研究学术化后,类似于80年代初期那种虚夸的"热潮"不复再现。

从40年代初算起,法国存在主义的代表作基本介绍入中国,以时间为序姑录如下:萨特《房间》(展之译,1943年),萨特的《墙》(戴望舒译,1948年),萨特《恭顺的妓女》(罗大冈译,1955年),加缪《局外人》(孟安译,

---

① 晓汪著,1983年第2期。
② 仵从巨,载《外国文学评论》1989年第1期。

1961年)，萨特《存在与虚无》(林青译，1963年)，萨特《脏手》(林青译，1978年)，加缪《不贞的女人》(施康强译，1978年)，加缪《鼠疫》(顾方剂、徐志仁译，1980年)，《萨特戏剧集》(上、下，人民出版社，1985年)，《加缪中短篇小说集》(外国文学出版社，1985年)，萨特《词语》(潘培庆译，1988年)，波伏娃《少女的心——我与萨特》(湖南人民出版社，1988年)；《加缪散文集》(杜小真译，1989年)，此外还有《西西弗神话》(加缪)、《第二性：女人》(波伏娃)以及海德格尔的《存在与时间》亦被译为中文。这里肯定还有留遗之珠。

另外尚值一提的是《法国研究》曾刊出过《萨特哲学专栏》(1985年第2期)和《加缪研究专栏》，特别是柳鸣九主编的《萨特研究》均为存在主义探究起了相当作用。此外王克千《存在主义述评》，徐荣温《萨特及其存在主义》两部专著主要属哲学范围，已经逸出本文的论述范围了。

四、结语：金果在何处？

生长于第二次世界大战废墟上的法国存在主义文学也曾在战后的中国生出几棵幼苗。"文革"以后，存在主义的奇花异草又一次摇曳于中国土地。撇开深受德国存在主义哲学影响的诗人冯至不谈，我们还能找到戴望舒、钱锺书、张爱玲、汪曾祺诸人，我们能说没有法国存在主义文学就没有戴望舒、钱锺书或者张爱玲、汪曾祺吗？显然不能。同样，我们同样不能说没有法国存在主义文学就没有北岛、顾城或张辛欣、杨东明、礼平。难道存在主义在中国真的产生不出象征主义之于戴望舒、弗洛伊德主义之于施蛰存这样的稍微直接一些的传人吗？

半个世纪后的今天我们想问：奇异生物所结的金果在何处？

问题一，存在主义文学提供方法吗？从40年代开始，汪曾祺的小说中便流露出存在主义倾向，例如《复仇》《落魄》《礼拜天的早晨》等作品中流露出对世事恶浊、人心不古的现实的不满。对于人的"局外人"感觉，人生遭际的无常性以及生活表面虚假的安宁、满足感与内心深处的矛盾感做了深刻揭示。张爱玲小说则自始至终保持着一贯格调：对生存的厌烦、虚无、对美好传统完善人性所感到的没落感、颓废感。至于钱锺书，《围城》中的"儒林"百状更是显示出对生存的莫名其妙的荒诞感、滑稽感、无奈感的关注，方鸿渐们的生活不断陷入逃进逃出的怪圈中。可以认为(从作者的叙述中也可看出)存在主义文学提供了一种观点(世界观、方法论),正是这种"观点"使得这些作家的作品更多地思考抽象的、广大的"人"的生存现状:生存是荒诞的,但是选择(从理论上说)是自由的。荒诞的生存和理论上的选择自由永远构成了人生艰难的甚至是残酷的运行机制(《脏手》《局外人》突出说明了这一点)。但是存在主义不提供写作上的方法,不能将心理独白、意识流、反讽、悖论等手法看成存在主义提供的,更不能说是它的专利。存在主义作品中曾运用了前述手法,其实便是对马拉美、兰波、查拉·布勒东、阿波利奈尔等先祖以及卡夫卡、乔伊斯类作家的借鉴,事实上,存在主义除过钟爱小说和戏剧体式以外,在语言革命方面的贡献远逊于象征主义及后期的新小说派,更不用说"达达—超现实主义"派了。因此认为中国的存在主义作家的作品里有"象征性、超越性和复义特征"是由于存在主义文学的影响的说法是不全面的。①

问题二,存在主义提供思想吗?从 1978 年开始甚至可以早溯到"文革"中后期,一部分"文革"时的红卫兵、知识青年便开始了对现状的迷惑和思考。由于十年浩劫像噩梦般久拂不去,许多人陷入一种彷徨、迷惘、忧虑的境地,因而对生存的困惑变成诘问再变成失望最后成为绝望,并因此而滋生出生命无常、生存无望、生活无味的虚无思想,这在早期的诗歌中尤为常见。但这分明不是存在主义的影响,因为 1976 年前后的青年人无从了解也确实不知存在主义为何物。1978 年以后,一场思想解放运动为存在主义打开了方便之门,存在主义作为"生存本体"哲学和许多人的心境一拍即合,前者为后者提供了更理性化的思想武器:"他人即地狱"的社会观与许多人对现实的看法相符;"人是自由的""人有自由选择的权力"为许多人个人主义行动找到了理论根据。仅仅如此而已——这一时期的许多青年人就是借助这样的思想武器创作的,石棱(《近的云》)的看法颇有代表性:心灵空虚无以填补,一切都那么索然无味,"生命的价值观不取决于生存者本身"。南珊(《晚霞消失的时候》)、肖凌(《波动》)等形象都是由大起大落的命运悲剧中步入精神流浪汉行列的:最终的虚无观念(对事业、人生、祖国等)既来源于萨特但又确实不是萨特的,存在主义毕竟不是彻底的虚无论。与此同时,北岛、舒婷、食指、顾城、杨炼、江河、徐敬亚、王小妮的作品都显示了对生存、幸福、死亡、正义、责任、道德等深思辨诘的一

---

① 载解志熙《现代作家的存在与探询——存在主义与中国现代文学》(下)。

面,但又都流露出对生存世界的荒谬、无常,对生存本体的不自由、软弱百思不解的一面。朦胧诗首先朦胧在思想上,正是思想上的悖反、错讹、困惑、杂乱导致了对复杂表达手法(潜意识、象征、复义、通感等)的选用,但这些手法又不是存在主义而可能是象征主义、超现实主义或英美意象派的了。旅法学者熊秉明的看法很有道理:"存在主义并不一定靠舶来;存在主义也不仅此一家,……存在主义也不一定是可憎可怕的,在一定的社会条件下,就会萌生。"①这和声色俱厉地宣告"今日诗坛上的存在主义思潮,是带着毫无出路的悲剧和闹剧色彩呈现在我们面前的,带着它的宣扬者也许未曾意识到的、事与愿违的、可能和已经产生的严重恶果呈现在我们面前的"②比,无疑是有更多的宽容主义的可取之处,10年之后的今日尤觉如此。

第三节　永不终结的残局
——荒诞派戏剧与中国

> 生活的游戏没有规则,下完的棋甚至不能终局,荒诞剧自始至终只是一盘可笑的残局。
>
> ——J. 贝尔沙尼

> 由阿尔多提出来康道尔加以发展了的观念戏剧是过程,是对戏剧是动作这个古老的观念的一种延伸,而我认为,在同样的前提下,还可以有更多的命题:戏剧是对比,戏剧是变化,戏剧是惊奇,戏剧是发现。
>
> ——高行健

1962年10月21日,《人民日报》上刊发了程宜思的文章《法国先锋派戏剧剖视》,第一次向中国人介绍了法国荒诞派戏剧。同年11月,尤涅斯库(Eugène Ionesco,1912—1994)的名剧《椅子》由董雨石译出,第一次向中国人展示了法国荒诞派戏剧真品。此时,距法国荒诞派戏剧诞生不过仅仅10年时间,马丁·埃斯林(Martin Esslin)还来得及以"荒诞派戏剧"为之

---

① 载钱林森的《中国文学在法国》,第348—350页。
② 载林恭寿文。

命名①。

作为存在主义基础上的荒诞派戏剧在虚无与荒谬方面似乎走得更远，尤涅斯库曾经说过："只有疯子还能寄托希望。要是我能摆脱这一切就好了。优雅和爱情已经死亡。我应该从我的心里掏出这一切，连同揪出我的心。或者做上帝，或者自杀。不会再有春天。"尤涅斯库还曾经说过："活着有什么用呢？就是为了活着。""所谓先锋派，就是自由。"②尤涅斯库的观点代表了荒诞派作家的基本倾向：用最自由（荒诞）的戏剧形式再现这个荒诞世界的事件和行为。事件和行为便是人的荒诞的动作。

自 1950 年开始，尤金·尤涅斯库写了《秃头歌女》(1950)、《未来在鸡蛋中》(1951)、《椅子》(1952)、《阿梅岱或脱身术》(1954)、《犀牛》(1959)；亚瑟·阿达莫夫写了《侵犯》(1950)、《塔拉纳教授》(1953)；塞缪尔·贝克特(Samuel Beckett, 1906—1989)写下《等待戈多》(1952)、《最后一盘录音带》(1958)、《呵，美好的日子》(1963)。10 年时间，荒诞派戏剧不胫而走，风靡整个西方世界。此间还冒出了哈罗尔德·品特（英国）、弗里德里希·迪伦马特（瑞士）、马克斯·弗里希（德）、爱德华·阿尔比（美），均是大家。西风日盛，不久便刮到中国。

一、开局：1963—1979 年

1963 年，继程宜思的文章之后，《前线》上发表了一篇题名《戏剧艺术的堕落——谈法国"反戏剧派"》③的文章。由于当时政治气温渐升渐高，该文因此而变得炙手可热。在谈到荒诞问题时，文章认为这是资产阶级唯心主义的思想观点，用之于政治上便是否定一切形式的革命。针对"人的行动没有意义"，文章认为这是说资本主义社会制度是天经地义，是人类社会的永恒制度。对于荒诞派剧作中的悲观主义倾向，文章认为这是一种宣传死亡的颓废哲学。文章最终得出了这样一个结论："反戏剧派"的思想观点不仅仅是一种消极的反映，而且还是对人类进步传统、对今天世界上的进步势力一种恶毒的诬蔑。

---

① 60 年代初，英国马丁·埃斯林才在《荒诞派戏剧》(*Theatre de l'absurde*) 一书中正式命名。
② 《论先锋派》，载《法国作家论文学》。
③ 1963 年第 8 期。

尽管如此，文章还是介绍了尤涅斯库、贝克特、阿达莫夫、若望·谢奈（热内）及其剧作的基本情况，并且从内容到形式概括指出"违反传统戏剧形式"、手法和观点上的"荒诞""悲观主义情绪"三个基本特点。

和前文相似，1964年《世界知识》第9期上刊载了丁耀瓒的《西方世界的"先锋派"文艺》一文。关于荒诞派戏剧的内容，丁文认为主要是反映了"目前在西方很流行的存在主义哲学思潮"：否定世界和生活的意义，嘲笑人生，推崇死亡和非理性主义，"表达了一种死气沉沉的、毫无意识的荒谬的世界和人生"，在手法表现和内容思想上都对西方资产阶级戏剧做了一次相当彻底的改革。《法国先锋派戏剧剖视》一文针对这种改革指出"尤涅斯库极端背离西方戏剧传统，一脚踢开亚里士多德的戏剧观，诋毁布莱希特"，"追求使观众的感情达于'痛苦的极点'"，"在尤涅斯库的戏剧里，点起灯笼火把也寻觅不着与生活真实相关的'典型环境中的典型性格'的踪迹"。这里除过政见分歧以外，该文在艺术发展观方面也存在僵化、教条倾向。

尤涅斯库《椅子》译出不久，施咸宁于1965年7月又译出《等待戈多》（中国戏剧出版社）。这样，荒诞派戏剧的两部经典之作在批判式的评介中传入中国，这是名副其实的有的放矢。此后接着即是"文革"，荒诞派戏剧因之"矢""的"全无。还是《法国先锋派戏剧剖视》一文说：介绍荒诞派戏剧的目的，是"通过先锋派戏剧这个窗口，看看在死胡同里打转转的法国资产阶级文艺思潮，今天的没落景观是什么样子"。话虽刺激，但概括了60年代前期的事实真相：艺术与学术，都和政治有仆主关系，甚至艺术与学术因此而消融到政治里。

二、对弈：1979—1991年

70年代末期，学术与政治的不正常关系才渐渐理顺，其标志就是学界开始以实事求是的态度对待研究对象，轻率地下结论的现象消失了。于是出现了荒诞派戏剧文本的陆续翻译。1979年，尤涅斯库的《阿梅岱或脱身术》及论文《起点》首先被译成中文。译者既肯定了剧本物对人的压迫的主题又肯定了其形式上的新颖之处：全剧充满活力，趣味盎然，平淡无奇的台词,含义却耐人寻味①。一年后,萧曼翻译了尤涅斯库的又一名作《犀牛》,周刊上还载有陈梅译的马丁·埃斯林的批评荒诞剧作的经典理论《荒诞派的荒诞性》,通过马丁·埃斯林的眼睛,中国人从文化、历史、时代角度看到了荒诞派戏剧的另一面②。接着(12月),《荒诞派戏剧集》作为第一部结集由上海译文出版社推出,内收《等待戈多》《阿梅岱或脱身术》以及阿尔比的《动物园的故事》、品特的《送菜升降机》,书前还收有朱虹先生3万余言的"前言"。1981年《当代外国文学》第2期推出了"法国荒诞派戏剧"评介专辑,专辑包括贝克特的两部名作《呵,美好的日子》和《剧终》、尤涅斯库的《秃头歌女》,同时还刊出了两篇评析文章③。两年后,在中国出版的第二部荒诞派结集作品《荒诞派戏剧选》问世,内收尤涅斯库、贝克特和另一位在中国影响不大的荒诞剧大师让·热内(Jean Genet,1910—1986)的6部代表作:《等待戈多》《呵,美好的日子》《秃头歌女》《椅子》《犀牛》《女仆》。至此,荒诞派剧作的重要作品已经全部介绍到中国来了。

几乎与翻译同步,1988年,上海上演了《等待戈多》剧作。

围绕着荒诞派,文学界特别是戏剧界开始了艺术特色、舞台形象、产生背景、社会效果、哲学根源、表现方法、戏剧理论,特别是戏剧结构、美学特色,比如象征意蕴、变形美、荒诞色彩、悲剧气氛等方面的探求、讨论。但力量最集中的还是在如下几个方面:

关于哲学根源。论者们一致认为,和50年代前后的其他流派一样,存在主义其实也是荒诞派文学的哲学依据,存在先于本质,先于自我,真正的存在与现实乃是抗拒一切思维的东西,存在就是虚无,"世界是荒谬的,人生是痛苦的",存在等于不存在;存在是自由选择,失去了自我也就没有真正的存在。由于其哲学观念是文学思想的本原,而其文艺思想又是其哲学观念的形象体现,西方荒诞派戏剧的荒诞概念,是对荒诞哲学(即存在主义)的直接继承。和加缪相比,荒诞派剧作更强调了世界的荒诞性和人生的荒诞性,加缪意义上的荒诞英雄的反抗意识和行动,显然淡化了,但更多地体现出对荒诞世界、荒诞人生的更自觉的永恒哲理的反思意识,力求以

---

① 载《外国文艺》1979年第3期。
② 载《外国戏剧》1980年第1期。
③ 蒋庆美《贝克特及其剧作》;高强《约内斯库与秃头歌女》。

更高也更抽象的哲理性概括和把握荒诞人生的真谛。

根据前述看法,人们对贝克特的《等待戈多》做了大同小异的评论:剧本用一种反传统的表现手法深刻地揭示了西方世界的精神危机,人们不知道自己生存的真正意义,时时感到自己被社会抛弃;他们有时候也期待着未来:以期待的形式出现,以永恒的幻灭告终。更有论者认为,《等待戈多》所流露的哲理意识,与人类童年时期所流露出来的哲理意识(即潘朵拉盒子)非常切近:希望永远不露面,人们所等到的全是灾难。这个哲理具有这样深刻悲怆的意义和基调,因而才能如此扣人心弦,何况,产生这哲理意识的土壤,至今远未从西方现实生活中消失过,种种苦难与不幸,灾祸与瘟疫,也不曾消失。还有的论者以为,该剧的中心,不在于戈多,而重在等待,透过无望的等待发出来的是对悲惨的生存条件的抗议,即使这抗议是微弱的,但它是以人道主义的清醒意识为基础的。在这里,"等待"有多种含义:它意味着碌碌无为的人生,它象征着虚无缥缈的希望;令人在痛苦中煎熬,使人"腻烦得要死"的这一等待,包含着强烈的愤怒,这一愤怒里,像祖先一样陪衬着深沉的人道主义愿望——希望摆脱那梦魇般的现实,恢复人的本性,像人一样生活;这种等待需要极大的耐心与毅力,而人们在无可奈何中表现出来的耐心是悲壮的,换句话说是麻木透顶的。这便是西方生活的现实写照。总之,剧本曲折地反映了如上所述人们在资本主义社会现实里的种种感知,表现了人们的苦闷绝望心理,再现了社会的丑陋在人们的心理结构中不断沉淀和积累的过程。

耗时一年半写就的《呵,美好的日子》是贝克特的另一代表作。通过一对渐渐陷入泥土中的夫妇的零散对话,表现了另外一种哲理。有的论者以为,剧本以虚夸的台词和轻快的舞台动作当花边,把悲剧的人生巧饰装潢,似乎要给受压抑的人们以些微的宽慰,可是正因为如此,人物的悲剧色彩就更浓重了:有些人处在悲惨的环境中却丝毫不自觉,对自己的可悲命运始终麻木不仁。另外,剧本宣扬了虚无主义的人生哲学,所谓"美好的日子"无非是向坟墓进军。还有的论者认为,《呵》剧中的一对老夫妇,一个被埋在土丘,不能动弹;一个住在地洞里,只能很不灵便地爬动,连话都懒得说。生活和处境是何等悲惨、凄凉。在这无聊、空虚、孤独与死亡无时无刻不威胁着他们的当口,他们还在不厌其烦地重复日常烦事——梳头,刷牙,看发黄了的报纸,追忆自己也闹不清的往事,生命仅仅借习惯与本能维持。从维妮那絮絮叨叨的赞美声和嬉笑声里,人们领略到比悲愤的控诉、凄苦的眼泪更为浓烈的绝望。作者的本意就是要使观众感到人生的无望。从绝望的境地里发出来的一声声嬉笑又何异于从地狱发出来的惨烈哭声！西方评论家认为，维妮这样的人物接近了"悲剧的净化高度"。

批评者们点题比较多的还包括《椅子》和《犀牛》，尤涅斯库的这两部名作集中地反映了荒诞派的哲学思想。《椅子》所描写的老妇向世人宣告秘密最终自己却跳海了。代言人再来宣布时观众却看到一个哑子，这时舞台上已经堆满了椅子。有一些论者看出，物质壅塞的世界缺少实在性，意味着人生的空虚，部分人的过剩意味着另一部分人的不够，物质的具体性意味着世界的非现实性。以有形的东西反对另一种无形的东西，以物质的过剩来反衬精神的空虚，这样的世界无疑是不合理的。

《秃头歌女》中马丁与史密斯夫妇无意义、无逻辑的闲聊加上消防队长的插话，尤涅斯库曾经说："对我来说这是一种现实的崩塌。话语变成了毫无意义的声音躯壳；当然，人物也抽去了心理功能，我眼前的世界就是现在一种奇异的光线里。也许，世界是在真正的光线照耀下，是在主观的因果关系和人为解释的，另一边。"这段话颇启发人：剧中的语言并不是表达人的思想的媒介，而是遮蔽严酷现实的帷幔，人们在乱说乱嚷中暂时忘掉了生活中的忧虑，似乎使生活具有一种引人发笑的诙谐色彩，但真正的世界是在这"闹剧"背后：整个社会都发生了"火灾"，这是谁也挽救不了的。

关于《犀牛》一剧，学界的总体看法是写人的异化：某省小城里人人传染争相变成犀牛。有的论者认为这样的说法"无不可，但未免有点失之宽泛"，在这里，《荒诞派戏剧和中国的荒诞剧》一文的看法明显深刻于同类文章，这其实也正是研究不断深化的结果。文章说，人是不会变成犀牛的。但是，具有人性的人，在一定条件下（如犀牛化的狂潮中），变成具有兽性的人，却是千真万确的事，《犀牛》所喻的正是这一严酷的社会真谛，更进一步，犀牛化明明是一种反历史进步，反人性完美的行为，为什么竟会发展成一种社会潮流？一种反动的社会潮流能够蔓延，是民族整体性的堕落行为。民族整体性的堕落行为的发生原因是缺乏洞察历代兴衰治乱规律的历史意识，同时又缺乏科学的、真正的民主与法治的时代意识。这种堕落行为，是以个体性堕落为基础的。个体性堕落的原因，或是被极端放大的政治观念所驱使，或是为苟全性命而屈服于强权暴力的威慑，或是受蝇营狗苟的一己之私的诱惑，从而卑贱地扭曲或出卖自己的灵魂。人的动物性今日远未根绝，更没有升华到大写的"人"的高度上来，它只是被强制性地压抑到意识的最深层,一旦具备了各种条件,仍将像阿拉伯故事中那个关在神瓶中的魔鬼一样,奔突而出造祸于人。文章深刻地指出,《犀牛》实际上已触及一个千古不解的人性之谜:为什么人的品格和本性,那么容易失落? 那么容易匍匐在兽的面前,把兽看成是超越于人的神? 这是一个巨大的有历史深度的命题。它将不断对善良的观众起着振聋发聩的作用,强迫观众直面惨淡的现实,进行深刻的反思,就这一意义来说,只要今后人性的历史还会出现反复,它将不会消失巨大的震撼人心、启迪人心的教育作用。因此《犀牛》将是不朽的,因为它虽然没有解决自己提出的问题,但是它提的是一个具有巨大的现实意义和深远的历史意义问题,一个还从未有人如此尖锐而又如此深刻地提出过的问题。①

毫无疑问,建立在上述认识基础上的对荒诞派剧作的如下评论是有说服力的,而这么高的评价大概也只有中国学者愿意慷慨赠予的:

> 贝克特的《等待戈多》与尤涅斯库的《犀牛》,在更高的哲理层次上,在更完美的艺术表现上,使它们要远远高出其他的荒诞派戏剧,使它们将和莎士比亚悲剧、莫里哀的喜剧;易卜生的社会问题剧一起,矗立在人类戏剧艺术之宫里。②

三、中国下法:高行健与魏明伦

1984 年,《戏剧报》上刊发了《〈车站〉三人谈》一文,针对剧作家高行健的《车站》批评说,"表现了对我们现实生活的强烈怀疑情绪","把人们引到一种思想的歧路,引进一种对我们社会的怀疑和对生活前景的迷惘中去","对现存的生活轨道表示怀疑和否定"③,戏剧专家陈瘦竹则认为《车站》是"套用贝克特的《等待戈多》的产物","套用了《等待戈多》的社会观

---

① 本节所引材料出自:冯汉津《当代法国文学流派披涉》,载《社会科学战线》1981 年第 4 期;崔成德《虚无与绝望的悲剧》,载《外国文学研究》1985 年第 3 期;金嗣峰《荒诞派戏剧和中国的荒诞剧》,载《外国文学研究》1989 年第 4 期。
② 金嗣峰《荒诞派戏剧和中国的荒诞剧》,载《外国文学研究》1989 年第 4 期。
③ 载唐固、杜高、郑伯农文《戏剧报》1984 年第 3 期。

点和创作思想"①。更有甚者,一位著名作家在一家权威杂志上对魏明伦的《潘金莲》提出了这样的批评:

> (有人)盲目地移植和模仿西方某些作品的写法。于是随意编造的作品多起来了,甚至有的作品把古代人、现代人、外国人、中国人乱七八糟地混到一起,既不能反映现代生活,也不能反映历史生活,既不能反映中国生活,也不能反映外国生活,是既无艺术性又无思想性的十八扯,河南话叫作胡闹台。我们正在进行法制教育,而有的作品却在反封建反官僚主义的理由下,为谋害他人的生命开脱罪责。②

这里涉及三个问题:(一)高、魏的剧作写了什么。后来的争论已经澄清,他们并不反党反社会主义,怀疑现存制度。这里并不仅仅决定于(读不懂而产生的)误解,恐怕主要还是政见先入在起作用。著名剧作家曹禺、吴祖光和评论家林克欢已经对此做了回答。吴祖光的文章认为,《绝对信号》和《车站》实际上写了十年"可憎恶的、恐怖、残酷、悲惨的"灾难岁月,荒诞岁月里出现了各种各样的人(思想):"浑浑噩噩、对前途失去理想、没有目标的人";"满腹牢骚、看什么都不顺眼、成天说怪话的人";"愤世嫉俗、铤而走险的人"。写下来留作生活的借鉴和历史的教训有何不可以的?剧作家将这些写出来是他的职责,有良心的作家应当就他自己的理解来抒写他所看到和认识到的生活现象。"大可不必这样上纲上线,大惊小怪③。(二)西方的现代派(荒诞派剧作)能否学?这一阶段参加讨论或研究介绍荒诞派剧作的人绝大多数认为:应该理直气壮地借鉴包括荒诞派在内的西方现代文学流派的一切于我有用的东西,但不少人也同时指出,谨防生搬硬套。"吸收新精神、新的写作与演出方法。不是盲目的,不是随风倒的,而是以我们已有的创作经验与艺术鉴别能力来吸收各种有益的、有思想、有艺术的创造(无论是写作、是演出、是演技、是舞美或其他)。"④吴祖光的看法更显示出一个锐意犹存的剧作家的胸怀:"有人讽刺高行健学习西方的现代派。我说不清楚他是怎么学的,学了多少?但是既

---

① 陈瘦竹《谈荒诞戏剧的衰落及其在我国的影响》,载《社会科学评论》1985年第11期。
② 转引自金嗣峰文。
③ 吴祖光《高行健戏剧集·序》,北京:群众出版社,1985年。
④ 曹禺与高行健、林兆华《关于〈绝对信号〉的通信》,载《高行健戏剧集》。

然整个话剧形式都是从西方移植过来的,学学西方的这个派那个派又有什么不可以的呢?现代派的大师萨特、贝克特都是用法语写作的,高行健占有法国语言的优势,自然易于接受西方文学和戏剧的影响。……作为一个戏剧作者,这只能是优点而不会是缺点。……他山之石可以攻玉,取长补短,扬长避短,也从来是智者之所为。我们向外面的世界学习不是太多了而是太少了。"①(三)向西方荒诞派剧作学习什么?笔者认为"荒诞派"首先是作为一个美学概念出现的。60 年代以前,法国的荒诞派被称作"反戏剧""先锋戏剧",就"反"而言,它意味着对传统西方戏剧的背叛和挣脱,就"先锋"言,则指从时序上言,荒诞戏剧一直走在戏剧革新的前列。60 年代初马丁·埃斯林的命名更加显示出"荒诞派"的美学意蕴,"荒诞"只能划入美学范畴。这一点,尤涅斯库在其《注解和反注解》中的一段话已经说得很清楚:"戏剧的价值在于效果的扩大,必须进一步扩大效果,强调效果,尽可能地突出效果。"所谓效果,在尤涅斯库看来,就是要"将戏剧推进到这个既非戏剧又非文学的中间地段之外,在其自然的限度内恢复戏剧",应该"彻底进入怪诞和漫画式讽刺","要闹剧,极端滑稽模仿的夸张","要用滑稽可笑的手法","回到又能忍受的东西上来吧。将一切都推至极点,悲剧的源泉就在那里。创作一种激烈的戏剧:激烈地滑稽,激烈地悲惨"②。尤涅斯库的中心意思是强调以变形、夸张来撼动已经僵化的观众的心,这一点,荒诞派戏剧家基本上实现了自己的美学夙愿。

就戏剧的舞台化而言,荒诞其实也属于戏剧表现手法或效果,许多中国论者曾经零零散散涉及过这个问题:任何表现手法都和作者的一定思想观念相联系。以此观之,荒诞手法又不仅仅是一种手法问题了。从总的倾向言,荒诞戏剧的舞台上人数廖廖,而且人物或反应迟钝,或行将就木,或浑浑噩噩,或神情异常、举止怪诞,即使有精明颖悟之士也形单影只孤立无援,乞丐、残疾者、流浪汉、变态者,构成了正常世界以外的另一种世界。在舞台,人物的活动范围极其狭窄、零乱而简单,有时甚至单调到令人惊诧。情节则有女主角不停地下蛋,人变成犀牛,尸体不断暴胀,人被堆满的椅子吞没,被泥水渐渐埋没,或者人被装进坛子,仅能露出一个头。语言荒诞、词意残缺或语义厌失。总之,"布景、时间、人物、情节、语言本身都打破了,

---

① 吴祖光《高行健戏剧集·序》。
② 尤涅斯库《注解与反注解》(*Notes et coutle-notes*),Éditions Gallimard,1966 年。

舞台上只剩下一种场景,由于它所强加的空洞的形体印象而显得残酷,由于人们听到的不知疲倦地倾吐其可怜、荒诞的词语的陌生和固执的声音而富有魅力。生活的游戏没有规则,下完的棋甚至不能终局,荒诞剧自始至终只是一盘可笑的残局"①。

该怎样看待荒诞派戏剧对中国话剧的影响?

新时期以来,有论者认为80年代在中国出现了一个"荒诞热"。有人甚至这样估价,"这股旋风席卷了近几年的戏剧舞台,压斜了剧场,拨动了观众","是对中国传统戏的一次强烈的冲击和反拨,在探索话剧多元走向上起了开流作用"②。这样的评价虽然过高但毕竟反映了一定事实。

从《屋外有热流》《一个死者对生者的采访》(刘树纲)、《孔子、耶稣和披头士列侬》(沙叶新),到引起轩然大波的《潘金莲》,新时期的话剧的创意主要显示在艺术形式与表现手法的突破方面,比如鬼域与人生的一体化,现实与梦幻、事实与虚拟界限的破除,中外古今人物一起出场,灵与肉的分离等,加之语言简约化、怪诞化、残缺、晦涩、复义直至意义消失,充分显示出现实与心灵世界的另一重真相,在魏明伦的《潘金莲》中,由于作者采取了武松、潘金莲、武大、现代青年吕莎莎、曹雪芹、武则天、七品芝麻官、贾宝玉、红娘、女庭长以及施耐庵等人纷然杂陈于舞台,各人执词不一,都有道理。古今中外上下左右沟通无碍,时空界限完全打破。但是,《潘金莲》离真正的"荒诞剧"仍有很大距离:全剧各色人等思维清晰,辩论井井有条,充满理性色彩。由于作者曾申明过他仅仅用了荒诞派戏剧的形式甚至仅仅手法,而拒绝从更理性的角度认识"荒诞"这一美学概念,因而导致了《潘》剧的某种程度上认识与表现的脱节。但作者能采用"荒诞剧"这一形式,便证明了魏明伦内心深处已经意识到潘金莲的尴尬处境、荒诞氛围,"是一个荒诞的表现"③。但亦曾有论者指出:"作品与剧作者的思想充满了矛盾,作者在'我做着非常"荒诞"的梦'中宣称,采用荒诞形式不是表现'人与人不能沟通',而是反其意而用之,'揭示人与社会的密切关系',然而舞台临台检验,恰恰是'人与人不能沟通,人对世界无法理解,无能为力,无所适从"④。

---

① 载《法国现代文学史·贝克特》。
② 《论荒诞剧的变形美》,载《河北大学学报》1989年第4期。
③ 载金嗣峰文。
④ 载"中国人民大学复印报刊资料"J52《戏曲研究》,方云生文。

对法国荒诞剧手法运用最娴熟的当推高行健。高行健的《野人》和《彼岸》以及早先的《绝对信号》等(也包括"无场次多声部生活抒情喜剧"《车站》),的确实现了(一)"充分承认舞台的假设性,又令人信服地展示不同时间、空间和人物的心境",实现了在时、空方面对传统剧作的突破,以《高行健戏剧时空论》①一文最有代表性。文章认为高行健剧作在时空方面的突破首先着眼于多重戏剧空间关系,开放戏剧情境,使之立体化。他善于用直喻手法,把戏剧冲突、戏剧行为和心理过程外化为感性舞台形象。空间上多采取随意性,"打破舞台与观众席对峙的剧场空间挖掘演员与观众空间距离的可变性潜能"。其次,高行健剧作中出现了新的戏剧时间形态,往、今、实、梦交织一起,出现了"七八千年前至今"和一些"说不清"的时间段;借助于音乐性语言结构以表现时空结构也是常用手法。文章认为,从时间的戏剧《车站》到环境的戏剧《野人》,到"人的关系"的戏剧《彼岸》,高行健戏剧的结构倾向与现实倾向同时在深化,追寻自由与逃避自由,恰恰是其戏剧情感与形式,艺术与现实的情绪。(二)笔者认为,高行健在戏剧语言上也在进行着有意无意的革命,他虚化了语义的所指,对其实在意义进行淡化,甚至故意用累赘、重复、单调的语句追求空洞、无聊和荒诞的效果。最典型的例子莫过于《车站》中"戴眼镜的"反复读(或稍有变化)"This is rain, that is snow","Rain is rain, snow is snow"②,以及"大爷"反复读"车三进二,炮四退一","象四退五,车三进七"等,这可能是受尤涅斯库写《秃头歌女》的影响:尤氏正是从初学英语者读简单英语句子而受启发构思该剧的。另外,高行健的《独白》等剧中充满大量冗长的对话,这些对话与其说是要说明什么,倒不如说不说明什么,借助于语言的赘句现象,高行健试图建设一种氛围。在《野人》剧作中,这种企图更加明显:多声部——六七个人同时说话——造成的效果传达的并非什么明确意义而仅仅造成一种烘托性的气氛:"交响"。因此说,正是法国荒诞派剧作启发、重铸了以高行健为首的当代中国的"先锋"戏剧大概并不为过吧。

---

① 董丽华文。
② "这是雨,那是雪。""雨是雨,雪是雪。"

第四节　另立别宗：探索者的创造
——新小说派与中国

> 时代的怀疑精神使小说家不得不尽"他的最高的责任：不断发现新的领域"，并防止他犯下"最严重的错误：重复前人已发现的东西"①。这是菲立普托因比在提到福楼拜的教训时讲过的话。
>
> ——娜塔丽·萨洛特

> 新小说关心的是人和人在世界中的处境。
>
> ——阿兰·罗伯-格里耶

一、探索性的批判（1960—1978 年）

正像人们所一致认为的荒诞派（或先锋戏剧）就是反（传统）戏剧那样，新小说（Le Nouveau Roman）便是反小说。进入 20 世纪的战后法国，起自于波德莱尔中经象征主义、超现实主义（包括达达）到存在主义，一股反传统的艺术潮一直奔涌不息，新小说事实上便是这浪潮中的一股。

1953 年：罗伯-格里耶（Robbe-Grillet，1922—2008）《橡皮》（*Le Gommes*）、娜塔丽·萨洛特（Nathalie Sarraute，1900—1999）《马尔特罗》（*Martereau*）；

1954 年：米歇尔·布托尔（Michel Butor，1926—）《米兰巷》（*Passage de Milan*）；

1955 年：罗伯-格里耶《窥视者》（*Le Voyeur*）、布托尔《作为探索的小说》（*Le roman Comme recherche*）；

1956 年：布托尔《时间的应用》、萨洛特《交谈和辅助交谈》（*Conversation et sous-Conversation*）、罗伯-格里耶《未来小说的道路》（*Une Voie pour Le Roman futur*）；

1957 年：罗伯-格里耶《嫉妒》（*La Jalousie*）、布托尔《变》、克洛德·西

---

① 菲立普·托因比，英国小说家兼文学评论家。转引自《新小说研究》，北京：中国社会科学出版社，1986 年，第 40 页。

蒙（Claude Simon,1913—2005）《风》（*Le Vent*）、萨洛特《趋向》（*Tropismes*，再版）；

1958年：罗伯-格里耶《自然、人道主义、悲剧》（*Nature, Humanisme, Tragédie*）；

1959年：萨洛特《行星仪》；

1960年：克洛德·西蒙《佛兰德公路》（*La Route des Flandres*）。

在10年之间，新小说已经由被各阶层冷遇而一变为被各界纷纷承认，终于成为现代法国文坛的重要的小说流派了。几乎与"新小说"派崛起同时，中国的文学界便开始了那个时代的特有的批判性介绍了。先是《世界文学》（1961年第11期），接着《光明日报》《文艺报》等刊纷纷撰文译介，并且很快形成了60年代前中期介绍法国新小说派的第一次高潮。

关于新小说派的特色，有论者认为，小说中几乎都是一些谋杀、凶杀、奸淫的情节。故事和事件都脱离社会背景和现实生活，而人物又是些精神状态不正常的梦游者和幻想者；没有合情合理、完整统一的情节，多是现象的堆砌，事实与人物幻觉的混杂，甚至只是把人物本身对于现实的没有时间和空间界线的印象凑集一起。有的论者将其归纳为三点：其一是每部小说的故事都非常简单而平淡无奇。其二有意不按时间顺序，又不受地点的限制，把故事叙述得杂乱无章。主要方法是把人物的行动和思想、回忆和梦境、作者的叙述和人物的独白都纠缠在一起。其三是对自然景物和环境、实物的描写特别冗长，总而言之，彻底摒弃旧小说的手法而代之以电影中的某些手法，用日常闲聊时东拉西扯、没有逻辑的、不合语法的文字替代精练的、纯洁的书面文字①。这一阶段富有代表性的文章首推柳鸣九、朱虹的长文《法国"新小说派"剖视》②，遗憾的是，这篇文章深深地烙上那个时代的"大批判"印记，这篇从影响、小说理论、美学观、技巧、作品分析（涉及《橡皮》《漠然而视》《行星仪》《在迷宫里》）、社会根源、阶级实质等方面入手的文章仍不失为全面介绍的代表文章，其中有些观点至今仍有意义：新小说反对现实主义小说的写法，使得作家只要把人写得像物一样，人成为一种简单的存在；具体到语言运用上，他们反对用带有人的主观色彩的词汇和比喻。新小说强调写物，写物的"中立性""陌生性"，不过是"神秘

---

① 赵少侯《法国的"新小说派"》，载《文艺报》1963年第5期。
② 载《世界文学》1963年第6期。

性"的代名词而已。新小说派的作品,最为触目的,便是极其烦琐的自然主义描写,这种对物的描写,"完全与作品内容无关,既不是为了表现情节,也不是为了刻画人物",显然是为了体现"物就在那里",甚至可以说,"整个作品的主题、人物和情节,倒是为物的描写而服务,为了满足作者这种奇怪的描写欲而服务"。"新小说派歪曲现实的特点,不仅表现在烦琐的自然主义描写上,而且也表现在恣意地颠倒时间、混淆空间、大胆地歪曲现实生活存在的形式上,而这又正是通过人物的主观印象和感受而实现的"。人与人的关系,只是一种彼此互相感觉、以潜意识的触角互相探测的关系。"对于现实世界的反理性思想和认为人与兽相通的观念,这其实是新小说派作家经常的主题,而这也正暴露出新小说派的反动本质。"作者最后将这一切归之于"反动、腐朽的现代资产阶级文学又一次'死亡的挣扎'"。

这一时期集中刊发新小说派有关文章的刊物是《现代外国哲学社会科学文摘》,短短 4 年时间里(1962—1966)竟有 6 篇之多。《茶杯里的风波——法国小说家及其领域》①是一篇概述性地评论其特色的文章,涉及产生原因、手法、技巧上故意形成的"不可读、不可解"等方面;《试论法国新小说》②则集中于萨洛特、罗伯-格里耶、布托尔三人专论新小说的"技巧":视野缩小、追求技巧——内心独白、对话多、充满细节、人和物并重、烦琐描写,以及格里耶枯燥、萨洛特晦涩玄虚、布托尔清新等。《小说是探求》③则是布托尔"新小说"理论的代表作。《法国〈费加罗文学报〉讨论新小说派》④则辑登了多米尼克·日阿迈、阿兰·罗伯-格里耶、马可·伯纳尔三人分别发在该报 917(1963 年 11 月 14 日)、920(1963 年 12 月 5 日)、930(1964 年 2 月 14 日)三期上的三篇文章,其中只有格里耶的文章是辩护文章。《从现实主义到现实》⑤则是罗伯-格里耶本人阐述自己的"新小说"见解的代表文章之一。透过这些文章,我们可以大体上把握新小说是如何在一片责难与非议声中逐渐建立起自己的阵地的。

这一阶段的介绍体现出两个特点:一是主要重在译介,几乎没有一己性的研究,即使有也杂陈于洋洋洒洒的批判中,真正的学术研究几近于无,

---

① 1962 年第 1 期。原载英国《泰晤士报文学增刊》。
② 1963 年第 5 期。E. 罗波、A. 索瓦日。
③ 1964 年第 5 期。
④ 1964 年第 9 期。
⑤ 1966 年第 2 期。

这和当时愈来愈膨胀的政治气氛息息相关。二是虽有译介,但无人敢在创作实践中尝试,出现了只讲下蛋、不见蛋下的局面,事实上,由译介到研究和从译介到实践,其间的距离是一样的。之所以缺少后一个环节,也仍然得归因于政治形势。

这和1978年以后的形势有天壤之别。

二、批判性的探索(1978—)

1979年8月起,上海译文出版社相继推出了《窥视者》和《橡皮》,外国文学出版社也于1983年4月推出布托尔的《变化》(朱静译)。1986年柳鸣九主编的《新小说派研究》一书作为"法国现当代文学研究资料丛刊"的一种出版。"研究"分四部分(并有一个"附录"),第一部分"新小说派文论选":辑有萨洛特(3篇)、罗伯-格利耶(2篇)、布托尔(5篇)三人的10篇论文,基本勾勒了新小说的理论轮廓;第二部分"新小说作品选",选译了萨洛特的《陌生人肖像》《行星仪》,全译了格里耶的《嫉妒》《去年在马里安巴》,选译了布托尔的《变》《度》;第三部分"批评家论新小说派",辑录了包括萨特在内的5个人的评论文章。萨特的文章第一次命名了"反小说";布阿德福尔的文章是他的《当代文学史》之一部分,较全面论述了该派特点;安德烈·埃尔波则从"人本主义"角度解剖了布托尔;雅克·里·拉尔则从"社会学"角度透视了新小说;米歇尔·蒙苏韦则从"想象"生发开去,寻找到一个围绕"想象"论证出的世界。文各不同但创见迭现。第四部分为"有关新小说派的资料",有"新小说派作家访问记"(包括罗伯-格里耶、萨洛特、布托尔)、"新小说派四位主要作家简介"(除前述三位外尚包括克洛德·西蒙)、"新小说派书目介绍"、"新小说派作品提要"(包括《陌生人肖像》《金果》《在迷宫里》《米兰巷》《日程表》等14部)。柳鸣九在序言中的一段话道出了"研究"的企图:"展示出新小说派在理论与创作实践两方面的概貌,以便于研究界的同志们对新小说派进行分析与研究。"作者还表明了如下有针对意义的研究态度:新小说派作为新的小说技巧的一次实验与展览,将不会被我们所无视。技法一旦从某一个流派中产生,它就具有相对的独立性,未尝不可以用来表现其他的内容。

继《法国新小说派研究》之后,1986年12月,外国文学出版社推出了萨洛特的《童年》。1987年2月和3月,罗伯-格里耶的《嫉妒》、克罗德·西蒙的《弗兰德公路》由漓江出版社推出。《外国文艺》亦于1期刊载了罗伯-格里耶的《吉娜》。1988年，马克·萨波塔——新"新小说家"——的各页独立成篇而不装订成册的扑克牌一样的作品《第一号创作：隐形人和三个女人》（江伙生译）由湖南人民出版社付梓。至此，法国新小说各家均有了多多少少的范文译本，有些甚至有多种译本，例如，玛格丽特·杜拉斯的《情人》在不到一年的时间里竟有了五种译本①，足可想见中国对此流派的译风之盛。

也是在与翻译同时进行的，学界开始了研究法国新小说派的热潮，带着探讨、争论、渐进、深入和明辨是非的特点，法国新小说的真面目从云遮雾障中显现了出来。

还是在1981年，学者冯汉津在《当代法国文学流派披涉》中谈及新小说时便归纳了三个特点：取消故事情节；取消人物或人物形象；描写事物并且批评说，新小说钻文字的牛角尖，为写作而写作，不反映社会生活和社会内容，甚至阉割任何意义，这就是它的悲剧所在。在另一篇专论新小说的文章中，作者则全面探讨了新小说的渊源（包括福楼拜、普鲁斯特、纪德、超现实主义、存在主义小说，还有以沃尔夫、乔伊斯、海明威、多斯·帕索斯、斯坦贝克等人为首的英美小说）、特点（"否定的"小说：否定虚构故事，否定人物形象，否定心理小说，否定道德使命，某些作家亦否定语言规范）、"两极"（罗伯-格里耶的客观现实主义和萨洛特的主观现实主义）以及结论（小说的悲剧，由于新小说以微观的现象和孤立的行为主义为其写作课题，它不可能产生出具有重大社会意义的作品来；而且，由于它在结构、章法和语言方面追求形式主义和神秘主义，把小说由欣赏的艺术改造成研究的艺术，因而也失去了广大的读者）。②

产生新小说这样的文学流派具有深刻的社会原因，从社会原因解新小说之谜的也大有人在。《"新小说"产生的社会及其主要理论初探》③一文的作者分析道：第二次世界大战后法国社会物质生活的部分满足和精神生

---

① 五种译本是：蒋庆美，载《当代外国文学》1985年第4期；王东亮，四川人民出版社，1985年7月；颜保，北京语言学院出版社，1985年12月；王道乾，上海译文出版社，1986年2月；戴明沛，北京出版社，1986年。

② 冯汉津《当代法国文学流派披涉》，载《社会科学战线》1984年第4期。《"新小说"漫步》，载《当代外国文学》1983年第1期。

③ 董友宁，载《外国文学研究》1982年第2期。

活的空虚、科技的高度发展与人的"机械性"与"惰性"的产生、人口激增、人口年轻化、农业人口流入城市导致城市人口剧升,发达的生产将整个社会推向高消费生活。尽管如此,人们面对深重的社会矛盾无法解决而感到悲观失望,感到社会"已经进入怀疑的时代"。文学便是在这种动荡激烈的变化中寻求出路的,新小说便成为其中的一种方式。

1985年,《外国文学研究》发表了一篇"述评":《法国新小说派评介举要》[1],这是自新时期法国新小说传入中国后的第一次"小结"。在该文第三部分"有关新小说的创作实践"里的"关于新小说作品"结构模式归纳如下:复调结构、多声部结构、螺旋结构和环状结构、平行交叉结构(这里的"多声部"和"平行交叉",根据作者的解释似可归入同一类);"新小说作品具体描写手法"也归纳为如下几种:嵌入法或转移隐喻法、摊牌术、重复和雷同、不合逻辑的接续、客观的描写、现象学的描写、繁衍性描写、描写人物的常用两方法(分散零碎地描写人物、故意破坏人物形象)。联系创作实际,上述种种说法程度不一地切进了新小说的事实,但该文由于所选的"时间段"太短(1980—1985),故此也有一些概括值得商榷,有些提法能否独立(例如嵌入法、"客观""现象""繁衍"三种描写等)更令人生疑。此外,加之作者材料粗疏,有些断语有妄断之嫌,例如:"粉碎'四人帮'后,国内最早介绍新小说派的文章见诸1980年5月号《武汉大学学报》(哲社版)。"事实是,在此之前,至少有5篇文章[2]介绍了法国新小说派。

据不完全统计,自1978年开始(除过全面涉及新小说派的文章以外),到1990年,有关阿兰·罗伯-格里耶的论文有20余篇,萨洛特4篇,布托尔7篇。由于克洛德·西蒙是诺贝尔奖得主,对他的评介文章数仅次于格里耶,达17篇之多。这些文章有访问记,作者谈小说、小说理论技巧初探、创作风格、艺术,甚至"授奖仪式上的演说"。由于新小说派本身在小说叙述方式上的探险,因而有探讨格里耶小说的"物事世界""窥视者"的叙述

---

[1] 于沛,1985年第2期。
[2] 《法国〈新评论〉讨论先锋派文学和党的文艺政策》,载《国外社会科学》1978年第2期。《1962年以来法国新小说动向》,载《外国文学动态》1979年第2期。高行健《法兰西现代文学的痛苦》,载《外国文学研究》1980年第1期。徐亮《新小说》,载《外国文学报道》1980年第4期。高行健《法国当代文学的一个主体——追求》,载《十月》1980年第3期。

艺术①、"嫉妒"隐蔽视点问题②、"变化"的第三人称叙述视角③,对西蒙的小说则涉及其"绘画结构"④、"魔术师"等方面⑤,有关格里耶与电影⑥、"晚年创作思想"⑦,甚至将《变化》与《〈文心雕龙〉创作论》进行平行比较⑧,总之,研究显示了前所未有的深度与广度。例如,在谈到"新小说派"与法国左岸派电影艺术的艺术交融时,有论者认为:新小说派吸收了电影的具体表现语言,运用于文字的表达上。但它并没有促进小说本质的发展而只是在小说面临危机的情况下,吸收了别种艺术的因素,促进小说发展成熟。在时间处理上,新小说派服从于电影表现的时间性。其小说中的时间始终是"现在",因为他们描绘了"物",描绘了物的客观存在。很少用回忆而总是随着物的转移而描写现在时间的延续。这与新小说派(主要是罗伯-格里耶和杜拉斯)的电影时间性不一样,电影的时间性是混"过去—现在—将来"为永恒的"现在",而小说中则多是"现在"很少出现"过去—将来"⑨。

研讨的深化还表现在对同一问题的不同看法而展开讨论上。例如,米歇尔·布托尔的名作《变》的译者认为,这个主题(即爱情——引按)并没有什么新颖之处,本书之新主要在于它的结构、描写手法和语言(见该书"译后记")。这个看法无疑是不全面的,在《人类灵魂的自我拯救——分析〈变〉的主题和人称》⑩一文中,石海峻的看法更令人信服些:"停留在情节意义上来理解《变》的思想内容,不仅一无所获,而且不切实际","《变》绝不是一部言情小说","而是一部探索人类心灵奥秘的严肃作品"。经过对小说主人公"你"及其两个有关系的角色昂里埃特(妻子)、塞西尔(情人)形象的分析,最后得出远远深刻于"译后记"的结论来:

---

① 姚公涛,载《外国文学评论》1989年第2期。
② 晁召行,载《外国文学评论》1989年第4期。
③ 托多罗夫原著,载《外国文学评论》1989年第2期。
④ 孙恒,载《外国文学评论》1991年第1期。
⑤ 王泰来,载《读书》1986年第12期。
⑥ 柳鸣九,载《文汇月刊》1986年第9期;钱红林,载《外国文学研究》1990年第1期。
⑦ 载《译林》1988年第3期。
⑧ 朱静,载《文艺理论研究》1985年第1期。
⑨ 钱红林《艺术交叉口的选择》,载《外国文学研究》1990年第1期。
⑩ 载《外国文学研究》1990年第1期。

作家借小说主人公的意识在巴黎和罗马、妻子昂里埃特和情人塞西尔之间的游荡,追忆欧洲的历史,尤其是古罗马灿烂的过去,写出梦幻中罗马的古典美,借以对照巴黎和欧洲的痛苦现状,并积极设想着未来的生活。

《变》在一种宏大的构思中探索人类心灵历程和归宿,而这种人类心灵历程的探索,人物精神上的运动,又和……旅行,和主人公艳史巧妙地结合在一起,从而在梦想与现实、现状与未来的交替冲击中深化着小说的主题思想,引导着读者深思自己,深思人生。

《变》在探求人类心灵奥秘的同时,它突出强调的是人类灵魂的自我拯救,它描写人物意识的自我觉醒,写的是人类心灵自我完善的过程。

三、永远洗不掉的胎记

有如下6位作家与法国新小说结下不解之缘:马原、洪峰、苏童、余华、格非、孙甘露。但这个论断还包含着如下两层意思:其一,这绝不排除此6人以外的人与新小说派有关系,比如残雪或莫言或刘毅然或其他人。其二,这也绝不排除前述6人曾受诸如卡夫卡、马尔克斯或博尔赫斯、福克纳等人的影响,而且,这里的影响应该既包括"启迪开悟"又包括"直接模仿"(如余华公开宣称他喜欢川端康成、卡夫卡、福克纳,但这并不妨碍我们通过文本去寻觅影响之踪)。在这一节中,通过文本分析我们将会看到,新小说在中国新文苑运行中已经留下多么深的印迹。

如前所述,新小说给人的最强烈印象莫过于它对人的观念。巴尔扎克小说中人曾经或基本上是社会关系的总和,新小说的"反动"或"反叛"之处便是它的昆虫眼观察方式:像昆虫观察物象一样将人看得如同其他任何东西一样没有本质区别;换言之,要以冷漠的、客观的或局外人的眼光审视人及其世界。消除观察或叙述中的主观色彩,要零度情感而不要主观参与,"让物件和姿态首先以它们的存在去发生作用,让它们的存在凌驾于企图把它们归入任何体系的理论阐述之上"①。在格里耶的《橡皮》《窥视者》《在迷宫里》中无论是谋杀、奸杀还是其他骇人事件,作者均以客观主

---

① 格里耶《未来小说的道路》。

义态度对待,这在残雪的《苍老的浮云》、洪峰的《奔丧》《极地之侧》以及余华的《河边的错误》《世事如烟》《劫数难逃》《现实一种》中同样流露出这样的态度,特别是余华,似乎连对凶杀、死亡的关注也与格里耶相似,同样的例子我们还可以举出"新写实主义"作家池莉的《烦恼人生》和方方的《风景》。在这里,人性中的邪恶的一面在作者的笔下得到"无动于衷"的表现:大劫、凶杀、嫉妒、窥人性交诸如此类令人感到惊怖的下作事件俯拾即得。作者退隐了,情境性的描述也没有了,只有"事件"犹存,这种"没有人的世界"强迫读者去当庭审讯下结论。

读余华的小说,人物已经彻底被剥去社会外衣,人只能仅仅感到对方是人,性格、职业没有了,余下的只有"某人在某地目睹一场凶杀"这样的框架,人物既可以是"A",也可以是"三",当然也不排除"甲",但绝对不要"李大刚""朱彤"之类,这在罗伯-格里耶的小说中到处可遇,甚至在《幽会的房子》这样的小说里,人物的"职业"和"姓名"也在不断发生变化,最常见的是"你""他"之类。这在苏童的小说里,则变成了"榆""莲""云""米"之类(见《狂奔》《妻妾成群》和《米》)。地域特点、时间特色消隐了,"片""段"变成了"点"。罗伯-格里耶解释说:"关于人物,现代的读者很清楚,这不过是一种粗制的标签而已。……对于那些经作者运用惊人手法和通过意想不到的戏剧化的动作所塑造的人物,现代的读者是怀有戒心的。"

在《怀疑的时代》中萨洛特曾经说过,现代读者"不相信那像细布条一样缠绕着人物的故事情节;这些情节使人物表面上看来似乎自成一体,栩栩如生,实际上却像木乃伊一样死硬僵化"。基于这样的认识,所有的新小说派作家都将精力集中于小说叙述实验上,在情节上,将时间和空间变得模糊支离,生产出"生活的碎片"。在结构上,运用各种可能利用的手段(如电影),使线索若断若离、纠缠交叉、多头并进,从而导致故事变成迷宫,或者成为"谜面—谜底"式的推理式叙述系统。格里耶的《窥视者》《纽约革命计划》、布托尔的《米兰巷》,特别是格里耶的《在迷宫里》,主人公"士兵"在一条没有街牌巷号的大街上寻找一个地方。迭次出现的小男孩、年轻女人、左腿残废的男人、"拿手杖雨伞的人"等等如同梦境中滑过的虚幻影子。现实和幻境重叠。而那个士兵有一度不仅忘掉了他要去哪条街,也不知道他要去干什么。他觉得他应该到那里去,以便知道自己要什么。无论格里耶承认与否,这里面流露出人(作者还有主人公)的一种潜意识。这样的例子在马原的《虚构》《游神》,余华的《此文献给少女杨柳》,孙甘露的《信使之函》中表现明显,总的倾向是一个虚拟之人的一次(串)虚拟行为,在这里,作者要破坏的是读者心目中那个以"不可能"排除虚拟行为的思维定式:不要寻求意义甚至故事,叙述本身便是目的。这尤其反映在格非的《褐色鸟群》里,由于故事本身是一个圆圈,因而原因和结果便不复存在,时间的可往也可复,因此便出现了空间的重现或凝滞,画家和少女间的关系亦变得亲疏、熟陌难辨,扑朔迷离。在格非的《迷舟》与《风琴》中亦存在同类现象,甚至有人因此认为,"在中国当代小说中,有少数作家体会到罗布-格里耶的'物'的含义和意义,或者不谋而合,格非是其中出色的一个"[1]。

新小说派对中国年轻小说家的影响当然不止这些。我们还可以举出诸如对语义的颠覆(对应性、单一性变成复指和多义)、对句式中重复甚至雷同的偏爱(参见《褐色鸟群》《欢乐》)、对"现象"的现象罗列(见余华和孙甘露的小说)等。在叙述上,"新小说的作者常常中断叙述,自言自语,或直接诉诸读者,说明回忆往事所遇到的困难,对已讲的故事加以评论,对自己叙述的可靠性提出疑问,对结局提出设想",写作本身便成了目的。这在《虚构》《游神》《奔丧》等小说中屡见不鲜,启发与接受的关系是明了的。

---

[1] 木弓《格非——"物"的叙述者》,载《钟山》1991年第1期。

第十章

20 世纪法国作家与中国(四)

艾田蒲
(René Etiemble, 1909—2002)

克罗德·罗阿
(Claude Roy, 1915—1997)

米歇尔·鲁阿
(Michelle Loi, 1926—2002)

艾田蒲《东游记》法文版（*Tong Yeou Ki ou le nouveau singe pèlerin*，Gallimard，1958）

艾田蒲《中国之欧洲》中文版（许钧、钱林森译，河南人民出版社，1994年）

克罗德·罗阿《来自公元一千年的朋友苏东坡》法文版

克罗德·罗阿《中国之钥》（*Clefs pour la Chine*，1955）法文版

克罗德·罗阿《论中国》（*Sur la Chine*，1979）法文版

米歇尔·鲁阿《保卫鲁迅，反击皮埃尔·里克芒斯》法文版［*Pour Luxun（Lou Sin）. Réponse à Pierre Ryckmans（Simon Leys）. Collection dirigée par Jean-Pierre Martinet.（Chine, Littérature, Maoïsme）*，1975］

米歇尔·鲁阿《法国派的中国诗人》法文版（*Poètes chinois d'écoles français*，1981）

如果我没有钻过中国文化这个圈子,我永远不会获得真实、道德和幸福。①

——艾田蒲

当我把兴趣转向中国的时候(早在去中国之前),我真想不到引起我兴趣的新的"中心",这个如此强烈地震动我自己生命的"心",竟是一个当时我几乎还未闻其名的作家:鲁迅。

——米歇尔·鲁阿

20世纪中后期,由于东西方交流的日渐频繁,世界一体化的倾向日趋明显严重,中国和世界的交往进入一个新阶段,许多外国人纷纷来华在各种机构服务,为加强中外各国人民的友谊谱写了新篇章。与此同时,由于中国在国际事务中的作用,影响愈加广大,因此,对中国文化感兴趣的人也愈加众多。此外,由于人民中国继承了中国文化的优秀传统,在磨砺中逐渐创造出新的优秀文化,这些中国"现代"文化同样引起世界各国人民的关注和强烈的探知欲。本章所要介绍的艾田蒲、米歇尔·鲁阿和克罗德·罗阿便是中法文化交流潮中的三朵浪花。

艾田蒲虽然仍像他们前辈们一样深深迷恋以孔子、庄子、李白、陶渊明等人为代表的中国传统文化,但是他同时亦是一位中国现代文化的传播者,例如参与组织亚非欧研究中心,推动汉语教学,对梁启超、王国维、鲁迅、茅盾诸人的介绍研究,对中国比较文学事业的鼎力支持,尤值一提的是他的巨著《中国之欧洲》,它研究了"中国对自罗马帝国至法国大革命间之欧洲的影响",彻底粉碎了中国与欧洲关系中的一些人残存的"欧洲中心主义"的迷梦,以一个世界主义者的胸怀,容纳了更多、更新的先前欧洲人不愿正视的中国成就,中国影响。有别于艾田蒲,米歇尔·鲁阿的研究工作集中于两方面,其一是她对鲁迅著作的迻译,几乎成了她汉学研究的主旋律。她所从事的鲁迅研究与介绍带有强烈的针对性和现实意义。这是因为鲁迅的时代和我们的时代相似,因此鲁迅的思想及行为在今天仍有极高的不容忽视的意义。除此以外,鲁阿还介绍了包括茅盾等人在内的中国许多现代进步文学家,并有幸和郭沫若等人会晤。鲁阿事业的另一部分是

---

① 转引自林秀清《安田朴与中国和中国的比较文学》,载《中国比较文学》1989年第1期。

她所从事的对中国现代新诗——具体言,即对曾经接受过法兰西文化之光照耀的中国诗人及其作品——的研究,其博士论文《墙上芦苇》和专著《法国派的中国诗人》是其有优秀成果意义的代表作。诚为书题所示,"法国派的中国诗人"显示了一个法语学者从内行角度对"接受方"的审视,无论结论,单是这样的探讨便是有启迪意义。与艾田蒲相同却与米歇尔·鲁阿不同,克罗德·罗阿算是作家与批评家双重身份,因而批评显示出了更浓烈的感性觉悟成分,因而其有关中国文学(如对《红楼梦》的看法,对鲁迅作品的分析)的理性判断显出更深刻的洞见色彩。在中国人心目中,罗阿因为1952年的访华及其对中国文化的关注,成为和前两人一样的友好使者。由于篇幅,也由于资料所限,本章有关罗阿的章节仅仅展示他的有关中国文学评论之极少部分,但这一滴水无疑也是中法文化交流之河中不容忽视的组成部分。

20世纪致力于中法文化交流的法国人为数众多且愈来愈多,选取艾田蒲、鲁阿、克罗德·罗阿三个人作为代表绝非是唯一选择,将他们置于本书的末尾也不意味着压轴或最后选择,而主要出于一种文化的抉择,这不过是中法文化交流万紫千红花园中的三朵花而已。我们相信,随着世界向着和平、友好、平等的方向发展,中法文化交流的潮流将会更加壮阔。我们期待着更多的艾田蒲、鲁阿的出现。

第一节 不倦的耕者
——艾田蒲与中国

> 使我受益的中国哲学家如孔子、庄子,绝不在蒙田之下。荀子可以与奥古斯丁、孔德媲美,王允胜过黑格尔。[①]
>
> ——艾田蒲

一、漫长的耕耘之路

艾田蒲(René Etiemble,1909—2002,一译艾琼伯,艾金伯勒。自取华

---

① 林秀清《安田朴与中国和中国的比较文学》,载《中国比较文学》1989年第1期。

名为艾田蒲)自上大学起便注定要成为中国的朋友。在巴黎师范大学读哲学时,他便迷恋上孔子、庄子、老子还有荀子,并开始学习中文。从此便踏上了与中国人民友善的漫漫征途。

1934 年,曾和马尔罗、瓦扬·古久列等人组织"中国之友协会"(Comité des Amis de La Chine,又译"中国人民友协"),先发行《巴黎—北京》(Paris-Pékin),后改发行《中国》(La Chine)。同年 3 月,以让·鲁维尔纳的化名发表《中华苏维埃共和国的文化生活》,对红军表示支持。1956 年,出任巴黎索尔邦大学比较文学研究院院长,组织了亚非欧研究中心,介绍中国等东方国家文学,推动法国中学设立汉语课,促使法译中国文学书籍出版。1957 年,率领法、中友协代表团访华。1958 年,在美国召开国际比较文学第二届会议时,当局拒迁入境证,他说:"我从来没有后悔过我一直忠于毛泽东思想!"1966 年,出版《孔子》。此前曾出版《我们认识中国吗》,针对西方人将发明印刷术归之于德国人谷腾堡,鲜明地论证出应归于中国。1976 年,出版《我的毛泽东思想 40 年(1934—1974)》,这是他终生热爱中国的写照。此外尚著有《耶稣会在中国》、《东游记》(或称《新孙行者》)。

1985 年 8 月 24 日中午,在国际比较文学学会第十一届年会(巴黎索尔邦大学)上发言《比较文学在中国的复兴 1980—1985》,总体评价了这一时期中国比较文学发展态势,并介绍了《文贝》《中国比较文学》《国外文学》以及台湾的《淡江评论》,评价了包括钱锺书、季羡林等人的文章(著作),甚至还涉及了梁启超、王国维、鲁迅、茅盾等,并祝愿在法国和在中国的中国新比较文学万古长青!此外,由七星书社推出的《水浒》《红楼梦》《金瓶梅》等都和艾田蒲不无关系。1992 年,《中国之欧洲》这部"研究中国对自罗马帝国至法国大革命间之欧洲的影响"[1]的巨著由笔者和许钧译出,这将有助于我们全面了解这位西方友人及其学术思想。

二、新视野:"中心主义"以外的中国及其文化

艾田蒲的时代,欧亚交流已经达到一个新阶段。特别是第二次世界大战中全世界反法西斯同盟的确立更促进并加强了这种交流。中国已经逐

---

[1] 转引自《比较文学在中国的复兴》(孟华译),载《中国比较文学通讯》1989 年第 1 期。

渐失去了伏尔泰时代理性王国的光环,其现实的真面目愈来愈挣出误解的迷雾。但是,由来已久、根深蒂固的欧洲中心主义的阴魂并未完全消散,而是以各种方式存在于文化传播特别是文学比较的领域里。另一方面,随着欧洲中心主义的削弱或部分消失,另一种倾向却抬头了,即有人试图建立一个中国的中心主义(艾氏以为:"四人帮"时期便有这样的打算和做法),毫无疑问,在国际交往、文化交流甚至贸易往来过程中,任何形式的中心主义、民族本位或沙文主义都是极其有害的。艾田蒲痛切地感受到了这一点。谈到《中国之欧洲》(*L. Europe Chinoise*)一书时说:"我之所以花费了多少年的心血,试图描述——噢,极为肤浅——中国之欧洲的面貌,那是因为我们这些往往过分自得的欧洲人有负于中国,我希望以此来答谢中国,尽管这极其微不足道。"[①]换言之,"无非是想给陷入高卢中心论、欧洲中心论而难以自拔的比较学科注入一点活力,指出一个方向"。为了修弊补偏,《中国之欧洲》篇首便是有关"印刷术发明谁属"的考订文字,艾田蒲通过大量事实,甚至于一些阿拉伯人的文字记载,证明了印刷术的真正归属,打破了"谷腾堡1450年发明了活字印刷术并刊行了圣经"的神话。艾田蒲的行动激起了许多人的义愤和误解,特别是一些具有欧洲中心论思想的人更是暴跳如雷,漫骂诬陷均有,攻击艾田蒲只会"咬奶妈欧洲的乳头",是"中国狂",艾田蒲说:

别提我们西方人的自尊心了!我们给予世界已经够多了,完全可以心情愉悦,充满感激地来接受,是中国人和高丽人通过蒙古族人和土耳其人把印刷术送到了我们的家园。

在这里,艾田蒲并非仅仅出于对中国热爱之情才进行上述探求的。相反,作为一个欧洲人,艾田蒲同样热爱桑梓。出于理性,他不能容忍的是欧洲中心主义论笼罩下的欧洲学界失去了科学研究应有的公允与理性以至于不愿澄清最起码的事实真相,或者无视最起码的事实根据。艾田蒲深刻地指出:

---

① 引文出自艾田蒲《中国之欧洲》中译本序(钱林森译),载《中国比较文学通讯》1990年第3、4期合刊。

在人类历史的任何一个时代，偏见总是无比沉重地压迫着我们，以致灭绝了绝大多数人身上那份可使他们自身得以解救的理智。

敢于扬弃旧说，超越偏见，坚持真理，力排众议，是艾田蒲《中国之欧洲》及其他有关中国文化探讨著作的主调。伏尔泰有关中国的"高调"评论，孟德斯鸠有关中国的"低调"评论在艾田蒲看来均不可取。而17世纪寂静主义者费奈隆反感于耶稣会士对中国的狂热之情表现在其《死者对话录》中，情绪极其激烈，"极不谨慎地诋毁中国"，在艾田蒲看来更不可取。只有以理性的、科学的精神对待对象，才有可能找寻到真理本身。之所以将《哲学之东方》易名为《中国之欧洲》，"我仅想赋予法国的比较学这样一种冲动，即摆脱'法国中心说'，或者说得更全面些，摆脱'欧洲中心论'"，"与一味大唱赞歌的人相比，攻击谩骂不见得就更好"。

整个人类文明是一个互相依赖、互为补充的有机体，这个机体中的任一民族、地域文化，无论欧、亚，均是文明史中不可或缺的部分，应同等看待、同样重视。以是观之，所谓的"欧洲中心论"，"似乎成了一种荒谬的言论"，欧洲中心如此，其他中心亦然。从大一统的文化视角看问题，艾田蒲指出："倘若我们不把这两个迄今为止，处于地球各一端的相互封闭的世界之互为补充的财富连在一起，那就没有全球性的普遍文化而言。"这集中表现在他对丝绸之路的作用的重视和成吉思汗西侵的评价上。关于前者，艾田蒲认为，丝绸之路并非仅仅是一种贸易之途，相反，它输出的当主要是文化甚至哲学。关于后者，历来有西方学者斥之为"黄祸"并以之影射现实中国，艾田蒲的评价则一洗旧尘，别开生面：

> 在人们的集体记忆里，蒙古族入侵的"可怖"与恐惧难以磨灭，可是同样残酷的威金人的侵略却早被抛到脑后，因为这些威金人也是"白人"，然而，多血质的蒙古人的大汗却是天底下君王中最强大的一位，拥有最强大的人力与物力，且最宽厚、最为好客，当人们得知这一切时，该是多么震惊！……当欧洲看到那个比19世纪的美洲更负盛名的帝国，是一个人种、宗教和社会阶层的"大熔炉"时，那又是怎样的发现！……

这段话揭示的实质是：同是入侵，西方人独对成吉思汗的入侵耿耿于怀,独对成吉思汗的入侵以"祸"涵盖,对其客观上在西东文明交流中的积极影响只字不提,除过漠视便是偏见。这其实是民族沙文主义和欧洲中心论引发的排外思想在作祟。①

关于中西双方的交流,艾田蒲认为可能比张骞通西域和丝绸之路打通还要早。天主教(景教)于唐代传入中国标志着中西文化交流的新阶段。对于存在于意大利文艺复兴前的锡耶纳绘画,艾田蒲通过大量事实证明,其中的人物和山水受中国唐代画风影响应运而生。并且断言,"没有中国,就没有锡耶纳绘画"。

艾田蒲还认为,西方17、18世纪哲学界的泛神论思想受启示于中国的宋明理学。"我的论上帝、精神及人类灵魂的著作是来自于中国人的学说"(莱布尼茨)。佛教传入中国,熔铸了唐宋艺术。中国的丝织品及哲学经典的西渐影响了西方的文化观念。而西方基督教的东运,则使中国人认识了西方的宗教和科学。启蒙运动和文艺复兴运动均受过中国文化的影响,但在19、20世纪却深深地反影响于中国。艾田蒲言下之意仍是在揭示作为系统的文化乃至文明,其相互间的影响是双向的,都是世界文化乃至文明的组成部分,并无"中心"、"边缘"、优、劣之分②。

三、文学比较:中国之欧洲

1990年3月,艾田蒲欣然接受中法比较文化研究会之聘,担任该会名誉会长。同年5月22日又来函表示他为此"十分激动",重申从事中法文化交流是他毕生"竭力坚持的一条重要生活道路"③。诚如斯言,自30年代和戴望舒交往向法国人译介茅盾、丁玲、张天翼、施蛰存诸人的小说,共同编写了《公社》杂志起,艾田蒲对中国文学的兴趣与日俱增,愈老愈烈。从孔子、老子、庄子、荀子,到唐代诗人宋代词人,从《水浒传》《西游记》《金瓶梅》,从鲁迅、茅盾、巴金、老舍、曹禺、丁玲、戴望舒到中国当代作家、诗

---

① 关于蒙古人西侵,艾氏曾引过《世界大百科全书》上的一段话:这些游牧部落"在很早很早以前,就是运载术,艺术发展的动因,宗教的传播者"。引文载钱林森《中国之欧洲·序》(中文本)。

② 本部分参引了葛雷《安田朴的比较文学巨著〈中国之欧洲〉》,载《中国比较文学通讯》1990年第3、4合期。

③ 沈大力《安田朴函复中法比较文化研究会同意出任该会名誉会长》,载《中国比较文学通讯》1990年第3、4合期。

人、画家、学者,艾田蒲始终以谦谨的态度对待,以科学、理性与友善的态度对待。他曾经比较过伏尔泰的《中国孤儿》与纪君祥的《赵氏孤儿》,也比较过苏格拉底与孔子。他曾说过:"如果诺贝尔文学奖金还有一点意义的话,为什么以鲁迅、老舍、巴金等为代表的中国现代文学家从未获奖呢?"当他看到雷蒙·格诺(Raymond Queneau)等法国作家编纂的《世界名作家辞典》中有茅盾、郭沫若、老舍、巴金、曹禺等人的名字时,他掩饰不出激动之情说:"这书有助于了解中国,真令人喜出望外!"

鲁迅,作为近现代中国进步文学的杰出代表,其鲜明的卓异之处就是他终生都保留有自己的独特个性,这并不排除鲁迅对传统和外来文化的扬弃,即采取的拿来主义态度。在艾田蒲眼里,鲁迅永远是极力主张向外国文化借鉴、并且懂得"选择那些对我们有益的东西"的"伟大先驱者"。或者称鲁迅为"至高无上的可信赖的鲁迅"。艾田蒲特别强调了鲁迅的独立人格,他曾经这样说:

> 这个鲁迅,我们所有的毛泽东崇拜者都丑化了他的形象,捏造说他是被称为"文化大革命"的那次臭名昭著的野蛮行为的捍卫者。在中国那些难以忍受的岁月里,他是一个完全自由的人,他的《摩罗诗力说》在中国"开创了比较文学"。……西蒙·雷对这位世界主义者给予了公正的评价:鲁迅反对法西斯主义者蒋介石,但并未"放弃一丝一毫批评独立性及艺术家的自主权,这使他立刻与'共产党'特派员发生了争论"。在"狱吏们"(这是他的原话)的包围下,他的伟大首先在于他的"坚定、的鲜明的立场"和他的"绝对的公正",……①

上述"独立性""自主性""坚定的鲜明的立场""绝对的公正"都是艺术真理和生活真谛的代名词。针对"文革"前后、中间对鲁迅的严重曲解,艾田蒲痛心疾首地称之为"不幸",并且一再认为是所有的毛泽东的崇拜者歪曲了鲁迅思想。因为鲁迅不是一个沙文主义者,"这位翻译过33部外国作品的译作者,倘若为了'洁身自好'和本民族文学的荣誉而不肯接受他所研究过的外国作家有益的影响的话,他是写不出他那名作以及《阿Q

---

① 载孟华的译文。

正传》的故事,名作即指《故事新编》》①。在这里,艾田蒲仍然是基于世界一体、可以互相沟通的思想来表述自己的看法的,这其实正是贯穿艾田蒲比较思想的一条红线。

在谈到《红楼梦》、《金瓶梅》、李白、陶潜等中国作品、诗人时,出于艺术家的敏感和学者的缜密,艾田蒲同样发现了中、西文化中的许多契合点。他说,"陶诗与李诗一样妙不可言。'酷似'奥维德或塔索的诗",并引让·格勒尼埃的一段话,说陶渊明这样一位中国诗人让人想起了贺拉斯(Horace)。1983 年七星诗社出版了《金瓶梅》,艾田蒲在"前言"中更进一步强调了"中西文学相互产生共鸣",并且认为:

> 《金瓶梅》是世界文学中最精彩的小说之一,我从中辨识出一幅活生生的、与那位不知名作者所描绘的中国社会同样腐败的欧洲前文明毁灭图:同样是金钱、卖淫、渎职、贪官污吏的天下,出于同样的动机,产生同样的效果。

艾田蒲曾经有过将以象形为基础的中文作为国际比较文学的共同语言的设想和建议。1973 年《论真正的总体文学》出版,艾田蒲问,西方人没有读过中国的《西游记》就像没有读过托尔斯泰和陀思妥耶夫斯基的作品一样,有谁敢于妄谈世界小说?1976 年《我的毛泽东思想 40 年》出版,艾田蒲说:"我希望我的健康条件能允许我等到有一天中国人会知道我现在脱离的是一个金色的偶像,而不是急需革命的中国。"

可以看出,勒内·艾田蒲终生不能忘怀的仍是中国作为一个文明实体的存在。无论早期之翻译丁玲的《水》和张天翼的《恨》,孜孜不倦地学习中文,还是对中华苏维埃的宣传,也无论是为中国人争回了印刷术的发明权,还是晚年真挚地、持久地对中国比较文学事业的支持,无论是写作《孔子》,还是永无懈怠地为陶潜、李白、《西游记》《水浒传》《金瓶梅》《红楼梦》在法国的问世奔波,艾田蒲始终是以一个友人——首先是作为一个朋友身份出现的。其次他还是一个谨严、富有理性的学者,从上面的论述可以看出,在友谊和真理面前,艾田蒲在二者对立、不可兼得的情况下,往往选择后者。再次,艾田蒲以一个世界主义者形象出现在中国人面前,胸怀

---

① 载孟华的译文。

广阔,机智而不流俗,这对无论是欧洲的中心论者还是中国的国粹主义论者,都是一种警策与启示。

这便是我们尊敬勒内·艾田蒲的理由。

第二节　倾听另一种文明话语
——克罗德·罗阿与中国

> 曹雪芹和《红楼梦》之于中国,犹如莎士比亚之于英国,塞万提斯之于西班牙,或歌德之于德国。①
>
> ——克罗德·罗阿
>
> 一个民族作为一种存在,要想认识它,似乎不应当仅仅知道它的所作所为,还必须探索它所幻想的内容。②
>
> ——克罗德·罗阿

中国人早自 50 年代初期就听到克罗德·罗阿(Claude Roy, 1915—1997)的声音。③ 毫无疑问,他是以进步作家的身份为中国人民认可的,比起米歇尔·鲁阿、艾田蒲,克罗德·罗阿对中国的认识显然有所不同,作为一个职业作家,他的视角更多地放在中国小说领域。而且,由于他本人的诗人、评论家、散文家和小说家特殊身份,当他把握中国小说时,融理性判断与感性觉悟于一体,显示出一种深刻的洞见特色。

1952 年,克罗德·罗阿作为法国进步作家曾应邀来华参加"世界四大文化名人纪念大会",其间表示了对人民中国的友好之情。归国后曾经著有长篇报告文学《中国入门》(*Clefs Pour la Chine*, 1953),表达了一个法兰西进步、正直作家对中国这个古老文明国家特别是她的现代进步文明(文化)的激赏之情。无论后来中国发生了多么巨大的变迁,克罗德·罗阿对中国文明——另一种古老的尚未为西方人认识的文明——的关注都是一以贯之的。透过以下不长的篇幅我们将可以一窥这位异邦人对中国文化的看法之一斑。

---

① Claude Roy, *Le chef-d'oeuvre qui vient de l'Orient*.
② 罗阿《卓越的文学家蒲松龄》(杨剑译)。
③ 《文艺报》1952 年第 13 号,克罗德·罗阿《法国的进步文学》。该期尚有罗阿的题词,谨向《文艺报》以及全体中国人民作家和艺术家同志们致以兄弟的敬礼。

一、已逝的"愿望和幻想":关于《聊斋志异》及蒲松龄

克罗德·罗阿之关注中国文明是和他对新建立的人民中国的好感和热情分不开的。关于这一点,他在《卓越的文学家蒲松龄》一文中说得很清楚,中国的革命使中国的形象变得更加鲜明,对所谓的西方人士来说,它已不再显得神秘莫测了。相对而言,中国过去的伟大文化,绝大部分仍然被无知的云雾和冷漠的深渊所掩埋。我们要了解一个民族的现实作为,但也要探索它所幻想的内容,古代中国的梦幻是中国人的一种无意识的现象。通过《聊斋志异》我们便可清楚感受到它的丰富性。

基于上述认识,罗阿在介绍研究中国的短篇小说精华时始终将其视为现实中国的一种已逝的愿望和梦想而加以认识,于是,罗阿由《聊斋志异》想起了写《鹅妈妈的故事》的夏尔·贝洛,想起了雅各布和威廉两个"格林"。毫无疑问,从想象的夸张,叙述的虚构性上看,《聊斋志异》无疑很像格林兄弟的童话,但是和格林童话的不同在于透过寓言与神话,我们有了"了解中国的一把钥匙",它有助于我们了解一个"令人大为惊叹的民族的深奥的梦幻"。那么,克罗德·罗阿所谓中国人的"梦幻"是什么呢?这便是融内容与风格于一体的神话思维。

尽管和希腊、罗马神话的体系性、完整性不同,但中国神话以其自身的特点多多少少成为一种文学存在。罗阿认为,中国人是一个对神圣事物极其敏感的民族,从神圣事物的最初形式到这种盲目的信仰破灭的过程,都极为敏感。和西方人比或者用西方严格的信教含义来衡量,中国人并不太信教,"他们从蒙昧时代起就喜爱神奇的事物,神话故事以及阴郁或明朗的神怪故事。从汉代的神异故事到鲁迅的故事新编",中国人的嗜好得以延续至今。

《聊斋志异》及其他早期的神怪著作,故事总是被置于某一世界或某一社会中,并以极其准确和讽刺的笔法展现出来,其中真实而生动地描绘了"日常生活、社会关系、阶级对抗及人民的愿望"。但并不仅止于此,凭着一个异域人敏锐的艺术嗅觉,克罗德·罗阿认为,在那些描写有关"彼岸"世界和道家的"地狱"世界的民间故事或文学故事中,人们可以发现人间的等级制度,中国的官僚独裁制度,而这一切都从怪诞的角度进行了改变和漫画化,罗阿一方面肯定了蒲松龄用清新、机智的笔法描绘了他那个

时代的日常生活和社会关系,但在另一方面他却误解了《聊斋志异》篇末的"作者云",称为"有害无聊的废话",因为他坚持认为"不论是诗歌形式还是宗教形式的神奇事物,并不单单是附在意识的觉醒和现实的逼真再现之上的装饰品"。这属于一种艺术表达上的方法分野;蒲松龄式的画龙点睛式、"作者云"是对主题的深化和明确。这在中国笔记小说中屡见不鲜,因为中国作者非常强调作品的训谕、教育作用,不如此便不足以达到目的。

针对林语堂的"神话逃避现实缺陷观",罗阿指出,绝非仅仅如此,"寓言非但不能把我们带进另一个世界,反而会把我们置于人间,能使我们看到自己所缺少的东西。它以自己的方式说出人类需求的故事",这种立论无疑更稳妥,由于人类的梦幻。人类愿望的怪异的投影,这种毫无现实意义的东西是对失去了现实真实性的一种补偿,这是人类历史不可分割的一部分。从这个意义上看问题,则林语堂的说法尚有可取之处。但并不仅仅止于此,在罗阿看来人类所向往的,他们永不满足的经历,他们所想象的,他们无意识地感受到的,这一切也同研究劳动和文化技艺、饮食制度、建筑和社会结构一样,都是对人类自身存在的一种揭示。以是观《聊斋志异》,这部中国古典文言短篇小说之大全的意义便至少有两种:它不仅使我们看到一个头脑极其精明的作家的戏谑和柔情,不仅仅向我们出色地展现出一个文雅而又残忍的社会;有冷酷的地主、暴虐的官吏、受贿或残忍的法官、聪明但如牛负重的农民、被人操纵和侮辱的知识分子以及日常生活的灵活而微妙的格调;除此而外,更值得西方人珍视的,我们还可以在《聊斋志异》的奇妙的故事里,在对狂热爱情的如醉如痴的赞扬中,在一大群忠贞不贰的狐狸和助人为乐的鬼魂中间,看到中国人所表现出来的梦幻,那些住在地球上的天朝人物的"集体无意识"的历历在目的戏剧性场景。

这样,罗阿的下述评价便显得顺理成章了:《聊斋志异》是世界上最美的一部"民间寓言书"。

二、编年史和岁月追忆:从《金瓶梅》到《红楼梦》

在家庭小说成为一种自觉的文体之前,《金瓶梅》无疑是一座高峰。从承继关系看,《金瓶梅》是中国古典家庭小说高峰之第二座,没有它提供的家庭小说的描绘内容和方法,《红楼梦》的诞生是不可能的。但这些承继关系长久以来并不为中国学界清醒认识,特别是对《金瓶梅》文学价值的评价上。

　　罗阿的为数不多的有关《金瓶梅》的分析评论显得非常剀切①，他认为，这则由金钱、性及血交融一体的传说故事是中国最优秀的古典小说之一，但也是最动人、最招是非的小说。它既使中国读者难堪，又使他们着迷。就时间的延续性而言，《金瓶梅》的主要内容是色情与劣商的编年史。罗阿不拘俗见，认为不能简单评价这部"令人心悸的杰作"，虽然在一定程度上言，本书也写了性写了女人，主要人物也类乎于萨德的人物，但《金瓶梅》反映了中国的另一迥然相异的面貌：一个无耻而冷酷的家族的故事。

　　罗阿再三强调了充斥在《金瓶梅》中的作者的客观、冷静态度。因为作品的作者曾经慨叹"一己精神有限，天下色欲无穷"，因而作品中除六七个正面人物外，主要还是恶棍、骗子、狂人和憨大，作品也描写了小人物的悲惨遭遇，官吏的贿赂行径和国家的分裂，这里便涉及了《金瓶梅》的正确解读的评价问题，它是对当时的社会现实进行无情揭露之作呢？还是一幅意淫画？是一块贴在现实社会机体上灼烫的烙铁呢？还是一部诱惑读者专注于腰身以下的别有用心之作？虽然这不是三七开或四六开的问题，一部复杂的文学作品绝非减去糟粕便是精华——二者水乳交融不可简单取舍，对于《金瓶梅》优劣做如是观，罗阿因此而称《金瓶梅》的作者为"一位给中国留下模棱两可画面的怪人"，称《金瓶梅》"不知是为了让人品尝恶感甘味还是为了让人感受一位无能为力的目击者冷酸的愤怒和冷酷的嘲笑"。罗阿最终的结论是意在言外，他更多地提供了一种思路。

　　较之《金瓶梅》，《红楼梦》显示出来的卓越特点便在于她和司汤达的《帕尔马修道院》、托尔斯泰的《战争与和平》、普鲁斯特的《追忆逝水年华》、福克纳的"约克纳帕塔法世系"一样是伟大的、美妙的、内容相当丰富的杰作。它使人同样感受到"峥嵘岁月"的流逝，使人的生命延长了、丰富了。②

　　像中国人珍爱国宝一样，克罗德·罗阿对中国的古典长篇小说的巅峰之作《红楼梦》推崇备至，罗阿说："在中国是一部整个民族都熟谙之著作，犹如莎士比亚之于英国，塞万提斯之于西班牙或歌德之于德国。"

　　谈《红楼梦》遇到的首要问题是爱的主题。由于各种原因，自传说、色

---

① 克罗德·罗阿《被肆虐的一角》，巴黎，1985年5月20日，载《新观察》第1072期。
② 《来自东方的巨著》，以下引文同此。

空说、阶级斗争说、爱情说均曾各行其是,莫定一尊,作为作家的罗阿的感觉自是别具一格,"曹雪芹这个18世纪的作者,首先要追忆已消逝的青春和美好岁月"。"追忆逝水流年"说,比起前述几说来,显得视野广阔,思路开阔,而且确实抓住了《红楼梦》的主旨的大部分。

但是绝非如此,《红楼梦》还是一部神秘的壮丽史诗,"一部爱情小说","一部感伤的情节剧","一部具有马利沃和普鲁斯特合在一起的那么细腻的心理分析小说"。从这些角度看《红楼梦》肯定比从一个角度看《红楼梦》更全面中肯。就对《红楼梦》的无数解读言,它的确显示出多种面孔,其"神秘"的一面恰巧在于蕴含的深厚性。"心理分析"小说则是对《红楼梦》的另一种认识,对曹雪芹言,"心理分析"也许不是一种自觉,但《红楼梦》中显示的"心理分析"内容却又分明显示着一种自觉,中国的红学家没有觉察到,但克罗德·罗阿感悟到了,这种"只缘身在此山外"的看法是否显示出一种文化比较的优势来?罗阿面对《红楼梦》完美的艺术文本,不仅发出"一道彩虹绕在一棵美丽的树上"的感喟来,和中国人一样,罗阿也感到《红楼梦》的哀婉悲怆,动人心弦的基调。随着宝、黛、钗故事的进展,人们仿佛进入18世纪中国人的生活中,社会组织与文艺爱好,娱乐活动;信仰、神学与迷信;美食与医药;家庭生活与政治生活;行政与商业;家庭关系与性生活,"它像一部百科全书那样有教育意义,又像《人间喜剧》那样有趣"。

《红楼梦》的主题思想诚如前述,但其中的各种思想情绪的并陈更丰富了全书的主题,这一点罗阿看出来了,《红楼梦》全书充满着18世纪的"理想光彩":不信男尊女卑。宁取道家智者和佛家和尚的苦行精神而抛弃商贾的唯利是图和权贵的卖官鬻爵。既讲述了爱情的曲折多变和舍身取爱,又描写了弱者受尽欺凌、含冤自尽以及权贵的骄奢淫逸、兴败荣枯。罗阿的结论是:正是通过这一切,曹雪芹把自身的经历活生生地展现在我们面前。于是他重新获得了失去的时光:那逝去的青春年华,破灭的红运良机、失落的幸福,还有那个时代的人民。

在诸多的传播中国文化的法国学者作家中,罗阿是比较突出的一位,诚如本节前言所述,由于身兼作家与学者双重身份,罗阿的中国文学观展现出独特的角度和内涵,从根本上说,罗阿的(中国)文学批评仅仅是一种评述(它们往往是以序言的面孔出现),谈不上完整和系统,但是透过这数量不多、篇幅不长的有关中国古典小说的评论(他本人还有不少有关中国现代文学的精湛论述),我们依然感觉到作者的颖悟、机智与独出机杼;更重要的,罗阿的批评自始至终显示出一种清醒的理性精神,也就是说在理性精神的指导下,才不会把钦佩赞颂之情感外化为批评上的阿谀之评断或者将厌恶之情诉诸批评,使之成为无限贬斥。必须具有这一切——温柔、纯情、仁爱,即一个真正诗人所具有的品质——才能成为真正的(批评)理性的代言人。①

第三节　来自西方的盗火者
——米歇尔·鲁阿与中国

> 我之所以抛弃古希腊和拉丁文研究而去探索中国,决非偶然的选择……而是因为中国是个"思想故乡"。②
> ——米歇尔·鲁阿

> 但是我们却认识了鲁迅及其梦幻,即他所在的那个国家和他那个时代的优秀青年所编织的清醒美丽的梦想。③
> ——米歇尔·鲁阿

将米歇尔·鲁阿(Michelle Loi,1926—2002)比作一个东方圣火偷盗者,主要基于以下事实:自从选择了中国后她就大量介绍了自鲁迅至王安忆的中国现当代文学的许多作家及作品,无论顺境逆境,劳作一以贯之,在法国众多的中国文化研究者中独树一帜,专事介绍中国现代进步文化,功德无量。

一、对思想故乡的神往与选择

1936年,当鲁迅先生逝世时,米歇尔·鲁阿还在法国东北一个省份上学。"我真想不到这个后来引起我兴趣的新的'中心',这个如此强烈地震

---

① 载《光明日报》1953年1月31日,克罗德·罗阿《表现理性的真正诗人保尔·艾吕雅》。
② 米歇尔·鲁阿《向新的高度攀登、我们会看得更远——鲁迅所教给我们的》(钱林森译),载《鲁迅研究年刊》1981年。
③ 载 La Tombe,*Acropole*,1981年,Paris,米歇尔·鲁阿的序。

动我自己生命的'心',竟是一个当时我几乎还未闻其名的作家。"①后来,当鲁阿教授了17年的古希腊文、拉丁文和现、古代法文后,她却改变了初衷,毅然选择了中国。她后来的言行一再证明,对中国的选择并非偶然,因为中国是个思想的故乡,更进一步,米歇尔·鲁阿的"思想故乡"并不泛指中国文化(这是她和法国其他文学家的明显区别),而是专指以鲁迅为代表的中国现当代进步文化(文学),她曾经说过:"准备好更勇敢、更准确地攀登新的高度,从那里我们就看得更清楚,看到通向未来的道路,因为人们已经用鲁迅教给的方法,用鲁迅那透视一切的目光来观察、测定这个高度,……(这)是当年鲁迅自己所乐意做的一个'窃火者'的心情。他是不是曾经想到,一切到中国来寻找他的思想的外国人,要把找到的火把带回他们本国去呢!"②

这位西方盗火者从那时起便踏上了漫长的盗火之途。

从1973年前后起,她曾陆续介绍过毛泽东的《实践论》(1973),写过有关新中国知识分子的文章(1973),介绍过浩然、李心田(音)、杨啸(音)的创作,但她的主要精力仍集中在以鲁迅为首的中国现当代文学上。摘要如下列:执笔法国《大百科全书·鲁迅》条;1973年,《革命文学》《这样的战士》《鲁迅诗歌·杂文选》《文化革命的主帅》《读鲁迅》;1975年,《门外文谈》《保卫鲁迅,反击皮埃尔·里克芒斯》;1977年,《论战和讽刺丛书》,内收鲁迅1925—1936年的重要杂文译文,计30篇;1979年,《关于中国的语言和文字》;1981年,为《坟》作序。

除鲁迅外,米歇尔·鲁阿还翻译过茅盾的《虹》(1981),《锻炼》(与人合译),还为《中国当代女作家短篇小说选》作序,介绍过包括茹志鹃、张洁、王安忆等10位中国女作家,还曾写过《法国派的中国诗人》一书,专门探讨与法国有联系的中国现代诗人的创作情况,实为不可多得的力作。

尤值一提的是,1971年,米歇尔·鲁阿和巴黎第三大学中文系主任、教授于儒柏先生(M. Ruhlmann)组建了鲁迅翻译中心,它集中巴黎的专业和业余的鲁迅研究者,成为鲁迅研究的一支最重要最活跃的力量。巴金先生在《家》的法译本序中说:"她为中法友好事业献出的力量更大。"③

---

① 载 La Tombe, *Acropole*,1981年,Paris,米歇尔·鲁阿的序。
② 载《向新的高度攀登、我们会看得更远——鲁迅所教给我们的》。
③ 转引自米歇尔·鲁阿《罗曼·罗兰和鲁迅》(译者不详)的注,载《中国比较文学》(创刊号),杭州:浙江文艺出版社,1984年。

二、最伟大的战斗的知识分子——鲁迅及其他

选择鲁迅作为研习中国现当代文学的突破口在米歇尔·鲁阿看来绝非偶然。在她的一系列有关鲁迅的文章中，始终围绕如下论题进行探讨，即"鲁迅的生活和作品对我们有什么意义？他的为人和创作今天在我们的国家里究竟给我们带来了什么？当年的鲁迅到底给了我们一些什么教益？"①可以说，米歇尔·鲁阿的鲁迅研究与介绍建立在这样的基础上，即首先承认鲁迅是一个不断追求进步的、不断超越自我的战斗知识分子。像布莱希特和葛来西一样，"鲁迅是我们这个时代三四个最伟大的'战斗的知识分子'之一，由于他们以自己的一生作为榜样，由于他们的智慧的深刻力量，至今这些人虽死犹生，他们仍然活在我们现实斗争的第一线"②。基于这样的理由，1975年，当皮埃尔·里克芒斯的《野草·序》发表后，米歇尔·鲁阿当即发表了《保卫鲁迅，反击皮埃尔·里克芒斯》，皮埃尔认为鲁迅在《野草》中追求的是一种"为矛盾所苦恼，为怀疑所折磨，为虚无和绝望而困惑的思想意识，是不可救药的独立的、个人主义思想"。《野草》之成功便在于它把"政治的把戏减少到最低程度，自由的创造发挥到最大程度"，甚至还断言鲁迅受到"党的号令的迫害"，是在"孤独、绝望下死去的"。这种看法除过作者主观臆测外主要还是一种西方文化论指导下的产物，不符合中国国情下产生的鲁迅的实际情况是明显的。米歇尔·鲁阿的专论从当时的时代背景出发，结合思想界、政治界的斗争实际，论述了鲁迅的文学活动和中国无产阶级求生存的现实的不可分割，正确地阐释了鲁迅及《野草》。

作为战斗的知识分子的鲁迅，其特点便在于："首先跟人道主义思想做无情斗争。"鲁阿认为，"人道主义是幻想把'人类的'理想作为所有人的根本思想。人道主义思想模糊人的眼睛（使人再也看不到受压迫的真正原因），弄脏人的心灵（使人不知道应该爱谁，应该恨谁），束缚人的手脚（既然人们有了应有的首领，一切都正常有秩序，为什么还要反抗呢）"。鲁阿认为鲁迅的《春末闲谈》概括了"鲁迅整个斗争的意义"，即，使受细腰蜂毒

---

① 载《向新的高度攀登、我们会看得更远——鲁迅所教给我们的》。
② 载《向新的高度攀登、我们会看得更远——鲁迅所教给我们的》。

汁麻醉的小青虫觉醒起来斗争。她特别提到这个提醒对于知识分子来讲是多么重要,特别是当代知识分子。鲁阿深情地说:我担心法国和中国的知识分子相形之下对资产阶级思想的存在,及其随着资产阶级夺取政权或力图重新掌握政权而逐渐加剧的情况觉察不够。资产阶级善于用现代的美丽辞藻来掩盖所享受的特权。自由、自由主义,"全民国家"的中立,正义、权利、法律比之于暴力要有效得多。从这个意义上看,准备好更勇敢、更准确地攀登新的高度,从那里我们可以看得更清楚,看到通向未来的道路,因为人们已经用鲁迅教给的方法,用鲁迅那透视一切的目光来观察、测定这个高度。这便是鲁迅的现实意义①。

鲁阿的鲁迅翻译大量集中在散文及杂文上,因为正是杂文体现了上述思想。鲁阿认为,鲁迅的杂文"具有一种不可逃避的伟大力量","为了把中国和中国人民从过去的黑暗势力下解救出来,就像他过去讲过的那样,如果他不背弃那种'矫揉造作的文学',那就是一个即使曾经伟大的作家的'背信弃义'"②。鲁迅杂文占到作品的四分之三。正是通过它们,鲁迅对他的时代产生了影响,也正是通过它们,鲁迅还能够对我们的时代产生影响。在鲁迅的其他著作中,同样显示出这样的意义。

作为一个法国学者,我们不能期待米歇尔·鲁阿能抓住鲁迅思想、创作的所有本质性东西。比如,从鲁阿的大部分有关鲁迅的论著(文)中,我们明显地感觉到她忽视了鲁迅作为一个反封建战士的一面以及他作品中对中国封建传统的有力批判,事实上反封建和反击中国的帝国主义恶势力在鲁迅是并重的。但是退一步讲,米歇尔·鲁阿的鲁迅研究往往是有针对意义的,即像鲁迅一样,有相当的针砭时弊作用。也许米歇尔·鲁阿的下述说法更有说服性:

> 在这个"思想故乡"里的作家和思想家中,最突出的就是鲁迅的高大而美好的形象,正是他给我们提供了所要寻找的东西:用手指出要我们登上高山之巅,从高处人们看得更清楚,从这个高度我们也可以对自己国土上的现实和未来前景看得更清楚。③

---

① 载《向新的高度攀登、我们会看得更远——鲁迅所教给我们的》。
② 米歇尔·鲁阿《鲁迅的杂文》(杨昌龙译),载《鲁迅研究年刊》,西安:陕西人民出版社,1984年。
③ 载《向新的高度攀登、我们会看得更远——鲁迅所教给我们的》。

鲁阿对鲁迅的研究至少向我们提供了一个价值取向和方法论上的暗示：追踪进步的中国现代文学是这位法国友人的自选使命。这正表现在她对茅盾等的评价中。对于《子夜》，她认为："真正的主角不是某个人、某个家庭、某个村庄，而是震撼了千百万中国人和全人类的那股力量。所有个人的命运无非是对这股力量的写照而已。"①

在法文本《虹·序》中，鲁阿同样正确把握住了《虹》的内涵，即对五四及"五卅"的展现。"茅盾在所有的看法与策略上始终与鲁迅保持一致，为了使一个新的希望早日实现，他与鲁迅站在一起，并肩战斗到死"，并且卓有见地地指出，作为一个坚定不移的现实主义者，把自己的小说"敞开着"，像他的其他大部分小说一样，如同一扇窗户似的，向着未来的前景敞开着。鲁阿在茅盾《锻炼》法译序里说，《锻炼》实际上歌颂了全中国人民投身于抗击日本侵略者的斗争中所经受的锻炼，从而展示了这个民族所特有的，甚至连自己都不知晓的品德，并使他们获得了坚持抗战到底的勇气和力量；因为要彻底摆脱侵略者的魔爪，推翻旧的黑暗势力的压迫，这条解放之路仍很长。②

在《本次列车终点·中国当代女作家短篇小说选》序言中，鲁阿的视点也仍然在中华民族求解放的大背景上，从五四新文化的角度看，整个中国当代女作家的创作其实是起冰心、丁玲的进步文学创作的继续，为了民族也为了妇女本身，茹志鹃、张洁、张抗抗、航鹰、王安忆等的创作"将人们在生活中所体验过的忧虑不安的心情引进了文学之中"。在鲁阿看来，"中国女青年的迅速成长大大超越了她们赖以生存的社会环境。她们要求解放的愿望同家庭和社会的磐石一接触，几乎被碰得粉碎"。在这里，鲁阿的着眼点已经触及问题的另一面，即中国两座大山的另一座——封建主义，但鲁阿的论述也仅仅止于此而已。

三、法国派的中国诗人：有关中国现代新诗的研究

1980年，巴黎阿德里安·梅松夫（Adrien Maisonneuve）美洲东方书局

---

① 鲁阿《茅盾短篇小说选·序》法文版（李清安译），载《茅盾研究在国外》，长沙：湖南人民出版社，1984年。
② 《锻炼·序》（鲁阿、沈大力、张尚锡合译），巴黎古卫城出版社，1986年。

出版了米歇尔·鲁阿的论著《法国派的中国诗人》(Poètes chinois d'ecoles Fransaises)。这是米歇尔·鲁阿多年研究中国现代文学的又一结晶。

比起她的鲁迅研究来,《法国派的中国诗人》似乎更注重史料钩沉,更注意剖解中国诗人对法国诗的消化、吸收和变异的关系研究,由于站在内中人的角度看问题,因而显示出更多的、更自觉的深层联系(较之于中国的同类研究),从法国诗学的角度清理中国象征主义诗歌的源流陈账,在法国尚属首次。

关于李金发,鲁阿认为,他故意采用古老陈旧的词语,某些诗偏古怪离奇,它变换了中国诗的原有形象,戴上了低劣的法国项链,这是中国古典式的象征派;对魏尔伦、马拉美、瓦雷里的学习,毫无所得。

关于王独清,鲁阿说,他曾经在巴黎布勒·米歇咖啡馆目睹过巴比塞和罗曼·罗兰的争论,也曾认识过法朗士、伊巴涅斯、洛蒂。可惜王的诗,诗句太长,感情细腻,令人难以体察,音调多变化,犹如回旋曲的叠句,使人想起佩基的诗,但缺少后者诗的悦耳。和拉福格比,王既无灵感,又无美丽的形象,更缺乏抒情达意的高超技巧,风格平平,接近散文,多感叹词,但缺少拉福格诗特有的温和和讽刺意味。他采用拉福格的风格抒发感情时显得既天真而又浮浅。鲁阿因此而将王独清的创作方法形象化地称为"罗马加长安"。

关于穆木天,鲁阿认为其诗作深受颓废派和法国19世纪末叶诗歌的影响,在内容上表露了忧郁伤感的情调。形式上进行了多方面有意义的探索,但无突破。他把直接表达的意境与词的色彩、句子的节奏紧密联系起来,和李金发、王独清还有戴望舒一样,摒弃了那些陈旧的或时新的"规则",运用丰富的音乐语言的高深技巧,竭力使诗成为一种特殊语言的表达方式。鲁阿甚至还认为,穆木天从法国诗人中选取了自己的模式。令人大感惊诧的是,她列举的第一个法国诗人是雨果,其后是吕特伯夫、勒孔特·德·利尔、维尼、魏尔伦。"通过大量译述,雨果的形象源源地流入他的心头。"这样的结论怕只有鲁阿才能得出。此外,她还论及了冯乃超和汪铭竹。

在题为"从象征主义到现代主义:戴望舒"的一节里,米歇尔·鲁阿谈到对戴望舒有影响的法国诗人,列举了一大批名单:吉买约、达里奥、苏佩维埃尔、詹姆斯、波德莱尔、卡尔科、莱尔-保尔·法格、保尔·福尔、萨蔓、阿波利奈尔,还有勒维迪。其中吉买约、达里奥、卡尔科、詹姆斯在我国尚无人提及。戴望舒30年代初期离开中国赴法,曾有《诗的艺术》一书问世,鲁阿认为,这部诗论"接近西方的著作,由此划出了相当清晰的界线,它可能比德国的象征主义还要明确,比西班牙现代派吸取法国象征主义的理论主张还要鲜明"。就创作实际看,戴望舒的诗和法国的诗有更多的相同之处:描写日常琐事,缺少玄学气味,生活气息不浓。而其音乐性则首先是中国传统的继承,它首先表现为语言的自然音乐美,如果这种美破坏了,情感受到压抑,那就什么也不存在了。鲁阿对戴的评价虽高但并不脱离诗人的实际:戴摒弃了一切陈腔滥调和矫揉造作,取其诗的真实性、独创性和情感的强烈,"只有这样的诗人才称得上真正的现代诗人,换句话说,才算是'大众化'的诗人"。但戴望舒的晦涩(1927—1932)却是有意的和明显的,这种理论的渊源在古尔蒙,而古尔蒙有关作诗的神秘性则源于尼采。"晦涩"打破了"纯照相式"的作诗法。但"晦涩"或深奥不能变成(意义)贫困。鲁阿批评了戴的《印象》《献给艺术》等诗让人费解。

　　后期的戴望舒由于受洛尔伽(《革命歌曲》)和苏佩维埃尔(《灾难的法兰西》)的影响,诗风上发生了很大变化。在生命的晚期,台湾论者强调戴望舒受"共党诱惑",衣食无着,悲惨死去。鲁阿说这一切纯属捏造,戴之死亡完全是国民党监牢的折磨、忧郁成病而最终死去的。以戴望舒为代表的现代诗运动令人敬佩,充满生气,"是他们宣告了中国诗的诞生"。

　　艾青和纪尧姆·阿波利奈尔(Guillaume Apollinare)的关系有无,密切与否,在中国学界尚有不同看法,鲁阿是属于否定派的,她认为艾青的芦笛并没有吐出任何一点阿波利奈尔的音调。当所借鉴的外来形式完全是从正确理解的基础上出发的,它在任何时候都会以更加灵敏的手法表达另一种文化的基本特性,草率地给他戴上一顶"西方派"的帽子不可取,轻易地否定这些诗人也不可取:这些已跨过一个时代的诗人本身就是中国文学史上一个重要时期的鲜明标记。人们应该记住他们在这个世界独一无二的文艺复兴时期所做的试验,他们的作品本身便是一种佐证,一种探索。当他们成为一种现实存在时,人们已经忘却了他们的起源与宗旨,从这个角度而言,称雅姆主义、象征主义都显得不重要了。称他们为法国派诗人,特别指明其法语特有的含义,其目的仅仅在于让读者更好地领会诗的内容。

　　米歇尔·鲁阿对中国文化的兴趣集中在现代,她是法国的中国现代文学研究者。全部研究分为两大部分,一部分便是对以鲁迅为首的中国现代进步文学的探讨,包括茅盾、丁玲以及当代的一些女作家。鲁阿更注重的是现实性与针对意义,强调的是中国现代文学所独有的现实主义特色:和民族解放、振兴国家融为一体。和鲁阿对法国现实的关注与分析相联系，鲁阿时时以鲁迅为武器或借鉴，以便对我们时代的现实斗争做出合理的解释，站得更高，看得更远，永不迷航。另一部分则是她长期从事有关法国派的中国诗人的研究。它们的雏形是作者的国家博士论文《墙上芦苇》，成形是专著《法国派的中国诗人》，这一部分显得更注重史料，从影响源流清理发生在20世纪30年代的那场声势巨大的文学运动的中、法文化的浸透情况。由于站在发射方的角度，拥有母语精湛的优势，因而有许多论据发别人之未发，有相当的启发意义。相形之下，对于法国派诗人的"中国特点"则注意不够，即如何化法国滋养为中国血脉论述不够。但这并不影响《法国派的中国诗人》的总体价值。

附录

一、本书主要外国作者姓名索引（按中译名音序排列）

A

阿波利奈尔 Guillaume Apollinaire
阿达莫夫 Arthur Adamov
阿贝尔·雷米萨 Abel Rémusat
阿尔央斯 Argens
阿尔比 Edward Albee
阿兰·佩尔菲特 Alain Peyrefitte
阿历克西 Paul Alexis
阿拉贡 Louis Aragon
阿里斯托芬 Aristophane
阿瑟马尼 Assemani
阿尔蒂尔·瓦莱 Arthur Waley
阿维森纳 Avicenna
爱尔维修 Claude Adrien Helvétius
爱拉斯谟 Erasmus
爱伦堡 И.г.Эреньурр
爱默生 Ralph Waldo Emerson
艾略特 T. S. Eliot
艾吕雅 Paul Eluard
艾田蒲 René Etiemble
埃尔佩洛 Elpenor
爱德华·沙畹 Edouard Chavannes
埃贝尔·斯坦纳 Herbert Steiner
埃尔韦·德·圣德尼 Hervey de Saint Denys
埃尼克 Léon Hennique
奥登 Wystan Hugh Auden
奥古斯丁 Aurélius Augustinus
奥特兰 M. Autrand
奥维德 P. Ovidius
昂伽若第 G. Ungaretti

B

罗兰·巴特 Roland Barthes
巴尔扎克 Honoré de Balzac
巴鲁萨 Balzac
白尔石克 Honoré de Balzac
亨利·巴比塞 Henri Barbusse
罢尔比斯 Henri Barbusse
巴枯宁 M. A. Бакунин
柏拉图 Platon

柏格森 Henri Bergson
白晋 P. Bouvet
贝尔沙尼 J. Bersani
贝克特 Samuel Beckett
贝雷 B. Peres
碧加索 P. Picasso
西蒙·波伏瓦 Simone de Beauvoir
波默 René Pomeau
波德莱尔(波德莱,波得乃尔,波陀雷尔) Charles Baudelaire
波萨 Alfred Poizat
波兹 Catherine Pozzi
波维尔 Poirré
勃兰兑斯 G. Brandes
博尔赫斯 Jorge Louis Borges
博尔热 A. Borget
博马舍 Beaumarchais
博纳弗瓦 Yves Bonnefoy
博克 P. Burke
布尔托雷 Bertele
布封 G. de Buffon
布托尔 Michel Butor
布格-雅加尔 Bug Jargal
布勒东(布鲁东) André Breton
鲍里斯·维安 Boris Vian
亨利·布依埃 Henry Bouiller

C

查拉 T. Tzara
晃俊秀 Bourgeois
车尔尼雪夫斯基 Н. Т. Цериышевскин
茨威格 Stephan Zweig

D

达文希 Léonardo da Vinci
达利 Salvador Dali
戴斯诺 Robert Desnos
戴密微 Paul Demiéville
大仲马 Alexandre Dumas père
德列聂 Henri de Régnier
德梅朗 De Mairan
狄德罗(狄德鲁) Denis Diderot
狄更斯 Charles Dickens
笛卡尔 René Descartes
迪伦马特 Werkausgabe Durrenmatt
蒂波岱 A. Thibaudet
杜哈迈尔 Georges Duhamel
杜克洛 J. Duclos
杜拉斯 Marguerite Duras
杜赫德 Le P. du Halde
杜尚 M. Duchamp
都德 Alphonse Daudet
多斯帕索斯 John Dos Passos

F

法尔格 Léon Paul Fargue
法捷耶夫 А. А. Фалеев
法朗士 Anatole France
范来奴(范尔乃) Paul Verlaine
斐外 Jacques Prévert
福楼拜(孚禄倍尔) Gustave Flaubert
福克纳 William Faulkner
福尔 Paul Fort

福禄特尔(伏尔泰) Voltaire
傅圣泽 Jean-François Foucquet
福柯 Foucaud
弗洛依德 S. Freud
弗莱维勒 J. Freville
弗雷诺 André Frénaud
弗罗姆 Erich Fromm
弗莱 Northrop Frye
弗雷泽 Nicolas Freret
弗朗西斯·约斯特 François Jost
弗朗西斯·普律埃 Franç Pruner

G

高尔基 М. М. ТорЪкии
葛兰言 Marcel Granet
高莱 Louise Colet
顾赛芬 Séraphin Couvreur
哥尔多尼 Carlo Goldoni
哥白尼 Nicdaus Copernicus
歌德 Goethe
戈比安 P. Gobien
戈蒂耶 Théophile Gautier
戈兹 André Gorz
格兰特 P. Grant
格莱特 S. Gueullette
格里凡 Francis Viele Griffin
格罗西埃 L'Abbé Grosier
龚古尔 Edmond de Goncourt
龚古尔 Jules de Goncourt
瓦扬·古久列 Vaillant Couturier
果戈里 Н. В. ГоголЪ
果尔蒙 Rémy de Gourmont

H

哈代 Thomas Hardy
哈特满 Hartmann
哈且特 William Hachett
哈兹立特 W. Hazlitt
亨利·科尔迪 Henri Gordier
海明威 Ernst Hemingway
海涅 Heinrich Heine
海德格尔 M. Heideggar
赫尔德 G. Herder
赫伦斯 Hellens
赫尔岑 А. И. Гердеи
赫胥黎 T. H. Huxley
荷马 Hommer
黑格尔 Georg Wilhelm Friedrich Hegel
胡罗特 S. Freud
胡塞尔 E. Husserl
华葛那 Wagner
华勒里 Paul Valéry
霍尔巴赫 Paul Heinrich Dietrich d'Holbach
霍维弟 Pierre Reverdy
惠特曼 Walt Whitman

J

吉卜林 J. R. Kipling
纪德 André Gide
加缪 Albert Camus
加年 Facino Cane
桀溺 J. P. Diény

金尼阁 P. Trigault

K

卡恩 Gustave Kahn
卡夫卡 Franz Kafka
卡特琳·莫耶 Catherine Mayaux
康德 Emmanuel Kant
考利 Abraham Cowley
克洛岱尔 Paul Claudel
克里斯蒂昂·米尔西奥 Christian Murciaux
克舍 P. Kircher
克拉凡 A. Cravan
克列泼纳 Amym Kleppner
克尔凯郭尔 Kierkegaard
克勒韦尔 René Crevel
库克 A. Cook

L

拉法格 Jules Laforgue
拉普莱戴尔 Jacques de Lacretelle
拉尔博 Valéry Larbaud
拉封登 La Fontaine
拉辛 Racine
拉伯雷 François Rabelais
拉马丁 Lamartine
拉奇 D. Lach
莱布尼兹 Gottfried Wilhelm Leibniz
吕西安·博达尔 Lucien Bodard
莱蒙托夫 Лермонтов
兰波 Arthur Rimbaud
绿蒂 Loti

朗松 Gustave Lanson
勒塞尔 J. L. Leccercle
勒内吉尔 René Ghil
勒墨特 J. Lemaitre
勒韦迪 P. Reverdy
利奇漫 Adolph Reichwein
李明 P. Le Comte
里尔克 Rainer Maria Rilke
李·亨利 Leigh Hunt
米歇尔·鲁阿 Michelle Loi
鲁德照 Alvarez Semedo
卢卡契 Lukacs
罗伯-格里耶 Alain Robbe Grillet
罗歇·卡佑瓦 Roge Caillois
罗阿 Claude Roy
罗曼·罗兰 Romain Rolland
罗素 Russell
洛尔迦 F. G. Lorca

M

何塞·马蒂 Jose Mani
莫泊桑 Guy de Maupassant

N

纳维尔 P. Naville
南波 Arthur Rimbaud
尼采 Friedrich Nietzche
哈罗德·尼克逊 Harold Nilcolson
尼斯布朗 Anna Nussbraum
聂鲁达 Pablo Neruda
诺里斯 Frank Norris
高尔·诺蒂埃 Charles Nodier

O

欧乐 A. Aulard

P

庞德 Ezra Pound
佩吉 Charles Péguy
佩雷 B. Perret
圣-琼·佩斯 Saint John Perse
培根 Francis Bacon
蓬热 Francis Ponge
品德 Harold Pinter
普鲁斯特 Marcel Proust
让·普鲁沃(普庐,普列服斯特,普列伏斯特) Jean Prévost
普雷维尔 Jacques Prévert
普鲁东 Pierre Joseph Proudhon
普莱克斯 A. H. Plakes
普利东 A. Breton
蒲特莱尔 C. Baudelaire
爱伦·坡 Edgar Allan Poe

Q

契诃夫 А. П. Цехов
乔伊斯 James Joyce
乔治桑(乔琪桑) George Sand

R

热奈 Jean Genet
日奈特 C. Genette

S

宋君荣 Père Gaubil
斯坦尼斯拉斯·儒莲 Stanislas Jullien
萨特 Jean Paul Sartre
萨都 Sadoul
萨洛特 Nathalie Sarraute
萨曼 Albert Samain

T

泰任修 Terentius
泰纳 Taine
坦普尔 W. Temple
桃苔 Alphonse Daudet
特鲁韦 J. J. Trouve
图莱 Paul-Jean Toult
屠格涅夫 Ц.С.Тиргенев
托尔斯泰 А.К.Толстой
陀思妥耶夫斯基 Ф.М.Достоевский

W

瓦雷里(瓦雷李,哇莱荔) Paul Valéry
瓦莱斯 Jules Vallès
瓦舍 J. Vache
维热 Père Wiege
魏尔伦(魏尔莱,威尔乃仑) Paul Verlaine
维尔哈威 Emile Verhaeren
维尼 Alfred de Vigny
韦勒特 Rene Welleck

卫匡国 Martino Martini
温德 R. Winter

X

西蒙 Claude Simon
西塞罗 Cicéro
席勒 Friedrich von Schiller
夏尔 René Char
肖邦 P. Chopin
萧伯纳 Bernard Shaw
嚣俄（雨果）Victor Hugo
小仲马 Alexandre Dumas fils
谢阁兰 Victor Ségalen
伊夫·谢弗莱尔 Yves Chevrel
谢奈 Jean Genet
谢德林 Салтвков шедрин

Y

雅斯贝尔斯 Karl Jaspers

雅谋 Francis Jammes
马克斯·雅多布 Max Jacob
亚方土 Alphonse Daudet
叶芝 William Butler Yeats
叶塞宁 С.А.Есенин
耶麦 Francis Jammes
伊壁鸠鲁 Epicurus
易卜生 Ibsen
殷铎泽 P. Intorcetta
尤涅斯库 Eugène lonesco
于儒伯 Robert Ruhlmann
于斯曼 Joris Karl Huysmans
雨果 Victor Hugo
约斯特 François Jost

Z

支威格 Stefan Zweig
左拉，左喇 Emile Zola

二、本书主要外国作品书名索引（按中译名音序排列）

A

《阿纳巴斯》Anabase
《阿莱城的姑娘》L'Arlésienne
《阿梅岱或脱身术》Amédée, ou Comment s'en débarasser
《阿伯衣女》Abeille
《哀尘》Les Misérables, Fantine

《爱的艺术》The Art of Loving
《爱弥儿》L'Emile
《爱与死的搏斗》Le Jeu de l'Amour et de la Mort
《埃尔萨的眼睛》Les Yeux d'Elsa
《安吉堡的磨工》Le meunier d'Angibault
《安顿》Installation

《肮脏的手》Les Mains Sales
《奥莱里安》Aurélien

B

《巴黎圣母院》Notre Dame de Paris
《巴黎的忧郁》Le Spleen de Paris
《巴黎烟云》Un grand homme de province à Paris
《巴黎女子》La Parure
《巴黎之腹》Le Ventre de Paris
《巴莎柴》La B che
《巴勒的钟声》Les Cloches de B le
《巴梯索发生的礼拜天》Les Dimanches d'un bourgeois de Paris
《巴白、空塔与医生》Barber, Pago-de, Médecin
《巴尔扎克传》Balzac
《巴马修道院》La Chartreuse de Parme
《白色的月》La lune blanche
《白石上》Sur la pierre blanche
《白兰子爵夫人》Le Vicomte de Bragelonne
《晒莎佩》Bethsabé
《百货商店》Au bonheur des dames
《邦斯舅舅》Le cousin Pons
《包法利夫人》(《包芙兰夫人》) Madame Bovary
《暴风雨》Clarte
《贝多芬传》La Vie de Beethoven
《贝姨》La cousine Bette
《悲欢人影》Les Bijoux

《悲惨世界》Les Misérables
《背德者》L'immoraliste
《碑林集》Stèles
《比哀兰德》Pierrette
《比较文学导论》Introduction Comparative à la littérature
《毕爱丽黛》Béatrix
《彼德与露西》Pierre et Luce
《变》La modification
《变形记》Die Verwandlung
《鲍华荔夫人传》Madame Bovary
《波纳尔之罪》Le crime de Sylvestre Bonnard
《波斯人信札》Lettres persanes
《柏林之围》Le Siège de Berlin
《不贞的女人》La femme adultère
《不吉祥的花》Les fleurs du mal

C

《查第格》Zadig ou la destinée
《查德熙传》Zadig
《彩图集》Les Illuminations
《惨世界》Les Misérables
《忏悔录》Les Confessions
《苍蝇》Les Mouches
《超现实主义第一宣言》Premier manifeste du surréalisme
《超战篇》Au dessus de la meêlée
《城市》La ville
《从苏联归来》Le retour d'URSS
《从妹贝德》La cousine Bette
《从兄蓬斯》Le cousin Pons

《存在与虚无》L'être et le néant
《存在与时间》Sein und Zeit
《纯诗》Poésie pure
《词语》Les mots

D

《达哈士孔的达达兰》Tartarin de Tarascon
《鞑靼儿》Les Tartares
《大食王传》Gargantua et Pantagruel
《大人先生们》Les Mandarins
《大中华帝国史》Historial del gran Regno de la China
《大宝窟王》Le Comte de Monte Christo
《黛蕾斯》Thérèse Raquin
《单身汉的家事》Un ménage de garçon
《当间谍的小孩》L'enfant espion
《当代叙事美学》Recent theories of Narrrative
《当中国醒来的时候……》Quand la Chine s'éveillera
《荡》Sapho
《第二性》Le Deuxième sexe
《地粮》Les Nourritures célestes
《地带》La zone
《地狱的一季》Une saison en enfer
《动物园的故事》The zoo story
《度》Degrés
《都尔的本堂神甫》Le curé de Tours
《杜尔的教士》Le curé de Tours
《妒》La jalousie

E

《恶心》La nausée
《恶之华》(《恶之花》) Les Fleurs du mal
《二年花月的故事》La vie en fleur
《20年后》Vingt ans après
《二渔夫》Deux amis
《厄瓜多尔》Equador

F

《发明家的苦恼》Les illusions perdues
《法尼娜·法尼尼》Vanina Vanini
《法国派的中国诗人》Poètes chinois des écoles françaises
《法的精神》L'esprit des lois
《法意》L'esprit des lois
《法兰西的晓角》La Diane française
《烦扰》Poèmes saturniens
《凡尔德手册》Cahiers d'André Walter
《梵谛冈的地窖》Les caves du Vatican
《房间》Huis clos
《丰富的眼睛》Les yeux fertiles
《封闭的生活》La vie dans les plis
《风》Vents
《风俗论》Essai sur les moeurs
《佛兰的公路》La route des Flandres
《伏尔泰传》Voltaire

《腐尸》Une charogne
《俘虏》Les prisonniers
《妇女乐园》Au bonheur des dames
《妇人学校》L'école des femmes

G

《甘地特》(《赣第特》)Candide
《刚果纪行》Voyage au Congo
《高老头》(《勾利尤老头子》) Le père Goriot
《割地》La dernière classe
《葛兰德·欧琴妮》Eugénie Grandet
《格莱纳蒂尔》La Grenadière
《哥丽童》Gorydon
《共产党人》Les communistes
《恭顺的妓女》La Putain respeltueuse
《古物陈列室》Le cabinet des antiquaires
《古诗十九首》Les dix-neuf poèmes anciens
《古今碑录》Stèles
《孤星泪》(《孤儿记》) Les Misérables, Cosette
《光明》Clarté
《鬼池》La mare au diable
《归来》Le retour

H

《海滨墓园》(《海墓》)Le Cimetière marin
《海上劳工》Les Travailleurs de la mer
《和德国人约会》Au rendez vous allemand
《恨世者》Le misanthrope
《红客店》L'auberge rouge
《红蛋》L'oeuf rouge
《红百合》Le lys rouge
《红与黑》Le rouge et le noir
《航标》Amers
《后之项圈》Le collier de la Reine
《幻灭》Les illusions perdues
《幻觉》Apparitions
《荒野情爱》Une passion dans le désert
《回来的中国人》Le chinois de retour
《活得问心无愧》Dignes de vivre

J

《基督教真谛》Le génie du christianisme
《基督山伯爵》Le Comte de Monte-Cristo
《记阮讷与柯兰事》Jeannot et Colin
《嫉妒》La Jalousie
《家常事》Pot Bouille
《交谈与辅助交谈》Conversation et sous-conversation
《禁闭》(《禁锢》)Huis clos
《精神的巨大考验》Les grandes épreuves de l'esprit
《九三年》Quatre vingt treize
《巨人传》Gargantua et Pantagruel
《局外人》L'étranger
《剧终》Fin de partie

《俊友》Bel Ami

K

《康地德》Candide
《可怜的奇迹》Misérable miracle
《克兰比尔》L'affaire Crainquebille
《克伦威尔序》La Préface de Cromwell
《克罗采画图》Images à Crusoé
《快乐的过新年》Conte pour commencer gaiement l'année
《刽子手》El Verdugo

L

《拉摩的侄子》Le Neveu de Rameau
《浪子回家》Le retour de l'enfant prodigue
《流放》Exil
《老小姐》La vieille fille
《老实人》Candide ou l'optimiste
《泪珠飘落萦心头》(《泪流在我心里》) Il pleut dans mon coeur
《李俐特的女儿》La fille de Lilitts
《理想》Idéal
《黎明》Aube
《恋人》L'amoureuse
《恋爱的试探》La tentative amoureuse
《两诗人》Les lllusions perdues
《两兄弟》Pierre et Jean
《猎者斐里林》Adieu
《猎帽记》Tartarin de Tarascon

《路索民约论》Le Contrat Social
《路易十四时代》Le siècle de Louis XIV
《卢贡-马卡尔家族》Les Rougon Macquart
《卢贡家的命运》Les Rougon Macquart
《论小说》Le Roman
《论科学与艺术》Discours sur les Sciences et les Arts
《论人类不平等的起源》Discours sur l'origine et les fondements de l'inégalité parmis les hommes
《论斯汤达》La lumière de Stendhal
《罗曼·罗兰真传》Romain Rolland vivant
《罗贝尔》Robert
《罗贡·马惹尔》Les Rougon Macquart
《罗马盛衰原因论》Les considérations sur les causes de la grandeur et de la décadence des Romains
《吕伯兰》Ruy Bias
《驴皮记》La peau de Chagrin
《领事先生》Monsieur le Consul
《领事的儿子》Le fils du Consul

M

《马丹波娃利》Madame Bovary
《马尔特罗》Martereau
《玛德兰·费拉》Madeleine Ferat
《盲人》Les Aveugles

《美》Beauté
《美达斯达休》Métastasio
《美好的歌》La Bonne Chanson
《美好的日子》Les Beaux Jours
《梅吕哀》Menut
《梦》Le Rêve
《萌芽》Germinal
《米兰苍》Le Passage de Milan
《米露埃·雨儿胥》Ursule Miroue
《密室》Huis clos
《蜜纳波桥》Le Pont Mirabeau
《藐视道德的人》L'immoraliste
《民约论》Le Contrat social
《民约通义》Le Contrat social
《木马歌》Les chevaux de bois
《牧神的午后》L'après midi d'un faune
《牧歌交响曲》La symphonie pastorale
《慕沙鲁夫人》La dame de Montsoreau
《漠然而视》Le voyeur
《陌生人肖像》Portrait d'un inconnu
《魔沼》La mare ac diable
《磨坊文札》Lettres de mon moulin
《讷瓦尔特》Navarette

N

《纳恩解说》Le traité de Narcisse
《娜娜》Nana
《奈他士传》Natas
《难以描述的地方》Lieux inexprimables
《男儿死耳》El verdugo
《尼克拉索夫》Nekrassov
《尼斯布朗》Anna Nussbraum
《年轻的命运之神》La jeune Parque
《女仆》Les bonnes
《女宾》L'invitée

O

《欧那尼》Hernani
《欧那尼·葛朗台》(《欧贞尼·葛朗代》)Eugénie Grandet
《欧洲历史上的亚洲》Asia in the Making of Europe

P

《帕尔玛宫闱秘史》La Chartreuse de Parme
《叛徒》Le traître
《炮火》Le feu
《喷泉》Le jet d'eau
《批评的诸种概念》Concepts of Criticism
《批评的解剖》Anatomy of Criticism
《漂亮的朋友》Bel ami
《破钟》La cloche fêlée

Q

《亲王的交游》Amitié du Prince
《弃儿法朗沙》François le champi
《旗手》Le porte drapeau
《企鹅岛》L'île des pingouins

《泣妇》Les pleureuses
《嵌克庇尔》Crainquebille
《墙》Le Mur
《青年烧炭党》Vanina Vanini
《侵犯》L'invasion
《情感教育》L'Education sentimentale
《穷人之死》La mort des pauvres
《秋歌》Chanson d'automne
《趋向》Tropismes
《去年在马里安巴》L'année dernière à Marienbad
《热恋》Sapho

R

《人兽》La Bête humaine
《人间喜剧》(《人曲》) La Comédie humaine
《人的命运》La condition humaine
《人心》Notre coeur
《人生》Une Vie
《认识东方》Connaissance de l'Est
《日程表》L'Emploi du temps
《日尼微》Geneviève
《日记抄》Journal
《如死一般强》Fort comme la mort
《如果种子不死》Si le grain ne meurt
《软项圈》La parure
《若望·克利斯朵夫》Jean Christophe

S

《萨兰奇·塞雪儿》Solange
《赛查皮罗多盛衰记》Histoire de la grandeur et de la décadence de César Birotteau
《三卒》Les trois mousquetaires
《沙弗》Sapho
《骰子一掷》Un coup de dés jamais n'abolira le hasard
《上将夫人》Le réquisitionnaire
《骚乱无限》L'Infini turbulent
《少女奥维兰》La jeune fille violane
《社会契约论》Le contrat social
《蛇》Ebauche d'un serpent
《神曲》La divina commedia
《神秘御园》René Leys
《生瓦斯的心脏》Coeur à gaz
《绳子》La ficelle
《尸体》Une charogne
《失去的美酒》Le Vin perdu
《石榴》Les Grenades
《石榴园》La grenadière
《试验小说论》Le roman expérimental
《时间的运用》L'emploi du temps
《诗与真理》Poésie et vérité
《受难周》La semaine sainte
《鼠疫》La peste
《水晶岛之伯爵》Le Comte de Monte-Cristo
《水上》Sur l'eau
《水星杂志》Mercure
《死尸》Une charogne
《死魂灵》Мертвые души
《死于葬身之地》Mort sans sépulture

《斯大林传》Staline
《素郎》Solange

T

《塔拉纳教授》Le professeur Taranne
《坦白少年》Candide
《忒修斯》Thésée
《天使的反叛》La révolte des anges
《天真汉》L'ingénu
《田园交响曲》La symphonie pastorale
《童探》L'en fant espion

W

《瓦上长天》Le ciel est par dessus le toit
《瓦罐》Aulularia
《外省伟人在巴黎》Un grand homme de province à Paris
《外国人》L'Etranger
《法的精神》L'esprit des lois
《往事追踪录》A la recherche du temps perdu
《王家大道》La voie royale
《伪币制造者》Les faux monnayeurs
《伪君子》Le Tartuffe
《未来在鸡蛋中》L'avenir est dans les oeufs
《未来的道》Une voie pour le roman futur
《文字炼金术》Alchimie du verbe
《为带驴子上天堂而祷告》Prière pour aller au paradis avec les nes
《文学批评原理》A grammar of literary criticism
《我从未见过上帝》Je ne vois jamais Dieu
《我们的心》Notre coeur
《五大颂歌》Cinq grandes odes pour saluer le siècle nouveau
《无神论的弥撒》La Messe de l'Athée
《误会》Le malentendu

X

《西西弗的神话》Le mythe de Sisyphe
《西蒙的爸爸》Le papa de Simon
《西简先生的羊》La chèvre de Monsieur Seguin
《西方的表意文字》Les idéogrammes occidentaux
《希望》L'espoir
《犀牛》Le Rhinocéros
《瞎子》Les Aveugles
《侠隐记》Les trois Mousquetaires
《夏娃的女儿》Une fille d'Eve
《夏倍上校》Le colonel Chabert
《乡下医生》Le médecin de campagne
《橡皮》Les gommes
《消失的酒》Le vin perdu
《小芳黛》La petite Fadette
《小东西》La petite Fadette
《小物件》Le petit chose
《小奸细》L'enfant espion

《小弗罗蒙和大里斯勒》Formont jeune et Risler ainé
《小酒店》L'Assommoir
《心中的远方》Lointain intérieur
《圣-琼·佩斯全集》Saint-John Perse Oeuvres Complète
《向圣-琼·佩斯致敬》Hommage à Saint-John Perse
《圣-琼·佩斯》Saint John Perse
《圣-琼·佩斯的诗学》Poétique de Saint John Perse
《圣-琼·佩斯的玄奥》L'érotérisme de Saint John Perse
《新法兰西评论》Nouvelle revue française
《新的粮食》Les nouvelles nourritures
《新爱洛伊斯》Julieo ou la Nouvelle Héloïse
《新哀绿绮思》The new Heloise
《星期一漫谈》Les causertes du lundi
《星星的故事》Les étoiles
《行星仪》Le Planétarium
《信使》Le messager
《信天翁》L'Albatros
《叙事中的结尾问题》The problem of ending in Narrative
《叙事体的结构分析导论》Introduction to the structural analysis of narratives

Y

《哑倍尔·萨伐龙》Albert Savarus

《耶稣会士书简》Lettres édifiantes et curieuses écrites des missions étrangères par quelques missionnaires de la Compagnie de Jésus
《耶稣佛教在福朗德》Jésus-Christ en Flandres
《亚洲信札》Lettres d'Asie
《一个野蛮人在亚洲》Un barbare en Asie
《一个孤独漫步者的沉思》Rêveries d'un promeneur solitaire
《一生》Une vie
《一局台球》La partie de billard
《一生一死》The death of Olivell
《一件恐怖时代之轶事》Un épisode sous la Terreur
《一千零一夜》Alf layla wa layla
《伊利亚随笔》Essays of Elia
《椅子》Les Chaises
《艺林外史》Le chat maigre
《义妓》La p…respectueuse
《口意有情》Les travailleurs de la mer
《音乐》La Musique
《应和》Correspondances
《隐侠记》Les trois mousquetaires
《隐者》L'ermite
《阮郁》Poèmes saturniens
《忧苦》Poèmes saturniens
《幽谷百合》Le lys dans la vallée
《元音》Voyelles
《圆柱颂》Cantique des Colonnes
《圆柱之歌》Cantique des Colonnes

《远古时代》Immémoriaux
《雨果传》Olympio ou la vie de Victor Hugo
《语言的炼金术》Alchimie du verbe
《词与物》Les mots et les choses
《玉笛》La flûte de jade
《鱼雁抉微》Le lettres persanes
《约翰·克利斯朵夫》Jean Christophe
《月夜》Clair de lune
《月光曲》La lune blanche
《月曜日故事集》Contes du lundi

Z

《在法国的斯文华人》Le chinois poli en France
《在迷宫里》Dans le labyrinthe
《脏手》Les mains sales
《赵氏孤儿》Tchao chi kou, ou l'orphelin de la Chine. Drame en vers et prose
《窄门》La porte étroite
《征发兵》Le réquisitionnaire
《征服者》Les conquérants
《正午的分界》Le partage de midi
《正义者》Les justes
《政变的一幕》Un coup d'Etat
《知事下乡》Le sous préfet aux champs
《中国人》Les Chinois
《中国与中国人》La Chine et les chinois

《中国乐》Les fêtes chinoises
《中国与土耳其芭蕾舞剧》Le Ballet chinois et turc
《中国瓷菩萨》Les Magots
《中国风物》Chose de Chine
《中国上古史》Sinica Historiae decas prima
《赞歌》Eloges
《杂记》Carnets
《中国思想》La pensée chinoise
《中国人的宗教》La religion des Chinois
《中国人信札》Les lettres chinoses
《中国孤儿》L'orphelin de la Chine. The chinese orphan
《中国之欧洲》L'Europe chinoise
《中国英雄》Eroe Cinese
《中华帝国志》Description géographique, historique, chronologique, politique et physique de l'empire de la chine et de la tartric chinoise
《中国的钥匙》La clef de la Chine
《祖母的故事》Gontes d'une grand mère
《诸神渴了》Les dieux ont soif
《杂苟》Les chemins de la liberté
《最后一盘录音带》La dernière bande
《最后一课》La dernière classe
《醉舟》Le bateau ivre
《作为探索的小说》Le roman comme recherche

后记

一

呈现于读者面前的这部《法国作家与中国》,是我近期(1990秋—1992秋)主持完成的国家社科研究课题。我作这项专题研究,直接得益于巴黎第四大学知名的比较文学学者伊夫·谢弗莱尔(Yves Chevrel)教授的启迪。他在1985年10月中国比较文学学会成立大会上应邀做了一个专题学术演讲,在其演讲中谈到接受理论与比较研究时,曾明确地说过,"在中国是否可以考虑让硕士研究生开展对20世纪80多年来翻译介绍的外国小说的接受研究,同时对比原作在其本国的接受情况?也可以专门研究一家刊物或报纸(历时方法)或在某一年度内几家刊物或报纸(共时方法)评论一种或几种不同的文学方式?这类工作可以同研究生的讨论课结合起来,作为博士论文的基础,还可以在某一点上深入下去写成专题著作"。1987年,我通过一份译稿读到了这段话,当时就想,若从接受理论的角度,对近一个世纪以来法国文学在中国的流布做一番考察,该是多么有意义的课题!由于那时我正忙于另一本书的写作,并没有能把这一课题真正提到日程上来。1988年秋,我为南京大学比较文学硕士研究生开设"中法文学关系研究"的课程,鉴于中法文学关系的系统研究在我国尚处草创阶段,国内外也无这方面的现成教科书,我便以法国作家与中国、中国作家与法国的双向考察作为讲授本课的主要依据和内容。于是,我又一次想起了谢弗莱尔教授几年前的建议,便让我的研究生也参与这两个专题调查的实践,希望借此能把课堂教学、科学研究与学生培养三者结合起来,以期收到既出成果又出人才之功效。我带领他们走访专家学者,钻图书馆,查阅了从清末民初到中华人民共和国成立后,新时期以来的各种报章杂志,初编了一份中国翻译介绍法国文学的资料索引,在此基础上,我拟定了重点作家和各类研究课题,指导他们深入调查研究写出了各类读书笔记,并在讨论课上交流,集思广益。收进本书的波德莱尔、莫泊桑、雨果等文都在讨论课上交流过。1988年末,我应法国文学研究会左拉学术讨论会之邀,与苏文煜同志合作,写出了"左拉与中国",本书第五章第一节就是在此基础上逐步形成的。1989年起,我应《比较文学史》主编、四川大学曹顺庆同志之邀,并在《文艺研究》马肇元同志、《中国比较文学》周乐诗同志支持下,先后发表了《法国作家与中国》《法国作家与中国文化》等最初一批文章,开始这一课题的正式研究。我的研究生在此期间经历了从查阅原始材料到梳理资料、写读书笔记、立纲,论文写作的全过程的基本训练,也取得了长足进步,在我指导下写出了波德莱尔、莫泊桑、雨果、福楼拜、莫里哀、萨特等作家在中国的文章。1990年起,在《南京大学学报》同志的支持下,曾先后两期将这些成果披之于世,有些还在中国比较文学1990年年会上宣讲过,收到了较好的社会反响。1990年秋,我所从事的这项研究得到了国家社科研究基金评委会外国文学评审组的专家们的首肯,被列为国家社科基金项目。在前辈学者和同行专家的鼓舞和支持下,我又对这一课题进行了深入思考和研究,对全书的主旨、构架又做了新的通盘安排,列出了全书写作大纲,正式开始撰写。1991年春、1992年春,我又曾几度带研究生蹲图书馆,并派专人先后去北京、上海等地查阅资料。1992年7月和10月曾两次集中通稿修改,于10月下旬我来法国任教前夕,全书基本竣工。

协助本书撰写的有刘小荣、苏文煜、陈励。各章节具体执笔者如下:引言:钱林森,第一章:苏文煜、陈励,第二章:钱林森(刘小荣参与执笔第一节),第三章:陈励,第四章:钱林森,第五章:苏文煜,第六章:刘小荣,第七章、第八章、第九章、第十章:钱林森、刘小荣。全书由钱林森修改、审定。刘小荣、苏文煜参与了全书的通读修订工作。收进本书的司汤达、罗曼·罗兰、左拉、雨果、波德莱尔、莫里哀、莫泊桑等章节,曾由我,或以我与苏文煜,与陈励联名,或以他们单独署名,先后在《文艺研究》《外国文学评论》《南京大学学报》《首都师范大学学报》发表过,但此次收进本书又据全书构架做了较大增删、修改。本书外文作者书目索引由苏文煜整理出初稿,由我补正,并请法知名汉学家杜特莱先生(Noël Dutrait)过目,法文目录为刘阳、杨剑初译,陆秉慧同志总其成,法国汉学家德斯波鲁娃·雅克琳娜女士(Desperrois Jacqueline)审阅。此外,杨莉馨、赵守成、任小润曾参与某些资料的搜集,杜卫红、梁建军、戴从容、王娟、杨雪琴等同志协助誊写了全书书稿,在此一一表示谢忱。在整个研究过程中,我还得到了外国文学研究界专家叶水夫、张羽、柳鸣九、郑克鲁、黄晋凯、吴岳添等支持和鼓舞,也在此表示诚挚的谢意。

  本书试图在西学东渐、中西交融的文化大背景中,以法国作家追寻"中国形象""中国精神"为主线,系统地描述包括人文主义、古典主义、启蒙运动、浪漫主义、批判现实主义、自然主义、象征主义及现代主义诸流派在中国流布的历史轨迹,并力图从接受理论的角度透视出中国人在西方文化潮流中拒受两难的真实心态。显然,这是一个庞大的学术工程。由于这一工程本身的庞大与复杂和工程主持人及作者文化素养、理论准备的诸多限制,必不可免地给这一工程留下了种种缺憾。好在工程主持人和协作者都是朴实本分的工匠,他们从未奢望构建一座完美的大厦,只希求为构筑巨厦添砖加瓦。倘若读者读到我们这部书感到有所补益,那就是对我们最大的补偿;倘有贤者看了皱眉头,从而写出一部更完备、更深刻的类似著作,那表明我们的书确实起到了抛砖引玉的作用,证明它有存在的理由。也许海峡文艺出版社的胡瑞敏同志看重的,正是这本著作的铺路砖石的价值,所以才郑重地向她的领导力荐,想方设法,让它面世,呈诸中外读者之前。我们由衷地感谢她对我们的支持。

  事实上,世间任何一项学术研究,任何一门知识的探究都不可能是一次性的,不可能一人一次可以穷尽,更何况有着几千年历史的中法文化关系这项巨大学术工程?它无疑需要几代人的努力才成方圆。吾在吾师和前贤的推动和鼓舞下,近数年来徜徉在这一学术场地,时不时为之添上一砖一瓦。但由于起步太晚,生性愚拙,知识面存在先天性欠缺,故收效甚微,光阴冉冉,转瞬间,吾已过"知天命"之年,虽深感到尚有许多事要做,应该做值得做,但已力不从心。吾寄望于青年,寄厚望于弟子。中法文学关系研究这一领地,几乎遍地皆是处女地,急待他们来垦拓。过去数年来,我曾与他们肩并肩地在这块园地上垦植过。我忘不了那盛夏、那严冬,与他们一起在南大图书馆地下藏书室检索资料的日子;忘不了与他们通宵达旦地对书稿做最后一次修订的那夜晚、那黎明!我们的心往一处想,劲往一处使,汗往一处流。我们成了师友、学友、知音。我从他们努力和奋发中感到了欣慰、得到了力量、看到了希望。他们确实不乏灵气、不乏踏实、不乏勤勉,并在携手共耕中形成了各自的思路、个性和专题,收进本书的若干篇什便是明证。倘若再沿着自己的思路继续耕耘下去,就会如谢弗莱尔教授所说的,"形成专题著作",必定为中法文化关系总体研究添加新的砖瓦。然而,由于生存条件的限制,他们中的绝大多数不能不放下手上的犁耙;舍弃正在耕耘的土地,天各一方,操持着未必是自己熟悉喜爱的营生。惜哉!窃曾私下里为之长吁短嗟!但细想起来,心里也释然。他们毕竟是食人间烟火的人,而且是充满想象力、可塑性极强的年轻人。是人就难以摆脱人世间的种种诱惑,无法超越赖以生存的现实条件的限制。须知,潜心于学问者,不但需要灵气、勤勉,而且要有甘愿淡泊的心境和忘我奋进的爱心,而至关重要的,恐怕也得首先需要生存温饱。鲁迅先生是把温饱、生存置于发展之上的,只有一代巨子伏尔泰,可以慨而言之曰:"还是耕种自己的园地吧!"因为他有自己的庄园。然而世间也有不大顾及"生存",但愿耕耘发展的"好事者",我就碰到过几位。有个法文系的优秀毕业生,同时录取了中法合资企业标致汽车公司当翻译和我的研究生,居然,不要富足,放弃舒适、高薪的翻译位置,几次三番地要到我的门下,当苦读生,当我以"温饱""生存"论晓以利害,婉言相劝时,竟然使她彻夜难眠,第二天又偕其母前来要求把她留下……而在法国,在我现在任教的埃克斯-马赛第一大学中文系的多数学生都在做着到中国去,到一家合资公司里谋一份高薪的职业的美梦时,也有不少学生,以虔诚的求知眼光,向我询问:研究中国古代文化究竟是考北大好还是考南大好?想步其前辈谢阁兰的后尘,希图到中国做神秘的精神邀游!奇哉?奇也。这光怪陆离的悖反现象,这色彩纷呈的个性追求,使我感慨良多,竟止不住在这里举行的中法学生联欢晚会上,在法国青年学人的"哄抬"下,平生第一次当着百余位中法年青学子的面诵诗一首:

　　　　新年都未有芳华,
　　　　二月初惊见草芽。
　　　　白雪却嫌春色晚,
　　　　故穿庭树作飞花。

　　吾已越"知天命"之年,青春早逝,自然"芳华"全无,然而仍在内心里呼唤着春天,愿中法文化交流的园地春色常驻!试想,有如此"痴心"于耕耘的青年学子在这块园地上垦拓,难道春天还会远吗?我也说不清,但我期盼着,热切地、执着地……

钱林森
南京大学,埃克斯-马赛第一大学
1992.10.20—1993.2—3.16

二

岁月如流水,悄然间流去了两个春秋。两年前,这部书稿曾有幸以"重要书目"正式列入海峡文艺出版社出书计划,由于众所周知的原因,而最终未能付梓。幸好,注重学术,扶掖后进的福建教育出版社欣然接纳,为它提供了机遇,使之刊行面世。它的作者们内心的感激,自不待言。我们在感激福建教育出版社的同时,并不收回对海峡文艺出版社胡瑞敏同志的谢意,感谢她对著者真诚的理解。

这两年间,我应埃克斯-马赛一大学的邀请,赴法任教。在繁重的教学任务之余,仍然留意于"法国作家与中国"之考索,我利用了一切可能的机会参观一些作家的故乡、故居和遗址,走访与他们相关的亲属、朋友及专家、学者,检索研究他们的著述和资料,参加有关的学术会议,都受到了欢迎,也获益匪浅。我记得,我在加拿大第14届国际比较文学学术会议上与法国和西方同行交流"圣-琼·佩斯与道家思想"时,他们那热情与鼓励的目光;我记得,谢阁兰之女若丽-谢阁兰夫人(Joly-Segalen)、克洛岱尔之女勒内·楠黛夫人(Renée Nantet)为我查找她们所珍藏的照片、资料时那颤巍巍的双手;我记得,我在法国大学讲坛上做"巴尔扎克在中国的接受"专题讲座时,法国年轻学子们那罕有的专注神情;我记得,我在谢阁兰故乡布勒斯特国际学术会议上做"谢阁兰研究在中国"专题报告时那热烈的掌声……所有这一切,都让我深切地感受到,我所从事的这方面的探究,哪怕是极其肤浅、极其粗略的,还是深受法国朋友的关注、支持和欢迎的,这,无异于为我这趋于困顿的学术生涯,注进了一剂强奋的"生命核能",催我奋进,将我所进行的这个力不从心而又有重要意义的研究课题,进行下去。这便是我在漫漫两载的异国执教中所获得的补益。

我在法国作家故乡所做的这些实地的考索、探寻,一方面使我真切地看到,我所进行的这方面研究与法国同行相比,确实存在着差距,另一方面也使我觉得,我与我所追寻的对象更为贴近了。这使我更加思念我们书中所描述的主人公,因而越加惦念压在出版社的这部书稿。就这样在思念与期待的惶惑中,居然迎来了它的问世。两年前写的这部书稿,若按我现在的眼光,应当有另一个视角,另一副面貌,至少应有新的更动与新的充实。然而,在此书行将付印的时刻,这不但无法办到,我也无意去办。这倒并非落入"文章自家好"的俗套,而是有意效仿前贤:记得,鲁迅先生生前就曾一再主张不悔少作,并且身体力行。现在,我要仿效他的做法,将两年前写的这部书稿原封不动地交付出版,内中除了增写先前遗缺的"圣-琼·佩斯与中国"一节文字,除了按编辑规定,补正了一些注释之外,其他均一律照旧,让它刊行。这样,也许更能让读者看到它两年前的真实面目。

我曾多次说过,在中法文化(文学)关系这一亟待开发的宽广的学术领域里,我所做的一切,都不过是抛砖引玉的尝试,是通往深入、通往沟通的铺路石子。这是真心话,也是我据以自信的方面。

此次远行归来,我比任何时候更确信这点。大约,福建教育出版社的领导,看重的正是本书的铺路砖石的价值,因而才不惜经济亏损,迅速安排出版。而写书的我们,也正是基于此,才有勇气,不揣丑陋,将这部不成熟的著作刊行问世,敬献侪辈同好,就教于宇内方家。总之,正是这种促进沟通、通向理解的共同愿望和价值取向,才使相识或不相识的中法学者和朋友们,给予本书作者以无私的支持和帮助。这儿,我首先要提到的是,福建教育出版社的阙国虬、黄旭和汤源生同志,他们在出任和主持编务之前,也曾是在学海里游过一阵子的"书生",喝过"爬格子"的苦水。特别是阙国虬总编,他曾经是我国研究现代文学的知名的青年学者,他在研究中国现代作家与外国文学的关系方面,有过重要建树。我与他虽然素未谋面,但我在从事中法文学关系研究中,曾读过他的有关著作,受到过启发。也许是这层缘由,他更能体察著书人的苦衷和难处,格外看重我们的书?慨然接受书稿的是他;亲自担任本书责编的是他;是他在繁忙的编务中,仔细审阅、推敲了全书的文字;刊发在书中的插图也是首先由他建议而选定的。总之,若没有他和他的同事们的支持,也许我们的这部书稿依然会沉睡下去。试想,对这样素昧平生而又心息相通的出书人,我们怎能抑制住内心的敬意呢?其次,必须提到的是,国际比较文学界知名学者、国际比较文学学会前副主席、巴黎索尔邦大学教授伊夫·谢弗莱尔先生,多亏他的启示我才萌生撰写此书的念头,成书之后又承蒙他在百忙中挤出时间写序,为拙著平添了几分光彩,这不仅是对著者的黾勉,也是中法学人的一种沟通与友谊的象征。应该提及的还有:圣-琼·佩斯基金会的科尔纳小姐(Corine)、巴黎克洛岱尔协会的勒内·楠黛夫人、巴黎谢阁兰学会的若丽-谢阁兰夫人、法兰西喜剧院图书馆的基贝尔小姐(Quibert)、天津人民艺术剧院的李晶岩同志、摄影家让·皮埃尔·于连先生(Jean Pierre Julien)以及芳尔曼·于盖特夫人(Fenlman Huguette),他们为我无私地提供了法国作家与中国的有关剧照、书照及其他图片,为本书增添了色彩。巴黎索尔邦大学名誉教授热拉尔·安托尼先生(Gérald Antoine)、亨利·布里埃先生(Henry Bouillier)、巴黎三大教授让·贝西尔先生(Jean Bessière)、莎谷特夫人(Sacotte)、兰斯大学教授罗兰·德斯奈先生(Roland Desné)、艾克斯-马赛一大教授卡尔德-塔敏纳夫人(J. Gardes-Tamine)、布勒斯特谢阁兰大学教授让·巴尔库先生(Jean Balcou)、波尔多第三大学教授毕戎先生(Roger Billion)、波城大学教授卡特琳·莫耶夫人、历史学家吉尔·芒斯隆先生(Gille Manceron),以及我的年轻法国朋友热尔姆先生(Gérôme Ravenet)、米兰娜小姐(Voillot Mylène)、里夏尔先生(Rouault Richard),他们在我的探索中,或指点迷津,或提供方便;还有巴黎华侨基金会会长汪漱芬女士、丘海婴博士、傅秋敏博士及杨振荣先生、郭云仙女士、杨亚君女士等,始终关注和支持我的研究工作。对上述所有这些学者和朋友的帮助、支持和鼓励,在此一一表示最诚挚的谢意。

钱林森

1995 年初春,于南京大学

三

《法国作家与中国——16 世纪至 20 世纪 80 年代》是我 30 多年前起步跨文化比较文学研究、中法文学(文化)关系探索,继《中国文学在法国——18 世纪至 20 世纪 80 年代》之后的第二部试作旧著,构成了姐妹篇,原系作者 20 世纪 90 年代初(1990 年秋—1992 年秋),首次主持国家社科研究课题的最终成果,1995 年由福建教育出版社正式出版。曾参与这一课题研究实践试炼的,有我当年指导的 88、89 两届世界文学与比较文学专业的研究生刘小荣、苏文煜和陈励等。我做这项专题研究的动因与来由,在本书初版后记已有明示,它直接导源于法国知名比较文学学者,巴黎索邦大学伊夫·谢弗莱尔(Yves Chevrel)教授的启迪:1985年10月,谢弗莱尔教授应邀在深圳中国比较文学学会成立大会暨首届国际学术研讨会上作了一个关于接受美学的专题学术报告,介绍了接受理论在比较文学研究中的运用,阐述了运用接受理论研究比较文学时注意的问题,指出,由于不同文化背景,实际读者对一部外国文学作品的"接受"与本国作品的"接受"是不同的,他们常常把本国文学的模式加于外国文学作品而进行选择扬弃和改造。他对比较文学学者进行"接受"研究特别提出要求:一是两种文化的接触;二要记住读者是一些活生生的人,是现在和曾经存在的公众,接受研究要确定他们的存在。并着重强调,接受研究的目的在于:一是考查文学主张和文学观念形成的方式;二是揭示某一特定时期某种文学体系的组成部分(通常是潜在的);三是更好地了解一个时代的文学体系的作用,为完成一部新的文学史奠定基础;四是对心态史的发展做出贡献。他曾热切地向与会中国学者建议:"在中国是否可以考虑让硕士研究生开展对20世纪80多年来翻译介绍的外国小说的接受研究,同时对比原作在其本国的接受情况?也可以专门研究一家刊物或报纸(历时方法)或在某一年度内几家刊物或报纸(共时方法)评论一种或几种不同的文学方式?这类工作可以同研究生的讨论课结合起来,作为博士论文的基础,还可以在某一点上深入下去写成专题著作。"很遗憾,我没有能参加这次深圳首届中国比较文学盛会,错过了这一被我国比较文学圈内学者誉为"黄埔一期"的受训和洗礼,未能亲临现场聆听国际比较文学界时贤的垂教,而是在两年后(1987年)通过一份译稿才读到这段话,读后就想,若从接受理论的角度,对近一个世纪以来法国文学在中国的流布做一番梳理、考察,该是多么有意义的课题啊。可惜那时我正忙于《中国文学在法国——18世纪至20世纪80年代》一书的撰写,未能把这一课题提到日程上来。直至1988年秋,我为南京大学比较文学硕士研究生首次开设"中法文学关系研究"学位课程,由于这一领域的系统研究在当时国内尚处草创阶段,海内外也无这方面的现成教科书,我便以法国作家与中国,中国作家与法国的双向考察作为讲授本课的主要依据和内容。我这才又一次想起了谢弗莱尔教授三年前在深圳"黄埔一期"专题演讲时的热情建言,便邀我的研究生也参与这一专题研究的试炼,以法国文学经典作家、思潮、流派的生成、发展历史轨迹为线索,着重梳理其中和中国关系较密切的作家作品,自清末民初以来进入中国后的流布与影响,列出专题,分工协作,让研究生跟我一起进行实地调研,写出读书报告,带到课堂上来交流讨论,希望借此能把课堂教学、科研实践与学生培养三者结合起来,以期收到既出成果又出人才之功效。令人欣慰的是,我的这一动议和想法,立马得到我指导的几个研究生一致赞同和热烈响应。他们积极和我配合,按我预设的规划和调查提纲,利用课余和假日时间,跟我一起钻图书馆,蹲地下藏书库,检阅清末民初以来的国内外报章杂志,拂去世纪的尘埃,收集第一手资料,做读书笔记,写出调研报告和文章,带到课堂上宣读、交流、教学相长、互教互学,并在此基础上集思广益、取长补短,形成各种专论初稿,其中不少篇什还带到各种学术会议上交流、互动,在各种学术杂志上发表,取得了颇为良好的效果。更为荣幸的是,我们的这些试验和初步努力还得到了我国翰林院社科研究基金评委会外国文学评审组的专家们的首肯,于 1990 年秋,被列为国家社科基金法国文学研究资助项目,获得 8000 元科研资助。相较于当下 10 万、几十万的一般社科项目、重点项目而言,实是无足轻重的数额,可在改革开放之初全民奔"万元户"的小康年代,可是一笔诱人的数目和巨大支持,当年正是凭借这笔宝贵资助,我们才走出南京地区,欢欣地出访上海、北京相关图书馆,收集、复印更多相关资料,从而拓展专题调研之深度和广度的。就这样,得改革开放天时、地利、人和之先机,我和三位弟子并肩奋斗、携手共耕,经三年努力拼搏,于 1992 年深秋完成了这一课题的研究,起先,由于刊行面市经济收益的实际考量,这一成果虽曾遭两家出版社两个春与秋的犹疑、搁浅,但最终也幸得注重学术、扶掖后进的福建教育出版社慨然相助,于 1995 年正式推出,它甫一面世,就受到当时广大读者的欢迎和学者的好评,这是我和几个弟子均未敢梦想的。记得,福建教育出版社 1995 年首版拙著时,在封面扉页勒口处,曾这样醒目地告示受众:

> 本书系钱林森教授主持的国家社科研究项目,是第一部从源流学角度探讨、清理法国文学对中国文学浸润、渗透、影响的专著。它上自启蒙主义溯起,下至法国现代主义文学截止,包容了近世纪和中国关系较密切的许多作家、作品,在西学东渐、中西交融、世界文学呈一体化趋势的历史大背景中,以法国文化人触摸、寻求准确的"中国形象""中国精神""中国灵魂"为主线,集中系统地描述了包括启蒙主义、古典主义、批评现实主义、浪漫主义、自然主义、象征主义及现代主义诸

思潮流派播扬、衍生于中国文化土壤的真切情境,也深刻地勾勒了中国学人在西方文化潮流中拒受两难的尴尬心态。所有的内容均以翔实新鲜的材料构成,其中绝大部分一手材料既论述稳妥、中肯,又显示了作者勤谨严肃的科学治学态度;述及法中各文学流派时,为使论述建立在更为牢靠的前提下,作者在有限的篇幅中,努力凸显出流派本身的特征,字斟句酌,并力求摒弃或超越陈见,虽未字字珠玑,但对所有问题至少体现出语言表述个性化的企图。

致力于中法文化关系的梳理、研究,增进中法人民友谊,是本书作者的初衷,也是本书的根本目的,因此,《法国作家与中国》既是一部严格的比较文学学术专著,也可被看作一部通俗的中法文学关系史,甚至法国文学简史,为普通读者所阅读接受。

回眸拙著《法国作家与中国》问世近 25 年来的传布接受历程表明,它确实被受众视为"一部严格的比较文学学术专著""一部通俗的中法文学关系史",乃至"一部法国文学简史",而为普通公众读者所阅读、接受的,因而受到海峡两岸汉文化圈内广大受众的欢迎,也深得当时学界的好评。它与先它而出世的姊妹篇《中国文学在法国——18 世纪至 20 世纪 80 年代》一样,生逢于 20 世纪 90 年代我国新时期改革开放如火如荼、方兴未艾的比较文学已成为新时期学术复兴的"显学"时代,因而,甫一问世,便赶上十风五雨、春暖花开的美好时节,搭乘了改革开放的"顺风车",满载春风阳光,一路走来,可以说,坐享了改革开放的"红利","沾上"了新时期比较文学"显学"的一切"荣光":获得高瞻远瞩、注重学术开发的福建教育出版社领导和责编的青睐,他们看重我们师生携手共耕、合力开发、拓荒垦殖的价值意义,便不顾亏损,慨然相助,以平装、精装两种文本首印各 2000 册,后应读者的需求,又于 2000 年再印 2000 册平装本,在社会受益和经济受益两方面,斩获"双赢",这是写书人和出书人都未曾想到的;随之不久,它又被北京一家颇具影响和规模的"民生网站"相中,全书挂上了网站,可供国内外读者自由选载,获得更为广泛的传播;伴随着比较文学成为新时期学术复兴的"显学"后,它又不无荣幸地登上了我国高校讲堂,成为攻读比较文学、世界文学、域外汉学硕、博学位必读的参考书目和读物,甚至成为国内外年轻学子确立硕、博学位论文选题前,经常查阅的工具书。据世界文学与比较文学圈内一些相识或不相识的年轻才俊披露,他们当年准备学位论文开题报告前,就是从此书中受到启发,激发灵感,最后确立自己专攻选题,继而学有所用、学有所专、学有所成的。其中不少优秀博士学位论著发表后还荣膺各种级别的学术奖,收获了更多的社会受益,这更是当年仓促撰著的我们和慨然出书的福建教育出版社的朋友们,都无法梦想和奢望的。

就这样,《法国作家与中国》自1995年首版登场亮相至今,不知不觉已走过近四分之一个世纪广为流布的生命旅程。至此,窃本以为,当年我们这部师生携手共耕的劳作,已不负初心、超越想象地圆满走完其生命旅程,当该退出历史舞台了。可令人惊异的是,时至今日,居然还有不少热心好学、锐意进取的年轻学子,在其学有专攻之前,仍在认真翻阅这本旧著。据南京大学外语学院法文系在读博士生柴庆友同学近期借阅南大图书馆馆藏拙著时发现,该书不少章节,如第二章"启蒙主义作家与中国"中第二节"卢梭与中国"、第三章"19世纪浪漫浪漫主义作家与中国"、第四章"19世纪批判现实主义作家与中国"、第九章"20世纪法国作家与中国"中第三节"永不终结的残局——荒诞派戏剧与中国"等好几处,都留有借阅者用铅笔标记的清晰勾、划符号,有些章节还标明具体年代,或注明具体作家已被运用等等字样,显然是借书人为准备相关学位论题所留下的阅读手记,可以见出,这部问世有年的旧著,尚未被当下读者遗忘,其生命力似乎依然犹存,这对当年仓促上阵的撰著者来说,简直是不可想象的"奇迹",而这不期而遇的"奇迹",真让我们感到不可思议的惊异和说不出的欣喜与惶恐。

更令我惊异和惶恐的是,这部本该就此"荣休"、退隐学场的旧著,却出人意外地被一向致力于学术积累开发、与时俱进的学界老友阎纯德教授所相中,入选为他悉心主编、已蜚声海内外的"汉学研究大系"的书目,予以修订重印、再版。他自前年秋冬始,就接连数次来信鼓励,不断给力,力促推它搭乘汉学书系的"顺便车",要将之引进学术舞台的前沿。这一意想不到的厚爱、抬举,对我来说,奚啻受宠若惊,更觉自惭形秽。遥想当年我和我的弟子们仓促上阵、携手共耕的岁月往事,直面阎纯德教授主编的、蔚然大观的"汉学研究大系",不禁忐忑不安,扪心自问,顿生疑虑:纯德教授为何要选载我们这部师徒协力躬耕的、纯系试炼、实验性的旧作呢?虽说,得新时期改革开放、学术复兴之先机,它曾不负众望、不辱使命,且也不无"荣光"地走完自己的生命旅程,但在我看来,它充其量只不过是入世已久、几经辗转闯荡,长达近二十五个春与秋的"过往"、过时之作,何以能登堂入室，步入他十余年精心打造的这座巍巍汉学殿堂呢？对于这样一部二十五年前撰写的旧作，若按今人现时的眼光，应当有另一种深度和风貌，至少得有新的更动与新的增添，或者，得另起炉灶，再创续编，方可举步，登堂入室。若是这样，我认为，慧眼识珠、知根知底的同窗挚友，绝不会找到我等年迈多病、风烛残年之辈，让我如此犯难，当会另请学界年富力强的高手来共襄盛举。那么，他到底为何要相中敝人和弟子的这部往昔旧著呢？或许，他所看中的，正如我们前面所述，在于这部过往旧著尚拥有不少潜在的热心读者、受众，因而"修订重印"，实无需对原著再大动筋骨，或另起炉灶，如斯，倒是契合实际，且也正合敝人心意……如此，几番思量、几度踌躇，我终于在同窗挚友纯德教授不断鼓舞、推动下，在身边亲近同道朋友的帮助下，在犹疑与彷徨的期盼中，着手对拙著进行再次审读，认真修订，悉心打理，使之搭上汉学书系的"顺风车"，再出发，投奔新的征途，攀登新的生命又一程。

感谢阎纯德教授十余年殚精竭虑、精心打造的"汉学研究大系"，为拙著搭建了一座海纳百川、宽容、开放的学术平台，使之不失时机，也不无"荣光"地搭上"汉学书系"的"顺便车"，踏上新的征程，迎来新的生命又一春。感谢法国文学研究界知名学者、翻译家袁筱一教授，在著书立说、教学、行政事务的百忙中，挤出时间，又一次细心审读全书，不吝垂教，欣然赐序，热情褒奖，鼓励有加，这不仅为拙著新的征程平添几分春色，也为它指明直达彼岸的航向。在拙著修订新版即将付梓刊行之际，我忘不了在这两载极度艰难、焦虑岁月里，相伴于我身旁的年轻同道朋友柴庆友、陈沁、徐玉婷、莫詹坤博士的帮助和扶持，本书新添插图的搜寻、梳理，以及全书文稿的输入和初校，他们助力甚多，感谢他们始终如一的鼎力相助。

岁月悠悠，星转斗移，物换星移，几度秋。秋去冬来，庆幸的是，拙著修订版已然登上了"汉学书系"的"顺风车"启程出发了，春天还遥远吗？

是为记。

钱林森
2018 年 11 月 15 日
2019 年 1 月 13 日凌晨
南京秦淮河西跬步斋